普通高等教育"十三五"省级规划教材

国际金融理论与实务

主　编　刘立平
副主编　潘　晴　刘艳华

中国科学技术大学出版社
·合　肥·

内 容 简 介

本书是为适应金融全球化发展,以及新世纪、新形势下培养涉外经贸人才的需要而编写的。全书共13章,内容涵盖国际金融的基本知识与理论、政策与制度、历史与现实、实践与操作等。与国内同类教材相比,本书除了理论体系完备、结构严谨外,最突出的特色是内容深入浅出,数据及资料新颖,案例详实,并紧密结合我国对外金融实践,突出时代性、科学性、操作性及管理实践指导性,反映了国际金融学科发展前沿和理论创新、实务和管理创新等成果。

本书是安徽省高等学校省级教学质量与教学改革工程项目——精品视频开放课程"国际金融学"的配套教材之一,且被列入普通高等教育"十三五"省级规划教材,适合普通高等学校经济及管理学科相关专业本科教育使用,也可作为相关院校同类专业专科生和成人高等学历教育教材使用,还可供银行、证券、保险等金融机构高级管理人员以及相关管理干部与业务人员自学、培训、进修、知识更新之用。

图书在版编目(CIP)数据

国际金融理论与实务/刘立平主编. ——合肥:中国科学技术大学出版社,2018.8 (2021.7重印)

普通高等教育"十三五"省级规划教材
ISBN 978-7-312-04544-8

Ⅰ. 国… Ⅱ. 刘… Ⅲ. 国际金融—高等学校—教材 Ⅳ. F831

中国版本图书馆 CIP 数据核字(2018)第 186776 号

出版	中国科学技术大学出版社 安徽省合肥市金寨路 96 号,230026 http://press.ustc.edu.cn https://zgkxjsdxcbs.tmall.com
印刷	合肥华苑印刷包装有限公司
发行	中国科学技术大学出版社
经销	全国新华书店
开本	710 mm×1000 mm 1/16
印张	30.75
字数	656 千
版次	2018 年 8 月第 1 版
印次	2021 年 7 月第 2 次印刷
印数	3001—6000 册
定价	59.00 元

前　　言

　　20世纪80年代以来,国际金融领域出现了许多新的变化,其中最重要的表现是金融全球化。金融全球化一般是指世界各国或地区在金融业务、金融政策等方面相互交往和协调、相互渗透和扩张、相互竞争和制约已发展到相当水平,进而使全球金融形成一个联系密切、不可分割的整体。

　　金融全球化的内涵主要有三:一是金融自由化,即各国(或地区)逐步放松或取消对国际货币在全球范围内融通方面的种种限制,新型金融工具不断出现;二是金融国际化,即国际资本的跨境流动不受东道国(或地区)的法律限制,国际金融市场上资本流动规模更加庞大;三是金融一体化,即同一金融资产在不同国家(或地区)的同一时点上,由于反复套利的机能作用形成大致相同的收益率。与此同时,区域货币一体化、区域经济一体化成为世界经济和国际金融发展中的新热点问题。

　　进入21世纪以来,全球一体化不可逆的发展,使得金融全球化的步伐持续深入。金融全球化不仅成为世界经济发展最为关键的一个环节,同时也成为最为敏感的一个环节。金融全球化促使资金在全世界范围内重新配置,一方面使欧美等地区国家的金融中心得以蓬勃发展,另一方面也使发展中国家,特别是新兴市场经济国家获得了大量急需的经济发展启动资金。可以说,世界经济的发展离不开金融全球化的推动。

　　然而,金融全球化也有其另外一面。随着金融全球化的发展及不断深化,各国(或地区)金融市场之间的联系和依赖性也不断增强,各种风险在国家(或地区)之间相互转移、扩散便在所难免,金融活动的风险日益加大。1991年英国货币危机及1992年欧洲汇率机制危机、由2007年美国次贷危机引起的2008年第三季度后爆发的全球金融危机、由

2009年希腊债务危机引起的并在2010年后快速蔓延的欧洲债务危机等等，从新兴市场及发展中国家来看，1982年拉美债务危机、1994～1995年墨西哥金融危机和全球债务市场危机、1997年由泰国货币危机诱发并迅速波及其他国家的亚洲金融危机（风暴）、2001年阿根廷金融危机等等，这些金融危机不仅对当地经济所造成的影响是全方位、多层面和深层次的，而且在全世界都引起了极大的震荡。

频繁爆发的国际金融危机迫使人们更加关注金融全球化的负面影响，越来越多的人认识到必须从根本上消除深层隐患，积极探索未来国际金融体系改革和调整的方向，国际社会也多在持续呼吁建立公正公平包容有序的国际金融体系。

国际金融是指国家和地区之间由于经济、政治、文化等联系而产生的货币资金的周转和运动。简言之，国际金融是指国际间的货币流通和资金融通。国际金融由国际收支、国际汇兑、国际结算、国际信用、国际投资和国际货币体系等构成，它们之间相互影响、相互制约。比如，国际收支必然产生国际汇兑和国际结算；国际汇兑中的货币汇率对国际收支又有重大影响；国际收支的许多重要项目同国际信用和国际资本流动直接相关。

国际金融与一国的国内金融既有密切联系，又有很大区别。国内金融主要受一国金融法令、条例和规章制度的约束，而国际金融则受到各个国家互不相同的法令、条例以及国际通用的惯例和通过各国协商制订的各种条约或协定的约束。由于各国的历史、社会制度、经济发展水平各不相同，它们在对外经济、金融领域采取的方针政策有很大差异，这些差异有时会导致十分激烈的矛盾和冲突。

国际金融赖以出现的前提是国家（或地区）之间以货币作为媒介的商品交换。换言之，国际金融的产生起源于国际贸易，早期的国际金融是国际贸易的伴生物。当今世界，国际贸易和国际金融是共同构成现代国际经济活动的最主要部分。

国际金融学是研究货币资本在国际间周转与流通的规律、渠道和方式的一门理论与实务相结合的学科。其研究对象是国际货币金融关系，包括国际货币流通与国际资金融通两个方面,其目标是阐述国际金融关系发展的历史与现状,揭示国际货币流通与国际资金融通的基本规律。国际金融学是国际经济学(含国际贸易、国际金融和国际投资三大组成部分)的一个次级学科。其研究对象是随着世界经贸的发展和国际经济关系的演变而不断充实和扩大的。

国际金融学的萌芽可追溯到200多年前,是在国际贸易学的基础上产生的。第二次世界大战以后,生产和资本国际化迅速发展,与之相适应,国家之间的货币金融关系也日益发展,国际金融学开始产生。总体而言,早期的国际金融理论是在国际贸易和货币银行学理论的基础上产生和发展起来的,但由于生产和资本的国际化,国际间的货币与资本流动逐步脱离了国际贸易,并且有了自己独特的运动形式。正是对这种独特运动形式的研究形成了国际金融学。与研究国际间货物与服务流通的国际贸易学不同,国际金融学研究的是国际货币收付和资本转移;与主要揭示流通分配领域内货币资本运动一般规律的货币银行学(或金融学)也不同,国际金融学主要揭示国际间货币、信用、银行及其相互联系的具体规律。

本书是为国际金融类课程教学、学术研究和知识普及而编写的,其内容涵盖国际金融的基本知识与理论、政策与制度、历史与现实、实践与操作等。与国内同类教材相比,本教材除了理论体系完备、结构严谨外,最突出的特色是内容深入浅出,数据及资料新颖,案例详实,并紧密结合中国对外金融实践,突出时代性、科学性、操作性及管理实践指导性,反映了国际金融学科发展前沿和理论创新、实务和管理创新等成果。具体而言,本书的主要特色体现在:

第一,传承理论体系,关注前沿动态。本书涵盖了国际收支及其理论、外汇与汇率及其相关理论、国际储备及其管理、国际金融市场、国际资本流动、国际货币制度与国际金融机构等诸多传统领域,以及各相关领域的最新研究成果。

第二,突出实务操作,强化实践应用。本书专设章节探讨外汇交易的操作规程、外汇风险及其管理(分别从涉外企业和商业银行不同角度加以介绍和阐述)、国际储备管理、国际资本流动的控制、国际融资实务等。在编写过程中,这些内容将运用大量案例和数据加以描述、分析和佐证,力争深入浅出,理论联系实际。

第三,挖掘新颖数据,精选详实案例。进入21世纪以来,国际金融领域发生了诸多新的变化,不仅融资规模进一步扩大,融资活动日趋频繁,国际金融市场的融资工具和方式等也呈现出了一些新的特征;而且一些国际金融制度也在不断变革,金融创新不断,中国的对外金融活动也日趋频繁,融资风险日益加大,等等。这些新的内容也在本书中加以体现和反映。相关数据及案例,力求运用最新的、详实的资料,包括国际收支平衡表的内容框架采用IMF发布的BPM6指导意见编写、IMF的最新汇率制度分类、外汇市场交易(含衍生金融产品交易)规模及币种结构、全球国际储备及储备货币的最新构成情况,以及国际资本流动的最新情况等,避免国内同类书籍(即便是近期编写和出版的)中所用数据、资料、案例等过于陈旧、不能准确反映国际金融领域现实状况或问题的不足。

第四,结合中国实际,反映对外金融。本书密切关注改革开放以来中国对外金融实践活动中出现的新问题、新情况,如中国国际收支及人民币汇率制度的历史演变与现状特征、人民币纳入特别提款权货币篮子、中国的外汇管理体制及其改革、中国巨额外汇储备的形成与变化、中国利用外资及对外投资实践等,以及基于中国主张而设立的"亚洲基础设施投资银行"(亚投行)等金融机构。

此外,为了满足国际金融课程教学及自学需要,本书每章都有"本章导读""本章小结""本章重要概念"及"复习思考题"等内容,这对激发学生学习兴趣与积极性,理解和掌握相关理论知识、操作规程、管理实践等,提高学生运用所学知识解决现实问题的能力和素质均有重要的意义。

本书内容的体系结构安排如下:第1章和第2章主要介绍国际收支的概念、国际收支平衡表、国际收支的失衡与调节、中国国际收支的统计与形势以及主要国际收支调节理论;第3章主要论述外汇与汇率概念及分类、不同货币制度下汇率的决定与变动以及主要汇率理论；第 4 章主要介绍汇率制度及其分类、汇率制度优劣的主要争论、汇率政策及其传导机制与政策内容、人民币汇率制度的历史演变及现状特征、中国的外汇管理；第 5 章主要介绍外汇市场及其特征与作用、主要外汇交易方式及其操作规程与应用；第 6 章主要概述外汇风险及其管理，包括涉外企业、商业银行外汇风险管理实务等；第 7 章主要论述国际储备及其规模以及结构管理、中国国际储备及其管理；第 8 章主要介绍国际金融市场、国际货币市场与资本市场的特征及构成、欧洲货币市场及其构成与作用、国际衍生金融工具及其市场现状；第 9 章主要介绍国际资本流动概念、20 世纪 70 年代以来国际资本流动概况、国际资本流动的影响与控制、国际资本流动的主要理论、中国利用外资及对外投资的规模与结构特征；第 10 章着重介绍主要国际融资方式（信贷融资、证券融资、贸易融资、项目融资和租赁融资）的特点、类型及操作规程；第 11 章主要论述国际货币体系及其历史演进、现存问题及改革方向、最适度货币区理论及其发展，以及欧洲货币体系形成、现状及前景；第 12 章主要介绍全球性国际金融机构和区域性国际金融机构的基本宗旨、目标及主要业务；第 13 章主要阐述开放经济条件下宏观经济的政策目标与工具、实现内外均衡的一般原理和蒙代尔-弗莱明模型。

  本书是安徽省高等学校省级教学质量与教学改革工程项目——精品视频开放课程"国际金融学"的配套教材之一，且被列入普通高等教育"十三五"省级规划教材。本书是集体智慧和辛勤劳作的结晶，参加本书编写的成员均是长期从事高等教育教学、科研活动的教授和学者。安徽工业大学刘立平教授担任主编，提出编写大纲并负责全书的修改、统纂和定稿；潘晴、刘艳华担任副主编，参与部分章节的修改和统稿工作。本书各章的编写分工如下：前言，第 6、9、10 章，刘立平；第 1、2 章，徐斌；第 3、4、5 章，潘晴；第 7 章，刘艳华；第 8 章，李伟军；第 11 章，梁秋霞；第 12 章，常志朋；第 13 章，刘丽萍。

  本书适合作为普通高等学校经济及管理学科相关专业本科教育教材，也可作为相关院校同类专业专科生和成人高等学历教育教材使用，还可供银行、证券、保险等金融机构高级管理人员以及相关管理部门与业务人员自学和培训之用。

我们在撰写本书过程中,吸收引用了许多学者的学术观点,中国科学技术大学出版社的编辑们付出了辛勤的劳动,在此一并致以衷心的感谢!

尽管我们非常努力,试图将本书打造成国内同类书籍中的精品,但是限于编者的水平,书中不妥之处及疏漏仍然在所难免,恳切同行专家、学者以及广大读者提出宝贵意见,以便我们在将来再版时做得更好。

编　者

2018 年 6 月

目 录

前言 ·· (ⅰ)

第1章 国际收支概述 ·· (001)
  1.1 国际收支的概念 ·· (001)
  1.2 国际收支平衡表 ·· (003)
  1.3 国际收支的调节 ·· (013)
  1.4 中国的国际收支 ·· (025)
  本章小结 ··· (033)

第2章 国际收支理论 ·· (036)
  2.1 弹性分析法(弹性论) ··································· (036)
  2.2 吸收分析法(吸收论) ··································· (041)
  2.3 货币分析法(货币论) ··································· (044)
  2.4 结构分析法(结构论) ··································· (048)
  2.5 内外均衡与政策搭配 ··································· (051)
  本章小结 ··· (056)

第3章 外汇与汇率 ··· (058)
  3.1 外汇概述 ··· (058)
  3.2 汇率概述 ··· (064)
  3.3 汇率的决定与变动 ····································· (071)
  3.4 汇率决定理论 ··· (080)
  本章小结 ··· (096)

第4章 汇率制度与汇率政策 ······························· (099)
  4.1 汇率制度 ··· (099)
  4.2 汇率政策 ··· (111)
  4.3 人民币汇率制度 ·· (123)
  4.4 中国的外汇管理 ·· (130)
  本章小结 ··· (138)

第 5 章 外汇市场与外汇交易 (141)
- 5.1 外汇市场概述 (141)
- 5.2 即期与远期外汇交易 (147)
- 5.3 套汇、套利和掉期交易 (157)
- 5.4 外汇期货与期权交易 (164)
- 本章小结 (176)

第 6 章 外汇风险及其管理 (179)
- 6.1 外汇风险概述 (180)
- 6.2 外汇风险管理概述 (187)
- 6.3 企业外汇风险管理 (191)
- 6.4 银行外汇风险管理 (204)
- 本章小结 (208)

第 7 章 国际储备 (211)
- 7.1 国际储备概述 (211)
- 7.2 国际储备管理 (220)
- 7.3 中国的国际储备及其管理 (226)
- 本章小结 (232)

第 8 章 国际金融市场 (234)
- 8.1 国际金融市场概述 (234)
- 8.2 国际货币市场 (242)
- 8.3 国际资本市场 (247)
- 8.4 欧洲货币市场 (252)
- 8.5 金融衍生工具市场 (262)
- 本章小结 (269)

第 9 章 国际资本流动 (272)
- 9.1 国际资本流动概述 (272)
- 9.2 国际资本流动的影响及控制 (282)
- 9.3 国际资本流动理论 (300)
- 9.4 中国利用外资及对外投资 (321)
- 本章小结 (339)

第 10 章 国际融资实务 (341)
- 10.1 国际信贷融资 (341)
- 10.2 国际证券融资 (347)
- 10.3 国际贸易融资 (361)

10.4　国际项目融资 …………………………………………………………… (372)
　10.5　国际租赁融资 …………………………………………………………… (382)
　本章小结 ………………………………………………………………………… (393)

第11章　国际货币体系与货币一体化 ……………………………………… (395)
　11.1　国际货币体系概述 ……………………………………………………… (395)
　11.2　国际货币体系的演进 …………………………………………………… (397)
　11.3　国际货币体系的改革 …………………………………………………… (410)
　11.4　货币一体化及最适度货币区理论 ……………………………………… (415)
　11.5　欧洲货币一体化及其前景 ……………………………………………… (418)
　本章小结 ………………………………………………………………………… (430)

第12章　国际金融机构 ………………………………………………………… (432)
　12.1　全球性国际金融机构 …………………………………………………… (432)
　12.2　区域性国际金融机构 …………………………………………………… (446)
　本章小结 ………………………………………………………………………… (453)

第13章　开放经济条件下的宏观调控 ………………………………………… (455)
　13.1　开放经济条件下宏观经济政策目标和工具 …………………………… (456)
　13.2　开放经济条件下内部和外部均衡的实现 ……………………………… (458)
　13.3　蒙代尔—弗莱明模型：货币政策与财政政策的协调 ………………… (465)
　本章小结 ………………………………………………………………………… (476)

参考文献 ………………………………………………………………………… (479)

第1章　国际收支概述

随着经济的发展和科学技术的进步，各国之间的交往与联系越来越密切，由此必然涉及国际间的货币收支问题。国际收支是国际金融学最基本的概念之一，是衡量一国（或地区）经济对外开放的主要工具，它记录了一国与其他国家①间的商品和服务以及资本和劳动力等生产要素的国际流动情况。一国的国际收支状况，不仅影本国国内的经济运行，也会影响到该国的对外经济交往。

本章首先介绍国际收支和国际收支平衡表的相关概念、基本内容及分析方法，这有助于从一国的角度来理解国际货币金融运动的来龙去脉。同时，也是学习和研究国际金融学的切入点，为深入了解这一领域相关问题奠定基础。接着，本章就国际收支失衡的原因及性质进行分析、归类，指出国际收支失衡所带来的经济影响及开展适当调节的必要性，并就国际收支失衡的自动调节及政策调整机制进行具体阐述。最后，针对中国的国际收支基本状况、主要特征进行介绍和总结，并就中国国际收支调节问题进行简要分析和论述，借以巩固所学理论知识。

1.1　国际收支的概念

国际收支是由一个国家对外经济、政治、文化等各方面往来活动而引起的。生产社会化与国际分工的发展，使得各国之间的贸易日益增多，国际交往日益密切，从而在国际间产生了货币债权债务关系，这种关系必须在一定日期内进行清算与结算，从而产生了国际间的货币收支。国际间的货币收支及其他以货币记录的经济交易共同构成了国际收支的主要内容。

1.1.1　国际收支概念的产生与发展

国际收支的概念是随着国际经济交往的不断扩大而不断丰富和发展的。早在17世纪的资本原始积累时期，欧洲重商主义盛行，由于当时主要的国际经济交易

---

① 根据《国际货币基金协定》，本书所及"国家"包含通常意义上的独立经济体（地区）。

是对外贸易,在贸易收支出现盈余时才能带来黄金内流和财富的增加,因此当时的国际收支概念只是被简单地理解为一国的贸易收支。后来,各国开始逐步重视以货币结清的其他各种国际经济交易,此时的国际收支概念被用来指一国的外汇收支,即在一定时期内一国必须同其他国家立即以外汇结清的各种到期收付的差额,它包括了所有涉及外汇收支的国际经济交易,如国际贸易、国际资本借贷等等。这就是通常所说的狭义的国际收支。

第二次世界大战以后,国际经济交易的内容和范围进一步扩大,那些没有引起外汇支付的交易,如补偿贸易、易货贸易和实物形式的无偿援助等也被纳入国际收支的范畴。国际收支概念不再以外汇支付作为基础,而是以国际经济交易作为基础,这使国际收支这一概念得到了进一步的扩展。经过长期的演化与发展,人们就国际收支的基本概念已达成共识,为了全面反映一国的对外往来情况,各国根据国际货币基金组织(IMF)的定义普遍采用了广义的国际收支概念[①]。

1.1.2 国际收支概念的基本内涵

所谓国际收支(Balance of Payments,BOP),是指在一定时期内一国居民与非居民之间所发生的全部经济交易的货币价值总和。国际收支概念的内涵非常丰富,应从以下四方面加以理解和把握。

(1) 国际收支是一个流量和事后的概念。即国际收支是指一定时期内国际间经济交易的总量。当人们提及国际收支时,总是需要指明是属于哪一段时期的。这一报告期可以是一年、一个季度或一个月,但通常以一年作为报告期。与国际收支相对应的一个概念是国际借贷(International Indebtedness)。国际借贷是指一个国家或地区在一定日期对外资产和对外负债的汇总记录,反映的是某一时点上一国居民对外债权债务的综合情况。国际收支与国际借贷既相互联系又互有区别:一方面,这两个概念之间具有密切因果关系,国际收支是因,国际借贷是果,国际借贷的变化主要是由于国际收支中的各种经济交易所引起的;另一方面,这两个概念又是互有区别的,即国际收支是一个流量概念,描述在一定时期(时段)的发生额度,而国际借贷则是一个存量概念,描述一国在一定时点上的对外债权、债务余额。同时,在国际收支的定义中,"一定时期"一般是指过去的一个会计年度,所以它是对已发生事实进行的记录,即它是一个事后的概念。正确区分这两个概念,避免把它们混淆起来,对理解国际收支概念的基本内涵是十分重要的。

(2) 国际收支所反映的内容是以货币记录的经济交易。根据性质与方向的不同,经济交易包含四种类型:① 交换,即指一个经济体向另外一个经济体提供一种

[①] 根据 IMF 出版的 BPM6(2008)的定义,国际收支是指某个时期内居民和非居民之间的交易汇总统计,组成部分有货币和服务账户、初次收入账户、二次收入账户、资本账户和金融账户。

经济价值(包括货物、服务、收入等实际资源和金融资产)并从对方得到等值的回报。② 转移,即指一个经济体向另外一个经济体提供了经济价值,但没有得到任何补偿。③ 移居,是指一个人把住所从一个经济体搬迁到另一个经济体的行为。移居后,此人原有的资产负债关系的转移会使两个经济体的对外资产、债务关系均发生变化,这一变化应记录在国际收支之中。④ 其他根据推论而存在的交易。在一些情况下,可以根据推论确定交易的存在,即使实际流动并没有发生,也需要在国际收支中予以记录。国外直接投资者收益的再投资就是一个例子。投资者的海外子公司所获得的收益中,一部分是属于投资者本人的,如果这部分收益用于再投资,则必须在国际收支中反映出来,尽管这一行为并不涉及在两国间的资金与服务的流动。

(3) 国际收支所记载(反映)的交易是在居民与非居民之间发生的。国际收支记录的是对外往来的内容,即一国居民与非居民之间的交易。居民是指在一个国家(或地区)的经济领土内具有经济利益的经济单位,包括自然人、法人和政府机构三类。① 自然人。一般是根据其居住地点和居住时间来判断的,凡是在一国居住时间长达一年以上的自然人,不论其国籍如何,都是该国的居民。据此,移民属于其工作所在国的居民;逗留时间在一年以上的留学生、旅游者也属所在国的居民。但身在国外且代表本国政府的个人(包括官方外交使节、驻外军事人员等)一般被认为是该国的居民,是所在国的非居民。② 法人。一个企业或者非营利团体在哪个国家成立注册的,就是哪个国家的居民。据此,跨国公司的母公司和子公司应该分别属于所在国的居民,母公司与子公司或者子公司相互之间的公司内贸易应该被记入国际收支。③ 政府机构。在一国(或地区)境内的各级政府机构以及设在境外的大使馆、领事馆和军事机构等都是本国居民,凡设在该国的外国使领馆和国际组织机构都是该国的非居民。但国际性机构,如联合国(UN)、IMF以及世界银行(WB)等组织,是任何国家的非居民。

(4) 国际收支是一个综合性质的总括报告。例如数以亿计的货物进出口、服务进出口等进行加总后归入经常账户下的货物与服务项目之中。国际收支是对外经济交易的总括报告。

1.2 国际收支平衡表

在一个时段或报告期内,一国居民与非居民之间所发生的国际经济交易是大量的,多种多样的,要系统了解一国国际收支状况及其变化,需要对其相关数据信息进行收集和整理,编制国际收支平衡表,并借此来分析和判断该国的国际收支状况及结构,为指导对外经济活动提供依据。

1.2.1 国际收支平衡表的格式

国际收支平衡表是系统地记录一定时期内一国居民与非居民之间所发生的全

部国际经济交易的统计报表。它是国民经济核算体系中基本核算表的组成部分,是国际收支核算的重要工具,可综合反映一国的国际收支状况、收支结构及储备资产的增减变动情况,为制定对外经济政策,分析影响国际收支平衡的基本经济因素,采取相应的调控措施提供依据。

由于各国或地区出于分析目的不同,所以所编制的国际收支平衡表格式也就不一样。为使各国的国际收支平衡表具有可比性,IMF通过出版、发布其编制的《国际收支手册》(BPM),对编表所采用的概念、准则、惯例、分类方法以及标准构成都做了统一的规定或说明,自1948年以来已出至第6版。目前最新版本为第6版,手册名称首次修改为《国际收支和国际投资头寸手册》(Balance of Payments and International Investment Position Manual,简称BPM6),于2008年12月定稿并在IMF网站发布。

相较之前的版本,BPM6的主要特点是:① 考虑全球化带来的经济形势变化以及金融和技术创新,提高数据的国际可比性。② 加强国际账户统计和其他宏观经济统计之间的内在联系。③ 强调国际收支头寸统计的重要性。④ 针对如经济所有权做了详细说明,并讨论了有关货币同盟等议题。⑤ 吸收了1993年以来编制其他指引和手册的有关内容。

BPM6保持了第5版(1993年出版)的总体框架,与之具有高度连贯性,但做出了以下重大的修改:

• 修改了有关加工贸易和转手买卖的处理办法;

• 修改了金融服务的计量办法,包括间接测算的金融中介服务,证券买卖价差以及保险和养老金服务的计量;

• 细化了直接投资的内容(与经合组织《外国直接投资基准定义》保持一致,主要包括对控制与影响重新定义,对投资链和联属企业处理,在资产和负债全值基础上列示数据,以及按照方向原则列示数据等);

• 介绍了与储备有关的负债、标准化担保和未分配黄金账户等概念;

• 介绍了用以计量国际汇款的新概念;

• 更重视资产负债表及其脆弱性问题(有一章介绍了由国际收支交易之外的其他方面所引起的流量);

• 加强了与《国民账户体系》之间的协调(例如,全面阐述了《国民账户体系》和《货币与金融统计手册》对金融工具的分类,采用了相同的术语,例如初次收入和二次收入);

• 增加了很多内容——本次修订的篇幅增加了一倍,因为内容更详细,解释更全面,同时增加了新附录(如货币联盟、跨国企业和汇款)。

本书将依据BPM6的标准(见表1.1),从账户设置和复式记账原则(记账规则)两个角度对国际收支平衡表的结构和内容等加以介绍。

表 1.1　国际收支账户概览（BPM6）

国际收支	贷方	借方	差额
经常账户			
货物和服务			
货物			
服务			
初次收入			
雇员报酬			
利息			
公司的已分配收益			
再投资收益			
租金			
二次收入			
对所得、财富等征收的经常性税收			
非寿险净保费			
经常性国际转移			
其他经常转移			
养老金权益变化调整			
经常账户差额			
资本账户			
非生产非金融资产的取得/处置			
资本转移			
资本账户差额			
净贷出（＋）/净借入（－）（来自经常账户和资本账户）			
金融账户	金融资产净获得	负债净产生	差额
直接投资			
证券投资			
金融衍生产品（储备除外）和雇员认股权			
其他投资			
储备资产			
资产/负债变化总额			
净贷出（＋）/净借入（－）（来自金融账户）			
误差和遗漏净额			

1.2.2　国际收支平衡表的账户设置

根据 IMF 发布的 BPM6，国际收支账户可分为四大类：经常账户、资本账户、金融账户、误差和遗漏净额账户。

1. 经常账户(Current Account)

经常账户是指对实际资源在国际间的流动行为进行记录的账户,它包括以下项目:货物和服务、初次收入、二次收入。

(1) 货物和服务(Goods and Service)。该账户的侧重点是居民与非居民之间货物和服务的交换环节。① 货物。货物包括一般商品、用于加工的货物、货物修理、各种运输工具在港口购买的货物和非货币黄金。在处理上,货物的出口和进口应在货物的所有权在居民与非居民之间转移时记录下来。一般来说,货物的进出口都使用离岸价(FOB)计价。② 服务。服务包括运输、旅游以及在国际贸易中的地位越来越重要的其他项目,如通信、金融、计算机服务、专有权征用和特许以及其他商业服务等。

值得注意的是,首先,根据目前中国海关货物贸易统计和 BPM6 的定义,中国的来料加工贸易由于所有权不发生转移,其加工费应归入服务贸易项下。而对于大部分进料加工贸易而言,其货物所有权发生了转移,与一般贸易没有本质区别,仍应记录在货物贸易项下,而不是过去按 BPM5 的定义将整个加工贸易都记在货物贸易项下。其次,不再将转口贸易归在服务贸易项下。按照 BPM6,由于转口贸易中货物所有权发生了转移,将计入货物贸易中的一般贸易收入。

货物和服务合称为贸易账户,长期以来被视为一国国际收支的代表,在国际收支中所占比重较大。贸易账户反映了一国自我创汇的能力,也反映了一国产业结构和产品在国际上的竞争能力与地位,是一国对外经济交往的基础,影响和制约着其他账户的变换。

(2) 初次收入(Primary Income)。初次收入反映的是机构、单位因其对生产过程所做的贡献或向其他机构、单位提供金融资产和出租自然资源而获得的回报,包括雇员报酬、股息、公司的已分配收益、再投资收益、利息、归属于保险和标准化担保以及养老基金保单持有人的投资收益、租金、对产品和生产的税收和补贴。

(3) 二次收入(Secondary Income)。二次收入账户表示居民与非居民之间的经常转移。当一经济体的居民实体向另一非居民实体无偿提供了实际资源或金融产品时,按照复式记账法原理,需要在另一方进行抵销性记录以达到平衡,也就是需要建立转移性账户作为平衡项目。在 BPM6 中,同样将转移区分为经常转移与资本转移。这一处理方法的变化,使经常转移仍包括在经常账户中,而资本转移包括在资本账户内。经常转移排除了下面三项所有权转移(即资本转移):① 固定资产所有权的资产转移;② 与固定资产收买/放弃相联系的或以其为条件的资产转移;③ 债权人不索取任何回报而取消的债务。

经常转移包括:① 个人转移,包括居民住户向非居民住户提供的或从其获取的所有现金或实物的经常转移。② 其他经常转移,包括对所得及财富等征收的经常性税收、社保缴款、社会福利、非寿险和标准化担保净保费、非寿险索赔和标准化担保下的偿付要求、经常性国际合作(如自然灾害发生后的紧急援助、成员国政府向国际组织支付的年度或其他定期缴款和国际组织作为政策向政府进行的定期转移、政府或国际组织向技术援助人员支付的薪金款项以及实物形式提供的技术援助等)和其他经常转移。

2. 资本账户(Capital Account)

资本账户反映非生产、非金融资产交易,包括资本转移和非生产、非金融资产的取得或处置。

(1) 资本转移。其含义已在经常转移部分进行了说明,具体包括债务减免、投资捐赠、税金(包括资本税、资本转移税)、非人寿保险大额索赔、一次性担保和其他债务承担、其他资本转移。

(2) 非生产、非金融资产的取得或处置。该类资产主要包括:① 自然资源;② 契约、租约和许可,此类资产又被称为无形资产,包括可销售经营租赁、使用自然资源的许可时不对这些资源拥有完全所有权、进行某些活动的许可(包括某些政府许可)以及购买某些货物或服务的专属权;③ 营销资产(和商誉),包括品牌、商标、报刊名称、标志和域名等。大而言之,非生产、非金融资产的取得或处置是指各种无形资产,如专利、版权、商标、经销权以及租赁和其他可转让合同的交易。

3. 金融账户(Financial Account)

金融账户包括了引起一个经济体对外资产和负债所有权变更的所有权交易。根据投资类型或功能,金融账户可以分为直接投资、证券投资、金融衍生产品(储备除外)和雇员认股权、其他投资、储备资产五类。与经常账户不同,金融账户的各个项目并不按借贷方总额来记录而是按净额来计入相应的借方或贷方。

(1) 直接投资(Direct Investment)。它是跨境投资的一种,其特点是一经济体的居民对另一经济体的居民企业实施了管理上的控制或重大影响。即投资者对另一经济体的企业拥有永久利益。这一永久利益意味着直接投资者和企业之间存在着长期的关系,并且投资者对企业经营管理施加着相当大的影响。直接投资可以采取在国外直接建立分支企业的形式,也可以采用购买国外企业一定比例以上股票的形式。在后一种情况下,BPM6 中规定这一比例最低为 10%。

(2) 证券投资(Portfolio Investment)。证券投资的主要对象是股本证券和债务证券,对于债务证券而言,它可以进一步细分为期限在一年以上的中长期债券、货币市场工具和其他派生金融工具。

(3) 金融衍生产品(储备除外)和雇员认股权(Financial Derivatives (Other than Reserves) and Employee Stock Options)。它是具有类似特征的(履约价格、某些相同的风险因素)金融资产和负债。其中金融衍生产品是一种金融工具,该金融工具与另一个特定的金融工具、指标或商品挂钩,通过这种挂钩,可以在金融市场上对特定金融风险本身(利率风险、外汇风险、股权和商品价格风险、信用风险等)进行交易。与储备资产管理有关的金融衍生产品要从职能类别中剔除,而列入储备资产。雇员认股权(ESOs)作为一种报酬形式,是向公司雇员提供的一种购买公司股权的期权。在有些情况下,发行期权的公司可能是雇员所在经济体之外另一经济体的居民(例如,用人单位是期权所涉公司的一个分支机构或子公司)。一方面,ESOs的定价行为与金融衍生产品类似;另一方面,它们具有不同的性质(包括在有关授予日和归属日的安排上)和目的(即 ESOs 是为了鼓励雇员为提升公司的价值做贡献,而不是交易风险)。

(4) 其他投资(Other Investment)。这是一个剩余项目,它包括所有直接投资、证券投资、金融衍生产品(储备除外)和雇员认股权、储备资产未包括的金融交易,主要是货币和存款、贷款、贸易信贷和预付款、其他应收/应付款、特别提款权(SDRs)分配(SDRs 持有列入储备资产)、其他股权以及其他可收支项目。

(5) 储备资产(Reserve Assets)。储备资产是指一国货币当局为弥补国际收支赤字和维持汇率稳定而持有的在国际间可以被普遍接受的流动资产[①]。它可以分为货币黄金、SDRs 持有、在 IMF 的储备头寸、外汇资产(货币与存款)、证券(包括债务和股本证券)、金融衍生产品和其他债权(贷款和其他金融工具)。储备资产必须是外币资产和实际存在的资产,不包括潜在的资产。

4. 误差和遗漏净额账户(Net Errors and Omissions Account)

国际收支账户运用的是复式记账法,因此所有账户的借方总额和贷方总额应相等,即总体上是平衡的。但在实践中,由于源数据和编制的不理想,会带来不平衡问题。这种不平衡是国际收支数据的一个常见特点,被称为误差和遗漏净额,在公布的数据中应单独列出,而不应毫无区别地将其纳入其他项目。误差与遗漏净额是作为残差项推算的,可按从金融账户推算的净贷款/净借款,减去从经常和资本账户中推算的净贷款/净借款来推算。换言之,由于不同账户的统计资料来源不一,记录时间不同以及一些人为因素(如虚报出口)等原因,会出现结账时有净的借方余额或贷方余额,这时就需要人为设立一个抵销账户,数目与上述余额相等而方向相反。误差和遗漏净额账户就是这样一种抵销账户。简单来说,一切统计上的误差均可以归入误差和遗漏净额账户。

1.2.3 复式记账原则(记账规则)

复式记账法是国际会计的通行准则,即每笔交易都是由两笔价值相等、方向相

[①] 根据 IMF 出版的 BPM6(2008)的定义,储备资产是由货币当局控制,并随时可供货币当局用来满足国际收支资金需求,用于干预汇兑市场影响货币汇率,以及用于其他相关目的(例如,维护人们对货币和经济的信心,作为向外国借款的基础)的对外资产。

反的账目表示。

在会计上，商品劳务的进出口和从外国获得的净要素收入等经济行为都对应着一国对外资产负债的相应变化，即一笔贸易流量对应着一笔金融流量。因此，可以运用复式记账法的基本原理，将国际收支的各种经济行为归入两类账户：反映商品、劳务进出口及净要素支付等实际资源流动的纳入"经常账户"；反映资产所有权流动的纳入"资本账户"和"金融账户"。这样，同一行为就在不同账户被记录两次，从而较为完整与科学地反映出一国国际收支的状况。

复式记账法运用在国际收支平衡表时，主要考虑两点：第一，任何一笔交易发生，必然涉及借方和贷方两个方面，有借必有贷，借贷必相等。第二，所有国际收支项目都可以分为资金来源项目（如出口）和资金运用项目（如进口）。资金来源项目的贷方表示资金来源（即收入）增加，借方表示资金来源减少。资金运用项目的贷方表示资金占用（即支出）减少，借方表示资金占用增加。

大体而言，国际收支平衡表的记账规则是：将商品的进口和劳务的输入、国外资产的增加、对外负债的减少等这些相当于货币流出的项目记入账户的借方（用"−"表示），用于反映资金的运用；将商品的出口和劳务的输出、国外资产的减少、对外负债的增加等这些相当于货币流入的项目记入账户的贷方（用"＋"表示），用于反映资金的来源；将各项借方之和与贷方之和的差额计入账户的余额，用于反映借方余额或贷方余额。具体而言，可以按以下规则记录（编制）：

- 进口商品记入借方，出口商品记入贷方；
- 非居民为本国居民提供劳务或从本国取得收入，记入借方，本国居民为非居民提供劳务或从外国取得的收入，记入贷方；
- 本国居民对非居民的单方向转移，记入借方，本国居民收到的国外的单方向转移，记入贷方；
- 本国居民获得外国资产记入借方，外国居民获得本国资产或对本国投资记入贷方；
- 本国居民偿还非居民债务记入借方，非居民偿还本国居民债务记入贷方；
- 官方储备增加记入借方，官方储备减少记入贷方。

综合以上内容，可以归纳出两条记账总则：① 凡是有利于国际收支顺差增加或逆差减少的资金来源增加或资金占用减少均记入贷方。② 凡是有利于国际收支逆差增加或顺差减少的资金占用增加或资金来源减少均记入借方。

1.2.4 记账实例

下面以中国为例，列举6笔交易来说明国际收支账户设置和记账规则。

【例1.1】 中国某出口公司向美国出口10万美元的服装，记：

借：本国在外国银行存款（其他投资）　　　　10万美元
　贷：货物出口　　　　　　　　　　　　　　10万美元

【例1.2】 韩国某公司以价值100万美元的设备投入中国,兴办合资企业,记:

借:货物进口　　　　　　　　　　　　100万美元
　贷:长期投资(直接投资)　　　　　　100万美元

【例1.3】 中国某企业在海外投资获利80万美元,其中,30万美元用于在当地的再投资,30万美元购买外国商品后运回国内,20万美元调回国内结售给政府以换取人民币,记:

借:货物进口　　　　　　　　　　　　30万美元
　官方储备(储备资产)　　　　　　　20万美元
　对外长期投资(直接投资)　　　　　30万美元
　贷:初次收入　　　　　　　　　　　80万美元

【例1.4】 某中国居民在新加坡旅游,花费1万美元,记:

借:服务进口　　　　　　　　　　　　1万美元
　贷:本国在外国银行存款(其他投资)　1万美元

【例1.5】 某中国居民动用海外存款50万美元,用于购买外国某公司股票。记:

借:证券投资　　　　　　　　　　　　50万美元
　贷:本国在外国银行存款(其他投资)　50万美元

【例1.6】 中国政府动用外汇储备60万美元向某国提供无偿援助,另提供价值20万美元的粮食、药品援助,记:

借:二次收入(官方无偿援助)　　　　80万美元
　贷:官方储备(储备资产)　　　　　　60万美元
　　货物出口　　　　　　　　　　　　20万美元

上述各笔交易可编制成一个完整的中国国际收支平衡表(见表1.2)。

表1.2　中国国际收支平衡表(样表)(单位:万美元)

项目	借方(-)	贷方(+)	差额
经常账户			-101
货物	100+30=130	10+20=30	-100
服务-旅游	1		-1
初次收入		80	+80
二次收入	80		-80
金融账户			+101
直接投资	30	100	+70
证券投资	50		-50
其他投资	10	1+50=51	+41
储备资产	20	60	+40
误差和遗漏净额	—	—	—
总　　计	321	321	0

1.2.5 国际收支平衡表的分析

1. 分析国际收支的意义

国际收支是一国在对外政治、经济、军事、文化等方面活动而发生国际间货币收付的结果,同时它又会反过来影响该国前述活动以及在这些方面所采取的政策措施。通过分析一国国际收支平衡表,可以判断该国在全球国际经济交易中所处的地位,该国整体的国际收支状况如何,该国货币汇率的未来走势如何,以及政府是否需要对外汇市场进行干预等等,因此国际收支平衡表对贸易商和投资者、政府机构以及国际组织都具有非常重要的作用。此外,它对于了解一国的国际经济地位与对外关系也具有重要意义,是一国政府制定和调整对外政策,尤其是对外经济贸易政策的重要依据。

就贸易商或国际投资者来说,通过研究有关国家的国际收支状况,了解国际货币运动的规律,进而分析有关国家对这些规律已经采取或可能采取的政策措施,这对掌握国际贸易及国际投资的发展动向,做好对外贸易及投资活动都具有一定的现实意义。如就贸易商而言,分析有关国家的国际收支平衡表有助于选择进出口计价货币,及时调整进出口国别方案及商品价格,采取正确的对外贸易措施。

国际收支的分析包括两方面:一是对国际收支平衡状况的分析,其重点是分析国际收支差额,并找出原因,以便采取相应对策,扭转不平衡状况;二是对国际收支结构的分析,可以揭示各个项目在国际收支中的地位和作用,从结构变化中发现问题找出原因,为指导对外经济活动提供依据。

2. 国际收支差额类型及其分析

如何根据国际收支平衡表来对一国在一定时期内的国际收支状况做出判断呢?通常采用的方法是国际收支差额分析法,即通过计算该国的贸易收支差额、经常账户差额、资本和金融账户差额以及综合差额,来分析和判断该国的国际收支状况。

前已述及,国际收支账户是一种事后的会计性记录,复式记账法使它的借贷双方在整体上是平衡的,即借方总额和贷方总额最终必然相等。但就每一个具体项目而言,借方和贷方经常是不相等的,双方抵消后,会产生一定的差额,称为局部差额,其中比较重要的局部差额有:贸易账户差额、经常账户差额、资本金融账户差额。若特定的账户差额为正,则称该账户为顺差(盈余);若差额为负,则称该账户为逆差(赤字)。而通常所说的国际收支顺差或逆差,主要是针对综合差额(也称总差额)而言的。

按照人们的传统习惯和IMF的做法,国际收支的不平衡(差额)可通过以下四种口径来衡量:

1）贸易账户收支差额

贸易账户收支差额是指包括货物与服务在内的进出口贸易之间的差额。如果这一差额为正，代表该国存在贸易顺差；如果为负，则表示存在贸易逆差；如果为零，则表示该国贸易收支平衡。

在分析一国国际收支状况时，贸易收支差额具有特殊的重要性。虽然贸易收支账户仅仅是国际收支的一个组成部分，绝不能代表国际收支的整体，但是对许多国家来说，由于贸易收支在全部国际收支中所占的比重较大，同时贸易收支的数字尤其是货物贸易收支的数字易于通过海关的途径及时收集，因此贸易收支差额能够比较快地反映出一国对外经济交往的情况。贸易收支差额在国际收支中有特殊重要性的原因还在于，它表现了一个国家自我创汇的能力，反映了一个国家的产业结构和产品在国际上的竞争力及在国际分工中的地位，是一国对外经济交往的基础，影响和制约着其他账户的变化。

2）经常账户收支差额

经常账户差额是一定时期内一国货物与服务、初次收入和二次收入项目贷方总额与借方总额的差额。当贷方总额大于、小于或等于借方总额时，表明经常账户分别为顺差、逆差或平衡。经常账户差额与贸易差额的主要区别在于收支项目余额的大小。由于初次收入项目主要反映的是资本通过直接投资或证券投资所取得的收入，因此，如果一国净国外资产数额越大，从外国得到收益（即初次收入）也就越多，该国经常账户就越容易出现顺差。相反，如果一国净国外负债越大，向国外付出的收益也就越多，该国经常账户就越容易出现逆差。

经常账户差额是国际收支分析中最重要的收支差额之一。如果出现经常账户顺差，即该账户存在贷方净额，则意味着该国的海外资产净额增加，即该国对外净投资增加；反之，如果出现经常账户逆差，即该账户存在借方净额，则意味着该国的海外资产净额减少，即该国对外净投资减少。虽然经常项目收支差额也不能代表全部国际收支，但它综合反映了一国的进出口状况，从而被各国当作是制定国际收支政策和产业政策的重要依据。同时，国际经济协调组织如 IMF 等，也非常重视各成员国经常项目的收支状况。

3）资本和金融账户差额

资本和金融账户差额是国际收支账户中资本账户与金融账户的净差额。该差额具有以下两层含义：第一，它反映了一国为经常账户提供融资的能力。根据复式记账的原则，国际收支中的一笔贸易流量通常对应一笔金融流量，当经常账户出现赤字时，必然对应着资本和金融账户的相应盈余，这意味着一国利用资本和金融资产的净流入为经常账户提供了融资。因此，如果该差额（盈余）越大，代表一国为经常账户提供融资的能力越强。第二，该差额还可以反映一国金融市场的发达和开放程度。随着经济和金融全球化的不断发展，资本账户和金融账户已经不仅仅局限于为经常账户提供融资，或者说国际资本流动已经逐步摆脱了对国际贸易的依赖,而表现出具有相对独立的运动规律。资本和金融账户差额将能够反映该国金融市场的开放程度以及这种独立的资本运动规律。

4) 综合账户差额

经常账户差额与资本账户差额、金融账户差额进行合并,或者把国际收支账户中的储备资产账户、错误和遗漏净额账户剔除以后所得的余额,称为国际收支综合差额,它是全面衡量一国国际收支状况的综合指标。如果综合差额为正,则称该国国际收支存在顺差;如果综合差额为负,则称该国国际收支存在逆差;如果综合差额为零,则称该国国际收支平衡。

国际收支综合差额具有非常重要的意义,可以根据这一差额判断一国外汇储备的变动情况以及货币汇率的未来走势。如果综合差额为正,该国外汇储备就会不断增加,本国货币将面临升值的压力;如果综合差额为负,该国外汇储备就会下降,本国货币将面临贬值的压力。中央银行可以运用这一差额判断是否需要对外汇市场进行干预,政府也可以根据这一差额确定是否应该进行经济政策的调整。

从上述介绍可以看到,国际收支差额有许多种。不同的国家往往根据自身情况选用其中一种或若干种,来判断自己在国际交往中的地位和状况,并采取相应的对策。

1.3 国际收支的调节

国际收支平衡是一国政府所要追求的外部目标,但在绝大部分情况下,国际收支平衡往往是一种特例或者偶然现象,而国际收支失衡则是一种常态或必然现象。然而,当一国国际收支出现失衡或不平衡现象时,无论是出现逆差(压力较大)还是顺差(尽管压力较小),尤其是长期的、巨额的不平衡,各国均要分析造成国际收支失衡的具体原因及性质,并综合把握国内外经贸形势、发展态势等因素,采取相应政策措施予以调节或纠正,做到标本兼治,以利本国经济的健康发展。

1.3.1 国际收支失衡的类型及性质

导致国际收支失衡的原因是多种多样的,有经济的因素,也有非经济的因素;有来自内部的因素,也有来自外部的因素;有实物方面的因素,也有货币方面的因素等等。而且,国际收支失衡的具体原因不同,其性质也有一定的差异,比如,有的失衡仅是短期现象,而有的则可能是长期现象,还有的是周期性地出现。由此,各国对国际收支失衡现象出现后,其采取的调节或纠正政策及措施也会有所不同。按照发生原因及性质的不同,一般将国际收支失衡的类型分为五种。

1. 季节性和偶然性失衡

它是指短期的、由季节性的及非确定或偶然性因素引起的国际收支失衡。由于生产和消费存在季节性变化的规律，进口和出口也会随之发生变化。生产和消费的季节性变化对进口和出口的影响是不一样的，这就使得一国国际收支也会发生季节性变化，从而产生季节性失衡。对于那些以农产品为主要出口商品的发展中国家，国际收支失衡就常常表现为季节性失衡。这是因为，在农产品收获的季节，这些国家可以通过农产品的出口，形成贸易顺差。但在农产品收获之前，由于需要进口化肥、机械设备以及满足人们日常需要的必需品，往往又会出现贸易逆差，这种贸易差额的季节性变化是十分明显的。

无规律的短期灾变也会引起国际收支的失衡，这被称为偶然性失衡。例如，在出现洪水、地震等自然灾害以及战争、骚乱等社会动荡以后，短期内往往会引起出口下降，但由于需要进口食品、药品以及其他生活必需品以应付灾变等，往往又会出现进口增加，从而出现国际收支失衡。一般地说，偶然性失衡对国际收支的影响是一次性的，且引起的失衡也是暂时性的，因此一国往往采取动用储备的方法加以解决。

2. 结构性失衡

结构性失衡是指一国国内经济、产业结构不能适应世界市场的变化而发生的国际收支失衡。换言之，当国际分工格局或国际需求结构等国际经济结构发生变化时，一国的产业结构及相应的生产要素配置不能完全适应这种变化，进而引发国际收支的结构性失衡。一国的国际收支状况往往取决于贸易收支状况。如果世界市场的需求发生变化，本国输出商品的结构也能随之调整，该国的贸易收支将不会受到影响；相反，如果该国不能适应世界市场的需求而调整商品的输入结构，将使贸易收支和国际收支发生不平衡。

世界各国由于自然资源和其他生产要素禀赋的差异而形成了一定的国际分工格局，这种国际分工格局随要素禀赋和其他条件的变化将会发生变化，任何国家都不能永远保持既定不变的比较利益和竞争优势。如果一个国家的产业结构不能随国际分工格局的变化而得到及时调整，便会出现结构性失衡。此外，从需求角度看，消费者偏好的改变、代替天然原料的合成材料的发明、出口市场收入的变化、产品来源及价格变化等都会使国际需求结构发生变化，一国的产业结构如不能很好地适应这种变化而得到及时调整，也会出现结构性失衡。

3. 周期性失衡

周期性失衡是指因经济景气循环使经济条件变动而发生的盈余和赤字交互出现的国际收支失衡。西方国家经济受再生产周期规律的制约。在周期的不同阶段，无论是价格水平的变化，还是生产、就业、人均收入和社会需求的变化，或两者的共同变化，都会对国际收支状况产生不同的影响。例如，在经济繁荣时期，由于进口的快速增长，一国经常账户往往出现赤字；而在经济萧条时期，国内市场需求的疲软往往会引起出口的增加和进口的减少,使一国经常账户出现盈余。对于资本和金融账户,经济繁荣时期投资前景看好,大量资本流入,将会使该账户出现顺差;反之,在经济萧条时期,则会出现逆差。

第二次世界大战(以下简称"二战")以来,由于各国经济关系的日益密切,各国的生产活动和经济增长受世界经济的影响日益加强,致使主要工业国家的商业景气循环极易传播至其他国家,从而引起世界性的经济景气循环,导致各国出现国际收支周期性失衡。

4. 货币性失衡

货币性失衡是指一国的价格水平、成本、利率及汇率等货币性因素变动所引起的国际收支失衡。若一国的生产成本与物价水平普遍上升,使其相对高于其他国家,则该国的出口会受到抑制,而进口会受到刺激,其经常账户收支便会恶化。同时,如货币供应量增加,则可能会引起本国利率下降和资本流出增加,从而造成资本和金融账户的逆差。两者结合在一起,会造成一国国际收支逆差;反之,如果一国货币供应量的增加相对较少,则会发生与上述情况相反的结果,即国际收支盈余。二战后,工业化国家虽然避免了像20世纪30年代那样的严重经济危机,却远远没有能够抑制由于需求大于供给而造成的物价上涨。物价上涨在发展中国家更加严重,年率达50%或更高的奔驰型通货膨胀并非少见。

此外,物价、成本及利率的变动等,也会引发本国货币对外汇率的变动,这也会引发国际收支的失衡或使失衡进一步加剧。即使是在一定(不变或固定)的汇率水平下,一国货币如果高估,则该国商品的货币成本与物价水平高于其他国家,必然不利于出口而有利于进口,从而使出口减少和进口增加;相反,则出口增加和进口减少。西方国际金融学者一般认为,通货膨胀等货币因素是造成战后国际收支失衡的最重要原因之一。

5. 收入性失衡

收入性失衡是指一国国民收入相对过快增长而导致进口需求增长超过出口增长所引起的国际收支失衡。收入性不平衡是一个比较笼统的概念,因为国民收入相对快速增长的原因是多种多样的,可以是周期性的、货币性的,或经济处在高速增长阶段所引起的。一国国民收入的增减,会对其国际收支产生影响:国民收入增加,贸易支出和非贸易支出都会增加;反之,国民收入减少,则贸易支出和非贸易支出也会减少。

此外,国际收支失衡也可能是由于一国推出重要的扩张或紧缩的财政政策或货币政策,或者实施重大改革而引发的国际收支不平衡,可称为政策性失衡;由于一国商品缺乏国际竞争力所引起的失衡,即贸易竞争性失衡(也可归入结构性失衡);一些发展中国家在发展民族经济的过程中,违背了量力而行的原则,借入大量外债,超过了自身的承受能力,同时一些发达国家实施高利率政策和保护主义措施,结果使发展中国家贸易条件进一步恶化,国际收支逆差不断扩大,可称之为过度债务性失衡。

就上述各个原因来说,经济结构性因素和经济增长率变化所引起的国际收支不平衡,具有长期、持久的性质,而被称为持久性不平衡;其他因素所引起的国际收支不平衡,仅具有临时性或短期性,具有一定的可逆性,因而被称为非持久性不平衡。

1.3.2 国际收支调节的必要性

如前所述,国际收支平衡往往是一种特例或者偶然现象,而国际收支失衡则是一种常态或必然现象。而国际收支失衡多指一国经常账户、资本与金融账户的余额出现问题,即对外经济出现了需要调整的情况。但究竟出现何种情况,即国际收支哪些账户出现不平衡时才需要调整呢?这就涉及对国际收支失衡的判定问题。同时,当国际收支失衡,尤其是巨额、长期性失衡情况形成后,就会对一国经济产生诸多方面的负面影响,由此国际收支调节就显得非常必要。

1. 国际收支失衡的判定

前已述及,国际收支差额有多种类型,分析不同的国际收支差额,有着不同的意义。但究竟依据什么来判定一国国际收支失衡与否,进而确定是否需要进行调节或干预,却没有形成相对一致的意见。然而,对于这个问题,是可以从国际经济交易的目的或性质加以判定的。国际收支平衡表是各项国际经济交易的记录,因而从每笔交易以及从借贷总计来看总是平衡的。但国际经济交易所引起的国际收支事先无法达到平衡。反映在国际收支平衡表上的各类经济交易,按其目的或性质的不同,实际上可以分为两种:

(1) 事先的自主性交易(Autonomous Transaction)。又称事前交易(Exante Transaction),是指个人或经济实体为了经济上的某种目的而自主进行的交易。如贸易项目一般就属于这一种。一国在一个长时期里自主性交易平衡,无须再依靠调节性交易来调节与维持,就可以说该国国际收支达到了实质性平衡。换言之,自主性交易是否平衡,是衡量国际收支长期性平衡与否的一个重要标志。

(2) 事后的调节性交易(Accommodating Transaction)。又称事后交易(Expost Transaction)、补偿性交易(Compensatory Transaction),是指在自主性交易出现缺口或差额时进行的弥补性交易。即在自主性交易中如发生差额,则只能动用国际储备或借入短期资本以弥补上述差额。这里的动用国际储备、借入短期资本等行为就是调节性交易。

自主性交易的国际收支如果能基本相抵,则调节性交易就不必占重要位置。在这个意义上,国际收支就基本上达到平衡;如果情况相反,则国际收支就不平衡。

国际收支的基本平衡是各国重要经济目标之一。本国经济中许多因素,诸如生产波动、产业结构变动、金融动荡、物价升降等,都能影响这个目标的顺利实现;国外经济、政治、金融状况的变化也能产生不利影响。为避免和抵消这些影响,需要调节国际收支。

值得注意的是,国际收支调节的目的,从简单和直接的意义上讲是要追求国际收支的平衡;从更深一层的意义上讲,尤其是在国内经济处于不平衡的情况下,是要追求国际收支的均衡。国际收支均衡(Balance of Payments Equilibrium)是指一国国内经济处于均衡状态下的自主性国际收支平衡,即国内经济处于充分就业和物价稳定下的自主性国际收支平衡。可见,一国在制定适当的政策措施以调节国际收支时,要对国际收支平衡表作全面的分析,并把国际收支与国内经济统一起来综合考虑,努力实现国际收支均衡。

2. 国际收支失衡的经济影响

当一国国际收支出现失衡或不平衡时,一方面造成汇率、资源配置、福利提高的困难,另一方面也会造成经济增长与经济发展的困难,进而影响到国内经济的均衡发展,因此需要进行调整。当然国际收支状况不同,比如是逆差还是顺差、短期偶发还是长期持续等,其对本国经济的影响也是不同的。

1) 国际收支持续逆差对国内经济的影响

(1) 导致外汇储备大量流失。储备资产的流失既减弱了该国对外支付及市场干预能力,也意味着其金融实力甚至整个国力的下降,损害该国在国际上的声誉。

(2) 导致本币对外贬值。国际收支逆差会导致该国外汇短缺,加大本币对外汇率下浮的压力,引发本币对外贬值。这虽然可能有助于该国将来的贸易收支,但是若本币汇率过度下跌,一方面会削弱本币在国际上的地位和信誉,引发国际资本大量外逃,进而出现货币危机;另一方面也会出现偿债负担加重,进而可能导致对外债务危机。

(3) 不利于该国的经济发展。逆差使一国获取外汇的能力减弱、外汇短缺,也会导致国内通货紧缩,利率上升。这一方面影响该国发展生产所需的生产资料的进口,抑制人们的投资和消费行为,从而不利于该国的经济增长;另一方面也会影响一国的国内财政以及人民的充分就业。此外,如果一国的国际收支逆差是由于贸易收支巨额赤字引起的,则大量的进口抑制了民族经济,对以后的经济发展不利。

(4) 导致对外支付及债务危机。持续性逆差可能会引起国际收支危机与对外债务危机,削弱该国的国际经济地位,损坏其国际形象。

2) 国际收支持续顺差对国内经济发展的影响

(1) 导致外汇储备持续增加。这有利于增强一国对外支付能力,并提高该国的货币信誉。

(2) 促使本币升值。持续顺差引发市场的外汇供给过多,增加了外汇对本币的需求,导致本币汇率上升,这虽然有利于对外债务负担的减轻,但是降低了本国商品在国际市场的竞争力,不利于出口,反而对进口有利,从而不利于本国的经济增长,并加重国内失业问题。

(3) 导致本币供应量增加。持续顺差会导致外汇资金的不断流入,促使本币投放量日益增多,这就可能引发或加重国内通货膨胀。

(4) 诱发或加剧国际贸易摩擦。一国持续顺差,特别是贸易顺差可能会影响其他国家经济发展,引起国际社会的不满,加剧国际贸易摩擦。

(5) 不利于后期经济发展。如一国顺差是由于贸易盈余而引起的,尤其是那些通过持续性开发国内资源并过度出口的国家,会给其今后的经济发展带来隐患。同时,就发展中经济体而言,持续顺差会使该国丧失获取国际金融组织优惠贷款的权利,导致海外融资成本上升。

综上所述,当国际收支发生不平衡,尤其是持续性、巨额失衡时,一国将对其进行调节。这不仅为了使国际收支能保持基本上平衡,而且也为本国汇价、物价的稳定以及整个经济增长和对外支付能力的增强创造条件。

1.3.3 国际收支的调节

1. 国际收支的自动调节机制

国际收支自动调节是指由国际收支失衡引起的国内经济变量变动对国际收支的反作用过程。在商品经济条件下,一国国际收支不平衡时,受价值规律的支配,一些经济变量就会出现相应变动,这些变动反过来又会使国际收支不平衡自动地得到一定程度的矫正。换言之,国际收支失衡后,有时不需要政府当局立即采取措施加以消除,经济体系中存在的某些机制,往往能够使国际收支失衡在某种程度上得到缓和,甚至自动恢复平衡。

国际收支的自动调节机制,在不同的货币制度下具有不同的特点。

1) 金本位制下的国际收支自动调节机制

在第一次世界大战之前各国普遍实行金本位制的条件下,一个国家的国际收支可以通过物价的涨落和现金(即黄金)的输出输入自动恢复平衡。这一自动调节规律称为"物价—现金(铸币)流动机制"(Price Specie-Flow Mechanism)。因其是由英国经济学家大卫·休谟(David Hume,1752)提出的,故又称"休谟机制"。

物价—现金(铸币)流动机制可以概括为:在金本位制度下,当一国出现国际收支逆差时,就意味着本国黄金的净流出。由于黄金外流会导致国内黄金存量的减少,国内货币供给量就会下降,从而引起该国物价水平的下跌。物价下跌将会提高本国商品和劳务在国际市场的竞争力,削弱外国商品和劳务在本国市场的竞争力,从而使该国商品和劳务的出口增加,进口减少,直至消除该国国际收支赤字(见

图 1.1)。反之,当一国出现国际收支顺差时,黄金的净流入将导致国内黄金存量的增加,国内货币供给量会相应上升,从而引起该国物价水平的上涨。物价上涨将提高外国商品和劳务在本国市场的竞争力,削弱本国商品和劳务在国际市场的竞争力,从而使该国商品和劳务的进口增加,出口减少,该国国际收支顺差会减少直至消除。因此,在国际金本位制度下,无论出现国际收支逆差还是顺差,只要允许该制度的内在调节机制发挥作用,此时无须政府进行任何干预,国际收支失衡的现象都可以自动得到纠正,国际收支均衡可以自动恢复。

图 1.1　物价—现金(铸币)自动调节机制

2) 纸币本位制下的国际收支自动调节机制

在纸币本位制下,国际收支自发调节机制主要有汇率机制、利率机制、收入机制和价格机制等,但由于国际汇率制度的不同,某些机制难以发挥作用。如在固定汇率制度下,汇率机制就难以发挥作用。

(1) 汇率机制。当一国出现国际收支失衡时,必然会对外汇市场产生压力,促使外汇汇率的变动。如果该国政府允许汇率自发变动,而不进行干预,则国际收支的失衡就有可能会被外汇汇率的变动所消除,从而使该国国际收支自动恢复均衡。例如,当一国出现国际收支逆差时,必然会引起外汇市场上的外汇需求大于外汇供给,在政府不对外汇市场进行干预的前提下,外汇汇率将上升,而本币汇率会下跌。如果该国满足马歇尔—勒纳条件,那么本币贬值将会改善该国贸易收支状况,并使其国际收支趋于均衡(见图 1.2);反之,当一国出现国际收支顺差时,本币汇率的自发上升也会使该国的国际收支自发趋于均衡。

图 1.2　纸币本位制下汇率自动调节机制

(2) 收入机制。如果在某一均衡收入水平上发生了国际收支的失衡,经济体系内部就会自发产生使收入水平发生变动的作用力,而收入的变动至少会部分地减少国际收支的失衡程度。例如,在某一均衡收入水平上,由于一国出口的增加导致国际收支顺差,但与此同时,出口的增加又会引起国民收入水平的增加和社会总需求的上升,从而会引起进口的增加,这就部分地抵消了出口的变动,从而减少了该国国际收支顺差的程度;反之,当国际收支出现逆差时,国民收入的下降将会部分地消除该国国际收支逆差(见图 1.3)。

图1.3 纸币本位制下收入自动调节机制

（3）利率机制。在固定汇率制度下，国际收支失衡会通过货币供应量的调整，引起利率水平的变化，从而起到减轻一国国际收支失衡的作用。例如，在出现国际收支逆差的情况下，如果货币当局采取严格的稳定汇率政策，就必然会干预外汇市场，抛售外汇储备，回购本币，从而造成本国货币供应量的下降。货币量的减少会产生一个提高利率的短期效应，导致本国资本外流减少，外国资本流入增加，从而使该国金融账户得以改善，并减轻国际收支逆差的程度（见图1.4）。反之，国际收支盈余会通过货币供应量的上升和利率水平的下降，导致本国资本外流增加，外国资本流入减少，使其国际收支盈余减少甚至消除。

图1.4 纸币本位固定汇率制下利率自动调节机制

在浮动汇率制度下，一国货币当局不对外汇市场进行干预，即不通过储备增减来影响外汇供给或需求，而听凭市场的外汇供求来决定汇率的上升和下降。国际收支的调节是以汇率变化为基础而进行的，参见前述汇率机制。

（4）价格机制。价格的变动在国际收支自动调节机制中也发挥着重要的作用。在国际收支逆差时，货币供应量的下降，会使公众所持有的现金余额低于其意愿水平，该国居民就会缩减对商品和劳务的开支，从而引起价格水平的下降。本国商品相对价格的下降，会提高本国商品的国际竞争力，从而使本国的出口增加，进口减少，该国际收支状况得以改善（见图1.5）。反之，国际收支顺差会通过物价水平的上涨，削弱该国商品的国际竞争力，进而在一定程度上减少国际收支盈余直至平衡。

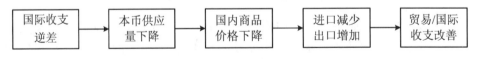

图1.5 纸币本位制下价格自动调节机制

2. 国际收支的政策调节

虽然国际收支自动调节机制（即市场调节）能从一定程度上缓解国际收支失衡状况，但是固定汇率制度下自发调节的过程往往需要牺牲国内宏观经济目标；而浮动汇率制度下自动恢复均衡所需要的过程相当漫长，即这一机制只能在某些经济条件或经济环境中才起作用,而且作用的程度和效果无法保证。因此,当国际收支出现失衡时,一国政府往往不能完全依靠经济体系内部的自动调节机制来使国际收支恢复均衡,而有必要主动运用适当政策和措施来对国际收支进行调节。

政府对国际收支进行调节的手段多种多样,各国政府可根据本国国情采取不同政策措施对国际收支进行调节。政府调节国际收支的政策有三个层次的选择:首先,是采取融资政策还是调整政策的选择;其次,如果是选择调整政策,则有调节供给和调节需求的选择;再次,如果是选择调节需求,则又有调节需求水平和调节需求方向的选择。下面我们就需求调节政策、供给调节政策、融资政策以及政策搭配四个方面进行介绍。

1) 需求调节政策

按对需求的不同影响,国际收支的调节政策可分为支出增减型政策(调节需求或指出水平)和支出转换型政策(调节需求或指出方向)两大类。

(i) **支出增减型政策**(Expenditure-Changing Policy)

支出增减型政策又称支出变更政策,是指改变社会总需求或国民经济中支出总水平的政策。这类政策旨在通过改变社会总需求或总支出水平,来改变对外国商品、劳务和金融资产的需求,达到调节国际收支的目的。这类政策主要是指财政政策和货币政策。

(1) 财政政策。财政政策是指一国政府通过调整政府支出和税收实现对国民经济需求管理的政策。财政政策通常作为调节国内经济的手段,但由于总需求的变动可以改变国民收入、价格水平和利率,进而引起国际收支的变动,所以财政政策也成为国际收支的调节手段。以一国出现国际收支逆差为例,财政当局可以运用紧缩性的财政政策从两个方面使国际收支恢复均衡:一方面,减少政府支出或增税会通过乘数效应成倍地降低国民收入,国民收入的降低又会相应地压缩进口,从而使国际收支中的经常账户恢复均衡。另一方面,抑制总需求又会降低通货膨胀率或使物价水平下降,而物价下降将会提高本国商品的国际竞争力,产生刺激出口抑制进口的作用,也有利于减少经常账户的逆差。

但值得注意的是,在采用紧缩性的财政政策以抑制总需求的同时,国民收入和价格水平的下降往往也伴随着利率水平的降低,在资本的国际流动不受限制的情况下,这会引起大量资本流出,从而在相当程度上抵消经常账户收支的改善。因此,在一国出现国际收支逆差时,适当进行资本管制,将有利于紧缩性财政政策发挥更好的效果。

(2) 货币政策。货币政策是货币当局通过调节货币供应量来实现宏观经济需求管理的政策。在西方发达国家,中央银行一般通过改变再贴现率、改变法定存款准备金率和开展公开市场业务来调节货币供应量。由于货币供应量的变动会引起国民收入、价格水平和利率的变动,所以货币政策也成为重要的国际收支调节手段。以一国出现国际收支逆差为例,中央银行可以实行紧缩性的货币政策。通过实行紧缩性的货币政策降低货币供应量,一方面可以抑制消费需求和投资需求,使经济增长速度放慢,从而可以减少进口支出,改善一国经常账户状况。另一方面,货币供应量的减少还会导致价格水平下降,提高一国出口商品的国际竞争力,通过出口的增加使经常账户的逆差减少。

货币政策对国际收支金融账户的影响不同于财政政策。实行紧缩性货币政策,货币供应量的减少将提高而不是降低利率水平,在资本的国际流动不受限制的情况下,这会吸引大量资本流入,导致资本和金融账户出现顺差,使一国国际收支状况得到进一步改善。由此可见,在国际收支失衡的调节过程中,货币政策发挥的作用将比财政政策发挥的作用更大。

现以国际收支逆差为例(见图1.6),来说明支出增减型政策对国际收支的调节机制(作用)。当国际收支顺差时,则政策措施的运用及其影响作用正好与逆差情况相反。

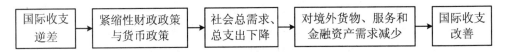

图1.6 支出增减型政策调节国际收支示意图

(ii) 支出转换型政策(Expenditure-Switching Policy)

支出转换型政策是指不改变社会总需求和总支出水平,而改变需求和支出方向的政策。主要包括汇率政策、补贴和关税政策以及直接管制。所谓改变支出方向,是指当国际收支逆差时将国内支出从外国商品和劳务转移到国内的商品和劳务上来。汇率的下浮或汇率贬值、对进口商品和劳务课以较高的关税,都会使进口商品和劳务的价格相对上升,从而使居民将一部分支出转移到购买进口替代品上来。而当国际收支处于顺差状态时,则正好相反,即应将国内支出从国内商品和劳务转移到外国商品或劳务上来。

(1) 汇率政策。它是指运用汇率的变动来纠正国际收支失衡的调节政策。在不同的汇率制度背景下,实施汇率调整政策的做法不尽相同,主要有:

第一,汇率制度的变更。在一国原先采用固定汇率或盯住汇率的情况下,如果出现巨额国际收支赤字,货币当局可以采用浮动汇率制或弹性汇率制,允许汇率由外汇市场供求自行决定,让汇率的自发变动来纠正国际收支逆差。

第二,外汇市场干预。在汇率由市场决定的情况下,一国货币当局可以通过参与外汇交易、在外汇市场上购入外汇出售本币的方法,驱使本币贬值以增加出口、减少进口,改善其国际收支状况。

第三,官方汇率贬值。在实行外汇管制的国家,汇率由一国货币当局人为规定,而非由市场供求决定。货币当局可以通过公布官方汇率贬值,直接运用汇率作为政策杠杆实现奖出限入,以消除其国际收支逆差。

不论具体做法如何,汇率调整政策对国际收支的影响都是通过改变汇率水平来实施的。在一国出现国际收支逆差时,通过本币贬值来改善国际收支状况,需要注意以下四方面的问题:① 进出口商品的弹性需要满足"马歇尔—勒纳条件"或其他相关条件。② 本币贬值对国际收支所产生的影响可能会存在时滞效应,即短期内国际收支状况不仅不会改善,反而会恶化,只有经过一段时间以后,国际收支状况才能逐步改善。③ 如果一国通过本国货币竞争性的贬值,以求本国国际收支盈余,促进本国国民收入和就业增加,往往会引起其他国家国际收支状况恶化,进而会引起其他国家的报复,甚至引发货币战。④ 在一定的条件下,虽然本币贬值可以改善一国经常账户的收支状况,但本币贬值往往也会诱发资本外逃,恶化一国金融账户的收支状况,最终导致对该国国际收支所产生的影响存在不确定性。

(2) 补贴和关税政策。补贴政策是指通过对出口商品发放价格补贴或出口退税等措施来鼓励出口;关税政策是通过提高进口关税税率来限制进口数量,或者通过降低进口生产资料的关税来扶植本国进口替代和出口替代产业的发展。

(3) 直接管制政策。它是指对国际经济交易采取直接行政干预的政策,包括贸易管制和外汇管制等。贸易管制是指政府采取的直接限制进出口数量的政策措施。各国经常采用的贸易管制方法主要有:进口配额制、进口许可证制、规定苛刻的进口技术标准、歧视性采购政策等。外汇管制是一国政府为平衡国际收支而对外汇交易所进行的限制,包括对外汇买卖、汇率、国际结算以及资本流动等诸多方面的外汇收支与交易所做的规定。

现以国际收支逆差为例(见图 1.7),来说明支出转换型政策对国际收支的调节机制(作用)。当国际收支顺差,则政策措施的运用及其影响作用正好与逆差情况相反。

图 1.7　支出转换型政策调节国际收支示意图

2) 供给调节政策

从供给角度分析,国际收支调节政策还包括产业政策和科技政策等影响供给的政策措施。产业政策的核心在于优化产业结构,根据一国资源拥有状况和世界市场需求的变化,制定合理的产业结构规划,对部分产业部门进行调整与限制发展,而对一国优势产业和战略性产业采取政策措施促进其发展壮大,从而提高一国产业的国际竞争力,减少甚至消除结构性国际收支失衡。科学技术是第一生产力,现代各国之间的经济竞争本质上是科技的竞争,通过制定合理的科技政策,可以提高一国整体的科技水平,增加出口商品的技术含量与附加值,提高进口替代商品的竞争力,从而达到改善国际收支状况的目的。制定合理的科技政策包括:加强科学基础理论的研究,鼓励技术发明与创新,加快科技成果的应用与推广,增加教育投入提高劳动者素质等。

供给调节政策是一种长期性的政策措施,虽然在短期内难以取得显著的效果,但它可以通过提高国民经济的综合实力和国际竞争力,从根本上改善一国国际收支状况。

3) 资金融通政策

资金融通政策简称融资政策,是指政府通过借款或动用外汇储备向外汇市场提供外汇,以弥补外汇市场的供求缺口,弥补国际收支赤字。从一国宏观调控角度看,它主要体现为国际储备政策。一般的做法是建立外汇平准基金,该基金保持一定数量的外汇储备和本国货币,当国际收支失衡造成外汇市场的超额外汇供给或需求时,货币当局就动用该基金在外汇市场公开操作,买进或卖出外汇,消除超额的外汇供求。

融资政策与调节社会总需求的支出政策之间具有一定的互补性与替代性。比如,当国际收支发生逆差时,一国政府既可以采取支出型政策来加以调节,也可以采用融资的办法或两者相结合的办法来加以调节。在逆差额既定的情况下,较多使用资金融通,便可较少使用需求调节;反之,较多使用需求调节,便可较少使用资金融通。总之,融资政策是在短期内利用资金融通的方式来弥补国际收支赤字以实现经济稳定的一种政策。

4) 政策搭配

一般来说,对不同性质的国际收支失衡要采用不同的调节方法。比如,以资金融通来纠正暂时性的或短期的国际收支不平衡,以支出增减型政策来纠正收入性或货币性不平衡,以供给调节政策来应对结构性不平衡,等等。但有时候,情况并不这么简单。比如,由预算赤字和货币宽松引起的货币性或收入性失衡,可采用下述几种方法加以调整:一是支出增减型。即以较大幅度地消减财政赤字,减少货币供应量。其结果是在国际收支失衡得到纠正的同时,可能导致失业增加,经济活力降低和社会动荡。二是支出增减型和融资型的搭配。即在较小幅度消减财政赤字和收缩银根的同时,动用官方储备或使用国际信贷便利。这样,在国际收支逆差得以纠正的同时,引发的失业和社会动荡程度较轻,但会使官方储备减少或债务增加。三是支出增减型和支出转换型的搭配。即在较小幅度消减财政赤字和收缩货币供应量的同时使货币贬值。这样做的结果是,在国际收支逆差得以纠正的同时,失业和社会动荡程度较轻,但货币贬值可能引发外汇市场的混乱和通货膨胀。可见,采用不同的调节政策搭配,会导致不同的调节成本。

综上所述,各种国际收支调节政策(包括政策搭配)存在着种种矛盾,因此采取什么样的政策来调节国际收支,需要综合考虑各种情况,主要是:① 国际收支失衡的性质;② 国际收支失衡时国内社会和宏观经济结构;③ 内部均衡与外部平衡之间的相互关系。国际收支政策调节的全部目的在于:当国际收支失衡时,正确使用并搭配不同类型的调节政策(正确的政策搭配是国际收支成功调节的核心),以最小的经济和社会代价达到国际收支的平衡或均衡。

1.4 中国的国际收支

1.4.1 中国国际收支统计

国际收支统计是指对一个国家或经济体与世界其他国家或经济体之间各项国际经济交易及对外资产负债情况进行的统计,包括流量统计和存量统计。它是国民经济综合平衡必不可少的一个环节,良好的国际收支统计信息是制定正确的对外经济政策的基础,关系到一个国家的对外形象。

1. 中国国际收支统计的发展历程

新中国成立以来,中国的国际收支统计经历了一个由主要反映对外贸易和侨汇收入,逐渐发展为反映全部国际经济贸易的收支状况的发展演变过程。这个过程基本上可以分为两个阶段。

第一阶段(1948~1980年),编制外汇收支平衡表阶段。在此阶段,由于诸多因素中国国民经济和对外贸易总体上发展较为缓慢,外贸规模并不大,出口商品单一,加上资本主义国家对中国经济的封锁,中国的国际收支主要是贸易收支和侨汇收支,因此没有编制系统的国际收支平衡表,而是用外汇收支平衡表来反映国际收支状况,其中的主要项目是进出口贸易以及非贸易。

第二阶段(1981年至今),编制国际收支平衡表阶段。1980年,中国恢复了在IMF和WB的合法地位。1981年8月,国家统计局会同原国家进出口管理委员会、国家外汇管理局、中国人民银行总行等部门,结合中国实际情况,参照IMF的有关规定,建立了中国国际收支统计报表制度,当年开始实行。1981年11月,在取得经验的基础上,对国际收支统计报表制度进行了修订。1982年,中国在外汇收支平衡表的基础上编制国际收支平衡表。1985年9月,首次正式发布了1982~1984年中国国际收支平衡表(概览表),并自1988年开始,每年公布上一年度的国际收支平衡表。1995年8月,中国人民银行正式颁布了《国际收支统计申报制度》,自1996年1月1日起施行。从此,中国的国际收支统计进入了发展完善阶段。

2. 中国国际收支平衡表的框架内容

1982~2000年,中国按年度编制和公布国际收支平衡表;1998年起按季度编制国际收支平衡表;2005年起按半年度撰写、发布《中国国际收支报告》;2006年首次公布中国国际收支头寸表(IIP)。2014年及以前年份,中国先后主要根据IMF《国际收支手册》第4版及第5版的概念框架及分类标准,结合自己的国情及统计申报制度编制、发布自己的国际收支平衡表。

自2015年起,中国国际收支统计数据根据IMF的BPM6编制。国家外汇管理局所公布的中国国际收支平衡表的概念框架、分类均遵循BPM6。原则上,中国国际收支平衡表涵盖中国居民与非中国居民之间发生的一切经济交易,但在统计口径上,经济体范围不包括中国香港、澳门两个特别行政区和中国台湾省。目前,中国国际收支平衡表主要包括三大项目:经常账户、资本与金融账户、净误差与遗漏。每一个子项目的内容和统计口径根据中国对外经济情况的特点决定,具体见表1.3。

表1.3 2015～2017年中国国际收支平衡表(单位:亿美元)

项 目	2015	2016	2017
1. 经常账户	3,042	2,022	1,649
贷方	26,193	24,546	27,089
借方	−23,151	−22,524	−25,440
1.A 货物和服务	3,579	2,557	2,107
贷方	23,602	21,979	24,229
借方	−20,023	−19,422	−22,122
1.A.a 货物	5,762	4,889	4,761
贷方	21,428	19,895	22,165
借方	−15,666	−15,006	−17,403
1.A.b 服务	−2,183	−2,331	−2,654
贷方	2,174	2,084	2,065
借方	−4,357	−4,415	−4,719
1.A.b.1 加工服务	203	184	179
贷方	204	185	181
借方	−2	−2	−2
1.A.b.2 维护和维修服务	23	32	37
贷方	36	52	60
借方	−13	−20	−23
1.A.b.3 运输	−467	−468	−561
贷方	386	338	372
借方	−853	−806	−933
1.A.b.4 旅行	−2,049	−2,057	−2,251
贷方	450	444	326

续表

项　目	2015	2016	2017
借方	−2,498	−2,501	−2,577
1.A.b.5 建设	65	42	36
贷方	167	127	122
借方	−102	−85	−86
1.A.b.6 保险和养老金服务	−38	−88	−74
贷方	50	41	41
借方	−88	−129	−115
1.A.b.7 金融服务	−3	11	18
贷方	23	32	34
借方	−26	−20	−16
1.A.b.8 知识产权使用费	−209	−228	−239
贷方	11	12	48
借方	−220	−240	−287
1.A.b.9 电信、计算机和信息服务	131	127	77
贷方	245	254	270
借方	−114	−127	−193
1.A.b.10 其他商业服务	189	147	161
贷方	584	580	586
借方	−395	−432	−426
1.A.b.11 个人、文化和娱乐服务	−12	−14	−20
贷方	7	7	8
借方	−19	−21	−27
1.A.b.12 别处未提及的政府服务	−15	−20	−18
贷方	11	12	17
借方	−26	−32	−35
1.B 初次收入	−411	−440	−344
贷方	2,232	2,258	2,573
借方	−2,643	−2,698	−2,918
1.B.1 雇员报酬	274	207	150

续表

项　目	2015	2016	2017
贷方	331	269	217
借方	−57	−62	−67
1.B.2 投资收益	−691	−650	−499
贷方	1,893	1,984	2,349
借方	−2,584	−2,634	−2,848
1.B.3 其他初次收入	7	3	5
贷方	8	6	7
借方	−2	−2	−3
1.C 二次收入	−126	−95	−114
贷方	359	309	286
借方	−486	−404	−400
2. 资本和金融账户	−912	272	570
2.1 资本账户	3	−3	−1
贷方	5	3	2
借方	−2	−7	−3
2.2 金融账户	−915	276	571
资产	95	−2,320	−3,782
负债	−1,010	2,596	4,353
2.2.1 非储备性质的金融账户	−4,345	−4,161	1,486
资产	−3,335	−6,756	−2,867
负债	−1,010	2,596	4,353
2.2.1.1 直接投资	681	−417	663
2.2.1.1.1 资产	−1,744	−2,164	−1,019
2.2.1.1.1.1 股权	−1,039	−1,470	−997
2.2.1.1.1.2 关联企业债务	−705	−694	−22
2.2.1.1.2 负债	2,425	1,747	1,682
2.2.1.1.2.1 股权	2,118	1,649	1,422
2.2.1.1.2.2 关联企业债务	307	98	260
2.2.1.2 证券投资	−665	−523	74

续表

项　目	2015	2016	2017
2.2.1.2.1 资产	−732	−1,028	−1,094
2.2.1.2.1.1 股权	−397	−382	−377
2.2.1.2.1.2 债券	−335	−645	−717
2.2.1.2.2 负债	67	505	1,168
2.2.1.2.2.1 股权	150	234	340
2.2.1.2.2.2 债券	−82	271	829
2.2.1.3 金融衍生工具	−21	−54	5
2.2.1.3.1 资产	−34	−65	15
2.2.1.3.2 负债	13	12	−10
2.2.1.4 其他投资	−4,340	−3,167	744
2.2.1.4.1 资产	−825	−3,499	−769
2.2.1.4.1.1 其他股权	0	0	0
2.2.1.4.1.2 货币和存款	−550	−643	−370
2.2.1.4.1.3 贷款	−475	−1,103	−397
2.2.1.4.1.4 保险和养老金	−32	−3	0
2.2.1.4.1.5 贸易信贷	−460	−1,008	−194
2.2.1.4.1.6 其他	692	−743	192
2.2.1.4.2 负债	−3,515	332	1,513
2.2.1.4.2.1 其他股权	0	0	0
2.2.1.4.2.2 货币和存款	−1,226	91	1,055
2.2.1.4.2.3 贷款	−1,667	−174	496
2.2.1.4.2.4 保险和养老金	24	−7	7
2.2.1.4.2.5 贸易信贷	−623	162	−12
2.2.1.4.2.6 其他	−24	259	−32
2.2.1.4.2.7 特别提款权	0	0	0
2.2.2 储备资产	3,429	4,437	−915
2.2.2.1 货币黄金	0	0	0
2.2.2.2 特别提款权	−3	3	−7
2.2.2.3 在国际货币基金组织的储备头寸	9	−53	22

续表

项　目	2015	2016	2017
2.2.2.4 外汇储备	3,423	4,487	−930
2.2.2.5 其他储备资产	0	0	0
3. 净误差与遗漏	−2,130	−2,295	−2,219

资料来源：国际外汇管理局.中国国际收支平衡表时间序列(BPM6)[Z].

1.4.2　中国国际收支形势

1. 改革开放40年来中国国际收支的发展演变[①]

改革开放以来，中国经济社会发生了翻天覆地的变化，涉外经济更是得到了蓬勃发展，从国际收支数据上可以得到充分体现。

1) 改革开放推动中国经济全面融入世界经济体系，中国国际收支交易实现从小变大、由弱变强的巨大飞跃

(1) 中国在全球贸易中的地位明显提升。国际收支统计数据显示，1982年中国货物与服务进出口总额为404亿美元，在全球范围内位居第20位。之后到2001年加入世界贸易组织(WTO)的近20年间，货物与服务贸易总额年均增长14%；2001～2008年，对外贸易进入高速发展期，年均增速达26%；2009～2017年，对外贸易在波动中逐步趋稳，年均增长9%。2016年，中国货物与服务进出口总额为4.14万亿美元，在全球范围内位居第2位，仅次于美国。

(2) 对外金融资产和负债规模稳步增长。改革开放以来，中国跨境直接投资先行先试，债券投资和贷款逐渐被政府允许，证券投资随着合格机构投资者制度的引入实现了从无到有的突破，近年来"沪港通"、"深港通"、"债券通"等渠道不断丰富，各类跨境投融资活动日益频繁。以直接投资为例，20世纪80年代国际收支统计的境外来华直接投资年均净流入20亿～30亿美元，90年代升至每年几百亿美元，2005年开始进入千亿美元，中国逐步成为全球资本青睐的重要市场。对外直接投资(FDI)在2005年之前每年均不足百亿美元，2014年突破千亿美元，体现了国内企业实力的增强和全球化布局的需要。国际收支头寸表显示，2017年中国对外金融资产和负债规模(分别为69256亿美元和51115亿美元)合计近12.04万亿美元，自2004年有数据统计以来年均增长17%。从2016年末的各国数据比较看，中国对外金融资产和负债规模全球排第8位，并且是全球第二大净债权国(金额为19504亿美元)。

[①] 参见：国家外汇管理局.2017年中国国际收支报告(专栏1)[Z].

2) 改革开放促进国内经济结构和对外经济格局的优化,中国国际收支经历长期"双顺差"后逐步趋向基本平衡

(1) 经常账户顺差总体呈现先升后降的发展态势。1982~1993年,中国经常账户差额有所波动,个别年份出现逆差。但1994年以来,经常账户开始了持续至今的顺差局面。其中,1994~2007年,经常账户顺差与GDP之比由1%左右提升至9.9%,外向型经济特征凸显,在此期间也带动了国内经济的快速增长。但2008年国际金融危机进一步表明,中国经济应降低对外需的依赖,更多转向内需拉动。2008年起中国经常账户顺差与GDP之比逐步回落至合理区间,2017年降至1.3%(见表1.4)。说明近年来内需尤其是消费需求在经济增长中的作用更加突出,这也是内部经济结构优化与外部经济平衡的互为印证。

表1.4 2011~2017年中国国际收支差额主要构成(单位:亿美元)

项目	2011	2012	2013	2014	2015	2016	2017
经常账户差额	1361	2154	1482	2360	3042	2022	1649
与GDP之比(%)	1.8	2.5	1.5	2.3	2.7	1.8	1.3
非储备性质的金融账户差额	2600	−360	3430	−514	−4345	−4161	1486
与GDP之比(%)	3.4	−0.4	3.6	−0.5	−3.9	−3.7	1.2

资料来源:国际外汇管理局.2017年中国国际收支报告[Z].

(2) 跨境资本由持续净流入转向双向流动。在1994年经常账户开启长期顺差局面后,中国非储备性质金融账户也出现了长达20年左右的顺差,"双顺差"一度成为中国国际收支的标志性特征。在此情况下,外汇储备余额持续攀升,最高接近4万亿美元。2014年以来,在内外部环境影响下,非储备性质金融账户持续了近三年的逆差,外汇储备由升转降,直至2017年外汇储备再度回升。上述调整也引起了中国对外资产负债结构的变化,2017年末对外资产中储备资产占比为47%,较2013年末下降18个百分点;直接投资、证券投资和其他投资占比分别上升10个、3个和5个百分点,体现了对外资产的分散化持有与运用。同时,2017年末对外负债中的证券投资占比较2013年上升11个百分点,其他投资占比下降9个百分点,国内资本市场开放的成果有所显现。

3) 改革开放增强了中国的综合国力和抗风险能力,中国国际收支经受住了三次较显著的外部冲击与考验

(1) 中国国际收支状况保持总体稳健。改革开放以来,国际金融市场震荡对中国国际收支形成的冲击主要有三次。一是1998年亚洲金融危机,当年中国非储备性质金融账户出现63亿美元小幅逆差,但由于经常账户顺差较高,外汇储备稳中略升;二是2008年国际金融危机以及随后的欧美债务危机,中国国际收支"双顺差"格局没有发生根本改变,外汇储备进一步增加;三是2014~2016年美国货币政

策转向,新兴经济体普遍面临资本外流、货币贬值问题,中国外汇储备下降较多,但国际收支支付和外债偿还能力依然较强、风险可控。

(2) 日益稳固的经济基本面和不断提升的风险防范能力是应对外部冲击的关键。首先,改革开放以来,中国经济实力不断增强,逐步成为全球第二大经济体,而且产业结构比较完整,为应对外部冲击奠定了坚实的经济基础。其次,中国国际收支结构合理,抗风险能力较强,经常账户持续顺差,在1982~2013年的储备上升期,贡献了63%的外汇储备增幅,2014年以来也起到了对冲资本外流的作用;外汇储备持续充裕,1998年亚洲金融危机前已是全球第二位,2006年起超过日本位居首位,使得中国储备支付进口、外债等相关警戒指标始终处于安全范围内。第三,中国资本项目可兑换逐步推进,人民币汇率形成机制改革不断完善,逆周期调节跨境资本流动的管理经验逐步积累,防范和缓解风险的效果明显。

2. 2017年中国国际收支简要分析

2017年中国的国际收支,与2015、2016年相比发生了明显改善(参见表1.3)。

(1) 经常账户继续保持顺差,但顺差进一步减少。2017年经常账户顺差1649亿美元,较上年下降18%。在经常账户中,货物贸易顺差有所回落,为4761亿美元,比上年下降3%;服务贸易逆差2654亿美元,增长14%,主要是旅行项下逆差继续扩大(达2251亿美元,增长9%),反映出随着中国经济发展和国民收入提高,更多国人走出国门旅游、留学,享受全球化及相关政策不断开放带来的便利;初次收入逆差收窄,为344亿美元,减少22%;二次收入逆差扩大,达114亿美元,增长20%。

(2) 非储备性质金融账户由负转正,再现"双顺差"格局。2017年,用来刻画资本流动的非储备性质金融账户顺差1486亿美元,扭转了2014~2016年间经历的连续三年的逆差(分别为-514、-4345与-4161亿美元)。从季度数据来看,非储备性质金融账户在2014年第二季度至2016年第四季度期间曾经经历了连续11个季度的逆差,而在2017年的四个季度,非储备性质金融账户全部为正。这说明持续的资本净流出在2017年终于得以扭转。在2016年,中国非储备性质金融账户的三个分项直接投资、证券投资与其他投资均出现逆差(分别为-417、-523与-3167亿美元),而在2017年,这三个分项均由负转正(分别为663、74与744亿美元)。不难看出,从规模来看,中国国际收支改善的关键首先是其他投资项目的由负转正,其次是直接投资项目。

首先,直接投资重现顺差。2017年直接投资顺差663亿美元,其中,直接投资资产净增加1019亿美元,较上年少增加53%,这意味着中国FDI规模在2017年出现明显收缩;直接投资负债净增加1682亿美元,少增加4%。换言之,直接投资项在2017年由负转正,主要原因在于中国政府对对外直接投资的管理明显加强。

其次,证券投资差额由逆(差)转顺(差)。2017年,证券投资顺差74亿美元。

其中,对外证券投资净流出(资产净增加)1094亿美元,较上年增长6%;境外对中国证券投资净流入(负债净增加)1168亿美元,增长1.3倍。进一步的分析发现,与2016年相比,2017年负债方的股权投资仅仅增长了105亿美元,而债权投资却增长了558亿美元。换言之,证券投资项在2017年由负转正,主要原因在于外国投资者显著增加了对中国债券市场的投资。

第三,其他投资再现顺差。2017年,贷款、贸易信贷以及资金存放等其他投资顺差744亿美元,扭转了2014~2016年间经历的连续三年的巨额逆差(分别为-2788、-4340与-3167亿美元)。其中,对外的其他投资净流出(资产净增加)769亿美元,较上年下降78%;境外对中国的其他投资净流入(负债净增加)1513亿美元,增长3.6倍。这意味着中国对外提供的跨境信贷出现了明显收缩,而外国对中国提供的跨境信贷显著上升。

(3)储备资产重新上升,平稳增长。重返双顺差的直接结果是中国国际储备资产重新上升。2017年,交易形成的储备资产(剔除汇率、价格等等非交易价值影响)增加915亿美元。其中,交易形成的外汇储备增加930亿美元(2015年与2016年分别减少了3423与4487亿美元)。分季度来看,一季度下降25亿美元,二至四季度分别增加319亿美元、304亿美元和331亿美元。截至2017年末,中国外汇储备余额31399亿美元,较上年末余额上升1294亿美元。

尽管2017年中国国际收支在整体上显著改善,但依然存在两个值得重视的隐忧:一是地下渠道资本外流的规模依然显著。2017年误差与遗漏项的净流出依然高达2219亿美元,显著高于同年的非储备性质金融账户顺差。考虑到2015年、2016年的净误差与遗漏分别为-2130与-2295亿美元,2017年地下渠道的资本外流并未出现明显改善。二是经常账户下的服务贸易逆差创出历史新高。2017年中国服务贸易逆差高达2654亿美元,显著高于2015年的2183亿美元以及2016年的2331亿美元。近年来服务贸易逆差不断攀升,让人担忧背后有一定程度的隐蔽资本外流。

本章小结

国际收支是指在一定时期内一国居民与非居民之间所发生的全部经济交易的货币价值总和。它体现的是一国的对外经济交往,是货币的、流量的、事后的概念。

国际收支平衡表是系统地记录一定时期内一国居民与非居民之间所发生的全部国际经济交易的统计报表。目前,国际上通用的国际收支平衡表的标准模式是IMF于2008年编制发布的《国际收支和国际投资头寸手册》第6版(简称BPM6)。

国际收支平衡表具有特定的账户分类,从大类上讲,根据BPM6,可分为经常账户、资本账户、金融账户以及误差和遗漏净额账户;每一类又可以分为多个二级账户和三级账户。

国际收支的复式记账法,是指每笔交易都是由两笔价值相等、方向相反的账目表示。凡是有利于国际收支顺差增加或逆差减少的资金来源增加或资金占用减少均记入贷方;凡是有利于国际收支逆差增加或顺差减少的资金占用增加或资金来源减少均记入借方。

通常采用差额分析法来判断一国国际收支状况,这些差额主要是贸易收支差额、经常账户差额、资本和金融账户差额以及综合差额,它们都具有不同的统计含义和分析意义,各国一般根据自己的情况采用以上不同的口径对国际收支状况进行分析和研判。

按照发生原因及性质的不同,一般将国际收支失衡的类型分为五种,即季节性与偶然性失衡、结构性失衡、收入性失衡、货币性失衡和周期性失衡。

国际收支失衡是否的判定标准既可以是几个主要账户差额情况,也可以通过经济交易的性质加以判断。一般而言,自主性交易是否平衡,是衡量国际收支长期性平衡与否的一个重要标志。当国际收支失衡,尤其是巨额、长期性失衡(无论是顺差还是逆差)情况形成后,就会对一国经济产生诸多方面的负面影响,由此国际收支调节就显得非常必要。

国际收支的调节手段可以分为自动调节机制和政策调节。国际收支自动调节是指由国际收支失衡引起的国内经济变量(如价格、利率、汇率、收入等)变动对国际收支的反作用过程。但是,国际收支的自动调节只能运用于完全的自由市场经济,在市场失灵的时候,政策调节就起到了非常重要的作用。

政府调节国际收支的政策有三个层次的选择。主要政策包括需求调节政策、供给调节政策和融资政策。对总需求的调节又可分为支出增减型政策(主要是财政、货币政策)与支出转换型政策(主要是汇率政策、关税与补贴政策、直接管制政策);对总供给的调节政策主要是产业政策与科技政策;融资政策主要表现为国际储备政策。由于每一种调节政策都会引致不同的调节成本,一般要将这几种政策进行有效的搭配。

新中国成立以来,中国的国际收支统计大体经历了两个阶段,即编制外汇收支平衡表阶段(1948~1980年)和编制国际收支平衡表阶段(1981年至今)。1985年9月,首次正式发布了1982~1984年中国国际收支平衡表,并自1988年开始,每年公布上一年度的国际收支平衡表。自2015年起,国家外汇管理局所公布的中国国际收支平衡表的概念框架、分类均遵循BPM6。目前,中国国际收支平衡表主要包括三大项目:经常账户、资本与金融账户、净误差与遗漏。

【本章重要概念】

国际收支　国际收支平衡表　居民　经常账户　资本账户　金融账户　初次收入　二次收入　资本转移　经常账户收支差额　资本和金融账户差额　综合账户差额　国际收支均衡　自主性交易　补偿性交易　支出增减型政策　支出转换型政策　物价—铸币流动机制

【复习思考题】

1. 如何正确认识国际收支的概念?
2. 国际收支平衡表的编制原则及记账规则是什么?
3. 国际收支平衡表主要有哪些项目?各项目之间有着怎样的关系?
4. 如何理解国际收支的平衡与失衡?
5. 国际收支失衡的原因有哪些?
6. 简述国际收支失衡的经济影响。
7. 固定汇率制度与浮动汇率制度下,国际收支自动调节机制有什么不同?
8. 国际收支的政策调节措施主要有哪些?试作简要评价。
9. 一国应该如何选择政策措施来调节国际收支的失衡?
10. 简述改革开放 40 年来中国国际收支的发展演变。
11. 简述 2017 年中国国际收支基本状况。
12. 根据下述中国 2011 年与其他国家发生的部分经济往来项目,试作会计分录,编制国际收支平衡表,并简要分析国际收支状况。

① 中国企业向美国出口设备 100 万美元,其出口所获取收入存入该公司在美国银行的存款账户上。

② 中国居民在澳洲旅游花销 20 万美元,该费用由该居民海外存款上扣除。

③ 国内某公司投资 120 万美元与巴基斯坦某企业合资在巴基斯坦办厂,其中 100 万美元以该公司在海外的美元存款支付,20 万美元以机器设备形式支付。

④ 中国居民动用海外存款 500 万美元购买 IBM 公司股票。

⑤ 2011 年夏秋之季,泰国发生特大洪灾后,中国政府应泰方要求,及时分 3 个批次,共派出 5 架飞机,提供了总价值 4000 万元人民币的救灾物资(约合 630 万美元)。截至 2011 年 10 月 22 日,中方已交付泰方 259 艘机动冲锋舟、150 套排水泵、210 套净水设备、1300 顶帐篷、3.4 万个沙袋、5008 个太阳能手电筒和两万件 T 恤衫。另外,中国政府还向泰国提供了 100 万美元的现汇援助。

第2章 国际收支理论

国际收支(调节)理论是关于一国国际收支均衡以及国际收支与国民经济均衡的调节手段、调节机制和调节效应的理论。它是国际金融学的基础理论和重要组成部分,主要研究国际收支的决定因素、国际收支失衡的原因以及消除国际收支失衡的调节方法等基本问题。在不同汇率制度和历史背景下,影响国际收支失衡的原因、调节机制均有不同,相应的调节理论也随时代的发展不断深化与演进。

早在18世纪中叶,英国经济学家大卫·休谟就系统地诠释了金本位制度下国际收支的自动调节机制[①],打破了只有贸易顺差才能积累财富的重商主义论断,被认为是早期国际收支调节理论的典型代表。其后,随着世界经济形势的变化和经济思潮的更替,国际收支理论不断发展和趋于完善。20世纪30年代中期至60年代末,弹性论、吸收论以及货币论等现代国际收支调节理论相继出现;成熟于20世纪70年代的结构论,进一步丰富了国际收支的理论分析。此外,20世纪50年代以来,关于内外均衡及政策搭配问题的研究不断深化,引起了人们的广泛重视。这些理论不仅丰富了国际金融理论,而且为各国政府用以分析国际收支失衡的原因、采取相应的调节政策、维持内外经济的均衡与协调发展提供了理论依据。

本章主要介绍现代国际收支调节理论,包括弹性论、吸收论、货币论、结构论和内外均衡与政策搭配(政策配合论),就相关理论的基本假设(前提条件)、基本观点、主要内容及政策主张(含义)等进行述评。

2.1 弹性分析法(弹性论)

弹性分析法(Elasticities Approach)是一种适用于纸币流通制度的国际收支理论,它紧紧围绕进出口商品的供求弹性来论述国际收支问题,因而又称弹性分析理论,简称弹性论。

---

① 1752年,大卫·休谟在其论文集《政治论丛》中提出的"价格—现金(铸币)流动机制",被公认为是最早形成的国际收支调节理论。

2.1.1 假定条件

在 20 世纪 30 年代国际金本位制度全面崩溃以后,各国纷纷实行竞争性货币贬值,汇率变动十分频繁。正是基于这一背景,以琼·罗宾逊(J. Robinson)为代表的西方经济学家在马歇尔微观经济学和局部均衡分析方法的基础上,探讨了汇率变动对国际收支的调节问题,提出了国际收支弹性论。该理论着重考虑货币贬值取得成功的条件及其对贸易收支和贸易条件的影响。其研究的假定条件是:

(1) 贸易商品的供给(价格)弹性几乎为无限大,因而进出口数量仅取决于进出口货物的需求(价格)弹性。

(2) 没有劳务(服务)进出口和国际间的资本流动,一国的国际收支仅限于货物贸易收支。

(3) 充分就业和收入不变,因而进出口商品的需求就是这些商品和其替代品的价格水平的函数。

(4) 假定其他条件(如收入、偏好等)不变,只探讨汇率变化对贸易收支的影响。

(5) 货币贬值前国内贸易收支处于平衡状态。

2.1.2 基本内容

1. 货币贬值的贸易收支效应

一国的贸易收支(差额)等于出口总值减去进口总值。出口总值等于出口价格乘以出口数量,进口总值等于进口价格乘以进口数量(进出口值均以外币表示)。货币贬值会引起进出口商品价格变动,进而引起进出口商品的数量发生变动,最终引起贸易收支变动。贸易收支额的变化,最终取决于两个因素:一是由贬值引起的进出口商品单位价格的变化;二是由进出口单价的变化引起的进出口商品数量的变化。

现举例说明,假定中国为本国,美国为外国,人民币对外贬值,汇率从 USD1=CNY7 到 USD1=CNY8,由此引起出口商品美元单价和出口数量变化的一组数据如表 2.1 所示。

表 2.1 不同弹性条件下本国货币贬值对出口收入的影响

情形	出口商品国内单价(元)	美元对人民币汇率	出口商品美元单价	出口数量	出口美元收入(美元)	价格变动率(%)	数量变动率(%)
0	7	USD1=CNY7.0000	1	10 000	10 000	—	—
1		USD1=CNY8.0000	0.875	11 000	9 625	14.29	10
2				12 000	10 500		20

表 2.1 显示,在第 1 种情况下,人民币对美元贬值,从 USD1=CNY7 到 USD1

＝CNY8，折算成美元的出口商品单价相应地从1美元下降到0.875美元。由于价格的下降，假定出口数量从10 000增加到11 000，但是，出口的美元收入不但没有增加，反而从贬值前的10 000美元下降到9 625美元。只有在第2种情况下，出口数量从10 000增加到12 000时，出口的美元收入才从10 000美元增加到10 500美元。这个例子说明，当出口数量的变动率小于贬值引起的价格变动率时（出口需求弹性小于1，第1种情况），出口的美元收入不能增加；而当出口数量的变动率大于贬值引起的价格变动率时（出口需求弹性大于1，第2种情况），出口的美元收入才能增加。由此可见，本币贬值后，贸易收支是否得到改善，取决于进出口商品的需求弹性的大小。

1944年，阿巴·勒纳（Abba P. Lerner）在琼·罗宾逊的理论基础上进一步提出：贸易收支状况是与出口值，而不是与出口量相联系，贬值固然可以增加出口，抑制进口，但不等于改善贸易收支。因为当国外需求弹性小于1时，出口值反而会减少，不利于贸易收支，此时只有减少进口才能改善贸易收支；倘若这时进口需求弹性不足，进口值的减少不足以抵补出口值的减少，贸易收支仍然得不到改善。琼·罗宾逊将其称为"马歇尔—勒纳条件"（Marshall-Lerner Condition）。

马歇尔—勒纳条件是指：货币贬值后，只有出口商品的需求弹性（Dx）和进口商品的需求弹性（Dm）之和大于1，贸易收支才能改善，即贬值取得成功的必要条件是：

$$Dm + Dx > 1 \tag{2.1}$$

2. 货币贬值的贸易条件效应

贸易条件（Terms of Trade）又称交换比价，是指一国或地区在一定时间内出口商品价格指数与进口商品价格指数的比率。用公式表示：

$$T = Px/Pm \tag{2.2}$$

其中，T为贸易条件，Px为出口商品价格指数，Pm为进口商品价格指数。贸易条件表示的是一国对外交往中价格变动对实际资源的影响。当贸易条件T上升时，称该国的贸易条件改善，它表示该国出口相同数量的商品可换回较多数量的进口商品；当贸易条件T下降时，称该国的贸易条件恶化，它表示该国出口相同数量的商品可换回较少数量的进口商品。因此，当贸易条件恶化时，实际资源将会流失。

在本国商品价格和外国商品价格保持不变的情况下，本币贬值会使得本国贸易条件恶化，同时如果两国进出口供给弹性趋于无穷大，本币贬值又将使本国出口数量增加，进口数量减少。但是对于已经实现充分就业的国家，进出口供给弹性为有限弹性，而不是无限弹性。如果进出口供给弹性不是无穷大，则本国货币贬值不一定会使得贸易条件恶化。因为出口供给受到供给能力的限制，对出口需求的增加，会导致出口商品的本币价格提高。

这里Sx、Sm分别表示出口供给弹性和进口供给弹性，那么，当$SxSm > DxDm$

时,本币贬值会使贸易条件恶化;当 $SxSm < DxDm$ 时,本币贬值会使贸易条件改善;而当 $SxSm = DxDm$ 时,本币贬值不会使贸易条件发生变化。所以,在进出口供给弹性不是无穷大的一般情况下,本币贬值能否使贸易收支得到改善,不再适用马歇尔—勒纳条件,而是取决于进出口供给弹性和需求价格弹性是否满足罗宾逊—梅茨勒条件(Robinson-Metzler Condition):

$$\frac{SxSm(Dx+Dm-1)+DxDm(Sx+Sm-1)}{(Dx+Sm)(Dm+Sm)} > 0 \qquad (2.3)$$

事实上,货币贬值对贸易条件的影响,在不同的国家是不一样的,很难作出一般的判断。一般说来,本币贬值或使一国的贸易条件不变,或使一国的贸易条件恶化,贬值改善一国贸易条件的例子是极其罕见的。

3. 货币贬值的时滞问题——J 曲线效应

在实际经济生活中,当汇率变化时,进出口的实际变动情况还要取决于供给对价格的反应程度。即使在马歇尔—勒纳条件成立的情况下,贬值也不能马上改善贸易收支。相反,货币贬值后的开头一段时间,贸易收支反而可能会恶化。这是因为:

(1) 在货币贬值之前已签订的贸易合同,仍然必须按原来的数量和价格执行。贬值后,凡以外币定价的进口,折合成本币后的支付将增加;凡以本币定价的出口,折合成外币的收入将减少。换言之,贬值前已签订但在贬值后执行的贸易合同下,出口数量不能增加以冲抵出口外币价格的下降,进口数量不能减少以冲抵进口价格的上升。由此,贸易收支趋向恶化。

(2) 在货币贬值后,出口数量的增长仍然要受认识、决策、订货、替代及生产等周期的影响,短期变化不大。至于进口方面,进口商有可能会认为现在的贬值是以后进一步贬值的前奏,从而加速订货,进口增长。

在这里,货币贬值后所引发的贸易商品价格的变动,进而导致贸易商品数量的变化,可能存在一些时间滞后情况,即存在某些"时滞"(Time-lags)现象,主要有:① 认识时滞。指新的价格信息不能立即为交易双方所掌握。② 决策时滞。指贸易商认识到货币贬值带来的商品价格变动后,仍需要时间来判断价格变化的重要性,进而作出改变进出口商品数量的决定。③ 替代(取代)时滞。指在定购新商品之前先要耗用完库存商品或报废掉目前尚有置存价值的机器设备。④ 生产时滞。指出口商面对国外需求的增加,增加商品供给或转产商品需要有一个过程。此外,也可能存在订货时滞(即贸易合同的商签需要时间)和运输(送货)时滞(即出口商需要时间将商品送达进口商)等等。

由于存在上述种种时滞现象,货币贬值之后往往会导致进出口数量在短期内不会发生变化,致使贸易收支首先恶化。过了一段时间以后,待出口供给(这是主要的)和进口需求作了相应的调整后,贸易收支才慢慢开始改善。出口供给的调整时间,一般被认为需要半年到一年的时间。整个过程用曲线描述出来,成英文字母"J"形。故在马歇尔—勒纳条件成立的情况下,贬值对贸易收支改善的时滞效应,被称为"J 曲线效应"(J-Curve Effect)。换言之,它是指用英文字母"J"描述由货币贬值引起的一国贸易收支先恶化后改善的过程(见图 2.1)。

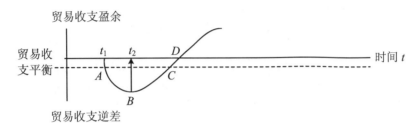

图 2.1　J 曲线效应示意图

2.1.3　理论评价

国际收支弹性论的分析,纠正了货币贬值一定有改善贸易收支作用与效果的片面看法,正确地指出,只有在一定的出口供求弹性条件下,贬值才有改善贸易收支的作用与效果。它之所以在西方国际金融学界久盛不衰,成为当代西方国际收支理论的重要组成部分,关键在于它适合了当时西方国家制订经济政策的需要,并在许多国家调节国际收支的实践中取得了一定的效果。

国际收支弹性论的局限性主要表现在:

(1) 局部均衡分析。该理论只是建立在局部均衡分析的基础上,只考虑汇率变动对一国贸易收支的影响,而假定其他条件(如收入等)保持不变。但实际上,其他条件并非不变。

(2) 仅限贸易收支的分析。该理论没有涉及国际资本流动,在国际资本流动规模巨大的今天,其局限性就表现得非常突出。实际上,本币贬值不仅会影响到贸易收支,还会影响到资本及金融账户收支。本币贬值对资本和金融账户的影响,取决于人们对汇率变动趋势的进一步预期。如果人们预期本币贬值已经纠正了本币的定值过高,本币贬值就会刺激国外资金的净流入,使本国国际收支状况得以改善;如果人们认为初期的本币贬值只是一系列贬值的开端,这反而会造成资本的净流出,使该国资本和金融账户收支乃至整个国际收支状况恶化。

(3) 比较静态分析。该理论采用的只是一种比较静态分析方法,在现实世界中本币贬值对贸易收支的影响则是一个动态过程。在短期内,本币贬值由于时滞效应不会立即引起贸易量的调整,贸易收支反而会恶化(即可能存在前述的 J 曲线效应)。但是,如果引入时间因素考虑本币贬值的中长期效果,则本币贬值已不仅会通过相对价格变动影响贸易收支(如货币贬值后继发的通货膨胀问题),而且会通过国民收入、货币供应量和绝对价格水平等诸多经济变量的变动对贸易收支产生巨大的影响。

（4）应用存在技术上的困难。在这里，弹性的估计是一个比较复杂的问题：首先，进出口商品的种类繁多，结构也经常会变动，难以测算；其次，进出口商品供求的变动不仅会受价格变动的影响，还会受到国民收入等诸多经济因素的影响，测算弹性时很难把价格变动对进出口商品供求的影响从诸多经济因素中分离出来；最后，弹性值也不是一成不变的，它会随着时间的推移而改变。因此，在实际估算弹性值时，确实会存在技术上的困难。

正是由于存在以上的局限性，国际收支弹性论常常被认为是较为肤浅和不够全面的。要对国际收支问题进行更为全面深入的研究，必须考察国际收支与整个宏观经济之间的关系，这也成为建立在凯恩斯宏观经济学基础之上的国际收支吸收论等理论的出发点。

2.2 吸收分析法（吸收论）

第二次世界大战后，随着凯恩斯主义的流行，20 世纪 50 年代产生了国际收支吸收分析法（Absorption Approach），又称吸收分析理论，简称吸收论。该理论从凯恩斯的国民收入方程式入手，着重考虑总收入与总支出（吸收）对国际收支的影响，并在此基础上提出国际收支调节的相应政策主张。吸收论是凯恩斯主义的有效需求理论在国际收支调节中的应用。主要代表人物是英国的詹姆士·米德（James Meade,1951）和美国的西德尼·亚历山大（Sidney S. Alexander,1952）等。

2.2.1 基本理论观点及政策含义

吸收论认为弹性既非固定又非可测，且弹性论只强调货币贬值的相对价格效应，而忽视了货币贬值的收入效应。因此，吸收论主张采用收入水平和支出行为来分析货币贬值对国际收支的影响。

1. 国际收支失衡的原因

吸收论将国际收支（贸易收支）与国民收入和支出通过以下方程式联系起来：

$$Y = C + I + G + (X - M) \tag{2.4}$$

式(2.4)中，Y、C、I、G、X、M 分别代表国民收入、（私人）消费支出、（私人）投资支出、政府支出、出口、进口。用 B 表示贸易收支，即 $X - M$；用 A 表示国内总支出，即 $C + I + G$，称为（国内）吸收。则有

$$B = Y - A \tag{2.5}$$

式(2.5)就是国际收支吸收分析理论的基本公式。该公式表明：国际收支失衡的根本原因是国民收入与国民支出（吸收）的总量失衡。即当国民收入大于总吸收时，国际收支为顺差；当国民收入小于总吸收时，国际收支为逆差；当国民收入等于

总吸收时,国民收支为平衡。

2. 货币贬值对国际收支的影响

亚历山大分析了货币贬值对国际收支的影响。他将吸收分为诱发性吸收(与收入相关的吸收)和自主性吸收(独立于收入之外的吸收):

$$A = cY + D \qquad (2.6)$$

式(2.6)中,c 为边际吸收倾向,D 为自主性吸收,可以得到:

$$\Delta B = (1-c)\Delta Y - \Delta D \qquad (2.7)$$

式(2.7)表明,货币贬值将对实际收入水平(ΔY)、国内吸收水平(ΔD)以及边际吸收倾向(c)三方面产生影响,进而对国际收支状况产生影响。这里,ΔY 可解释为货币贬值对实际收入的直接效应,ΔD 也可解释为货币贬值对吸收的直接效应。

1) 货币贬值对收入的直接效应

货币贬值对收入的直接效应表现在如下三个方面:

(1) 闲置资源效应。货币贬值对收入的基本影响表现为,对出口与进口替代的需求增加将会产生明显的收入增加效应,从而使得国际收支得以改善。但是正如亚历山大所指出的,仅当该国经济中有闲置生产能力能够把增加的需求引入生产过程时,这一闲置资源效应才能发生作用。换言之,该国经济存在未被充分利用的资源是贬值增加收入的前提条件;但是,国民收入增加会使本国消费支出和投资支出增加,进而总吸收水平上升,这又会导致国际收支状况恶化。所以最终国际收支是否改善或恶化,取决于边际吸收倾向(c)。

(2) 贸易条件效应。包括亚历山大在内的许多经济学家都认为,货币贬值将会恶化贬值国的贸易条件。理由是,一国的出口商品一般比进口商品更加专业化,它受贬值的影响要比进口商品大,货币贬值导致以外币计算的出口价格的下降,将大于以外币计算的进口价格的下降,其结果是实际收入趋于下降。

(3) 资源配置效应。在贬值过程中,资源从国内生产率相对较低的部门向生产率相对较高的出口部门转移,生产率的提高可以抵消贸易条件的恶化,净结果是提高实际收入,从而改善国际收支。特别是在由于汇率高估和外贸管制导致微观经济扭曲、资源配置不佳的情况下,资源配置效应将会起作用。在短期内,就业量和贸易条件的变化掩盖了资源重新配置对实际收入的影响,但从长期看,资源更经济和更有效的使用是提高实际收入水平的最重要因素。当闲置资源效应很小时,货币贬值的资源配置效应尤为重要,总的就业水平可以保持不变,但通过资源更为有效的利用,产量及出口量仍然可以增加。

2) 货币贬值对吸收的直接效应

货币贬值对吸收的直接效应,从某种程度上说可以认为是货币贬值继发通货膨胀的结果。货币贬值会通过多种渠道提高国内物价水平,最直接的是通过进口价格的提高。由于进口价格提高增加了进口原料及中间产品等进货及生产成本,引发进口替代产品和出口产品的价格上升,进而使得货币贬值国家一般物价水平在贬值后会上涨,这就减少了本国商品竞争能力的持续提高。如果国内价格继续上涨,直到本国产品可以替代进口品的倾向或出口更多的倾向消失为止,则贸易差额作为货币贬值的结果将又回归到原来的状况,没有得到明显改善。担心本币贬值的效果将大部分或全部被贬值导致的通货膨胀所抵消,实际上正是当前人们对贬值效果存有疑虑的主要原因。但人们也认为,货币贬值对吸收还是会产生一些直接效应的。该效应被认为有抑制价格上涨对贸易收支产生消极影响的作用。通过如下一些机制,货币贬值将倾向于减少吸收。

(1) 实际现金余额效应。这是指人们愿意以实际货币余额形式持有固定比例的实际收入。如果实际现金余额因价格上涨而受损失,人们就会通过减少实际收入下的支出以及出售资产或债券,建立他们认为合适的现金余额水平。前者意味着实际支出相对于实际收入会减少;后者将压低资产和债券价格,导致市场利率提高,起到减少企业投资支出和居民消费支出的作用。

(2) 收入再分配效应。这是指由于出现通货膨胀的缘故,将会产生收入从有较高边际吸收倾向的经济单位转向有较低边际吸收倾向的经济单位的趋势。由于本币贬值相当直接地拉起许多商品的价格,而贬值对工资的影响是间接的,并且存在滞后,因此收入会从工资收入阶层向利润收入阶层再分配,而后者的边际消费倾向小于前者,因而收入再分配效应将倾向于减少吸收。

(3) 货币幻觉效应。它是指人们较多重视货币价格而较少重视货币收入的心理现象。短期存在的货币幻觉有可能导致实际支出下降,如在价格水平较高时,人们选择较少的购买和消费,即使他们的货币收入成比例提高。

上述分析表明,货币贬值对收入及吸收的直接效应表现在诸多方面,其综合效果是不确定的。特别是在一国已处于充分就业状态时,贬值只能通过压缩吸收来改善贸易收支差额,但其作用是微弱的。因此,在本币贬值的同时,有必要实施紧缩需求的政策手段,以达到改善贸易收支状况的目的。

3. 吸收论的政策含义(主张)

基于式(2.5),吸收论所主张的国际收支调节政策,无非就是改变总收入与总吸收(支出)的政策,即支出转换政策与支出增减政策。国际收支逆差表明一国的总需求超过总供给,即总吸收超过总收入。这时,就应当运用紧缩性的财政、货币政策来减少对贸易商品(进口)的过度需求,以纠正国际收支逆差,但该类政策在减少进口需求的同时,也会减少对非贸易商品的需求和降低总收入,因此,还必须运用支出转换政策消除紧缩性财政、货币政策的不利影响,使进口需求减少的同时收入能增加。这样,使贸易商品的供求相等,非贸易商品的供求也相等;需求减少的同时收入增加,就整个经济而言,总吸收等于总收入,从而达到内、外平衡,即国际收支均衡。

通过对美国、日本等发达国家,韩国、墨西哥等新兴工业化国家,以及中国、印度等发展中国家的实证分析,基本证实了吸收论的正确性。

2.2.2 简要评价

国际收支吸收论建立在凯恩斯宏观经济学基础之上,采用一般均衡分析的方法,将国际收支和整个国民经济的诸多变量联系起来进行分析,从而克服了国际收支弹性论局部均衡分析的局限性,较之弹性论前进了一大步。同时,吸收论指出了国际收支失衡的宏观原因(即国民收入与国民支出或吸收总量的不一致),并具有强烈的政策配合含义。当一国出现国际收支逆差时,若国内存在闲置资源,在采取本币贬值的同时,应注意运用扩张性的财政、货币政策来增加收入;若国内各项资源已达到充分就业,此时货币贬值效应不明显,应注意运用紧缩性财政、货币政策来减少吸收,这样可以实现内外经济的共同平衡。因此,吸收论具有较强的应用性。

国际收支吸收论的局限性主要表现在:

(1) 该理论是建立在国民收入会计核算恒等式基础上的,并没有对收入、吸收与贸易收支之间的因果关系提供令人信服的逻辑分析。实际上,收入与吸收固然会影响贸易收支,但反过来贸易收支也会影响收入与吸收。

(2) 吸收论对本币贬值效应的分析有两个重要的假定,即贬值是出口增加的唯一原因和生产要素的转移机制运行顺畅,这与现实存在较大的差距。

(3) 吸收论忽略了资本流动在国际收支中的作用,仍然把贸易收支作为主要研究对象,因此,该理论所做的分析也是不全面的。

2.3 货币分析法(货币论)

20 世纪 60 年代以来国际资本日益增加的流动性,从根本上改变了世界经济的运行环境,也改变了国际收支理论的分析焦点。而宏观经济理论本身也在不断发展这一事实,特别是货币主义的重新崛起,又为这种分析焦点的转变提供了理论上的支持。20 世纪 60 年代末 70 年代初,芝加哥大学的罗伯特·蒙代尔(Robet Mundell)、哈里·约翰逊(Herry Johnson)和他的学生雅各布·弗兰克尔(Jacob Frenkel)等人将起源于芝加哥学派的国内货币主义向国际金融领域延伸和扩展,形成了国际收支的货币分析法(Monetary Approach),又称货币分析理论,简称货币论。该理论从货币的角度而不是从商品的角度,来考察国际收支失衡的原因并提出相应的政策主张。

2.3.1 货币论的假定前提

货币论建立在以下三个基本经验假定的基础上:

(1) 在充分就业的情况下，一国实际货币需求是收入和利率的稳定函数。

(2) 从长期来看，货币需求是稳定的，货币供给不影响实物产量。

(3) 贸易商品的价格是由世界市场决定的，从长期来看，由于完全自由的套购和套利活动，使得"一价定律"得以成立，一国的价格水平和利率水平接近世界市场水平。

2.3.2　基本理论及政策主张

1. 国际收支失衡的原因

在上述各项假定下，货币论的基本理论可用以下公式来表达：

$$Ms = Md \tag{2.8}$$

式(2.8)中，Ms 表示名义货币的供应量，Md 表示名义货币的需求量。从长期看，可以假定货币供应与货币需求相等。

$$Md = Pf(Y,r) \tag{2.9}$$

式(2.9)中，P 为本国价格水平，f 为函数关系，Y 为国民收入，r 为利率(持有货币的机会成本)。$Pf(Y,r)$ 表示对名义货币的需求；$f(Y,r)$ 表示对实际货币存量(余额)的需求。

货币论认为，一国的货币供给(Ms)由两部分组成：① 国内创造部分(D)，这是通过国内银行体系所创造的信用，亦即国内提供的货币供应基数；② 来自国外的部分(R)，这是由国际收支的盈余获得(以国际储备为代表)，亦即来自国外的货币供应基数。

$$Ms = m(D+R) \tag{2.10}$$

式(2.10)中，m 为货币乘数，指银行体系通过辗转存贷创造货币，使货币供应基数多倍扩大的系数。货币基数又称强力货币。令 $m=1$，结合式(2.8)和式(2.10)，可得：

$$R = Md - D \tag{2.11}$$

式(2.11)是货币论的最基本方程式，浓缩了国际收支货币论最基本的观点，即国际收支不平衡本质上是一种货币现象，其根本原因在于国内货币供求之间的存量不均衡。假定最初货币市场处于均衡状态，若由于某种原因(如中央银行扩大国内信贷量)，使得一国名义货币供应量超过名义货币需求量，则人们持有的货币存量将超过他们意愿持有的水平，人们必然会增加对国外商品和金融资产的需求，最终导致国际收支逆差；相反，若由于某种原因(如收入增加)，造成名义货币需求量上升，超过名义货币供应量，则人们持有的货币存量将小于他们意愿持有的数量，人们必然会减少对国外商品和金融资产的需求，最终导致国际收支顺差。

因此，国际收支失衡的根本原因应归咎于货币供求的不平衡。当货币供应量大于货币需求量时，会造成国际收支逆差；当货币供应量小于货币需求量时，会造成国际收支顺差;当两者相等或一致时,国际收支平衡。

2. 货币论对贬值的分析

货币论在考察贬值对国际收支的影响时,有如下基本公式:

$$Md = EPf(Y,r) \tag{2.12}$$

式(2.12)中,E 为本币衡量的外币价格(直接标价法)。当本国货币贬值时,E 值上升,由此引起国内价格 $p=EP$ 上升。E 和 P 同时上升,使等式两边相等,$f(Y,r)$ 相应地下降,这表明对实际货币余额的需求下降。或者,$f(Y,r)$ 不下降,则 Md 相应地上升,从而使国际收支发生顺差(或逆差减少)。由此,货币论关于贬值的上述公式可归结为:贬值引起贬值国国内价格上升、实际货币余额减少,从而对经济具有紧缩作用。

具体来说,本币贬值首先会提高贸易品的国内价格,并通过贸易品和非贸易品的替代性使非贸易品的价格也会提高,物价水平的提高将意味着实际货币余额的下降,从而导致对名义货币余额需求的增加。在货币供应量不变的情况下,人们必然会通过出售商品和金融资产来满足增加的名义货币需求,从而使国际收支状况得以改善。但需要注意的是,本币贬值对改善一国国际收支状况的效应只有在名义货币供应量保持不变的情况下才会发生,即在公式 $R=Md-D$ 中,如果 D 与 Md 同时增加,则贬值不能改善国际收支。因为货币供应量增加了,本币贬值所引起的名义货币需求的增加将由新增的货币供应量得以补充,而不需要通过增加商品供给、减少消费支出或出售金融资产的方法来补充,结果一国国际收支状况将得不到改善。

因此,本币贬值对国际收支的影响只是暂时的。从长期来看,控制货币供应量的增长是影响国际收支状况的关键因素。只有将货币供应量的增长率维持在适度水平上,才能从根本上保证国际收支平衡。

综上所述,货币论的主要结论是:① 国际收支是与货币供求相联系的一种货币现象。② 影响国际收支的根本因素是货币供应量。③ 货币政策是调节国际收支的主要手段和工具。

3. 货币论的政策主张

货币论的政策主张,归纳起来主要有以下几点:

(1) 所有的国际收支不平衡,在本质上都是货币性的,因此,国际收支不平衡,都可以由货币当局实施货币政策来解决。由于货币分析理论认为长期来看货币需求是稳定的,而在固定汇率制下,名义货币供应量不再处于货币当局的直接控制之下,并成为整个体系中的一个内生变量,货币当局能够控制的只有国内信贷数量,因此,所谓的货币政策主要是控制国内信贷扩张政策。

(2) 为平衡国际收支而采取的贬值、进口限额、关税、外汇管制等贸易和金融干预政策，只有当它们的作用是提高货币需求、尤其是提高国内价格水平时，才能改善国际收支，而且这种影响是暂时的。如果在施加干预措施的同时伴有国内信贷膨胀，则国际收支不一定能改善，甚至还可能恶化。

（3）国际收支的不平衡是暂时的，长期内国际收支存在着自动均衡机制，制定和实施上述经济政策，只不过是加速国际收支的调整过程，其效果具有暂时性，一旦国际收支重新恢复均衡，政策效果即告消失。

总之，国际收支货币分析理论的政策主张其核心是：当国际收支发生逆差，在采取政策措施时，应该注重国内信贷的紧缩。

2.3.3 简要评价

1. 理论意义

国际收支货币论较以前的国际收支理论前进了一大步，主要表现在：

（1）货币论所注重的是国际收支调节的另一层面，即其研究焦点不是放在出口、进口、投资、消费等一国经济活动的实物层面，而是通过对货币当局国际储备持有量的变动及其决定因素的分析，把研究重点集中于货币层面，强调国际收支失衡将会引起货币存量的变化，进而影响一国的经济活动。这是国际收支理论分析重心的一次重大转移，将会使国际收支调节理论更具一般性。正如货币分析学派所声称的，它所要提供的是关于国际收支而不是经常账户的理论。

（2）在政策主张上，货币论与其他国际收支理论也有重大区别。国际收支弹性论偏向于运用汇率政策作为纠正国际收支失衡的主要手段，国际收支吸收论则偏向于运用需求管理政策通过增加产出、减少国内吸收来改善一国国际收支状况，而国际收支货币论则把国际收支的货币调节放在首位，强调货币政策的运用，认为只要保证货币供应的适度增长，就可以保持国际收支的平衡；同时该理论还认为，货币当局不应通过过度的货币扩张以至加剧逆差或使逆差持久化。这在高度货币化的当代社会具有实际意义。

2. 理论主要缺陷

国际收支货币论的主要缺陷表现在：

（1）相关假定不一定符合现实情况。货币论的一个最基本假设是货币需求是收入和利率的稳定函数，由此得出货币供给是决定国际收支的唯一力量。但如果货币需求不具有稳定性，国际收支就不能仅从货币供给的变化中预测出来。同时，货币论假定货币供给对实物产量和收入没有影响，这也不尽切合实际。再者，国际收支失衡不一定会引发国内货币供应量（M_S）的变化进而有助于调节国际收支。

（2）货币论只重视国际收支的最终结果——储备资产账户，忽略了国际收支平衡表经常账户及金融账户自身的平衡及它们之间的相互影响。例如，如果经常账户的逆差是以外债的形式通过金融项目账户得以平衡,而货币分析理论只以储备资产账户衡量国际收支,则会认为货币市场均衡,不需要采取任何政策或措施。但是,依靠借债来平衡经常账户逆差,将增加该国未来年份的外债还本付息负担,而且一旦资本流入中断,国际收支失衡问题立即就会暴露出来,政府不得不采取措施平衡经常账户,因此在国际收支调节中完全忽略经常账户及金融账户,将使政府处于一种十分被动的局面。另外,该理论还忽视非货币金融资产的存在,从而得出货币市场不平衡只会导致商品市场不平衡的结论。

(3) 过分强调货币因素而忽视实际因素对国际收支失衡的影响和作用。货币论在强调货币作用的同时,又走上极端,以至于实际上否认了其他因素对国际收支的作用。但是,货币并非决定国际收支失衡和调节的唯一因素,货币市场处于均衡状态时,也可能出现国际收支逆差。例如,在货币市场和资本市场共存的体系中,国际收支失衡完全可能起源于资本市场失衡,并通过资本的流入或流出使国际收支重新恢复均衡,一国的外汇储备可以保持不变,这样,国际收支的调节将不涉及货币余额,因此货币并非国际收支调节的唯一手段。

2.4 结构分析法(结构论)

结构分析法(Structural Approach)又称结构分析理论,简称结构论。结构论的有关分析,散见在20世纪50年代和60年代的西方经济学文献中。作为比较成熟和系统的独立学派,结构论是作为IMF国际收支调节规划的对立面于20世纪70年代形成的。赞成结构论的经济学家,大多数来自发展中国家或发达国家中从事发展问题研究的学者。因此,结构论的理论渊源同发展经济学密切相关。结构论在英国十分活跃,主要代表人物是保罗·史蒂芬(Paul Stephen)、托尼·克列克(Tonv klick)、瑟沃尔(A. Thirwall)。另外,英国曼彻斯特大学的一批经济学家,都是结构论的积极倡导者和支持者。

2.4.1 基本理论

前已述及,吸收论政策主张的核心是紧缩需求,以牺牲国内经济增长来换取国际收支平衡。在国际收支普遍发生困难的20世纪70年代,当时许多国家执行了IMF的国际收支调节规划,而这一调节规划是以货币分析法为理论基础的,其结果是国内经济活动受到抑制,有的甚至因过度削减预算和货币供应而导致国内经济、社会甚至政治的动荡。

在这种情况下,结构论有针对性地提出:国际收支失衡并不一定完全是由国内货币市场失衡引起的,货币论乃至以前的吸收论,都是从需求角度来制定国际收支的调节政策,忽视了经济增长从供给方面对国际收支的影响。就货币论来讲,它主张的实际上是通过压缩国内名义货币供应量来减少实际需求;就吸收论而言,它主张的实际上是通过紧缩性财政、货币政策来减少国内投资和消费需求。结构论认为,国际收支逆差尤其是长期性的国际收支逆差,既可能是由长期性过度需求引起的,也可能是由长期性供给不足引起的,而长期性供给不足往往是由经济结构问题引起的,表现为:

(1) 经济结构老化。它是指一国经济及产品结构不能适应国际市场的变化而作相应的调整。由于科学技术、生产条件及世界市场的变化,使一国原来在国际上具有竞争力的商品失去了竞争力,而国内资源没有足够的流动性等因素,经济结构不能适应世界市场的变化,由此造成出口供给长期不足,进口替代的余地持续减少,结果是国际收支的持续逆差(或逆差倾向)。

(2) 经济结构单一。经济结构单一往往会导致国际收支的经常逆差:首先,单一的出口商品,其价格易受国际市场价格波动的影响,因而国际收支极不稳定。在出口多元的情况下,一种出口商品价格的下降,会被另一种出口商品价格的上升所抵消,整个国际收支呈稳定现象。而在出口单一的情况下,价格任何程度的下降,都会直接导致国际收支恶化。其次,经济结构单一,意味着经济发展将长期依赖进口,进口替代的选择余地几乎为零。经济发展的速度越快、愿望越高,国际收支逆差或逆差倾向越严重。

(3) 经济结构落后。这是指一国生产的出口商品需求对收入的弹性低而对价格的弹性高,进口商品的需求对收入的弹性高而对价格的弹性低。当出口商品国外需求的收入弹性低时,他国经济和收入的相对快速增长不能导致该国出口的相应增加;当进口商品国内需求的收入弹性高时,本国经济和收入的相对快速增长却会导致进口的相应增加,这样,就会发生国际收支的收入性逆差。当出口商品国外需求的价格弹性高时,本国出口商品价格的相对上升会导致出口数量的相对减少;当进口商品国内需求的价格弹性低时,外国商品价格的相对上升却难以导致本国进口数量的相对减少,在这种情况下,货币贬值不仅不能改善国际收支,反而会使国际收支恶化。

不仅如此,国际收支的结构性失衡,既是长期来经济增长速度缓慢和经济发展阶段的落后所引起的,又成为制约经济发展和经济结构转变的瓶颈,如此形成一种恶性循环。

2.4.2 政策主张

既然国际收支失衡的原因是经济结构的老化、单一和落后,支出增减型政策和支出转换型政策对此无能为力,为此,可考虑采取如下政策调节国际收支:

(1) 政策调节的重点应放在改善经济结构和加速经济发展方面,以此来增加出口商品和进口替代品的数量和品种供应。

(2) 改善经济结构和加速经济发展的主要手段是增加投资,增强资源的流动性,使劳动力和资金等生产要素能顺利地从传统行业流向新兴行业。

(3) 经济结构落后的国家要积极增加国内储蓄,而经济结构先进的国家(即发达经济体)和国际经济组织应增加对经济结构落后国家的投资。经济结构落后的国家通过改善经济结构和发展经济,这不仅可以克服自身的国际收支困难,同时也能增加从经济结构先进的国家的进口,从而有助于发达经济体的出口和就业的增长。

2.4.3 简要评价

结构论的一些政策主要具有一定的实践意义。如该理论主张结构不合理的发展中国家,其国际收支调节政策应放在改善进出口结构、经济结构、加速经济发展和增强出口供给能力;改善经济结构和加速经济发展的主要手段是增加投资,为此必须增加国内储蓄,同时积极利用外资以弥补投资资金的不足等。这些无疑具有重要的现实意义。

然而,结构论作为传统的国际收支理论,特别是吸收论的对立面出现后,受到了许多批评。批评者认为,结构性失衡的原因同进出口商品的特点有关,如果一国的出口商品不能适应国际市场需求的变化,那么,出口商品需求对收入的弹性就会低。这种问题与其说是缺乏价格竞争力,不如说是缺乏非价格因素的竞争力,比如,产品质量的低劣、售后服务质量太差、产品包装和款式不能满足消费心理等等。

对于经济结构单一、落后引起的国际收支困难,结构论的批评者认为,所谓国际收支结构性失衡,实际上是愿望与现实之间的失衡,国际收支困难有两种不同的概念,一种是事先的概念,另一种是事后的概念。事先的概念是指国际收支失衡的压力,而不是指失衡本身。只要财政与货币政策适当,就能避免失衡的发生。

批评者还认为,国际收支制约力是到处都存在的,这对维持一国经济长期均衡的发展和世界货币金融秩序是必要的。要求以提供暂时性资金融通为主的IMF,向经济结构落后的国家提供长期的国际收支贷款而同时又不施予必要的调节纪律和恰当的财政、货币政策,尤如把资金填入一个无底洞,既不利于国家经济的均衡发展,又违背了IMF本身的性质和宪章,同时也是IMF在客观上无力做到的。结构论所探讨的实际上是经济发展问题,而不是国际收支问题。经济发展政策对国际收支失衡的调节,常常是行之无效的或收效甚微的。

以上介绍了国际收支调节的四种主要分析方法(理论)。前三种分析方法相互之间不是排斥的,而是互为补充的,只不过它们各自的出发点不同,因而政策结论也不同。至于结构论,实际上同前三种理论也有互补的地方。吸收论、货币论和结构论都十分强调政府的作用,都主张以政府干预来解决国际收支失衡问题。总之,在运用上述各种方法分析具体问题时,要注意它们的异同,吸收正确、合理的部分,摈弃不合理的成分,灵活地加以综合运用,才能使相关分析和决策切合实际。

2.5 内外均衡与政策搭配[①]

开放经济是指商品,以及资本、劳动力等生产要素跨越国境流动的经济。其运行显然要比封闭经济要复杂得多。封闭经济条件下,政府对经济进行调控的中心任务是实现内部经济的稳定和发展。开放经济条件下政府宏观调控的难度增加,调控的中心任务是在实现内部经济稳定和发展的同时,确定经济合理的开放状态,并解决开放和稳定发展之间可能存在的矛盾。开放经济条件下的上述两个任务被称为内部均衡和外部均衡。本节首先介绍何为经济的内部均衡和外部均衡,然后从货币金融的角度介绍这两个目标如何相互冲突以及如何通过政策搭配来加以协调。

2.5.1 内部均衡与外部均衡

一般认为,在封闭经济条件下,各国政府都将经济增长、物价稳定与充分就业作为自己追求的目标,这些目标反映了经济均衡的理想状态。当经济开放后,国民收入账户的组成发生了变化,经常账户成了国民收入构成部分,并且国际收支因素还会影响经济增长、物价稳定和充分就业这些原有的目标。所以,此时将国际收支纳入政府的政策目标是非常必要的。

在国际收支平衡进入政府所追求的经济目标后,开放经济下的政策目标就可以分为内部均衡与外部均衡两部分。原有的经济增长、价格稳定与充分就业等反映经济内部运行情况的政策目标可以归入内部均衡目标之中。这三个目标中,经济增长是一个长期任务,并且20世纪80年代以来,主要的发达国家都越来越强调应通过市场机制的自身运作来实现持续的经济增长,因此经济增长目标从这些国家政府的政策目标中逐渐淡化。所以出于简单起见,在讨论内部均衡时,一般不考虑经济增长问题,只关注物价稳定和充分就业。

外部均衡是指国际收支的均衡,但国际收支均衡并不等于国际收支平衡。前者是政府所追求某种国际收支的理想状态,即国内经济处于充分就业和物价稳定下的自主性国际收支平衡;而后者指国际收支账户总差额为零的会计上的平衡。因此目前比较公认的外部均衡是指与宏观经济相适应的国际收支结构。由于经常账户是国民收入的组成部分,并属于实体经济的范畴,所以外部均衡也可以表述为与一国宏观经济相适应的合理的经常账户余额。由于各国经济发展阶段以及发展水平不尽相同,所以外部均衡的具体标准也不尽相同。对于经济起飞阶段的国家,经常账户有一定程度的逆差,一般仍认为其国际收支是均衡的;而对于外向型经济主导的国家,经常账户有一定的顺差,通常也认为其国际收支是均衡的。

---

① 关于内外均衡与政策配合的系统理论分析参见第13章(开放经济条件下的宏观调控)。

2.5.2 内、外均衡的关系：米德冲突

国际收支各项调节政策均能影响到内部均衡与外部均衡。但是在使用某一政策实现某一均衡时，可能同时会造成另一均衡的改善，也可能造成另一均衡的恶化。通常，我们将前一种情况称为内外均衡一致，而把后一种情况称为内、外均衡冲突。1951年，詹姆斯·米德在其著作《国际收支》中最早地提出了固定汇率制度下的内外均衡问题。他认为，在汇率固定不变时，政府只能主要运用影响总需求的支出增减政策来调节内外均衡。这样在开放经济运行的特定区间，便会出现内外均衡难以兼顾的情形。一般地，各国政府多以财政政策和货币政策实现内部均衡，以汇率政策实现外部均衡。但固定汇率制度下，汇率工具无法使用。要运用财政政策和货币政策来达到内外部同时均衡，在政策取向上，常常存在冲突。如国际收支逆差与国内经济疲软并存，或是国际收支顺差与国内通货膨胀并存时，财政、货币政策都会左右为难，经济学上称之为"米德冲突"（Meade Conflict）。简言之，米德冲突是指由英国著名经济学家米德提出的政府在同时实现内部均衡与外部均衡时会出现顾此失彼的冲突现象。

米德冲突分析的主要是固定汇率制度下的情况，并且没有考虑资本流动的情形。那么，当20世纪70年代很多国家实行浮动汇率制度后，可以利用汇率变动和资本流动来调节国际收支时还存在内外均衡冲突吗？实际上，在浮动汇率制度下，同样面临着内外均衡冲突问题，完全利用外汇市场自发调节国际收支是不可能的。在汇率变动受到政府的一定管理的条件下，通过国内总需求的变动来调节内外均衡仍是相当常见的做法，因此浮动汇率制下也会出现与固定汇率制下相类似的内外均衡冲突现象。并且在汇率波动程度非常剧烈的条件下，外部均衡与内部均衡之间的相互影响或干扰更加复杂，内外均衡冲突问题甚至可能更加深刻。

2.5.3 政策搭配的基本原理

通过上述分析可以看到，开放经济条件下存在着内外均衡冲突的问题。那么在进行政策调控时，如何解决这些问题呢？20世纪50年代以来，关于政策配合的"丁伯根法则"与政策指派的"有效市场分类原则"等理论的出现在一定程度上解决了这些问题。这里将政策配合或政策指派统称为"政策搭配"。下面来介绍政策搭配的基本原理。

1. 丁伯根法则

荷兰经济学家丁伯根（J. Tinbergen）最早提出了开放经济下将政策目标和工具结合在一起进行政策调控的法则，被称为"丁伯根法则"（Tinbergen Rule）。它是指由丁伯根提出的关于国家经济调节政策和调节目标之间的关系法则。其基本内容是，为达到一个经济目标，政府至少要运用一种有效的政策；为达到几个经济

目标,政府至少要运用几个独立、有效的经济政策。

丁伯根法则对目标的实现过程具有如下特点:一是假定各种政策工具可以供决策当局集中控制,从而通过各种工具的紧密配合实现政策目标;二是没有明确指出每种工具有无必要在调控中侧重于某一目标的实现。这两个特点与现实不尽相同或不能满足现实调控的需要。罗伯特·蒙代尔(Mundell,1962)提出的关于政策指派的"有效市场分类原则"弥补了这一缺陷。

2. 政策指派的"有效市场分类原则"

蒙代尔对政策调控的研究基于这样一个出发点:在许多情况下,不同的政策工具实际上掌握在不同的决策者手中,例如,货币政策隶属中央银行的权限,而财政政策则由财政部门掌管。如果决策者并不能紧密协调这些政策而是独立进行决策的话,就不能达到最佳的政策目标。蒙代尔得出的结论是:如果每一工具指派给一个目标,并且在该目标偏离其最佳水平时按照规则进行调控,那么在分散决策的情况下仍有可能得到最佳调控目标。

关于每一工具应如何指派给相应目标,蒙代尔提出了"有效市场分类原则(the Principle of Effective Market Classification)"。这一法则的含义是:每一目标应该指派给对这一目标有较大的影响力,因而在影响政策目标上有相对优势的工具。如果在指派问题上出现错误,则经济会产生不稳定性而距均衡点越来越远。根据这一法则蒙代尔区分了财政政策、货币政策影响内外均衡上的不同效果,提出了以货币政策实现外部均衡目标,财政政策实现内部均衡目标的指派方案。蒙代尔的主要贡献在于提出了特定工具实现特定目标这一指派问题,丰富了开放经济政策调控理论,与"丁伯根法则"一起形成了开放经济下政策搭配的基本原理,即将内外均衡目标指派给不同的工具,并且工具之间尽可能进行协调以同时实现内外均衡。

2.5.4 政策搭配的运用

根据政策搭配原理,在调控内外均衡时应该选取不同的政策进行搭配使用。那么,应该如何搭配呢?蒙代尔提出了用财政政策与货币政策搭配的方案;澳大利亚经济学家斯旺(Swan,1955)提出了支出增减与支出转换政策的搭配方案。这两个方案比较典型,下面逐一进行简要介绍(详尽内容参见第13章 开放经济条件下的宏观调整)。

1. 财政政策与货币政策的搭配

蒙代尔提出的财政政策与货币政策搭配的方案是以汇率固定不变、资本能够自由流动为前提,外部均衡被视为总差额的均衡。根据"有效市场分类原则"将内部均衡的目标指派给财政政策,将外部均衡目标指派给货币政策。因为财政政策对国内经济的作用大于对国际收支的作用,而货币政策对国际收支的作用较大。这是由于在资本流动的情况下,货币政策更倾向于扩大国内外利差,促进资本国际流动,影响国际收支。蒙代尔用预算代表财政政策(以横轴表示),用利率代表货币政策(以纵轴表示,见图2.2)。

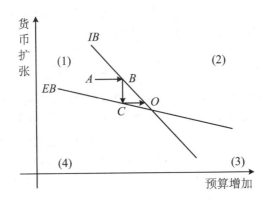

图 2.2　财政政策与货币政策的搭配

在图2.2中,IB曲线为内部均衡线,此线上的点代表着内部经济达到均衡。IB曲线向下倾斜是因为当政府支出增加时,总需求增加导致通货膨胀,内部失衡。为了保持内部均衡,货币供给应当减少,提高利率以降低投资支出,促使总需求减少,使得内部经济维持均衡状态。IB左方表示经济处于失业状态,右方处于通货膨胀状态。IB曲线左移,意味着宽松的财政政策,向右移意味着紧缩的财政政策。EB曲线为外部均衡曲线,此线上的点代表着国际收支处于平衡。EB曲线同样也向下倾斜,是因为政府支出增加引起国民收入增加,通过边际进口倾向导致进口增加,经常项目逆差。此时需要减少货币供给,提高利率以吸引资本流入进而维持国际收支平衡。EB曲线上方表示国际收支处于逆差状态,下方处于顺差状态。EB向上移动,意味着宽松的货币政策,向下移动意味着紧缩的货币政策。IB曲线比EB曲线更陡峭,是因为蒙代尔认为财政政策对内部经济调控更有效,而货币政策对国际收支调控更有效。

根据所处的不同状态,可以将经济分为四个区域,在不同区域采用不同形式的货币政策与财政政策的搭配。以经济处于A点为例,此时经济处于失业、衰退和逆差的状态,采用扩张的财政政策提高总需求来治理通货紧缩,使A点向B点移动。同时采用紧缩的货币政策提高利率吸引资本流入来解决逆差的问题,使得B点向C点靠近。两种政策如此反复搭配使用,最终会使A点切近O点,结果实现了内外同时均衡。这种搭配的原理同样适用于其他领域。

蒙代尔的财政政策与货币政策搭配的方案(即有效市场分类原则),较系统地分析了政策配合的意义和具体的机制,对一国政府的经济决策有一定的参考价值。但同时也有缺陷,主要表现在:① 忽略了国内支出变化对资本输出的影响,从而得出经常项目与国内支出之间的直接关系。② 没有考虑到除利率以外其他因素对资本流动的影响。③ 政策的选择比较单调,仅限于财政政策和货币政策。④ 两种政策对国内经济、国际收支影响的大小关系不能一概而论,而应根据不同国家及不同时期的实际情况具体分析。

2. 支出增减与支出转换政策的搭配

与蒙代尔的方案相反,斯旺以资本不流动(即外部均衡是指经常账户的平衡)和汇率能够调整为前提,进而提出了支出增减与支出转换政策的搭配方案,即"斯旺图(Swan Diagram)"。在两种政策的指派问题上,斯旺认为支出增减政策对国内经济的调控更加有效,而支出转换政策对调节国际收支更加有效。消费、投资或政府支出的变动代表支出增减政策,具体指财政政策或货币政策;实际汇率的变动代表支出转换政策,实际汇率采用直接标价法,具体的政策为汇率政策(见图2.3)。

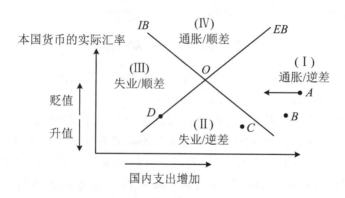

图 2.3 支出增减与支出转换政策的搭配

在图 2.3 中,横轴表示支出增减政策,由原点向右表示国内支出增加;纵轴表示支出转换政策,由原点向上意味着本币实际汇率贬值。IB 曲线表示内部经济均衡线,从左向右向下倾斜。因为当国内支出增加时,总支出增加会引起通货膨胀,为了维持国内均衡,实际汇率应该升值以减少净出口,从而减少总需求,使总需求恢复到均衡的水平。IB 曲线左方,经济处于失业状态,右方处于通货膨胀状态。IB 曲线向右平移,意味着宽松的财政政策或货币政策;而向左平移意味着紧缩的支出政策。EB 曲线为外部均衡曲线,表示经常项目的收支平衡,从左向右向上倾斜。因为国内支出增加时,总需求增加,通过边际进口倾向导致进口增加,使得经常账户出现逆差,为了保持外部均衡,本国实际汇率应该贬值以增加出口、减少进口,促使经常账户恢复平衡。EB 曲线上方表示国际收支处于顺差状态,而下方处于逆差状态。

同样,按照所处状态的不同将经济分为四个区域,每个区域有不同形式的政策搭配。比如,在区间 I 区域的 A 点时,削减国内支出,压缩总需求,通货膨胀和国际收支逆差的压力同时下降,使得 A 点向 O 点切近。但是如果开放宏观经济的失衡不是对称处于 EB 和 IB 之间，如 B 点时，政策搭配就显得十分必要。B 点处于 IB 曲线右方、EB 曲线下方，表明经济处于通货膨胀与国际收支逆差的状态。为了改善国际收支，需要采取紧缩的国内支出政策，从而使 B 点向 D 点移动。同时为了降低通货膨胀，缓解内部经济衰退和失业严重的问题，应该采用贬值的政策以增加净出口。在两种政策的共同作用下，B 点向 O 点切近。其他各个区域的经济，如 C 点，同样可以通过相应的政策搭配达到内外均衡的同时实现。

财政政策与货币政策的搭配、支出增减与支出转换政策的搭配仅仅是政策搭配的两个范例。现实中的经济要比理论中假设的情况复杂得多，在进行政策搭配时可能更加复杂。比如，在前面的论述中，假设经济衰退与通货膨胀是两种独立的现象，但实际上，它们可能同时存在，也就是所谓的"滞胀"（Stagflation）。此时，政策搭配的任务就会复杂多变，政策工具的数目也可能超过两个。再比如，货币贬值可能引起外国的报复，因此，理论上应采用贬值与实际上能否采用贬值，有时并不一致，这也给国际收支的政策调节带来更多的复杂性。

本章小结

国际收支（调节）理论是关于一国国际收支均衡以及国际收支与国民经济均衡的调节手段、调节机制和调节效应的理论。

弹性论在马歇尔微观经济学的弹性理论基础上，运用局部均衡分析方法，着重考虑货币贬值取得成功的条件及其对贸易收支和贸易条件的影响，强调进、出口商品的需求弹性必须满足一定的条件（马歇尔—勒纳条件），本币贬值才能起到改善贸易收支的作用，从而纠正了货币贬值一定有改善贸易收支作用与效果的片面看法。

吸收论从凯恩斯的国民收入方程式入手，运用一般均衡分析方法，着重考虑总收入与总支出（吸收）对国际收支的影响，并在此基础上提出国际收支调节的相应政策主张。吸收论指出了国际收支失衡的宏观原因，并具有强烈的政策配合含义。

货币论从货币的角度而不是从商品的角度，来考察国际收支失衡的原因并提出相应的政策主张。其政策主张的核心是，在国际收支发生逆差时，应该注重国内信贷的紧缩。

结构论认为，发展中国家的国际收支逆差尤其是长期性的逆差，既可能是由长期性过度需求引起的，也可能是由长期性供给不足引起的，而长期性供给不足往往是由经济结构问题引起的，如经济结构的老化、单一和落后。进而主张结构不合理的发展中国家，其国际收支调节政策应放在改善经济结构、进出口结构、加速经济发展和增强出口供给能力等方面。

开放经济条件下，一国政策目标可以分为内部均衡与外部均衡两部分。国际收支调节的目的，从简单和直接的意义上讲是要追求国际收支的平衡；从更深一层意义上讲，是追求国内经济均衡状态下的国际收支平衡，即国际收支均衡。内部均衡与外部均衡是相互影响的。两者之间时有一致、时有冲突。内外均衡冲突的根源在于经济的开放性，"米德冲突"首先对内外均衡的冲突问题进行了论述。

政策搭配原理是建立在关于政策协调的"丁伯根法则"与关于政策指派的"有效市场分类原则"的基础之上的。在运用政策搭配以实现内外均衡的方案中，蒙代尔提出的财政政策与货币政策的搭配和斯旺提出的支出政策与汇率政策的搭配最有影响。

【本章重要概念】

弹性论 马歇尔—勒纳条件 J曲线效应 贸易条件 闲置资源效应 内部均衡 外部均衡 米德冲突 丁伯根法则 有效市场分类原则 政策搭配 财政政策与货币政策的搭配 支出转换政策与支出增减政策的搭配

【复习思考题】

1. 简要述评国际收支弹性分析理论。
2. 试述J曲线效应存在的原因。
3. 简述吸收分析法的主要观点和贡献。
4. 简要述评国际收支货币分析法。
5. 试比较弹性论、吸收论和货币论关于本币贬值对国际收支失衡调节作用的观点。
6. 国际收支结构论的基本观点及政策主张主要有哪些？为何遭到诸多批评？
7. 简述内外均衡目标之间的关系。
8. 简述开放经济条件下政策搭配的基本原理和目标。
9. 蒙代尔与斯旺的政策搭配方案有何异同？

第3章 外汇与汇率

在开放经济条件下,外汇是使一国的对外经济能够正常进行的不可或缺的支付手段,而汇率则因此成为一国的重要经济变量。外汇是伴随着国际贸易而产生的,其产生和发展又促进了国际的经济与贸易发展,并已成为国际间最重要的联系纽带。一国经济周期性变化会通过汇率中介传递到另一国。例如,一国的通货膨胀,如果当期汇率不变,通货膨胀会通过国际贸易传递到其贸易伙伴国,引起贸易伙伴国的通货膨胀。

自布雷顿森林体系崩溃后,各国汇率频繁发生波动。汇率这一重要变量受到各国政策制定者的密切关注,成为国家干预宏观经济的一项重要工具。例如,某国为了提高出口贸易额,扭转贸易逆差,往往会采用货币贬值的方式,致使出口贸易商品和服务以外币表示的价格下降,提高商品和服务的国际竞争力。如果汇率政策制定得不恰当,往往会引致国际游资的攻击,造成本国的金融体系不稳定和国际金融危机。在国际收支的调节中,汇率是最重要的变量之一。它通过改变对外贸易水平引导外汇市场的资金流动,直接影响经常账户、资本和金融账户的平衡。然而,虽然外汇市场的牌价是汇率的直观表现,但外汇市场的资金流动和技术分析并不能完全解释汇率水平及其波动。同时汇率还会引发国内和国际经济的全局变动,影响国际收支的均衡。所以,对汇率理论的研究就成为国际金融的重要课题。

3.1 外汇概述

一国内部债权债务的清偿通常是通过收付该国的法定货币实现的。由于各国都有自己独立的货币和货币制度,一国货币一般不能在另一国流通。因此,国与国之间的债权债务的清偿,就需要将本国货币兑换成外国货币,或将外国货币兑换成本国货币。国际经济交往产生了国与国之间的债权债务清偿问题,外汇正是履行国际债权债务的支付手段不断演化而产生的。

3.1.1 外汇的概念与特征

1. 外汇的概念

外汇是国际经济交往中最普通和最常见的名词,同时,它也是国际金融学中最基本和最重要的概念。

通常情况下,在国际经济交易中至少有一方需要使用以外国货币表示的支付手段,由此就形成了外汇(Foreign Exchange)的概念。从完整的角度来看,外汇具有动态和静态两方面的含义。

动态含义的外汇是指将一种货币兑换成另一种货币,借以清偿国际间债权债务关系的一种专门性的经营活动,亦即国际债权债务的清算活动以及货币在各国间的流动。可见,外汇的动态含义所强调的是外汇交易的主体,即外汇交易的参与者及其行为。

外汇的静态含义又有广义和狭义之分。广义的外汇是指一切以外币表示的资产;而狭义的外汇则仅指以外币表示的,可用于国际间结算的支付手段或金融资产。可见,外汇的静态含义所强调的是外汇交易的客体,即用于交易的对象。通常人们最广泛使用的外汇就是这里静态的含义,同时又多指上述狭义的外汇概念。

IMF 和中国《外汇管理条例》均对此作了静态意义上的解释。如《中华人民共和国外汇管理条例》(2008 年 8 月 1 日国务院第 20 次常务会议修订通过并施行)第三条规定:

"本条例所称外汇,是指下列以外币表示的可以用作国际清偿的支付手段和资产:(一) 外币现钞,包括纸币、铸币;(二) 外币支付凭证或者支付工具,包括票据、银行存款凭证、银行卡等;(三) 外币有价证券,包括债券、股票等;(四) 特别提款权;(五) 其他外汇资产。"

2. 外汇的特征

根据上述外汇的定义(静态),我们可以得出外汇的三个基本特征:

(1) 外汇是一种金融资产。所谓"资产",一般是指具有货币价值的财物或权利,或者说是用货币表现的经济资源。资产可以是实物性的,即所谓的实物资产,如土地、机器等;也可以是金融性的,亦即金融资产,如现金、存款、商业票据、有价证券等。既然外汇只能以货币形态得到表现,因此,它必然属于金融资产。所以,实物资产和版权、专利权等无形资产不能构成外汇。

(2) 外汇必须是以外币表示的金融资产。少数国家的货币,如美国的美元等,由于种种特殊的原因而在国际间被普遍接受,因此,美国居民常常可以直接用美元对外支付。但是,美元对美国居民而言,显然只是本币。所以,尽管美元通常具有对外支付功能,但美国居民仍然不能由此而将其看作是外汇。

(3) 用作外汇的货币必须具有较充分的可兑换性。这里的可兑换性(Convertibility)，是指一种货币能够不受限制地兑换成其他国家的货币的特性①。如前所述，人们持有外汇的最基本动机是用于对外支付或办理国际结算。但是，由于各国或地区货币制度不同，外汇管制宽严程度不同，以及政府维持货币主权的意志，一国货币通常不能在另一国境内流通使用。在这种情况下，一种货币，如英国英镑的持有者为了清偿由于对外经济交易而产生的国际债权债务关系，或为了在国与国之间进行某种形式的单方面转移，就不得不将英镑按一定的比率兑换成另一种货币，如加拿大元。显然，如果一种货币不具有可兑换性，即不能兑换成其他货币，则其对外支付的能力就几近丧失，外国居民就不愿持有该种货币，其结果就是无法具有外汇的功能。

IMF 为了促进国际经济交易的发展，在《IMF 协定》第八条"成员国的一般义务"中规定，各成员国不能对因经常项目交易而发生的货币兑换要求予以限制。货币的完全可自由兑换意味着任何该种货币持有人均可不受限制地在外汇市场上将其转换成其他货币。在这种情况下，一旦由于国际收支严重恶化、本币遭受投机性攻击或资本外逃等原因，一国的外汇市场就会出现大量抛售本币、抢购外币的风潮，以至于本币汇率面临冲击，外汇储备急剧流失，甚至酿成金融危机。所以，一国是否有能力实行本币的自由兑换，取决于其是否具有稳定对外经济的强大实力，具体而言，取决于其稳定国际收支和汇率的能力以及是否持有充足的外汇储备。

从目前的情况看，实行完全的货币自由兑换的国家主要是西方发达经济体和收入相对较高的部分发展中经济体。许多发展中经济体由于对外经济实力相对较弱，在世界经济中处于不利的地位，因而缺乏实行货币自由兑换的条件。中国自实行改革开放政策以来，对外经济实力得到了很大的提高，在外汇管理方面，市场经济体制也有了一定程度的发育，国际收支状况不断改善，外汇储备迅速增加。因此，1996 年 11 月 27 日，时任中国人民银行行长戴相龙致函 IMF，正式宣布从 1996 年 12 月 1 日起接受《IMF 协定》第八条款，基本实现了经常项目交易的人民币自由兑换，成为所谓的"第八条款成员国"。近年来，中国经济实力逐步增强，国际收支状况良好，外汇储备逐年增多。因此，资本项目交易的人民币自由兑换将会成为下一步目标。

为了提高外汇交易市场的运作效率，每种货币需要有标准的代码和符号。这些代码是国际标准化组织(ISO)所规定的，简称为 ISO 代码，由三个英文字母组成(见表 3.1)。

---

① 货币的可兑换性的另一个含义是指在金本位制度下，货币能按发行国官方规定的含金量或价格，即黄金官价兑换成黄金的特性。

表 3.1　部分国家货币名称及标准符号

国家或地区	货币名称		货币标准符号
	中文	英文	
中国	人民币元	Chinese Yuan	CNY
中国香港	港元	Hong Kong Dollars	HKD
日本	日圆	Japanese Yen	JPY
欧洲货币联盟	欧元	Euro	EUR
俄罗斯	卢布	Russian Ruble (or Rouble)	SUR
瑞士	瑞士法郎	Swiss Franc	CHF
加拿大	加元	Canadian Dollar	CAD
美国	美元	U. S. Dollar	USD
墨西哥	墨西哥比索	Mexican Peso	MXP
澳大利亚	澳大利亚元	Australian Dollar	AUD
新西兰	新西兰元	New Zealand Dollar	NZD
韩国	韩元	Korean Won	KRW
越南	越南盾	Vietnamese Dong	VND
柬埔寨	瑞尔	Cambodian Riel	KHR
菲律宾	菲律宾比索	Philippine Peso	PHP
马来西亚	马元	Malaysian Dollar	MYR
新加坡	新加坡元	Singapore Dollar	SGD
泰国	泰铢	Thai Baht (Thai Tical)	THP
缅甸	缅元	Burmese Kyat	BUK
英国	英镑	Pound, Sterling	GBP

3.1.2　外汇的分类

按不同的标准,外汇可以分为四大类:

1. 根据限制性不同,可分为自由外汇和计账外汇

自由外汇又称自由兑换外汇或可兑换货币,是指无需货币发行国批准,可以自由兑换为其他货币或向第三国支付的外国货币及其支付手段。其适用的外部环境为自由的多边结算制度。具有可自由兑换性的货币都是自由外汇,国际间债权债务的清偿主要使用自由外汇,自由外汇主要有美元、欧元、英镑、日元、港币、瑞士法

郎、新加坡元、加拿大元、澳大利亚元、新西兰元等货币,以及用这些货币表示的汇票、支票、股票、债券等支付凭证和信用凭证,均为自由外汇。

计账外汇又称协定外汇或清算外汇,是指不经货币发行国批准,不能自由兑换成其他货币或用于第三国支付的外汇。其适用的外部环境是管制的双边清算制度。它是签有清算协定的国家之间,由于进出口贸易引起的债权债务不用现汇逐笔结算,而是通过当事国的中央银行账户相互冲销所使用的外汇。计账外汇虽不能自由运用,但它也代表国际债权债务,往往签约国之间的清算差额也要用现汇进行支付。

2. 根据来源和用途不同,可分为贸易外汇和非贸易外汇

贸易外汇是国际货物贸易及其从属活动所使用的外汇。如在国际货物贸易中由于贸易货款、交易佣金、运输费和保险费等的收付而产生的外汇收支。贸易外汇状况反映了一国在对外经济交往中实质经济的竞争力状况,它一般会对一国外汇收支及国际收支状况产生极其重要的影响。非贸易外汇是贸易外汇以外所收支的一切外汇。非贸易外汇的范围非常广,如侨汇、旅游、航运、金融、对外承包工程等服务贸易的外汇收支,以及国外援助及捐赠收入,股票、债券等投资收入及其他非贸易外汇收入。

3. 根据交割期限,可分为即期外汇和远期外汇

交割,这里是指本币和外币所有者相互交换货币所有权的行为,也就是外汇买卖中外汇的实际收支活动。即期外汇又称现汇,是指外汇买卖成交后在两个工作日内交割完毕的外汇。远期外汇又称期汇,是指买卖双方根据外汇买卖合同,不需立即进行交割,而是在将来某一时间进行交割的外汇。

4. 根据外汇管理对象,可分为居民外汇和非居民外汇

居民外汇指居住在本国境内的机关、团体、企事业单位、部队和个人,以各种形式所持有的外汇。居民通常指在某国或地区居住期达一年以上者,但是外交使节及国际机构工作人员不能列为居住国居民。各国一般对居民外汇管理较严。非居民外汇指暂时在某国或某地区居住者所持有的外汇,如外国侨民、旅游者、留学生、国际机构和组织的工作人员、外交使节等以各种形式持有的外汇。在中国,对非居民的外汇管理比较松,允许其自由进出国境。

3.1.3 外汇的职能

外汇作为一种可执行国际支付职能的外国货币,具有国内货币同样的职能,但其职能也有一些特殊性。

(1)价值尺度。外汇实际上是一种国际货币,可以作为衡量各国商品和劳务

价值的尺度。它使得以不同的货币标价的各国商品和劳务有了统一的衡量标准。这点它和国内货币的价值尺度职能是一样的,和国内货币不同的是,外汇除了可以作为商品和劳务的国际价值尺度外,它还可以成为其他货币的价值尺度。用于衡量其他外汇的国际价值,甚至是某一国内货币的国际价值,但同商品和劳务不同,两种外汇之间可以互为价值尺度,这点很像早期的实物货币。

(2) 购买手段。亦称流通手段,简单来说就是作为购买进口商品及劳务的手段,外汇就是在执行购买手段的职能。一定量的外汇在作为购买手段时具有多大的购买力的职能,主要取决于两种情况:一是在该外币发行国购买时,取决于该国的物价水平。二是在该外币发行国以外的国家购买时,取决于该外币同购买所在国货币之间的汇率。

(3) 支付手段。外汇作为国际性的支付手段,可用于清算各国间存在的债权债务。在某些国家,当国内货币由于通货膨胀等原因而丧失信誉的时候,外汇甚至还会取代该国货币而成为其国内的主要支付手段。与各国国内的通货不同,外汇作为清偿国际债权债务的支付手段不是由某一个国家通过国家机器强制推行的,而是因外汇发行国的经济实力而为国际经济界自发接受的。

(4) 储藏手段。外汇同国内货币一样,也具有储藏手段的职能。这一职能主要表现在以下两个方面:一是在外汇管制相对较宽的国家,该国居民(个人、企业、社会团体等)往往持有各种形式的外汇资产。一个国家其货币的信誉越差,该国居民持有的外汇资产的比例就越大。二是外汇目前是各国政府持有的国际储备的主要部分。

(5) 干预手段。这是外汇独有的职能。各国政府可以通过在外汇市场上买卖外汇来干涉其货币汇率的走势,从而达到稳定汇率,调节进出口贸易和资本流动,以及平衡国际收支的目的。

3.1.4 外汇在国际经济中的作用

外汇是伴随着国际贸易而产生的,其产生和快速发展伴随着国际的经济贸易的快速发展,并已成为国与国经济之间最重要的联系纽带。

(1) 实现购买力的国际转移。外汇作为国际结算的支付手段,是国际交往不可缺少的工具。债务关系发生在不同国家之间,由于货币制度不同,一国货币不能在其他国家内流通,除了运送国际间共同确认的清偿手段——黄金以外,不同国家间的购买力是不可能转移的。随着银行外汇业务的发展,国际间大量利用代表外汇的各种信用工具(如汇票),使不同国家间的货币购买力的转移成为可能。

(2) 促进国际经济贸易的发展。外汇是国际经贸往来的产物,同时也促进了国际贸易和资本流动的发展。利用外汇进行国际结算,具有安全、便利、节省费用和节省时间的特点,因此加速了国际经贸的发展进程,扩大了国际经济贸易的范围。

（3）便利国际间资金供需的调剂。世界经济发展不平衡导致了资金配置不平衡。有的国家资金相对过剩，有的国家资金严重短缺，客观上存在着调剂资金余缺的必要。而外汇充当国际的支付手段，通过国际信贷和投资渠道，可以调剂资金余缺，促进各国经济的均衡发展。例如，发展中国家为加快建设步伐，需要有选择地利用国际金融市场上的长短期信贷，发达国家的剩余资金也有寻找出路的必要。因此，外汇可以发挥调剂国家之间资金余缺的作用。

（4）充当国际储备手段。在黄金充当国际支付手段时期，各国的国际储备主要是黄金。随着黄金的非货币化，外汇作为国际支付手段，在国际结算中被广泛采用，因此外汇成为各国一项十分重要的储备资产。当今世界，外汇储备是衡量一国国际经济地位的重要标志之一，它是弥补该国国际收支逆差，抵御金融风暴，稳定该国外汇市场、汇率以及维持该国国际信誉的物质基础。对于发展中国家来说，往往要持有高于常规水平的外汇储备。但是，外汇储备并非多多益善，近年来中国外汇储备规模的急剧扩大的负面影响也是不能忽视的。

（5）政府调节宏观经济活动的重要工具。中央银行在公开的外汇市场购买或售卖外汇，增加或减少商业银行的准备金，从而影响整个经济活动，实现既定的目标。中央银行买进外汇时，会向卖出外汇的公司支付货币，从而增加流通中的货币量。而中央银行在卖出外汇时，就会使流通中的货币量减少。

3.2　汇率概述

汇率变动影响一国商品和服务的国际价格，对改善国际收支，刺激经济增长有着重要作用。

3.2.1　汇率及其标价方法

外汇的动态含义引出了不同货币的折算问题，这就涉及汇率了。

1. 汇率的含义

汇率(Exchange Rate)又称"汇价"，是一种货币折算成另一种货币的比率，即用一种货币所表示的另一种货币的价格。换言之，汇率就是两种不同货币之间的比价，它反映一国货币的对外价值。由于汇率为外汇买卖确定了标准，因而又称外汇牌价或外汇行市。

2. 汇率的标价方法

为了表示两种不同货币之间的比价，先要确定用哪个国家的货币作为标准，由于确定的标准不同，因而便产生了不同的汇率标价方法。

1) 直接标价法

直接标价法(Direct Quotation)又称应付标价法(Giving Quotation)，是以一定

单位(如1、100、10000等)外币为标准,折算成若干单位的本币的汇率表示方法。在直接标价法下,外币(此时称作单位或基准货币)数额固定不变,汇率涨跌都以相对的本币(此时称作计价、标价或报价货币)数额的变化来表示。一定单位的外币折算的本币数量增多,说明外汇汇率上升,或本币汇率下降,亦称作外币升值或称本币贬值;反之,一定单位的外币折算的本币数量减少,说明外汇汇率下跌,或本币汇率上升,称为外币贬值或称本币升值。由此可见,在直接标价法下,汇率数值的上下起伏波动与相应的外币的价值变动在方向上是一致的,而与本币的价值变动在方向上却是相反的。

例如,某月,中国人民币市场汇率,月初:USD1＝CNY6.4021;月末:USD1＝CNY6.4041。说明美元币值上升(美元升值),人民币币值下跌(人民币贬值)。

表3.2　中国银行2018年2月25日05:30:00外汇牌价(单位:人民币/100外币)

货币名称	现汇买入价	现钞买入价	现汇卖出价	现钞卖出价	中行折算价
美元	632.21	627.07	634.89	634.89	634.82
日元	5.9063	5.7227	5.9497	5.9497	5.9465
欧元	776.15	752.03	781.87	783.43	782.76
英镑	881.83	854.43	888.32	890.27	885.95
阿联酋迪拉姆	—	166.4	—	178.48	172.84
澳大利亚元	495.34	479.95	498.98	500.08	497.62
澳门元	78.54	75.91	78.85	81.38	78.82
巴西里亚尔	—	187.8	—	205.4	195.31
丹麦克朗	104.17	100.96	105.01	105.22	105.1
菲律宾比索	12.17	11.8	12.27	12.84	12.22
港币	80.8	80.16	81.12	81.12	81.14
韩国元	0.5857	0.5652	0.5905	0.6119	0.5873
加拿大元	499.93	484.15	503.62	504.72	499.61
林吉特	163.1	—	164.24	—	162.27
卢布	11.21	10.52	11.3	11.72	11.23
南非兰特	54.67	50.48	55.05	59.24	54.48
挪威克朗	80.39	77.91	81.03	81.19	80.87
瑞典克朗	77.17	74.79	77.79	77.94	78.2
瑞士法郎	673.76	652.97	678.5	680.19	680.67
沙特里亚尔	—	164.2	—	172.75	169.29

续表

货币名称	现汇买入价	现钞买入价	现汇卖出价	现钞卖出价	中行折算价
泰国铢	20.09	19.47	20.25	20.87	20.17
土耳其里拉	166.42	158.27	167.76	175.91	167.77
新加坡元	478.24	463.48	481.6	482.8	481.37
新台币	—	20.9	—	22.53	21.7
新西兰元	460.19	445.99	463.43	469.11	465.28
印度卢比	—	9.201	—	10.3756	9.7699
印尼卢比		0.0447		0.0479	0.0464

当前，世界上除英国和美国外，大多数国家和地区都采用此种标价方法，中国的人民币汇率也采用直接标价法（见表3.2）。美国长期以来一直采用直接标价法，但在第二次世界大战后，随着美元在国际结算和国际储备中逐渐取得统治地位以及国际外汇市场的高速发展，为了与各国外汇市场上对美元汇率的含义及标价方法的标价一致，美国从1978年9月1日起，除了对英镑（以及后来的澳元和欧元）继续采用直接标价法外，对其他货币一律改用间接标价法。

2）间接标价法

间接标价法（Indirect Quotation）又称应收标价法（Receiving Quotation），是指以一定单位本币（如1、100、10000等）为标准，折算成若干单位的外币的汇率表示方法。间接标价法的特点正好同直接标价法相反，即本币（此时又称单位或基准货币）金额不变，其折合成外币（此时称作计价、标价或报价货币）的数额则随着两种货币相对价值的变化而变动。如果一定数额的本币能兑换成更多的外币，说明本币汇率上升；反之，如果一定数额的本币兑换的外币数额减少，则说明本币汇率下跌。在间接标价法下，汇率数值的上下起伏波动与相应的外币的价值变动在方向上刚好相反，而与本币的价值变动在方向上却是一致的。

例如，某月，伦敦外汇市场汇率为，月初：GBP1＝USD1.5000；月末：GBP1＝USD1.4500。说明美元汇率上升（美元升值），英镑汇率下跌（英镑贬值）。

目前，英国、美国、澳大利亚和欧元区均采用此种标价方法。从历史上看，英镑曾长期用作国际结算的主要货币，因此，伦敦外汇市场一直采用间接标价法。

直接标价法和间接标价法之间存在着一种倒数关系，即直接标价法下的汇率数值的倒数就是间接标价法下的汇率数值，反之亦然。例如，根据中国银行按直接标价法挂牌的100美元＝638.20元人民币，可以很方便地推算出1元人民币＝100/638.20＝0.1567美元，即100元人民币＝15.67美元。又如，根据伦敦外汇市场上的1英镑＝1.4058美元，运用倒数关系，即可将外汇市场的间接标价法换成直接标价法，即1美元＝1/1.4058＝0.7113英镑。

由于在不同的标价法下,汇率涨跌的含义恰恰相反。因此,在谈论某种货币汇率的变动时,必须说明具体的标价方法,否则就容易引起歧义。当然,也可以在汇率之前加上外汇或本币等限定词,以说明外汇汇率或本币汇率的变动情况,如外汇汇率上升或本币汇率下跌。

3) 美元标价法

以一定单位美元(单位/基准货币)为标准,折算成若干单位其他货币(计价/标价/报价货币)的汇率表示方法。为了便于在日常外汇交易中对各种货币的汇率进行比较、判断和交易,目前国际外汇市场及各大外汇银行的报价均采用美元标价法。例如,瑞士苏黎世某银行面对其他银行的询价,报出的货币汇价为:USD1＝CHF0.9560;日本东京某银行面对其他银行的询价,报出的货币汇价为:USD1＝JPY105.58。

美元标价法不同于间接标价法:美元标价法不是美国本身报出的外汇价格,而是美国以外的外汇经营机构以美元为基准货币所报出的外汇价格。

人们将各种标价法下数量固定不变的货币叫做基准货币(Base Currency),把数量变化的货币叫做标价货币(Quoted Currency)。显然,在直接标价法下,基准货币为外币,标价货币为本币;在间接标价法下,基准货币为本币,标价货币为外币;在美元标价法下,基准货币是美元,标价货币是其他货币。

3.2.2 汇率的分类

汇率的种类及其繁多,按照不同的标准可以进行不同的分类。

1. 按制订汇率的角度划分,有基本汇率与套算汇率

基本汇率(Basic Rate)。各国通常选择出一种与本国对外往来关系最为紧密的货币即关键货币(Key Currency),并制订或报出汇率。本币与关键货币间的汇率称为基本汇率。关键货币一般是指一个世界货币,被广泛用于计价、结算、储备货币、可自由兑换,国际上可普遍接受的货币。目前大多数国家都把美元当做关键货币,把本币与美元之间的汇率作为基本汇率。

套算汇率(Cross Rate)。制定出基本汇率后,本币对其他外币就可以通过基准汇率加以套算,这样得出的汇率就是套算汇率,也叫交叉汇率。汇率套算的基本方法有:

1) 据中间汇率计算套算汇率

【例 3.1】 已知 USD/CHF＝0.9560   USD/HKD＝7.7962

可计算得: CHF/HKD＝7.7962/0.9560＝8.1550

或   HKD/CHF＝0.9560/7.7962＝0.1226

【例 3.2】 已知 USD/CHF＝0.9560   GBP/USD＝1.4058

可计算得: GBP/CHF＝1.4058×0.9560＝1.3439

或　　　　　　CHF/GBP=1/1.3439=0.7441

2) 根据有关汇率的买入汇率与卖出汇率计算套算汇率的买入汇率与卖出汇率

正因为外汇市场以美元为中心报价,所以在不涉及美元的外汇交易中就会出现交叉汇率的计算问题,即通过美元与某种货币的汇率计算出两个标的货币之间的汇率。

一般有三种情况:一是相同的货币都是基准货币;二是相同的货币都是标价货币;三是相同的货币中一个是基准货币,另一个是标价货币。

(1) 两个汇率中,若相同的货币同为基准货币或同为标价货币,则计算规则为两个汇率交叉相除。

【例 3.3】 已知 USD/EUR=0.8144/60,USD/HKD=7.7860/80。试计算 EUR/HKD 的值。

解　USD/EUR=0.8144～0.8160

USD/HKD=7.7860～7.7880

计算：　　7.7860÷0.8160=9.5417；　7.7880÷0.8144=9.5629
得：　　　　　　　　EUR/HKD=9.5417/629

【例 3.4】 已知 EUR/USD=1.2278/88,AUD/USD=0.7814/24,试计算 EUR/AUD 的值。

解　EUR/USD=1.2278～1.2288
　　　AUD/USD=0.7814～0.7824

计算：　　1.2278÷0.7824=1.5693；　1.2288÷0.7814=1.5726
得：　　　　　　　　EUR/AUD=1.5693/726

(2) 两个汇率中,若相同的货币一个是基准货币,另一个是标价货币,则计算规则为两个汇率同边相乘。

【例 3.5】 已知 GBP/USD=1.4058/68,USD/JPY=105.80/90。试计算 GBP/JPY 的值。

解　GBP/USD=1.4058～1.4068

　　　USD/JPY=105.80～105.90

计算：　　1.4058×105.80=148.73，1.4068×105.90=148.98
得：　　　　　　　　GBP/JPY=148.73/98

关于套算汇率的基本规则如表 3.3 所示。

表 3.3　套算汇率的基本规则

计算规则	美元作为单位(基准)货币	美元作为计价(标价)货币
美元作为单位(基准)货币	交叉相除	两边相乘
美元作为计价(标价)货币	两边相乘	交叉相除

2. 从银行买卖外汇的角度，划分为买入汇率、卖出汇率和中间汇率

买入汇率(Buying Rate)，也称买入价(Bid Rate)，即银行从同业或客户买入外汇时所使用的汇率。

卖出汇率(Selling Rate)，也称卖出价(Offer Rate)，即银行向同业或客户卖出外汇时所使用的汇率。

中间汇率(Middle Rate)，也成中间价，指银行买入价和银行卖出价的算术平均数，即两者之和再除以 2。中间汇率主要用于新闻报道和经济分析。

此外还有现钞汇率(Bank Notes Rate)，即银行买卖外币钞票的价格。

外汇银行所报的两个汇率中，前一个数值较小，后一个数值较大。在直接标价法下，较小的数值为银行买入外汇的汇率，较大的数值为银行卖出外汇的汇率；而在间接标价法下，较小数值为银行卖出外汇的汇率，较大数值为银行买入外汇的汇率。例如，某日苏黎世外汇市场和伦敦外汇市场的报价如下：

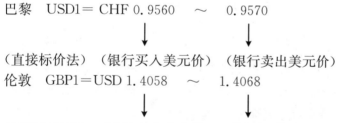

3. 按外汇的汇付方式不同，划分为电汇汇率、信汇汇率和票汇汇率

电汇汇率(Telegraphic Transfer Rate，简称 T/T Rate)，是以电汇方式买卖外汇时所使用的汇率。

信汇汇率(Mail Transfer Rate，简称 M/T Rate)，是以信汇方式买卖外汇时所使用的汇率。

票汇汇率(Draft Rate)，是以票汇方式买卖外汇时所使用的汇率。

4. 按外汇交易交割日不同，划分为即期汇率和远期汇率

即期汇率(Spot Rate)，也称现汇汇率，是指买卖双方成交后，在两个营业日

(Working Day)以内办理交割所使用的汇率。

远期汇率(Forward Rate),也称期汇汇率,是指买卖双方成交时,约定在未来某一时间进行交割所使用的汇率。一般而言,期汇的买卖差价要大于现汇的买卖差价。

对远期汇率的报价有两种方式:其一是直接报价(Outright Rate),即直接将各种不同交割期限的期汇的买入价和卖出价表示出来,这与现汇报价相同。其二是用远期差价(Forward Margin)或掉期率(Swap Rate)报价,即报出期汇汇率偏离即期汇率的值或点数。升水(at Premium)表示期汇比现汇贵;贴水(at Discount)表示期汇比现汇便宜;平价(at Par)表示两者相等。

5. 按衡量货币价值的角度不同,分为名义汇率、实际汇率

名义汇率(Nominal Exchange Rate),是指由官方公布的或在市场上通行的、没有剔除通货膨胀因素的汇率。名义汇率并不能够完全反映两种货币实际所代表的价值量的比值,它只是交易者进行外汇买卖时所使用的汇率。

实际汇率(Real Exchange Rate),是名义汇率用两国价格水平调整后的汇率,即外国商品与本国商品的相对价格,反映了本国商品的国际竞争力。计算实际汇率主要是为了分析汇率的变动与两国通货膨胀率的偏离程度,并可进一步说明有关国家产品的国际竞争能力。设 R_t 为实际汇率,R_0 为间接标价法下的名义汇率,P_a 为本国的物价指数,P_b 为外国的物价指数,则:

$$R_t = R_0 \times P_a/P_b \tag{3.1}$$

6. 按外汇买卖的对象不同,分为同业汇率和商业汇率

同业汇率(Inter-Bank Rate),是银行同业之间进行外汇交易时所使用的汇率。由于银行同业间的外汇交易一般有最低交易金额的限制,故同业汇率又称外汇的批发价,同业汇率的买卖差价一般较小。

商业汇率(Merchant Rate),是银行与顾客之间进行外汇交易时所使用的汇率,又称外汇的零售价。商业汇率是根据同业汇率适当增(卖出价)减(买入价)而形成的,故其买卖差价一般较大。

7. 按外汇价格形成的时间不同,分为开盘汇率和收盘汇率

开盘汇率(Opening Rate),也称开盘价,是指外汇市场在每个营业日刚开始时,进行首批外汇买卖的汇率。

收盘汇率(Closing Rate),也称收盘价,是指外汇市场在每个营业日即将结束时,最后一批外汇买卖的汇率。

8. 按外汇管制情况不同,分为官方汇率和市场汇率

官方汇率(Official Rate),又称法定汇率,是指一国外汇管理当局规定并予以

公布的汇率。在外汇管制较严的国家,官方汇率就是实际使用的汇率,一切外汇收支、买卖均按官方汇率进行。

市场汇率(Market Rate),是指由外汇市场供求关系决定的汇率。市场汇率随外汇的供求变化而波动,同时也受一国外汇管理当局对外汇市场干预的影响。在外汇管制较松或不施行外汇管制的国家,如果也公布官方汇率的话,此时的官方汇率只起基准汇率的作用,市场汇率才是该国外汇市场上买卖外汇时实际使用的汇率。

3.3 汇率的决定与变动

两种货币之间为什么能按某一汇率水平折算、买卖?决定和影响这一水平的因素究竟是什么?这些问题一直是经济学家十分关注的重大课题。汇率作为一种货币现象,与一定的货币制度有密切关系。在不同的货币制度中,汇率的决定基础和变动情况有很大的差异。

3.3.1 汇率的决定

19世纪初,英国确立了金本位制度,接着,其他西方国家也纷纷效尤。由于各国金本位制度之间存在完全的一致性,所以,在这种共同的基础上就形成了所谓的国际金本位制度。

广义来说,金本位货币制度是指以黄金为一般等价物的货币制度,包括金币本位制、金块本位制和金汇兑本位制。金币本位制盛行于19世纪中期至20世纪初期,是典型的金本位制。

1. 典型金本位制度下汇率的决定

1) 汇率的决定基础

典型金本位制度下汇率的决定基础——铸币平价(Mint/Specie Par)即两种铸币单位的含金量之比。公式表示:

$$1 单位甲币 = 甲币含金量 \div 乙币含金量 = X 单位乙币$$

铸币平价是汇率决定的基础,由其决定的汇率是一种法定的或者中心汇率,市场汇率会围绕着铸币平价或者中心汇率上下波动。在国际金本位制度,尤其是金币本位制度下,各国均规定了每一单位货币所包含的黄金重量与成色,即含金量。这样,两国货币间的价值就可以用共同的尺度,即各自的含金量多寡来进行比较。典型的金本位制下,铸币平价是决定两种货币汇率的基础。例如,在1929年的"大萧条"之前,英国规定每1英镑含纯金7.3224克,美国规定每1美元含纯金1.504656克,这样,按含金量对比,英镑与美元的铸币平价为7.3224/1.504656=4.8665,即1英镑=4.8665美元。这一铸币平价就构成了英镑与美元汇率的决定基础。

2) 外汇供求影响汇率

铸币平价虽然是汇率的决定基础,但它只是一个理论概念,不是外汇市场上实际买卖外汇时的汇率。在外汇市场上,由于受外汇供求因素的影响,汇率时而高于铸币平价,时而又低于铸币平价。然而,汇率波动并非漫无边际,它是有一定界限的,这个界限就是黄金输送点,简称输金点(Gold Points)。黄金输送点之所以能成为汇率上下波动的界限,是由于在金币本位制度下,各国间办理国际结算可以采用两种方法。一种方法是利用汇票等支付手段,进行非现金结算。但是,如果由于汇率变动导致使用汇票结算对付款方不利时,则可改用另一种方法,即直接运送黄金,因此,便使汇率的波动幅度受黄金输送点的限制。

当外汇市场外汇供不应求时,市场汇率就会超过铸币平价;当外汇供过于求时,市场汇率就会低于铸币平价。但不管外汇供求发生什么变化,总会限制在黄金输送点内。

3) 汇率在黄金输送点内的波动规则

在金币本位制度下,汇率波动的界限是黄金输送点,最高不能超过黄金输出点,即铸币平价加运费;最低不能低于黄金输入点,即铸币平价减运费。超过或低于这一界限,就会引起黄金的输出入和货币汇率的自动调节。

例如,第一次世界大战(以下简称"一战")前,英国和美国之间运送价值1英镑黄金的各项费用约为0.03美元。在这种情况下,假定美国对英国有国际收支逆差,对英镑的需求增加,英镑汇率必然上涨。如果1英镑的汇率上涨到4.8965美元(铸币平价4.8665美元加运送黄金的费用0.03美元)以上时,则美国负有英镑债务的企业就不会购买英镑外汇,而宁愿在美国购买黄金,并将其运送到英国偿还其债务。由于采用直接运送黄金的方法偿还1英镑的债务只需4.8965美元,因此,这一引起美国黄金流出的汇率就是黄金输出点,英镑汇率的上升不可能超出此黄金输出点。反之,假定美国对英国的国际收支为顺差,英镑的供应增加,英镑的汇率必然下跌。如果1英镑跌到4.8365美元(铸币平价4.8665美元减去运送黄金的费用0.03美元)以下时,则美国持有英镑债权的企业就不会出售英镑外汇,而宁愿在英国用英镑购买黄金运回美国。由于用运送黄金的方法收回1英镑债权可以得到4.8365美元,因此,这一引起黄金输入的汇率就是黄金输入点。显然,英镑汇率的下跌不可能低于黄金输入点。

可见,在典型的金本位制下,由于黄金输送点和黄金—物价—国际收支机制的运作,将汇率的波动限制在一定的幅度内,并对汇率起到了自动调节的作用。因此,汇率的波动幅度是相当有限的,汇率一般比较稳定(见图3.1)。

2. "削弱的"金本位制度下汇率的决定

一战爆发后,金币本位制崩溃了,主要西方(美国除外)在纸币流通的前提下,

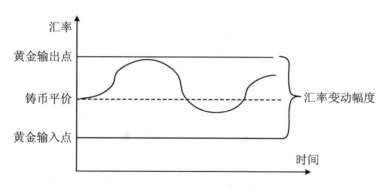

图 3.1　金币本位制下的汇率波动

分别实行了金块本位制和金汇兑本位制。

1）金块本位制和金汇兑本位制下的汇率决定

这一阶段汇率决定的基础是纸币所代表的黄金量。一战爆发后，参战各国的金币本位制度陷于崩溃。由于战争期间黄金储备的大量流失，战后，多数国家只能实行金块本位制或金汇兑本位制。结果，黄金很少直接充当流通手段和支付手段，其自由输出入也受到限制。在金块和金汇兑本位制度下，货币所代表的金量之比称为法定平价或黄金平价。法定平价也是金平价的一种表现形式，实际汇率因供求关系而围绕法定平价上下波动。但此时，黄金输送点实际上已不复存在。因此，在这两种残缺（脆弱）的金本位制度下，虽然法定汇率的基础依然是金平价，但汇率波动的幅度由政府规定和维护。政府通过设立外汇平准基金来维护汇率的稳定，即在外汇汇率上升时抛售外汇，在外汇汇率下降时买入外汇，以此使汇率的波动限制在允许的幅度之内。很显然，与金币本位制度时的情况相比，金块和金汇兑本位制度下的汇率的稳定程度已大大降低。

2）布雷顿森林体系的汇率决定

在布雷顿森林体系下，汇率波动的界限受到 IMF 的控制，即为平价上下的 1%，汇率波动超过此限，各国货币当局就有义务进行干预，由此影响外汇供求，保持汇率的相对稳定（见图 3.2）。只有当一国国际收支发生"根本性不平衡"，且市

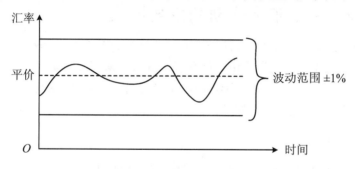

图 3.2　布雷顿森林体系下的汇率波动

场干预失效时,该国才可请求变更平价。

这种成员国货币汇率围绕着国际货币基金平价(IMF parity)作小幅度波动的汇率制度,就是通常所说的"可调整的盯住汇率制(Adjustable Peg System)"。

3. 现行国际货币制度下汇率的决定

现行国际货币制度是1973年以后,许多国家放弃布雷顿森林体系下的盯住美元、在协议规定的幅度内进行波动的汇率制度后逐渐建立起来的,称为"牙买加体系"。

现行国际货币制度,纸币是价值的符号。在金本位制度下,纸币因黄金不足而代表或代替金币流通。在与黄金脱钩了的现行纸币本位下,纸币不再代表黄金或代替金币流通,相应地,金平价(包括铸币平价和法定平价)也不再成为决定汇率的基础。因为此时货币(纸币)的价值基础已无法通过统一的价值实体得到体现。那么,在这种情况下,汇率是如何决定的呢?

按照马克思的货币理论,纸币是价值的一种代表,两国纸币之间的汇率便可用两国纸币各自所代表的价值量之比来确定。即在纸币本位制度下,纸币所代表的价值量(或剔除通货膨胀因素后的实际价值量)是决定汇率的基础。由于现行牙买加体系以实行浮动汇率制为核心,因此汇率的波动是经常的、频繁的,汇率的涨落几乎不受限制(如图3.3)。

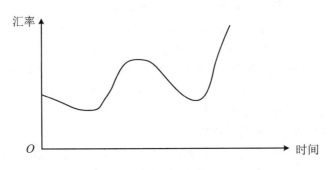

图3.3 牙买加体系下的汇率自由浮动

3.3.2 影响汇率变动的主要因素

汇率变动即汇率发生变化,是指货币对外价值的上下波动,或某货币相对于另一个货币价值的改变。包括货币贬值和货币升值。从当今世界外汇市场的现实情况来看,市场汇率受多种因素的影响而经常变动、捉摸不定。尽管影响汇率变动的因素纷繁复杂,但其主要因素如下:

1. 国际收支

国际收支是一国对外经济活动的综合反映,其收支差额直接影响外汇市场的供求关系,并在很大程度上决定了汇率的基本走势和实际水平。换言之,国际收支是影响汇率变动的最直接的因素,也是主要原因,尤其"贸易收支"对汇率变动起着决定性的作用。

一般而言,当一国国际收支出现顺差时,市场上就会出现外汇的供应大于需求的状况,进而引起外汇的汇率下降或顺差国货币的汇率上升;反之,当一国国际收支出现逆差时,市场上就会出现外汇的供应小于需求的状况,进而引起外汇的汇率上升或逆差国货币的汇率下降。

2. 通货膨胀差异

从一定意义上说,通货膨胀差异是汇率变动的根本因素或基本原因。通货膨胀意味着物价上涨,货币实际所代表的价值量下降,进而导致货币对内贬值。在多数情况下,货币的对内贬值必然会引起对外贬值。然而,如果两国的通货膨胀率相同,则两国货币的名义汇率因通货膨胀的相互抵消,就可能继续保持不变。只有当两国的通货膨胀率存在差异,通货膨胀因素才会对两国货币的汇率产生影响。这种影响表现在,通货膨胀率较高国货币的汇率趋于下跌,而通货膨胀较低国货币的汇率则趋于上升。

具体地说,通货膨胀主要从两方面对汇率产生影响,即通货膨胀对汇率的影响是通过两条传导机制进行的:① 通过影响进出口贸易,进而影响外汇供求与汇率。当通货膨胀使一国物价上涨率高于其他国家的物价上涨率,而汇率又未能对此及时反应时,该国出口商品的成本会相应提高,这就削弱了该国商品在国际市场上的竞争能力,不利于商品出口;同时,由于该国物价上涨率高于其他国家的物价上涨率,从而增加了进口商品的盈利水平,刺激商品的大量进口。其结果是一国贸易收支恶化,形成外汇市场供求的缺口,进而推动外汇汇率的上升或本币汇率的下跌。② 通过影响国内外实际利差和一国货币在国际市场上的信用地位,从而影响外汇供求与汇率。当一国通货膨胀率高于其他国家,而名义利率又未作调整时,该国的实际利率相对下降,投资者为追求较高的利率,就会将资金转移到国外;同时,一国货币因通货膨胀先后发生对内、对外贬值,还会影响人们对该国货币的信心,进而也会引起资金的抽逃。资金的对外转移或抽逃(即资金外流增加),同时,因为同样原因,资金内流减少,进而会引起外汇供求的变化,导致外汇汇率上升或本币汇率下跌。

由此可见,通货膨胀对汇率的影响特征:一是间接性,即通货膨胀是通过一定的传导机制(如贸易收支、国际间实际利差、货币信用等)而影响外汇供求及汇率;二是时滞性,即通货膨胀对汇率的影响一般要经过一段时间(一般短则半年,长则数年)才能体现出来,因此,这种影响有时会被人们忽视。

3. 相对利率(国际利差)

利率作为使用资金的代价或放弃使用资金的收益,也会影响到汇率水平。通常情况下,一国的利率水平较高,在该国表现为债权的金融资产,如存款、贷款、存单、债券、商业票据等的收益率也相对较高。这就会吸引大量国外资金流入,以投资于这些金融资产。结果,在外汇市场上,外汇的供应就急剧增加,从而导致本币汇率上升。反之该国若降低利率,就会使短期资本流往国外,该对外币的需求增加,造成本币汇率下降。所以,各国利率的变化,尤其是国内外利差,是影响汇率的一个十分重要的因素。由于国际上追求利息收益的短期资本对利率的高低十分敏感,会对利率变动迅速作出反应,因此,利率对汇率的影响可在短期里很快发生作用。从各国的政府行为来看,提高利率往往成为稳定本国货币汇率、防止其大幅度下跌的重要政策手段。

4. 经济政策

主要有财政政策、货币政策、外贸政策和外资政策等等。如财政政策,放松财政就可能会出现财政赤字,其补偿办法主要有:一是增收节支。这种办法的结果必然是经济紧缩,物价下跌,出口增加和进口减少,进而出现本币汇率上升或外汇汇率下跌。二是增发货币。此时,货币供应量增加会引发物价上涨,出口减少而进口增加,进而引起本币汇率下跌或外汇汇率上升。三是举债。为了获得债务收入以弥补财政赤字,一国必然提高利率,而利率的调整特别是国内外实际利差的变化,又会影响到汇率的变化,表现为本币汇率上升或外汇汇率下跌。由此可见,财政赤字的补偿办法不同,其对汇率的影响亦有不同。

此外,一国所采取的影响利率与货币供应量的货币政策、影响贸易收支的外贸政策以及影响资金流出入的外资政策等,也会通过影响外汇供求的变动进而引起一国货币对外汇率的变化。一般来说,扩张性的财政、货币政策造成的巨额财政收支逆差和通货膨胀,会使本国货币对外贬值;紧缩性的财政、货币政策会减少财政支出,稳定通货,而使本国货币对外升值。

5. 经济增长差异

国内外经济增长率的差异对汇率变动的影响较为复杂,应视时间长短及经济发达、开放程度等而有所不同。一方面,一国经济增长率高,则意味着收入上升,由此会造成进口支出的大幅度增长;另一方面,一国经济增长率高,往往又意味着生产率提高较快,由此通过生产成本的下降改善本国产品的竞争地位,从而有利于增加出口,抑制进口。同时,经济增长势头好,则意味着一国利润率往往也较高,由此吸引外资流入,从而改善金融账户。一般来说,高经济增长率在短期内不利于本币在外汇市场的行市,但从长期来看,却有力地支持着本币的强势劲头。

6. 政府干预因素

由于汇率变动对一国的进出口贸易和资本流动等有着直接的影响,并转而影响到国内的生产、投资和价格等,所以,各国中央银行为了避免汇率变动,尤其是短期内的剧烈起伏波动对国内经济造成不利影响,多数会在外汇市场上买卖外汇、干预汇率。即当外汇汇率过高时卖出外汇,回笼货币,而在外汇汇率过低时则买进外汇,抛售本币,使汇率变动有利于本国经济。这种干预有三种情况:一是在汇率变动剧烈时使它趋于缓和;二是使汇率稳定在某个水平上;三是使汇率上浮或下浮到某个比较合适的水平上。总之,在开放的市场经济条件下,中央银行等在外汇市场上买卖货币,影响外汇供求,对汇率变化的影响是最直接,而且效果也是比较明显的。

7. 预期及投机因素

心理预期有时能对汇率产生重大的影响。心理预期多种多样,包括经济的、政治的和社会的各个方面。就经济方面来说,心理预期包括对国际收支状况、相对物价水平(通货膨胀率)、相对利率或相对资产收益率、政府干预、以及对汇率本身的预期等。心理预期的变化会引起外汇市场上的外汇投机及保值活动的变化,进而引起外汇供求及汇率的变动。

除上述因素外,政治因素(政局的稳定性及政策的连续性等)、突发因素(自然灾害、战争及军事冲突等)、外汇储备等因素也通过影响一国的外汇供求进而影响外汇汇率的变动。

上述各种因素的关系,错综复杂,有时各种因素汇聚一起共同发生作用;有时个别因素起作用,有时各因素的作用又相互抵消;有时某一因素的主要作用,突然为另一因素所代替。但是,在一定时期内(如1年)国际收支是决定汇率基本走势的主导因素;通货膨胀与财政状况、利率水平和汇率政策起着助长或削弱国际收支所起的作用,预期与投机因素不仅是上述各项因素的综合反映,而且在国际收支状况所决定的汇率走势的基础上,起推波助澜的作用,加剧汇率的波动幅度。从最近几年来看,在一定条件下,利率水平对一国货币汇率涨落起重要作用,而从长期来看,相对经济增长率和货币供给增长率决定着汇率的长期走势。

3.3.3 汇率变动对经济的影响

汇率受通货膨胀与国际收支等因素的影响而不断变化,但是反过来又会对一国经济的发展起着重要影响作用。这里,要区别两组概念,即法定升值与升值、法定贬值与贬值。法定升值是指政府通过提高货币含金量或明文宣布的方式,提高本币对外的汇价;而升值则是指由于外汇市场上供求关系的变化造成的货币对外汇价的上升。法定贬值是指政府通过降低货币含金量或明文宣布的方式,降低本币对外的汇价;而贬值则是指由于外汇市场上供求关系的变化造成的货币对外汇价的下降。当某货币的汇价持续上升时,习惯称之为"趋于坚挺",称该货币为"硬通货";反之则习惯称之为"趋于疲软"和"软通货"。

在当今经济金融全球化的背景下,汇率变动,无论是法定升值与升值,还是法定贬值与贬值,均将对一国的国内经济、对外经济(主要反映在一国国际收支中)以及国际经济(主要货币汇率变动)都产生着重大的影响。

1. 汇率变动对一国国际收支的影响

汇率变动对国际收支的影响,主要是通过对货物及服务进出口、资本流动产生作用而形成影响的。

1) 汇率变动对货物及服务贸易收支的影响

一国货币汇率变动,会使该国进出口货物及服务价格相应涨落,抑制或刺激国内外居民对进出口货物及服务的需求,从而影响货物及服务贸易收支。例如,一国货币对外汇率下跌(即对外贬值),则本国货物及服务价格相对外国货物及服务价格下降,诱发国外居民增加对本国货物及服务的需求,减少国内居民对外国货物及服务的需求,从而增加出口、减少进口,改善货物及服务贸易收支乃至整个国际收支。反之,如一国货币对外汇率上升(即对外升值),则情况正好相反。

2) 汇率变动对资本流动及外债(金融账户)的影响

资本从一国流向国外,其主要目的是追求利润或避免受损,因而汇率变动会影响资本的流出与流入,但汇率变动对资本流动产生的实际影响要与对汇率变动的预期相结合考察。当一国货币贬值,且人们预期该国货币还将进一步贬值,则资本将流出该国;而当一国货币贬值,但人们预期该国货币已达汇率均衡水平,甚至预期该国货币会有反弹升值的趋势,则资本将流入该国。就一国的外债而言,本币贬值会导致国内借用外债的经济主体偿债负担加重;反之,如果本币升值,则有利于减轻其偿债负担。

3) 汇率变动对官方储备的影响

汇率变动直接影响一国储备资产项目中的外汇储备,主要表现在:① 本国货币汇率变动通过进出口贸易额和资本流动的增减,直接影响本国外汇储备的增加或减少。一般来说,一国汇率变动(如本币贬值)使其出口额大于进口额时,则其外汇收入增加,储备状况也得到改善;反之,储备状况则会恶化。一国货币汇率稳定,有利于该国吸收外资,从而促进该国外汇储备增加;反之,则会引发资本外流,使得黄金外汇储备减少。② 储备货币的汇率下跌,使持有该储备货币国家的外汇储备实际价值遭受损失;而储备货币国家则因该货币的贬值而减轻了债务负担,从中获利,但其储备货币的地位会受到影响。

2. 汇率变动对国内经济的影响

汇率变动对国内经济的影响,具体表现在对物价、产量与收入、资源配置等方面。

1) 汇率变动对国内物价的影响

汇率变动在不同的经济背景下,会对物价产生不同形式的影响。如当国内经济处于充分就业状态,货币贬值会导致出口增加,然而,充分就业限制了产量的增加,结果是必然出现"需求拉动"型的物价上涨;与此同时,当货币贬值后,进口商品的本币标价会立即上升。如进口商品为消费品,则会直接影响总的消费品物价水平;如进口商品是资本品,则会加大国内生产的成本,进而形成"成本推进"型的物价上涨。

2)汇率变动对国内产量及收入的影响

如果一国存在着闲置的生产要素,则该国货币贬值将会引起出口增加,贸易收支得到改善。而贸易收支改善将通过乘数效应扩大总需求,进而导致国内产量的增加和国民收入的提高。

3)汇率变动对国内资源配置的影响

当一国本币汇率下降,外汇汇率上升,该国商品价格相对于外国商品价格下降,有利于促进该国出口增加而抑制进口,这就使得其出口产业和进口替代产业得以大力发展,从而使整个国民经济发展速度加快,国内就业机会因此增加,国民收入也随之增加。反之,如果一国货币汇率上升,该国出口受阻;进口因汇率刺激而大量增加,造成该国出口工业和进口替代业萎缩,则资源就会从出口工业和进口替代业部门转移到其他部门。换言之,本币对外贬值,会使得国内资源的配置更倾向于效益较高的贸易品生产部门,甚至形成产业结构的贸易部门导向化。

4)汇率变动对利率的影响

汇率变动也会间接地对利率产生作用,即通过影响国内物价水平、短期资本流动及资金供求而间接地对利率产生影响。① 通过影响国内物价水平影响利率。以本币贬值为例,一国货币贬值后,进口成本上升将推动一般物价水平上升和实际利率下降。这对债务人有利,但不利于债权人,导致借贷资本供求失衡,最终引发名义利率上升。② 通过影响资本流动影响利率。当一国货币贬值后,受心理因素的影响,往往会使人们产生该国货币汇率进一步下降的预期,在其作用下,引起短期资本外逃,国内资金供应的减少将推动本币利率的上升;如果本币贬值后,人们又会存在汇率将会反弹的预期,此时,则可能出现与上述情况相反的变化,即短期资本流入增加,国内资金供应将随之增加,造成本币利率下降。③ 通过影响资金供求状况影响利率。如果货币贬值后能够改善该国的贸易收支,这将促使该国外汇储备的增加。如其他条件不变,则意味着国内资金供应的增加和利率的下降。相反,如果一国货币对外升值,则将造成该国外汇储备及国内资金供应的减少,进而导致利率上升。

3. 主要货币汇率变动对国际经济的影响

在国际经济关系中,小国与大国,发展中国家与发达国家,其汇率变动所产生的影响是大不相同的。一般来说,在国际经济关系中,小国的汇率变动对其贸易伙伴国的经济影响是微不足道的,而主要工业化国家(发达的贸易大国)的汇率变动对国际经济关系的影响则要大得多,往往成为其他国家密切注视的焦点。

主要货币汇率变动对国际经济的具体影响在于:一是主要发达国家的货币贬值至少在短期内会不利于其他国家的贸易收支。二是主要发达国家的货币一般作为国际间计价手段、支付手段和储备手段,其汇率变动将引起外汇风险的增加和国际金融业的动荡,比如在国际贸易和资本流动活动中,将要收进贬值货币的经济主体,其利益受到损失;而将要付出贬值货币的经济主体将从中获利。三是主要货币的汇率不稳,会给国际储备体系和国际金融体系带来严重影响。

3.4 汇率决定理论

在实际经济生活中,由于各国劳动生产率的差异、国际经济往来的日益密切和金融市场的一体化、信息传递技术的现代化等因素,使纸币本位制下的货币汇率决定还受其他多种因素影响。在世界金本位制瓦解后,汇率动荡不已,西方经济学家纷纷著书立说,来探讨纸币与黄金脱钩后货币汇率的决定,形成了形形色色的汇率决定理论。

汇率理论又称汇率决定理论,是指对汇率决定的依据及干扰汇率市场变动的因素予以的理论说明。西方汇率理论错综复杂,流派纷呈,有传统汇率理论,也有现代汇率理论;有论证汇率决定的,也有说明汇率变动的。汇率理论作为金融理论的一部分,伴随着汇率制度经历由简单到复杂的过程,由一种附属理论逐渐发展成一种独立的理论。

3.4.1 汇率决定的传统理论

汇率决定的传统理论主要是从国际收支流量的角度来研究外汇供求,并进而研究汇率决定问题,主要包括英国经济学家葛逊(Goschen,1861)提出的国际借贷学说、瑞典经济学家卡塞尔(Casell,1922)提出的购买力平价理论、法国学者阿夫塔里昂(Aftalion,1927)提出的汇兑心理论、英国经济学家凯恩斯(Keynes,1930)的利率平价理论以及美国经济学家阿尔盖(Argy,1981)总结的国际收支学说。

1. 国际借贷学说

国际借贷学说(Theory of International Indebtedness)是由葛逊在其《外汇理论》(1861)一书中系统阐述的,其理论的主要依据来源于古典经济学派,特别是重商主义有关国际贸易及外汇方面的论述。

1) 主要观点

葛逊认为,外汇汇率是由外汇市场上的供求关系决定的。而外汇供求又是由包括物价、黄金存量、利率水平、国际借贷等因素综合决定的。其中,一国的国际借贷状况是决定汇率变动的主要力量。国际借贷又可以具体区分为固定借贷和流动借贷。固定借贷是指借贷关系已经形成,但尚未进入实际支付阶段,也就是没有资本流动的借贷;而流动借贷是指已进入到实际支付阶段,即伴随有资本流动的借贷。显然,只有流动借贷才会改变外汇市场的供求关系,对汇率产生影响作用。

具体而言,如果流动借贷中的流动债权大于流动债务,意味着外汇的流入大于外汇的流出,外汇市场的外汇供给大于外汇需求,外汇汇率会下降,本币汇率会上升;反之,如果流动债权小于流动债务,意味着外汇的流出大于外汇的流入,对外汇的需求大于外汇的供给,外汇汇率会上涨,而本币汇率会下降。因此,对外汇汇率的分析可以通过比较分析一国的国际借贷状况,特别是流动借贷状况来进行。

2) 简要评价

国际借贷说是第一次世界大战前,在金本位制盛行的基础上,用以说明外汇汇率变动的最主要理论。该学说提出的背景主要是国际金本位制,此时货币汇率决定的基础是铸币平价,因而对汇率问题的解释,仅限于解释汇率的变动。因此,国际借贷学说对于金本位制下的汇率变动问题的分析,不仅在理论上合理,而且也符合当时的现实经济运行,因而直到 20 世纪初以前,该理论一直主导着对汇率问题的解释。

但是,该理论依然存在着如下缺陷:一是将汇率问题的分析严格限定于金币本位制下,而对于金块本位和金汇兑本位下的汇率问题难以作出合理的解释,当然更无法解释在纸币流通制度下由通货数量增减而引起的汇率变动等问题;二是将外汇供求关系归于流动借贷状况,但对于流动借贷的不同构成未作出进一步的分析。实际上,由贸易引起的流动借贷和由资本流动引起的流动借贷对汇率变动的影响是有差异的。一般来讲,由贸易引起的流动借贷状况对汇率的影响较为稳定,而由资本流动引起的流动借贷对汇率的影响往往带有短期性和不稳定性。

2. 购买力平价理论

购买力平价理论(Theory of Purchasing Power Parity,简称 PPP 理论)是一种研究和比较各国不同的货币之间购买力关系的理论,也是关于汇率决定与变动的一种理论。其理论渊源可以追溯到 16 世纪中叶西班牙萨拉蒙卡(Salamanca)学派的购买力平价思想以及 18 世纪后期瑞典经济学家凯斯蒂尔尼(P. N. Chistienim)等对货币贬值问题的解释。19 世纪初,英国的经济学家亨利·桑顿(Henry Thornton)最早提出了购买力评价理论[①],其后成为李嘉图的古典经济理论的一个组成部分,最后由瑞典经济学家卡塞尔加以总结、发展和充实,并在其 1922 年出版

---

① 亨利·桑顿(1760~1815),银行家,22 岁的时候就被选为英国下院议员。1802 年出版了著作《大不列颠票据信用的性质和作用的探讨》。这本书至今仍被认为是经济学历史上一部伟大的经典著作,书中所解释的许多原理依然被看成是信用(或者货币)理论的精髓,也正是这本书奠定了桑顿作为"中央银行之父"的美誉。

的《1914年以后的货币与外汇》一书中作了详细论述,从而开拓了关于汇率研究的新视角,成为当今汇率理论中最具影响力的理论之一。

1) 一价定律及其表述

购买力平价与一价定律紧密相关。在封闭经济条件下,一种同质的可贸易商品,当其价格可以灵活地调整,且不存在交易成本时,其在国内不同地区的价格应该是一致的,可贸易商品在不同地区价格之间存在的这种关系称为"一价定律"(One Price Rule)。如果价格发生差异,则地区间的差价必然会带来地区间的商品套购活动,其结果是使两地商品的供求关系发生变化,最终使两地的价格趋于一致。当把这种封闭经济条件下的情形引入到开放经济条件下,其结果类似。即在一个完全自由贸易的环境下,如果不考虑交易成本等因素,则以同一货币衡量的不同国家的某种可贸易商品的价格应该是一致的,这即是开放经济条件下的"一价定律"。用公式表示为:

$$P_a = R \cdot P_b \quad (3.2)$$

式(3.2)中,R 为直接标价法表示的汇率,P_a 为本国某可贸易商品用本币表示的价格,P_b 为外国某可贸易商品用外国货币表示的价格。当同一商品在不同国家以同一货币表示的价格不同时,国际间的商品套购现象(即国际贸易)就会发生,套购活动的结果,使这种价差趋于消失。

2) 购买力平价的主要内容

(1) 绝对购买力平价。它说明的是某一时点上汇率的决定,即在某一时点,两国货币之间的兑换比率取决于两国货币的购买力之比。由于购买力事实上是一般物价水平(所有产品和劳务的平均物价水平)的倒数,所以,绝对购买力平价可表示为:

$$R = P_a / P_b \quad (3.3)$$

式(3.3)中,R 代表汇率,指一单位的 B 国货币以 A 国货币表示的价格;P_a 与 P_b 分别为 A 国和 B 国的一般物价水平。绝对购买力平价学说实际上就是国际间的"一价定律"。即同一种商品在世界各地以同一种货币表示的价格是一样的。例如,同一种商品在美国卖20美元,在英国卖10英镑,则绝对购买力平价就是20/10=2,即1英镑兑2美元。如果即期汇率为 $GBP1=USD2.5$ 美元,则会出现商品的套购(利)行为。即贸易商会以20美元的价格在美国买入,再以10英镑的价格在英国出售,然后以该汇率换回25美元,赚取5美元。套利者通过在美国买入,英国卖出的套利活动,使该商品美国的价格抬高,英国的价格下降直至潜在利润消失为止。

(2) 相对购买力平价。它是指两国货币间的汇率在两个时期的变化,反映着两国在两个时期内物价指数的变化。同绝对购买力平价相比,学术界对相对购买力平价更感兴趣,因为它可用来预测实际汇率。在预测期内,如果两国经济结构不变,则两国货币间汇率的变化便反映着两国物价指数的变化。相对购买力平价可表示为：

$$R_1 = R_0 \times \frac{I_a}{I_b} \tag{3.4}$$

式(3.4)中，R_1 为 A、B 两国之间新的汇率，R_0 为两国原来的汇率，而 I_a 为 A 国的通货膨胀率，I_b 为 B 国的通货膨胀率(均用一定物价指数表示)。

绝对购买力平价和相对购买力平价有其内在联系，但也有所不同：① 绝对购买力平价反映的是某一时点的汇率，相对购买力平价反映的是某一时段的汇率。② 绝对购买力平价反映价格的绝对水平，相对购买力平价反映价格的变动率。③ 绝对购买力平价说明汇率的决定基础，相对购买力平价说明汇率变动的原因。一般来说，绝对购买力平价是相对购买力平价的基础。如果绝对购买力平价是正确的，则相对购买力平价也是正确的；但是相对购买力平价正确，绝对购买力平价却不一定是正确的。

3) 购买力平价理论的合理性

卡塞尔购买力平价理论提出后的 90 多年来，一直受到国际学术界的高度重视。人们围绕它的争论旷日持久，褒贬不一，这就证明了该理论既有合理的一面，也有不足的一面。购买力平价理论的合理性主要表现为：

(1) 该理论通过物价与货币购买力的关系去论证汇率的决定及其变动，揭示了通货膨胀率与汇率变化之间的关系，从而为汇率预测提供了一个理论基础，即预期的汇率变化应该等于预期的通货膨胀率差异，这在研究方法上是正确的。虽然卡赛尔没有做更加深入的研究，但他离揭示汇率的本质已相距不远了。

(2) 该理论直接把通胀因素引入汇率决定的基础之中，这在物价剧烈波动、通胀日趋严重的情况下，有助于合理地反映两国货币的对外价值。一般认为，如果能够准确地预测通货膨胀率，则该理论在长期中以及通货膨胀很高的经济中还是能够成立的，在确定货币的均衡汇率和预测长期汇率变动趋势中有一定作用。

(3) 在战争等突发因素造成两国间贸易及货币关系中断之后，重建或恢复这种关系时，购买力平价能够比较准确地提供一个均衡汇率的基础。

(4) 该理论把物价水平与汇率相联系，这对讨论一国汇率政策与发展出口贸易不无参考价值。

4) 购买力平价理论的缺陷

然而，当人们采取计算实际有效汇率的方法对这一理论进行实证检验时，得出的结论却较为复杂。有的结论是购买力平价成立，有的结论是长期购买力平价保持较好，还有些结论完全否定了购买力平价，由此引起了对这一理论的广泛争议。究其原因，主要是建立这一理论的假设前提过于苛刻，导致购买力平价理论自身和检验技术方面都存在有较大的缺陷：

(1) 该理论假设在不考虑交易成本(运费、关税等)的前提下，同一种贸易商品在全世界的售价相同，即所谓的一价定律。然而在实践中往往由于关税、运费等因素,使一价定律很难成立,从而也使得购买力平价很难保持。同时,该理论的分析仅限于经常账户下的货物贸易收支项目,忽略了服务项目以及资本与金融账户所反映的交易活动。而服务恰恰可以有非常显著的价值差距的空间。同时在资本流动日益频繁且规模庞大的今天,由金融账户的交易而引导发的资本流动已经成为影响汇率变动的重要因素之一,由此导致汇率偏离购买力平价。

(2) 该理论的运用有严格的限制和一定的困难。该理论要求两国的经济形态相似,生产及消费结构大体相同,价格体系相同或相当接近,两国物价指数编制统计的方法和口径以及各贸易商品所占的权数是相同的。否则两国货币的购买力就没有可比性。然而在实践中,购买力平价在计量检验中存在着技术上的困难。① 物价指数的选择。如 IMF 共有消费物价指数(CPI)等六种指数,不同物价指数的选择将导致不同的购买力平价。而究竟采用何种指数,目前还存在较大争议。其中争议最多的是选择综合物价指数,还是贸易商品物价指数。从理论上讲,选择贸易商品的物价指数较为合理,然而贸易商品并非固定不变,有时贸易商品和非贸易商品之间是可以相互转化的。② 物价指数的统计方法和口径。由于各国在物价指数的统计方法、口径和权数的确定上存在一定差异,因而即使编制出来的同一物价指数,也存在着差异,而使其缺乏可比性。③ 基期的选择。因为不同的基期可能会得出不同的结论,基期的选择是计算结果正确的前提。然而基期选择的正确与否又是很难验证的。

(3) 该理论的基础是货币数量论,认为汇率的变动完全是一种货币现象,也就是说汇率变动完全取决于两国货币的购买力。这就意味着名义汇率的变动完全是由两国通货膨胀率的差异引起的,而反映一国产品的国际竞争力的实际汇率是不会发生变动的。然而,在现实中,决定汇率的因素是多因素的,且这些因素不仅会影响名义汇率,而且还会引起实际汇率的变动,这就导致了名义汇率与购买力平价产生了长期的偏离。

此外,该理论尽管在一定程度上能够说明汇率的长期变化趋势,但却无助于解释短期和中期的汇率变动趋势,而恰恰是汇率的短期和中期的变动趋势才是人们更加关注的。

3. 汇兑心理论

法国学者阿夫塔里昂在其 1927 年出版的《货币、物价与外汇》一书中,根据奥国学派的边际效用论系统地提出了汇兑心理论(Psychological Theory of Exchange)。该理论的核心及基本观点是,汇率的决定与变动是根据人们各自对外汇的效用所作的主观评价。这在当时的汇率理论中,可谓是独树一帜,从而引起极大的反响。

1) 主要内容

汇兑心理论认为,人们之所以需要外国货币,是为了满足某种欲望,如用它来购买商品、支付债务、进行投资、炒卖外汇和抽逃资本等,欲望是使得外币具有价值的基础。因此,外币的价值取决于外汇供需双方对其所作的主观评价,外币价值的高低,又是以人们主观评价中边际效用的大小为转移的。对于每个人来说,其使用外币有着不同的边际效用,因而各自的主观评价也不同。不同的主观评价产生了不同的外汇供给与需求。供求双方通过市场达成均衡,其均衡点就是实际汇率,它是外汇供求双方心理活动的集中表现。当旧的均衡被打破时,汇率又将随人们对外汇主观评价的改变而达到新的均衡。

2) 简要评价

汇兑心理论的产生有其特定的历史背景。1924～1925 年,法国的国际收支出现顺差,而法郎的汇率却在下跌。这种现象是国际借贷说和购买力平价说所不能解释的。阿夫塔里昂另辟蹊径,从人们心理上对外币作出的主观评价角度说明汇率的变动,其在方法论上是有新意的。同时,该理论是把主观评价的变化同客观事实的变动结合起来考察的,而且主观的心理活动与客观的经济行为也是有联系的。因此,用人们对外币的主观评价解释汇率的变动,特别是外汇投资和资本抽逃等现象有其合理之处。

不能否认心理因素对汇率有一定的影响作用。因为国际上对一种货币的评价一般表现为一种对变动趋势的估计。现在西方流行的汇率预期模式是从外汇市场上取得决定汇率的变量和数值来推断未来的汇率,投资者根据预期决定转移资本的数量和方向,这对外汇市场有很大影响。所以,主观的心理活动与客观经济过程之间有一定的关系。

但是,汇兑心理论也有一些致命缺陷。主要表现在:

(1) 它是主观唯心论。即把经济活动者的主观心理预期说成是经济变动的决定因素,显然是不科学的。人们对经济运行的主观预期是客观经济过程在人脑中的反映,客观物质是第一性的,主观判断是第二性的。并且,主观评价的正确与否还取决于人们对经济运行规律的认识能力,以及所能掌握的信息资料。

(2) 运用性差。人们的心理活动十分复杂,千变万化,更不容易量化,如何把握他们对外汇的主观评价,并将其运用到汇率和其他经济政策之中,乃有待于进一步的探索。

4. 利率平价理论

利率平价理论(Theory of Interest-Rate Parity)的思想渊源可追溯到 19 世纪下半叶,在 20 世纪 20 年代末 30 年代初由凯恩斯等人进行了完整阐述。它的核心思想是:在开放经济的前提下,在有效率的金融市场上,理性的投资者要不断地在本币资产投资与外币资产投资之间进行选择,选择的依据就是不同资产的收益率。本、外币资产之间的转换会带来外汇市场供求关系的变化,从而对汇率产生影响。而不同资产收益率的差异直接表现在两种货币的利率差异上。因此,汇率的预期变化与其两种货币的短期利率紧密相关。

根据资金在移动过程中对风险是否规避,利率平价可以分为抛补的利率平价和不抛补的利率平价两种情形。

1) 抛补的利率平价

抛补的利率平价是通过对外汇市场上的抛补套利活动进行分析后提出来的。由于投资者在套利活动中,为了防范汇率风险而同时在期汇市场上进行套期保值,这种交易的结果是:汇率的变化取决于两种货币的利率差异,并且高利货币在期汇市场上发生贴水,低利货币在期汇市场上发生升水。为简化起见,这里进行如下的推导过程:

假定本币利率水平为 I_a,外币利率水平 I_b,R_s 为用直接标价法表示的现汇汇率。

现将 1 单位本币投资于本国金融市场,其本利和为:$1+I_a$;若将其投资于外国金融市场,则首先应将其在现汇市场转换为外币,然后进行外币投资,其到期以外币表示的本利和为:

$$\frac{1}{R_s} + \frac{1}{R_s} \times I_b = \frac{1}{R_s}(1+I_b) \tag{3.5}$$

以 R_f 表示用直接标价法表示的期汇汇率,则投资于外国金融市场得到的外币本利和若转化为本币本利和则为:

$$\frac{1}{R_s}(1+I_b) \cdot R_f = \frac{R_f}{R_s}(1+I_b) \tag{3.6}$$

显然,当投资于外币资产的本利和大于投资于本币资产的本利和时,更多的投资者将投资于外币资产,从而导致投资者在现汇市场上大量购入外币而抛售本币;而在期汇市场上则相反,大量购入本币而抛售外币。只有当在两个市场投资收益率相等时,资金的移动才会停止,市场处于均衡状态。此时,形成如下关系:

$$1+I_a = \frac{R_f}{R_s}(1+I_b) \tag{3.7}$$

整理得:

$$\frac{R_f}{R_s} = \frac{1+I_a}{1+I_b} \tag{3.8}$$

式(3.8)显示,如果 $I_a > I_b$ 时,则 $R_f > R_s$,表明本国利率水平高于外国利率水平时,本币在期汇市场上发生贴水;反之,如果 $I_a < I_b$ 时,则 $R_f < R_s$,表明本国利率水平低于外国利率水平时,本币在期汇市场上发生贴水。

若以 ρ 代表即期汇率与远期汇率的升(贴)水率,则有:

$$\rho = \frac{R_f - R_s}{R_s} = \frac{I_a - I_b}{1+I_b} \tag{3.9}$$

可整理得:

$$\rho + \rho \cdot I_b = I_a - I_b \tag{3.10}$$

式(3.10)中,因 ρ 和 I_b 均是很小的值,故其乘积 $\rho \cdot I_b$ 可以省略,则有:

$$\rho \approx I_a - I_b \tag{3.11}$$

式(3.11)即为利率平价公式。其含义是:汇率的变化取决于两种货币的利差。如果国内利率高于国外利率,则本币远期必定为贴水;如果国内利率低于国外利率,则本币远期必定为升水,并且升(贴)水率与两国货币利差大致相等。

由上面的推导过程可以看出,在高效率的金融市场中,两种货币利差的存在,会诱使资金追求高利率的移动,而这种移动又会产生汇率的相反变化,从而使资金移动获得的利差收益会因汇率的相反变化产生的币值损失而抵消,即利率平价成立。只有当市场因某种因素的影响而使汇率变动与利率平价间发生偏离时,资金的移动才会有收益存在,也正因为如此,才产生了现代外汇市场上套利活动的大量存在。

2) 不抛补的利率平价

在外汇市场上,除了抛补的套利活动之外,还有大量存在的不进行抛补的套利活动,即投资者根据自己对未来汇率的预期,通过承担风险而获取相应的利润。由于投资者不进行远期交易,只根据自己对汇率的预期来计算投资收益,在此情况下,假设投资者预期一年后的汇率为 R_{ff},则以本币表示的投资于外币的收益(R_s),同样的推导过程,有:

$$1 + I_a = \frac{R_{ff}}{R_s}(1 + I_b) \tag{3.12}$$

进行类似上面的整理得:

$$\rho_e = \frac{R_{ff} - R_s}{R_s} \approx I_a - I_b \tag{3.13}$$

式(3.13)中的 ρ_e 表示预期的远期汇率变化率,说明远期的汇率变化率大致和两国货币利差相等。

根据"费雪效应",一国的利率最终将根据对通货膨胀率的预期调整而使实际利率相等,用 π_a、π_b 分别表示本国和外国的通货膨胀率,r_a、r_b 分别表示本国和外国的实际汇率,则有:

$$I_a = \pi_a + \gamma_a; \quad I_b = \pi_b + \gamma_b \tag{3.14}$$

由于资本流动而使 $\gamma_a = \gamma_b$,则有

$$\rho(或者 \rho_e) = \pi_a - \pi_b \tag{3.15}$$

式(3.15)表明:远期汇率的变化率(或者预期的远期汇率变化率)等于两国的通货膨胀率之差。这与购买力平价理论的结论是相同的。

3) 对利率平价理论的简要评价

(1) 理论意义。利率平价理论从资金流动的角度指出了汇率与利率之间的密切关系,对于理解与分析远期汇率的决定及其与现汇汇率、利率之间的关系具有重要的理论意义。

(2) 实践意义。由于利率的变动是政府货币当局主要的货币政策工具之一,

而利率对汇率又具有突出的影响作用,从而为中央银行对外汇市场进行灵活的调节提供了有效的途径。同时,该理论的主要结论也为外汇银行确定远期汇率的报价提供了重要的参照依据。因此,利率平价理论具有很大的实践价值。

(3) 主要缺陷。表现在:① 没有考虑资金移动中的交易成本,而现实中交易成本是客观存在的,其高低影响套利的收益,从而影响汇率与利率的关系。② 假设存在着高效率的金融市场,即不存在资金移动的障碍,显然,这种假设在现实中难以完全满足。③ 仅分析了汇率与利率间的相互关系,但在现实的经济生活中,汇率和利率可能会同时受到更为基本的因素(如货币供求等)的影响,利率平价理论仅分析了在这些基本因素既定的条件下汇率与利率的关系,因而,只是一种短期的市场汇率分析。

5. 国际收支说

国际收支说(Balance of Payments Approach)就是从国际收支角度分析汇率决定的一种理论,它是在英国学者葛逊提出的国际借贷学说基础上发展而来的。第二次世界大战以后,随凯恩斯主义宏观经济分析方法的广泛应用,一些学者很自然地将其用于外汇供求流量分析,形成了国际收支说的现代形式。1981 年,美国学者阿尔盖(V. Argy)系统地阐述了这一理论。

1) 国际收支说的基本模型

国际收支说认为,国际收支均衡的基本条件是经常账户差额等于(自主性)资本流出入差额。如果用 CA 表示经常账户差额,KA 表示资本与金融账户差额,则国际收支均衡条件可表示为:

$$CA + KA = 0$$

若将经常账户差额简单地视为贸易账户差额,其中出口(X)则是由外国国民收入(Y_f)与相对价格,即 $P_d/(r \cdot P_f)$ 决定的,其中 P_d 为国内价格水平,P_f 为国外价格水平,R_s 为现汇汇率。即:

$$X = f(Y_f, P_d, P_f, R_s) \qquad (3.16)$$

进口(M)则是由本国国民收入(Y_d)与相对价格,即 $P_d/(R_s \cdot P_f)$ 决定的,其中 P_d 为国内价格水平,P_f 为国外价格水平,R_s 为现汇汇率。即:

$$M = g(Y_d, P_d, P_f, R_s) \qquad (3.17)$$

至于一国的资本与金融账户的差额(KA),则主要取决于本国利率(I_a)和外国利率(I_b)的差额,以及人们对未来汇率变化的预期(R_f),则可表示为

$$KA = KA(I_a, I_b, R_f) \qquad (3.18)$$

当 $CA = -KA$ 时,一国国际收支处于平衡状态,由此决定的汇率水平(R_s)为均衡汇率,于是均衡的汇率可表示为:

$$R_s = w(Y_d, Y_f, P_d, P_f, I_a, I_b, R_f) \qquad (3.19)$$

式(3.19)表明:均衡汇率是由国内外国民收入、国内外价格水平、国内外利息

率及人们对未来汇率的预期共同决定的。

2) 国际收支说对汇率决定因素的分析

根据阿尔盖的分析,各因素对汇率的具体影响机制和结果为:

(1) 若本国国民收入增长,则通过增加进口,引起国际收支逆差,由此引发外汇市场超额外汇需求,本币汇率下降。

(2) 若外国国民收入增长,则通过增加出口,引起国际收支顺差,由此引发外汇市场本币汇率上升。

(3) 若本国物价水平相对于外国物价水平上升,则通过提高本国商品相对于外国商品的价格,引发出口减少,进口增加,本币汇率下降。

(4) 若本国利率水平相对于外国的利率水平上升,则会刺激国外资本流入的增加,本国资本流出的减少,引发本币汇率的上升。

(5) 若预期本币在未来将贬值,则资本流出将增加以避免汇率损失,带来本币汇率的下降。

值得指出的是,以上关于各因素对汇率变动的影响分析是在其他因素不变的条件下得出的。而实际上,这些因素之间存在着极为复杂的关系,使得它们对汇率的影响是难以简单确定的。

3) 对国际收支说的简要评价

(1) 国际收支说在运用供求分析的基础上,将影响国际收支的各种重要因素加入到汇率的均衡分析中,克服了以前理论进行单一分析的不足,对于短期外汇市场的分析具有十分重要的意义。

(2) 国际收支说认为国际收支引起的外汇供求流量决定了短期汇率水平及其变动,这一点使得其难以对现实经济运行中的一些现象做出较好地解释。比如,按照该理论,第二次世界大战后日本、德国在西方工业国家中的国民收入增长最快,日元和马克(现已被欧元取代)汇率应该表现出下降趋势,而现实情况正好相反。

3.4.2　汇率决定的现代理论

汇率决定的现代理论主要是从资产市场的角度研究汇率的决定与波动问题。其背景是当国际金融市场交易发展到20世纪70年代以后,随着金融自由化的发展,市场交易规模将会远超过国际贸易和国际投资对外汇的实际需求,使得从国际收支流量的角度无法对汇率的决定与波动问题作出完满的解释和说明。而汇率的波动更多的是与投资者在国际金融市场的资产组合有关。因此,从资产市场存量角度研究汇率问题的资产市场理论便应运而生。这一理论一经提出就迅速得到西方学术界的广泛关注,并逐步取代了国际收支流量分析方法而成为汇率理论的主流。

资产市场理论是在国际资本流动获得高度发展的背景下提出的。其核心思想是:均衡汇率就是两国资产市场供求存量保持均衡时的两国货币之间的相对价格。

因为在各国资产具有完全流动性的条件下,一国金融市场的失衡不仅能通过国内商品市场的调整来恢复,而且还能通过国外资产市场的存量变动来调节。而汇率作为两国资产的相对价格,其变动不仅是两国资产市场存量调整的结果,而且也会有助于实现资产市场的均衡,消除资产市场的超额供给或需求。因此,这一分析方法被称为汇率决定的资产市场说(Asset Market Approach)。

资产市场说的一个重要分析方法是一般均衡分析。它较之传统理论分析的不同表现在:

(1) 认为决定汇率的是资产存量因素而不是国际收支流量因素,即汇率作为两国资产的相对价格,它的变动是由于整个市场改变了对资产价值的评价,因此在很少甚至没有供求关系变动的情况下,资产价格(汇率)也可能会发生变动。从这个意义说,资产市场说一般被称为汇率决定的存量模型。

(2) 它将商品市场、货币市场和证券市场结合起来进行汇率决定分析,突破了传统理论中单一市场分析的缺陷和不足。

(3) 强调了预期在当期汇率决定中的作用。因为,与普通商品市场不同,资产市场对未来经济条件的预期会迅速地反映在即期价格中,因此,因预期而产生的对资产价值体系的变动在相当程度上会引起汇率的变化。

资产市场分析有三个假设前提:

(1) 存在着高效率的商品市场、资本市场和货币市场。

(2) 资产市场由本国商品市场、货币市场、本币资产(主要是本国债券)市场和外币资产(包括外国债券和货币存款)市场构成。

(3) 资本可以完全流动。

根据对本币资产与外币资产之间替代程度的不同假设,引出了资产市场说中汇率的货币模型(假设国内外债券可以完全替代,又称货币分析方法)与资产组合模型(假设国内外债券不完全替代)之分(见图3.4)。

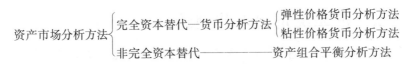

图 3.4　资产市场分析方法分类图

1. 汇率的货币模型

汇率货币模型(Monetary Model of Exchange Rate)的基本假设是国内外资产之间具有完全的替代性,在这种情况下,一国货币市场失衡后,国内的商品市场和证券市场会受到冲击,国际商品套购机制和套利机制就会发生作用,在此过程中,汇率将会发生变化,以使货币市场恢复均衡。但是,在调整过程中,是国际商品套购机制发挥作用还是套利机制发挥作用,这取决于两个市场的调整速度对比。对此的不同假设,又产生了弹性价格货币模型(Flexible-Price Monetary Model)与粘性价格货币模型(Sticky-Price Monetary Model)的区分。

1) 弹性价格货币模型

弹性价格货币模型,又称为国际货币主义的汇率模式,是现代汇率理论中最早建立、最基础的汇率决定模型,也是资产市场汇率理论中最简单的形式。最早提出这一模型的是以色列经济学家弗兰克尔(Frenkel,1975)。

(ⅰ) 弹性价格货币模型的基本假设

该模型的基本假设有:① 商品价格具有充分弹性(灵活性),商品市场与证券市场一样能迅速、灵活地加以调整;② 对于一个经济体来说,存在着一个稳定的货币需求方程;③ 国际商品套购机制存在并发挥主要调节作用,一价定律成立。

(ⅱ) 弹性价格货币分析的基本模型

根据上述假设③有:

$$p_d = R \cdot p_f \tag{3.20}$$

根据上述假设①有:在商品市场价格完全灵活多变的情况下,货币市场的失衡会立即反映到商品市场中。两国的价格水平取决于其货币供应和货币需求,若以 M_s 和 M_{sf} 分别表示国内和国外的货币供给,以 M_d 和 M_{df} 分别表示国内和国外的货币需求,则有:

$$p_d = \frac{M_s}{M_d} \tag{3.21}$$

$$p_f = \frac{M_{s\,f}}{M_{d\,f}} \tag{3.22}$$

结合式(3.20)(3.21)和(3.22),则有

$$R = \frac{M_s}{M_d} \bigg/ \frac{M_{sf}}{M_{df}} \tag{3.23}$$

这样,国际商品套购机制就通过商品市场的价格变动将汇率与两国货币市场的供给和需求存量联系起来了。

根据上述假设②,结合货币主义的货币需求方程,两国的货币需求函数可记为:

$$M_d = k_d \cdot y_d^\alpha \cdot I_d^{-\beta} \tag{3.24}$$

$$M_{df} = k_f \cdot y_f^\alpha \cdot I_f^{-\beta} \tag{3.25}$$

其中 k_d, k_f 为以货币形式持有收入的比例,$y_d^\alpha, y_f^\alpha, I_d^{-\beta}, I_f^{-\beta}$ 分别为货币需求的收入弹性和利率弹性(此处为使公式简单起见,假设本国与外国收入弹性和利率弹性相同)。

将式(3.24)(3.25)代入 式(3.23)并整理得:

$$R = \frac{M_s}{M_{sf}} \cdot \frac{M_{df}}{M_d} = \frac{M_s}{M_{sf}} \cdot \left(\frac{k_f}{k_d}\right) \cdot \left(\frac{y_f}{y_d}\right)^\alpha \cdot \left(\frac{I_f}{I_d}\right)^{-\beta} \tag{3.26}$$

(3.26)式即为弹性价格货币分析的基本模型。模型的基本结论是:汇率水平是由本国与外国货币供给的存量变动、本国与外国实际收入的相对变动、本国货币

与外国货币利率水平的相对变动共同决定的。这些因素对汇率的具体影响为：① 当本国的货币供给量相对于外国的货币供给量增加时,引起本国物价水平相对于外国物价水平的上涨,导致本币汇率下降；② 当本国国民收入相对于外国国民收入增加时,意味着本国货币需求的相对增加,导致本币汇率上升；③ 当本国利率相对于外国利率上升时,会降低货币需求,引起本币汇率的下降。

(iii) 对弹性价格货币模型的简要评价

通过对弹性价格货币模型与以前汇率理论的比较,不难发现：弹性价格货币模型实现了对传统汇率决定理论的突破,克服了以前理论的诸多缺陷和不足。主要表现在：① 将汇率视为国内外资产的相对价格,抓住了汇率这一变量的特殊性质,实现了对汇率本质认识上的突破；② 将货币供给、国民收入、利率等因素引入汇率均衡分析之中,使得对汇率问题的分析更贴近于现实,因而具有较为广泛的应用价值,特别是对于政府在开放的金融市场上加强货币政策的协调和汇率稳定提供了理论依据；③ 开辟了汇率问题研究的新方法,为以后的研究奠定了方法论基础。

弹性价格货币模型也存在着一些缺陷,主要表现在：① 它是以购买力平价理论为前提的,由于购买力平价的成立缺乏实证的支持,使得这一理论的正确性受到怀疑；② 它假定商品价格具有充分弹性,而现实情况却是商品价格的调整具有一定的滞后性（即价格粘性）,从而使其结论也受到了冲击。

2) 粘性价格货币模型

粘性价格货币模型,又称为汇率超调模型(Over-Shooting Model),是由美国经济学家鲁迪格·多恩布茨(Rudiger Dornbusch,1976)提出的。

(i) 粘性价格货币模型的基本假设

该理论模型的基本假设是：① 考察对象为开放的小国,即外国价格水平与利率被假定为外生变量或常量；② 商品价格短期内具有粘性；③ 购买力平价在短期内不成立,但在长期内成立；④ 货币需求是实际收入的增函数,是利率和实际汇率的减函数；⑤ 无抛补套利始终成立。

(ii) 粘性价格货币模型的基本思想

粘性价格货币模型认为：商品市场的价格并不是具有完全弹性,而是具有粘性的；与此相反的是,资本市场的反应却极其灵敏,这使得当货币市场失衡以后,商品市场的调整速度要比资本市场调整的速度慢,因而购买力平价在短期内不能成立。但由于货币市场失衡而产生的利息率变动会立即引发资产市场的供求变动。由于商品价格短期粘住不动,货币市场均衡的恢复就完全由资产市场来承担,利息率在短期内就必然发生"超调",即调整的幅度要超过其新的长期均衡水平。如果资本在国际间可以自由流动,利息率的变动就会引发大量的套利活动,由此带来汇率的立即超幅调整,短期汇率水平也正是在资本市场的这一调整过程中被决定的。随着经济由短期均衡向长期均衡过渡,商品市场价格开始调整,此时的汇率水平就由商品市场和资本市场的相互作用所决定。当商品市场、货币市场及资本市场都实现了长期均衡时,长期的均衡汇率也就形成了。

多恩布茨关于货币市场失衡引发的汇率动态调整过程可表述为:若货币市场失衡是由货币供应量扩张所致,由于短期内价格粘住不动,则市场的实际货币供应量就会增加;要实现货币市场均衡,人们对实际货币余额的需求就必然增加。而实际货币需求又是国民收入和利息率的函数,在短期内国民收入难以增加的情况下,实际货币需求的增加必然要求利息率的下降,从而引发资本的外流,导致外汇汇率的上升和本币汇率的下降。

然而,这一汇率仅仅是短期均衡汇率。随着时间的推移,一方面价格粘性逐步消除,商品价格会因货币供给的增加而出现逐步上涨;另一方面利息率的下降又会刺激总需求的扩张,加之本币汇率的下降也会引发世界需求向本国的转移,这一切都会加速本国商品市场价格的回升。随着这一过程的进行,实际货币供应量也逐渐下降,利息率逐步回升,带来资本的增加和本币汇率的上升。这样,价格、利率和汇率的相互作用,直至实现三个市场的均衡。可见,粘性价格货币论实际上是弹性价格货币论的动态模式,说明了汇率如何由于货币市场失衡而发生超调,又如何从短期均衡水平达到长期均衡水平的动态过程。

粘性价格货币模型中解释的汇率从初始均衡状态到达新均衡状态的调节过程如图 3.5 所示。其中 A 代表初始均衡点,M_0 为初始货币存量,P_0 为与初始均衡点相对应的商品价格,R_0 为初始均衡汇率。

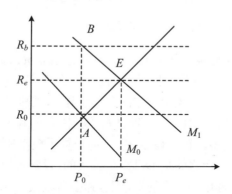

图 3.5　粘性价格货币模型中解释的汇率从初始
均衡状态到达新均衡状态的调节过程

其调整过程是:当由于某种原因引起了货币供给量从 M_0 增加到 M_1 时,由于产生了瞬间的货币超额供给,作为资产价格的利率和汇率会作迅速调整。由于价格粘性,在价格水平来不及发生变动的情况下,利率水平下降,同时汇率从 R_0 调整至 R_b(本币贬值),即所谓的汇率超调(汇率超调的程度取决于 M 线的斜率,M 线越陡,汇率超调程度越大)。经过一段时间后,价格开始做出滞后反应,而此时的利率水平经过短暂的下降之后,会由于国际资本的流入而上升,而货币的超额供给导致预期通货膨胀而使利率上升,相对利率的提高又会引起国际资本的流入。从而使货币的超额供给得到缓和。随着价格的进一步上升,最终使货币的超额供给完全消化。这时汇率则从超调状态 B 点(P_0、R_b 和 M_1 的交汇点),到达 E 点(P_e、R_e、M_1 的交汇点)。在 E 点上,汇率、利率、价格、货币存量和产出重新达到了均衡状态。此时,购买力平价成立,这即是所谓的长期购买力平价成立的原因。

(ⅲ) 对粘性价格货币模型的简要评价

粘性价格货币分析法开创了从动态角度分析汇率调整的先河,由此创立了汇率理论的一个重要分支——汇率动态学。同时,它也是国际金融学中对开放经济进行宏观分析的最基本的模型。然而这一理论也存在一些缺陷:① 粘性价格模型假定货币需求不变,这就意味着货币需求不会对汇率产生影响,但在实践中,常常由于实际汇率的短期波动而影响到经常账户,这又会进一步影响到一国的资产总量,从而对货币需求产生影响,进而导致汇率的相应变化。但粘性价格模型却没有分析这一问题。② 粘性价格模型暗含着这样的假定:资本是完全自由流动的,汇率制度是完全自由浮动的。在这种条件下,汇率的超调引起的外汇市场过度波动必然会给一国经济乃至全球金融市场带来冲击和破坏。为了避免这种冲击和破坏,政府必然会对资产的流动和汇率的波动加以管理、干预。因此,上述假设条件在现实中不能完全实现。③ 粘性价格模型很难得到实证的验证。原因之一是这一模型非常复杂,在选择计量检验的方式上存在困难。原因之二是现实中很难确定汇率的变动到底是对哪种外部冲击做出的反应。

2. 汇率的资产组合平衡模型

前面介绍的货币模型是建立于国内外资产(包括非货币资产)具有完全的替代性这一假设基础上的,即投资者是风险中性。但在现实中,由于不同资产在流动性、税赋待遇、违约风险、政治风险等方面存在差异,使得非货币资产之间并不是完全替代的。基于这种认识,美国普林斯顿大学教授布朗森(Branson,1975)提出了汇率的资产组合平衡模型。在此模型中,放宽了货币模型中国内外资产完全替代的假设,他认为非货币资产之间是不可完全替代的,投资者根据不同资产的收益与风险,将财富分配于各种可供选择的资产上,并根据收益与风险的变化进行资产组合。当资产组合达到了稳定状态,汇率也就被决定。因此,主张用"收益-风险"分析法取代通过套利和商品套购机制的分析,来探讨国内外资产市场(包括货币和证券市场)的失衡对汇率的影响。

1) 资产组合平衡模型的基本思想

资产组合平衡模型是从以下两个前提的分析开始的:一是分析的对象是一个小国,并且国外的利率水平是给定的;二是本国居民持有的资产由三部分构成:即本国货币(M)、本国政府发行的以本币为面值的债券(N_P),外国发行的以外币为面值的债券(F_P)。其中,外币债券的供给在短期内是固定的,它的本币价值等于 $e \cdot F_p$。在此分析前提下,一国以本币形式表示的资产总量为:

$$W = M + N_p + e \cdot F_p \tag{3.27}$$

根据托宾(J. Tobin)的"资产组合选择理论",理性的投资者会将其拥有的资产按照收益与风险的权衡,配置于各种可供选择的资产上。因此,对于既定的财富总量,居民在本国货币、本国债券和外币资产之间的分配比例取决于各类资产的收益率高低。由于持有本国货币的预期收益率为零,持有本国债券的预期收益率为国内利息率(I_a),持有国外资产的预期收益率为国外利息率(I_b)加上预期汇率上升率(ρ)。因此,持有各种资产的比例应与其预期收益率成正比,与其他可替代性资产的预期收益率成反比,而且这种比例将随国内外各种资产的预期收益率的变动而发生调整。这可以用下式表示出来:

$$\left.\begin{array}{l} M = \alpha(I_a, I_b, \rho)w \\ N_p = \beta(I_a, I_b, \rho)w \\ e \cdot F_p = \gamma(I_a, I_b, \rho)w \end{array}\right\} \tag{3.28}$$

式(3.28)分别表示私人部门愿意以本国货币(M)、本国证券(N_p)、外国证券($e \cdot F_p$)形式持有的财富比例。在国内外资产比例的调整过程中,本国资产与外国资产之间的替换就会引起外汇供求流量的变化,从而带来外汇汇率的变化。而汇率的变动又影响着以本币表示的国外资产额($e \cdot F_p$),进而影响居民对各种资产价值的重新评估,起到平衡资产供求存量的作用。均衡汇率也正是在这种国内外资产存量调整的过程中形成的。

资产市场的各种失衡对汇率变动的影响过程可描述如下:

(1) 当外国资产市场失衡致使外国利息率上升时,居民愿意持有的外国资产的比例就会上升,而其他两类资产的比例就会相应下降。当居民用本国货币和证券去换取国外资产时,就会引发外汇汇率的上升,本币汇率的下降。

(2) 当一国经常账户出现盈余时,居民持有的国外资产(F_p)就会增加,原有的资产组合平衡被打破,在重新平衡资产组合时,人们就会适当减少国外资产,而增加本国资产的持有比例,其结果是外汇汇率的下降和本币汇率的上升。

(3) 当一国政府出现了财政赤字而通过发行政府债券来弥补时,产生了本国债券供应量的增加。这里债券的购买者有两种情况:一是政府发行的债券被中央银行购买,则会导致市场上本国货币供应量的增加,利息率下降。为使资产组合实现新的均衡,居民就会用新增的本国货币量去换取外国证券和资产,从而产生本币汇率的下降和外币汇率的上涨。二是若政府发行的债券被居民购买,则N_p就会增加。一方面为了实现资产组合的平衡,居民对国外资产的需求也会增加,引起外汇汇率的上升;另一方面本国债券供应的增加,使本国利息率上升,又会诱使居民将一部分对国外资产的需求转移到本国资产上,使本币汇率上升。其汇率的最终变化方向取决于这两方面结果的结合。

(4) 当国外债券的供给增加,且这种增加被中央银行购入作为增加货币量的手段时,本币就会供过于求,而国外资产则相对短缺,居民就会用本国货币去交换国外资产，从而产生外汇汇率的上升。

（5）当各种因素引起居民对外汇汇率的变化产生上涨或下降的预期时，人们就会增加对国外资产的持有或减少持有，从而引发外汇汇率的上升或下降。

值得指出的是，上面的分析仅是对短期汇率决定的分析。至于汇率的长期均衡过程，可以描述为：当经济处于短期均衡时，而经常项目可能表现出顺差，也可能表现出逆差；在浮动汇率制和政府对外汇市场不干预的条件下，经常账户的顺差（或逆差）意味着资本与金融账户的逆差（或顺差），同时也意味着本国居民持有外国资产的增加（或减少），从而使外汇汇率下降（或上升），而汇率的变动又会影响到经常账户差额的变动，正是这种反馈过程的持续反复进行，实现了汇率由短期均衡向长期均衡的过渡。当汇率的变动使经常项目出现平衡时，此时的经济也处于长期的平衡状态。

2）资产组合平衡模型的简要评价

（1）资产组合平衡模型是对汇率决定理论的重大发展。表现为：一是对汇率研究方法进行了重大变革，如采用一般均衡分析代替了局部均衡分析，用动态分析代替了比较静态分析，并将汇率的长短期分析予以结合，为其以后的汇率研究创造了条件；二是它以本国资产与外国资产之间并不具有完全的替代性为分析前提，并将影响汇率的各种主要因素纳入到分析模型中，对于以往理论迷惑不解的汇率剧烈波动现象，给出了独到的见解，对理解现实的汇率变动具有重要的意义。

（2）资产组合平衡模型也有一些不足。表现在：一是它的一些假设过于严格，如金融市场高度发达、不存在外汇管制、资本高度流动等，这与现实的经济生活并不完全吻合；二是该模型过于复杂，使得其在实证上难以得到很好的检验，从而制约了该理论的运用。

本章小结

外汇的含义可以从动态和静态两个不同的角度来理解。静态的外汇，又有广义和狭义之分。通常人们最广泛使用的外汇就是这里静态的含义，同时又多指上述狭义的外汇概念，即国际间为清偿债权债务关系而进行的汇兑活动所凭借的手段和工具。按不同标准，外汇又可分为自由外汇与记账外汇、贸易外汇与非贸易外汇、即期外汇与远期外汇等类型。

汇率是一种货币折算成另一种货币的比率。主要有两种基本标价方法：直接标价法和间接标价法。此外，目前国际外汇市场及各大外汇银行的报价均采用美元标价法。根据不同角度，汇率可以分为多种类型，如买入汇率与卖出汇率、固定汇率与浮动汇率、单一汇率与复汇率、名义汇率与实际汇率等。

在不同的货币制度中，汇率的决定基础和变动情况有很大的差异。典型的金本位制（即金币本位制）下，铸币平价是决定汇率的基础，汇率围绕铸币平价在黄金输出入点内上下波动；金块及金汇兑本位制下，法定平价是汇率的决定基础，市场汇率尽管有所波动，但仍是相对稳定的；纸币本位制下，纸币所实际代表的价值量是决定汇率的基础，市场汇率波动不再具有黄金输送点的制约，任何能够引起外汇供求关系变化的因素都会造成外汇行市的波动。影响汇率变动的因素主要有：国际收支、相对通货膨胀率、相对利率水平、财政和货币政策、市场预测、政府市场干预、经济增长率等。

汇率变化一个最为直接也是最为重要的影响就是对贸易收支的影响。汇率变化还会对一国国内物价水平、资本流动、外汇储备乃至一国宏观经济活动各个方面和国际经济关系产生程度不同的影响。

汇率理论是指对汇率决定的依据及干扰汇率市场变动的因素予以的理论说明。西方汇率理论错综复杂，流派纷呈，有传统汇率理论，也有现代汇率理论；有论证汇率决定的，也有说明汇率变动的。但归纳起来有：从基本假设的不同可以划分为传统的汇率决定理论和现代汇率决定理论。汇率决定的传统理论主要有国际借贷理论、购买力平价理论、利率平价理论、国际收支理论等；而汇率决定的现代理论主要有汇率货币模型或货币分析方法（又分弹性价格货币理论/模型、粘性价格货币理论/模型两类）以及资产组合平衡理论/模型等。

不同的汇率决定理论都从一个方面对汇率问题进行了很好的解释，但每种理论在解释汇率决定时又都不同程度地存在不足。正是这些理论的相互补充，形成了多姿多彩的汇率理论体系。

【重要概念】

外汇　即期外汇　远期外汇　汇率　直接标价法　间接标价法　套算汇率　名义汇率　有效汇率　电汇汇率　信汇汇率　票汇汇率　金平价　铸币平价　法定平价　黄金输送点　买入汇率　卖出汇率　相对购买力平价　绝对购买力平价　一价定律　抛补的利率平价　非抛补的利率平价　流动借贷　利率平价　升水　贴水　国际收支说　资产市场分析法　弹性价格货币分析法　粘性价格货币分析法

【复习思考题】

1. 外汇和外币的区别是什么？
2. 简述外汇的职能与作用。
3. 外汇市场上的汇率是怎样形成的？
4. 为什么在金本位制度下，汇率波动的幅度限制在黄金输送点范围之内？
5. 在纸币流通下，影响汇率变动的因素主要有哪些？
6. 试述汇率变动对一国经济的影响。
7. 什么是一价定律？它的成立条件是什么？
8. 简要述评购买力评价理论。

9. 请从利率平价说角度论述汇率与利率之间存在的关系。
10. 从国际收支说角度上看,影响汇率的因素有哪些?
11. 汇率决定的资产市场分析法的基本思想是什么?这一分析方法与其他理论有什么区别?
12. 简述汇率货币模型的基本内容。
13. 试述资产组合模型的分析方法。

第4章 汇率制度与汇率政策

本章导读

汇率制度是国际货币体系的重要组成部分。长期以来,关于汇率制度的分类,以及不同汇率制度的利弊及其选择等问题,一直是理论和实践中争论的热点问题。随着全球经济和金融一体化,特别是近年来货币金融危机的频频出现,金融市场的稳定成为与物价稳定、充分就业和经济发展并列的政策目标。金融市场的稳定受汇率变动的影响,而汇率的变动又受到汇率政策的制约,所以汇率制度的选择、汇率水平的维持以及汇率变动(调整)的干预等相关政策,是各国政府关注的重要议题。

新中国成立后,特别是改革开放以来,人民币汇率制度不断演变和发展,中国的外汇管理体制及其改革等对中国经济乃至世界经济的发展举足轻重,因此,学习和比较各种汇率制度和汇率政策的相关内容,了解中国的汇率制度和外汇管理制度,具有重要的意义。

4.1 汇率制度

4.1.1 汇率制度的概念

汇率制度(Exchange Rate Regime/System),又称汇率安排(Exchange Rate Arrangement),是指一国货币当局对本国汇率水平的确定、汇率变动方式等问题所作的一系列安排或规定。具体包括两方面内容:

(1) 汇率的确定。一国的汇率制度首先是要明确规定该国汇率如何确定,是由官方决定还是有市场决定。如果由官方制定,本币与外币的货币平价制定依据是什么(是货币本身的价值,还是法定代表的价值)? 该平价是固定不变还是定期进行调整? 是否规定现实汇率对货币平价的波动幅度? 波动幅度多大?

(2) 汇率的变动(调整)。如果由官方制定该国货币的货币平价及波动幅度,则汇率制度还应包括采取何种方式使现实汇率维持在规定的波动幅度内;如果由市场决定,汇率制度应包括货币当局是否对外汇市场进行干预(任其浮动还是有限干预)、如何进行干预等内容。

此外,汇率制度的内容还应包括管理汇率的法令、体制和政策等(如各国外汇管制中有关汇率及其适用范围的规定)以及制定、维持与管理汇率的机构(如外汇管理局、外汇平准基金委员会等)。

4.1.2 汇率制度的分类

汇率制度分类是研究汇率制度优劣性和汇率制度选择的基础。由于划分标准的差异,对于汇率制度的具体类别有不同的划分方法。一般而言,汇率制度按其基本形式可分为固定汇率制(或称为硬盯住)、浮动汇率制和中间汇率制(或称为软盯住)。这种划分方法相对粗犷,实际上目前关于汇率制度选择的研究已经从过去的大口径、理论化定性研究,开始向更加精细的定量化研究推进。然而无论是哪种性质的研究,首先都必须面临汇率制度的基本分类方案的选择。

总体而言,汇率制度分类方法(标准)上有两大类:一类是依据一国中央银行公开宣称的汇率制度得到的法定汇率制度(de jure)分类;另一种则是建立在反映一国实际行使的汇率制度愿望上的事实汇率制度(de facto)分类。第一类分类方案来源不一,其权威来源是 IMF 公布的汇率制度分类(1999 年以前),主要依据是各国官方在 IMF 所填报的汇率制度。第二类方案通常又有两类,一是法定/事实混合汇率制度分类,如 IMF 事实分类(1999 年后)、Ghosh 一致分类、RR 自然分类、DLM 混合分类等;二是纯粹事实汇率制度分类,如 LYS 分类、CD 分类等。尽管目前还没有形成一个被广泛接受的客观性标准,但影响较大的还是传统(一般)的分类方法以及 IMF 的最新分类方法。

1. 传统的两分法

传统上,根据有没有规定货币平价以及汇率波动幅度的大小,将汇率制度分为固定汇率制和浮动汇率制两类。

1) 固定汇率制

固定汇率制(Fixed Exchange Rate System)是指两种货币的比价基本固定,现汇汇率只能围绕货币平价在很小的范围内上下波动的汇率制度。其特点是:各国对本国货币都规定有金平价,中心汇率是按两国货币的金平价之比来确定的,汇率围绕中心汇率在很小的幅度内波动,因而比较平稳。

从历史上看,固定汇率制度大体上经历了两个发展阶段:

(1) 金本位制度下的固定汇率制(大约从 1816 年到第二次世界大战前)。金本位制度下的固定汇率制是指汇率受金平价的制约,自发地围绕金平价在很小的范围内上下波动的汇率制度。在金本位下,中心汇率是由各自货币的含金量之比,即铸币平价决定的。换言之,铸币平价是金本位时期决定汇率的基础。市场汇率受供求关系的影响,自发地围绕铸币平价在黄金输送点的范围内波动,黄金输送点是汇率波动的界限。由于汇率变化的幅度很小(铸币评价上下各 6‰左右),基本上是固定的,而且货币的含金量是固定的,所以在金本位制下各国之间的汇率能够保持真正的稳定。

(2) 布雷顿森林体系下的固定汇率制(从第二次世界大战后到 1973 年)。金本位制崩溃后,各国普遍实行了纸币流通制度。纸币流通条件下的固定汇率制是指两种货币的比价基本固定,将外汇汇率波动的界限,人为地规定并控制在一定幅度之内的汇率制度。这种汇率制度在第二次世界大战后的布雷顿森林体系中表现得最为典型。在布雷顿森林体系下,美元同黄金挂钩,其他货币与美元挂钩("双挂钩"),IMF 会员国必须通过法令形式规定本国单位纸币所代表的金量,并以此为基础确定各国货币与美元间的基准汇率(汇率的决定基础是黄金平价,但货币的发行与黄金无关)。当一国国际收支出现根本性失衡时,金平价可以经由 IMF 的核准而予以变更。汇率的波动幅度超过规定的界限(中心平价上下各 1%)时,有关国家的政府有义务采用各种干预措施,使汇率的被动幅度控制在平价规定的范围内。

总之,金本位制度下的固定汇率制是典型的固定汇率制,它是市场机制的产物,是内生的稳定;布雷顿森林体系下的固定汇率制,即纸币流通条件下的固定汇率制,严格来说只能称为可调整的盯住汇率制,它是各国协商、国际合作的结果,是外生的,存在"特里芬难题"(Triffin Dilemma)。

就制度评价来说,固定汇率制度下,两国(或地区)货币比价基本固定,汇率只能在一定范围内波动。硬盯住的国家(或地区)往往拥有健康的财政状况和低的通胀水平,同时由于汇率相对稳定,为国际间的交易定价提供了高度的确定性。但同时,由于汇率和利率与锚定国绑定,使得这些国家(地区)的中央银行(货币当局)往往无法拥有独立的货币政策[①]。同时,固定汇率使各会员国的经济紧密相连,互相影响,一国出现经济动荡,必然会波及他国。

2) 浮动汇率制

浮动汇率制(Floating Exchange Rate System)是指现实汇率不受平价的限制,随外汇市场供求状况变动而波动的汇率制度。在浮动汇率制下,一国不再规定货币的含金量或代表的金量,也不再规定汇率波动的上下限,中央银行没有维持汇率水平的义务,在一般情况下外汇汇率随着外汇市场的供求状况而波动。

从不同划分,浮动汇率制又有不同的类型。

(1) 按政府是否干预,可分为自由浮动和管理浮动。自由浮动(Free Floating)又称清洁浮动(Clean Floating)是指一国政府对汇率不进行任何干预,汇率完全由市场供求决定。实际上,绝对的自由浮动只能是理论上的,现实中即使有,也只是相对的、暂时的,不可能长期存在。管理浮动(Managed Floating)又称肮脏浮动(Dirty Floating)是指一国政府对外汇市场进行干预,以使汇率朝有利于自己的方

---

① 黄薇. 主流汇率制度分类方法及相关争论[J]. 国际金融研究,2010(3).

向浮动。由于这往往不利于对方国家,所以又叫肮脏浮动。在现行货币体系下,各国实行的实际上多是管理浮动。政府干预汇率的方式有三种:一是直接干预,包括单个国家单独干预、几个国家联合干预和代理干预。二是运用货币政策干预,主要是通过调整再贴现率或银行利率来影响汇率;三是实行外汇管制,主要是通过各种措施影响国际资本流动的方向和规模,来达到干预汇率的目的。

(2)按汇率浮动的方式,可分为单独浮动和联合浮动。单独浮动(Single Floating)又称独立浮动(Independent Floating),指本国货币不与任何外国货币发生固定联系,其汇率根据外汇市场的供求变化而单独调整变化。如美元、英镑、日元、加元等货币均属单独浮动货币。联合浮动(Joint Floating)又称共同浮动或集体浮动,指由若干国家组成货币集团,集团的会员国之间规定货币比价和波动浮动限制,实行固定汇率,而对非会员国实行同升或同降的浮动汇率安排。如1973年3月,欧洲经济共同体(简称"欧共体")的会员国德国、法国、比利时、荷兰、卢森堡和丹麦就曾规定,在会员国货币之间实行固定汇率,并规定浮动的界限为货币平价上下各1.125%,对欧共体以外的货币实行联合浮动,并保持对该种货币汇率波动幅度大体一致。

总之,浮动汇率制理论上指政府对汇率不加限制,汇率的决定权交给外汇市场。实行浮动汇率制度的国家可以享有独立的货币政策,前提是外汇市场和其他金融市场相对成熟,能够吸收大的冲击而不会引起汇率的大幅波动。

实践中,除了上述固定汇率制度和浮动汇率制度外,多数国家的汇率制度往往兼有这两种汇率制度的某些特征,即混合的中间汇率制度。这种软盯住维持着一个相对稳定的"名义锚"(一般而言该锚取决于货币政策的目标,如稳定物价等),使得货币政策具有一定程度的灵活性。然而,在遇到金融危机时,软盯住较为脆弱,可能会导致货币大幅度贬值,有时甚至不得不放弃原来的汇率制度。关于中间汇率制度(软盯住)将在IMF最新分类中进行介绍。

2. IMF 的四分法

传统的对汇率制度的两分法是最简单的汇率制度分类。但实际中,固定或浮动的程度是很难掌握的,两者之间还存在众多的中间汇率制度。IMF自成立以来,长期关注全球汇率动态及各国的汇率制度(安排),并不断细化其分类标准,演化至今已逐步完善。

自20世纪50年代开始至今,经历了布雷顿森林体系到牙买加体系的转变,IMF汇集的汇率制度种类不断细化,从20世纪70年代的两分类(盯住与非盯住)到80年代的三分类(7小类),再到90年代扩展到三分类(8小类)。在1999年以前,IMF所公布的汇率制度完全根据各国所申报的汇率制度,分为盯住(盯住美元、英镑、法郎、其他货币、成分货币)、中间汇率安排(有限弹性)、更加灵活的汇率安排(其他管理浮动、独立浮动)。但是,纯粹依赖各成员国所宣称的汇率制度的分类,具有事实做法和官方宣称经常不符的局限性。

1999年之后,IMF做了较大改变,在引进事实汇率制度安排的同时,对法定汇率制度分类也做了改动,分为三分类(8小类):盯住类型(无法定货币、货币局制度、传统盯住),有限弹性类型(水平带盯住、爬行盯住、爬行带),更加灵活的类型(没有预先路径的管理浮动、独立浮动)。自此,IMF开始根据各成员国汇率安排的实际情况,按照汇率弹性的大小以及是否存在给定汇率目标的正式或非正式的承诺,不断地优化汇率制度的分类。根据IMF在2016年10月发布的《汇率安排与汇兑限制年报(2016)》(统计截止时间为2016年4月30日),汇率制度被划分为4大类10小类(这也是IMF于2008年4月后进行的调整)。

1) 硬盯住(Hard Pegs)

包括无独立法定货币的汇率制度(Exchange Arrangements with No Separate Legal Tender)和货币局制度(Currency Board Arrangements)两种类型。

(1) 无独立法定货币的汇率制度。它是指以另一国的通货作为唯一的法定通货。采用这种汇率制度的国家意味着该国完全丧失了货币政策的独立性。共有14个国家采取这种汇率制度,如巴拿马、厄瓜多尔、津巴布韦等以美元作为法定通货,科索沃、圣马力诺与黑山以欧元作为法定通货等。

(2) 货币局制度。它是指政府以立法形式明确规定,承诺本币与某一确定的外币(通常称为锚货币)之间可以固定汇率进行无限制兑换,并要求货币发行当局确保这一兑换义务的实现。这意味着国内货币必须要以确定的外币作为充足保证的情况下才可以发行,且必须保持充分的外汇资产作为支持,这削弱了传统中央银行的职能,比如货币控制以及最后贷款人的职能,给自主性货币政策留下的空间很小。当然,货币政策的一定弹性可能仍然具备,这取决于货币局制度规定的严格程度。采用货币局制度的一般都是将外部均衡目标摆在突出重要地位的小型开放经济体。共有11个国家(地区)采取这种汇率制度,如吉布提、格林纳达、安提瓜与巴布达、中国香港特区等,均以美元作为锚货币。

2) 软盯住(Soft Pegs)

包括传统的盯住制度(Conventional Pegs)、水平区间盯住(Pegged Exchange Rates within Horizontal Bands)、爬行盯住(Crawling Pegs)、稳定化制度(Stabilized Arrangements)和类似爬行制度(Crawl-like Arrangements)等五类。

(1) 传统的盯住制度。它是指一国将本币盯住另一货币或一篮子货币,与其保持固定比率,汇率可以围绕中央汇率在其上下最多不超过1%的范围内波动或即期市场汇率波动幅度至少连续6个月不超过2%。货币当局随时准备通过直接干预(外汇市场公开操作)或间接干预(积极的利率政策的运用、外汇管制的施加、限制外汇活动的道义劝说,或通过其他公共机构的干预)维持汇率稳定。货币当局无需承诺本币与外币的无限制兑换,也无需承诺货币平价的不可撤销。共有44个国家(地区)采取这种汇率制度,如中东地区的沙特阿拉伯、伊拉克、阿联酋、卡塔尔、约旦、阿曼以及巴巴多斯、土库曼斯坦等盯住美元,非洲的尼日利亚、贝宁、马里、多哥、乍得、刚果共和国等盯住欧元。

(2) 水平区间盯住。它是指本币兑外币仍然规定固定平价,但波动幅度相对传统的盯住制度大,为平价上下至少1%的范围或汇率波幅超过2%。仅有澳洲汤加一国采取这种汇率制度。

(3) 爬行盯住。将本币盯住外币,根据选定的数量指标(如对主要贸易伙伴国以往的通胀率差异或主要贸易伙伴国的通胀目标与预期目标之差)进行小幅度调整。爬行的幅度可根据以往通胀变动对汇率变动的要求来设置,也可根据预期未来可能发生的通胀情况来设置。共有3国采取这种汇率制度,他们是洪都拉斯、尼加拉瓜和博茨瓦纳。

(4) 稳定化制度。该制度要求无论是对单一货币还是对篮子货币,即期市场汇率的波幅都能够保持在2%的范围内至少6个月,同时又不是浮动汇率。稳定化制度要求的汇率保持稳定是官方行动的结果。该制度并不意味着货币当局的政策承诺。共有18个国家采取这种汇率制度,如新加坡、越南、孟加拉国、也门、圭亚那、苏丹、民主刚果等。

(5) 类似爬行制度。要求汇率相对于一个在统计上可识别的趋势必须保持在一个2%的狭窄范围内至少6个月,并且该汇率制度不能被认为是浮动制度。通常要求最小的变化率大于稳定化程度(类似盯住)下所允许的变化率。然而,如果年度变化率至少为1%,只要汇率是以一个充分单调和持续的方式升值或贬值,该制度就将被认为是类似爬行。共有10个国家采取这种汇率制度,如伊朗、克罗地亚、牙买加等。

3) 浮动制度(Floating Regimes)

包括浮动(Floating)和自由浮动(Free Floating)两类。

(1) 浮动。浮动汇率很大程度上由市场决定,没有一个确定的或可预测的汇率变动路径。特别说来,一个满足类似盯住或类似爬行的统计标准的汇率要被归类为浮动汇率,除非能明确其汇率的稳定不是官方行动的结果。外汇市场干预可以使直接的或间接的,旨在缓和变化率和防止汇率的过度波动,但是以一个特定的汇率水平为目标的政策与浮动制度是不相容的。浮动制度下可以出现或多或少的汇率波动,取决于影响经济冲击的大小。共有40个国家采取这种汇率制度,如印度、韩国、印尼、泰国、菲律宾、新西兰、土耳其、巴西、阿根廷、匈牙利、冰岛、罗马尼亚、南非等。

(2) 自由浮动。它是指官方干预偶然发生,旨在处理无序的市场状况,并且当局已经提供信息和数据证明在以前的6个月中至多有3次干预,每次干预不超过3个交易日。共有31个国家采取这种汇率制度,如美国、日本、德国、法国、英国、意大利、加拿大、澳大利亚等主要西方发达国家,以及俄罗斯、波兰、墨西哥、智利等国。

4) 其他有管理的制度(Other Managed Arrangements)

这是一个剩余类别,当汇率制度没有满足其他任何类别的标准时被使用。以频繁的政策变动为特征的制度安排可能被归为此类。共有20个国家的汇率制度被归为这一类别,如马来西亚、柬埔寨、巴基斯坦、埃及、利比里亚等,中国也被归为此类①。

从IMF进行重新分类以来各国的汇率安排的实际情况来看(见表4.1),其中采取水平区间盯住和爬行盯住的国家不多,占比较小;传统的盯住制度占比较大且稳定。

表4.1 2008～2016年IMF成员国的汇率安排类别结构(%)

汇率安排	2008	2009	2010	2011	2012	2013	2014	2015	2016
1. 硬盯住	12.2	12.2	13.2	13.2	13.2	13.1	13.1	12.6	13.0
(1) 无独立法定货币的汇率制度	5.3	5.3	6.3	6.8	6.8	6.8	6.8	6.8	7.3
(2) 货币局制度	6.9	6.9	6.9	6.3	6.3	6.3	6.3	5.8	5.7
2. 软盯住	39.9	34.6	39.7	43.2	39.5	42.9	43.5	47.1	39.6
(1) 传统的盯住制度	22.3	22.3	22.3	22.6	22.6	23.6	23.0	23.0	22.9
(2) 稳定化制度	12.8	6.9	12.7	12.1	8.4	9.9	11.0	11.5	9.4
(3) 爬行盯住	2.7	2.7	1.6	1.6	1.6	1.0	1.0	1.6	1.6
(4) 类似爬行制度	1.1	0.5	1.1	6.3	6.3	7.9	7.9	10.5	5.2
(5) 水平区间盯住	1.1	2.1	1.1	0.5	0.5	0.5	0.5	0.5	0.5
3. 浮动制度	39.9	42.0	36.0	34.7	34.7	34.0	34.0	35.1	37.0
(1) 浮动	20.2	24.5	20.1	18.9	18.4	18.3	18.8	19.4	20.8
(2) 自由浮动	19.7	17.6	15.9	15.8	16.3	15.7	15.2	15.7	16.1
4. 其他有管理的制度	8.0	11.2	11.1	8.9	12.6	9.9	9.4	5.2	10.4

注:包括189个成员和3个地区。3个地区为阿鲁巴(荷兰)、库拉索和圣马丁(荷兰)和香港特别行政区(中国)。数据截止每年的4月30日。
资料来源:IMF.汇率安排与汇兑限制年报(2016)[Z].

4.1.3 汇率制度选择的争论

汇率制度作为一国经济制度的重要组成部分,对于该国经济的增长和稳定具

---

① 根据IMF的分类,人民币汇率制度,2006年8月1日前归为传统的盯住制度,这之后归为类似爬行制度,2008年6月1日后被归为稳定化制度,2010年6月21日又被归为类似爬行制度,2014年12月24日被调整为其他有管理的制度。

有十分重要的作用。因此,汇率制度的选择历来都是一个争论的热点问题。对于汇率制度选择的争论,传统上有固定汇率与浮动汇率优劣之争。进入到20世纪90年代中后期,全球范围内先后爆发了一系列货币危机,这些危机始终都伴随着汇率的调整和汇率制度的变革,因而这一时期中间汇率与两极汇率之争成为焦点。

1. 固定汇率与浮动汇率的优劣之争

这一争论主要涉及以下四个方面:

1) 国际收支失衡的调节效率问题

当一国国际收支失衡后,固定汇率制度下,货币当局会通过调整外汇储备消除外汇市场供求缺口,并相应通过变动货币供给量对经济不平衡进行调节。而在浮动汇率制度下,货币当局则听任汇率变动来自动消除外汇供求缺口,进而调节经济运行。由于是两种不同的调节机制,由此带来的第一个争论是:哪种调节机制更具有效率。

主张浮动汇率制度的人认为:国际收支汇率调节机制更有效率,稳定性好。

(1) 在浮动汇率制度下,当一国国际收支失衡时,只需听任汇率这唯一变量进行调整即可,即通过汇率自动上浮或下浮这一自动调节机制来实现,因而调整时间更快,成本更低;而在固定汇率制度下,一般都需要政府制定出特定的政策组合加以调整,这一过程存在时滞,因而使其效率降低。

(2) 在浮动汇率制度下,汇率的自动调节机制可根据一国国际收支的变动情况进行连续微调,从而避免了经济的急剧波动;而在固定汇率制度下,一国对国际收支的调整往往是在问题已积累到相当程度时才进行,因而调整幅度大,震动也较为剧烈。

(3) 在浮动汇率制度下,由于稳定性投机和投机性资金不易找到汇率高估(或低估)的机会,因而该汇率安排具有稳定性;而固定汇率制度存在着资金的高度流动与固定汇率两者的不稳定组合,极易发生货币危机。

主张固定汇率制度的人认为:在很多情况下,仅通过汇率调整是不合理的,对本国价格体系的调整也是非常必要的。

(1) 影响汇率变动的因素很多,汇率未必能按照平衡国际收支所需的方向进行调整。

(2) 汇率只能通过价格因素影响国际收支,而国际收支是由多因素共同决定的,这就带来了在很多情况下汇率调整乏力。

(3) 汇率对国际收支的调整往往需要国内政策支持,单凭汇率的调整难以发挥效力。

(4) 由于投机者的心理是非理性的,其表现之一就是"羊群效应",因此浮动汇率制下盛行的不是稳定性投机,而是非稳定性投机。较之浮动汇率制,固定汇率制更具稳定性。

当然,固定汇率的支持者也不否认固定汇率的调节机制较为僵硬,但同时指出,固定汇率制可避免许多无谓的汇率调整,尤其是当这些调整是货币性干扰所造成的时候。

2) 政策的独立性和效应问题

不同汇率制度的选择,将导致在实现内外均衡的过程中政策工具的不同运用方式。在固定汇率制度下,货币政策用于调节外部均衡,而浮动汇率制只需用汇率政策调节外部均衡,由此产生以下争论:

主张浮动汇率制的人认为:

(1) 浮动汇率安排可将货币政策从汇率政策的依附中解脱出来,使货币政策专注于内部均衡的调节,这样既可增强财政、货币政策的效力,也保持了货币政策的独立性。

(2) 浮动汇率安排还可防止货币当局控制汇率,使本币有意高估或低估而导致对汇率政策的滥用。

主张固定汇率制的人认为:

(1) 完全运用汇率政策调节外部均衡是不可能实现的,只有与其他政策相配合才能发挥效力,除非政府准备接受任何汇率水平。

(2) 开放经济条件下,完全不受外部因素制约的独立的货币政策是不存在的。

(3) 固定汇率制下货币政策的使用存在一定的制约,可防止货币当局对货币政策的滥用。

3) 通货膨胀的传播问题

主张浮动汇率制的人认为:浮动汇率制可阻隔国外通胀向本国的传播。这是因为,在固定汇率制下,两国的货币和商品市场通过固定汇率紧紧联结在一起,一国物价上涨必然引起另一国物价上涨;而在浮动汇率制度下,汇率的变动消除了这一传播途径,从而阻隔了通胀的传播。

主张固定汇率制的人认为:浮动汇率制下同样存在通胀的传播问题。一是因为本币汇率的波动会通过货币工资机制等多种途径对国内物价水平发生作用;二是当本币升值时,进口成本上升引起的物价上涨,在价格刚性的作用下,很难通过本币贬值降下来,其净效应便是物价的上涨;三是浮动汇率制还会因棘轮效应导致世界性的物价水平上升①。

4) 对国际贸易及投资的影响问题

主张浮动汇率制的人认为:浮动汇率制可以推动经济自由化,这将极大地促进

---

① 棘轮效应(Ratchet Effects)是由美国经济学家詹姆斯·杜森贝里(James S. Duesenberry,1949)提出,它是指人的消费习惯形成之后有不可逆性,即易于向上调整,而难于向下调整。尤其是在短期内消费是不可逆的,其习惯效应较大。这种习惯效应,使消费取决于相对收入,即相对于自己过去的高峰收入。消费者易于随收入的提高增加消费,但不易于收入降低而减少消费,以致产生有正截距的短期消费函数。这种特点被称为棘轮效应。

国际间的经济交往和发展。固然,浮动汇率给国际间的贸易和投资带来不确定性,但这可通过多种规避风险的外汇交易加以防范。

主张固定汇率制的人认为:浮动汇率制给国际贸易和投资带来了极大的不确定性,尽管存在着避险方式,但许多经济活动仍然无法规避汇率风险,即便可以规避汇率风险,但也会增加交易成本,有时成本还很高,这给国际贸易及投资活动带来了许多负面的影响。

综上所述,没有哪一种制度是绝对的优,也没有哪一种制度是绝对的劣。因此,在实践中就产生了介于两种制度之间的中间汇率制度安排。然而这种汇率安排,在目前又受到了"两极论"的挑战,由此引起了中间汇率与两极汇率之争。

2. 中间汇率与两极汇率之争[①]

1) 两极论的基本观点及主张

两极论者认为,在金融开放环境中,适合发展中国家的汇率制度只有自由浮动汇率制和固定汇率制。主要依据是:

(1) 从汇率制度选择趋势来看,近年来随着发展中国家金融开放程度的提高,采用两极汇率制度的国家明显增加;在发达市场经济国家中,欧洲多数国家参加了货币联盟,欧洲以外的国家基本上采用了自由浮动汇率制,因此,这些国家的汇率制度基本上分布于两极汇率制度;在新兴市场国家中,20世纪90年代后,两极汇率制度有明显增加的趋势。

(2) 从预防货币危机角度来看,两极汇率制度要比中间汇率制度更为安全。在中间汇率制度下,政府维护汇率稳定的努力容易助长短期资本流入,当其流入超过外汇储备时,政府将丧失维护汇率稳定的能力。另外,中间汇率制会助长未保值短期对外借款,进而削弱债务人(金融部门和企业等)对货币贬值的承受能力。

(3) 从对宏观经济的影响来看,在金融开放环境下,完全的自由浮动汇率制有利于保持货币政策的独立性,而严格的固定汇率制有利于促进贸易和投资的发展。从理论上讲,任何国家在选择汇率制度时,都面临三元悖论的制约,即在资本与金融项目开放、汇率稳定和货币政策独立性这三项目标中,任何政府至多可选择其中的两项。两极论者假定资本与金融项目开放是外部给定的条件,此时,三元悖论实际上将转化为两元悖论,即发展中国家只能在汇率稳定和货币政策的独立性之间做出选择。一些注重货币政策独立性的学者主张,发展中国家应放弃汇率干预政策,以此确保货币政策的独立性;而那些看重汇率稳定的学者则认为,固定汇率制更有利于发展中国家的经济发展。

基于以上理由,一些学者和研究机构在有关国际金融体系改革的讨论中,提出

---

① 参见:马海涯. 从汇率制度理论的新发展看人民币汇率制度的选择[J]. 发展,2003(11).

了发展中国家采用两极汇率制度的改革方案。这一建议很快得到了 IMF 和美国政府的支持。

2) 反对两极论的基本观点及主张

两极论形成以来,国际社会反对两极论的舆论从未中断。包括弗兰克尔(Jacob Frenkel)、威廉森(John Williamson)及麦金农(Ronald I. Mckinnon)等学者,以及日本、法国政府和 UNCTAD 等国际组织都是两极论的反对者。他们认为,两极论强调预防货币危机的重要性,但它忽视了汇率制度对发展中国家经济的整体影响。对发展中国家来说,完全的浮动汇率制是否有利于贸易和投资的发展是值得怀疑的;严格的固定汇率制下,汇率稳定的目标凌驾于经济发展之上,此时,政府追求汇率稳定的努力有可能妨碍发展中国家的经济成长。反对两极论者主要从四个方面对两级论的观点提出质疑:

(1) 关于两极汇率制度与经济发展的关系。长期以来,设法减轻和避免汇率变动对贸易和投资的负面影响,一直是一些政府和经济学家们所面临的重要课题之一。即使国内金融市场非常发达、外汇保值工具齐全的欧洲国家也非常注重汇率的稳定,实践中,欧洲货币联盟的出现就是佐证。相较而言,汇率稳定对发展中国家更具现实意义。这是因为,汇率变动对经济的影响在发展中国家和发达国家之间具有非对称性质。前者的贸易依存度和对外负债率要明显高于后者,但前者远期外汇市场的发展要明显落后于后者,这一状况加大了发展中国家采用浮动汇率制的成本和风险。当然,建立远期外汇市场有助于克服这一问题,但许多发展中国家缺乏建立这一市场的客观条件。因此,发展中国家并不适合采用完全的浮动汇率制。另外,国际货币体系在进入浮动汇率制后,真正采用这一制度的仅限于部分对汇率变动负面影响有较强抵抗力的发达国家,而大部分发展中国家仍然采用了盯住汇率制。

在金融开放环境下,采用严格的固定汇率制意味着放弃汇率和货币政策这两个主要的宏观经济调控手段,因而在价格、工资调整刚性的情况下,外部经济冲击的不利影响只能通过经济紧缩加以吸收。因此,对许多发展中国家来说,采用严格的固定汇率制实际上是用汇率稳定来换取经济的不稳定,因而也不可能成为最佳选择。

(2) 关于两极汇率制度与金融危机的关系。一些反对者认为,两极汇率制度并不是预防金融危机的神丹妙药。如威廉森认为,无论是自由浮动汇率还是固定汇率制同样存在发生金融危机的可能性。在自由浮动汇率制度下不存在发生货币危机的可能性,但如果本币慢性升值后的突发性贬值,就有可能产生与货币危机同样的破坏作用。在国内存在资产泡沫,或者在国内利率由于某种结构性原因而长期高于国外利率的情况下,资本流入会造成本币的升值。此时,由于不进行保值可以获得由升值带来的额外利益,进而引发非保值资本流入的增加。如果汇率升值的预期不发生变化,本币升值趋势就会进一步诱发资本流入。然而,本币升值会逐渐削弱一国对外竞争能力,并最终导致对外经济状况的恶化。这一变化如果引起市场恐慌的发生,那么突发性短期资本流出有可能引起类似亚洲金融危机的严重后果。

就固定汇率制而言,由于中央银行无法发挥最后贷款人职能,因而对金融部门脆弱的发展中国家来说,更容易引发银行危机和导致金融恐慌的发生。阿根廷金融危机的教训证明,即便是严格的固定汇率制,至少在货币局制度下,同样存在发生货币危机的可能性。

(3) 对两极汇率制度趋势论的疑问。两极论者把越来越多的国家采用两极汇率制度的趋势作为支持其论点的主要依据。然而,有关实证研究表明:20 世纪 90 年代以来,虽然许多发展中国家在名义上采用了自由浮动汇率制,但这些国家的中央银行为了保持本国汇率稳定,经常利用利率手段和外汇交易手段干预外汇市场,这说明这些国家实质上仍然采用的是管理浮动汇率制和其他隐性的盯住汇率制。发展中国家频繁干预外汇市场的事实说明,这些国家的政府实际上害怕汇率变动,不希望本币过度升值或过度贬值,因为过度的升值会削弱本国的出口竞争力和恶化对外经济状况,而过度贬值有可能使本币失去市场的信赖。

(4) 对三元悖论制约论的疑问。两极论的另一个重要依据是三元悖论,而一些经济学家同样对这一依据提出了疑问。如弗兰克尔认为三元悖论与两极论之间并不存在必然联系。前已述及,两极论认为新兴市场国家只存在二元选择,这实际上是把资本自由流动作为外部给定条件对待的,意味着该理论假定在全球化时代,新兴市场国家已完全丧失了控制资本移动的能力。然而,即使这一假定正确,三元悖论并没有排除选择中间汇率制度的可能性,即汇率稳定与货币政策独立性之间的矛盾,并不排除在二者之间选择一个的折中方案。在传统的经济学中,当政策目标出现矛盾时,折中方案常常被推崇为最佳解决方法。因此,三元悖论本身并没有否定中间汇率制度的合理性。

就实际状况来看,在资本自由流动的前提下,实行固定汇率制的国家的利率收敛于国际利率水平,因此政府无法通过利率手段来调节国内经济。如果政府要适度调整利率,就必须容忍一定幅度的汇率调整,而中间汇率制度有利于这种调整。当政府调整利率时,汇率将发生相应的变化,新的利率水平与调整后的汇率重新恢复均衡关系,政府将在新的均衡点继续维持汇率的稳定。这种局部调整与货币危机并不存在必然联系。有关货币危机理论认为,当政府既无节制地使用财政、货币政策,又拒绝汇率调整时,外汇储备的减少将不可避免地导致货币危机的发生。此时,危机并不是起因于汇率制度本身的缺陷,而是起因于财政、货币政策的失误。

鉴于上述原因,反对两极论者主张发展中国家应选择中间汇率制度。究其理由:首先,在汇率制度选择方面,发展中国家主要面临两种风险:完全浮动汇率制所固有的汇率变动风险以及在资本与金融项目开放环境下固定汇率制所固有的道德风险,而弹性的中间汇率制在一定程度上可同时抑制以上两种风险的发生;其次,在一些财政、货币政策缺乏约束力的发展中国家,完全的浮动汇率制是助长通胀的主要原因,而固定汇率制又是引起本币高估和对外竞争力下降的主要因素,弹性的中间汇率制有利于调和以上两方面的矛盾;第三,在资本与金融账户开放的国家,与固定汇率制及固定盯住汇率制(硬盯住)相比,弹性中间汇率制(软盯住)可提高货币政策的独立性。

4.2 汇率政策

汇率政策(Exchange Rate Policy)是指政府在一定时期内,为实现宏观经济政策目标而对汇率变动施加影响的制度性安排与具体措施。汇率政策主要涉及汇率制度选择、汇率水平管理、政府对外汇市场干预,以及汇率政策与其他经济政策配合等内容。

4.2.1 汇率政策的概述

1. 制定汇率政策的重要意义

制定汇率政策是国家经济主权的重要表现之一,也是开放的市场经济条件下,政府对国民经济进行宏观调控的必要手段。一般说来,制定汇率政策的重要意义主要表现在以下三个方面:

(1) 克服外汇市场的内在缺陷。在开放的现代市场经济条件下,由于交易壁垒、信息不对称、市场垄断或过度竞争等问题存在,外汇市场交易依然带有较大的盲目性,且市场调节机制也存在时滞和低效率的缺陷。外汇市场的盲目性会导致汇率信号扭曲与波动,不利于在全球范围内资源的优化配置;市场自发调节机制的缺陷又是市场本身无法克服的,这就需要政府理性地制定和实施汇率政策,保持汇率的相对合理与稳定,防止国际收支出现恶性或根本性失衡。

(2) 维护社会经济的安全与稳定。在全球经济一体化的过程中,一方面市场上过度竞争和垄断的存在,会使寡头操纵市场价格从而导致价格信号失真,可能造成社会资源的巨大浪费;另一方面,市场上还存在恶性投机、信用危机等现象,可能导致市场价格严重偏离其实际价值,造成经济秩序混乱,社会经济不稳定,这些都会对一国社会经济的安全与稳定构成威胁。"安全与稳定"是一种"公益产品",但应该由政府来提供。政府可制定和实施汇率政策,对影响社会经济安全与稳定的现象或行为进行"纠偏",促进社会经济的稳定运行。

(3) 维护和提升国家经济利益。汇率是一种相对价格,对国际往来和国际竞争力都有较大的影响。通过制定和实施合理的汇率政策,一是可以在扩大对外经济开放的同时,防止外来经济力量,特别是国际游资对本国市场的冲击,发挥"金融防火墙"的作用;二是适度的货币贬值政策,可以抵消外国不公平贸易政策的消极影响,或是作为报复手段,对抗外国的不公平贸易,有效维护国家的经济利益;三是适度的货币贬值政策,能够增强本国商品和劳务在国际市场的竞争力,有利于刺激出口,抑制进口,改善商品的贸易条件,有效提升国家的经济利益。

2. 汇率政策的特征

作为经济政策的重要组成部分,汇率政策具有国家性、强制性和宏观性三个特征:

(1) 国家性。作为一国货币政策和对外经济政策的一部分,汇率政策是国家为实现宏观经济目标而制定的对外经济措施,体现一国的经济主权、民族利益,成为提高国际竞争力的有效手段之一。一国无论选择盯住制度,或者选择自由浮动的汇率安排,都体现了国家在一定制度框架下的经济政策取向,具有一定的政策功能。例如,一国货币币值低估有助于该国扩大出口,缓解国内通缩的压力,保护就业,有利于一国宏观经济目标的实现。又如,为扶持民族产业的发展,一国可以制定抑制该产业商品进口的汇率政策,使民族产业通过国内市场占有份额的扩大而迅速成长起来。这些都体现了汇率政策作为经济政策的重要组成部分,从而具有国家性特征。

(2) 强制性。一国的汇率政策往往借助国家立法和行政权得以保障,对有关外汇交易主体的交易行为加以规范,促使各项国际经济活动向预定的宏观经济目标发展。一国汇率政策措施的制定,都必须由国家提供相应的立法支持。通常在实行外汇管制的国家,一般由政府授权央行(如英国的英格兰银行)代表政府执行外汇管制的职能;也有一些国家(如法国和意大利)成立专门的外汇管制机构,在央行的领导下专门行使外汇管制职能;还有一些国家把外汇管制的不同职能分别交给不同的政府部门,以保证有关汇率政策的强制实施。在外汇汇率管制下,汇率及其变动范围都由政府以法令形式强行规定,官方外汇市场取代了自由外汇市场,非价格手段取代了价格机制,其实质也是一种利用行政命令对外汇市场的直接干预,同样具有强制性特征。

(3) 宏观性。汇率政策是政府宏观决策而非企业微观决策的产物,目的在于宏观经济调控而非企业的市场竞争策略。汇率政策通常被赋予了保持汇率稳定,调节国际收支平衡,实现国民经济的健康发展的特定经济目标。无论是利用汇率调整机制,即政府通过宣布本币升值或者贬值来改变外汇的供求,并经由进出口商品或劳务的相对价格变化、资本输出入的相对收益变化来实现对国际收支的调节;或是利用外汇缓冲机制,即政府通过公开市场操作来影响外汇的供求,进而引导汇率的变化来实现经济目标,都是政府为实现宏观经济目标进行的决策。而企业行为是市场微观主体依据市场及诸多经济因素的变化,决定生产什么、生产多少以及怎样生产的决策行为。从这个意义上讲,汇率政策同财政、货币政策一样属于宏观经济政策范畴。

3. 汇率政策的目标

汇率政策的总体目标是调节国际收支状况,促进宏观经济内外部均衡,实现国民经济持续增长。在开放经济下,国际收支平衡与内部均衡的政策目标一同被纳入政府调控的范围,成为一国调节内外均衡的主要政策目标。政策目标的有效实现,必须通过一系列必要的财政政策、货币政策和汇率政策以及它们之间的协调搭配。汇率政策的具体目标主要体现在以下四个方面:

(1) 保持货币政策的自主权。在固定汇率制度下,由于各国货币政策对国际收支的平衡承担重要责任,央行为维持汇率稳定被迫在外汇市场上买卖外国资产,使通胀或紧缩的国际传递成为可能,因而货币政策的运用将受到国际收支状况和汇率水平的制约,导致货币政策对内调控经济的自主权也在维持外部均衡的同时逐渐被弱化。作为汇率政策的具体目标,保持货币政策的自主权,就是通过汇率的自动调整,隔绝国外货币因素对本国国内经济的影响,真正发挥汇率政策在自发调节外部均衡中的作用,使货币政策对内调节功能充分发挥,自主选择本国愿意接受的价格水平,维持本国经济的稳定,实现政府预期的经济目标。

(2) 维护本币的价值稳定。一般来说,在汇率稳定的情况下,国外通胀可以经由商品贸易传入国内,导致诸如进口型的通胀;那些存在巨额国际收支盈余、货币趋于坚挺的国家,常常面临外国资本的冲击,国外通胀往往通过资本交易传入国内。在这种情况下,通过外汇管制,限制商品进口和资本输入,可以将国外通胀拒之门外,使国内物价水平得以保持稳定。

(3) 调节国际收支状况。一国可以通过调整汇率来调节国际收支的不平衡,即一国货币金融当局公开宣布的货币法定升值与法定贬值,而不包括金融市场上一般性的汇率变动。汇率调整政策是通过改变外汇的供需关系,并经由进出口商品的价格变化、资本融进融出的实际收益(或成本)的变化等渠道来实现对国际收支不平衡的调节。当国际收支出现逆差时实行货币贬值,当国际收支出现顺差时实行货币升值。

(4) 提高产品国际竞争力。一国国际收支出现大量顺差,本国货币必然遭受升值的压力,而货币升值将削弱该国商品的出口竞争能力。因此,顺差国政府往往利用外汇管制限制长、短期资本流入,减轻本国货币蒙受的压力,以保持其商品的国际竞争能力和国际市场份额。此外,通过对非居民的贸易收付采取种种限制,也可以更有效地占有国外销售市场。

4.2.2 汇率政策的传导机制

1. 汇率政策传导机制的功能

汇率政策传导机制是指汇率政策的变化影响到汇率变动,以及不同国家之间的商品、服务、资产和资本相对价格的变动,进而通过传导媒介使其他相关经济要素发生变化,最终促使宏观经济目标的实现。它具有两方面的基本功能:

(1)信息传递功能。在开放经济条件下,汇率政策传导机制能够把一国对外经济活动状况及其变化趋势,通过汇率这个价格信号传递给微观经济部门和宏观管理部门。假设一国国际收支长期出现顺差,那么本币面临升值的压力,外币供给大于需求。这样,微观经济部门就会因外汇供大于求从而增加对国外商品及劳务的需求,宏观管理部门也可以通过增加本币的投放以购买外国资产,从而促使外汇资源的合理配置。

(2)经济调节功能。从静态的角度看,开放的市场经济条件下,各经济单位能从汇率信号中获得与涉外经济活动有关的情况与信息,进而为实现既定目标而作出适应性调整。从动态上看,汇率可以通过一系列复杂的渠道影响一国的生产、贸易、货币供求和资本流动,从而能够反映一国经济发展的趋势和前景,为政府和企业调整政策、决策提供依据。此外,从与经济活动的联系来看,汇率变动产生于多方面的因素,又反作用于这些因素。正是这些因素之间相互联系相互作用,才使得汇率作为重要的经济杠杆对经济生活起着调节作用。

2. 汇率政策传导机制的特征

一般而言,汇率政策传导机制有客观性、普遍性和可操作性三个特征:

(1)客观性。汇率通过改变进出口商品劳务的相对价格,在国际贸易活动中执行价格转换功能;通过将不同的货币单位折算成外汇市场中所需的货币单位,使国际间的资金融通和资本流动成为可能。汇率传导机制作用的发挥是开放的市场经济下价值规律、供求规律和竞争规律的客观要求。不论政府是否承认和利用它,它都会自发、顽强地发挥作用。

(2)普遍性。不论是资本主义还是社会主义国家,不论是发达国家还是发展中国家,汇率传导机制普遍存在于任何具有国际商品交换的社会形态。

(3)可操作性。即使政府不介入,汇率传导机制也会对社会经济活动产生调节作用。当然政府也可以通过多种方式介入汇率传导机制发挥作用的过程,以实现预期的经济政策目标。

3. 汇率政策传导机制的模型

简单地说,汇率政策传导机制,就是连接汇率指标与宏观经济最终目标的渠道和作用过程(见图 4.1)。

目前,在汇率政策传导机制研究中考虑的传导媒介主要是贸易条件、内外销比价和生产要素的相对价格等。

(1)贸易条件。贸易条件定义为出口商品价格指数与进口商品价格指数的比率。用公式表示为:

$$\Phi = \frac{p}{eP^*} = \frac{p/e}{P^*} \tag{4.1}$$

式(4.1)中:Φ 为贸易条件,e 为汇率(采用直接标价法),P 为出口商品的本币价格指数,p/e 为出口商品的外币价格指数,P^* 为进口商品的外币价格指数,eP^* 为进口商品的本币价格指数。Φ 上升,表示出口商品或劳务的价格比进口商品或劳务的价格相对上涨,则每一单位的出口商品能够换到更多的进口商品。在其他条件不变时,能增加该国的贸易利益,即贸易条件改善。

图 4.1　汇率政策传导机制流程

(2) 内外销比价。内外销比价定义为一定时期内,一国生产的若干商品,其在国际市场的外销价格与国内市场的内销价格的比率。用公式表示为:

$$V = \frac{P_T}{P_N} = \frac{eP^*}{P_N} \tag{4.2}$$

式(4.2)中:V 表示内外销比价,P_T 为外销价,P_N 为内销价,e 为汇率(采用直接标价法),P^* 为国际市场价格。V 上升,即本国商品的外销价比内销价的相对价格上涨,则出口比内销有利,在其他条件不变时,出口部门福利增加,刺激本国商品出口。

(3) 生产要素相对价格。汇率政策的变化可能影响到生产要素相对价格的变化,为生产要素在不同国家、不同部门之间流动赋予了动力。例如,汇率的变化会导致"利率平价"关系的破坏,因此,汇率的变化引起利率的变化,即资本价格发生变化,从而促使资本在国际间流动。当然,利率的变化也会直接影响到企业的投资、居民的储蓄,从而调整经济单位的行为。汇率的变化还会导致劳动力相对价格的变化,如劳动力市场上,因美元升值使得与本土相比,在境外投资雇佣当地劳动力的成本相对降低,进而诱发美国企业对外直接投资,这样既降低了劳动力成本又增加了资产价值。同理,汇率的变化也可反映在土地的相对价格变化上,同样因美元的升值,使得与国内相比,在境外投资使用土地成本相对下降,促使美国企业到海外投资办厂,以降低投资成本。

4. 汇率政策传导机制的制约因素

汇率政策传导能否准确有效,还受到一系列诸如社会经济形态、经济体制、经济运行状况、对外开放程度以及市场供求状况等因素的制约。在研究汇率变动对经济的影响时,必须考虑以上制约因素对汇率政策传导所发生的影响,否则,得出的结论可能就会发生偏差。

1) 社会经济形态

一般而言,汇率作为价格信号更多、更直接地对相对自由的经济实体产生影响。在商品经济较为发达的资本主义社会,市场规则起着主导作用,汇率传导机制的灵敏度相对较高,可以更好地发挥调节作用。而在社会主义国家,因市场经济起步较晚,政府大多采用外汇干预或行政命令手段来干预经济活动,因而汇率政策传导机制的信息传递和经济调节功能相对来说受到较大的约束。

2) 经济体制

通常认为,市场经济环境中汇率政策传导机制发挥作用较为充分。在市场经济条件下,经济活动更多依赖于市场价格信号进行调节,政府干预较少。而在计划经济条件下,更多采用行政命令手段来调控经济活动,价格信号往往遭到排斥、限制甚至扭曲,汇率很难发挥出真正意义上的杠杆作用。

3) 经济运行状况

任何一国的汇率形成与变化都与其相关经济条件互相联系。由于各国在一定时期内的相关条件不一致,因而汇率传导机制发挥作用的效果与程度也存在差异。如一些面临高通胀压力的国家可能正在实施通货紧缩的调控政策;而一些通胀较温和、经济条件较宽松、发展态势比较健康的国家,则可能较多采用汇率价格信号来调节经济。

4) 对外开放度

如果一国对外开放程度较高,汇率就能够反映大量重要的经济信息,汇率政策的传导机制也更加灵敏。反之,一国开放度较低,汇率几乎不能反映任何有价值的信息。比如,在一个自给自足、完全封闭的国家,汇率甚至没有存在的价值,更谈不上传递信息和调节经济。

4.2.3 汇率政策的内容

汇率政策主要涉及汇率制度选择、汇率水平的确定与变动、政府对外汇市场干预,以及汇率政策与其他经济政策配合、国际协调与合作等内容。

1. 汇率制度的选择

汇率政策内容中最主要的是汇率制度的选择,涉及具体的选择依据及影响因素两方面。

1) 汇率制度选择的理论依据简介

关于汇率制度的选择依据,国外有多种不同理论论述。

(1)经济结构决定论。这是较早的发展中国家选择汇率制度的理论依据。主要包括"经济论"和"依附论"。① 经济论。主要是由罗伯特·赫勒(Robert Heller,1973)提出的。他认为,一国选择什么样的汇率制度,主要由其经济方面的因素决定。其中包括:经济规模、经济开放度、进出口贸易结构、市场发育程度、通货膨胀率等。该理论认为,小型开放经济国家及出口产品结构较为单一的国家,实行固定汇率制较好,反之则应实行较具弹性的汇率制。② 依附论。主要是由一些发展中国家的经济学家提出来的。该理论认为,发展中国家不具备实行浮动汇率制的客观条件,只能选择盯住汇率制度,而盯住哪一种或哪几种货币,则取决于该国对外经济、政治、军事等诸方面的联系特征。主要有经济、政治和安全三个重要标准。

(2) 经济冲击决定论。该理论以蒙代尔—弗莱明模型(Mundell-Fleming Model,简称M-F模型)和AA-DD模型为工具,提出应根据冲击的不同类型选择汇率制度。如果冲击多由国内的需求和货币因素造成,应采取固定汇率制;如果一国经济不稳定,多由国外产品市场变动形成的真实冲击所导致,那么浮动汇率制更能起到隔绝外部冲击的作用。

(3) 政策搭配论。该理论以著名的"三元冲突"为依据,提出汇率制度的选择应与宏观经济政策以及与之相关的制度安排和资本管制制度进行合理搭配。

(4) 货币决定论。建立在货币数量论基础上的货币决定论是从国际货币本位制度的角度,对汇率制度的选择进行了论述,提出在目前的国际信用本位制体系下,各国实行浮动汇率制是一种必然的选择。

(5) 成本收益决定论。该理论认为,一个开放经济国家选择何种汇率制度取决于该国实行这一制度所产生的经济利益与所付成本之间的比较。

上述理论中,经济结构论的影响较大,得到国际社会,特别是发展中国家的广泛关注。此外,还有从统一货币、价格确定、噪声交易、经济基本面特别是金融脆弱性、资本流动与金融恐慌、政府声誉与公众预期、博弈论以及应对投机压力和汇率失调双重角度等来研究汇率制度的选择问题,也有关于汇率制度选择的一些争议性假说,如原罪论、稳定霸权论与汇率变动转移论、浮动论与恐惧浮动论、中间空洞论与反中间空洞论等[①]。限于篇幅,这里不再一一赘述。

2) 影响一国汇率制度选择的主要因素

不同的汇率制度具有不同的特点,可谓各有千秋。因此,对于一个国家来说,选择什么样的汇率制度,显然与一系列具体的经济和环境因素有关。综合前述理论及各国的历史与现实的选择实践,汇率制度的选择主要应该考虑如下的一些因素:

(1) 经济活动规模的大小。一般来讲,经济活动规模大的国家,在经济上的独立性更强,更不愿意保持固定汇率而使国内的经济政策受制于其他国家;而经济活动规模小的国家,则正好相反。

(2) 经济开放程度。经济的开放程度反映了一国与外部经济的联系程度,它可以用多种指标来反映,比如用进出口贸易额占GDP的比例(即外贸依存度)、资本流动的规模占GDP的比例(即资本流动性)等。一般来讲,一国的经济开放程度愈高,贸易品价格在整体物价水平中的比例就越大,汇率变动对国家整体经济的影响也就越显著。为了在最大程度上稳定国内价格水平,越开放的国家越易于选择

---

① 参见:沈国兵. 汇率制度的选择:理论综述及一个假说[J]. 世界经济文汇,2002(3).

盯住汇率。但根据 IMF 的分析①，一国经济对国际资本越开放，保持固定汇率制就越难，就越倾向于采用浮动汇率制。

(3) 本国货币的国际化程度。即在国际贸易、国际结算、国际投资、国际借贷等国际经济活动中使用本国货币的比率。只有本国货币是自由兑换货币时，才有可能采用浮动汇率制。否则，浮动汇率制就缺乏实行的条件。

(4) 相对的通货膨胀率。与别国的通货膨胀率不同的国家（特别是高于其他国家），由于在经济政策上很难与别的国家取得协调。因此，在汇率上也难以与别的国家保持稳定而采取浮动汇率制或爬行盯住汇率制，以便对通货膨胀率的差异作出弥补；相反，与别国通货膨胀率差异较小或相同的国家，更易于实行固定汇率制。

(5) 进出口贸易的地区结构。一国与其他国家的经贸合作情况也对汇率制度的选择有着重要的影响，例如，当两国存在非常密切的贸易往来时，两国间货币保持固定汇率，比较有利于相互间经济关系的发展。尤其是在区域内的各个同家，其经济往来的特点往往对它们的汇率制度选择有着非常重要的影响。就特定国家来说，也就是选择一个与本国贸易关系最密切的国家或地区，并将本币与其货币实行盯住汇率制度；而进出口贸易的地区结构表现出多元化的国家则多采用别的汇率制度。

(6) 与大国的经济、政治依附程度。如果一国的经济、政治甚至军事对于某一个大国的依附程度较大，则出于维护本国经济稳定发展的考虑，该国则会采取本国货币与该大国货币相挂钩的盯住汇率制；如果一国的经济、政治、军事不是依附于某一个大国，而是依附于几个工业发达的大国，则该国往往采取让本国货币盯住这几个国家合成货币的汇率制度。

(7) 金融市场发育程度。金融市场发育不成熟的发展中国家，选择自由浮动制度是不明智的，因为少量的外币交易就会引发市场行情的剧烈动荡。

另外，还必须考虑到本国的其他一些条件或因素，比如，经济的市场化程度、劳动力市场弹性、政策制定者的可信度、产品的多样化程度、金融一体化程度、法律体系的完备程度及经济信息的披露程度等。由于现行汇率制度使各国在汇率制度的选择上具有很强的自由度，所以现在各国实行的汇率制度多种多样，不一而足。

2. 汇率水平的确定与变动

前已述及，在不同的国际货币制度下，汇率的决定基础不同。如在国际金本位制度及布雷顿森林体系下，汇率的确定基础是金平价（包括铸币评价和法定平价）。而在当今的牙买加体系及黄金非货币化背景下，金平价不复存在，因此汇率的确定基础应是两种货币（纸币）所代表的价值量（即西方学者所称购买力）之比。如果考

---

① IMF. 世界经济展望[Z]. 1997(5).

虑通胀导致本币购买力或代表的价值量下降等因素,则汇率的水平取决于两种货币所实际代表的价值量之比。

确定适度的汇率水平,实际上也就是实行汇率高估或低估的政策选择。一般而言,各国可以根据自己的实际国情以及国际环境等因素来确定。汇率高估是指一国政府为了实现其汇率政策目标,以高于本币实际价值或国内外通胀的差异幅度而人为地高估本币的对外汇率;汇率低估则相反。汇率高估(或本币高估)的作用类似于本币升值,有抑制出口、刺激进口,利于资本输出(对外投资)等作用;而汇率低估(或本币低估)则正好相反,其作用类似于本币贬值,有刺激出口、抑制进口,利于资本流入(利用外资)等作用。实践中,一些国家还通过混合汇率及差别汇率等安排,以不同的汇率水平来影响经济主体的经营活动,进而实现政策目标。

1) 混合汇率安排

混合汇率安排是将官方汇率与自由汇率按不同比例混合使用的制度,以对不同的交易实行差别对待。这种制度规定某类项目外汇收入的全部或一部分可以不按官方汇率出售给指定银行,允许这类外汇收入者在自由市场按自由汇率出售外汇。相反,规定对某类外汇需求者不按官方汇率供给全部或部分外汇,而是要求他们在自由市场按自由汇率购买外汇。例如,中国取消双重汇率制(1994年)以前,出现官方汇率和外汇调剂中心汇率、场外交易汇率以及黑市汇率并存的汇率安排。

2) 差别汇率安排

根据外汇的不同来源和使用情况,规定两种或两种以上的高低不同的官方汇率,这就是差别汇率安排。差别汇率安排有狭义和广义之分,狭义的差别汇率一般是指官方决定实际汇率,其与平价相差1%以上。广义的差别汇率安排,是指考虑到关税、补贴等影响实际外汇价格要素后所做出的差别汇率安排。差别汇率安排多是在外汇管制条件下,以官方汇率为基础,是一种临时性的政策工具。具体又有如下一些差别汇率安排:

(1) 进口与出口的差别汇率。20世纪70年代,许多发展中国家采用进口和出口的差别汇率安排。假设汇率表达式为直接标价法,不同的进出口汇率组合代表不同的政策导向,能够达到预期政策的效果。

(2) 进口多元差别汇率。发展中国家在对外开放初期,特别是在出口导向和进口替代阶段常采用这种汇率安排。采取这种差别汇率的国家,一般有其特定的预期目标,诸如,鼓励重要物资和先进技术的进口,限制非必需物资的进口;调整进口结构,推进进口替代,提高工业化水平;避免全面汇率调整造成的社会振荡;缓解通胀的压力等等。

(3) 出口多元差别汇率。它是指一国为限制或鼓励特定商品的出口而对该商品出口时使用的汇率进行的多元化差别安排。相较而言,出口多元汇率安排使用较少。根据对出口的调节效果不同,出口差别汇率安排可分为惩罚性和优惠性出口汇率安排。

至于汇率水平的变动和调整,即对汇率调整变动幅度、频度、方式方法及时机进行选择。通常一定是要与汇率机制的形成有机地联系在一起。如果仅是变动或调整汇率水平,而不变动汇率形成机制,汇率水平很难有效地发挥作用。但改革汇率形成机制,必须在经济相对平稳健康的状态下有序推进。在这里,政府对外汇市场的干预是变动或调整汇率水平的主要方式方法之一,也是实现汇率政策目标的主要工具之一。

3. 政府对外汇市场及汇率的干预

为了防止汇率短期内过分波动、实现汇率政策的目标,以及作为与财政货币政策搭配的工具、实现其他特定的政治经济目的等,一国政府多会通过货币当局等对外汇市场及汇率变化进行适度的干预或调节。外汇市场干预通常是指一国货币当局基于本国宏观经济政策和外汇政策的要求,为控制本币与外币的汇率变动,而对外汇市场实施直接的或间接的干预活动,以使汇率的变动符合本国的汇率政策目标。

根据不同的角度,政府对外汇市场及汇率的干预可分为不同的类型。例如,按干预的手段不同,可分为直接干预和间接干预;按是否引起货币供应量的变化,可分为冲销性干预和非冲销性干预;按干预的策略不同,可分为熨平每日波动型、逆向型和非官方盯住型;按参与干预的国家多少,可分为单边干预和联合干预。一般认为,政府对外汇市场及汇率的干预方式主要有以下几种:

1) 直接干预

直接干预是指一国货币当局直接参与外汇市场的买卖(即公开市场操作),通过外汇的买进和卖出来影响货币的汇率。官方或准官方机构还可以通过进行外币借贷活动或采取多种措施控制对外交易和收付,从而直接影响外汇市场的供求状况。常见的政府公开市场操作的制度安排之一是外汇平准基金(Exchange Stabilization Fund)制度。

2) 间接干预

间接干预是指政府通过财政货币政策影响短期资本流动,从而间接影响外汇市场的供求状况和行情。政府还可以通过新闻媒介表达对汇率走势的看法,表明政府的态度及可能采取的措施,或者发表有利于央行政策意图的经济指标,从而影响市场参与者的心理预期,达到影响外汇供求与汇率的目的。

3) 对汇率的管制

汇率管制是一国从本国的经济利益出发,为平衡国际收支、稳定本币价值而对本国所采用的汇率制度和汇率水平进行的管制。管制的方法主要有以下几种:

(1) 实行复汇率制度。复汇率是指一种货币(或一个国家)对外有两种或两种以上汇率,不同的汇率用于不同的国际经贸活动。复汇率多种多样、十分复杂,但归纳起来,主要包括前述的混合汇率、差别汇率,此外还有外汇转移证制度。外汇转移证制度是复汇率制的一种特殊形式,指出口商按官定汇率向外汇指定银行卖出外汇获得本币以后,发给外汇转移证。出口商可以将此证作为外汇额度在市场出售,获得的额外收益,实为一种变相的优惠汇率;而另一方面,进口商购买外汇时需出示外汇转移证,这样进口商不得不到市场上去购买,因而就增加了进口成本,实际上对进口商实行了另一种汇率。实行这种制度客观上起到了鼓励出口、限制进口的作用。

(2)直接管制汇率。即由一国政府指定一个部门按照国家的政策、货币相对购买力和国际收支状况制定、调整和公布汇率(即官定汇率),并规定各项外汇收支必须按照公布的汇率进行货币兑换。许多发展中国家都采取直接管制汇率的办法。

(3)间接调节汇率。如前述间接干预中的财政货币政策运用,就可以达到间接调节汇率的作用。此外,有的国家通过控制或鼓励资本流动,调节国际收支,影响汇率变动的趋势。限制资本大量流入的主要措施有:限制或禁止非居民购买或持有本国发行的有价证券、对外币存款不付利息或倒收利息、控制外债规模等。

4. 汇率政策与其他经济政策配合

1) 汇率政策与关税政策配合

国外专家学者和机构对于汇率政策与关税政策的搭配曾做过许多研究。这其中,关于发展中国家关税下降(贸易自由化)过程中,如何将汇率政策与关税政策进行搭配的研究较为充分,相关观点和结论具有一定的启发意义。

发展中国家在关税水平下降的同时,必须伴随相应的汇率体制改革和汇率政策配合(Bhagwati,Krueger,1978);为配合关税率的下降,发展中国家应采取更具弹性的汇率制度,以避免实际汇率下降以及由此带来的负面影响(Krueger,1978);随着关税率的下降,适度的名义汇率上调可以在一定程度上替代传统的贸易保护措施(Corden,1982);发展中国家贸易自由化过程中关税率的下降会导致均衡实际汇率下降,此时必须使宏观经济政策与关税政策以及相应的汇率政策协调一致(Edwards,1989);发展中国家在关税水平下降的同时,必须使汇率政策与关税政策相配合才能顺利完成贸易自由化的改革,并且有助于促进本国出口的大幅增长(Mckinnon,1997)。

除了上述经济学家们的研究以外,世界银行(1991)以宏观经济内外平衡理论为基础,对19个国家的贸易自由化进程进行了系统的研究,结果表明:在关税水平下降过程中,绝大多数国家都伴随着汇率制度的调整和名义汇率上调,这两者的配合对一国贸易自由化改革的成败至关重要[①]。

2) 汇率政策与货币政策配合

就广义而言,汇率政策是货币政策的一部分。因此,汇率政策的实施必须服从

---

① 参见:吕建黎. 论中国汇率政策与关税政策的搭配[J]. 特区经济,2006(3).

货币政策的总体目标。宏观政策旨在实现经济稳定和金融稳定"双稳定"目标,这就需要各类宏观政策之间进行有效的协调配合。在开放经济环境下,实现"双稳定"的难度进一步加大,经济内外部平衡必然要求汇率政策加强与其他宏观政策的协调配合,尤其是与货币政策的协调配合。

M-F 模型的一个重要结论是,对于开放经济体而言,在浮动汇率制度下,货币政策重要,财政政策无效;在固定汇率制度下,财政政策重要,货币政策无效。在此基础上,克鲁格曼进一步提出了所谓"三元悖论(the Impossible Trinity)",其含义是:本国货币政策的独立性、汇率的稳定性、资本的完全流动性不能同时实现(不可能三者兼得),最多只能同时满足两个目标,而放弃另外一个目标。这对一国的汇率政策与货币政策配合问题,具有一定的启发意义。

在开放经济的条件下,实现内外部经济均衡是宏观调控追求的最佳目标。汇率政策是外部经济均衡的关键,货币政策是内部均衡的基础,二者的协调配合对一国经济至关重要。汇率政策与货币政策的协调主要是通过冲销干预(Sterilized Intervention)和非冲销干预(Non-sterilized Intervention)的政策搭配手段来实现。所谓冲销干预,是指一国中央银行在干预外汇市场的同时,采取反向的公开市场操作行为,以抵消国内基础货币发行量的变化;非冲销干预则是纯粹的外汇市场干预行为,中央银行并不采取其他的反向操作措施,因此这种干预形式将会引起一国国内货币供给的变化①。

3) 汇率政策与财政政策配合

财政政策是支出变更(增减性)政策的重要组成部分,而汇率政策则是支出转换型政策的范畴,这两者的配合对促进一国宏观经济的内外均衡意义重大。

运用斯旺图可以考察一国内外均衡的政策调节,在经济处于内外失衡时,采取支出转换型政策(调整汇率)和支出增减型政策(改变支出)能同时实现内外均衡。根据哈里·约翰逊(Harry Johnson,1969)的观点,在支出转换型政策中,汇率则是最主要的政策工具,虽然其他政策措施诸如关税、出口补贴、进口数量限制等也可以起到支出转换的作用,但这些措施主要是出于微观经济的效率要求,而不像汇率变动那样能直接影响一个国家的贸易差额和资本流动,从而更能满足宏观经济管理的需要。

5. 国际协调与合作

国际协调与合作,指通过国际性的汇率安排达到汇率政策的目标。在经济、金融全球化的时代,汇率政策已越出了一国经济的范围。一国汇率政策可能会影响他国的经济增长与发展,同样,他国汇率政策也可能会影响本国的经济增长与发展。因此,通过国际性汇率安排实现汇率政策目标已成为各国进行国际协调,进而

---

① 参见:孙明春.论汇率管理的政策协调功能[J].中国外汇,1995(1).

稳定经济发展的重要手段。其政策措施主要包括：① 以协定形式确定汇率规则（如布雷顿森林体系等）。② 创设货币区或货币集团，规定成员国的权利和义务，以约束彼此的汇率政策与行为（如 1973 年欧洲共同体部分国家的汇率联合浮动等）。③ 各国央行通力合作，对外汇市场采取联合干预行动（如"广场协议"）。

基于各国或地区首先实现国内经济均衡的选择，使得国际间的经济摩擦越来越频繁，在经历了无数次的冲突、付出了沉重的代价后，各国都认识到国际协调的重要性。国际协调是根据国与国之间相互依赖的情况对一国经济政策进行修正。著名的"广场协议"[1]和"卢浮宫协议"[2]都是相关国家通过对外汇市场的联合干预，或制定相关货币间汇率的参照波动幅度来进行国际协调的。

4.3 人民币汇率制度

人民币汇率制度是指关于人民币汇率制定的政策依据、确定的原则和采取的措施等一系列规定与安排。新中国成立以来，人民币汇率制度大体上经历了三个不同时期的演变，现行人民币汇率制度有别于以往任何时期，有其自身的一些特征。

4.3.1 人民币汇率制度的历史演变

新中国成立以来，随着国内外经济形势的变化，人民币汇率制度大体上经历了 3 个时期（共 7 个阶段），不同时期的制度类型、特征及汇率波动（变动）情况差异较大。

1. 传统计划经济体制下的单一汇率制度时期（1949～1980 年）

这一时期的人民币汇率制度有可分为三个阶段：

---

[1] 1985 年 9 月 22 日，美、日等五国（G5）财长和央行行长在纽约广场饭店举行会议，达成五国政府联合干预外汇市场，诱导美元对主要货币的汇率有秩序地贬值，以解决美国巨额贸易赤字问题的协议。史称"广场协议（Plaza Accord）"。该协议签订后，上述五国开始联合干预外汇市场，大量抛售美元，进而继发投资者的抛售狂潮，导致美元持续大幅度贬值，不到 3 个月的时间里，美元对日元汇率从 USD1＝JPY250 左右迅速下跌到 USD1＝JPY200 左右，跌幅 20%。在这之后，美国财长贝克等不断地对美元进行口头干预，最低曾跌到 USD1＝JPY120。在不到 3 年的时间里，跌幅达 50%，也就是说，日元对美元升值了一倍。

[2] 广场协议签订后，美元大幅度贬值，为阻止美元过度贬值对世界经济带来的不利影响，1987 年 2 月，西方七大国（G7）财长和央行行长在巴黎的卢浮宫达成协议，一致同意 G7 国家要在国内宏观政策和外汇市场干预两方面加强"紧密协调合作"，采取联合措施制止美元的跌势，保持美元汇率在当时水平上的基本稳定，史称"卢浮宫协议（Louvre Accord）"。该协议达成后，国际主要货币汇率在其后两年多的时间里保持基本稳定，没有发生太大动荡。

1) 第一阶段：单一浮动汇率制(1949～1952 年)

新中国成立之初的国民经济恢复时期，人民币对外汇率采取了单一浮动汇率制度。1948 年 12 月 1 日，中国人民银行成立，并开始发行人民币。人民币对西方国家货币的汇率于 1949 年 1 月 18 日首次在天津挂牌，此后，全国各地也公布了人民币汇率。这一阶段依据"鼓励出口、积累汇源、兼顾进口、照顾侨汇"方针，采取先"物价对比法"得到出口商品理论比价，再进口商品理论比价和侨汇购买力比价制定人民币对外汇率。这一阶段的人民币汇率特点是：人民币对外币汇率的变化与国内外物价变化紧密结合，先大幅度下跌后逐步回升，变化比较频繁。具体表现为，从 1949 年至 1950 年 3 月，由于国内物价不断上升，人民币币值下跌，而国外物价则相对稳定，致使人民币汇率不断下跌，外汇牌价不断提高，人民币(旧版)对美元的汇率由 USD1＝CNY80 调至 USD1＝CNY43 000；从 1950 年到 1952 年底，国内物价下跌，国外物价上涨，国内外物价对比情况发生了显著变化，人民币汇率持续上升(1952 年 12 月为 USD1＝CNY26 170)，外汇汇率下跌。

2) 第二阶段：单一固定汇率制(1953～1972 年)

在这一阶段，中国开始有计划地进行社会主义经济建设，人民币开始对西方国家计价结算。为了有利于国内经济发展，人民币汇率在这个时期采取稳定的方针。鉴于国际上正处于布雷顿森林体系之下，人民币(新版)汇率参照各国政府公布的汇率实行固定汇率制(基本维持在 USD1＝CNY2.46 水平)，直至 20 世纪 60 年代末和 70 年代初，美元大幅贬值，人民币对美元汇率作了相应的调整(提高)，逐渐与国内外物价的变化脱节。由于这一阶段是完全的计划经济体制，对外经济交往由国营部门完全垄断，人民币汇率基本起不到调节进出口贸易的作用，在一定意义上仅仅是计价折算的标准。

3) 第三阶段：以"一篮子货币"计算的单一浮动汇率制(1973～1980 年)

1973 年 3 月，以美元为中心的固定汇率制(即布雷顿森林体系)崩溃，西方国家普遍实行了浮动汇率制。这一阶段人民币汇率的制定方法采取了盯住"一篮子货币"的形式，即选择与中国对外贸易相关的若干种主要货币，根据其加权平均的汇率变化做出相应调整。比较以往，尽管人民币汇率制定方法有了变化，但原则上仍然保持了人民币名义有效汇率的基本稳定。由于这一阶段适当高估，因而人民币对美元汇率逐年上升，由 1973 年的 USD1＝CNY2.05 调整到 1980 年的 USD1＝CNY1.53。

2. 经济转轨体制下的双重汇率制度时期(1981～1993 年)

这一时期的人民币汇率制度经历了两个阶段：

1) 第一阶段：官方牌价与贸易内部结算价并存(1981～1984 年)

中国共产党十一届三中全会以后，中国进入了向社会主义市场经济过渡的改革开放新时期。为激发外贸企业出口的积极性及引进外资的需要，1981 年起中国的汇率体制从单一汇率制转为双重汇率制:一是适用于进出口贸易结算和外贸企业经济核算的贸易外汇内部结算价,汇率 USD1=CNY2.8(基于 1978 年全国出口平均换汇成本 2.53 元人民币再加上 10%的利润计算而得);二是官方公布的人民币汇率,主要适用于非贸易外汇的兑换和结算,仍沿用原来的一篮子货币加权平均的计算方法,经常调整,但基本保持在 USD1=CNY1.6 的水平上。

2) 第二阶段:官方汇率与外汇市场调剂价格并存(1985~1993 年)

随着经济体制改革的深入和对外经贸的发展,内部结算价与官方牌价并存的局面已不适应形势发展的需要。同时,这种复汇率制度也不符合 IMF 协定规定(中国于 1980 年 4 月恢复了在 IMF 的合法席位)。为此,1985 年 1 月 1 日,人民币对外公开牌价为 USD1=CNY2.8,与内部结算价持平,这实际上取消了贸易外汇内部结算价。此后,人民币汇率根据国内外经济情况的变化(特别是物价水平的变化),做了几次较大幅度的下调。由 1985 年 1 月 1 日的汇率 USD1=CNY2.8,1985 年 10 月调至 USD1=CNY3.2,1986 年 7 月调至 USD1=CNY3.7,1989 年 12 月调至 USD1=CNY4.7221,1990 年 11 月调整 USD1=CNY5.2221,1993 年 12 月年底为 USD1=CNY5.8。

自 1985 年以后,人民币汇率的制定方法逐步从以"一篮子货币"为依据改为主要盯住美元,即人民币与美元之间的汇率基本稳定,必要时作相应调整,而人民币与其他货币的汇率,则随美元与这些货币汇率的变化而调整。

在这一时期,中国的外汇调剂业务发展迅速,形成了外汇市场调剂价格和官方汇率并存的新的双重汇率制度。外汇市场调剂价格伴随官方汇率的下调而不断上升,到 1993 年底,外汇调剂价升至 USD1=CNY8.7。

3. 市场经济体制下的单一汇率制度时期(1994 年~)

这个时期人民币汇率制度又分为两个阶段:

1) 第一阶段:汇率并轨与有管理的浮动汇率制(1994~2005 年)

1994 年,中国进行了外汇管理体制改革,总体目标是"改革外汇管理体制,建立以市场供求为基础的、单一的、有管理的浮动汇率制度和统一规范的外汇市场,逐步使人民币成为可兑换的货币"。具体措施包括:① 实行以市场供求为基础的、单一的、有管理的浮动汇率制。1994 年 1 月 1 日实行人民币官方汇率与外汇调剂价并轨。② 实行银行结售汇制,取消外汇留成和上缴。③ 建立全国统一的、规范的银行间外汇交易市场,央行通过参与该市场交易管理人民币汇率,人民币对外公布的汇率即为该市场所形成的汇率。1996 年 12 月实现人民币经常项目可兑换,从而实现了人民币自由兑换的重要一步。

1994 年以后,中国实行以市场供求为基础的管理浮动汇率制度,但人民币对美元的名义汇率除了在 1994 年 1 月到 1995 年 8 月期间小幅度升值外,始终保持相对稳定状态。亚洲金融危机以后,由于人民币与美元脱钩可能导致人民币升值,不利于出口增长,中国政府进一步收窄了人民币汇率的浮动区间。1999 年,IMF 对中国汇率制度的划分也从"管理浮动"转为"盯住单一货币的固定盯住制"。

2) 第二阶段:参考一篮子货币进行调节的浮动汇率制(2005 年～)

2005 年 7 月 21 日,中国对完善人民币汇率形成机制进行改革。人民币汇率不再盯住单一美元,而是选择若干种主要货币组成一个货币篮子,同时参考一篮子货币计算人民币多边汇率指数的变化。实行以市场供求为基础、参考一篮子货币进行调节、有管理的浮动汇率制度。人民币汇率形成机制改革以来,以市场供求为基础,人民币总体小幅升值,保持了人民币汇率在合理均衡水平上的基本稳定。

人民币汇率形成机制改革后,中国人民银行于每个工作日闭市后公布当日银行间外汇市场美元等交易货币对人民币汇率的收盘价,作为下一个工作日该货币对人民币交易的中间价。自 2006 年 1 月 4 日起,中国人民银行授权中国外汇交易中心于每个工作日上午 9 时 15 分对外公布当日人民币对美元、欧元、日元和港币汇率中间价,作为当日银行间即期外汇市场(含 OTC 方式和撮合方式)以及银行柜台交易汇率的中间价。

2015 年 8 月 11 日,中国央行宣布调整人民币对美元汇率中间价报价机制,做市商参考上日银行间外汇市场收盘汇率,向中国外汇交易中心提供中间价报价,史称"8·11 汇改"。这一调整使得人民币兑美元汇率中间价机制进一步市场化,更加真实地反映了当期外汇市场的供求关系。

"8·11 汇改"背景:人民币汇率形成机制改革的方向是市场化,目标是建立真正的有管理浮动汇率制度,此次汇改是朝着这个方向和目标迈出的重要一步。汇率市场化过程中人民币汇率一直是有管理的,管理的工具主要有日波幅限制和中间价。其中:一是日波幅限制逐步放宽。最初日波幅为±0.3%,2007 年 5 月 18 日扩大至±0.5%,2012 年 4 月 16 日扩大至±1%,2014 年 3 月 15 日扩大至±2%,至此已经基本满足人民币汇率日内波动需要。二是中间价松绑。"8·11 汇改"完善了中间价形成机制,即在 2005 年汇改十年后,央行终于下决心松绑中间价。

从人民币兑美元走势形态来看(见表 4.2),2005 年汇改以来,人民币汇率波动可以分为四个小的阶段①:① 2005 年 7 月至 2008 年 7 月,其间人民币汇率快速升值,年均深升幅达 5.33%;② 2008 年 8 月至 2010 年 5 月,为应对全球性金融危机,汇改一度暂停,人民币汇率重新盯住美元,升值趋势相应停止;③ 2010 年 6 月至 2015 年 7 月,随着国内经济形势好转,人民币重新迈入升值区间,但从 2011 年第四季度后波动性明显增强,汇率有涨有跌;④ "8·11 汇改"之后,人民币汇率市场价多个交易日连续跌停,人民币开始释放贬值压力,至 2016 年 5 月,人民币对美元累计贬值 6.84%。

---

① 参见:谭小芬. 人民币汇率制度改革的成就、困境与展望[J]. 国际贸易,2016(11).

表 4.2　1994～2017年人民币对美元汇率(年平均价)

年　份	1994	1995	1996	1997	1998	1999	2000	2001
汇率(USD1)	8.6187	8.3510	8.3142	8.2896	8.2791	8.2783	8.2784	8.2770
年　份	2002	2003	2004	2005	2006	2007	2008	2009
汇率(USD1)	8.2770	8.2770	8.2768	8.1917	7.9718	7.6040	6.9451	6.8310
年　份	2010	2011	2012	2013	2014	2015	2016	2017
汇率(USD1)	6.7695	6.4588	6.3125	6.1932	6.1458	6.2284	6.6423	6.7518

资料来源：国家统计局. 中国统计年鉴[Z]. 2017年汇率数据来自《2017年国民经济与社会发展统计公报》。

4.3.2　现行人民币汇率制度基本内容及特征

1. 现行人民币汇率制度的基本内容

(1) 以市场供求为基础、参考一篮子货币进行调节、有管理的浮动汇率制度。

(2) 人民币汇率采用直接标价法。以一定单位的外币为标准，以人民币数额的变动来表示外币价值的涨跌。人民币数额增加表示人民币汇率下降；反之，人民币数额减少表示人民币汇率上升。

(3) 人民币汇率采用买卖价。即采用"双向报价"，买入汇率(买入价)是银行向客户买入外汇的汇率，卖出汇率(卖出价)是银行卖给客户外汇的汇率，买卖差价一般为2‰～5‰。中央银行同经营外汇业务的银行之间买卖外汇原则上使用中间价。

(4) 人民币汇率有汇价和钞价两种。电汇、信汇、票汇都使用汇价，银行在买入外汇汇票、旅行支票时另收0.75%的贴息；现钞买入价低于现汇买入价。

(5) 远期人民币汇率。中国银行于1997年4月1日起在中国国内首家推出人民币远期外汇交易品种。人民币远期结售汇业务结合了远期外汇买卖和国内外汇市场的最新发展，为客户提供了规避外汇和人民币之间的汇率风险、固定换汇成本的有效手段。目前，人民币远期汇率期限分为7天、20天、1个月、1个半月、2个月、2个半月、3个月、3个半月、4个月、4个半月、5个月、5个半月、6个月13档。

(6) 人民币汇率的挂牌货币为西方主要可自由兑换货币。主要包括美元、欧元、英镑、日元、瑞士法郎、加拿大元、澳大利亚元、港元等。

2. 现行人民币汇率制度的基本特征

如前所述，2005年7月21日，人民币汇率形成机制改革迈出重要步伐，中国开始实行以市场供求为基础、参考一篮子货币进行调节、有管理的浮动汇率制度。

(1) 以市场供求为基础。该制度确定的汇率与当前的进出口贸易、通货膨胀水平、国内货币政策、资本的输出输入等经济状况密切相连,经济的变化情况会通过外汇供求的变化作用到外汇汇率上。

(2) 有管理的汇率。中国的外汇市场是需要继续健全和完善的市场,政府必须用宏观调控措施来对市场的缺陷加以弥补,因而对人民币汇率进行必要的管理是必需的。主要体现在:国家外汇管理局对外汇市场进行监管、对人民币汇率实施宏观调控,中国人民银行进行必要的市场干预。

(3) 浮动的汇率。浮动的汇率制度是一种具有适度弹性的汇率制度。"8·11汇改"之后,中国人民银行调整了人民币对美元汇率中间价报价机制,做市商参考上日银行间外汇市场收盘汇率,向中国外汇交易中心提供中间价报价。

(4) 参考一篮子货币。一篮子货币,是指按照中国对外经济发展的实际情况,选择若干种主要货币,赋予相应的权重,组成一个货币篮子。同时,根据国内外经济金融形势,以市场供求为基础,参考一篮子货币计算人民币多边汇率指数的变化,对人民币汇率进行管理和调节,维护人民币汇率在合理均衡水平上的基本稳定。篮子内的货币构成,综合考虑在中国对外贸易、外债、外商直接投资等外经贸活动占较大比重的主要国家、地区及其货币。参考一篮子表明外币之间的汇率变化会影响人民币汇率,但参考一篮子货币不等于盯住一篮子货币,它还需要将市场供求关系作为另一重要依据,据此形成有管理的浮动汇率。

从目前来看,现行人民币汇率制度尽管仍需进一步完善,但基本符合中国汇制改革主动性、可控性、渐进性的要求。汇率制度改革以来,人民币对美元汇率有贬有升,双向浮动,弹性明显增强。

4.3.3 香港联系汇率制度简介

联系汇率制度是一种货币发行局制度(即货币局制度)。根据货币局制度的规定,货币基础的流量和存量都必须得到外汇储备的十足支持。换言之,货币基础的任何变动必须与外汇储备的相应变动一致。

联系汇率制度是香港特区于 1983 年 10 月 17 日开始推行的一种货币发行局制度。这制度规定向发钞银行发行及赎回为银行纸币提供支持的负债证明书时,发钞银行必须按照 7.80 港元兑 1 美元的固定汇率以美元交易。联系汇率制度是香港金融管理局(简称"金管局")首要货币政策目标,在联系汇率制度的架构内,通过稳健的外汇基金管理、货币操作及其他适当的措施,维持汇率稳定。联系汇率制度的重要支柱包括香港庞大的官方储备、稳健可靠的银行体系、审慎的理财哲学,以及灵活的经济结构。

1. 联系汇率制度的产生

香港的货币制度与汇率制度是融为一体的,在发展为贸易和金融中心期间,实行过不同类型的货币和汇率制度。

1) 银本位时期(1863~1935年)

英国在 1841 年开始在我国香港实行殖民统治,当时的中国采用复本位货币制度,分两个层面实施:红铜、青铜或铸铁钱币用于小额交易;银锭用于大额商业交易、交税及储存财富。此外,西班牙和墨西哥的银元也成为国际贸易活动的主要交易媒介。香港是贸易中心,银元被普遍采用。1863 年,港英政府宣布以当时的国际货币——银元作为香港的法定货币,并于 1866 年开始发行香港本身的银元,直到 1935 年,香港的货币制度都是银本位制。

2) 与英镑挂钩时期(1935~1972年)

1935 年 11 月,由于全球白银危机频发,港英政府放弃银本位制度,并于 1935 年 11 月 9 日宣布港元(纸币)为香港本地货币,以 GBP1＝HKD16 的固定汇率与英镑挂钩。根据 1935 年颁布的《货币条例》,银行须向外汇基金交出用于支持该银行发行纸币的所有白银,以换取负债证明书,外汇基金则把收到的白银投资于英镑资产,这些负债证明书成为发钞银行发行纸币的法定支持。实际上,这种安排就是货币发行局制度。发钞银行日后若增发纸币,必须以英镑购买负债证明书。

3) 浮动汇率时期(1972~1983年)

20 世纪 70 年代初,布雷顿森林体系濒临崩溃。1972 年 6 月,英镑自由浮动。1972 年 7 月,香港政府宣布与英镑脱离联系,转而与美元挂钩,挂钩汇率为 USD1＝HKD5.65,允许市场汇率在此基础上有 2.25％以内的波动。1974 年 11 月,由于美元弱势,港元改为自由浮动。虽然浮动汇率制度实施后的最初两年运作很顺利,但自 1977 年开始,由于货币及信贷过度增长,导致贸易逆差扩大,通胀高企,港元汇率持续下降,投机炒卖活动助长了抢购商品风潮,使得港元贬值的情况进一步恶化。

随后,港英政府于 1983 年 10 月 15 日公布稳定港元的新汇率政策,即按 USD1＝HKD7.8 的固定汇率与美元挂钩的联系汇率制度。

2. 联系汇率制度的运作

香港并没有真正意义上的货币发行局,纸币大部分由 3 家发钞银行即汇丰银行、渣打银行、中国银行(香港)发行。法例规定发钞银行发钞时,需按 USD1＝HKD7.8 的汇率向金管局提交等值美元,并记入外汇基金的账目,以购买负债证明书,作为所发钞纸币的支持。相反,回收港元纸币时,金管局会赎回负债证明书,银行则自外汇基金收回等值美元。由政府经金管局发行的纸币和硬币,则由代理银行负责储存及向公众分发,金管局与代理银行之间的交易也是按 USD1＝HKD7.8 的汇率以美元结算。在货币发行局制度下,资金流入或流出会令利率而非汇率出现调整。若银行向货币发行当局出售与本地货币挂钩的外币(以香港而言,指美元),以换取本地货币(即资金流入),基础货币便会增加;若银行向货币发行当局购入外币(即资金流出),基础货币就会收缩。基础货币扩张或收缩,会令本地利率下降或上升,会自动抵消原来资金流入或流出的影响,而汇率一直保持不变,这是一个完全自动的机制。为了减少利率过度波动,金管局会通过贴现提供流动资金。

金管局是香港特区政府架构内负责货币及银行体系稳定的机构,1993年4月以来行使香港特区中央银行(或货币当局)职能。外汇基金是由香港特区管理和支配的,用以控制港币发行,调节和稳定港元汇率的政府基金。外汇基金的运作机制包括"六项来源"和"四种用途","六项来源"是港元发行准备金、硬币发行准备金、拨入的财政储备、银行体系结算余额、外汇基金票据发行额和投资利润滚存;"四种用途"是调节港元汇价、充当最后贷款人、挽救金融市场、进行投资活动。

3. 联系汇率制度的优缺点

联系汇率的优点是显而易见的。它减少了因投机而引起的汇率波动,减少经济活动中的不确定性,使个人、企业、政府都有稳定的预期,从而有利于降低交易成本。此外,它还可以约束政府,使其理财小心谨慎。在20世纪80年代中英谈判前后和90年代香港回归过程中,联系汇率制度就起了积极的稳定作用。

联系汇率制度的弱点也是很明显的:

(1) 容易引发信用危机。港币的发行是以100%的美元现钞为储备金的,而现钞只是最狭义的货币(M_0)。现钞之外,加上各种存款,共同构成广义货币(M_3)。但是如果有某种强大的外来冲击使公众信心动摇,从而有相当比例的港币存款要挤兑美元的话,香港就有可能发生信用危机。

(2) 货币当局丧失了调整经济的灵活性。在货币政策方面,由于实行联系汇率制度,金管局在相当大的程度上就丧失了运用货币政策调整经济的能力。譬如,20世纪90年代以来,香港经济有过热现象,货币当局理应适当调高利率,但因港币与美元是固定汇率,套利行为迫使香港货币当局无法调高利率。同时,在联系汇率制度下,货币当局不能推行独立的货币政策,运用汇率变化作为经济调节机制,与实施自由浮动汇率制度的情况比较,香港面临竞争对手的货币大幅贬值或出口市场经济衰退等情况时,香港的产品面临竞争力下降的局面。

(3) 跟随美国的货币政策也会产生风险。由于港币的利率只能大体等于美元利率,但香港与美国的经济周期有可能不一致,导致利率水平可能会不大适应本地的宏观经济形势,港元利率短暂偏离美元利率,产生利率差,而利率差波动有时可能会影响货币稳定,甚至被投机者操控以图利。所以,当外部环境发生变化时,联系汇率制度的薄弱环节就会变得明显起来,也就容易成为投机者进攻的对象。

4.4 中国的外汇管理

4.4.1 中国外汇管理制度的沿革

改革开放以前,中国实行高度集中的计划经济体制,由于外汇资源短缺,中国一直实行比较严格的外汇管制。1978年实行改革开放战略以来,中国外汇管理体制改革沿着逐步缩小指令性计划,培育市场机制的方向,有序地由高度集中的外汇管理体制向与社会主义市场经济相适应的外汇管理体制转变。1996年12月中国实现了人民币经常项目可兑换、对资本项目外汇进行严格管理,初步建立了适应社会主义市场经济的外汇管理体制。

新中国成立以来,中国外汇管理体制大体经历了计划经济时期、经济转轨时期和1994年开始建立社会主义市场经济以来三个阶段。

1. 计划经济时期的中国外汇管理体制(1953～1978年)

新中国成立之初的国民经济恢复时期(1949～1952年),中国实行外汇集中管理制度,通过扶植出口、沟通侨汇、以收定支等方式积聚外汇,支持国家经济恢复和发展。当时私营进出口商在对外贸易中占很大的比重,国内物价波动较大,中国采取机动调整人民币汇率来调节外汇收支。

1953年起,中国实行计划经济体制,对外贸易由国营外贸公司专营,外汇业务由中国银行统一经营,逐步形成了高度集中、计划控制的外汇管理体制。国家对外贸和外汇实行统一经营,用汇分口管理。外汇收支实行指令性计划管理,一切外汇收入必须售给国家,需用外汇按国家计划分配和批给。国际收支平衡政策"以收定支,以出定进",依靠指令性计划和行政办法保持外汇收支平衡。实行独立自主、自力更生的方针,不借外债,不接受外国来华投资。人民币汇率作为计划核算工具,要求稳定,逐步脱离外贸实际,形成汇率高估。

2. 经济转型时期的中国外汇管理体制(1979～1993年)

1978年底,党的十一届三中全会以后,中国全面实行对内搞活(改革)、对外开放的政策,与有计划地商品经济体制改革相适应,对外汇管理体制进行了一系列改革。

1) 设立专门的外汇管理机构

1979年3月,国务院批准设立国家外汇管理总局,作为管理全国外汇收支的主管机构。1982年8月,根据政企分开的原则,国家外汇管理总局并入中国人民银行,改称国家外汇管理局,专门行使外汇管理职能。1988年又将国家外汇管理局划为国务院直属局(国家局),由中国人民银行代管。国家外汇管理局的主要职责是:① 拟定外汇管理的方针、政策、法令、规章及实施细则,并组织实施;② 参与编制国家外汇收支计划、利用外资计划,负责全国国际收支统计申报制度的实施,编制国际收支平衡表;③ 拟定国家外汇储备政策和经营原则,代表中国人民银行集中管理国家外汇储备;④ 拟定人民币汇率政策,监管外汇市场;⑤ 负责外债登记、统计监测及管理短期外债等工作。

2) 制定外汇管理条例和实施细则

直至1981年,中国还没有一个全国性的外汇管理法规,这既不利于中国的对外开放,也不利于国内企业对外谈判、签订合同。1980年12月,国务院发布了《中华人民共和国外汇管理暂行条例》(1981年3月1日实施),随后又陆续颁布了一系列外汇管理实施细则和办法,使中国的外汇管理有了统一的政策法律依据。

3) 实行外汇留成制度

为改革统收统支的外汇分配制度,调动创汇单位的积极性,扩大外汇收入,改进外汇资源分配,中国从1979年开始实行外汇留成办法。在外汇由国家集中管理、统一平衡、保证重点的同时,实行贸易和非贸易外汇留成,区别不同情况,适当留给创汇的地方和企业一定比例的外汇,以解决发展生产、扩大业务所需要的物资进口。外汇留成的对象和比例由国家规定。留成外汇的用途须符合国家规定,有留成外汇的单位如本身不需用汇,可以通过外汇调剂市场卖给需要用汇的单位使用。留成外汇的范围和比例逐步扩大,指令性计划分配的外汇相应逐步减少。

4) 建立和发展外汇调剂市场

1980年10月起,为适应外汇留成制度及调剂外汇的需要,中国银行开办外汇调剂业务,允许持有留成外汇的单位把多余的外汇额度转让给缺汇的单位。调剂外汇的汇率,原由国家规定在官方汇率的基础上加一定的幅度,1988年3月放开汇率,由买卖双方根据外汇供求状况议定,中国人民银行适度进行市场干预,并通过制定"外汇调剂用汇指导序列"对调剂外汇的用途(或外汇市场准入)加以引导,市场调节的作用日益增强。

5) 改革人民币汇率制度

前已述及,经济转轨时期,中国先后实行了官方汇率与贸易内部结算价并存的双重汇率制度(1981~1984)和官方汇率与外汇调剂市场汇率并存的双重汇率制度(1985~1993)。相关内容参见本章第4.3节。

6) 允许多种金融机构经营外汇业务

1979年前,外汇业务由中国银行统一经营。为适应改革开放以后的新形势,在外汇业务领域中引入竞争机制,改革外汇业务经营机制,允许国家专业银行业务交叉,并批准设立了多家商业银行和一批非银行金融机构经营外汇业务;允许外资金融机构设立营业机构,经营外汇业务,形成了多种金融机构参与外汇业务的格局。

此外,这一阶段,中国还逐步放宽了对境内居民的外汇管理,并通过发行外汇兑换券便利境外人员来华旅游、探亲和走访等需要,同时注重相关管理,促进了国内外交往的顺利开展及对外开放政策的稳步实施。

3. 1994年开始建立社会主义市场经济以来的中国外汇管理体制

1993年11月14日,党的十四届三中全会明确要求,"改革外汇管理体制,建立以市场供求为基础的、有管理的浮动汇率制度和统一规范的外汇市场,逐步使人民币成为可兑换货币"。这为外汇管理体制进一步改革明确了方向。1994年至今，围绕外汇体制改革的目标，按照预定改革步骤，中国外汇管理体制主要进行了以下改革：

1) 1994年对外汇体制进行重大改革，实行人民币经常项目有条件可兑换

（1）实行银行结售汇制度，取消外汇上缴和留成，取消用汇的指令性计划和审批。从1994年1月1日起，取消各类外汇留成、上缴和额度管理制度，对境内机构经常项目下的外汇收支实行银行结汇和售汇制度。除实行进口配额管理、特定产品进口管理的货物和实行自动登记制的货物，须凭许可证、进口证明或进口登记表，相应的进口合同和与支付方式相应的有效商业票据到外汇指定银行购买外汇外，其他符合国家进口管理规定的货物用汇、贸易从属费用、非贸易经营性对外支付用汇，凭合同、协议、发票、境外机构支付通知书到外汇指定银行办理兑付。为集中外汇以保证外汇的供给，境内机构经常项目外汇收入，除国家规定准许保留的外汇可以在外汇指定银行开立外汇账户外，都须及时调回境内，按照市场汇率卖给外汇指定银行。

（2）汇率并轨，实行以市场供求为基础的、单一的、有管理的浮动汇率制度。1994年1月1日，人民币官方汇率与市场汇率并轨，人民币汇率由市场供求形成，中国人民银行公布每日汇率，外汇买卖允许在一定幅度内浮动。从这以后，人民币汇率基本稳中有升。

（3）建立统一的、规范化的、有效率的外汇市场。从1994年1月1日起，中资企业退出外汇调剂中心，外汇指定银行成为外汇交易的主体。1994年4月1日银行间外汇市场——中国外汇交易中心在上海成立，连通全国所有分中心，同年4月4日起中国外汇交易中心系统正式运营，采用会员制、实行报价成交集中清算制度，并体现价格优先，时间优先原则。中国人民银行根据宏观经济政策目标，对外汇市场进行必要的干预，以调节市场供求，保持人民币汇率的稳定。

（4）对外商投资企业外汇管理政策保持不变。为体现国家政策的连续性，1994年在对境内机构实行银行结售汇制度时，对外商投资企业的外汇收支仍维持原来办法，准许保留外汇，外商投资企业的外汇买卖仍须委托外汇指定银行通过当地外汇调剂中心办理，统一按照银行间外汇市场的汇率结算。

（5）禁止在境内以外币计价、结算和流通。1994年1月1日，中国重申取消境内外币计价结算，禁止外币境内流通和私自买卖外汇，停止发行外汇兑换券。对于市场流通的外汇兑换券，允许继续使用到1994年12月31日，并于1995年6月30日前可以到中国银行兑换美元或结汇成人民币。

通过上述各项改革，1994年，中国顺利地实现了人民币经常项目有条件可兑换。1996年1月29日废止了《中华人民共和国外汇管理暂行条例》，同时发布了新的《中华人民共和国外汇管理条例》。

2) 1996年12月1日宣布实现人民币经常项目可兑换

1996年7月1日起，外商投资企业外汇买卖纳入银行结售汇体系，同时外商投资企业的外汇账户区分为用于经常项目的外汇结算账户和用于资本项目的外汇专用账户。外汇局核定外汇结算账户的最高金额，外商投资企业在核定的限额内保留经常项目下的外汇收入，超过部分必须结汇。外商投资企业经常项目下的对外支付，凭规定的有效凭证可直接到外汇指定银行办理，同时，继续保留外汇调剂中心为外商投资企业外汇买卖服务。1998年12月1日外汇调剂中心关闭以后，外商投资企业外汇买卖全部在银行结售汇体系进行。

1996年7月1日，大幅提高居民因私兑换外汇的标准，扩大了供汇范围。此外，1996年，中国还取消了出入境展览、招商等非贸易非经营性用汇的限制，并允许驻华机构及来华人员在境内购买的自用物品、设备、用具等出售后所得人民币款项可以兑换外汇汇出。

经过上述改革后，中国取消了所有经常性国际支付和转移的限制，达到了IMF第八条款的要求，1996年12月1日，中国正式宣布接受第八条款，实现人民币经常项目完全可兑换。至此，中国实行了人民币经常项目可兑换，对资本项目外汇进行严格管理，初步建立了适应社会主义市场经济的外汇管理体制，并不断得到完善和巩固。如1997年再次大幅提高居民个人因私用汇供汇标准，允许部分中资企业保留一定限额经常项目外汇收入，开展远期银行结售汇试点，等等。

3) 新世纪中国外汇管理体制改革新举措

2001年加入世界贸易组织(WTO)以来，中国对外经济迅速发展，国际收支持续较大顺差，改革开放进入了一个新阶段。外汇管理主动顺应加入WTO和融入经济全球化的挑战，进一步深化改革，继续完善经常项目可兑换，稳步推进资本项目可兑换，推进贸易便利化。主要措施有：

(1) 大幅减少行政性审批，提高行政许可效率。根据国务院行政审批改革的要求，2001年以来，外汇管理部门分三批共取消34项行政许可项目，并对保留的39项行政许可项目进行了全面清理，对这些项目办理和操作程序予以明确规定和规范，提高行政许可效率。

(2) 进一步完善经常项目外汇管理，促进贸易投资便利化。允许所有中资企业与外商投资企业一样，开立经常项目外汇账户，几次提高企业可保留现汇的比例并延长超限额结汇时间；多次提高境内居民个人购汇指导性限额并简化相关手续；简化进出口核销手续，建立逐笔核销、批量核销和总量核销三种监管模式，尝试出口核销分类管理；推广使用"出口收汇核报系统"，提高出口核销业务的准确性、及时性；实行符合跨国公司经营特点的经常项目外汇管理政策，便利中外资跨国企业资金全球统一运作。

(3) 稳步推进资本项目可兑换，拓宽资金流出入渠道。放宽境外投资外汇管理限制，将境外投资外汇管理改革试点推广到全国，提高外汇管理分局审核权限和对外投资购汇额度，改进融资性对外担保管理办法，大力实施"走出去"战略。允许部分保险外汇资金投资境外证券市场，允许个人对外资产转移。实行合格境外机构投资者(QFII)制度,提高投资额度,引进国际开发机构在中国境内发行人民币债券,促进证券市场对外开放。允许跨国公司在集团内部开展外汇资金运营,集合或调剂区域、全球外汇资金。出台外资并购的外汇管理政策,规范境内居民跨国并购和外国投资者并购境内企业的行为。规范境内居民通过境外特殊目的公司开展股权融资和返程投资的行为。

(4) 积极培育和发展外汇市场,完善有管理的浮动汇率制。2005年7月21日汇率改革以前,积极发展外汇市场:改外汇单向交易为双向交易,积极试行小币种"做市商"制度,扩大远期结售汇业务的银行范围,批准中国外汇交易中心开办外币之间的买卖。7月21日,改革人民币汇率形成机制,实行以市场供求为基础、参考一篮子货币进行调节、有管理的浮动汇率制度。配合这次改革,在人民银行的统一领导和部署下,外汇管理部门及时出台一系列政策促进外汇市场发展,包括:增加交易主体,允许符合条件的非金融企业和非银行金融机构进入即期银行间外汇市场;引进美元"做市商"制度,在银行间市场引进询价交易机制;将银行对客户远期结售汇业务扩大到所有银行,引进入民币对外币掉期业务;增加银行间市场交易品种,开办远期和掉期外汇交易;实行银行结售汇综合头寸管理,增加银行体系的总限额;调整银行汇价管理办法,扩大银行间市场非美元货币波幅,取消银行对客户非美元货币挂牌汇率浮动区间限制,扩大美元现汇与现钞买卖差价,允许一日多价等。

(5) 加强资金流入管理,积极防范金融风险。调整短期外债口径,对外资银行外债实行总量控制,外资银行向境内机构发放的外汇贷款按照国内外汇贷款管理。实行支付结汇制,严控资本项目资金结汇。将外商投资企业短期外债余额和中长期外债累计发生额严格控制在"投注差"内,明确规定外商投资企业的境外借款不可以结汇用于偿还国内人民币贷款。以强化真实性审核为基础,加强对出口预收货款和进口延期付款的管理。将境内机构180天(含)以上、等值20万美元(含)以上延期付款纳入外债管理,同时规范了特殊类外商投资企业的外债管理,并将境内贷款项下境外担保按履约额纳入外债管理,由债务人逐笔登记改为债权人定期登记。加强对居民和非居民个人结汇管理。

(6) 强化国际收支统计监测,加大外汇市场整顿和反洗钱力度。加快国际收支统计监测预警体系建设,初步建立高频债务监测系统和市场预期调查系统,不断提高预警分析水平;加大外汇查处力度,整顿外汇市场秩序,积极推进外汇市场信用体系建设,初步建立起了以事后监管和间接管理为主的信用管理模式;建立和完善外汇反洗钱工作机制,2003年起正式实施大额和可疑外汇资金交易报告制度,加强反洗钱信息分析工作。

现阶段,根据内外经济协调均衡发展的要求,外汇管理部门正在加快建立健全调节国际收支的市场机制和管理体制,促进国际收支基本平衡。一是改变"宽进严出"的管理模式,实行资金流入流出均衡管理,逐步使资金双向流动的条件和环境趋于一致；二是调整"内紧外松"的管理格局，逐步减少对内资、外资的区别待遇，创造公平竞争的市场环境；三是转变"重公轻私"的管理观念，规范居民个人和非居民个人外汇收支；四是减少行政管制，外汇管理逐步从直接管理转向主要监管金融机构的间接管理，从主要进行事前审批转向主要依靠事后监督管理。

4.4.2 中国现行外汇管理制度的主要内容

中国在改革开放以前一直实行高度集中的外汇管理，对外汇集中管理、统一经营。改革开放后，外汇管理体制进行了一系列重大改革，为实现人民币自由兑换持续准备。

1. 中国外汇管理的基本方针

中国的外汇管理工作贯彻"集中管理、统一经营"的方针。

"集中管理"是指一切外汇收支由国家集中管理，国家授权国家外汇管理局及其分支局行使外汇管理职权。其主要内容有：① 外汇管理的方针、政策、法令、制度由国家统一制定和公布；② 外汇资金由国家统一管理和分配；③ 向外借款和发行债券由国家统一管理。

"统一经营"是指国际结算、国际汇兑、外汇贷款、外汇买卖等一切外汇业务，统一由国家规定的外汇银行经营。外汇指定银行有国有商业银行、合资银行、外资银行等。一些非银行金融机构经国家外汇管理局批准后，也可经营外汇信托投资、租赁等外汇业务。统一经营的具体内容有三方面：① 政策的统一，即对外政策、增收节支政策、管理政策的统一；② 计划的统一，批准经营外汇业务的金融机构其外汇借款和放款要按国家计划办理；③ 银行的杠杆手段要统一，主要是银行的汇率、利率及费率等要统一。

2. 中国现行外汇管理原则

《中华人民共和国外汇管理条例》(2008年修订)第五条规定，中国外汇管理总原则是："国家对经常性国际支付和转移不予限制"。这是中国成为IMF第八条款国后必须承担的义务，也是目前中国外汇管理的基本原则，所有有关的法规和规章都必须遵守这一原则。

《IMF协定》第八条规定，如果一国解除了对经常项目下支付转移的限制，实现了经常项目下的货币可兑换，便成为IMF的第八条会员国。具体来讲第八条会员国应该承担的义务是：① 对经常项下的对外支付转移不加以限制；② 不实行差别性的复汇率措施；③ 兑换其他会员国经常项下积累的本币。但是，IMF并未要求所有会员国在加入该组织时立即成为第八会员国。《IMF协定》第十四条作出了一些过渡性安排，允许会员国暂时保留一些汇兑限制，但要每年向IMF提出报告，并针对取消外汇管制的步骤和时间安排与IMF进行磋商。

3. 银行结售汇制

（1）实行外汇收入结汇制。经常项目外汇收入，可以按照国家有关规定保留或者卖给经营结汇、售汇业务的金融机构。资本项目外汇收入保留或者卖给经营结汇、售汇业务的金融机构，应当经外汇管理机关批准，但国家规定无需批准的除外。资本项目外汇及结汇资金，应当按照有关主管部门及外汇管理机关批准的用途使用。外汇管理机关有权对资本项目外汇及结汇资金使用和账户变动情况进行监督检查。

（2）实行银行售汇制。经常项目外汇支出，应当按照国务院外汇管理部门关于付汇与购汇的管理规定，凭有效单证以自有外汇支付或者向经营结汇、售汇业务的金融机构购汇支付。资本项目外汇支出，应当按照国务院外汇管理部门关于付汇与购汇的管理规定，凭有效单证以自有外汇支付或者向经营结汇、售汇业务的金融机构购汇支付。国家规定应当经外汇管理机关批准的，应当在外汇支付前办理批准手续。依法终止的外商投资企业，按照国家有关规定进行清算、纳税后，属于外方投资者所有的人民币，可以向经营结汇、售汇业务的金融机构购汇汇出。

（3）进出口核销制。货物出口后，由外汇局对相应的出口收汇进行核销；进口货款支付后，由外汇局对相应的到货进行核销。以出口收汇率为主要考核指标，对出口企业收汇情况分等级进行评定，根据等级采取相应的奖惩措施，扶优限劣，并督促企业足额、及时收汇。建立逐笔核销、批量核销和总量核销三种监管模式，尝试出口核销分类管理。

2012自8月1日起在全国范围内取消出口收汇核销单，企业不再办理出口收汇核销手续。外汇局对企业的贸易外汇管理方式由现场逐笔核销改变为非现场总量核查，对存在异常的企业进行重点监测，必要时实施现场核查，并对企业实施动态分类管理。

4. 对金融机构外汇业务的管理

国家外汇管理局及其分局加强对金融机构经营外汇业务的管理，主要包括：① 金融机构经营或者终止经营结汇、售汇业务，应当经外汇管理机关批准；经营或者终止经营其他外汇业务，应当按照职责分工经外汇管理机关或者金融业监督管理机构批准；② 外汇管理机关对金融机构外汇业务实行综合头寸管理；③ 金融机构的资本金、利润以及因本外币资产不匹配需要进行人民币与外币间转换的，应当经外汇管理机关批准。

5. 对境内居民的外汇管理

属于个人所有的外汇，可以自行持有，也可以存入银行或者卖给外汇指定银行。外汇储蓄存款,实行存款自愿、取款自由、存款有息、为储户保密的原则。个人因私出境用汇,在规定限额(现在的年度总额分别为每人每年等值5万美元内)购汇,超过规定限额的,可以向外汇管理机关申请。

6. 外债管理

国家根据外债类型、偿还责任和债务人性质,对举借外债实行分类管理。

(1) 国际金融组织贷款和外国政府贷款由国家统一对外举借。财政部代表国家在境外发行债券由财政部报国务院审批,并纳入国家借用外债计划。

(2) 国家对国有商业银行举借中长期国际商业贷款实行余额管理,余额由国家发展计划改革委员会会同有关部门审核后报国务院审批。

(3) 境内中资企业等机构举借中长期国际商业贷款,须经国家发展计划改革委员会批准。国家对境内中资机构举借短期国际商业贷款实行余额管理,余额由国家外汇管理局核定。

(4) 外商投资企业举借的中长期外债累计发生额和短期外债余额之和应当控制在审批部门批准的项目总投资和注册资本之间的差额以内。在差额范围内,外商投资企业可自行举借外债。超出差额的,须经原审批部门重新核定项目总投资。

未经国务院批准,任何政府机关、社会团体、事业单位不得举借外债或对外担保。境内机构对外签订借款合同或担保合同后,应当依据有关规定到外汇管理部门办理登记手续。国际商业贷款借款合同或担保合同须经登记后方能生效。

本章小结

汇率制度是一国货币当局对本国汇率水平的确定、汇率变动方式等问题所作的一系列安排或规定。具体包括两方面内容,即汇率的确定和汇率的变动(调整),此外管理汇率的法令、体制和政策等以及制定、维持与管理汇率的机构也是其内容。

由于划分标准的差异,对于汇率制度的具体类别有不同的划分方法。传统上,根据有没有规定货币平价以及汇率波动幅度的大小,将汇率制度分为固定汇率制和浮动汇率制两类。IMF自成立以来,长期关注全球汇率动态及各国的汇率制度(安排),并不断细化其分类标准,演化至今已逐步完善。根据IMF2016年发布的相关报告,汇率制度大体被划分为4大类(硬盯住、软盯住、浮动制度和其他有管理的制度),共10小类。

汇率制度的选择历来都是一个争论的热点问题。对于汇率制度选择的争论,传统上有固定汇率与浮动汇率优劣之争。进入到20世纪90年代中后期,中间汇率与两极汇率之争成为焦点。

汇率政策是指政府在一定时期内,为实现宏观经济政策目标而对汇率变动施加影响的制度性安排与具体措施。汇率政策主要涉及汇率制度选择、汇率水平管理、政府对外汇市场干预,以及汇率政策与其他经济政策配合等内容。

新中国成立以来,人民币汇率制度大体上经历了三个不同时期的演变。现行人民币汇率制度是以市场供求为基础、参考一篮子货币进行调节、有管理的浮动汇率制度。这一汇率制度有别于以往任何时期,有其自身的一些特征。

香港的联系汇率制度属于货币发行局制度,在这个制度下,货币基础的流量和存量必须有充足的外汇储备支持,透过严谨和稳健的货币发行局制度得以实施。这一制度的产生由其独特的历史背景,也有明显的优越性,但也存在一些局限性。

新中国成立以来,中国外汇管理体制大体经历了计划经济时期、经济转轨时期和1994年开始建立社会主义市场经济以来三个阶段。特别是改革开放以来,中国的外汇管理体制改革不断深化,对国民经济特别是对外经济发展起到了重大作用。

根据2008年重新修订后的《中华人民共和国外汇管理条例》第五条的规定,中国外汇管理总原则是:"国家对经常性国际支付和转移不予限制"。这是中国成为IMF第八条款国后必须承担的义务,也是目前中国外汇管理的基本原则,所有有关的法规和规章都必须遵守这一原则。

【本章重要概念】

汇率制度　固定汇率制　可调整的盯住汇率制　浮动汇率制　货币局制　传统的盯住制度　外汇留成制　汇率政策　汇率政策传导机制　混合汇率制　差别汇率制　人民币汇率制度　结售汇制　复汇率制　三元悖论

【复习思考题】

1. 简述汇率制度的主要内容。
2. 试述固定汇率制度的基本特征,并作简要评价。
3. 浮动汇率制度有哪些类型?
4. 简要述评IMF汇率制度四分法。
5. 简述固定汇率与浮动汇率的优劣之争。
6. 货币局制的优缺点是什么?
7. 简述中间汇率与两级汇率的优劣之争。
8. 一个国家制订汇率政策的重要意义是什么?
9. 汇率政策的具体目标有哪些?
10. 简述汇率政策传导机制的功能、特征及制约因素。
11. 简述汇率制度选择的经济论与依附论。
12. 影响一国汇率制度选择的主要因素有哪些?
13. 政府干预外汇市场及汇率的主要方式有哪些?
14. 简述汇率政策与其他经济政策搭配方式及意义。

15. 简述人民币汇率制度的历史演变过程。
16. 简述现行人民币汇率制度的基本内容及主要特征。
17. 香港特区的联系汇率制度是如何运作的?有何优势及局限性?
18. 新世纪以来,中国外汇管理体制主要有哪些改革举措?
19. 中国现行外汇管理制度的主要内容是什么?

第5章 外汇市场与外汇交易

本章导读

当今世界,经济全球化和一体化趋势不断加强,国际经济贸易往来日益频繁。伴随着商品、劳务在国际间的流动以及大量的投机资本的移动,各种跨越国界的货币资金运动就不可避免,从而促进了外汇交易和外汇市场的发展。外汇市场是反映国际贸易和国际投融资的场所,在国际金融市场中具有中心市场的地位。自20世纪70年代以来,外汇市场尤为活跃。根据国际清算银行(BIS)每三年一度的外汇市场交易调查报告(2016年9月1日发布)数据显示,全球外汇市场日均交易量从1995年4月的1.2万亿美元增长到2016年4月的5.1万亿美元,远远超过同期国际贸易规模。

本章首先介绍有关外汇市场的基本常识,接着重点介绍即期外汇业务、远期外汇业务、套汇、套利、掉期、外汇(货币)期货及外汇期权等主要外汇业务。通过本章的介绍和学习,有助于对外汇市场和各类外汇业务有一个系统、全面的认识,并且为学习和理解有关外汇风险防范奠定基础。

5.1 外汇市场概述

外汇市场(Foreign Exchange Market)是国际金融市场的重要组成部分,它是指经营外币和以外币计价的票据等有价证券买卖的市场,当今的外汇市场,实际上是一个包含了无数外汇经营机构的庞大计算机网络系统。

5.1.1 外汇市场的主要参与者

外汇市场是由外汇的供给者和需求者与从事外汇买卖的中介机构组成的买卖外汇的场所或网络。在外汇市场上,外汇的买卖有两种类型:一是本币与外币之间的相互买卖,即需要外汇者按汇率用本币购买外汇,持有外汇者按汇率卖出外汇换回本币;二是不同币种的外汇之间的相互买卖,如美国居民以欧元购买英镑,或者售出欧元换取加拿大元,等等。目前,不仅美元、欧元、日元、英镑、澳元、加元、瑞士法郎等发达经济体的货币在外汇市场上进行买卖,而且一些新兴经济体的货币(如人民币、墨西哥比索、新加坡元、港元等)也已经进入外汇市场。

外汇市场由主体、客体、交易价格等构成。这里的客体就是外汇,交易价格即汇率,而主体即外汇市场及交易活动的参与者。外汇市场参与者主要有四类,即外汇银行、外汇经纪人、中央银行和顾客。

1. 外汇银行

外汇银行(Foreign Exchange Bank)是外汇市场的主要参与者[①],它是指由各国中央银行指定或授权经营外汇业务的银行。包括专营或兼营外汇业务的本国商业银行、在本国的外国银行分行或子银行以及其他可以从事外汇业务的金融机构。

在外汇市场进行外汇交易的主要是经营外汇业务的银行,这些银行从事的外汇买卖业务包括两个方面:一是代客户买卖业务,即充当外汇买卖双方的中介。外汇银行首先买进外汇供应者卖出的外汇,然后再将买进的外汇卖给外汇需求者。其目的主要是从中赚取买卖差价利润。二是自营业务,即在银行同业市场上与其他银行进行外汇买卖。其目的是为了调整外汇头寸以防范外汇风险,或者为了套取汇率差或利率差而牟取利润,或者是进行外汇投机,这种交易在外汇市场上占有主导地位。

外汇银行在经营外汇业务中,不可避免地要出现买进与卖出外汇不平衡情况。如果某种外汇(外币)卖出多于买进,则为"空头"(Short Position);反之,如果买进多于卖出,则为"多头"(Long Position)。银行为了避免因汇率波动造成损失,故在经营外汇业务时,常遵循"买卖平衡"的原则(即"轧平")。如果出现"多头",则将多余部分的外汇卖出;如果出现"空头",则将短缺部分的外汇买进。

2. 外汇经纪人

在外汇市场进行买卖的主要是商业银行或外汇银行,交易频繁、金额很大,为了促成它们之间的顺利、快捷交易,出现了外汇经纪人(Foreign Exchange Broker)。他们是外汇买卖的中间人,通常自己并不投入资金,而是充当银行与银行之间、工商企业与银行之间交易的中间人。他们依靠同外汇银行的密切联系和了解外汇供求情况,得以促进双方成交,从中收取手续费(或称佣金)。目前这项业务已为大经纪商所垄断,他们是公司或合伙的组织,规模巨大,其利润十分可观。大商业银行为了节省手续费,越来越倾向于彼此直接成交,故与外汇经纪人之间存在着尖锐的矛盾。还有一种外汇经纪人称作"跑街(Running Broker)",专门代顾客买卖外汇以赚取佣金,他们利用通信设备联络于银行、进出口商、贴现行等机构之间

---

① 根据《欧洲货币(Euromoney)》2017年5月的调查统计数据,2017年度全球外汇交易商年度排名前三位的依次是花旗(Citi)占比10.74%、摩根(JP Morgan)占比10.34%和瑞银集团(UBS)占比7.56%。

接洽外汇业务。

3. 中央银行

各国政府为了实现自己的政策目标,如为了稳定汇率,防止和抵消国际游资对本国外汇市场的冲击,通常通过中央银行(Central Bank)对外汇市场加以干预。中央银行在外汇市场抛、补外汇以平抑外汇汇率的剧烈波动(即公开市场操作),使汇率朝着预定目标发生变化。目前,许多国家都设立了专门的外汇平准基金账户,以供干预外汇市场之用。此外,为了调节本国外汇储备的构成,以减少和避免储备货币汇率下跌造成的损失,中央银行也需参加外汇市场的交易活动,或者直接参与银行间的外汇交易,或者通过商业银行进行外汇买卖。因此,中央银行不仅是外汇市场的参加者,而且是外汇市场的实际操纵者。

4. 顾客

顾客或客户(client)是外汇市场的最终供求者,主要包括:(实际)外汇供求者,如进出口商、国际投资者、旅游者等;保值性的外汇买卖者,如套期保值者;投机性的外汇买卖者,即外汇投机商(Foreign Exchange Speculators)。

5.1.2 外汇市场的类型

根据外汇市场的构成因素和业务特点,可以从不同角度对外汇市场进行分类。

1. 按照组织形态或有无固定场所,分为有形市场和无形市场

1) 有形市场

有形市场(Visible Market)指有具体交易场所的市场。外汇市场产生之初,它一般是在证券交易所的建筑物内或在交易大厅的一角设立外汇交易所,而由各个银行的代表规定一定的时间,集合在此地从事外汇交易。

目前,欧洲大陆上的外汇市场交易,除了瑞士以外,多数都采用这种在有形的市场内进行交易的形式,如法国、德国、意大利等国的外汇市场;历史上它流行于欧洲大陆,因而又叫"大陆式市场",它是早期形式的外汇市场。

2) 无形市场

无形市场(Invisible Market)指没有固定交易场所的市场。所有买卖交易都通过联结银行和外汇经纪人的电话、电报、电传以及其他通信工具所组成的网络进行。随着外汇交易日益电子化、网络化,取而代之的是交易商之间都是通过计算机网络来进行外汇的报价、询价、买入、卖出、交割和清算等业务活动。所以说,现在的外汇市场是一个无形的市场,是一个无纸化的计算机的市场。

目前,伦敦、纽约、东京、苏黎世外汇市场均为无形市场。它流行于英、美等国,因而又叫"英美式市场"。无形市场已成为外汇市场的主要形式。

与有形市场相比,无形市场具有以下优势:

(1) 市场运作成本低。有形市场的建立与运作,依赖于相应的投入与费用支出,如交易场地的租金、设备的购置费、员工的薪金等。

(2) 市场交易效率高。无形市场中的交易双方不必直接见面,仅凭交易网络就可达成交易,从而使外汇买卖的时效性大大增强。

(3) 有利于市场一体化。在无形市场,外汇交易不受空间限制,通过网络将各区域的外汇买卖连成一体,有助于市场的统一。

2. 按照交易主体的不同,分为银行间市场和客户市场

1) 银行间市场

银行间市场(Inter-bank Market)亦称银行同业市场,是指外汇银行之间相互买卖外汇而形成的市场。该市场是当今外汇市场的主体,其交易量占整个外汇市场交易量的90%以上,又称作外汇批发市场。狭义外汇市场仅指银行间市场。

实际上,各国中央银行参与外汇市场所进行的交易活动,其交易伙伴亦是各外汇银行。从某种角度而言,也是一种银行间市场。

2) 客户市场

客户市场(Customer Market)又称商业市场(Commercial Market),是指外汇银行与一般顾客(进出口商、个人等)进行外汇交易的市场。这种外汇市场交易规模较小,故也可称作外汇零售市场。广义外汇市场包括银行间市场和客户市场。

除了上述分类外,也有按交割期限的不同,将外汇市场分为即期外汇市场、远期外汇市场和货币期货市场等;按照外汇交易是否受到控制,可分为自由外汇市场(如纽约、伦敦、东京、新加坡等外汇市场)、官方外汇市场(如多数发展中经济体的外汇市场)、官方控制的自由外汇市场和黑市(如部分发展中国家经济体,由于外汇管制严格,没有自由外汇市场,因而出现此类外汇市场),等等。

5.1.3　外汇市场的特点

随着外汇市场不断发展,越来越多的股票及期货投资者将资金转投到外汇市场。与其他市场相比,外汇市场的主要特点有:

1. 外汇市场全天候运行

现在的外汇市场也是全球外汇市场,因为全球的时差性把世界各地外汇市场的营业时间相互连接,形成24小时不间断地进行交易(见图5.1),不像股市在一个特定的时间段交易。

由此,可以看出,外汇市场适合活跃的交易者。投资者可以根据自己的作息时间进行交易。同时,24小时不间断的特性保证最小的市场裂缝;换言之,排除了开市价格戏剧性高于或低于收市价格的可能性。而在股票和期货市场,由于所有的

交易都是集中于中央式的交易所进行,因此股票市场是有固定的开市和收市时间的。当股票市场收市后,股票的交易是很稀疏或是完全没有交易的,所以,收市后的交易基本上是不可能的。更为重要的是,固定的收市时间使得交易者有一段时间不能平仓,从而进一步使交易者暴露在更大的风险之下。

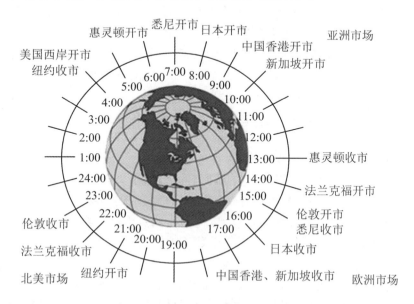

图 5.1　世界主要外汇市场交易时间表(北京时间)
资料来源:http://finance.sina.com.cn/money/forex/20090814/22376620241.shtml

从全球角度看,由于现代电子通信技术的高度发达,外汇市场已经成为一个国际大市场,不仅没有空间上的限制,也不受交易时间的限制,各国外汇市场之间已经形成一个高度发达、迅速而又便捷的通信网络,任何一个外汇市场上有关货币的交易情况及汇率变化的信息,通过先进的计算机技术和远程通信技术,会在瞬间异常迅速地处理并传导到世界各地。在需要交易时,只要拨出对方的号码,就可以立即与对方国家的银行进行磋商,并通过计算机操作传递行情。

2. 外汇市场全球一体化

这主要体现在:首先,外汇市场分布呈现全球化格局。以全球最主要外汇市场为例,美洲有纽约、多伦多,欧洲有伦敦、巴黎、法兰克福、苏黎世、米兰、布鲁塞尔、阿姆斯特丹,亚洲有东京、中国香港、新加坡等①。其次,外汇市场高度一体化,全球市场连成一体。各市场在交易规则、方式上趋同,具有较大的同质性。各个市场在交易价格(即汇率)上相互影响,如西欧外汇市场每日的开盘价均参照中国香港和新加坡外汇市场的价格确定。一个市场发生动荡,往往会影响到其他外汇市场,引起连锁反应,市场汇率表现为价格均等化。同时,因汇率波动和交易范围的扩大,新的交易工具和交易方式不断涌现,使得外汇市场的交易活动日趋复杂。

此外,就自身交易特质等因素来说,外汇市场还具有交易金额大、交易品种简单(集中于美元、欧元、日元、英镑等 10 多种货币②)、交易成本低(某些交易活动免佣金)、交易公平性及透明度高、交易便利、双向交易等特点。

5.1.4　外汇市场的作用

外汇市场的作用主要体现在:

(1) 提供支付手段,实现购买力的国际转移。除了美元、日元、英镑、欧元等国际性货币以外,基本上各国货币只有在该国才具有相应的购买力,当这些国家与其他国家之间发生债权债务关系时,不能以他们本国货币进行结算。而是需要通过外汇市场进行交易来购买外汇,实现货币购买力转换后才能进行国际债权债务关系的清偿。

(2) 实现资金融通,调节外汇供求,促进国际经贸发展。随着经济全球化发展,世界各国之间的贸易往来日益频繁,贸易总额迅速增长,国际间债权债务关系也日趋复杂,通过外汇市场的交易,利用外汇手段清偿国际间债权债务,不仅能节省运送现金的费用、降低风险、缩短支付时间。同时,由于各国的经济发展不平衡,有的国家资金相对过剩,有的国家资金比较短缺。因此,需要通过外汇市场上的外汇买卖,获取短缺的外汇或者将过剩的资金进行调剂,促进资金的合理有效配置。此外,通过外汇票据等信用工具的广泛运用,扩大了国际间的信用交往,拓宽了资

---

① 根据 BIS 于 2016 年 9 月 1 日发布的 2016 年 4 月外汇市场交易调查报告(该报告每 3 年更新一次,调查对象包括 53 个国家近 1300 家银行及其他金融机构)数据,外汇市场活动愈发集中在主要交易中心,英国(主要为伦敦)、美国(主要为纽约)、东京、中国香港和新加坡这五大交易中心所占份额从 2013 年 4 月的 75% 升至 2016 年 4 月的 77%。这其中,尽管伦敦遥遥领先,仍为全球外汇交易中心之首,但其市场份额从 41% 降至 37.1%;亚洲三大交易中心——东京(6.1%)、中国香港(7.9%)和新加坡(6.7%)的合计市场份额从 15% 跳增至 20.8%;美国的份额为 19.4%,相对持稳。

② 根据 BIS 的调查数据,2016 年 4 月外汇市场交易量最大的货币为美元,占比 87.6%,其次是欧元(31.3%),其后的货币依次是日元(21.6%)、英镑(12.8%)、澳元(6.9%)、加元(5.1%)、瑞士法郎(4.8%)、人民币(4%)、墨西哥比索(2.2%)、瑞典克朗(2.2%)、新西兰元(2.1%)、新加坡元(1.8%)、港元(1.7%)等;全球外汇市场交易中,超过 75% 的交易发生在 7 种主要货币对(currency pairs):EUR/USD(23%)、USD/JPY(17.7%)、GBP/USD(9.2%)、AUD/USD(5.2%)、USD/CAD(4.3%)、USD/CNY(3.8%)和 USD/CHF(3.5%)。

金融通的范围,进一步促进了国际经济贸易发展,推动了世界经济的增长。

(3) 回避外汇风险,为套期保值以及外汇投机活动提供方便。① 外汇套期保值,即利用外汇期货交易,确保外币资产或外币负债的价值不受或少受汇率变动带来的损失。具体做法是:在已发生了一笔即期或远期外汇交易的基础上,为了防止损失,同时做一笔相反方向的交易。这样,如果其中原有一笔交易受损,则套期保值(即方向相反的)一笔交易可以得益而弥补;或者套期保值的一笔受损而原有的一笔得益而两者抵消。② 外汇投机,即预期价格变动而买卖外汇,以获取汇率变动的差价收益。具体做法是:投机者预计某种货币汇率将上升,就在外汇市场上买进该种货币远期,到期若该货币汇率果然上升,投机者就可按上升的汇率卖出该货币现汇来交割远期,从而获得投机利润,这种先买后卖的投机交易称为做"多头"或"买空";反之,当投机者预计某种货币汇率将下跌时,就在外汇市场上卖出该种货币远期,到时若该货币汇率果然下跌,投机者可按下跌的汇率买进现汇来交割,赚取投机利润,这种先卖后买的投机交易称为做"空头"或"卖空"。

(4) 充当政府干预的渠道,调节国际收支和宏观经济。一方面,为了调节国际收支及宏观经济,一国政府往往会通过干预外汇市场(公开市场操作),直接影响外汇供求和汇率,进而促进国际收支平衡及宏观经济的稳定。另一方面,外汇市场由于其高风险和瞬息万变的特殊性,对经济的影响力和破坏力是巨大的。为此,浮动汇率制度实施以来,各国独立干预和联合干预外汇市场的现象越来越多。不管出于何种目的,这里的政府干预活动,其前提就是外汇市场的存在与发达。

5.2 即期与远期外汇交易

在外汇市场上,由于交易动机、技术手段以及政府管制程度等不同,从而形成或产生了许多不同的交易方式。其中,即期外汇交易和远期外汇交易是两种最基本的交易形式,其他形式(类型)的外汇交易方式(如套汇、套利、掉期、期货及期权交易等)多是由这两种基本交易形式派生出来,或是离不开这两种基本交易方式。

5.2.1 即期外汇交易

即期外汇交易是外汇市场上的交易形式,占外汇交易总额的大部分。

1. 即期外汇交易的概念

即期外汇交易(Spot Exchange Transaction)是指外汇买卖双方以当天的汇价(即期汇率)成交后,原则上在两个营业日内办理交割的外汇买卖活动(业务)。又称"现汇交易"、"现汇买卖"等。

一般来说,国际外汇市场上两个营业日内交割的交易都视为即期交易(除非特别指定日期的)。这里营业日(working day)是指两种交易货币的发行国各自都营业的日子;交割日又称结算日或有效起息日(value day),是指交易双方进行资金交割(将交易货币划拨到对方指定的账户)的日期。即期交易的交割日通常有三种情况:

(1) 标准交割日(Value Spot or VAL SP)。它是指在成交后第二个营业日交割。如果遇上任何一方的非营业日,则向后顺延到下一个营业日,但不能跨月。目前外汇市场上大多数即期外汇交易都采取这种方式。

(2) 隔日交割(Value Tomorrow or VAL TOM)。它是指在成交后的第一个营业日进行交割。如遇上非营业日,则向后推迟到下一个营业日。一些国家因时差关系而采用这种方式。

(3) 当日交割(Value Today or VAL TOD)。它是指在成交当日进行交割的即期外汇买卖。一些外汇市场美元兑换本币的交易(T/T)可以在成交当日进行交割。

以香港外汇市场为例,其对不同货币的即期外汇交易采用不同的交割时间。港元对美元,当日交割;港元对日元、新加坡元、马来西亚林吉特、澳元,隔日交割;港元对其他货币,标准日交割。

即期外汇交易是最常见、最普遍、业务量最大的交易形式,其基本功能是完成货币的调换。即期外汇交易的主要作用及交易目的体现在:

(1) 满足临时性付款需求,实现货币购买力国际转移。如应付进出口贸易、投标、海外工程承包、国际旅游、跨国留学等的外汇结算或归还外汇贷款。

(2) 调整货币头寸,规避外汇风险。如外汇银行进行的各种货币(外汇)头寸的抛补活动;客户调整手中各种外汇头寸的比例,以避免汇率变化所带来的风险。

(3) 进行外汇投机,谋取投机利润。如外汇投机者通过即期外汇交易与远期外汇交易的配合,利用汇率的涨跌以获取汇差收益。

2. 即期外汇交易的报价

即期外汇交易采用的汇率——即期汇率(Spot Rate),它是外汇市场一切其他外汇汇率的基础。这里的报价,是指外汇银行在交易中报出的买入或卖出外汇的汇价。

1) 即期外汇交易的报价依据

即期外汇交易报价依据主要有:

(1) 正在运行的其他外汇市场的行情。这是外汇银行报价时的决定性依据。对市场行情的考虑主要从两方面进行判断:一是现行的市场价格,指市场上一笔交易的成交价或是指市场上核心成员的买价或卖价;二是市场情绪,指报价银行对外报价时,市场是处于上升或下降的压力之下。

(2) 国内外经济、政治及军事等领域的最新动态。报价银行所在国家及西方主要国家(如美国、日本、英国等)经济的繁荣或萎缩、财政收支的盈余或赤字、国际收支的顺差或逆差、政治军事动荡与稳定等,都会引起外汇市场的动荡不安。报价银行的外汇交易必须时刻注意并以此调节本行的报价。一般情况下,一国宏观经济持续稳定增长,国际收支长期处于顺差,该国的币值必然处于上升通道,报价银行应调高对该货币的报价;反之,应调低报价。

(3) 报价行现时的外汇头寸分布情况及其经济意图。如询价方需要买入银行持有较多的某种外汇时,银行报价时一般会降低报价以便于抛出该货币,减少风险。

(4) 询价者的交易意图。有经验的交易员在报价时,能够推测询价者的交易目的(想买入或卖出),借此调整报价。如询价者意欲卖出某种货币,报价则稍稍压低一点;反之则抬高一点。

2) 即期外汇交易的报价惯例

即期外汇交易的报价伴随国际通信设备的日益完备、发达而走向成熟。由于全世界各大外汇市场已由国际卫星通信网络紧密地联系在一起,外汇交易已经完全打破了地域界限。在外汇市场上,为了保证外汇交易的正常运行,逐步形成了一些约定俗成的交易及报价惯例。

(1) 双向报价法。在外汇市场上,一般采用双向(档)报价法,即外汇银行在交易中同时报出买价(Bid Rate)和卖价(Offer Rate)。例如,USD1=JPY105.35～105.55。前者为买入价,后者为卖出价。买卖价差即外汇银行的业务收益,一般为1‰～5‰。与市场上一般商品不同,银行的外汇双向报价法要求银行必须谨慎报价,其中任一价格偏离市场价格都会导致套汇的产生。

(2) 点数报价法。这里的点数(Point)又称基本点,指汇率的基本单位。一般情况下,一个基本点为万分之一货币单位,即汇率小数点后第四个单位数(0.0001)。极少数货币因面额较大,其基本点有些不同。如日元的价格变动主要在小数点后的两位数上,因此它的基本点为 0.01 单位货币。在通过电讯、网络等报价时,报价银行(外汇交易员)只报汇价的最后两位数。如即期汇率 USD1=KHD7.7683～7.7695,则报价银行的交易员一般仅报出:83/95 或 83～95。这是因为外汇汇率变化一天之内一般不会超过最后两位数,用不着报全价,这也是银行报价的习惯。如果汇率在一天内暴涨暴跌,打破惯例,则另当别论。

(3) 美元报价法。即以美元为中心的报价原则。在国际外汇市场上,除特殊标明的以外,所有询问或报出的汇率都是针对美元的,即采用以美元为中心的报价方法。当外汇交易员询问日元或瑞士法郎的报价时,他实际上是指美元兑日元或美元兑瑞士法郎的汇率。

3. 即期外汇业务的方式

当今世界,即期外汇交易主要有三种方式(形式):电汇、信汇和票汇。

(1) 电汇(Telegraphic Transfer,T/T)。它是指汇款人向当地银行(汇出行)

交付本国货币,由该行用电报、电传或 SWIFT 通知国外分行或代理行(汇入行)立即付出外汇。

(2) 信汇(Mail Transfer, M/T)。它是指汇款人向当地银行(汇出行)交付本国货币,由该行开具信汇付款委托书,用航邮信函国外分行或代理行(汇入行)立即付出外汇。

(3) 票汇(Banker's Demand Draft, D/D)。它是指汇出行应汇款人的申请,开立以汇入行为付款人的汇票,列明收款人的姓名、汇款金额,交由汇款人自行寄给收款人或亲自携带出国,指示付款行凭票向收款人支付外汇。

这里的汇款人(remitter),通常为债务人或付款人;收款人(payee),是指债权人或受益人;汇出行(Remitting Bank),是受汇款人委托向收款人汇款的银行;汇入行(Paying Bank),是受汇出行委托,接收汇出行的汇款并向收款人解付款项的银行,也称解付行、付款行。

上述三种即期外汇交易方式(形式)中,T/T 最常见(通常的即期汇率就是指使用该交易方式时的汇率),D/D 使用相对较少,M/T 目前几乎不用。

4. 即期外汇交易的基本程序

即期外汇交易一般成交金额较大,且交易时间很短。在即期外汇业务中,交易各方一般要按照一定的程序来进行外汇买卖,这些程序及注意事项如下:

(1) 询价(Asking)。询价时通常要自报家门,询问有关货币即期汇率的买入价、卖出价。询问的内容必须简洁、完整,包括币种、金额(有时还要包括交割日)。此外,询价时不要透露自己是想买进还是想卖出,否则对方会抬价或压价。

(2) 报价(Quotation)。当外汇银行接到询价时,一般要作出回答,即报价。报价是外汇交易的关键环节,因为报价合理与否,关系到外汇买卖是否能成交。报价时必须遵守"一言为定"的原则,只要询价方愿意按报价进行交易,报价行就要承担对此报价成交的责任,不得反悔或变更。

(3) 成交(Done)。当报价行报出价格后,询价者就必须给予答复,明确表示是否买进或卖出,以及买或卖的货币金额。

(4) 确认(Confirmation)。在报价行作出交易承诺之后,交易双方还应将买卖的货币、汇率、金额、起息日期,以及交割方法等交易细节再相互确认一遍。

(5) 结算(Settlement)。这是最后一个环节。买卖双方交易员将交易的文字记录交给交易后台后,由后台根据交易要求指示其代理行将卖出的货币划入对方指定的银行账户。银行间的收付款(即各种货币的结算)是利用 SWIFT 电讯系统,通过交易双方的代理行或分行进行的,最终以有关交易货币的银行存款的增减或划拨为标志。

5.2.2 远期外汇交易

1. 远期外汇交易的概念

远期外汇交易(Forward Exchange Transaction)是指外汇买卖双方达成交易后,根据合同的规定,在将来某一约定的日期,以某一约定汇率交割某一约定数量外汇的外汇买卖活动(业务)。又称期汇交易。通常外汇交易达成后两个营业日以后进行交割的外汇买卖,都属远期外汇交易范畴。可以是以日计算的,如3天、7天、15天后进行交割;最常见的是按月计算的,如1个月、2个月、3个月、6个月、9个月和12个月后进行交割。如果期限长达12个月以上的,则称为超远期交易。

期汇交易与现汇交易的主要区别在于交割日的不同。凡交割日在两个营业日以后的外汇交易均是期汇交易。确定期汇交易的交割日的一般惯例是:

(1) 任何外汇交易都以即期(现汇)交易为基础,所以远期交割日是即期交割日加上月数或天数得到的。若远期合约是以天数计算的,其天数以即期交割日后的日历日的天数为基准,而非营业日。例如,星期三签订的远期合约,合约天数为3天,则即期交割日为星期五,远期交割日是星期一(即从星期五算起,到星期一正好3天)。

(2) 远期交割日若不是营业日,则顺延至下一个营业日。若顺延之后,跨月到了下一个月份,则必须提前至当月,以当月的最后一个营业日为交割日。

(3) 远期交割日的"双底"惯例,即假定即期交割日为当月的最后一个营业日,则所有的远期交割日是相应各月的最后一个营业日。

远期外汇交易的基本动机或目的有二:避险保值和投机获利。

(1) 避险保值。贸易商人、外汇资金借贷者及外汇银行参与远期外汇交易,其动机或目的主要是为了避险保值。参加远期外汇交易,不管市场汇率将来如何变化,都能保证其按确定的汇率进行外汇买卖,可以避免汇率变动造成的外汇风险。如对进出口商来讲,能够可靠的计算出将要到期的债权债务,有益于其进行成本和收益的比较,从而排除了汇率变动所带来的不确定性。

(2) 投机获利。对于远期外汇汇率看涨的投机商,买入远期外汇,即前述做"多头";反之,对于远期外汇汇率看跌的投机商,卖出远期外汇,即做"空头"。外汇买卖到期后,如果汇率变动符合其预期,即可获取盈利;反之,则将遭受损失。

2. 远期汇率的报价和计算

1) 远期汇率的报价

远期外汇交易所使用的汇率,即远期汇率。其报价方法一般有三种:直接法、差额法和点数法。

(1) 直接法。即直接报价法,又称完整汇率报价,是指直接完整地报出不同期限远期外汇买卖实际成交的买入价和卖出价。这种报价方式一目了然,通常应用于银行对顾客的远期外汇报价。在日本和瑞士银行同业间的远期交易也采用这一报价方式,如某日美元兑日元的 3 个月远期汇率为 USD1＝JPY106.40/54,美元兑瑞士法郎的 3 个月远期汇率为 USD1＝CHF0.9560/70。

(2) 差额法。即报出远期汇率与即期汇率差额的方法。指在外汇市场上以升水、贴水和平价表示远期汇率与即期汇率的差额,这种表示方法大多数国家采用。这里的升水(At Premium)表示远期外汇比即期外汇贵,贴水(At Discount)表示远期外汇比即期外汇便宜(贱),平价(At Par)表示远期外汇与即期外汇汇率相等。

在实际外汇交易中,远期外汇报价要同时报出买入价和卖出价。这样,远期差价的升水点数或贴水点数也都有一大一小两个数字,具体包括前小后大和前大后小两种情形。对此,可以用以下规则来判断远期汇率的升贴水情况:在直接标价法的情况下,前小后大表示远期外汇升水,前大后小表示贴水;在间接标价法的情况下则正好相反,前小后大表示远期外汇贴水,前大后小表示升水。

远期汇率可以通过即期汇率加减升、贴水的数字计算出来。由于汇率的标价方法不同,因此在计算远期汇率时计算的方法也不同。

在直接标价法下:

远期汇率＝即期汇率＋升水数字　或　远期汇率＝即期汇率－贴水数字

在间接标价法下:

远期汇率＝即期汇率－升水数字　或　远期汇率＝即期汇率＋贴水数字

【例5.1】　在伦敦外汇市场上,即期汇率为 GBP1＝USD1.4058,3 个月美元远期汇率升水 0.51 美分。求 3 个月美元远期汇率为多少?

解　　　GBP1＝USD1.4058－USD0.0051＝USD1.4007

(3) 点数法。又称掉期率报价法。掉期率(Swap Rate or Swap Point)指某一特定的货币,其远期汇率与现汇汇率的差异,或正面或负面,通常以点数代表。掉期率报价法下,外汇银行首先报出即期汇率,在即期汇率的基础上再报出点数(即掉期率),客户把点数加到即期汇率上去,或从即期汇率中减掉点数而得到远期汇率。

通过点数计算远期汇率时,其计算原则是:在已知即期汇率和掉期率的情况下,凡是掉期率的前一个数字大于后一个数字,则不论为何种汇率标价法,均应分别从即期汇率中减去掉期率求出远期汇率买卖价;相反,凡是掉期率的前一个数字小于后一个数字,则不论为何种汇率标价法,均应分别从即期汇率中加上掉期率求出远期汇率买卖价。即"大小减、小大加"。

表示远期汇率的点数有两栏数字,分别代表买入价点数与卖出价点数。直接标价法下,买入价点数在前,卖出价点数在后;间接标价法则正好相反。因此,可以通过点数来判断远期外汇是升水还是贴水,判断的标准是:如果卖出价点数大于买入价点数时,则表明远期外汇升水;如果卖出价点数小于买入价点数时,则表明远期外汇贴水。

【例 5.2】 英国某银行的报价,即期汇率为 GBP1＝USD1.4058/68,3 个月远期差价为 80/70。计算远期汇率,并判断远期汇率的升贴水。

解　　　　　GBP1＝USD1.4058/68－80/70＝1.3978/98

因为 3 个月远期差价为 80/70,并且为间接标价,所以远期汇率升水。

【例 5.3】 根据美国银行的报价,即期汇率为 USD1＝AUD1.2900/40,1 个月远期差价为 20/30。计算远期汇率,并判断远期汇率的升贴水。

解　　　　　USD/AUD＝1.2900/40＋20/30＝1.2920/70

因为 1 个月远期差价为 20/30,并且为间接标价,所以远期汇率贴水。

2) 远期汇率的计算

(i) 利用利率与汇率之间的关系计算远期汇率

远期汇率可以从两种货币利率差与即期汇率中推导出来。在不受限制的货币市场与外汇市场中,两种货币的远期汇率与即期汇率和利率之间存在着以下关系：

远期外汇汇率＝即期外汇汇率＋即期外汇汇率×(标准货币利率－基准货币利率)×天数÷360

【例 5.4】 假设美元 6 个月的利率为 3.5%,澳元 6 个月的利率为 8.5%,美元和澳元的即期汇率为 USD1＝AUD1.3000,则远期汇率为多少？

解　远期汇率为

USD1＝AUD1.3000＋1.3000×(8.5%－3.5%)×180/360＝1.3325

(ii) 远期汇率的套算

远期套算汇率,是指两种货币的远期汇率以第三种货币为中介而推算出来的汇率。远期套算汇率的计算规则与即期套算汇率相同,只是增加了一步,即首先根据即期汇率和升贴水点数求出远期汇率,然后根据套算汇率的计算规则套算出远期汇率。

【例 5.5】 假定即期汇率：GBP1＝USD1.4058/68,6 个月远期差价点数为 130/110；同时还假定即期汇率：USD1＝CHF0.9560/70,6 个月远期差价点数为 200/190。求 GBP 对 CHF 的 6 个月远期汇率。

解　(1) 先求远期汇率：

GBP 对 USD 6 个月的远期汇率为

GBP1＝USD1.4058/68－130/110＝1.3928/58

USD 对 CHF 6 个月的远期汇率为

USD1＝CHF0.9560/70－200/190＝0.9360/80

(2) 再求套算汇率：

由于 GBP/CHF＝(GBP/USD)×(USD/CHF),所以

1.3928×0.9360＝1.3037；1.3958×0.9380＝1.3093

即 GBP 对 CHF 的 6 个月远期汇率为 GBP1＝1.3037/93。

3. 远期汇率与利率之间的关系

远期汇率与利率的关系极为密切,具体来讲有以下几种关系:

(1) 远期外汇的升、贴水受利息率水平的制约。在其他条件不变的情况下,利率低的国家的货币的远期汇率会升水,利率高的国家货币的远期汇率会贴水。这是因为,银行在经营外汇业务时必须遵循买卖平衡的原则。假如美国某银行卖出远期港元外汇较多,买进远期港元外汇较少,两者不能平衡。则该银行必须拿出一定的美元,购买相当于上述差额的港元外汇,将其存放于香港的有关银行,以备已卖出的港元远期外汇到期时办理交割。这样美国的该银行就要把它的一部分美元资金兑换成港元,存放在香港。如果香港的利率低于纽约,则该美国银行就会有利息的损失,它不可能自己来承担利息的损失,而是把损失转嫁给远期外汇的购买者,即客户买进远期港元外汇的汇率高于即期港元的汇率,从而利息率低的货币港元发生升水。

(2) 远期汇率和即期汇率的差异,决定于两种货币的利率差异,并大致和利率的差异保持平衡。

(3) 远期汇率升水、贴水的具体数字可从两种货币利率差与即期汇率中推导计算。即

$$升(贴)水数字 = 即期汇率 \times 利差 \times 月数/12 \quad (5.1)$$

(4) 升水(或贴水)的年率也可从即期汇率与升水(或贴水)的具体数字中推导计算。

$$升(贴)水年率 = \frac{升(贴)水的数字 \times 12}{即期汇率 \times 月数} \times 100\% \quad (5.2)$$

【例5.6】 已知香港市场的年利率为6%,美国纽约市场的年利率为8%,某日纽约市场的即期汇率为 USD1 = HKD7.7962。美国某银行卖出 3 个月远期 HKD1000 万,则 3 个月港元远期外汇是升水还是贴水?具体数字是多少?3 个月的远期汇率是多少?升贴水年率是多少?

解 3 个月港元升水,因为港元的年利率比美元的年利率低。

升水具体数字是:

$$7.7962 \times (8\% - 6\%) \times 3/12 = 0.0390 (HKD)$$

3 个月港元的远期汇率是:

$$USD1 = HKD7.7962 - 0.0390 = HKD7.7572$$

3 个月远期港元的升水折年率是:

$$(0.0390 \times 12) \div (7.7962 \times 3) = 2\%$$

4. 远期外汇交易的类型

远期外汇业务按照交割日期是否固定,可以分为固定交割日的远期业务和选

择交割日的远期业务。

1) 固定交割日期的远期交易

固定交割日期的远期交易(Fixed Forward Transaction)又称定期外汇交易,它是指按照交易双方商定的日期进行外汇交割的远期外汇业务。这是与远期外汇业务概念相吻合的标准的远期外汇买卖,交割日既不能提前,也不能推迟。例如,2018年6月15日A银行与B银行签订3个月期固定外汇交割日的远期外汇买卖合约,A银行愿意以USD1=EUR0.8144的汇率卖出欧元、买进美元,B银行也愿意以相同的汇率卖出美元、买进欧元,交割日为2018年7月15日。届时A银行与B银行必须按对方的要求将卖出的货币划入对方指定的账户,如果有一方延迟交割,则另一方可向其收取迟付利息。

2) 选择交割日期的远期交易

选择交割日期的远期交易(Optional Forward Transaction)又称择期外汇业务,它是指交易的一方可在成交日后的第三天起至约定的期限内的任何一个营业日,要求交易的另一方按照约定的远期汇率进行外汇交割的远期外汇业务。

这是20世纪70年代以后才发展起来的一种银行外汇业务,其产生是为了满足某些买卖远期外汇时交割日难以确定的特殊需要。因为进出口商常常不能肯定贸易商品何时到达,进口什么时候支付货款,或者出口商货款何时能够收回。如果作固定交割日的远期外汇交易,很可能到期的应收货款未收到或应付款时因故款项不能付出,造成远期合约难以执行。选择交割日期的远期业务正好弥补了这个缺点,对客户来讲,具有较大的灵活性,能够保证在进出口业务中及时付款或收汇。

一个知道在贸易合同签订后3个月内能收到货款的出口商,可与银行签订一个择期远期合约,交割日选择在3个月内的任何一天,但不知具体日期,主动权完全掌握在出口商手中,银行处于被动地位,汇率变动造成损失的可能性较大。因此银行一般选择从择期开始到结束期间最不利于顾客的汇率作为择期交易的汇率。择期交易的定价过程通常是首先计算出约定期限内第一个工作日交割的远期汇率和最后一个工作日交割的远期汇率,然后根据客户的交易方向从中选取对银行最为有利的报价。判断择期汇率的两个原则是:

(1) 当远期外汇升水时,银行卖出择期远期外汇使用的汇率是最接近择期结束的汇率;若远期外汇贴水,使用的汇率则是最接近择期开始的汇率。

(2) 当远期外汇升水时,银行买入择期远期外汇使用的汇率是最接近择期开始的汇率;若远期外汇贴水,使用的汇率则是最接近择期结束的汇率。

【例5.7】 根据纽约银行的报价,即期汇率为USD1=AUD1.3470/80,1个月远期差价为50/60。某银行进行约定期限为1个月的择期远期外汇交易,其卖出和买进AUD的择期汇率各是多少?

解 (1) 因澳元贴水,所以买入时选择最后一天的汇率,即1.3540;卖出时选择第一天的汇率,即1.3470。

(2) 因澳元贴水,所以银行卖出澳元的择期汇率是 1.3470;由 1.3470/80＋50/60＝1.3520/40 可知,银行买进澳元的择期汇率是 1.3540。

5. 远期外汇交易的应用

1) 固定进出口收支的汇率风险

汇率的变动是经常的,而在国际贸易中进出口商从签订贸易合同到执行合同、收付货款通常需要经过一段相当长的时间,在此期间进出口商可能因汇率的变动遭受损失。同样,资金借贷者持有净外汇债权或债务时,汇率的不利变动也会引起以本币计值的收入减少和成本增加。因此,进出口商和资金借贷者为避免汇率波动所带来的风险,就通过远期外汇交易在收取或支付款项时按成交时的汇率办理交割。

【例5.8】 香港一出口公司向美国出口某产品,价值为 100 万美元,商品成本为 760 万港元。按信用证规定 90 天付款,如果当时的外汇市场行情是:即期汇率为 USD1＝HKD7.7930/48,3 个月远期差价点数为 100/88。那么,远期汇率为 USD/HKD＝7.7830/60。

依次分析如下:

(1) 3 个月后,若市场汇率不变,则香港出口公司出口获利为:
$$100 \times 7.7930 - 760 = 19.3（万港元）$$

(2) 3 个月后,如果市场汇率下跌至 USD1＝HKD7.6800/10,则香港出口公司出口获利为:
$$100 \times 7.6800 - 760 = 8（万港元）$$

此时,公司比买卖成交时少赚 11.3 万元。而且如果 3 个月期间,经济动荡加剧,市场汇率下跌至 USD1＝HKD7.6000 之下,则公司不仅不获利,还会赔本。

(3) 3 个月后,若市场汇率不跌反升为 7.8000/10,则香港出口公司还另外获得远期升水利益:
$$100 \times 7.8000 - 760 = 20（万港元）$$

(4) 如果公司选择避险,则无论市场汇率如何变动,公司的总盈利是固定的:
$$100 \times 7.7830 - 760 = 18.3（万港元）$$

我们可以看出:(1)、(2)、(3)三种情况对出口公司来说是无法把握的,只有用远期外汇市场才能使收益保持在一个固定的水平上。

2) 投机者利用远期外汇市场进行外汇投机

外汇投机既可以在现汇市场上进行,也可以在期汇市场上进行。在现汇市场上进行投机时,由于现汇交易要求立即进行交割,投机者手中必须持有足额的现金或外汇。现金或外汇既可以是自有的,也可以是借来的。若是借的就要支付利息,若是自有的就要付出机会成本(将现金或外汇用于投机而不存入银行所损失的利息)。而在期汇市场上进行交易不涉及实物(现金或外汇)的收付,因而在该市场上投机不必持有足额的现金或外汇,只需支付少量的保证金。

【例 5.9】 一美国投机商预期英镑有可能大幅度下跌。假定当时英镑 3 个月远期汇率为 GBP1=USD1.4780,该投机商卖出 100 万远期英镑,成交时他只需支付少量保证金,无须实际支付英镑。如果在交割日之前英镑果然贬值,设远期英镑汇率跌为 GBP1=USD1.4280,则该投机商再次进入远期市场,买入 100 万远期英镑,交割日和卖出远期英镑的交割日相同(对冲)。这一买一卖可使他获得 5(即 $1.4780 \times 100 - 1.4280 \times 100$)万美元的投机利润(不含交易费用)。

5.3 套汇、套利和掉期交易

5.3.1 套汇交易

1. 套汇的概念

广义而言,套汇(Arbitrage)是指为获取汇率差价而从事的外汇交易。即利用不同外汇市场、不同币种的汇率差异,在汇率低的市场买进,而在汇率高的市场卖出(贱买贵卖),借此赚取差价收益的外汇业务(交易)。广义的套汇交易包括地点套汇、时间套汇(即掉期交易)和利率套汇(即套利)。不过,通常所说的套汇交易一般仅指地点套汇,是指交易者利用两个或两个以上外汇市场上某些货币的汇率,在同一时间存在的差异进行外汇买卖,在低价市场上买进而同时又在高价市场上卖出,从中赚取差价利润的一种外汇交易。

在通常情况下,由于现代化通信设备的普遍使用,世界上主要外汇市场上某种货币的汇率水平是非常接近的。但有时在很短暂的时间内也会出现一定的差异,当这种差异大到足以补偿进行外汇买卖而调动资金所发生的全部费用(例如通信费、手续费等)时,套汇将会发生。由于汇率差异存在的短暂性,这就要求套汇者必须及时准确地把握市场信息和迅速采取买卖行动,因此,套汇者通常都是那些大的国际商业银行,它们在世界各大外汇市场都有分支机构和代理行,信息灵通,头寸调拨便捷,资金实力雄厚。尽管短暂时间内存在的汇率差异很小,但套汇者投入的资金往往很大,因此套汇成功后的收益还是相当可观的。

一般来说,要进行套汇交易必须具备以下三个条件:① 不同外汇市场存在汇率差异;② 套汇者必须拥有一定数量的资金,且在主要外汇市场拥有分支机构或代理行;③ 套汇者必须具备一定的技术和经验,能够判断各外汇市场汇率变动及其趋势,并根据预测采取行动。

2. 套汇的类型

套汇可分为直接套汇与间接套汇两大类型。

1) 直接套汇

直接套汇(Direct Arbitrage)又称两角套汇(Two Point Arbitrage),是指利用两个外汇市场之间的汇率差异,在某一外汇市场低价买进某种货币,同时在另一市场高价出售,赚取汇率差额的外汇交易活动。

【例5.10】 某日,纽约外汇市场和法兰克福外汇市场上,欧元对美元的汇率分别是:

EUR1=USD1.4375/95 和 EUR1=USD1.4330/50。如果不考虑其他费用,投机者用100万欧元如何套汇?

解 由于两地欧元与美元的汇价不一致,从而产生了套汇机会。由于纽约市场上欧元贵,法兰克福市场上欧元便宜,所以具体操作如下:在纽约外汇市场上,卖出欧元买入美元:$100 \times 1.4375 = 143.75$(万美元);在法兰克福外汇市场上,卖出美元买入欧元:$143.75 \div 1.4350 = 100.1742$(万欧元)。因此,投机者套汇的收益为 $100.1742 - 100 = 0.1742$(万欧元)。

这里需要注意的是,套汇业务要花费电传费用、佣金等套汇费用,套汇毛利必须大于套汇费用才能使套汇者赚取利润;否则,套汇者不仅无利可图,甚至还会受损。上述套汇活动可一直进行下去,直到两地欧元与美元的汇率差距消失或很接近为止,之后又会产生新的汇差,又有新的套汇活动。

2) 间接套汇

间接套汇(Indirect Arbitrage)又称三角套汇(Three Point Arbitrage)和多角套汇(Multiple Point Arbitrage),指套汇者利用三个外汇市场的汇率差异所进行的以谋利为动机的外汇交易活动。

【例5.11】 某一时刻,得知在香港、纽约、伦敦外汇市场上的汇率如下:USD1=HKD7.7500/800(香港),GBP1=USD1.5601/25(纽约),GBP1=HKD12.2000/50(伦敦)。如果不考虑其他费用,某香港商人以1000万港元进行套汇,可获多少套汇利润?

解 由于间接套汇投资者不能直接观察出有无汇率差异、存不存在套汇机会,而且套汇方案也要经过比较后才能确定,因而进行这种外汇交易,须按下述步骤来进行:

第一步:判断这三个外汇市场是否存在套汇机会。

用套算汇率的方法判断有无套汇机会。使用纽约与伦敦两个外汇市场上的汇率套算出港元兑美元的汇率,再与香港外汇市场上的汇率进行比较,若存在差异,就有套汇机会。

由于GBP/HKD=12.2000/50,GBP/USD=1.5601/25,故套算汇率USD/HKD=7.8080/232。套算汇率与香港市场上的汇率不一致,因此存在着套汇的机会。

第二步:选择套汇路线。

套汇者用最初持有的货币在低价市场上买进到高价市场上卖出。本例中的港元在香港市场上的价格高,因此套汇路线为 HKD→USD→GBP→HKD,即在香港市场上卖 HKD 买 USD,在纽约市场上卖 USD 买 GBP,在伦敦卖 GBP 买 HKD。

第三步:计算套汇利润。

港商用 1000 万港元在香港可买美元:

$$1000 \div 7.7800 = 128.5347（万美元）$$

港商用这笔美元在纽约可买英镑:

$$128.5347 \div 1.5625 = 82.2622（万英镑）$$

港商用该笔英镑在伦敦可买港元:

$$82.2622 \times 12.2000 = 1003.5989（万港元）$$

若不考虑其他费用,港商的套汇利润为:

$$1003.5989 - 1000 = 3.5989（万港元）$$

套汇活动实际上是市场不均衡的产物,它可以使套汇者获得几乎是毫无风险的利润。但是套汇活动最终又会将市场推向均衡,因为在低价市场上的大量买进活动会促使该市场的汇率上升,而在高价市场上的大量抛售活动又会使该市场的汇率下降,最终使同一货币的汇率在世界范围内趋于一致。因此,不同外汇市场出现汇率差异的时间是很短暂的,尤其随着现代化通信设备和计算机技术的迅速发展与日益现代化,出现汇率差异的机会越来越少,套汇的机会也因此大大减少了。

5.3.2 套利交易

1. 套利交易的概念

套利交易(Interest Arbitrage)亦称利息(利率)套汇交易,是指套利者利用不同国家或地区短期利率的差异,将资金从利率较低的国家或地区转移到利率较高的国家或地区进行投资,以获取利差的外汇交易活动。当不同国家或地区之间的短期利率存在差异时,就可能引起套利活动。

由于目前各国外汇市场联系十分密切,一有套利机会,大银行或大公司便会迅速投入大量资金到利率较高的国家。因此,套利活动将外汇市场与货币市场紧密联系在一起。

2. 套利交易的类型

套利交易按套利者在套利时是否做反方向交易轧平头寸,可分为非抵补套利和抛补套利。

1) 非抛补套利

非抛补套利(Uncovered Interest Arbitrage,UIA)又称不抵补套利或非补偿性套利,是指投资者在有关货币汇率比较稳定的情况下,将资金从利率较低的国家或地区转移到利率较高的国家或地区进行投资,以获取利差的一种外汇交易。

【例 5.12】 假设日本东京金融市场年利率为 3%,美国纽约金融市场年利率为 6%,即期汇率为 USD1=JPY109.50/110.00。为了谋取利差,一日本投资者欲将 1.1 亿日元转到美国市场投资 1 年。在这种情况下,该日本投资者可以这样进行投资选择:

假设不套利,1 年后在日本可获投资本利和为:
$$11000 \times (1+3\%) = 11330(万日元)$$

假设套利,先将日元按即期汇率兑换成美元,再投资到美国套取利差,则 1.1 亿日元折美元为 $11000 \div 110.00 = 100$(万美元)。

1 年后投资美元收本利和为:
$$100 \times (1+6\%) = 106(万美元)$$

如果汇率不变,1 年后可换 11607(即 106×109.50)万日元。

由此可见,在不考虑汇率变动的情况下,套利要比不套利多收入:
$$11607 - 11330 = 277(万日元)$$

但是,一般情况下 1 年后汇率都会有所变动,或升水或贴水,因此当日本投资者把在美国获得的美元收益换回日元时,将面临比较大的不确定性,有遭受汇差损失或获得额外汇差收益的可能。非抛补套利是一种纯粹的套利行为,具有极强的投机性。套利者只着眼利差,而不顾及汇率的变动,是非抛补套利的典型特点。

在例 5.12 中,假如 1 年后,美元相对日元升值,USD1=JPY111.50/90,那么 $106 \times 111.50 = 11819$(万日元),该日本投资者不仅获得利差,而且还获得了更大的汇差收益,获利总额是 489(即 $11819-11330$)万日元。

但是如果 1 年后,美元相对日元贬值,如 USD1=JPY107.00/50,则 $106 \times 107.00 = 11342$(万日元),该日本投资者遭受了汇差损失,但利差收益仍大于汇差损失,仍可获得 12(即 $11342-11330$)万日元的利润。若 U5D1=JPY106.00/50,则 $106 \times 106.00 = 11236$(万日元),该投资者虽然获得了利差,但在汇差上遭受了比较大的损失,套利的结果不仅不获利,还损失了 94(即 $11330-11236$)万日元。

可以看出,只有当两国利率差异率大于高利率货币的汇率下跌幅度时,进行非抛补套利才能获利。而且进行非抛补套利活动时,利率高的货币远期汇率的贴水程度对套利者的收益会产生极大的影响。可见,这种纯粹的套利行为面临着汇率变动不确定性所带来的风险。在同一种货币之间,单纯逐利没有问题;在两种或多种货币之间,如果对汇率变动很有把握,也可以去套利。但是,在大多数情况下,投资者对投资期内的汇率变动是没有把握的。为了避免汇率在投资期内向不利方向变动带来的损失,投资者往往采取的是抛补套利。

2) 抛补套利

抛补套利(Covered Interest Arbitrage,CIA)又称抵补套利或补偿性套利,是指套利者在把资金由利率较低的国家货币转向利率较高的国家货币的同时,在外汇市场上卖出投资期限相同的远期高利货币,以避免风险的交易活动。

【例 5.13】 沿用例 5.12,假设 1 年期的远期汇率为 USD1＝JPY108.00/50,日本投资者进行抵补套利。

首先将日元按即期汇率兑换成美元,再投资到美国套取利差,100 万美元投资到美国,收本利和 106 万美元,按汇率不变可折合 11607 万日元。该投资者同时做掉期,卖 106 万美元期汇,预收 11448(即 106×108.00)万日元。掉期成本为 159(即 11607－11448)万日元,则投资资金在扣除掉期成本后实际收益比在日本市场上多收入:

$$11607-159-11330=118（万日元）$$

该投资者做抛补套利虽然比做非抵补套利(在汇率稳定的前提下)少收入 159 万日元,但这种套利已经不再存在任何的外汇汇率风险。

抛补套利是一种重要的投资和避险手段。它实际上是非抛补套利和掉期相结合的一种交易方式。其好处在于套利者既可获得利差收益,又可避免汇率波动的风险。但是,掉期交易要支付一定的掉期成本。为了便于比较,常采用掉期成本年率这个指标衡量掉期成本的大小。因为掉期成本取决于即期汇率和远期汇率的差额,即两种货币之间的升贴水程度,所以掉期成本年率可以用远期汇率的升贴水年率来表示,亦可以用 12 个月的掉期率表示。掉期率是以基本点表示的远期汇率与即期汇率之间的差额,即以基本点表示的远期升水额或贴水额。

进行抛补套利需要考虑掉期成本年率与利率差异率的关系问题。在套利日,如果掉期成本年率大于两种货币市场的利率差,说明抛补套利成本太高,无利可图;如果掉期成本年率小于两种货币市场的利率差,说明利差没有完全被掉期成本抵消,尚有套利利润,可以进行抛补套利活动,直到两者相等,套利活动终止,外汇市场与货币市场处于均衡状态。

5.3.3 外汇掉期交易

1. 外汇掉期交易的概念

外汇掉期交易(Swap Transaction)是外汇交易者在买进或卖出一种交割期限、一定数额的某种货币的同时,卖出或买进另一种交割期限、相同数额的同种货币的外汇交易活动。

作为一种复合性的外汇买卖,掉期交易具有下述特点:① 买和卖的交易同时进行;② 买卖的货币种类相同、金额相等;③ 买卖货币的交割日不同。正因为如此,掉期交易不会改变交易者的外汇持有额,改变的只是交易者所持有外汇的期限结构,故名"掉期"。

进行掉期交易的目的,主要是为了轧平外汇头寸,以避免汇率变动造成损失;同时也可以通过掉期交易贱买贵卖,从而获得买卖差价的收益。

2. 外汇掉期交易的类型

按照交割期限,掉期交易可以分为即期对远期的掉期交易和远期对远期的掉期交易两种类型。

1) 即期对远期的掉期交易

即期对远期的掉期交易(Spot-Forward Swap Transaction)指在买进或卖出某种即期外汇的同时,卖出或买进同种货币的远期外汇。它是常见的一种掉期交易形式,交割期限大多为1个星期、1个月、2个月、3个月、6个月。

【例5.14】 一家美国投资公司需要100万英镑现汇进行投资,已知即期汇率为GBP1=USD1.4770/80,2个月的远期汇率差价点数为20/10,预计2个月后收回投资,问公司应该如何利用掉期交易防范汇率风险?

解 2个月的远期汇率为GBP1=USD1.4750/70。

该公司操作如下:在即期市场上买进100万英镑,共付出147.8万美元;同时在期汇市场上卖出100万英镑2个月的期汇,可收回147.5万美元。在这笔掉期交易中投资者损失了3000美元,但是这样做可以固定成本,可以用最小的代价保证预期的投资收益不再因汇率的变化而遭受损失。

2) 即期对即期的掉期交易

即期对即期的掉期交易又称"一日(天)掉期(One-Day Swap Transaction)",是指买进或卖出一笔即期某种货币的同时,卖出或买进另一笔同种货币的即期。两笔即期交易的区别在于它们的交割日期不同,可以分为今日对明日掉期、明日对后日掉期以及即日对次日的掉期。这种掉期交易主要用于外汇银行之间的交易,目的在于避免同业拆借过程中存在的汇率风险。

3) 远期对远期的掉期交易

远期对远期的掉期交易(Forward-Forward Swap Transaction)指对不同交割期限的期汇做货币和金额相同而方向相反的两个交易。

【例5.15】 假如2018年4月16日美国一公司1个月后有一笔100万欧元的应收账款,6个月后又有一笔100万欧元的应付账款。若该公司想通过掉期交易来固定成本,应如何操作?假设当时的即期汇率为EUR1=USD1.3325/400,1个月远期汇率差价点数为30/40,6个月远期汇率差价点数为110/160,其掉期成本是多少?

解 该公司应该做卖出1个月100万欧元、买进6个月100万欧元的掉期交易。1个月的远期汇率是EUR1=USD1.3355/440;6个月的远期汇率是EUR1=USD=1.3435/560。所以,掉期成本为100万×(1.3560−1.3355)=20500(美元)。

3. 外汇掉期交易的应用

1) 避险保值

可用于进出口商存在不同期限、数额相当的外汇应收、应付款的情况。例如,中国香港某公司进口一批货物,根据合同 1 个月后须支付货款 10 万美元;该公司同时将这批货物转口外销,预计 3 个月后收回以美元计价的货款。香港外汇市场汇率如下:

1 个月美元汇率: USD1＝HKD 7.7810～7.7830
3 个月美元汇率: USD1＝HKD 7.7800～7.7820

为避免美元汇率波动的风险,该贸易商可以做掉期操作:① 买进 1 个月远期美元 10 万,应支付 77.83 万港元;② 卖出 3 个月远期美元 10 万,收回 77.80 万港元。总计付出掉期成本 0.03 万(即 77.83－77.80)港元。此后无论美元汇率如何波动,该贸易商均无外汇风险。

2) 使远期外汇交易展期或提前到期

例如,中国某外贸公司 3 个月后有一笔 500 万欧元的出口收入,为避免欧元汇率下跌,该公司卖出了 3 个月远期欧元。但是 3 个月到期时,欧洲进口商表示无法按期付款,希望延期付款 2 个月。这就造成了中国外贸公司与银行签订的远期合同无法履行的问题。此时,该外贸公司可作如下操作:买入即期欧元,从而了结到期的 3 个月远期合同,同时,卖出 2 个月远期欧元,以防范 2 个月后应收货款的外汇风险。这样,该公司通过掉期交易对原远期欧元合同进行展期,达到了保值目的。在这一过程中,该公司要付出掉期成本,即即期汇率与 2 个月远期汇率之间的差额。

3) 轧平银行外汇头寸

例如,某银行收盘时,外汇头寸出现了这样的情况:3 个月远期美元空头 100 万,6 个月远期美元多头 100 万;同时,3 个月远期日元多头 10930 万,6 个月远期日元空头 10940 万。当时市场汇率如下:

3 个月远期: USD1＝JPY109.10～109.30
6 个月远期: USD1＝JPY109.50～109.70

若银行对空头和多头分别进行抛补,需安排多笔交易,成本很高。若采取掉期交易,以日元换美元,操作过程为:买入 3 个月远期美元 100 万(卖出 3 个月远期日元),汇率为 109.30,则卖出 10930 万 3 个月远期日元;卖出 6 个月远期美元 100 万(买入 6 个月远期日元),汇率 109.50,则可换回 6 个月远期日元 10950 万。除了弥补 6 个月远期日元空头,还可收益 20 万日元。这样,一笔掉期交易,就可使美元和日元头寸达到平衡。

5.4　外汇期货与期权交易

1972年5月,芝加哥商业交易所(CMK)开始的外汇期货交易。其后的1982年11月,加拿大蒙特利尔股票交易所率先推出了外汇期权交易。之后,外汇期货和外汇期权交易在世界范围内得到迅速发展,目前这两种新型外汇交易形式在国际金融市场中的地位越来越重要。本节将详细论述外汇期货和外汇期权的概念和特点,并着重阐述外汇期货交易和外汇期权交易的合约规则、交易制度、交易流程及其在套期保值和投机过程中的具体应用。

5.4.1　外汇期货交易

1. 外汇期货交易的含义与特点

外汇期货(Foreign Exchange Futures)又称外币期货或货币期货,是指以外汇作为标的物的一种金融期货合约。它是在国际金融市场剧烈动荡,各国货币之间的汇率大起大落的背景下产生的,也是金融期货最早出现的品种。

外汇期货交易(Forex Futures Trading)又称外币期货交易或货币期货交易,是指在期货交易所内,以公开竞价的方式进行的外汇期货合约的买卖活动。具体而言,它是指在有形的交易市场(交易所),通过结算所的下属成员清算公司或经纪人,根据成交单位、交割时间标准化的原则,按固定价格购买或出售远期外汇的一种业务。外汇期货合约(Forex Futures Contract)是由交易双方签订的约定在未来某一时间以成交时所确定的价格交收一定数量的某种货币的标准化合约。

与一般现汇交易相比,外汇期货交易具有如下的特点及规则:

(1) 外汇期货交易的对象是标准化的外汇期货合约。外汇现汇交易的标的是实际外汇(货币),尽管也可以远期接受或提供,但交易者不能摆脱转移有关外汇(货币)的义务。外汇期货合约是期货交易所为期货交易印制的标准化的合约,该合约规定交易双方各自支付一定的保证金和佣金,并按照交易币种、数量、交割月份与地点等买卖一定数量的外汇。

这里的标准化是指:① 交割日期是固定的。交易所规定的期货合约的到期月份一般为3月、6月、9月和12月,如芝加哥国际货币市场(IMM)规定的交割日为交割月份的第三周的星期三。② 每种交易货币的每份合约金额都是标准化的。每笔交易必须是合约金额的整数倍,如IMM对每一份货币期货合约都规定了特定数量:澳元10万、英镑6.25万、加元10万、欧元12.5万、日元1250万、瑞士法郎12.5万。③ 每一种交易货币的价格波动是标准的。外汇期货合约交易中,每种货币期货合约都规定有价格最低限度,即每一次价格变动的最小幅度。这一最小幅度与交易单位的乘积就是每份外汇期货合约最小变动价值,如IMM规定欧元最小变动价值为1个点,即0.0001美元,而欧元期货合约的交易单位为12.5万欧元,因此每份欧元期货合约的每一次最小变动价位应为12.5(即125000×0.0001)美元。④ 每种交易货币规定有每日价格波动限制,如IMM规定每日英镑的最大波动单位为500个基本点。

在实践中,交易双方很少进行实际货币的交割,而是在到期前作反向操作使原有合约对冲掉。对冲(offset)又称平仓,指以方向相反的第二次期货交易结束自己对第一次期货交易承担的义务。例如,在买进5张外汇期货合约后,到期日之前卖出5张币种、期限相同的外汇期货合约,便可结束交易者对期货合约承担的义务,而无需交收实际的外汇(货币)。

(2) 外汇期货交易只能在期货交易所内进行。期货交易所(Futures Exchange)是人们从事期货交易的场所,是一个非营利性机构,依靠会员缴纳的会费和契约交易费弥补支出。其主要工作是制定有关期货交易的规则和交易程序,监督会员行为。期货交易所下设清算所(Clearing House),只有清算所的会员才能从事期货交易;非会员只能由会员代理才能进行期货交易,并要缴纳一定的佣金。所有的期货交易都有清算所作为第三方参加,它既是期货合约买方的卖方,又是期货合约卖方的买方。期货交易在固定场所中进行,可以增加信息的透明度和提高市场的竞争性。在现汇交易中,交易者可在任何地点进行。

(3) 外汇期货交易实行特殊的保证金制度。合约的买方和卖方都要按规定向经纪人缴纳保证金,后者再将部分保证金转存于清算所。保证金包括初始保证金和维持保证金。初始保证金是指客户在每一笔交易开始时缴纳的保证金,维持保证金是指维持期货合约的有效性所必需的最低保证金。若客户在保证金账户上的实有保证金低于维持保证金,就必须立即将保证金增加到初始保证金的水平。保证金制度可以使清算所不必考虑客户的信用程度,减少了期货交易中的相应风险。

(4) 期货交易实行逐日核算制度。清算所每天都按照当日期货市场的收盘价来核算所有期货交易的盈亏。若期货市场价格的变化对客户有利,则其盈利立即转入客户保证金账户,并任由客户提取;若期货市场价格的变化对客户不利,则亏损要从保证金中扣除,并在一定条件下通知客户补交保证金,否则期货交易所有权认为期货合约已经失效,清算所将予以强行平仓。这样,只要期货价格一日之内变动的幅度不至于使亏损超过保证金,清算所便不必担心客户违约。

(5) 期货交易所实行限价制度。外汇期货交易的规则中,包括交易所规定价格在一日内涨跌幅度的规定。一旦期货价格波动达到该界限,则期货交易自动停止。该规定可使交易者在一日内避免承受过高的风险,也使期货交易所可以适当规定保证金的数量。

此外,在即期外汇交易市场上,交易货币大多数以美元为标价货币;而在外汇期货市场上,除了澳元之外,其他交易货币均以美元为标价货币。外汇期货交易以公开竞价的方式进行交易,交易所对期货价格随时作出报道。这一特点使得期货市场成为一个透明度很高、竞争性很强的自由市场。而现货交易通常由买卖双方在私下进行谈判,在谈判结束之前,信息对第三方往往是保密的。

2. 外汇期货交易和远期外汇交易的区别

外汇期货交易和远期外汇交易具有许多相同或相似之处:交易客体相同,都是外汇;交易原理相同;交易目的都是为了防范风险或转移风险,均具有转移价格波动风险和投机获利的双重功能;交易的经济功能相似,都有利于国际贸易的发展,为客户提供风险转移或价格发现的机制。同时,外汇期货交易与远期外汇交易也存在多个方面的不同:

1) 交易的标的物不同

外汇期货交易的标的是标准化的合约,这种合约除价格外,在交易币种、交易时间、交易结算日期等方面都有明确、具体的规定。交易数量用合约来表示,买卖的最小单位是1份合约,每份合约的金额交易所都有规定,交易的金额是标准化合约额的整数倍数。而远期外汇交易的标的直接表现为外汇(货币),交易金额等没有严格的规定,由交易者之间根据需要而定。

2) 交易方式不同

外汇期货交易是由场内经纪人交易商在交易所内以及规定的时间内以公开竞价方式进行的,这种场内交易只限于交易所会员之间进行,且交易双方不直接接触,买卖的具体执行都由经纪商代理。而远期外汇交易则通常是场外交易,没有固定的交易场所,交易时间也没有限制,交易者通过电讯及网络进行。尽管远期外汇交易有银行之间和银行与客户之间的交易两种,有时也可能出现中介,但通常仍由买卖双方直接联系,进行交易。

3) 保证金、手续费及信用风险不同

外汇期货合约买卖双方需缴纳一定金额的保证金,而且需向中介机构缴纳一定的手续费(佣金),买卖双方无信用风险,即不必担心对方的履约问题。远期外汇交易一般是交易双方凭信用交易,不需存入保证金和缴纳手续费,但存在一定的信用风险。

4) 交易清算方式不同

外汇期货与一般商品期货一样,实行每日清算,获利的部分(即超过预交保证金部分)可提取,亏损时从保证金中扣除,并要及时追加保证金,在当日营业终结时以现金结算。远期外汇交易的盈亏由双方在约定的结算(交割)日结算。

5) 交割方式不同

外汇期货合约一般有两种交割方式:一是等到到期日交割;二是不实行实际交割,通过随时续做一笔相反方向但合约数和交割期相同的期货交易实现对冲。外汇期货交易实际交割率很低(一般只有2%~3%),绝大多数合约通过对冲方式予以了结。远期外汇交易一般要按双方约定的汇率进行实际交割。

3. 外汇期货交易的功能

外汇期货市场具有风险转移、价格发现和投机三大基本经济功能。

1) 风险转移功能

风险转移功能也即回避价格（如汇率）风险的功能，它是把期货市场当作转移价格风险的场所，利用期货合约作为在现货市场中买卖外汇（货币）的临时替代物，对其拥有或将拥有的外汇（货币）价格（即汇率）进行保险，以免遭受未来市场价格（即汇率）变动的风险。风险转移是外汇期货市场首要的经济功能。此功能的实现过程是"套期保值（Hedging）"活动。即保证未来期货合约要交易的外汇（货币）和在现汇市场上将来要交易的外汇（货币）在品种和数量上一致，在两个市场上采取相反的买卖活动，即遵循"均等而相对"的原则，在期货市场和现汇市场上进行交易，转移价格变动的风险。

外汇期货套期保值可分为买入套期保值（Buying/Long Hedge）和卖出套期保值（Selling/Short Hedge）。买入套期保值是指在现汇市场处于空头地位的人期货市场上买进期货合约，目的是防止汇率上升带来的风险，适用于国际贸易中的进口商和短期负债者。卖出套期保值是指在现汇市场上处于多头地位的人，为防止汇率下跌的风险，在期货市场上卖出期货合约，适用于国际贸易中的出口商及外汇债权人等。

外汇期货套期保值交易的基本原理或客观基础在于：现汇汇率和期货市场价格通常受同样的经济因素影响，两种在运动方向上存在平行变动性和价格趋同性。平行变动性是指期货价格与现汇汇率的运动方向相同，且二者变动幅度也比较接近；价格趋同性是指随着期货合同到期日的临近，期货价格与现汇汇率的差额越来越小，在到期日二者相等。因此，利用套期保值原理，在外汇期货市场持有与现汇市场交易部位（买或卖）相反但交易量相等的期货合约，这样因现汇汇率变动而遭受的损失就有可能被期货市场的盈利部分或全部弥补。

2) 价格发现功能

价格发现是外汇期货市场的另一个重要经济功能。所谓价格发现，是指外汇期货合约的价格只在外汇期货市场买卖双方相互作用的过程中才能发现和形成。因此，价格发现又称价格形成。外汇期货市场之所以具有价格发现功能，是因为外汇期货市场集中了许多买者、卖者，供求集中，流动性强，这些买者与卖者通过公开竞价、讨价还价的方式形成的外汇期货合约的价格，是反映当时外汇期货合约供求平衡的价格。它综合地反映了外汇期货市场上许多买者和卖者对当时和以后某一时间中各种上市外汇期货合约价格的观点，信息质量高。这种通过竞争形成的外汇期货合约的价格被期货交易所记录下来后，迅速地传播到世界各地，不仅给外汇现汇市场提供了重要的参考依据，而且促进了世界外汇期货价格的形成。

3) 投机功能

投机也是外汇期货市场的经济功能之一。这里的投机，是指就是在价格（汇率)波动中进行期货合约买卖的交易活动。投机者进入期货市场买卖期货合约,是为了获取丰厚的利润,他们并没有现汇需要保值,他们不计算、回避和转移价格风险,反而用自己的资金去冒价格(汇率)波动的风险。外汇期货市场之所以具有投机的功能,是因为参与外汇期货交易活动所要缴纳的保证金比较低,一般为外汇期货合约总价值的10%左右,这就为投机者提供了以小额资金获取巨额利润(以小博大)的机会。投机者总要千方百计地把握这种以小本谋大利的机会,通过买空或卖空外汇期货合约进入外汇期货市场进行投机活动。

在外汇期货市场中,投机作为期货市场一种不可缺少的经济行为,其主要作用有:① 投机行为吸纳了期货市场的风险,提高了市场的流动性;② 投机行为促进了一国各地市场和全球市场一体化,提高了市场自稳能力,平抑着市场价格(汇率)波动;③ 促进信息在更大范围内迅速流动,有利于市场的稳步发展;④ 投机交易给贸易商、外汇资金借贷者等均会带来一些有益之处。

4. 外汇期货交易的流程

外汇期货交易主要涉及开户、委托、成交、清算和交割等几个方面。

(1) 开户。开户是期货交易的第一步,参加外汇期货交易的客户首先要选择外汇经纪商,开立保证金账户,并签订代理买卖协议。经纪商可以是交易所会员,也可以不是交易所会员,不过非交易所会员的经纪商最终还是要通过会员经纪商在交易所内进行交易。保证金账户的开立分两种情况,客户如果是交易所会员,可以直接在交易所开立保证金账户;如果不是交易所会员,必须在具有会员资格的经纪商账户中为客户另开设一个专门的保证金账户。

(2) 委托。保证金账户开立后,客户即可委托经纪商进行交易。客户的委托是通过向经纪商下达指令的形式进行的。客户的委托分为限价委托(Iimit Order)和市价委托(Market Order)两种。限价委托是客户指定一个特定的价格,要求经纪商按此价格或比该价格更好的价格进行交易;而市价委托则是指经纪商接到委托指令后可按当前市场上最有利的价格进行交易。

(3) 成交。经纪商在接到买卖指令后,如果经纪商是交易所会员,则可直接进行交易;如果不是交易所会员,则要委托会员进行交易。外汇期货交易的价格是通过公开竞价方式产生的。具体的竞价方式主要有两种:一种是电脑自动撮合成交方式;另一种是会员在交易所大厅公开喊价方式。竞价遵循"价格优先、时间优先"的原则。成交结束后还需要进行交易确认,确认交易完成并经清算机构审查登记后,交易合约成立。

(4) 清算与交割。买卖成交后,所有交易都要通过清算会员与清算机构进行清算。期货合约到期后必须进行交割,交割是期货交易的最后一个程序,它标志着一个期货合约的结束。外汇期货合约的交割日期比较固定,如果交割日恰逢节假日,则顺延一天。尽管外汇期货合约实际交割占比极小,多为对冲了结,但一个有效而可靠的交割系统,对于外汇期货合约的价格形成仍然具有重要的作用。

5. 外汇期货交易的应用

1) 利用外汇期货交易进行套期保值

外汇期货交易套期保值的目的就是最大限度地减少汇价波动风险所带来的损失。具体包括多头(买入)套期保值和空头(卖出)套期保值两类。

(1) 多头套期保值。多头套期保值一般应用于在未来某日期将发生外汇支出的场合,如从国外进口商品、出国旅游、跨国公司的母公司向其设在外国的子公司供应资金以及债务人到期偿还贷款等。

【例5.16】 假设6月8日美国福特公司从德国进口价值12.5万欧元的货物,3个月后支付货款。为防止3个月后出欧元升值而使进口成本增加,该公司便买入1份9月到期的欧元期货合约,面值为12.5万欧元,价格为1.2300美元/欧元。3个月后,欧元果然升值,则其交易过程和结果如表5.1所示。

表5.1 美国福特公司套期保值交易的过程和结果

	现货市场	期货市场
6月8日	假定现汇汇率:EUR1=USD1.2200,则12.5万欧元兑换成美元,折合15.25(即12.5×1.2200)万美元	买入1份9月份到期的欧元期货合约,价格为EUR1=USD1.2300,总价值为15.375(即1×12.5×1.2300)万美元
9月9日	假定现汇汇率:EUR1=USD1.2300,则125000欧元可兑换15.375(即12.5×1.2300)万美元	卖出1份9月份到期的欧元期货合约,价格为EUR1=USD1.2450,总价值为15.5625(即1×12.5×1.2450)万美元
结果	损失(多支付)1250(即153750-152500)美元	盈利1875(即155625-153750)美元

表5.1显示,如果不做套期保值,交易结果是美国福特公司由于欧元升值,为支付12.5万欧元的货款需要多支出1250美元,即在现货市场上成本增加了1250美元。但由于做了套期保值,在期货市场上盈利1875美元,减去其在现货市场上损失的1250美元,净盈利625美元。

(2) 空头套期保值。空头套期保值一般应用于在未来某个日期有外汇收入的公司、银行和个人,如向国外出口商品、提供服务、收回到期对外贷款等。

【例5.17】 假设6月12日美国IBM公司向加拿大出口价值100万加元的货物,3个月后以加元结算货款。为了防止3个月后加元贬值带来损失,该公司以0.7582美元/加元的价格卖出10份9月份到期的加元期货合约(每份10万加元)避险。如果到期加元果真贬值,则其交易过程和结果如表5.2所示。

表 5.2　美国 IBM 公司套期保值交易的过程和结果

	现货市场	期货市场
6月12日	假定现汇汇率：USD0.7583＝CAD1，100万加元兑换成美元，折合 75.83（即 100×0.7583）万美元	卖出 10 份 9 月份到期的加元期货合约（开仓），价格为 USD0.7582＝CAD1，总价值为 75.82（即 10×10×0.7582）万美元
9月13日	假定现汇汇率：USD0.7563＝CAD1，100万加元兑换成美元，折合 75.63（即 100×0.7563）万美元	买入 10 份 9 月份到期的加元期货合约（平仓），价格为 USD0.7560＝CAD1，总价值为 75.6（即 10×10×0.7560）万美元
结果	损失 2000（即 758300－756300）美元	盈利 2200（即 758200－756000）美元

表 5.2 显示，IBM 公司因加元贬值在现货市场上损失了 2000 美元，但由于做了套期保值，在期货行场上却盈利了 2200 美元。期货市场的盈利不仅弥补了现货市场的损失，并且净盈利 200 美元，实际上收回货款 758500（即 756300＋2200）美元。

2) 利用外汇期货交易进行投机

人们从事外汇期货交易投机活动，其主要目的就是期望从外汇期货合约价格的变动中获取利润。外汇期货投机有多头投机和空头投机之分。

(1) 外汇期货的多头投机，是指投机者预测外汇期货价格将上涨，因而买进外汇期货合约，待价格上涨后卖出平仓获利。

【例 5.18】 假设 7 月 8 日 IMM 交易的 9 月份英镑期货价格为 GBP1＝USD1.4410。某投机者预期该英镑期货价格将在近期内上涨，于是便以 1.4410 美元的价格买进 30 份 9 月份到期的英镑期货合约，待价格上涨后卖出平仓获利。

在期货合约到期前，该投机者将面临三种不同的情况，即英镑期货的价格上涨、不变和下跌（以上三种情况均不考虑交易费用）。

① 如果 9 月 8 日，9 月份到期的英镑期货的价格涨到 1.4510 美元，该投机者通过平仓可获利 18750 美元。其计算方法如下：

$$(1.4510-1.4410)\times 30\times 62500=18750（美元）$$

② 如果 9 月 8 日，9 月份到期的英镑期货的价格不涨不跌，则该投机者在平仓时将既无盈利，也无亏损。

③ 如果 9 月 8 日，9 月份到期的英镑期货的价格跌到 1.4310 美元，该投机者通过平仓将亏损 18750 美元。其计算方法如下：

$$(1.4310-1.4410)\times 30\times 62500=-18750（美元）$$

例 5.18 表明，一旦投资者处于多头地位，则其盈亏将取决于外汇期货市场价格变动的方向和变动的幅度。如果价格上涨，则投机者将获利，上涨越多，投机者获利也越多；反之，如果价格下跌，则投机者将蒙受损失，且价格下跌越多，投机者蒙受的损失就越大。

(2) 外汇期货的空头投机是指投机者预测外汇期货价格将要下降,因而卖出外汇期货,待价格下跌后买入平仓获利。

【**例 5.19**】 假设 7 月 9 日 IMM 交易的 9 月份加元期货价格为 CAD1＝USD0.7582。某投机者预期该加元期货价格将在近期内下跌,于是便以 0.7582 美元的价格卖出 30 份 9 月份到期的加元期货,待价格下跌后买入平仓获利。

在期货合约到期前,该投机者同样将面临三种不同的情况,即加元期货的价格下跌、不变、上涨(以上三种情况也均不考虑交易费用)。

① 如果 9 月 9 日,9 月份到期的加元期货价格跌至 0.7482 美元,该投机者通过平仓可获利 3 万美元。其计算方法如下:

$$(0.7582-0.7482)\times 30\times 100\ 000 = 30\ 000 (美元)$$

② 如果 9 月 9 日,9 月份到期的加元期货价格不变,则该投机者既无盈利,也无亏损。

③ 如果 9 月 9 日,9 月份到期的加元期货价格涨到 0.7682 美元,该投机者在平仓时将亏损 3 万美元。其计算方法如下:

$$(0.7582-0.7682)\times 30\times 100000 = -30\ 000 (美元)$$

例 5.19 表明,空头投机与多头投机的盈亏特征正好相反。当投机者处于空头投机地位时,如果外汇期货市场价格下跌,投机者将获利,价格下跌得越多,投机者获利就越多;反之,要是外汇期货市场的价格上涨,则投机者将遭受损失,且上涨越多,投机者的损失就越大。

5.4.2 外汇期权交易

1. 外汇期权交易的概念与特点

外汇期权(Foreign Exchange Options)又称外币期权,是指未来某一特定时间以协定价格(约定汇率)买入或卖出某种特定数量的外币或外汇期货合约的权利。外汇期权交易则是这种权利的买卖活动。在外汇期权交易中,外汇期权合约的持有人,即外汇期权买方,由于向卖方支付了期权费(权利金)而享有在合约到期日或之前,当市场行情有利时行使买进或卖出该种外汇资产或外汇期货合约的权利;当市场行情不利时,则不行使期权,放弃买卖该种外汇资产或外汇期货合约的权利。外汇期权的卖方由于收取了买方支付的期权费,因而有义务在买方要求履约行使期权时,卖出或买入期权买方的该种外汇资产或外汇期货合约。

目前,外汇期权交易的标的物有美元、欧元、英镑、日元、加元、瑞士法郎等六种货币的外汇现货期权和外汇期货期权。

与外汇期货交易相比,外汇期权交易的特点及规则主要是:

(1) 外汇期权合约也是标准化的合约,且外汇期权交易的标的多于外汇期货合约。外汇期权合约的交易单位(即合约金额)、标价方法及到期月份和到期日等与外汇期货合约相似，也是标准化合约。但是，外汇期货合约是以外汇（货币）作为交易标的，而外汇期权合约除了以外汇（货币）作为交易标的外，还以外汇期货合约作为交易标的。

（2）买卖双方的权利与义务不对称，期权买方具有更大的灵活性。在外汇期货交易中，交易双方的权利与义务是对称的。也就是说，外汇期货交易的任何一方都既有要求对方履约的权利，又有自己向对方履约的义务。但是外汇期权交易中，期权买方只有权利而没有义务，因而具有更大的灵活性，期权卖方却只有义务而没有权利，交易双方的权利与义务存在着明显的不对称。而且从交割方式来看，在外汇期货交易中，买卖双方若到期前未平仓，则到期后需履行交割义务；而在外汇期权交易中，买方若到期前未平仓，则到期后需选择执行（交割）或放弃（不交割）。

（3）外汇期权买方无需缴纳履约保证金，但期权卖方必须缴纳。在外汇期货交易中，交易双方都必须开立保证金账户，并按规定缴纳履约保证金。在外汇期权交易中，只有期权的卖方（主要是指无担保期权的卖者）需要开立保证金账户，并按规定缴纳保证金，以保证其履行期权合约所规定的义务；期权的买方由于享有履行期权合约的权利，没有履行期权合约的义务，所以就不需要开立保证金账户，也就不需要缴纳保证金。实践中，外汇期权的卖方也并不是非要以现金缴纳保证金不可，如果他在出售某种外汇看涨期权时实际上拥有该种期权的标的外汇资产，并预先存放于经纪人处作为履约保证，则他也可以不交保证金。

（4）在外汇期权交易中，买卖双方的盈亏不对称。在外汇期货交易中，买卖双方都无权违约，在期货合约到期前或平仓前，买方的盈亏与卖方的盈亏是随市场行情的变化而变化的，因此交易双方潜在的亏损和盈利都是无限的。而在外汇期权交易中，由于买卖双方的权利与义务不对称，因而他们在交易中的盈亏也不对称。从理论上讲，期权的买方盈利无限，而亏损有限（仅限于他所支付的期权费）；期权的卖方则盈利有限（仅限于他所收取的期权费），而亏损无限。外汇期权本身是一种"零和游戏"（zero sum game），即买方的盈利是卖方的亏损，而卖方的盈利则是买方的亏损。

（5）期权费不能收回，且费率不固定。期权费即期权价格，是指外汇期权的买方为了从外汇期权的卖方那里买进外汇期权所支付的费用。通常按协定价格（即约定汇率）的百分比标出或直接报出每单位外汇的美元数。例如为 EUR1＝USD1.2200 的看涨期权，其期权费可以是 2％或 0.0244 美元。期权费在外汇期权交易生效时由合约买方支付给合约卖方，无论买方在有效期内是否行使期权，期权交易费都不能收回。

2. 外汇期权交易价格及其决定因素

外汇期权交易是一种权利（即买或不买、卖或不卖）的交易，其价值体现为期权费。外汇期权价格是由外汇期权市场的供给和需求所决定的，也是期权合约中唯一要由市场决定的变量，它反映出外汇期权买卖双方对这一权利作出的估价。

1) 期权价格的构成

(1) 内在价值。期权的内在价值又称内涵价值、履约价值，是指期权合约本身在现时所具有的价值，即期权购买者如立即执行期权所能获得的收益。它是期权的协定价格同该期权标的物的市场价格之间的差额。这个差额就是期权的购买者通过执行期权所能获得的收益。一种期权有无内在价值及内在价值的大小取决于该期权之协定价格与其标的物之市场价格的关系。对于看涨期权来说，内在价值等于市场价格大于协定价格的部分；对于看跌期权来说，内在价值等于市场价格小于协定价格的部分。市场价格与协定价格的差额越大，期权的内在价值就越大。内在价值是期权费的核心部分。

(2) 时间价值。时间价值也是构成期权价格的重要因素。期权的时间价值是指期权的购买者为购买期权所支付的期权费超过期权内在价值的部分，又称外在价值。期权的买方之所以会支付额外的期权费，是因为他希望随着时间推移和市场价格的变动，该期权的内在价值将增加。与内在价值相比，这种外在价值不便直接计算，它只能用实际的期权价格减去该期权的内在价值来求得。对于美式期权来说，它总是正的，因为任何对期权买方有利的市场价格变化都可以为其所利用。

2) 决定期权价格的因素

期权价格即期权费的高低，主要受到协定价格、市场价格、合约的有效期、金融工具价格的波动幅度和利率五大因素的影响。

(1) 协定价格(汇率)。期权的协定价格又称约定汇率、敲定价格，它是决定期权内在价值的因素之一。在同一时刻既定的市场价格下，协定价格越高，看涨期权的内在价值越小，看跌期权的内在价值越大；反之，协定价格越低，看涨期权的内在价值越大，看跌期权的内在价值越小。

(2) 市场价格(汇率)。市场价格是决定期权内在价值的另一项因素。在协定价格既定的情况下，市场价格越高，看涨期权的内在价值越大，看跌期权的内在价值越小；反之，市场价格越低，看涨期权的内在价值越小，看跌期权的内在价值越大。

(3) 合约的有效期。即期权合约的未到期时间或剩余期限。期权价格与期权的剩余期限成正比关系，即期权的期限越长，汇率变动的可能性越大，期权买方的盈利机会越多，期权卖方承担的风险越大，故期权价格也会越高。

(4) 预期汇率的波动幅度。如果在有效期内，市场价格(汇率)波动幅度越大，期权卖方承担的风险越大，故期权价格越高；反之，如果市场汇率相对稳定，则期权价格相对较低。市场价格波动幅度的计算有两种方法：一是运用历史价格资料计算标准偏差，但是它只能反映过去的价格波动幅度，并不一定能说明未来的价格波动幅度；二是将期权价格作为已知数，利用期权定价公式求出价格波动幅度，该计算结果反映的是期权市场上人们对未来价格波动幅度的主观预测。在计算结果的基础上，交易者可以结合自己对各种影响市场价格因素的判断，作出自己对价格波动幅度的预测。

（5）利率。一般而言，利率与看涨期权价格成正比，与看跌期权价格成反比。这主要是因为利率涉及未来值和现值的折算问题。例如，利率越高，协定价格折算成现值就越低，期权买方报协议价格买进就更合算，按协议价格卖出就更不合算。这种利益差别必然要求通过期权价格的差异求得补偿。

3. 外汇期权交易的类型

1) 看涨期权与看跌期权

这是按买卖双方权利的内容或期权持有者的交易目的划分的两种基本类型。

（1）看涨期权(Call Option)。看涨期权又称买进期权、择购期权或买权等，是指期权的购买者有权在合约有效期内按约定汇率，从期权合约卖方处买进特定数量标的物(外汇或货币)。看涨期权是这样一种合约：它给合约持有者(即买方)按照约定汇率从对手(即卖方)手中购买特定数量外汇或货币的权利。之所以称作看涨期权，一般是进口商或投资者预测某种货币有上涨趋势，购买期权是为了规避汇率风险或获取投机收益。

（2）看跌期权(Put Option)。看跌期权又称卖出期权、择售期权或卖权等，是指期权购买者有权在合约有效期内按约定汇率，卖给期权合约卖方特定数量的标的物(外汇或货币)。看跌期权是这样一种合约：它给合约持有者(即买方)按照约定汇率卖给对手(即卖方)特定数量外汇或货币的权利。之所以称作看跌期权，一般是出口商或投资者预测某种货币有下跌趋势，购买期权也是为了规避汇率风险或获取投机收益。

2) 欧式期权与美式期权

这是按履约方式或期权持有者(即买方)可行使交割权利的时间划分的两种类型。

（1）欧式期权(European Options)。它是指买入期权的一方必须在期权到期日当天或在到期日之前的某一规定的时间才能行使的期权。换言之，期权的持有者只能在将来的某个特定的时间(到期日)，有权力以事先约定的汇率(敲定价)向期权出售者购买/出卖约定数量的货币。

（2）美式期权(American Option)。指期权持有者可以在期权到期日以前的任何一个营业日，选择执行或不执行期权合约。换言之，美式期权允许期权持有者在到期日或到期日前执行购买(如果是看涨期权)或出售(如果是看跌期权)约定数量外汇或货币的权利。显而易见，美式期权的买方"权利"或灵活性相对较大，而卖方所承担的风险也相应较大。因此，同样条件下，美式期权的价格相对较高。

此外，外汇期权还可按产生期权合约的原生金融产品的不同，分为现汇期权(Options on Spot Exchange)和外汇期货期权(Options on Foreign Currency Futures)。现汇期权是指以外汇现货为期权合约的基础资产。外汇期货期权指以货币期货合约为期权合约的基础资产。也就是期权买方有在期权到期日或以前,执行或放弃执行以协定价格购入或售出标的货币期货的权利。与现汇期权的区别在于:货币期货期权在执行时,买方将获得或交付标的货币的期货合约,而不是获得或交付标的外汇现汇(货币)本身。

4. 外汇期权交易的应用

1) 套期保值,规避外汇风险

运用外汇期权交易可避免和减少外汇汇率波动风险而达到保值的目的,在国际贸易中运用得较多。在进出口业务中,贸易商为了防范汇率风险,可以在预测外汇汇率上升或下跌的基础上,购买看涨期权或看跌期权,固定进口成本或出口收益。如果预测正确,就为进出口贸易进行了保值或获得了额外利润;如果预测失误,就可以放弃行使期权,损失有限的期权费。

【例5.20】 美国某公司从英国进口商品,货款是312.50万英镑,3个月后付款。即期汇率为GHP1=USD1.4600,但美国公司担心英镑升值造成损失,于是买入50份英镑看涨期权,期权价格(期权费)为GBP1=USD0.0100,协议价格(约定汇率)为GHP1=USD1.4500。购入期权后,美国公司获得一项权利,即该公司有权在今后3个月内按协议价格买入312.50万英镑。

分析:为预防英镑升值,美国公司买入看涨期权,其最大损失就是期权费,而最大收益从理论上讲却可能无限大。因此买方可以将风险锁定在固定水平上。即

$$312.50 \times 1.4500 + 312.50 \times 0.0100 = 456.25 (万美元)$$

不管将来英镑升值的幅度有多大,美国公司的付款额(进口成本)最多不超过456.25万美元。

【例5.21】 美国某公司向英国出口商品,货款是312.50万英镑,3个月后收款。即期汇率为GHP1=USD1.4600,但为了避免3个月后英镑贬值造成损失,美国公司购入了50份英镑看跌期权,期权价格为GBP1=USD0.0100,协议价格为GBP1=USD1.4500。购入期权后,美国公司获得一项权利,允许该公司在今后3个月内按协议价格卖出312.50万英镑。

分析:为预防英镑贬值,美国公司买入看跌期权,其最大损失就是期权费,而最大收益从理论上讲却可能无限大,因此卖方可以将风险锁定在固定水平上。即:

$$312.50 \times 1.4500 - 312.50 \times 0.0100 = 450 (万美元)$$

不管将来英镑贬值的幅度有多大,美国公司收回货款最少不低于450万美元。

2) 利用外汇期权进行投机

投机者进行外汇期权交易是完全建立在预测汇率变动方向的基础上的,承担外汇变动的风险,进行单向投机。如果预测正确,就获得盈利;如果预测失败,就损失期权费。一般情况下,投机者如果预测外汇汇率上涨,就买入看涨期权;相反,如

果预测汇率下跌,则买入看跌期权。

【例 5.22】 某投机者预期 1 个月后欧元对美元汇率上升,于是按协议价格 EUR1＝USD1.2500,购买了 5 份美式欧元看涨期权,合同金额是 62.5 万欧元,期权价格为 EUR1＝USD0.009。

该投机者支付的期权费是：
$$625000 \times 0.009 = 5625（美元）$$

1 个月后,如果该投机者的预期正确,欧元汇率上升到 EUR1＝USD1.2700,即行使权利,以 EUR1＝USD1.2500 价格买入 62.5 万欧元,然后按市场价格 EUR1＝USD1.2700 卖出 62.5 万欧元,如果忽略其他成本不计,获毛利：
$$625000 \times 0.0200 = 12500（美元）$$

如果 1 个月后欧元汇率没有变化或反而下跌,该投机者将放弃执行合同,损失期权费 5625 美元。

本章小结

外汇市场是由外汇的供给者和需求者与从事外汇买卖的中介机构组成的买卖外汇的场所或网络。其参与者有外汇银行、中央银行、外汇经纪人和客户。从不同角度划分,外汇市场有有形市场和无形市场、银行间市场和客户市场等不同类型。当今的外汇市场具有全天候运行和全球一体化等特征,在实现购买力的国际转移、促进国际间的资金融通、规避外汇风险和调节国际收支等方面发挥着重要的作用。

即期外汇交易是指外汇买卖双方以当天的汇价成交后,原则上在两个营业日内办理交割的外汇买卖活动。即期外汇交易主要有三种形式,即电汇、信汇和票汇,其作用主要是满足临时性付款需求、规避外汇风险以及谋取投机利润等。

远期外汇交易是指外汇买卖双方达成交易后,根据合同的规定,在将来某一约定的日期,以某一约定汇率交割某一约定数量外汇的外汇买卖活动。远期外汇交易有定期交易和择期交易之分;其基本动机或目的有二:避险保值和投机获利。

广义而言,套汇是指为获取汇率差价而从事的外汇交易,包括地点套汇、时间套汇(即掉期交易)和利率套汇(即套利)。但通常所说的套汇交易仅指地点套汇,是指交易者利用两个或两个以上外汇市场上某些货币的汇率,在同一时间存在的差异进行外汇买卖,在低价市场上买进而同时又在高价市场上卖出,从中赚取差价利润的一种外汇交易。有直接套汇和间接套汇之分。

套利交易是指套利者利用不同国家或地区短期利率的差异,将资金从利率较低的国家或地区转移到利率较高的国家或地区进行投资,以获取利差的外汇交易活动。根据套利者是否对外汇风险进行防范,套利交易可分为非抵补套利和抵补套利两种类型。

外汇掉期交易是指外汇交易者在买进或卖出一种交割期限、一定数额的某种货币的同时,卖出或买进另一种交割期限、相同数额的同种货币的外汇交易活动。

其目的主要是避免外汇风险。

外汇期货交易是指在期货交易所内,以公开竞价的方式进行的外汇期货合约的买卖活动。它具备期货交易的一般特征,具有风险转移、价格发现和投机对经济功能。

外汇期权是指未来某一特定时间以协定价格(约定汇率)买入或卖出某种特定数量的外币或外汇期货合约的权利。外汇期权交易就是这种权利的买卖活动。人们从事外汇期权交易的目的主要是规避汇率风险和投机获利。外汇期权交易有看涨期权和看跌期权、欧式期权和美式期权之分,等等。

【重要概念】

外汇市场　外汇经纪人　即期外汇交易　交割日　电汇　票汇　远期外汇交易　升水　贴水　套汇交易　套利交易　抵补套利　掉期交易　外汇期货交易　套期保值　外汇期权交易　期权费　欧式期权　美式期权

【复习思考题】

1. 外汇市场的参与者主要有哪些?
2. 简述外汇市场的分类标准及其种类。
3. 简述外汇市场的特点和作用。
4. 即期汇率的报价有何特点?
5. 简述即期外汇交易的主要形式及基本程序。
6. 简述远期外汇交易的主要参与者及其动机。
7. 远期汇率的报价方法有哪些? 远期汇率与利率有着怎样的关系?
8. 某日在香港外汇市场上,即期汇率为 USD1＝HKD7.7602/750,3 个月远期 50/60 点。计算 3 个月期的美元远期汇率。
9. 某日纽约外汇市场即期汇率 USD1＝JPY108.76/86,3 个月远期 90/80。请计算 USD 对 JPY3 个月的远期汇率。
10. 假设某日纽约市场上汇率 GBP1＝USD1.6520/40,伦敦市场上汇率 GBP1＝JPY227.80/90,东京市场上汇率 USD1＝JPY138.50/70。如果不考虑其他费用,用 100 万美元进行套汇,可获多少套汇利润?
11. 掉期交易主要有哪些类型? 如何应用才能防范汇率风险?
12. 外汇期货交易与远期外汇交易有何异同? 主要功能有哪些?
13. 简述外汇期货交易在套期保值及投机活动中的应用。
14. 外汇期权交易与远期外汇交易、外汇期货交易有何区别? 其类型有哪些? 如何应用于套期保值?
15. 某中国贸易公司和瑞士公司 2017 年签订出口丝绸服装合同,价值 62500 欧元,约定在当年 12 月 13 日以欧元支付货款。中国贸易公司准备收取欧元后,将其换成美元作为交付另一家公司购买设备的货款。中国货易公司担心欧元贬值，因而做了期货保值。已知：9月10日，即期汇率为EUR1＝USD1.4920，3个月的远期汇率为EUR1＝USD1.4866，一份12月份到期的期货合约汇率为EUR1＝USD1.4866；12月13日，即期汇率为EUR1＝USD1.4800，一份当月的期货合约汇率为EUR1＝USD1.4800；一份欧元期货合约单位为EUR125000。请详细说明套期保值的过程，并计算实际汇率成本。

16. 某年3月份，美国一家进口商预期3个月后须支付货款100万英镑。当时，即期汇率为GBP1＝USD1.6000，一份6月份到期（3个月后）的期货合约汇率为GBP1＝USD1.6100，6月份到期后GBP确实升值，即期汇率为GBP1＝USD1.7200，当月的期货合约汇率为GBP1＝USD1.7300，一份英镑期货合约单位为GBP12.5万。为了规避英镑升值风险，请详细说明6月份套期保值的过程，并计算该进口商的净盈亏额和实际汇率成本（不考虑佣金）。

17. 若金融机构或出口商将有一笔外汇收入，请问应该采取何种期权买卖？为什么？

18. 若金融机构或进口商将有一笔外汇支出，请问应该采取何种期权买卖？为什么？

第6章 外汇风险及其管理

本章导读

1973年2月以来,由于主要发达国家及大部分发展中国家均实行了浮动汇率制度,国际市场的主要货币汇率受市场供求关系的影响而频繁地波动,从而使得在各种涉外经济活动中,外汇风险问题显得更为突出。例如,1997年下半年开始的亚洲金融危机期间,泰铢、印尼盾、韩元等货币对美元的汇率均出现了大幅度的贬值(见表6.1)。它使这些国家的美元债务和其他外币债务蒙受了巨大损失,这是外汇风险。与此同时,这些国家以本币表示和记值的金融资产若以美元计算,也出现了大幅度缩水,这对于准备或将要与外国进行经济交易的经济主体来说,也是外汇风险。为此,加强外汇风险的防范与管理,应该而且已经成为许多有关经济主体的一项重要经营管理工作。

表6.1 亚洲金融危机中各主要货币对美元汇率的变动情况(1美元兑)[1]

项目	印尼盾	日元	韩元	林吉特	菲律宾比索	泰铢
1997年6月30日	2430.74	114.61	885.8	2.523	26.35	24.70
1998年12月31日	7979.10	112.95	1203.2	3.800	38.91	36.24
贬值率(%)	69.54	升1.47	26.38	33.61	32.26	32.03
最低汇率日	1998.6.17	1998.8.11	1997.12.23	1998.1.8	1998.1.7	1998.1.12
最低汇率	16097.40	147.11	1952.7	4.657	44.81	55.80
最大贬值率(%)	84.90	22.10	54.64	45.82	41.20	55.73

就中国而言,2005年7月21日,中国人民银行宣布实施"以市场供求为基础、参考一篮子货币、有管理的浮动汇率制度";2015年8月11日,中国人民银行进一步完善人民币中间价报价机制,使人民币兑美元每日中间价更多参考前一日收盘价。自"8·11汇改"至今日,人民币汇率完成了从单边升值到双向波动的转变;中国人民银行常态化干预维稳也逐步淡出,转而更多放权给市场。人民币汇率制度

---

[1] 李富有. 国际金融学[M]. 北京:科学出版社,2006.

比以往更加灵活,更贴合国际形势,也促进了中国金融体系的成熟完善①。但人民币对外汇率的频繁波动也导致了国内涉外企业和商业银行等面临的外汇风险越来越大,相关经济主体防范和管理外汇风险工作日趋重要。

本章主要介绍外汇风险的基本概念、主要类型、构成要素及经济影响,外汇风险管理的一般知识(目标及要求、原则与策略、方法及过程),以及公司企业、商业银行等经济主体防范和管理外汇风险的一般方法与具体措施。

6.1 外汇风险概述

国际经济交易主体一般是从事对外贸易、投资及国际金融活动的公司、企业、政府或个人,他们在国际范围内大量收付外汇,或者保有外币债权债务,或者以外币标识其资产和负债的价值。由于外汇汇率频繁剧烈的波动,外汇风险随时都会发生。

6.1.1 外汇风险及其类型

1. 外汇风险的含义与特征

外汇风险(Foreign Exchange Risk)又称汇率风险(Exchange Rate Risk)或汇兑风险(Exchange Risk),是指经济主体在持有或运用外汇的经济活动中,因汇率变动而蒙受损失的一种可能性。或是指:一个组织、经济实体或个人的以外币计价的资产(债权、权益)与负债(债务、义务),因外汇汇率的波动而引起其价值上涨或下降的可能性。

汇率变动所产生的直接影响因人(经济实体)因时而异,不能一概而论。换言之,它有可能产生外汇收益,也可能形成外汇损失,其最终结果要视有关当事人的净外汇头寸及汇率变动的方向而定。如果持有的是多头(即预期的外币收入大于外币支出或外币资产大于外币负债),则外汇汇率上升对其有利,下跌则不利;反之,如果持有的是空头(即预期的外币收入小于外币支出或外币资产小于外币负债),那么外汇汇率上升对其不利,下跌则有利;如果外汇净头寸为零(即预期的外币收入等于外币支出或外币资产等于外币负债),即头寸轧平,此时无论汇率怎样变动,都不会产生外汇损益。

从国际外汇市场外汇买卖的角度看,买卖盈亏未能抵消的那部分,就面临着汇率波动的风险。人们通常把这部分承受外汇风险的外币金额称为"受险部分"或"外汇敞口"(Foreign Exchange Exposure),包括直接受险部分和间接受险部分。前者指经济主体参与以外币计价结算的国际经济交易而产生的外汇风险,其金额

---

① 谭小芬,李莹. 人民币汇率制度改革的成就、困境与展望[J]. 国际贸易,2016(11).

是确定的;后者是指因汇率变动对经济状况及结构变化的间接影响,使那些不使用外汇的部门和个人也承担风险,其金额是不确定的。

可见,外汇风险具有或然性、不确定性和相对性三大特征。外汇风险的"或然性"是指外汇风险可能发生也可能不发生,不具有必然性;外汇风险的"不确定性"是指外汇风险给持有外汇或有外汇需求的经济实体带来的可能是损失(loss),也可能是盈利(Gain),它取决于在汇率变动时经济实体是债权地位还是债务地位;外汇风险的"相对性"是指外汇风险给一方带来的是损失,给另一方带来的必然是盈利。

2. 外汇风险的类型

一个涉外经济主体的全部经济活动中,即在它的经营活动过程、结果和预期经营收益中,都存在着由于外汇汇率变化而引起的外汇风险。在经营活动中的风险为交易风险,在经营活动结果中的风险为会计风险,在预期经营收益中的风险为经济风险。可见,外汇风险主要有三种类型[①],下面分别作一介绍和比较。

1) 交易风险

交易风险(Transaction Risk),即在运用外币进行计价收付的经济交易中,经济主体因外汇汇率变动而蒙受损失的可能性。它是一种流量风险,是国际企业的一种最主要的外汇风险。外汇交易风险的主要表现,即这种风险主要来自于:

(1) 以外币计价的商品和劳务的进出口贸易活动。指以即期或延期付款为支付条件的商品或劳务的进出口,在装运货物或提供劳务后货款或劳务费用尚未收支这一期间(或指从合同签订到款项收付这一期间),外汇汇率变化所发生的风险。

(2) 以外币计价的国际信贷活动。指在此类活动中,债权债务尚未清偿所存在的外汇汇率变化而引起的风险。

(3) 面值为外币的金融资产之间的交易活动(如远期外汇交易、外汇期货交易等)。指待交割的远期外汇合约的一方(如外汇银行等),在该合同到期时,由于外汇汇率变化,交易的一方可能拿出更多或较少货币去换取另一种货币的风险。

交易风险又可细分为"外汇买卖风险"和"交易结算风险"。

▲ 外汇买卖风险,又称"金融性风险"。它产生于本币和外币的反复兑换活动。这种风险产生的前提条件是交易者一度买进或卖出外汇,后来又反过来卖出或买进外汇。以外汇买卖业务为基础的外汇银行是这一外汇风险的主要承担者,同时,以外币进行借贷业务(或伴随外币借贷而进行的外贸交易活动)的工商企业也承担着这种买卖风险。

---

① 从其产生的领域看,外汇风险大致可分为商业性汇率风险和金融性汇率风险两大类。商业性汇率风险主要是指人们在国际贸易中因汇率变动而遭受损失的可能性,是外汇风险中最常见且最重要的风险。金融性汇率风险包括债权债务风险和储备风险。在这里,债权债务风险是指在国际借贷中因汇率变动而使一方遭受损失的可能性;储备风险是指国家、银行、公司等持有的储备性外汇资产因汇率变动而使其实际价值减少的可能性。

【例6.1】 美国某公司在国际金融市场上以3%的年利率借入1亿日元,期限1年。借到款项后,该公司立即按当时的汇率USD1=JPY100,将其兑换成100万美元。1年后,该公司为归还贷款本息,必须在外汇市场上买入1.03亿日元,而此时如果美元兑日元汇率发生变动,则该公司将面临外汇买卖风险。假定此时的汇率已变成USD1=JPY95,则该公司购买1.03亿日元需支付108.42万美元(如汇率不变仅需103万美元),蒙受5.42万美元的损失;但若此时的汇率变成USD1=JPY105,则该公司购买1.03亿日元仅需98.1万美元(如汇率不变尚需103万美元),节约4.9万美元。

▲交易结算风险,又称"商业性风险""贸易性汇率风险"。这是由于外汇汇率波动而引起的应收资产和应付债务价值变化的风险。它是以外币计价进行贸易、非贸易业务的结算和支付的一般企业所面临的风险。这种风险是伴随着商品的交易或劳务的提供而发生,它不是因外汇的买或卖而发生,而是在以外汇约定交易时发生,换言之,交易结算风险从签订交易合同,并确定以外币计价的交易金额时发生,到实际结算交割时结束。其受险部分即是合同确定的、以外币计价的交易金额。因此,交易结算风险是由进口商和出口商承担的,基于进出口合同而在未来通过外汇交易进行本币与外币间的兑换时,由于汇率的不确定性所带来的风险。

【例6.2】 中国某公司签订了一笔价值10万美元的出口合同,此时汇率为USD1=CNY6.5000,3个月后交货、收款。假定该公司的出口成本及费用等为60万元人民币,目标利润为5万元人民币,则3个月后当该公司收到10万美元货款时,由于美元兑人民币的汇率不确定,该公司将面临交易结算风险。3个月后若美元与人民币的汇率高于1美元兑6.5元人民币,则该公司不仅可收回成本及费用,获得5万元人民币的目标利润,还可获得超额利润;若汇率等于6.5,则该公司收回成本及费用后,刚好获得5万元人民币的目标利润;若汇率高于6.0、低于6.5,则该公司收回成本及费用后所得的利润低于5万元人民币目标利润;若汇率等于6.0,则该公司只能收回成本及费用,没有任何利润;若汇率低于6.0,则该公司不仅没有获得利润,而且会亏损。

2) 会计风险

会计风险(Accounting Risk),又称"折算/转换风险(Translation Risk)"等,是指经济主体对资产负债表进行会计处理的过程中,因汇率变动而引起海外资产和负债价值的变化而产生的风险。换言之,它是指经济主体对资产负债表进行会计处理中,在将功能货币转换成记账货币时,因汇率变动而可能引起的账面损失。它是一种存量风险。

【例6.3】 中国某公司持有银行往来账户余额10万美元,此时汇率为USD1=CNY6.5000,折算成人民币为65万元。如未来美元贬值、人民币升值,汇率假定变为USD1=CNY6.2000,则该公司10万美元的银行往来账户余额折算成人民币后就只有62万元了。在这两个这算日期之间,该公司这10万美元的价值,按人民币折算减少了 3 万元,这就是折算风险。

同一般的企业相比,跨国公司的海外分公司或子公司所面临的折算风险更为复杂。一方面,当它们以东道国货币入账和编制会计报表时,需要将所使用的货币转换成东道国的货币,面临折算风险;另一方面,当它们向总公司或母公司上报会计报表时,又要将东道国的货币折算成总公司或母公司所在国的货币,同样面临折算风险。

折算风险主要有三类表现方式:存量折算风险、固定资产折算风险和长期债务折算风险。风险的大小与折算方式也有一定的关系,历史上西方各国曾先后出现过四种折算方法。

(1) 流动/非流动折算法。该方法将跨国公司的海外分支机构的资产负债划分为流动资产、流动负债和非流动资产、非流动负债。根据该方法,在编制资产负债表时,流动资产和流动负债按编表时的现行汇率折算,面临折算风险;非流动资产和非流动负债则按原始汇率折算,无折算风险。

(2) 货币/非货币折算法。该方法将海外分支机构的资产负债划分为货币性资产负债和非货币性资产负债。其中,所有金融资产和负债均为货币性资产负债,按现行汇率来折算,面临折算风险;而真实资产属于非货币资产负债,按照原始汇率来折算,没有折算风险。

(3) 时态法。该方法为货币/非货币折算法的变形,只是对真实资产作了更真实的处理:如果真实资产以现行市场价格表示,则按现行汇率计算,面临折算风险;如果真实资产按原始成本表示,则按原始汇率折算,没有折算风险。当全部真实资产均按原始成本表示时,时态法与货币/非货币法完全一致。

(4) 现行汇率法。该方法将跨国公司的海外分支机构的全部资产和全部负债均按现行汇率来折算,这样一来,海外分支机构的所有资产负债项目,都将面临折算风险。目前,该方法已成为美国公认的会计习惯做法,并逐渐为西方其他各国所采纳。

3) 经济风险

经济风险(Economic Risk),又称经营风险(Operating Risk),是指由于意料之外的外汇汇率的变化对国际企业的供产销数量、价格、成本等发生影响,从而引起国际企业在未来一定期间收益或现金流量增减的可能性。在这里,收益是指税后利润,现金流量(cash flow)是指收益加上折旧。它是一种潜在风险,直接影响企业的生产、销售和资金融通,直接影响到企业在国际经济活动中的效果(收益)或一家银行在国外的投资效益。

值得注意的是,经济风险中的汇率变动,仅指意料之外的汇率变动,不包括意料之中的汇率变动。因为企业在预测未来的获利状况而进行经营决策时,已经将意料到的汇率变动对未来产品成本和获利状况的影响考虑进去了,因而排除在风险之外。

经济风险可包括真实资产风险、金融资产风险和营业收入风险三方面,其大小主要取决于汇率变动对生产成本、销售价格以及产销数量的影响程度。例如,当本币贬值时,某公司一方面由于出口货物的外币价格下降而刺激出口数量增多,有可能导致出口额增加;另一方面因该公司在生产中所使用的主要是进口原材料,本币贬值后又会提高以本币表示的进口原材料的价格,出口货物的生产成本因而增加,结果该公司将来的纯收入(收益)可能增加,也可能减少,这就是经济风险。此外,汇率变动对价格和数量的影响可能无法马上体现,这些因素也都直接影响着公司收益变化幅度的大小。

4) 三种风险的相互关系及比较

外汇的经济风险、交易风险和折算风险是相互关联的:经济风险主要是针对企业未来不确定现金流的风险衡量,一旦企业签署了合同、形成了确定的外汇现金流量,其所产生的汇率风险就是交易风险,所以在某种程度上交易风险可以看成是短期内确定的经济风险;折算风险产生于会计报表不同的货币表述,体现了经营活动的结果,因此折算风险是经济风险在经营成果中的体现。

虽然交易风险、折算风险与经济风险都是由于未预期的汇率变动引起的企业或个人外汇资产或负债在价值上的变动,但它们的侧重点及影响程度各有不同:

(1) 从损益计量上看,交易风险可以从会计程序中体现,使用一个明确的具体数字表示,可以从单笔独立的交易、也可以从子公司或母公司经营的角度来测量其损益结果,具有客观性和静态性的特点。而经济风险的测量需要经济分析,从企业整体经济上预测、规划和分析,涉及企业财务、生产、价格、市场等各个方面,因而具有一定的动态性和主观性。

(2) 从测量时间来看,交易风险与折算风险的损益结果,只突出了企业过去已经发生交易在某一时间点的汇率风险的受险程度;而经济风险则要测量将来某一时段出现的汇率风险。不同的时间段的汇率波动,对各期的现金流量、经济风险受险程度以及企业资产价值的变动将产生不同的影响。

(3) 从影响程度上看,与交易风险不同,经济风险侧重于企业的全局,从企业的整体预测将来一定时间内发生的现金流量变化。因此,经济风险不是会计程序,而是经济分析。经济风险的避免与否很大程度取决于企业预测能力的高低,预测的准确程度直接影响企业在生产、销售和融资等方面的战略决策。同时,就外汇风险的影响程度而言,折算风险和交易风险的影响是一次性的,而经济风险的影响是长期的,它不仅影响企业在国内的经济行为与效益,而且直接影响企业在海外的经营效果和投资收益。因此,经济风险一般被认为是三种外汇风险中最重要的。但由于经济风险跨度时间较长,对其测量存在着很大的主观性和不确定性,要准确计量企业的经济风险存在很大的难度,所以企业的经营者通常更重视交易风险和折算风险的防范与管理。

6.1.2 外汇风险的构成要素及经济影响

1. 外汇风险的构成要素

前已述及,经济主体在国际经济活动中,一方面经常要使用外币进行收付,因而会发生外币与本币(或两种不同外币)之间的实际兑换。由于从交易的达成到账款的实际收付以及借贷本息的最后偿付均有一段期限,兑换时如果汇率在这一期限内发生不利于该经济主体的变化,则其将单位外币兑换成本币(或两种外币间兑换)的收入就会减少,或以本币兑换单位外币的成本就会增加,于是产生了交易风险和经济风险;另一方面由于本币是衡量经济主体经济效益的共同指标,因此即使经济主体的外币收付不与本币或另一外币发生实际兑换,也需要在账面上将外币折算成本币,以考核该经济主体的经营成果,而随着时间的推移,汇率发生波动,单位外币折算成本币的账面余额也会发生变化,于是产生了折算风险。

由此可见,外汇风险包含三个要素:本币、外币和时间。只要经济主体在经营活动中以外币计价结算,且存在时间间隔,就会产生外汇风险。一般来说,未清偿的外币债权债务余额越大,间隔时间越长,外汇风险就越大。在浮动汇率制下,由于汇率的波动更频繁及剧烈,又没有波动幅度的限制,因此经济主体面临的外汇风险比在固定汇率下更经常、更明显、更难以预测。综合而言,三个构成要素(本币、外币和时间)与外汇风险的关系主要表现在:

(1) 处于"多头地位"(即将有一笔外汇资金流入)和"空头地位"(即将有一笔外汇资金流出),均有外汇风险。

(2) 以本币收付款项,无外汇风险。

(3) 流入的外币与流出的外币币种、金额和时间均相同,无外汇风险。

(4) 流入的外币与流出的外币币种、金额均相同而时间不同,则只有"时间风险"而无"价值风险"。

(5) 一种外币流出,另一种外币流入,且两种外币之间没有直接联系,如均为独立浮动等,则具有双重风险。

由于外汇风险由本币、外币和时间因素构成,且缺一不可,因此防范外汇风险的基本思路有二:一是防范由外币因素引起的风险,其方法或不以外币计价结算,彻底清除外汇风险;或使用同一外币表示的流量相反的资金数额相等;或通过选择计价结算的外币种类,以消除或减少外汇风险。二是防范时间因素引起的外汇风险,其方法或把将来外币与另一货币之间的兑换提前到现在进行,彻底清除外汇风险;或根据对汇率走势的预测,适当调整将来外币首付的时间,以减少外汇风险。

2. 外汇风险的经济影响

1973年布雷顿森林固定汇率体系崩溃,特别是1976年牙买加协议正式承认浮动汇率制合法性以来,控制在一定波动范围的固定汇率制随之解体。目前,世界各国大多实行浮动汇率制,美元、欧元、日元、英镑等主要货币之间的比价时刻都处在剧烈的上下起浮变动之中,至使国际间债权债务的决算由于汇率的变动而事先难以掌握,从而产生了汇率风险。就当前的国际金融状况而言,中国不仅处在一个以浮动汇率制为主的国际货币体系之中,而且人民币对外汇率也采取了一种"有管理的浮动汇率制",外汇风险严重地影响着中国的国际收支平衡、物价稳定和企业的经济收益,特别是在经济全球化的今天,在中国对外经贸交往迅速发展的今天,这种影响尤为突出。

由于国际分工的存在,国与国之间贸易和金融往来便成为必然,并且成为促进本国经济发展的重要推动力。而外汇汇率的频繁波动,则会给从事国际贸易者和投资者带来巨大的外汇风险。如在国际贸易活动中,商品和劳务的价格一般是用外汇或国际货币来计价。目前大约60%的国家用美元来计价结算。但在实行浮动汇率制的今天,由于汇率的频繁波动,生产者和经营者在进行国际贸易活动时,就难以估算进口成本或费用以及出口盈亏。又如在国际金融市场上,借贷的多是外汇,如果借贷的外汇汇率上升,借款人(筹资者)就会遭受巨大损失,汇率的剧烈变化甚至可以吞噬大企业;反之,如果借贷的外汇汇率下跌,则贷款人(投资者)就会遭受类似损失。此外,外汇汇率的波动还直接影响一国外汇储备价值的增减,从而给各国央行在管理上带来巨大风险和困难。

可见,涉外经济主体(包括政府、银行、企业或个人等)由于在日常经营活动中多涉及两种或两种以上的货币,因此不可避免地处于各种外汇风险之中。这里仅讨论外汇风险对涉外企业经济活动的影响。

1) 对涉外企业经营效益的影响

外汇风险使涉外企业的未来收益或经营效益因汇率的波动而上下波动。在汇率频繁波动的今天,涉外企业预期的本币现金流量和以外币计价的各种资产、负债的价值常因汇率变动而发生变化,可能使企业遭受损失,抑或给企业带来收益。事实上,收益和损失是相对的概念,避免了损失便意味着收益,放弃或丧失了可能获取的收益,便是一种损失。涉外企业唯有熟悉、预测外汇风险,提高对外汇风险的管理能力和水平,才有可能承受巨大的外汇风险所带来的收益或损失,进而避免或减轻外汇风险给企业经营效益所带来的影响。

2) 对涉外企业经营战略的影响

经营战略是指企业面对激烈变化、严峻挑战的环境,为求得长期生存和不断发展而进行的总体性谋划。具体地说,经营战略是在符合和保证实现企业使命的条件下,在充分利用环境中存在的各种机会和创造新机会的基础上,确定企业同环境的关系,规定企业从事的事业范围、成长方向和竞争对策,合理地调整企业结构和分配企业的全部资源。如果汇率变动有利于涉外企业的资金营运(即可能获得较大的外汇风险收益),企业就会倾向于采取大胆的、开拓性的抑或是冒险的经营战略,如扩大生产规模,扩张海外投资,开辟新产品、新市场;反之,如果汇率变动不利于涉外企业的资金营运(即可能遭受较大的外汇风险损失),企业就可能会采取谨慎的、稳妥的抑或是保守的经营战略或策略,尽量避免使用大量外汇,将海外市场、海外融资或投资缩小在一定范围。可见,从某种程度上说,这一影响关系到企业的兴衰成败。

3) 对涉外企业税收的影响

由于汇率的波动,涉外企业的资产、负债、销售或投资收入折算为本币时可能增加或减少,从而影响企业的税收负担。一般而言,对涉外企业已经发生的外汇损失可享受所得税减免,已经实现的外汇盈利才能构成应纳税收入(即应纳税所得额)。因交易风险造成的外汇损失,往往会降低当年的应纳税收入;折算风险损失由于并非实际的亏损,因此不能减免税收。涉外企业应设法将外汇风险所造成的税后结果降到最低,使税后收益得到最大。由于税收政策是由企业所在国决定的,作为跨国经营企业,应从全局着眼制定其外汇风险管理战略与策略。

6.2 外汇风险管理概述

外汇风险管理(foreign exchange risk management)是指外汇资产持有者通过风险识别、风险衡量、风险控制等方法,预防、规避、转移或消除外汇业务经营中的风险,从而减少或避免可能的经济损失,实现在风险一定条件下的收益最大化或收益一定条件下的风险最小化。

6.2.1 外汇风险管理的目标及要求

1. 外汇风险管理的目标

在多数情况下,对所有外汇风险都进行防范是不可能的,而且对某些风险的防范是要付出代价的。因此,在防范风险之前,必须根据自身的实际情况确定风险管理目标,再采取具体风险控制措施。一般来说,防范外汇风险的目标主要有两个:一是短期收益最大化;二是外汇损失最小化。

2. 外汇风险管理的基本要求

一般而言,外汇风险管理的基本要求包括正视客观风险、合理承受风险和发挥风险管理职能三个方面。

(1) 正视客观风险。在现行国际货币体系及金融全球化、自由化的环境中,外汇风险是客观存在的,汇率、利率等的变动不以任何经济主体的主观意志为转移。因此,涉外经济主体必须充分重视外汇风险存在的客观性,并不断研究、发现风险产生的可能原因,以便采取相应的策略、措施加以防范或管理。

(2) 合理承受风险。外汇风险存在的客观性表明：涉外经济主体开展经营活动的过程本身就是承受风险的过程。因此，涉外经济主体需要根据各项业务发生风险的概率，适度安排业务比例和规模，分散风险，确保收益足以弥补所处经济环境中一般情况下的平均风险，使自身清偿力足以弥补经济环境中一般情况下的最大风险。

(3) 发挥管理职能。涉外经济主体在合理承受了各种风险之后，要充分发挥风险管理职能，针对不同风险来源与特点，运用相应的风险管理方法、技能和工具，合理控制、降低和转移风险。

6.2.2 外汇风险管理的原则与策略

1. 外汇风险管理的原则

在开放经济中，外汇风险是客观存在的。无论政府、企业、银行还是个人都可能在不同程度上蒙受外汇风险所导致的损失。因此，必须高度重视外汇风险管理问题，将其列为日常经营管理中一个不容忽视的内容。在处理企业部门的微观经济利益与国家整体的宏观利益的问题上，企业或部门通常是尽可能减少或避免外汇风险损失，尽力将两者利益很好地结合起来，共同防范风险损失。

(1) 全面重视原则。涉外经济主体要对自身经济活动中面临的外汇风险所有受险部分给予高度的重视，综合运用多种分析方法对风险进行准确的测量，全面系统地考察各种风险事件的存在和发生的概率、损失的严重程度，以及风险因素和风险的出现导致的其他问题，并及时把握风险额的动态变化情况，以便及时、准确地提供比较完备的决策信息，避免顾此失彼而造成人为的更大损失。

(2) 管理多样化原则。经济主体的经营范围、经营特点、管理风格各不相同，因此每个经济主体都应寻找最适合自身风险状况和管理需要的外汇风险战术及具体的管理方法。实际上，没有一种外汇风险管理办法能够完全消除外汇风险，因此，在选择风险管理办法时，需要综合考虑相关国家外汇管理政策、金融市场发达程度、避险工具的成熟程度，以及企业发展战略、风险头寸的规模和结构、自身的风险管理能力等多种因素，进行灵活多样的外汇风险管理，不宜长期只采用一种风险管理方法。

对于不同类型和不同传递机制(形成原因)的外汇汇率风险，应该采取不同适用方法来分类防范，以期奏效，但切忌生搬硬套。比如，对于交易结算风险，应以选好计价结算货币为主要防范方法，辅以其他方法；对于债券投资的汇率风险，应采取各种保值为主的防范方法；对于外汇储备风险，应以储备结构多元化为主，又适时进行外汇抛补。

(3) 收益最大化原则。经济主体在确保实现风险管理目标的前提下，对外汇风险管理的成本和收益进行精确的计算，以最低成本追求最大化的收益，这是风险管理的出发点和立足点。因此,经济主体须根据实际情况和自身的财务承受能力,选择效果最佳、经费最省的方法,制定具体的风险管理战略战术。金融市场上应用最广泛的风险管理工具,如远期外汇交易、期货、期权及掉期等,都需要支付一定的成本和代价,如果规避外汇风险所减少的损失金额小于为此支付的成本,外汇风险管理就是失败的。外汇风险管理中必须注意"投入—产出"分析,力求做到规避效果相等时成本最小,成本相等时规避效果最大。

2. 外汇风险管理的策略

外汇风险管理主要包括完全抵补、部分抵补和完全不抵补三类策略。

(1) 完全抵补策略。完全抵补策略又称完全避险策略,即企业对外汇风险采取严格防范措施消除外汇敞口额(即不允许存在外汇风险暴露),或对业务中发生的一切外汇敞口头寸进行完全套期保值,固定预期收益或固定成本,以避免汇率波动可能带来的风险损失。对银行或企业来说,就是对于持有的外汇头寸,进行全部抛补。一般情况下,采用这种策略比较稳妥,能有效防范外汇风险,尤其是对于实力单薄、涉外经验不足、市场信息不灵敏、汇率波动幅度大等情况,但是其实现的客观条件也是很苛刻的。

(2) 部分抵补策略。部分抵补策略又称积极的外汇风险管理策略,即企业积极地预测汇率走势,并根据预测对不同的涉险项目采取不同的措施,以期达到既能避免外汇风险造成的损失,又能在预测正确背景下获得风险报酬的管理策略。具体做法是企业采取适当措施清除部分敞口金额,同时保留部分受险金额,试图留下部分赚钱的机会,当然也留下了部分赔钱的可能。

(3) 完全不抵补策略。完全不抵补策略又称消极的外汇风险管理策略,即企业对外汇风险采取听之任之的态度,不采取任何管理措施,任由外汇敞口金额暴露在外汇风险之中,当汇率变动趋向有利时就获得风险报酬;当汇率变动趋向不利时就承担风险损失。这种情况适合于汇率波幅不大、外汇业务量小的情况。在面对低风险、高收益、外汇汇率看涨时,企业也容易选择这种策略。

6.2.3 外汇风险管理的方法与过程

1. 外汇风险管理的方法

根据外汇风险管理的作用机理,外汇风险管理的方法大致可以分为四种类型:

(1) 风险规避。该方法是完全抵补策略的具体运用,是指经济主体对经营中出现的所有外汇风险头寸100%的套期保值,从而消除一切风险因素,使外汇风险丧失产生的必要条件。该方法可以使涉外企业和个人遭受风险损失的可能性降为零,而且简单易行,没有直接成本。然而,这种方法的机会成本较高。虽规避了风险损失,但也放弃了获利的可能。一般来说,这种方法通常在两种情形下采用:一是在所要承受的外汇风险中遭受损失的概率和程度相当大;二是若采用其他风险管理方法,其成本更高。

(2) 风险控制。该方法是部分抵补策略的具体运用,是指经济主体通过控制风险因素,减低风险损失发生的概率,减轻损失的严重程度。风险控制型方法在运用中有两种方式:一是在损失发生前,降低损失发生的概率;二是在损失发生的过程中,减少损失的严重程度。风险控制型方法是涉外企业和个人在不愿放弃可能获利机会的前提下,为了尽可能减少损失而采取的积极的风险控制方法。

(3) 风险中和。该类方法是通过使风险中受损几率与相应的获利机会相匹配,使损失和收益相互抵消。在银行经营外汇业务的活动中,有些业务性质是相同的,只要通过相反方向的操作,就可以锁定成本,获得稳定的收益。风险中和型方法虽然不能消除风险因素,但是涉外企业和个人能够获得相当的经济收益,损失和收益相互抵消。

(4) 风险集合。该类方法是通过将承受同类风险的涉外企业和个人联合起来,共同抵御风险,分担可能遭受的损失,从而减轻单个涉外企业和个人所承受的风险。这种方法不仅可以使承受风险的涉外企业和个人得以优势互补,从而提高整体抵御和管理风险的能力,而且一旦出现经济损失,可以由这些涉外企业和个人按比例分摊。

2. 外汇风险管理的过程

外汇风险管理的一般过程包括风险的识别、度量和规避三个方面。

(1) 风险识别。经济主体在对外经济交易中要了解是否存在外汇风险,究竟存在哪些外汇风险,是交易风险、会计风险还是经济风险。或是仔细识别面临的外汇风险哪一种是主要的,哪一种是次要的;哪一种货币风险较大,哪一种货币风险较小;同时,要了解外汇风险持续时间的长短,其目的是为做好外汇风险管理作前期准备。

(2) 风险度量。经济主体综合分析所获得的数据和汇率情况,预测汇率走势,对外汇风险程度进行测算或度量。外汇敞口额(即风险暴露头寸)越大、时间越长、汇率波动越大,风险越大。因此,应经常测算各时期的外汇敞口额有多少,汇率的预期变化幅度有多大。汇率风险度量方法可以用直接风险度量方法和间接风险度量方法,根据风险的特点,从各个不同的角度去度量汇率风险,这样才能为规避风险提供更准确的信息和依据。

(3) 风险规避。经济主体在识别和衡量风险的基础上采取措施控制外汇风险,避免产生较大损失。汇率风险规避方案的确定需要在经济主体科学的风险识别和有效的风险度量的基础上,结合该经济主体自身的性质,经营业务的规模、范围和发展阶段等具体情形,择优选用完全抵补策略、部分抵补策略或是完全不抵补策略。各种规避或管理策略只有适用条件不同,并没有优劣之分。最后,经济主体在确定其规避或管理策略的基础上,进一步选择其风险管理或避险方法。

6.3 企业外汇风险管理

外汇风险管理是旨在降低汇率波动给企业经营带来的不确定性而实施的管理行为,是企业风险管理的重要内容。在外汇风险管理上,由于企业的经营方式多种多样,故为管理外汇风险所采取的措施及相应的操作方法也是形式较多,比较复杂的。

在实际操作过程中,企业对本身持有的或可能要持有的受险部分,要根据其具体的业务特点、企业自身的财力状况和外汇银行的态度等方面综合考虑应采取的风险管理措施。企业不仅要对未来的汇率变动趋势进行预测,还应针对不同的外汇风险类型,结合具体的实际情况,选用相应的避险措施。

6.3.1 外汇交易风险管理

1. 贸易策略法

贸易策略法是指企业在进出口贸易中,通过与贸易对手协商与合作所采取的防范外汇风险的方法。具体分为以下几种:

1) 币种选择法

币种选择法是指企业通过选择进出口贸易中的计价结算货币来防范外汇风险的方法。一般而言,在有关对外贸易和借贷等经济交易中,应选择自由兑换货币作为计价结算货币,方便外汇资金的调拨和运用,一旦出现外汇风险可以立即兑换成另一种有利的货币。但选择何种货币作为计价结算的货币或计值清偿的货币,直接关系到交易主体是否将承担汇率风险以及承担多大程度的汇率风险。

为了防范外汇交易风险,相关企业应在事前对各种不同的货币进行汇率预测,这是外汇风险管理的先决条件,是首要前提。在此基础上运用选择货币法,选择最佳货币,以防范外汇交易风险。总之,注意货币汇率变化趋势,选择有利的货币作为计价结算货币,这是一种根本性的防范措施。由于一种结算货币的选择,与货币汇率走势,与他国的协商程度及贸易条件等有关,因此在实际操作当中,必须全面考虑,灵活掌握,真正选好有利币种。

(1) 本币计价法。进出口商选择本币作为计价与支付货币,不涉及到货币的兑换,从根本上回避外汇交易,从而完全避免外汇风险,即没有外汇风险。但本币对国外交易对手来说是外币,这意味着使用该方法的前提是对方能够接受从而不至于使企业丧失贸易机会。

(2) 收硬付软法。即企业出口时选用硬币计价结算,进口时选用软币计价结算。所谓硬币(Hard Money),是指汇率稳定且具有升值趋势的货币;所谓软币

(Soft Money)，是指汇率不稳定且具有贬值趋势的货币。出口商以"硬币"计价，可以使自己获得汇率变动带来的收益；进口商以"软币"计价，可使自己避免汇率波动可能带来的损失。但是"硬币"和"软币"是相对的，因此，此法要求对汇率走势有比较准确的预测，它并不能完全避免外汇风险。

此外，在企业的国际信贷与投资活动中，也可采用此种方式达到降低外汇风险的目的。即信贷资本输出(贷放)或对外投资应争取选用"硬币"计价结算，信贷资本输入(借用)或利用外资应争取选用"软币"计价结算。

(3)"一篮子"货币计价法。所谓"一篮子"货币是指由多种货币分别按一定的比重所构成的一组货币。"一篮子"货币计价法是指进出口商通过选用两种以上的货币(最好是软硬货币搭配)计价来消除外汇汇率变动带来的风险，又称"多种货币组合法"。也可采用诸如特别提款权(SDRs)等来进行计价和收付。由于"一篮子"货币中既有"硬币"也有"软币"，软硬货币此降彼升，具有负相关性质，如进行合理搭配，能够降低汇率风险。"硬币"升值所带来的收益(债权方)或损失(债务方)与"软币"贬值所带来的的损失(债权方)或收益(债务方)大致相抵，所以"一篮子"货币的(综合)币值比较稳定，交易双方均可借此减少外汇风险。交易双方在选择计价货币难以达成共识时，可采用这种折中的方法。对于机械设备的进出口贸易，由于时间长、金额大，也可以采用这种方法。但"一篮子"货币的组成及货款的结算较为复杂。

2) 系列保值法

(1) 货币保值法。货币保值法是指企业在进出口贸易合同中通过订立适当的保值条款，以防范外汇风险的方法。该方法一般适用于由于传统的商业习惯或其他原因，贸易合同中选用软币计价的情况。具体做法是在保值条款中交易金额以某种比较稳定的货币或综合货币单位保值，支付或结算时按支付货币对保值货币的当时汇率加以调整。在长期贸易合同中，往往采用这类做法。货币保值条款的种类很多，并无固定模式，但无论采用何种保值方式，只要合同双方同意，并可达到保值目的即可。具体方法有：

▲黄金保值条款。即在贸易合同中，规定某种货币为计价结算货币，并规定黄金为保值货币。签订合同时，按当时计价结算货币的含金量，将货款折算成一定数量的黄金，到货款结算时，再按此时的含金量，将黄金折回成计价结算货币进行结算。黄金保值条款是一种传统的货币保值条款，通行于固定汇率时期，现很少使用。

▲硬币保值条款。即在贸易合同中，规定某种软币为计价结算货币，某种硬币为保值货币。签订合同时，按当时软币与硬币的汇率，将货款折算成一定数量的硬币，到货款结算时，再按此时的汇率，将硬币折回成软币来结算。此方法一般同时规定"软币"与"硬币"之间汇率波动的幅度，在规定的波动范围内，货款不作调整；超过规定的波动幅度范围，货款则要作调整，使其仍等于合同中原折算的保值

货币金额。

▲"一篮子"货币保值条款。在贸易合同中,规定某种货币为计价结算货币,并以"一篮子"货币为保值货币。签订合同时,按当时的汇率将货款分别转算成各保值货币,在货款支付日再按此时的汇率将各保值货币折回计价结算货币来结算。目前,各国所使用的货币保值条款主要是"一篮子"货币保值条款,就是选择多种货币对合同货币进行保值。在实际操作中有时选用临时确定的篮子货币进行保值,但在一些中长期进出口贸易合同和国际信贷合同中,经常选择固定的篮子货币(复合货币)作为计价货币来进行保值,如特别提款权(SDRs)经常被采用。

除了上述三类货币保值条款外,还可在贸易合同中订立物价指数保值条款和滑动价格保值条款,以防范或规避外汇风险。前者是指以某种商品的价格指数或消费物价指数(CPI)来保值,进出口商品货价根据价格指数的变动相应调整;后者是指在签订合同时,买卖商品的合同价格暂不确定,根据履行合同时市场价格或生产费用的变化加以调整。事实上,这两种方法也具有调价保值法的某些特征。

(2) 调价保值法。又称"价格调整法",是指当出口用"软币"计价结算、进口用"硬币"计价结算时,企业通过调整商品的价格来防范外汇风险的方法。在国际贸易中出口收硬币、进口付软币是一种理想的选择,但在实际当中有时只能是"一厢情愿"。在某些场合出口不得不收取软币,而进口被迫用硬币。此时就要考虑实行调价避险(保值)法,即出口加价和进口压价,借以尽可能减少风险。具体有两种方法:

▲加价保值。为出口商所用,实际上是出口商将用软币计价结算所带来的汇价损失摊入出口商品价格中,以转嫁外汇风险。加价的幅度相当于软币的预期贬值幅度。计算公式为:

加价后的单价＝原单价×(1＋货币的预期贬值率)

【例6.4】 英国某出口商出口以软货币(美元)计价,如果按签订合同时1英镑等于1.3500美元汇率来计算,其价值100万英镑货物的美元报价应为135万美元。考虑到6个月后美元对英镑要贬值,英国出口商要做一笔卖出美元的远期外汇交易予以防范。当时6个月的远期汇率中美元对英镑贴水0.0095,贴水率为0.7%(即0.0095/1.3500)。到期收汇时需按远期汇率交割,其135万美元仅能兑换到99.3万英镑,亏损0.7万英镑,因此,英国出口商将美元贴水率计入美元报价中,则美元报价为:135×(1+0.7%)＝135.95万美元。因此英国出口商按135.95万美元报价,到期英国出口商就可兑换到100万英镑而不至于亏损。

▲压价保值。为进口商所用,实际上是进口商将用硬币计价结算所带来的汇价损失从进口商品价格中剔除,以转嫁外汇风险。压价的幅度相当于硬币的预期升值幅度。计算公式为:

压价后的单价＝原单价×(1－货币的预期升值率)

值得注意的是,如果外币升值率大于其预期升值率,即使运用压价保值,进口商仍会承担外汇风险。还有一种情况,如果进口商坚持以本国货币计价,出口商就会增加外汇风险。为此在卖方市场的条件下,出口商可以适当提高出口货价以弥补因使用对方货币可能蒙受的损失;如果是买方市场条件,则货价不易提高。反之,进口商如果接受以出口商所在国的货币作为计价货币,则可以压低其销售价格,以补偿接受对方国家货币所承担的风险。

此外,与调价保值法相似的是,在企业等经济主体的国际信贷与投资活动中,通过调整利率的方式以达到降低外汇风险的目的。例如,在国际借贷合同中,当一方不得不接受对己不利的货币作为合同货币时,可争取对谈判中的借贷利率作适当调整。如(贷方、债权人)要求适当提高以软币记值清偿的贷款利率,或(借方、债务人)要求适当降低以硬币记值清偿的借款利率。

3) 期限调整法

期限调整法,又称提前或推迟(Leads & Lags)结算法。是指进出口商根据对计价结算货币汇率走势的预测,将贸易合同中所规定的货款收付日期提前或延期(错后),以防范外汇风险,获取汇率变动收益的方法。

在国际金融市场瞬息万变的情况下,提前或推迟收款、付款,对外贸企业来说会产生不同的利益效果。因此,企业应根据实际情况并在双方协商同意的基础上灵活掌握收付时间。作为出口商,当计价货币坚挺,即外汇汇率呈上升趋势时,由于收款日期越向后推就越能获得汇兑收益,故企业应在合同规定的履约期限内尽可能推迟交货日期、出运货物、办理结汇,或允许进口商延期付款(即向对方提供信用,以延长出口汇票期限);若外汇汇率呈下跌趋势时,应争取尽早签订出口合同,或把交货日期提前,或把收汇时间提前以便早收货款(结汇),或者给进口商某些提前付款的优惠条件,鼓励其提前付款,即出口商以预收货款的方式在货物装运前就收汇。

反之,作为进口商,如果预测计价结算货币将要升值或汇率上浮,应将购货时间提前,或在价格合适情况下预付货款,以避免将来计价结算货币升值或汇率上浮后须支付较多的本国货币,进而增加进口成本;如果预测计价结算货币将要贬值或汇率下浮,应将购货时间推迟,或要求延迟(延期)付款,或要求出口商推迟交货日期以便延迟付款,以使进口商在商定的计价结算货币贬值后,用较少本国货币换取外汇以降低进口成本。

严格地说,期限调整法中只有提前结清外汇才能彻底消除外汇风险,延期结清外汇具有投机性质。一旦企业汇率预测失误,采用延期结清外汇就会蒙受更大的损失。

4) 对销贸易法

对销贸易法是指进出口商利用平衡及组对、签订清算协定及转手贸易、易货贸易等进出口相结合的方式,来防范外汇风险的方法。

(1) 平衡法及组对法。平衡法亦称配对法(Matching),是指经济主体使外币的流入和流出在币种、金额和时间上相互平衡的做法。即进出口商在一笔交易发生时或发生之后，再进行一笔与该笔交易在币种、金额、货款收付日期完全相同，但资金流向正好相反的交易，使两笔交易所面临的外汇风险相互抵消的方法。组对法(Pairing)是指经济主体通过利用两种资金的流动对冲来抵消或减少风险的方法。两种方法的区别在于：平衡法使用的是单一种类的外币来消除风险；而组对法是用第三种货币，通过它与具有外汇风险货币的相反运动来消除风险。相较而言，组对法比较灵活，也易于运用，但若组对不当反而会产生新的风险。因此，必须注意组对货币的选择，即是应选用一个与风险存在的货币相联系（币值波动方向一致且波动幅度大体相当）的另一种货币（如港元与美元等）。

（2）签订清算协定及转手贸易。签订清算协定是指交易双方约定在一定时期内，所有的经济往来都用同一种货币计价，每笔交易的金额先在指定银行的清算账户上记载，到规定的期限再清算贸易净差的方法。这种交易方式，交易额的大部分都可以相互轧抵，只有差额部分才用现汇支付，外汇风险很小。转手贸易(Switch Trade)则是在签订清算协定的基础上发展起来的，是指用多边货物交换，用双边账户进行清算结算的一种特殊的贸易方式。转手贸易能够有效地解决在清算协定贸易下，由于一方所提供的货物对方不满意而产生的对方贸易出超问题。

（3）易货贸易。易货贸易(Barter Trade)是指贸易双方直接、同步地进行等值货物的交换。换言之，它是在换货的基础上，把等值的出口货物和进口货物直接结合起来的一种贸易方式。这种交易双方均无需收付外汇，无需进行货币兑换，当然也不存在外汇风险。

5）择优结算方式法

结算方式不仅关系着信用风险，涉及资金融通，同时也影响着进出口商承担外汇风险的大小。因此择优选择结算方式也是一种防范外汇交易风险的方法。

相较而言，出口企业以预付款方式出口，于收取外汇后即办理结汇，可避免外汇贬值风险；即期信用证结算方式有"及时安全"收汇的优点，出口企业装船后即可向银行申请办理议付、结汇，也可避免外汇贬值风险。而货到付款、托收、远期信用证等结算方式，不仅存在商业风险，外汇风险也比较大。

6) LSI 法

LSI 法，即提早收付-即期合同-投资法(Lead-Spot-Invest)，是指具有应收外汇账款的企业，征得债务方的同意，提前收取外汇款项，并兑换为本币，进而进行投资以防范外汇风险的方法。

对于有应收账款的出口商或债权人来说，LSI 法操作步骤：首先，在征得进口商或债务人同意后，以一定折扣为条件提前收回款项（借此消除时间风险）；其次，通过即期外汇交易，将收回的外汇款项兑换成本币（借此消除价值风险）；最后，将换回的本币进行投资，所获的收益用以抵补因提前收汇的折扣损失。实际上，LSI 法是将期限调整法、即期合同法与投资法三种简单避险方法进行综合运用。

【例6.5】 法国某出口公司90天后有一笔10万美元的应收货款。为防止届时美元贬值给公司带来损失,该公司征得美国进口商的同意,在给其一定付现折扣的情况下,要求其在2天内付清款项(暂不考虑折扣数额)。该出口公司提前取得美元货款后,立即进行即期外汇交易,假定外汇市场的即期汇率为EUR1=USD1.2530/45。随即该出口公司用兑换回的本币,约7.97万欧元(即10万÷1.2545)进行90天的投资(暂不考虑收益因素)。在这里,法国某出口公司通过提前收付,消除了时间风险;通过即期外汇交易,把美元变成等价值本币,又消除了价值风险。以本币进行投资,将来不再有真正的外汇流动,仅有一笔本币投资资金(本金+收益)的回收。

7) 国内转嫁法

进出口商向国内交易对象转嫁外汇风险的方法即为国内转嫁法。对外贸易中间商进口原材料卖给国内制造商以及向国内制造商购买出口商品时,以外币计价,即可将外汇风险转嫁给国内制造商;进口商也可通过提高国内售价的方式,将外汇风险转嫁给国内用户和消费者。

2. 金融市场操作法

金融市场交易法是指进出口商利用金融市场,尤其是利用外汇市场和货币(资金)市场的交易,来防范外汇风险的方法。

1) 外汇市场操作法

在外汇市场发达的国家,开展外汇交易是一种实用、直接而科学的外汇风险防范方法。

(1) 即期外汇交易法。又称即期合同法(Spot Contract),指具有近期外汇债权(如出口商)或债务(如进口商)的企业与外汇银行签订出卖或购买外汇的即期合同,以防范外汇风险的方法。企业若在近期预定时间有出口收汇,就应卖出手中相应的外汇头寸;企业若在近期预定的时间有进口付汇,则应买入相应的即期外汇。由于即期外汇交易只是将第三天交割的汇率提前固定下来,因此该法的避险作用十分有限。

(2) 远期外汇交易法。又称远期合同法(Forward Contract),指具有外汇债权或债务的企业与银行签订卖出或买进远期外汇的合同,以消除外汇风险的方法。远期外汇买卖本身具有外汇风险所包含的时间、本币、外币诸因素,因此利用远期合同法,通过合同的签订把时间结构从将来转移到现在,并将交割汇率提前固定下来,比即期外汇交易法更广泛地用于防范外汇风险。

具体做法是:出口商在签订贸易合同后,按当时的远期汇率预先卖出合同金额和币别的远期,在收到货款时再按原订汇率进行交割;进口商则预先买进所需外汇的远期,到支付货款时按原定汇率进行交割。这种方法优点在于:一方面将防范外汇风险的成本固定在一定的范围内;另一方面,将不确定的汇率变动因素转化为可计算的因素，有利于成本核算。该方法能在规定的时间内实现两种货币（本币与外币）的风险冲销，可同时消除时间风险和价值风险。

【例6.6】 一家德国公司向美国出口一笔价款为100万美元的商品，3个月后收款。为了防止美元贬值，该公司同银行做了一笔远期外汇交易，卖出远期美元。银行报出的欧元对美元的即期汇率是EUR1＝USD1.2234/41，3个月远期价差为120/124。因此，3个月远期汇率为EUR1＝USD1.2354/65。3个月后出口商用收回的100万美元可换回80.8734万欧元（即100万÷1.2365），有效防止了美元可能出现的贬值而导致欧元收入的减少。

远期外汇合约通常是不可撤销的，它是保障收益和现金流的工具。远期外汇交易本身是存在风险的，采用这一避险工具的关键是对未来汇率的预期，若汇率实际变动与预期不符，则虽锁定了风险，但也失去了应得的收益。换言之，远期外汇交易在避免了汇率不利变动风险的同时，也丧失了汇率有利变动而带来的获利机会。因而，这一避险工具常用于保守型管理策略之中。此外，择期外汇交易的交易成本较高；固定日期的远期外汇交易缺乏灵活性，而且对客户信誉有较高要求。

(3) 外汇期货交易法。又称期货合同法（Future Contract），指具有远期外汇债务（如进口商）或债权（如出口商）的企业，委托银行或经纪人购买或出售相应的外汇期货，借以消除外汇风险的方法。由于期货价格与现货价格之间存在同向变动趋势，外汇期货交易可通过套期保值得以避免外汇风险。具体分为"多头套期保值"和"空头套期保值"。

▲多头套期保值。它是指进口商为防范付款日计价结算货币汇率上浮带来的风险损失，在签订贸易合同时就在期货市场上先买进外汇期货，在期货交割日到来之前，再卖出期货合同进行对冲。若在付款日计价结算货币升值，则进口商在现汇市场上为支付进口货款而购买计价结算货币所蒙受的损失可由期货市场上"贱买贵卖"所获得的利益来弥补；若在付款日计价结算货币贬值，则进口商在期货市场上"贵买贱卖"所蒙受的损失，可由现货市场上购买现汇所减少的支出来补偿。这样，无论付款日计价结算货币的汇率如何变动，进口商都可避免外汇风险带来的损失。

▲空头套期保值。它是指出口商为防范收款日计价结算货币贬值带来的风险损失，在签订贸易合同时，就在期货市场上先卖出外汇期货，交割日之前再买进外汇期货合同进行对冲。若收回货款时计价结算货币贬值，则出口商在现汇市场上收回外币蒙受的损失，可由期货市场上"贵卖贱买"所获得的盈利来弥补；若收回货款时计价结算货币升值了，则出口商在期货市场上"贱卖贵买"所蒙受的损失，可由在现汇市场上所获得的盈利来补偿。这样收款时计价结算货币的汇率无论如何变动，出口商都可避免汇率变动带来的风险损失。

外汇期货交易的选择，同样取决于汇率预期及信用风险，但期货有独特的保证金制度，它是利得与损失的杠杆，既不限制风险，也不限制收益。

(4) 外汇期权交易法。又称期权合同法(Option Contract)，指具有外汇债权或债务的企业，通过外汇期权交易以消除或降低外汇风险的做法。它分为进口商"买进看涨期权"和出口商"买进看跌期权"。

▲买进看涨期权。它是指进口商在签订贸易合同时签订看涨期权合同，若付款日计价结算货币汇率高于协定汇率，进口商就执行期权合约，即按约定汇率买进该货币，从而消除该货币汇率上升带来的损失；若付款日计价结算货币的汇率下跌并且跌至协定汇率以下，进口商可执行不按协定汇率买进的权利（即不执行期权合约），而是在现汇市场上按较低的汇率买进该货币，从而获得因汇率下跌带来的利益。当然无论汇率如何变动该企业都要承担期权费用。

▲买进看跌期权。它是指出口商在签订贸易合同时签订看跌期权合同，若收款日计价结算货币汇率下跌，并且低于期权合约中的协定汇率，出口商就履行卖出外汇期权合约，按约定好的协定汇率卖出其出口收汇，从而避免汇率下跌带来的损失；若收款日计价结算货币汇率上升，并且高于期权合约中的协定汇率，出口商就行使不按协定汇率卖出外汇的权利（即不履行期权合约），而是把出口收汇按现汇市场汇率卖出，从中获取汇率上升带来的利益。

从避免外汇风险的角度看，外汇期权是外汇远期和外汇期货的延伸。对套期保值者来说，外汇期权交易法更具有保值作用。它有三个其他保值方法无法相比的优点。其一，将外汇风险局限于期权保险费（期权费）；其二，保留获利的机会（期权买方可放弃履约，从而随市场行情变化，获得无限大的利益）；其三，增强了风险管理的灵活性。

(5) 掉期交易法。又称掉期合同法(Swap Contract)，指具有远期的债务或债权的企业，在与银行签订卖出或买进即期外汇的同时，再买进或卖出相应的远期外汇，以防范风险的一种方法。它也是消除外汇时间风险与价值风险的一种方法。掉期交易与套期保值的区别在于：套期保值是在已有的一笔交易基础上所做的反方向交易，而掉期则是两笔反方向的交易同时进行。掉期交易中两笔外汇买卖币种、金额相同，买卖方向相反，交割日不同。这种交易常见于短期投资或短期借贷业务外汇风险的防范上。

(6) 货币互换法(Currency Swap)。指交易双方通过互相交换币种不同，但期限相同、金额相当的两种货币，以降低筹资成本和防范外汇风险的一种方法。在货币互换交易中，由于汇率是预先确定的，交易者不必承担汇率波动的风险，因而可起到避险作用。货币互换汇率由交易双方商定，且互换交易的期限往往较长，因而在规避长期外汇风险时它比期货、远期合同等更简洁。互换交易是降低长期资金筹措成本，防范利率和汇率风险的最有效的金融工具之一。

上述利用外汇市场操作规避外汇风险的各类方法，特别是运用衍生金融工具（如远期、期货、期权和掉期等）避险应坚持审慎原则。各种避险措施都存在着利弊，经济主体应根据自身业务需要，慎重选择避险工具。

首先，规避外汇交易风险要付出相应的管理成本（费用），因此，要精确核算管理成本、风险报酬、风险损失之间的关系。

其次，应综合全面考虑，尽可能通过抵消不同项目下的货币资金敞口，减低或消除外汇交易风险。

第三，防范外汇交易风险的方法多样，达到的效果各不相同，经济主体应按自身情况选择合理的避险方案。

2）资金市场操作法

除了前述外汇市场操作法外，经济主体（如涉外经贸企业等）还可利用资金市场（含货币市场和资本市场），通过借款法、投资法、BSI法等创造与未来外汇收入或支出相同币种、相同金额、相同期限的债务或债权，以达到消除外汇风险的目的。其中，借款法用于将来有外汇收入的场合；投资法用于将来有外汇支出的场合；BSI法两种场合均可运用。此外，在中长期国际收付中，涉外企业还可利用国际信贷形式，在获得资金融通的同时，转嫁或抵消外汇风险。

（1）借款法（Borrowing）。将有外汇收入的企业或个人，通过向银行借入一笔与其远期收入币种、金额、期限均相同的贷款，借助融资改变外汇风险时间结构以防范外汇风险的一种方法。这是一种对现存的外汇暴露部分，通过在国际金融市场上借款，以期限相同的外币债权、债务与之相对应，以消除外汇风险的方法。例如，日本某出口企业，预期半年后将收到100万美元的货款。为了防止半年后美元贬值，该企业就向银行借款100万美元，期限6个月，并将这笔美元现汇卖出，以补充其流动资金。半年后再利用其获得的美元货款收入偿还银行美元贷款。到时即使美元汇率下跌，对该出口商也无影响，避免了外汇风险造成的损失。

借款法的特点在于能够改变外汇风险的时间结构，把未来的外币收入现在就从银行借出来，以供支配，这就消除了时间风险，届时外汇收入进账，正好用于归还银行贷款。不过该法只消除了时间风险，尚存在着外币对本币价值变化的风险。同时，运用借款法防范外汇风险是有成本的，因为借款要支付利息。只有利息的支出小于汇率波动所造成的损失，才可起到避免汇率风险的作用。

（2）投资法（Investing）。指当企业（如进口商）面对未来的一笔外汇支出时，将闲置的本币资金换成外汇并进行投资，待支付外汇的日期来临时，用投资的本息（或利润）付汇。这里进行投资的市场一般是短期货币市场，投资的对象为规定到期日的银行定期存款、存单、银行承兑汇票、国库券、商业票据等。但要注意，投资者如果用本币投资，则仅能消除时间风险；只有把本币换成外币再投资，才能同时消除货币兑换的价值风险。一般来说，企业用于购买现汇的本币资金应为闲置资金，但企业通常没有一笔这样的资金，这就需要通过向银行借款来解决。

投资法和借款法都是通过改变外汇风险的时间结构来避险，但两者却各具特点，前者是将未来的支付移到现在，而后者则是将未来的收入移到现在，这是主要的区别。

（3）BSI法，即借款—即期合同—投资法（Borrow-Spot-Invest）。这是一种综合利用外汇市场、国际借贷市场和国际资本市场来防止外汇风险的方法。在一般情况下，人们并不是单纯利用借款法或投资法来防止风险，而是利用各种组合，例如"BSI"法。利用这种方法避免外汇风险的一般做法是：对出（进）口商而言，① 在签订贸易合同后立即在资金市场上借入所需外（本）币；② 卖出（买入）即期外币，取得本（外）币资金；③ 利用金融市场有效地运用所得的本（外）币资金；④ 执行贸易合同后出口商以出口货款偿还借款本息，而进口商则一方面以外币支付货款，另一方面用本币归还借款本息。BSI法既消除了外汇的时间风险，又消除了价值风险。

【例6.7】 中国某进口商3个月后有一笔10万港元的货款需要支付。为防范外汇风险，该公司在与出口商签订贸易合同后，立即从中国银行借款80.48万人民币，并在现汇市场上购买10万港元（假设当时的汇率为 HKD1=CNY0.8028/48）。但由于付款日是在3个月后，故该公司又将这10万港元在货币市场投资3个月。3个月后该公司再以投资到期的10万港元支付货款，并偿还其从中国银行取得的人民币贷款本息，从而有效防止了港元可能出现的升值而导致人民币支出的增加。

（4）国际信贷法。防范外汇风险的国际信贷法主要包括出口信贷、福费廷、保付代理以及外币应收票据贴现等。

▲ 出口信贷（Export Credit）。出口信贷主要包括买方信贷（Buyer's Credit）和卖方信贷（Supplier's Credit）两种。买方信贷方式下出口商可以直接收取现汇，从而规避了外汇风险；卖方信贷方式下出口商利用借款法，从而规避了外汇风险。

▲ 福费廷（Forfaiting）。福费廷又称包买票据或买单信贷。由于对出票人无追索权，出口商在办理福费廷业务后，就把外汇风险和进口商拒付的风险转嫁给了银行或贴现公司。在这种交易中，出口商及时得到货款，并及时地将这笔外汇换成本币。它实际上转嫁了两笔风险：一是把远期汇票卖给金融机构，立即得到现汇，消除了时间风险，且以现汇兑换本币，也消除了价值风险，从而，出口商把外汇风险转嫁给了金融机构；二是福费廷是一种卖断行为，把到期进口商不付款的信用风险也转嫁给了金融机构，这也是福费廷交易与一般贴现的最大区别。

▲ 保付代理（Factoring）。保付代理简称保理，又称承购（让售）应收账款业务。出口商在对收汇无把握的情况下，往往向保理商叙做保付代理业务。由于出口商能够及时地收到大部分货款，与托收结算方式比较起来，不仅避免了信用风险，还减少了汇率风险。因此，对出口商来说，这是一种简单的外汇风险防范措施，但成本较高，因为它涉及的费用包括融资成本、承受信用风险和外汇风险的酬金以及收取账款的支出等。目前这种方法在美国、日本、新加坡以及西欧等国非常盛行。

▲ 外币应收票据贴现。它是指用外币表示的远期汇票经承兑后但尚未到期，由银行或贴现机构从票面金额或票据到期值中扣减按照贴现率计算的贴息后，将

余款付给持票人以进行资金融通的行为。在国际贸易中,如果采用票汇、托收和信用证结算,出口商取得票据后在付款日到来之前可以通过贴现方式提前收到货款,这样可以防止汇率变动带来的风险损失。值得指出的是出口商以外币应收票据进行贴现时,因背书在法律上负有连带责任、形成或有负债,因此在制定外汇风管理策略时,必须加以注意。

3) 保险市场操作法

保险市场操作法又称"投保汇率变动险法",指涉外主体向有关保险公司投保汇率变动险,一旦因汇率变动而蒙受损失,便由保险公司给予合理的赔偿。汇率变动险是一国(地区)官方保险机构开办的,为本国(地区)企业防范外汇风险提供服务的一种险种。

目前,世界上有许多国家的政府均对外汇风险给予保险服务,只是保险对象和程度以及具体做法不同。大体做法是,企业作为投保人,定期向承保机构缴纳规定的保险费,承保机构则承担全部或部分的外汇风险,即企业在保险期间所出现的外汇风险损失由保险公司给予合理的赔偿,但如有外汇风险收益,也由承保机构享有。提供此类保险服务的承保机构,如英国的"出口信贷保证部"、荷兰的"信贷保险有限公司"、美国的"进出口银行"等,此外,德国、法国、日本等也有类似的机构。

6.3.2 外汇折算风险管理

1. 外汇折算风险管理的重要性

外币折算是外贸企业所必需的一个会计处理过程。因为企业需要在每个给定的会计期间编制整合整个企业的财务报表,将以外币表示的资产负债等项目按照某一汇率折算为本国货币,便于全面客观地反映其财务状况、经营成果和现金流量。企业在将外币折算为本币的过程中,由于汇率变动会引起企业账面价值的变化,即外币(外汇)折算风险。

牙买加体系及实施浮动汇率制度以来,由于各主要货币汇率波动频繁,且波动幅度较大,外贸企业因汇率的剧烈波动而面临着巨大的外币折算风险。虽然折算风险是一种名义风险,对企业外币资产和负债所进行的会计处理只改变企业的账面价值,但是外币折算对企业仍然具有重要的意义。因为在实践中,公司账面盈利性与公司经营乃至于公司价值是相关的。企业将外币资产和负债折算,把与汇率有关的收益和损失反映在财务报表中,会影响企业向股东和社会公布的财务报表的数值,它是公司对外公开的主要信息,是投资者进行公司分析所依赖的主要基础材料,它反映的内容关系到企业在外界中的地位与名望。因此,折算风险的影响可能给企业带来利润下降和股价下跌,从而带来筹资方面的障碍。鉴于此,企业有必要加强对外币折算风险的管理。

2. 外汇折算风险的管理

外汇折算风险会影响企业的账面价值,为了消除和减少因汇率变动给企业带来的负面影响,对折算风险管理显得十分必要。目前主要有三种措施:

1) 运用资产负债表来保值

涉外经济主体对折算风险的防范或管理,通常是实行"资产负债表保值法"。即通过调整资产负债表的构成达到为资产负债表保值,避免汇率风险的目的。通常做法是通过各种外汇交易使资产负债表上以某种外币表示的资产总额和负债总额相等,以使其折算风险头寸为零。因为折算风险头寸是指资产与负债之间的差额,而资产和负债的价值如果是随着汇率的变动而变动的话,则受险额也会随之而变动,这样就可以通过调整受险额中的资产和负债数额来达到尽可能避免外汇损失的目的。

实行资产负债表保值,一般要做到以下几点:

(1) 弄清资产负债表中各账户、各科目上各种外币的规模,并明确综合折算风险头寸的大小。

(2) 根据风险头寸的性质确定受险资产或受险负债的调整方向,如果以某种外币表示的受险资产大于受险负债,就需要减少受险资产,或增加受险负债,或者双管齐下;反之,如果以外币表示的受险资产小于受险负债,需要增加受险资产,减少受险负债。

(3) 在明确调整方向和规模后,要进一步确定对哪些账户、哪些科目进行调整。这正是实施资产负债表保值的困难所在,因为有些账户或科目的调整可能会带来相对于其他账户、科目调整更大的收益性、流动性损失,或造成新的其他性质的风险(如信用风险、市场风险等)。在这一意义上说,通过资产负债表保值获得折算风险的消除或减轻,是以经营效益的牺牲为代价的。因此,需要认真对具体情况进行分析和权衡,决定科目调整的种类和数额,使调整的综合成本最小。

2) 使用外汇衍生工具

涉外经济主体根据外币折算风险暴露的大小建立相应的外汇衍生工具合约,从而规避外汇折算风险。常用的外汇衍生工具主要是外汇远期合约,建立此类合约之后,可以降低企业经营活动的风险,以及向海外投资活动的外汇风险。

3) 调整企业现金及其等价物

涉外经济主体通过调整其持有的现金及其等价物的数额与构成,来避免在财务报表上显现出来的折算风险。当记账货币贬值时,如果所持有的现金及其等价物足够多时,在折算时就会发生折算损失。这时可以将企业的现金以及等价物转移出去,或者转换成硬货币,从而避免可能的折算损失。

6.3.3 外汇经济风险管理

经济风险涉及企业生产、销售、原料供应以及区位等经营管理的各方面。经济风险的管理是预测意料之外的汇率变动对未来现金流量的影响,并采取必要措施的过程。经济风险比较复杂,企业防范经济风险也比较困难,需要从企业的长期发展入手。防范或管理经济风险主要采用"多样化"原则或策略,主要有两种对策:一是经营多样化;二是融资多样化。

1. 经营多样化

经营多样化,又称多样化经营或分散化经营(Diversifying Operations),是指跨国公司在生产、销售方面实行分散化策略。亦即涉外经济主体在国际范围内分散其销售市场、生产地址以及原材料来源地。主要包括生产多样化(主要指产品种类、规格多样化,原材料及零部件供应来源多样化)、销售多样化(主要指产品打入不同国家或地区的市场,采用不同的销售条件、多样化的定价策略)。在这种策略下,跨国公司将经营业务深入到各个不同国家和不相关的各个行业中,通过分散化经营降低汇率变动所带来的经济损失,使整个公司业务现金流的波动较小,经营风险自动降低。因为汇率变动会使母公司下的部分子公司在生产和销售上的有利影响部分地抵消其他子公司在生产和销售上的不利影响,从而降低对整个公司经营活动的影响。这种战略的理论依据是,一种货币升值带来的收益可以部分弥补另一种货币贬值所带来的损失。

经营多样化也可分为经营地域全球化和经营品种的多样化。例如,美国在英国的子公司因英镑贬值而增加了部分市场份额,但同时在德国的子公司因欧元升值而减少了部分市场份额,这对跨国公司总体来说,不过是市场在其内部的重新分配,从而避免了因销售量下降而带来利润减少的风险损失。经营多样化策略能够降低经济风险的作用还体现在主动调整经营结构上。当汇率出现意外变化,比较不同国家或地区的子公司的生产和销售状况,据此迅速调整总公司内部的生产基地和销售市场,增加富有竞争力的产品份额、减少竞争力弱的产品份额,使整个公司竞争力增强,从而避免了单一生产经营可能遭受的风险损失。

2. 融资多样化

融资多样化,又称财务多样化或分散化融资(Diversifying Financing),是指在多个金融市场、以多种货币寻求资金来源和资金去向,使不同的货币向不同的方向和不同程度的汇率波动相互抵消,以防止经济风险的发生。包括筹资多样化和投资多样化。

在筹资时,需要从汇率和利率两方面综合考虑。最理想的筹资渠道是从货币有汇率下浮趋向的国家借款,因为如果预测是正确的,就可以获得该国货币贬值的利益,减轻债务负担。其次是从多个国家的金融市场借入多种货币,这样由于各种货币汇率有升有降,升降相抵消,使外汇风险损失降低。在投资时,企业应向多个国家进行投资,创造多种货币的现金流量,这样在汇率变动时,所收入的外汇有的升值、有的贬值,相互抵消以降低外汇风险。当然对某种货币在未来升值有把握时,可以增加对该种货币的投资,从而获取汇率上浮的利益。另外,债务与投资在币种、数量、期限上相匹配,也可以避免外汇风险损失。

6.4 银行外汇风险管理

商业银行,特别是经营外汇业务的银行(以下简称外汇银行)是外汇市场的主要参与者,它不但可为客户买卖充当经纪人,还可自营买卖,赚取差价利润。外汇银行的许多业务活动都蕴含着风险,但像外汇交易那样能够使银行迅速蒙受巨额损失的却并不多见。因此,外汇银行加强外汇风险管理,十分重要。

6.4.1 银行经营外汇业务面临的风险

外汇银行汇率风险是指汇率变动可能会给银行的当期收益或经济价值带来损失的风险。此类风险主要是由于汇率波动的时间差、地区差以及银行表内外业务币种和期限结构不匹配等因素造成的,汇率的波动导致商业银行持有外汇头寸的价值发生变化,形成商业银行汇率风险。

外汇银行外汇风险产生的两个来源:一是持有外币资产及负债。随着国际经济和贸易往来的迅速发展,提供更多的外币融资服务使得银行持有更多外币资产和负债。二是进行外汇交易。随着金融市场的发展,外汇交易日益成为一个主要的交易品种,银行根据外币价格的变化进行投机(或投资)以获利,使商业银行成为外汇市场的主要参与者。为客户提供外汇服务和在外汇市场上投机都使得银行的资产负债表中均产生外汇头寸。随着汇率的变化,该头寸的价值发生相应变化,造成银行收益的不确定,表现为汇率风险。

理论上说,汇率波动给外汇银行所带来的风险也可分为交易风险、折算风险和经济风险三种类型。就外汇银行而言,交易风险是指在对客户外汇买卖业务或以外币进行贷款、投资及随之进行的外汇兑换活动中,因汇率变动可能遭受的损失。折算风险是指由于汇率变动而引起商业银行资产负债表某些外汇项目金额变动的风险。经济风险是指由于汇率非预期变动引起商业银行未来现金流量变化的可能性,它将直接影响商业银行整体价值的变动。

现实情况而言,外汇银行经营外汇业务面临的主要风险包括外汇买卖风险、外汇信用风险和外汇借贷风险,以下逐一介绍。

1. 外汇买卖风险

外汇买卖风险是指银行在经营外汇买卖业务中,在外汇头寸多或头寸缺时,因汇率变动而蒙受损失的可能性。亦指银行在外汇买卖即把本币兑成外币,或把一种外币兑成另一种外币过程中因汇率变动所产生的风险。银行的外汇买卖风险包括自营外汇业务风险和代客户买卖风险。

外汇银行的外汇头寸可分为:① 现金头寸,指在外汇指定银行的外汇现金库存及同行往来存款;② 现汇头寸,指现汇买卖余款;③ 期汇头寸,指买卖期汇的净余额;④ 综合头寸,即净外汇头寸,为以上各种头寸之和。需要注意两点:一是外汇头寸与外汇银行持有的日常周转余额应加以区别,后者指外汇银行在国外同行往来账户上维持一定的贷方余额以备国际支付之用,这部分余额无需计入外汇头寸;二是外汇风险头寸与银行在境外的长期投资的头寸应加以区别,后者属于对外投资,一般不包括在外汇风险头寸之内。

外汇买卖业务是外汇银行的日常业务。当银行自营或代理客户买卖中形成敞口头寸时,风险也随之降临。这里的敞口头寸是指由于没有及时抵补而形成的某种货币买入过多(即多头、头寸多)或某种货币卖出过多(即空头、头寸缺)。这其中的"多头"将在卖掉时因汇率下降而使银行蒙受损失;"空头"将来再补进时可能会因汇率上升而使银行蒙受损失。上述的多头或空头,即是外汇银行从事外汇买卖时的受险部分。

2. 外汇信用风险

外汇信用风险是指外汇银行在经营外汇业务时因对方信用问题所产生的外汇风险。换言之,它是由于交易对方不能或不愿履行预定合约(即违约)而给外汇银行带来的风险。例如,外汇银行在与同业或商人进行有关外汇业务时,交易对方在到期日破产或资力不足,或所在国政治、经济出现危机而不能履约。再如,外汇银行在与企业进行外汇期汇买卖时,企业由于某种原因不能或不愿履行期汇合约的交割。

对于外汇银行来说,外汇信用风险比外汇买卖风险或其他风险所引起的变化更为重要,因为其外汇业务的基础在于交易对方的资信程度。外汇信用风险在很大程度上取决于银行本身对交易对方资信情况的考察及分析能力。

3. 外汇借贷风险

外汇借贷风险指外汇银行在以外币计价进行外汇投资和外汇借贷过程中所产生的风险。也即外汇银行在经营国际信贷业务中所面临的汇率变动的风险。包括向外筹资或对外负债以及外汇投资中的外汇风险。

例如,银行向外借入一种货币而需要兑换成另一种货币使用,或者偿债资金来源是另一种货币,那么银行就要承受借入货币与使用货币或还款来源货币之间汇率变动的风险。若借入货币的汇率上升,则银行筹资成本就会有增加的可能。再如,银行以一种外币兑换成另一种外币进行外汇投资时,若投资本息收入的外币汇率下降,投资的实际收益就会下降,银行因而蒙受损失。

6.4.2 银行的外汇风险管理

一般而言,外汇银行经营外汇业务的情况和目的主要有三个方面:一是经营中介性的买卖,即代客户买卖外汇并赚取买卖差价;二是从事自营买卖,即根据对汇率的走势判断买卖外汇及管理银行本身的外汇头寸;三是进行平衡性买卖,即为平衡外汇头寸而买卖外汇以防范风险,减少外汇风险对银行及其客户的影响程度。

总体而言,为了有效防范外汇风险,外汇银行首先应准确计算外汇风险敞口头寸,包括银行账户和交易账户的单币种敞口头寸和总敞口头寸。因为不计量外汇风险,就无法管理风险,也根本做不到有效管理。同时,银行还要积极监控和管理银行贷款客户的外汇风险,避免负债企业的外汇风险和损失转变为银行的信用风险和损失。

当然,防范或避免外汇风险要付出一定的代价,有些避险措施可能使银行失去一部分客户,有的避险措施可能增加银行的交易成本。尽管如此,在汇率波动频繁的情况下,外汇风险管理仍是各家外汇银行在从事外汇业务过程中多会采取的管理决策之一。

1. 外汇买卖风险的管理

外汇银行在从事外汇业务过程中所遇到的外汇风险主要是外汇买卖风险。而在外汇买卖风险中,外汇银行所拥有的受险部分是以外币头寸来表示的。因此,外汇银行管理买卖风险的关键是要制定适度的外汇头寸,加强自营买卖的风险管理。

1) 完备外汇交易制度

(1) 确定整体外汇交易额度。外汇银行在制定外汇交易额度或限额时,必须分析影响限额规模(额度)的各种因素,主要包括:① 外汇交易的损益期望。风险与收益是成正比的,银行最高领导层对外汇业务收益的期望越大,对外汇风险的容忍程度越强,其限额也就越大。② 亏损的承受能力。在外汇交易中,控制亏损程度要比达到盈利目标容易一些。银行亏损承受能力取决于资本规模的大小。亏损的承受能力越强,则交易额就可以订得越大。③ 银行在外汇市场上扮演的角色。银行参与外汇市场活动,可以是一般参加者,也可以是市场活跃者,甚至可以是市场领导者。银行在市场扮演的角色不同,其限额大小也不同。④ 交易的币种。交易的币种越多,交易的笔数和交易量自然也大,允许的交易额度也应大些。⑤ 交易人员的素质。交易人员的水平越高、经验越丰富,允许的交易额也应当越大。

(2) 制定和分配交易员额度。这一过程通常是分级进行的。首先是银行高层管理人员交易额度的确定,他们掌握的额度很大,头寸有长线、中线和短线投资;其次是外汇交易部门各级别交易员额度的确定,部门级别及交易员水平不同,其额度应各有不同。

2) 交易人员的思想准备

从事外汇买卖的主要目的是获取盈利,但汇率波动频繁情况下难以确保绝对盈利。所以,每个交易员均应做好亏损的思想准备,身处逆境时不能孤注一掷,要保持头脑清醒,否则损失可能更惨重。

3) 灵活运用掉期交易

外汇银行要根据本身的业务需要,灵活地运用前述掉期交易,对外汇头寸进行经常性的有效的抛出或补充,以轧平头寸。

2. 外汇信用风险的管理

外汇信用风险管理的主要措施是严格外汇交易限额管理。外汇交易的限额管理是商业银行控制风险的一项重要手段,也是银行管理风险的日常机制,很多重大外汇交易损失产生的原因之一就是交易中没有严格执行限额。因此,在日常交易中,外汇银行应注重对交易对手及银行同业等的资信调查,加强对外汇交易的限额管理。同时,还应建立超限额预警机制,对未经批准的超限额交易进行相应处理。

(1) 确定银行同行交易额度。外汇银行根据交易对手的资金实力、经营作风、财务状况等因素,制定能够给予的每日最高限额,主要是付款限额,并根据情况变化对该限额进行周期性调整。凡涉及当日清算的业务,都计算在内。交易对象不同,适用的最高限额也不同。

(2) 确立银行同业拆放额度。同业拆放的额度是外汇银行内部制定的给予其他银行可拆出的最大金额。因为同业拆放是一种无抵押的信用贷款,风险较高。因此,一般根据同业银行的资信、交易的难易程度、拆放期限长短、拆放货币利率的稳定性等制定拆放额度。对于不同的同业银行,拆放的额度是不一样的。同时还应根据情势的变化,同业拆放额度应作周期性调整,例如每年调整一次,而使风险投资得以控制。银行外汇交易活动中,外汇交易员必须严格按照规定的额度进行拆放,超额拆放则视为越权。

(3) 注重资信调查及授信管理。外汇银行应通过加强对交易对手的授信管理等手段,如对交易对方进行客观的资信调查,随时了解和掌握对方的有关情况,并对有关的放款和投资项目进行认真的可行性研究和评估,有效管理交易对手的信用风险,并定期对交易对手的信用风险进行重新评估。

3. 外汇借贷风险的管理

银行对外汇借贷风险的管理,应着手做好以下工作:

(1) 分散筹资或投资。这种分散化策略可以减轻某一外币汇率下跌而带来的影响程度,可以使借款货币或投资货币结构与经营中预期收入货币结构相适应,也可以分散因战争、资金冻结、没收等而引起的政治风险。

(2) 综合考虑借贷货币汇率与利率的变化趋势。一般而言,在两种利率不同的货币中,通常是选择借用利率水平较低的货币,但必须结合汇率的变动趋势进行综合考虑,否则将得不偿失。例如,在多种货币选择的筹资中,选择了利率较低的一种货币贷款,但到期还本付息时,借入的货币汇率已经上升,而且上升所带来的损失已超过利率相对较低的收益(好处)。

(3) 统一管理、监督和运用。外汇银行自身要专设机构,对外汇借贷活动进行统一的管理、监督和经营。尤其是在借贷货币种类和期限、利率、汇率和费用等方面,要有一套完善的管理措施和规定。

(4) 灵活运用掉期交易等金融工具。对借贷和使用不一致的货币币种,外汇银行要借助外汇市场,灵活地运用掉期交易等金融工具进行适时转换,以避免汇率波动风险。

本章小结

外汇风险是指经济主体在持有或运用外汇的经济活动中,因汇率变动而蒙受损失的一种可能性。外汇风险具有或然性、不确定性和相对性三大特征,主要有三种类型,即交易风险、会计风险和经济风险。

交易风险指在运用外币进行计价收付的经济交易中,经济主体因外汇汇率变动而蒙受损失的可能性。它是一种流量风险,是国际企业的一种最主要的外汇风险。交易风险又可细分为外汇买卖风险和交易结算风险。会计风险是指经济主体对资产负债表进行会计处理的过程中,因汇率变动而引起海外资产和负债价值的变化而产生的风险。它是一种存量风险。经济风险又称经营风险,是指由于意料之外的外汇汇率的变化对国际企业的供产销数量、价格、成本等发生影响,从而引起国际企业在未来一定期间收益或现金流量增减的可能性。它是一种潜在风险。

外汇风险包含三个要素:本币、外币和时间。只要经济主体在经营活动中以外币计价结算,且存在时间间隔,就会产生外汇风险。就外汇风险对涉外企业经济影响而言,主要是影响其经营效益、长期经营战略及税收负担等方面。

外汇风险管理的目标主要有两个:一是短期收益最大化;二是外汇损失最小化。就相关经济主体而言,外汇风险管理的基本要求是正视客观风险、合理承受风险和发挥风险管理职能;应本着全面重视、管理多样化和收益最大化等原则,选用完全抵补、不完全抵补或完全不抵补等策略,借助风险规避、风险控制、风险中和或风险集中等基本方法,通过识别风险、度量风险和规避风险等程序,防范和管理外汇风险。

就涉外经贸企业而言,不仅要对未来的汇率变动趋势进行预测,还应针对不同的外汇风险类型,结合具体的实际情况,选用相应的避险措施,防范和管理外汇风险。针对外汇交易风险管理的主要方法包括贸易策略法和金融市场操作法;针对外汇会计风险管理的主要方法是资产负债表保值法等;防范外汇经济风险主要采用"多样化"原则或策略。

就外汇银行而言，其经营外汇业务面临的主要风险包括外汇买卖风险、外汇信用风险和外汇借贷风险。为了有效防范外汇风险，外汇银行首先应准确计算外汇风险敞口头寸。针对外汇买卖风险，外汇银行风险管理的主要措施是完备外汇交易制度、交易人员的思想准备和灵活运用掉期交易等；对外汇信用风险管理的主要措施是严格外汇交易限额管理；对外汇借贷风险管理的主要对策或策略是分散筹资和投资、综合考虑借贷货币汇率与利率的变化趋势、统一监管和经营，以及灵活运用掉期交易等金融工具。

【重要概念】

外汇风险　交易风险　会计风险　经济风险　外汇买卖风险　交易结算风险　外汇风险管理　贸易策略法　货币选择法　货币保值法　调价保值法　期限调整法　平衡法　组对法　LSI 法　即期合同法　远期合同法　期货合同法　期权合同法　掉期合同法　货币互换法　借款法　投资法　BSI 法　投保汇率变动险法　资产负债表保值法　分散化经营　分散化融资　外汇信用风险　外汇借贷风险

【复习思考题】

1. 外汇风险主要有哪些特征？
2. 简述外汇交易风险、会计风险及经济风险之间的主要联系和区别。
3. 外汇风险的构成要素有哪些？它们与外汇风险之间有着怎样的关系？
4. 就涉外经贸企业而言，外汇风险主要有哪些经济影响？
5. 简述外汇风险管理的目标、基本要求、原则和策略。
6. 简述外汇风险管理的方法类型及过程。
7. 涉外企业外汇风险管理的主要方法有哪些？
8. 如何利用保值条款方法规避汇率风险？
9. 为什么在进出口贸易中，进口要选择"软币"，出口要选择"硬币"？请举例说明。
10. 试比较外汇远期交易、外汇期货交易、外汇期权交易在规避汇率风险中的异同。
11. 试比较外汇风险管理中的 LSI 法和 BSI 法。
12. 简述外汇会计风险防范的主要方法。
13. 简述涉外企业外汇经济风险管理的主要内容。
14. 外汇银行在经营外汇业务时可能遇到哪些外汇风险？应采取怎样的对策？
15. 国内某公司 3 月 10 日与一家美国企业签订了一笔 100 万美元的成套设备进口合同，约定 9 月 10 日支付货款。假定该进口公司现有大量港元定期存款，也是 9 月 10 日到期。问该进口公司应如何防范外汇风险？

16. 某美国跨国公司，其在境外主要有两家子公司，分别位于英国和法国。如预测英镑对美元将贬值（下浮），欧元兑美元将升值（上浮）。为了消除汇率风险，该跨国公司在其美国母公司与英、法两家子公司之间的进出口业务中，将如何利用期限调整法（即提前或推迟结算法）？

第7章 国际储备

国际储备是国际货币体系的核心组成部分之一,它不仅关系到各国调节国际收支和稳定货币汇率的能力,而且也会影响全球物价水平和国际贸易的发展。自第二次世界大战结束以来,国际储备一直受到国际金融机构、各国政府以及国际金融学家的重视和关注。随着以美元为中心的国际货币体系的崩溃,国际储备问题与国际货币体系的改革紧密联系在一起,更成为各方关注的焦点。

本章内容主要包括国际储备概述、国际储备管理和中国的国际储备及其管理三部分。其中,在国际储备概述中,首先介绍国际储备的概念及其特征、国际储备的构成,区分国际储备与国际清偿能力,进而总结国际储备的来源,论述国际储备的作用;在国际储备管理中,着重介绍国际储备管理的概念及其内容,阐述国际储备需求量,并且分析国际储备需求量的影响因素,然后,介绍国际储备规模的确定方法,指出国际储备管理的原则;最后,根据中国国际储备发展的实际情况,介绍我国国际储备的构成及其管理情况。

7.1 国际储备概述

7.1.1 国际储备的概念及特征

1. 国际储备的概念

国际储备(International Reserve)是各国政府为了弥补国际收支赤字,保持汇率稳定,以及应付其他紧急支付的需要而持有的国际间普遍接受的所有流动资产的总称。1965年"十国集团报告"中对国际储备的解释是:"各国货币当局占有的那些在国际收支出现逆差时可以直接地或通过同其他资产有保障的兑换性来支持该国汇率的所有资产。"这一解释目前已成为国际金融学界公认的标准定义。一国用于国际储备的资产,通常被称为国际储备资产。

2. 国际储备的特征

国际储备资产一般应具备三个条件,这也是国际储备资产的特征:

(1) 官方持有性。国际储备资产必须由一国货币当局无条件获得和集中掌握。又称可得性或无偿占有性。为此,该国政府对该类资产不仅要具有使用权,而且要具有所有权。非官方金融机构、企业和私人持有的资产均不能作为国际储备资产。因此,国际储备也被称为官方储备。

(2) 充分流动性。作为国际储备的资产,必须是随时能够动用的资产,当一国出现国际收支赤字时,可迅速动用这些资产,与其他储备资产自由兑换。

(3) 普遍接受性。作为国际储备的资产,必须能够为世界各国普遍认同和接受,否则就不能作为国际支付手段用于弥补国际收支逆差。

3. 国际储备与国际清偿力

国际清偿力(International Liquidity)又称国际流动性,是指各国央行或货币当局持有的被国际间普遍接受的、能抵补国际收支逆差和偿付外债的能力。它是一国对外支付的能力,反映了一国货币当局干预外汇市场、弥补国际收支赤字的总体融资能力。国际清偿力有广义与狭义之分。狭义的国际清偿力,是指官方直接掌握的国际储备资产,又称第一线储备;而广义的国际清偿力,除了第一线储备之外,还包括流动性相对较差的资产,例如,一国从国外借入的外汇储备、该国商业银行的短期外汇资产和该国官方或私人拥有的中、长期外汇资产等。就像美国经济学家 C. F. Bergsten 指出的那样,能表达一国国际清偿能力的资产,并不仅仅局限于国际储备,还包括一些其他资产。

可见,国际储备与国际清偿力既有联系又有区别(见图 7.1)。其联系是,国际储备可以表达一国的国际清偿力,可以作为国际清偿力的一部分。其主要区别是,国际清偿力的内容广于国际储备。一国的国际清偿力,除包括国际储备(又称自有储备、第一线储备)之处,还包括借入储备,即该国筹借资金的能力以及各种流动性较差的资产。因此,国际储备仅是一国具有的、现实的对外清偿能力,而国际清偿力则是该国具有的现实的对外清偿能力和可能有的对外清偿能力的总和。

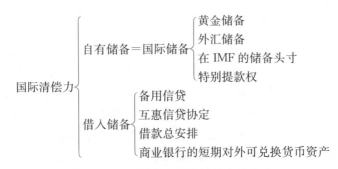

图 7.1 国际储备与国际清偿力的关系

一国所拥有的国际储备数量,体现了一个国家国际清偿能力的强弱。国际储备多,意味着国际清偿力强;国际清偿力强,该国向外借款的保证得到加强,同时也表明该国金融实力和国际地位的提高。

7.1.2 国际储备的构成

国际储备主要包括黄金储备、外汇储备、在 IMF 的储备头寸和特别提款权。

1. 黄金储备

黄金储备又称货币性黄金(Monetary Gold),是指一同货币当局持有的,用以平衡国际收支,维持或影响汇率水平,作为金融资产的黄金。它是一国货币当局作为金融资产所持有的黄金,在稳定国民经济、抑制通货膨胀、提高国际资信等方面具有特殊作用。黄金可以作为国际储备,是由其货币商品属性决定的。由于具有优良的属性,在历史上黄金可以发挥货币的职能。黄金本身具有价值,购买力相对稳定,是最可靠的保值手段。即使在通货膨胀的环境下,黄金价格也会同步上涨;而在通货紧缩时,黄金价格也具有下浮抵抗力。因此,每逢国际上出现政治、军事、经济和金融局势动荡时,抢购黄金的浪潮便会经常出现。黄金储备一般完全受控于国家自主权力,不受外来力量的干预。

20 世纪 60 年代中后期,特别是布雷顿森林体系以后,美元与黄金脱钩及黄金非货币化程度不断加大,黄金的地位进一步被削弱。从黄金储备量来看,1965 年,世界各国的黄金储备总量约 11.9 亿盎司,1975 年为 10.2 亿盎司,1996 年降至 9.06 亿盎司,2007 年进一步降至 8.55 亿盎司。其后,由于全球金融危机及欧债危机的先后爆发,各国政府又多增加了黄金储备量,2016 年末全球黄金储备总量又回升至 10.6976 亿盎司(其中发达经济体持有 7.0656 亿盎司,占比为 66.05%,转型及发展中经济体持有 2.5409 亿盎司,占比为 23.75%,IMF、BIS 等机构持有 1.0911 亿盎司,占比为 10.2%)[①]。从黄金储备占总储备的比重来看,如按曾经的黄金官价(1 盎司 35 美元)统计,1950 年黄金储备在全球国际储备中的比重达 69.1%,1970 年降至 39.7%,2000 年进一步降至 2.1%,2016 年再降至 0.45%[②]。尽管如此,一个不可否认的事实是,黄金仍是一国最后的支付手段。

2. 外汇储备

外汇储备(Foreign Exchange Reserve)是指各国货币当局所持有的对外流动

---

① 资料来源于 IMF《国际金融统计,IFS》(2017 年)。
② 1950 年、1970 年、2000 年数据来自:谭中明,等.国际金融学[M].合肥:中国科学技术大学出版社,2014. 2016 年数据来自:IMF《国际金融统计,IFS》(2017 年),经整理。注:均为当年年底数据;如按伦敦市场价折算,2016 年末黄金储备占比为 9.99%(参见表 7.1)。

性资产,主要是银行存款和国库券等。狭义而言,外汇储备是一个国家经济实力的重要组成部分,是一国用于平衡国际收支、稳定汇率、偿还对外债务的外汇积累;广义而言,外汇储备是指以外汇计价的资产,包括现钞、国外银行存款、国外有价证券等。

外汇储备是一个国家国际清偿力的重要组成部分,同时,对于平衡国际收支、稳定汇率有重要的作用。要成为储备货币的外汇,必须具备以下条件:一是在国际货币体系中占有重要地位,被广泛地用于国际经济交易活动;二是币值稳定,具有充分的流动性和自由兑换性;三是在世界范围内普遍被接受,能够用于干预和调节外汇市场。

20世纪70年代之前,黄金储备在国际储备中占据主导地位;70年代以后,外汇储备取代了黄金储备的主导地位,并且其在国际储备中的比重不断上升。2008年末外汇储备占比达90.03%,此后由于全球金融危机及欧债危机、SDRs的第三期分配等因素的影响,全球外汇储备在国际储备中的比重有所回落,2017年4月底为86.54%(见表7.1)。

表7.1 2006~2017年IMF成员国际储备资产结构表(总额、金额单位:亿SDRs,占比:%)

年份	总额	黄金储备		外汇储备		在IMF储备头寸		特别提款权	
		金额	占比	金额	占比	金额	占比	金额	占比
2006	38958	3679	9.44	34918	89.63	175	0.45	182	0.47
2007	47265	4514	9.55	42426	89.76	137	0.29	184	0.39
2008	52972	4837	9.13	47692	90.03	251	0.47	189	0.36
2009	61282	6804	11.10	52084	84.99	387	0.63	2040	3.33
2010	71695	9049	12.62	60161	83.91	488	0.68	2040	2.85
2011	79400	10005	12.60	66472	83.71	983	1.24	2041	2.57
2012	85236	11028	12.94	71258	83.60	1032	1.21	2042	2.40
2013	86766	8010	9.23	75869	87.44	975	1.12	2042	2.35
2014	91260	8572	9.39	79969	87.63	817	0.90	2042	2.24
2015	89359	8052	9.01	78786	88.17	635	0.71	2042	2.29
2016	91336	9124	9.99	79679	87.24	791	0.87	2042	2.24
2017	92491	9925	10.73	80038	86.54	777	0.84	2042	2.21

注:① 2006~2016年均为年末数据;2017年为当年4月底数据。② 2006~2016年黄金储备额按各年年末伦敦市场价折算;2017年的黄金储备额按统计截止时间的当年4月底伦敦市场价折算。

资料来源:2006~2008年数据均来自《IMF2012年年报》;2009~2017年数据来自《IMF2017年年报》。

在历史上被最广泛地用作储备货币的是英镑和美元,其中,英镑是最早被作为外汇储备的货币。20世纪以来,各国用以外汇储备的外汇资产呈现多元化趋势。按IMF的标准,1994年以前,多样化的储备货币主要包括美元、德国马克、日元、英镑、法国法郎、瑞士法郎和荷兰盾等。1994年起,IMF将"欧洲货币单位"(ECU,1999年以来为欧元)列为新的国际储备货币,储备货币格局发生重大变化。目前,世界上的主要储备货币包括美元、欧元、英镑、日元等。

3. 在IMF的储备头寸

IMF中的储备头寸(Reserve Position in the IMF)也称普通提款权(General Drawing Rights,GDRs),是指在IMF普通账户中会员国可自由提取使用的资产,具体包括成员国向IMF认缴份额中的外汇部分和IMF用去的本国货币持有量部分。这是IMF的会员国按规定从IMF提取一定数额款项的权利,属于IMF最基本的一项贷款,主要用于解决会员国国际收支不平衡问题,但不能用于成员国贸易和非贸易的经常项目支付。

IMF犹如一个股份制性质的储备互助会,当一个国家加入IMF时,必须按一定的份额向该组织缴纳一笔资金,作为入股基金,称之为份额(Quota)。该组织规定,会员国认缴份额的25%必须以可兑换货币形式缴纳,其余75%用本国货币缴纳。当会员国发生国际收支困难时,有权向IMF申请普通贷款。

一国在IMF的储备头寸包括:① 会员国向IMF认缴份额中25%的黄金或可兑换货币(外汇)部分;② IMF为满足会员国借款需要而使用掉的本国货币;③ IMF向该国借款的净额,也构成为该会员国对IMF的债权。截至2018年5月19日,IMF成员国的份额情况是:美国、日本和中国依次位居前三位,分别为829.942亿SDRs(占比为17.46%)、308.205亿SDRs(占比为6.48%)和304.829亿SDRs(占比为6.41%)。

普通提款权具有以下几个特点:① 贷款的方式是换购,即会员国首先以本币向IMF申请换购所需的外币款项;然后,会员国再以外汇购回本币。② 贷款对象限于IMF的会员国政府或政府财政、金融部门,如财政部、中央银行等。③ 贷款额度与会员国所缴份额成正比,但最高额度不能超过其所缴份额的125%。④ 贷款条件随贷款额度的增加而趋于严格。IMF把会员国可申请的贷款额分为五档,每档占其认缴份额的25%。其中,第一档提款额等于该会员国认缴的可兑换货币额,因此,条件最宽松。第一档提款权为储备部分提款权,其余四档为信用提款权,贷款条件逐档严格,利率逐档升高,年限一般为3~5年,多采用备用信贷方式提供,即会员国与IMF事先商定不将款项全额立即提用,而是在规定的有效期内,也就是备用信贷安排期内(一般为一年),按实际需要随时提用。

在世界各国的国际储备中,普通提款权占比一直较低,近年来多在1%上下波动(见表7.1)。

4. 特别提款权

特别提款权(Special Drawing Rights,SDRs)是指 IMF 根据会员国认缴的份额无偿分配的,可用于偿还 IMF 债务、弥补会员国政府之间国际收支逆差的一种账面资产。IMF 于 1969 年创设 SDRs,并于 1970 年按成员国认缴份额开始向参加 SDRs 部的成员国分配 SDRs。SDRs 具有下列特点:

(1) 不具有内在价值。它是 IMF 人为创造的、纯账面上的资产。没有任何物质基础,凭信用发行。虽然创设时规定含金量,但是实际上不具有内在价值,同时也不像美元等货币那样有国家政治和经济实力为后盾。

(2) 取得途径特殊。它不像黄金和外汇那样通过贸易或非贸易交往取得,也不像储备头寸那样以所缴纳的份额作为基础,而是由 IMF 按份额比例无偿分配给各会员国的。成员国可无条件享有 SDRs 的分配额,无须偿还。它与成员国原先享有的提款权不同,后者必须在规定期限内偿还给 IMF,而 SDRs 则 70％无须偿还,可以继续使用下去,但必须先换成其他货币。

(3) 具有严格限定用途。SDRs 具有结算货币、价值贮存的功能。但它只能在 IMF 及各国政府间发挥作用,主要用于弥补成员国际收支逆差或者偿还 IMF 的贷款,任何私人和企业不得持有和运用,不能直接用于贸易或非贸易支付,更不能用它兑换黄金。

(4) 价值比较稳定。目前,SDRs 是由五种货币组合而成,不受任何一国政策的影响而贬值,因此是一种比较稳定的储备资产。

SDRs 最初与美元等值(1 单位 SDRs 等于 0.888671 克黄金,与当时 1 美元所代表的金量相等)。美元与黄金脱钩之后,SDRs 后改为 16 种货币定值,20 世纪 80 年代后又改用美、德、英、法、日五国货币定值,构成 SDRs 货币篮子的各种货币的权重一般每五年调整一次。1996 年 1 月 1 日,SDRs 价值的计算权数为:美元 39％、德国马克 21％、日元 18％、英镑 11％和法国法郎 11％。1999 年欧元启动后,调整为美元、欧元、英镑和日元四种货币定值。2010 年底至 2016 年 9 月底,SDRs 中四种货币的权重分别是美元 41.9％、欧元 37.4％、日元 9.4％和英镑 11.3％。

2015 年 12 月,IMF 执行董事会议,一致投票通过人民币加入 SDRs 货币篮子,并以 10.92％的权重超越日元(8.33％)和英镑(8.09％),连同美元(41.73％)、欧元(30.93％),组成新篮子五种货币中的一员(2016 年 10 月 1 日后生效)。人民币进入 SDRs 货币篮子,有助于促进人民币国际化,可以增加外汇市场对人民币的长期需求,进一步推进中国金融改革开放。目前 SDRs 中各货币的数量分别是:CNY1.0174、EUR0.38671、JPY11.900、GBP0.085946、USD0.58252。

由于汇率的变动,SDRs 的美元价格在每天都可能会发生变化。IMF 每天中午通过伦敦金融市场公布 SDRs 当日的美元价格。而 IMF 成员国最初所持有的 SDRs 是由 IMF 董事会根据各成员国的份额,按一定比例分配给各成员国的。

SDRs 作为 IMF 董事会分配给成员国的储备资产,被成员国计入中央银行资产负债表中的资产方。作为中央银行的储备资产,SDRs 的地位与黄金相当。中央银行得到一笔 SDRs,如同平白得到一笔黄金。但 SDRs 并不像黄金那样自身具有内在价值,SDRs 的价值完全取决于 IMF 成员国是否愿意持有和接受它,并承担使之能正常发挥储备资产作用的各种承诺。因而 SDRs 被称之为"纸黄金(Paper Gold)"。

SDRs 由 IMF 按成员国份额的一定比例进行分配。迄今为止,IMF 先后进行了三期分配:第一期(1970～1972 年)分配数额 93.148 亿 SDRs(分 3 次分配);第二期(1979～1981 年)分配数额 121.182 亿 SDRs(也分 3 次分配);第三期含特别分配(数额 214 亿 SDRs,2009 年 9 月 9 日正式实施)和普通分配(数额约合 2500 亿美元的 SDRs,按成员国份额的 74%分配,2009 年 8 月 28 日正式实施)[①]。第三次分配后,IMF 成员国的 SDRs 总额由 2008 年的 189 亿 SDRs 快速增至 2009 年的 2040 亿 SDRs,其在国际储备中的占比亦由 2008 年的 0.36%提升至 3.33%,2017 年 4 月末,这一比重为 2.21%(见表 7.1)。

7.1.3 国际储备的来源

从世界角度(范围)看,国际储备主要来源于:一是全球黄金的产量减去非货币用金量;二是 IMF 创设的 SDRs;三是储备货币发行国的货币输出。

从一国或地区角度来看,国际储备的来源主要是国际收支顺差、外汇市场干预(购进)所得、IMF 分配的 SDRs、货币金融当局收购的充作金融资产的黄金以及货币金融当局的国外借款(净额)。

1. 国际收支顺差

国际收支顺差是国际储备最主要和最直接的来源。国际收支顺差会使该国国际储备增加,国际收支逆差会使该国国际储备减少。在国际收支的各个组成部分中,经常项目顺差是比资本和金融项目顺差更为可靠和稳定的国际储备来源。经常项目顺差表明一国商品和劳务具有较强的国际竞争力,是增加国际储备的可靠力量;而资本和金融项目顺差虽然也能够增加国际储备,但由于国际资本流动特别是短期资本流动的不稳定性,使得由资本流入所引起的储备增加也具有相当程度的不稳定性,极易造成因短期资本流出而导致的国际储备急剧下降。

2. 干预外汇市场所得

货币当局对外汇市场进行干预,也可以改变一国国际储备存量。当本国货币面临较强劲的升值压力时,货币当局为避免汇率波动对国内经济和对外贸易的不

---

① 参见:杨胜刚,等. 国际金融[M]. 北京:高等教育出版社,2013.

利影响,必然会进入外汇市场抛售本币、收购外汇,由此买入的外汇便可以用于补充一国的国际储备(外汇储备);当本国货币面临巨大的贬值压力时,为维持汇率的稳定,该国货币当局也可以在外汇市场上抛售外汇、购进本币,抛售的外汇则构成了一国国际储备的减少。例如,2013年第一季度,尼日利亚中央银行(CBN)向外汇市场抛售美元累计达38.9亿。这显示了CBN为维持汇率稳定,加大对汇市干预力度。

3. 黄金存量

增加黄金储备主要有两条渠道:一是从国内收购并由中央银行窖藏的黄金;二是在国际黄金市场上收购的黄金。对于大多数国家而言,由于其货币不被国际上普遍接受,所以在国际黄金市场收购黄金仅仅改变了国际储备的构成,而国际储备的总量并未有太大的改变。

据世界黄金协会2017年12月更新的全球官方黄金储备统计显示,位居前十名的依次是美国、德国、IMF、意大利、法国、中国、俄罗斯、瑞士、日本和荷兰(见表7.2)。

表7.2 全球部分国家(或组织)官方黄金储备(单位:吨)

排名	国家/组织	黄金储备	黄金储备占国际储备总额之比(%)	排名	国家	黄金储备	黄金储备占国际储备总额之比(%)
1	美国	8133.50	74.9	6	中国	1842.60	2.3
2	德国	3373.60	68.9	7	俄罗斯	1801.20	17.3
3	IMF	2814.00	——	8	瑞士	1040.00	5.3
4	意大利	2451.80	67.3	9	日本	765.20	2.5
5	法国	2435.90	64.5	10	荷兰	612.50	66.3

资料来源及数据说明:黄金储备占外汇总储备的比例由世界黄金协会(WGC)计算得出。黄金储备价值根据报告月月底英国金银市场协会(LBMA)公布的伦敦午盘定盘价计算。

4. 普通提款权与特别提款权

储备头寸的增加和SDRs的分配都是IMF成员国国际储备的另一种来源。但由于其数量极其有限,分配结构又不合理,加之各国一般无法主动增加其持有额,所以这两个部分的变化对一国国际储备供给的影响有限。

5. 国际信贷

一国政府或中央银行向国际金融机构或他国政府取得贷款,以及中央银行间的互惠信贷等均可补充其外汇储备。随着各国资本市场的对外开放,各国中央银行互换货币安排的增加,以及国际金融市场的迅速发展,各国通过国际借贷融通国际收支逆差和官方储备不足的能力有了很大提高,这就使得各国国际储备的供应有了很大的弹性。反之,当一国政府向国外提供储备货币贷款时,就减少了该国的国际储备。

7.1.4 国际储备的作用

从世界的范围来考察,国际储备具有媒介国际商品流动和稳定与促进世界经济发展的作用。但具体到每一个国家(或地区)来,尽管国际储备的持有是以牺牲储备资产的生产性运用为代价的。然而,一国持有适度的国际储备是一种理性行为,因为持有国际储备会给其带来一定收益,持有国际储备的主要作用体现在:

1. 弥补国际收支差额,维持对外支付能力

一国在对外经济交往中,不可避免地会发生国际收支不平衡。如果这种不平衡得不到及时解决,将不利于本国国内经济和对外经济关系的发展。为此,政府必须采取措施予以纠正。如果国际收支不平衡是暂时性的,则可通过使用国际储备予以解决,而不必采取影响整个宏观经济的财政政策和货币政策等来调节;如果国际收支不平衡是长期的、巨幅的或根本性的,国际储备可以起到一定的缓冲作用,帮助政府渐进地推进财政货币政策,避免因猛烈的调节措施可能带来的冲击。

2. 干预外汇市场,维持本币汇率稳定

当本国货币汇率在外汇市场上发生剧烈动荡时,该国政府可以动用国际储备平抑汇率波动,甚至可以改变其变动的方向。各国用来干预外汇市场的储备基金,称为外汇平准基金,它由黄金、外汇和本国货币构成。当外汇汇率上升,超出政府限额的目标区间时,就可通过在市场上抛出储备、购入本币的方式来缓解外币升值、本币贬值的压力;反之,当本币升值过快时,就可通过在市场上购入储备、放出本币的方式来增加本币供给,抑制本币升值。需要指出的是,国际储备作为稳定本币汇率的职能,要以充分发达的外汇市场和本币的完全自由兑换作为前提条件。当然,外汇市场干预只能对汇率产生短期影响,无法从根本上改变决定及变动汇率的基本因素。

3. 体现一国经济实力,充当信用保证

无论是国际金融机构或国际银行,还是各国政府,在对外贷款时,首先考虑的是借款国的偿债能力。由于国际储备是借款国到期还本付息的基础和保证,国际上均将一国国际储备状况作为评估国家风险的重要指标。因此,国际储备充裕可以加强一国的资信,吸引国外资金流入,以促进本国经济的发展。特别是在一国经常项目收支恶化的情形下,充裕的国际储备更是筹措外部资金的必要条件。

4. 提高一国货币地位，增强本币信誉

一般来说，一国包括外汇储备在内的国际储备充足，表明该国弥补国际收支逆差、维持汇率稳定的能力强，国际社会对该国货币的币值与购买力也充满信心，因此，在国际外汇市场上愿意持有该国货币，该国货币会走向坚挺而成为硬货币，货币地位和信誉也因此而提高。当然，这里必须注意，国际储备是否充足仅仅是影响一个国家货币地位的一个因素，而不是唯一的因素。

7.2 国际储备管理

国际储备管理是一国政府或货币当局根据一定时期内本国的国际收支状况和经济发展的要求，对国际储备的规模、结构和储备资产的使用进行调整、控制，从而实现储备资产的规模适度化、结构最优化和使用高效化的行为。国际储备管理包括两个方面：一是对国际储备规模的管理，以求得适度的储备水平；二是对国际储备结构的管理，使储备资产的结构得以优化。通过国际储备管理，一方面可以维持国际收支的正常进行，另一方面，可以提高国际储备的使用效率。换言之，国际储备管理的总体目标是服务于一国的宏观经济发展战略需要，即在国际储备资产的积累水平、构成配置和使用方式上，有利于经济的适度增长和国际收支的平衡。

7.2.1 国际储备规模管理

1. 国际储备需求量的影响因素

国际储备需求量的确定是一个重要而复杂的问题，每个国家都需要有一个适当的国际储备额度。对于何种规模大小的国际储备才能称为适量，现在仍没有明确的答案和固定的模式。需要指出的是，不同的国家在不同的发展阶段，其需要的国际储备量不同。国际储备需求量，通常通过分析影响国际储备需求量的基本因素加以确定。这些因素包括：

（1）对外贸易状况。这包括对外贸易在国民经济中的地位与作用、贸易条件和出口商品在国际市场上的竞争力等。对外贸易状况（尤其是进口规模）是决定国际储备规模的首要因素，因为贸易收支往往是决定其国际收支的最重要因素，而国际储备的最基本作用也是弥补国际收支逆差。这其中，进口规模越大、占用的外汇资金越多，发生国际收支逆差的可能性及数额也往往越大，就需要保持较多的国际储备；且进口规模也是影响一国储备下限——"经常储备量"的决定因素。总体而言，一国的对外开放程度越高，对外贸易在国民经济中所处的地位和发挥的作用越大，就需要越多的国际储备；反之，则需要较小规模的国际储备。一国在贸易条件上处于不利地位，其出口商品又缺乏竞争力，需要较多的国际储备；反之，则需要较

少的国际储备。

(2) 对外融资能力。如果一国有较强的借用外国资金的能力,则其国际储备水平可以低一些,因为其国际清偿力不致因此而降低;反之则需要较多的国际储备。但需要指出的是,如果储备水平过低,就不具有较高的国际借款信誉,从而其借用国外资金的能力也会降低;此外,靠借用国外资金来增大其储备余额,这种战略存在着明显的代价。这是因为,借款边际成本超过储备上的收益,通常为 1～2 个百分点,而信贷的未用部分还涉及承诺费。进一步说,借款还增加未来的偿债负担。

(3) 国际储备货币的质量。一国储备货币的质量高,币值趋于上涨,其收益率就高,它所需的国际储备量较少。

(4) 经济规模及经济发展速度。一国经济规模越大,经济发展速度越快,该国所需要的国际储备量就越多;反之,则需要的国际储备量较少。

(5) 外汇、外贸及外资管制程度。在实行较为严厉外汇管制的条件下,汇率、进口用汇和资本流动都受到管制,并且还在一定程度上控制和利用居民的私有外汇,因而保有较少的国际储备就能满足需要。如果实行较为宽松的外汇管制,实行浮动汇率,则需要较多的国际储备。此外,一国政府对外贸、外资等的管制程度,也是影响国际储备需求量的重要因素。此类管制严格或严厉,则可以减少国际储备量;反之,如果相对自由、宽松,就应持有较多的国际储备量。

(6) 本币的地位。这是一国货币是否处于国际储备货币地位而言的。如果一国货币处于国际储备货币地位,那么它就可以通过增加本国货币的对外负债来弥补国际收支逆差,而不需要较多的储备,如美国等少数发达国家的储备水平就相对较低。反之,一国就应持有较多的国际储备量。

(7) 汇率制度。如果一国采取固定汇率制,且政府不愿意经常地改变汇率水平,该国则须持有相对较多的储备,以应付国际收支可能产生的突发性巨额逆差或外汇市场上突然的大规模投机;反之,一个实行浮动汇率制的国家,其储备的保有量则可相对较低。

(8) 持有国际储备的机会成本。由于持有国际储备意味着放弃相应部分的国内投资和消费,且国际储备的收益低于一般的投资收益,因而存在持有国际储备的机会成本。在该成本过高时,国际储备量即应降低。

除上述因素外,一国货币是否实现自由兑换、外债的规模尤其是还本付息额大小、国际收支失衡对经济产生的冲击情况及调整速度(调节效率),以及国际货币合作状况或各国政策的国际协调性、某些不测(突发)事件等,也都是影响国际储备需求量的重要因素。因此,一国在确定国际储备的水平时,要留有足够的余地。

2. 国际储备规模管理

1) 保持适度国际储备量的必要性

适度的国际储备规模(量)是指一国政府为实现国内经济目标而持有的用于平

衡国际收支和维持汇率稳定所必要的黄金和外汇的储备量。由于各国国际储备规模受国民经济的发展状况、外贸状况与经济开放度、外汇管理的严格程度、对外资信高低、经济政策的选择等因素的影响,各国难以形成一个统一的标准。

然而,如果一国的国际储备量过多,这不仅会引发机会成本与利息损失的增加,加大本币升值的压力,同时也易遭受汇率风险;反之,如果一国国际储备量过少,则又容易引起国际支付危机,减弱市场干预及应付突发事件的能力,难以起到国际储备应有的作用。因此,所谓适度国际储备量,一是有利于一国经济的外部平衡;二是有利于一国经济的内部平衡;三是有利于维持本币对外汇率稳定。

2) 国际储备规模的确定方法

对于适度国际储备规模的确定(或测定),目前世界各国普遍采用以下三种方法:

(1) 比例分析法。比例分析法是用某些重要的经济指标为参照体来确定适度储备量的方法。通常用作适度标准的比例有国际储备与国民生产总值之比(RI/GNP)、国际储备与外债总额之比(RI/FDt)、国际储备与月平均进口额之比(RI/Im)等。其中,RI/Im 最常用。一般来说,国际储备最少要能满足三个月的进口支付额的需要,但根据 IMF 的统计结果,发达国家的储备只需要保证两个月的需要。根据统计分析,按上述比例分析法所测定的适度国际储备的参照指标值为: RI/GNP=0.1,RI/FDt=0.3,RI/Im=0.25。若过度偏离这些指标,就可认为国际储备短缺或过剩。

这个方法简便易行,但也有其局限性:一是比例值是衡量是否适度的尺度,但是这种尺度本身缺乏客观依据;二是不同国家和同一国家的不同发展阶段,因经济实力的大小、对国际经济的依赖程度、国际融资能力的强弱、在国际经济关系中的地位、本币是否为国际储备货币等多种因素的变化,决定了上述三个标准都是变量,这就使确定适度的国际储备量更加困难;三是上述三个标准(指标)是相互独立的,如果按照某一标准来测量已经达到适度值,而用另外两个标准测量没有达到适度值时,这时就很难做出正确的判断。

(2) 回归法。回归法又称回归分析法,它是西方一些经济学家根据国际储备需求同某种或几种经济活动变量存在的相关关系,在获取有关这些变量的多年数据后,利用数量经济学和计算技术,在它们之间建立一种线性的或非线性的函数关系,并利用这种函数关系估计出储备需求量。

回归法弥补了比例分析法的缺陷,但无法将影响国际储备的非金融因素通过数学方法演算出来,因此也有片面性。

(3) 定性分析法。定性分析法是根据储备资产的质量、各国经济政策的合作状况、国际收支调节机制的效力、政府对采取调节措施的态度等因素,对国际储备的影响程度加以综合考虑,推算出国际储备的需求量。

这个方法弥补了定量分析中不能反映国际经济关系高度依存性及其对各国国

际储备需求影响的缺陷,但是这种分析过程充满了政府意愿等主观因素,得出的结果也有片面性。

此外,成本—收益分析法也是测度指标,它是指适度的储备规模应该是持有储备的边际成本和边际收益达到均衡时的数量。

3) 国际储备规模管理的基本手段

国际储备规模管理手段,特别是发展中国家在国际储备不足时,通常采取一些国际收支调节措施:一是通过出口退税、出口担保、外汇留成和复汇率制等手段鼓励出口;二是以关税及非关税等各种贸易壁垒限制进口;三是以外汇管理和延期支付等办法限制资本外流;四是本国货币对外贬值。但这些政策工具或手段的运用,也存在一些弊端或局限性,同时由于损害了其他国家的利益,且不符合世界贸易组织及 IMF 等相关规则或规定,也会遭到他国的反对、谴责甚至报复,从而导致国际储备规模管理效率降低。此时,各类政策措施的适当搭配等,将有助于一国国际收支的平衡和国际储备的稳定。

7.2.2 国际储备结构管理

国际储备结构管理是指一国或地区如何最佳地分布国际储备资产,而使各种形式的国际储备资产的持有量之间保持适当的比例关系。由于,在 IMF 中的储备头寸以及 SDRs 等储备资产是一国无法单方面调整或改变的,且黄金储备在当今各国的国际储备中一般也是比较稳定的。所以,对国际储备的结构管理,主要就是对外汇储备,特别储备货币的币种管理以及储备资产流动性结构管理两方面。

1. 储备货币的币种管理

1) 币种管理应遵循的主要原则

各国通常根据分散原则,安排预防性储备货币的币种结构,即实行储备货币多样化。在币种结构管理中,政府主要考虑的是储备资产安全性与盈利性之间的关系。总体而言,一国政府调整国际储备结构(包括储备货币币种结构)的基本原则是统筹兼顾各种储备资产的安全性、流动性、盈利性。此外,方便国际经贸往来也是其中的主要原则之一。

(1) 安全性原则。安全性原则是指储备资产的存放要牢靠,价值要不受损失。为此,一国货币当局在确定外汇资产存放的国家和银行以及所选的币种和信用工具时,就要事先充分了解储备货币发行国和国际金融中心所在国的外汇管制情况、银行交易状况、储备货币的稳定性及信用工具的种类和安全性,以便将其外汇储备资产放到外汇管制较为宽松的国家和资信卓著的银行,选择价值相对稳定的币种和较为安全的信用工具。

(2) 流动性原则。流动性原则是指储备资产要具有较高的变现能力,一旦发生对外支付和干预外汇市场的需要时,它能随时兑现,灵活调拨。由于各种外汇储备资产的流动性不同,各国在安排外汇储备资产时,应根据具体情况,作短期、中期、长期不同期限的投资,以保证国际储备的充分流动性。

(3) 盈利性原则。盈利性原则是指在满足安全性和流动性的基础上,尽可能使原有的外汇储备资产产生较高的收益,使储备资产增值。由于不同种类的储备货币的收益率高低不同,其实际收益率等于名义利率减去预期的通胀率和汇率的变化。因此,在选择储备货币时,应偏重于分析利率、通胀率和汇率的变化趋势。

(4) 方便国际经贸往来的原则。各国在对外经贸往来的地区结构不同,从而决定了经常使用的清算货币币种不同。例如,一国对外经贸往来中,大量使用美元作为支付手段和清算手段,则该国需要经常性的保持适量的美元储备。由于当前国际外汇市场的发达和货币兑换的便利,方便性原则在决定币种选择中的重要性已经大大降低,但仍然是各国货币当局在安排储备货币币种时需要考虑的因素之一。

从当今世界各国的外汇储备货币的币种结构来看,美元依然是各国或地区最重要的货币,进入21世纪以来,美元(USD)在IMF成员国中的比重一直在60%以上(见表7.3);其次是欧元(EUR)、英镑(GBP)和日元(JPY)等。

表7.3 2004~2016年各储备货币在IMF成员官方外汇储备中的比重(%)

	2004	2006	2008	2010	2011	2012	2013	2014	2015	2016
USD	65.5	65.0	63.8	62.1	62.6	61.5	61.2	63.3	64.2	63.4
JPY	4.3	3.5	3.5	3.7	3.6	4.1	3.8	3.9	4.0	4.5
GBP	3.5	4.5	4.2	3.9	3.8	4.0	4.0	3.8	4.9	4.7
CHF	0.2	0.2	0.1	0.1	0.1	0.2	0.3	0.3	0.3	0.3
EUR	24.7	25.0	26.2	25.7	24.4	24.0	24.2	21.9	19.7	20.2
其他	1.9	1.8	2.2	4.4	5.5	3.3	2.9	3.1	3.1	3.0

注:各年度均为年末占比数据。
资料来源:IMF.2017年年报[Z].

2) 储备货币的选择依据

依据上述基本原则,一国国际储备货币的选择,主要应考虑或遵从如下依据或标准:一是应尽可能地选择和增加有升值趋势的"硬币"储备;二是应尽可能地选择和增加汇率波动幅度较小的储备货币;三是储备货币的结构应与对外经贸和国际债务货币结构相匹配;四是储备货币要与干预外汇市场所需要的货币保持一致。

2. 储备资产流动性结构管理

在储备资产流动性结构管理中,政府主要考虑的是流动性与盈利性之间的关系。根据流动性的差异,同种货币储备资产可分为多种层次。为了便于对储备资产流动性的管理,一般根据流动性将储备资产划分为三个档次:

(1) 一线(级)储备或流动储备资产。即现金或准现金,如活期存款、短期国库券或商业票据等,这部分储备资产的流动性最高,但同时收益率也最低。

(2) 二线(级)储备。通常指投资收益率高于一线储备,但流动性仍十分高的资产,如中期国债等。

(3) 三线(级)储备。指流动性低但收益率高的长期投资工具,如长期公债和其他信誉良好的债券等。

可见,储备资产的流动性与盈利性成反比。流动性高的资产盈利性差,而盈利性高的资产流动性差。同种储备货币,其不同的投资方式,流动性、收益率等也不相同。因此,应当合理搭配各储备货币和投资方式,以提高储备资产的收益率或尽量降低机会成本。

广义而言,储备资产的流动性结构,还应将黄金(可视同三级储备)、SDRs(可视同二级储备)和在 IMF 中的储备头寸(可视同一级储备)考虑进去,统筹管理,以保持整个国际储备较优的流动性结构。

值得注意的是,近年来部分国家和地区通过主权财富基金分流外汇储备,将分流出的外汇资产进行全球范围内的战略投资。

主权财富基金(Sovereign Wealth Funds,SWFs)又称主权基金,是指由主权国家或地区建立和拥有的、资金来源于主权国家或地区的政府财政盈余或货币当局外汇储备的金融投资工具[1]。主权财富有别于黄金储备和基础外汇资产,是一个国家可调配的金融和外汇稳定资产。传统上,各国主权财富管理方式非常被动保守,对本国与国际金融市场影响也非常有限。随着近年来主权财富得力于国际油价波动和国际贸易扩张而急剧增加,SWFs 的管理成为一个日趋重要的议题。国际上最新的发展趋势是成立 SWFs,并设立通常独立于央行和财政部的专业投资机构管理这些基金。主权财富规模庞大,投资遍布全球。设立此类基金的国家主要集中于中东、东南亚、挪威和中国等。

尽管各国对于 SWFs 的运作与管理模式有所不同,但主权财富管理的基本发展趋势是一致的:主权财富管理正逐渐从传统的以规避风险为目的的流动性管理模式,向更加多元化和具有更强风险承受能力的资产管理模式转变。这种转变,使 SWFs 能够积极拓展储备资产的投资渠道,在有效风险控制的条件下构造更加有效的投资组合,进而获取更高的投资回报。而且这种管理模式的转变,也为经济和

---

[1] 参见:杨胜刚,等. 国际金融[M]. 北京:高等教育出版社,2013.

货币政策的制定者们提供了一种全新的、更加有效的政策工具。据统计,2016年全球共有94个SWFs处于运营状态,截至2016年底其累计资产已达到7.2万亿美元。其中,1990年设立的挪威政府养老基金(全球)以8608.7亿美元的管理资产总额位居榜首,中国的中投公司(2007年设立)①及阿联酋的阿布扎比投资局(1976年设立)分别以8137.6亿美元和7730亿美元列第二、三位。SWFs已成为世界经济金融运行中的一支重要力量。

总之,外汇储备结构管理上必须遵循安全性、流动性和收益性原则,鉴于外汇储备的特殊性质和作用,在管理上,应以安全性为第一原则,先保值、后增值。

7.3 中国的国际储备及其管理

1979年以前,由于中国对外经济交往的规模有限,而且外汇资金实行统收统支,国际储备的问题一直不为人们所关注。1979年以后,随着改革开放的深入,中国对外贸易和利用外资的数额及国际储备出现了前所未有的增长,国际储备问题日益重要。同时,金融外汇体制的改革也给中国国际储备及其管理带来了新的问题。

7.3.1 中国国际储备概况

1. 中国国际储备构成情况

中国建立国际储备的工作始于20世纪70年代后期,1977年开始对外公布国际储备的情况。自1980年4月17日恢复了在IMF的合法席位以后,中国国际储备的构成也同世界绝大多数国家一样,由黄金储备、外汇储备、普通提款权和SDRs这四个部分组成。

中国在IMF中所占的份额不高,普通提款权和特别提款权的数额也有限,所占中国国际储备总额的占比较小;而对于黄金储备多年来采取了基本稳定的政策,自1981年起,之后的很长一段时间内一直保持在3389万盎司(约合1054吨),不过截至2017年底已达5924万盎司(约合1842.6吨);外汇储备在中国的国际储备中占绝对主导地位,近三年来占比均在97%或以上(见表7.4)。因此,中国国际储备的变化主要是外汇储备的变化。

---

① 根据中投公司数据,截至2017年8月末,中投公司资产总额超过9000亿美元,相较于中国先后分两笔共投入的2490亿资本金,增长了两倍多。自成立以来,中投公司累计年化国有资本增值率为14.35%,其中的境外投资累计年化净收益率为5.51%。

表 7.4 2015～2018 年中国国际储备构成情况(单位:亿美元)

储备资产形式	2015 金额	占比(%)	2016 金额	占比(%)	2017 金额	占比(%)	2018 金额	占比(%)
外汇储备	33303.62	97.78	30105.17	97.18	31399.49	97.03	31248.52	97.00
储备头寸	45.47	0.13	95.97	0.30	79.47	0.25	76.40	0.24
特别提款权	102.84	0.30	96.61	0.31	109.81	0.34	110.91	0.34
黄金储备	601.91	1.77	678.78	2.19	764.73	2.36	777.88	2.41
其他储备资产	7.27	0.02	1.91	0.01	5.45	0.02	2.04	0.01
合计	34061.11	100.00	30978.45	100.00	32358.95	100.00	32215.74	100.00

注:2015～2017 年为年末数,2018 年为当年 4 月底的数据。
资料来源:国家外汇管理局。

2. 中国外汇储备规模变动情况

自 20 世纪 70 年代末实行改革开放以来,中国外汇储备规模变动情况大体可分为四个阶段:

1) 起伏徘徊阶段(1979～1993 年)

1979 年,中国国家外汇库存只有 8.4 亿美元,之后的 10 年,外汇储备规模都非常小,不到 100 亿美元,且年度之间波动较大,徘徊起伏,没有明显的增长趋势。1990 年首次超过 100 亿美元达 110.93 亿美元,1993 年底为 211.99 亿美元。这一阶段,中国外汇储备一直保持在低水平上的主要原因,是经济发展带来的进口增加及国际收支状况不佳,时有逆差(如 1984～1986 年)。

2) 稳定增长阶段(1994～2000 年)

1994 年 1 月 1 日,中国成功地实行了外汇体制改革,人民币官方汇率与外汇调剂市场汇率并轨,实行银行结售汇制度,对人民币汇率实行有管理的浮动。这一举措导致人民币大幅度贬值,增强了中国出口商品的竞争力,刺激了出口,经常项目、资本与金融账户长期保持双顺差,外汇储备数量随之大幅度增加。1994 年底达 516.2 亿美元(年增幅达 143.5%),1996 年底突破 1000 亿美元(达到 1050.29 亿美元),成为全球仅次于日本的外汇储备第二大国。此后,特别是 1998～2000 年,由于东南亚金融危机,国际市场需求疲软,加之国内处于通货紧缩,外汇储备增长放缓。2000 年底,中国外汇储备为 1655.4 亿美元。

3) 快速增长阶段(2001～2014 年)

2001 年后,中国经济的快速增长推动了外汇储备的持续飙升,2001 年底跨越了 2000 亿美元门槛,达 2121.65 亿美元。加入 WTO 后,由于全面落实入世承诺,进一步扩大对外贸易,改善投资环境,建立了较为稳定、透明、有效的市场环境,增强了投资者的信心,国际收支持续保持"双顺差"态势。入世后的前三年,即2002～2004年,中国外汇储备增幅分别达35%、40.8%和51.3%。2006年中国外汇储备突破1万亿美元,达10663.44亿美元,超过日本,成为世界第一大外汇储备国。这之后的2009年和2011年,中国的外汇储备又分别跨越了2万亿美元和3万亿美元大关,2014年6月底接近4万亿美元(达空前的39932.13亿美元)。

4) 高位回落企稳阶段(2015年以来)

2014年下半年起,由于世界经济总体复苏势头减弱,加之国内经济结构调整等诸多因素,2014～2016年,中国国际收支状况一改之前连续近20年的"双顺差"局面,连续三年出现了经常账户继续顺差但非储备性质金融账户持续逆差的"一顺一逆"新情况(之前的2012年也曾出现这一现象,但2013年迅速扭转),进而导致整个国际收支处于逆差状态。受其影响,中国外汇储备也从历史高位持续回落,跌至2017年1月底的29982.04亿美元(比之前的最高位下跌了近1万亿美元)。

2017年以来,全球经济呈现复苏态势,国内经济稳中向好势头更加明显,经济结构不断优化,质量效益明显提高,中国国际收支运行逐步趋稳,非储备性质金融账户重现顺差(2017年全年顺差1486亿美元,扭转了2016年4161亿美元的逆差困境),"双顺差"格局再现,外汇储备止跌回升,2017年底回升至31399.49亿美元,较2016年末上升1294亿美元(见表7.5)。

表7.5　1979～2018年中国黄金外汇储备情况

年份	黄金储备(万盎司)	外汇储备(亿美元)	年份	黄金储备(万盎司)	外汇储备(亿美元)	年份	黄金储备(万盎司)	外汇储备(亿美元)
1979	1280	8.40	2003	1929	4032.51	2011	3389	31811.48
1980	1280	-12.96	2004	1929	6099.32	2012	3389	33115.89
1985	1267	26.44	2005	1929	8188.72	2013	3389	38213.15
1990	1267	110.93	2006	1929	10663.44	2014	3389	38430.18
1995	1267	735.97	2007	1929	15282.49	2015	5666	33303.62
2000	1267	1655.74	2008	1929	19460.30	2016	5924	30105.17
2001	1608	2121.65	2009	3389	23991.52	2017	5924	31399.49
2002	1929	2864.07	2010	3389	28473.38	2018	5924	32215.74

注:1979～2017年为年末数,2018年为当年4月底的数据。

资料来源:国家统计局.中国统计年鉴(2017)[Z].

2017～2018年(4月底)数据来源于国家外汇管理局。

总之,中国外汇储备增长是各项宏观经济政策执行的最终结果,是在国际收支经常账户和非储备性质金融账户"双顺差"情况下取得的,尽管近年来有所波动,但总体基础是牢固的。作为一个发展中大国,目前中国正处于高速增长和体制转轨时期,持有一定规模的外汇储备,有利于维护国家和企业的对外信誉,拓展国际贸易和吸引外商投资,降低境内机构进入国际市场的融资成本,提高对外融资能力,进一步推动改革开放的进程。在当今国际货币体系下,持有比较充裕的外汇储备,也有利于应对突发事件,平衡国际收支波动,防范和化解国际金融风险。特别是中国入世后,与世界经济的联系更加紧密,经济发展面临诸多不确定因素,一定规模的外汇储备有助于增强中国的宏观调控能力。

7.3.2　中国国际储备的管理

前面所述,在中国的国际储备构成中,外汇储备占绝对主导地位。因此,中国国际储备的管理也主要就是外汇储备的管理,包括两个方面:外汇储备的规模管理和结构管理。

1. 中国外汇储备适度规模的确定

前已述及,进入 21 世纪以来,中国的外汇储备出现了快速增长态势。尽管 2014 年年中之后,中国外汇储备出现了高位回落,最大跌幅近 1 万亿美元,但 2017 年 2 月以来逐步企稳回升至 3 万亿美元之上。这样的外汇储备规模是否适度呢?对于这个问题,实际上早在 2003 年中国外汇储备首次突破 4000 亿美元,并仍然保持着一个较快增长速度的背景下,就已经引起了社会各界的广泛关注,以及随之而来的持续争议——中国的外汇储备规模以多少为合适?从 4000 多亿美元到 3 万多亿美元的外汇储备,是否有"过剩"之疑?这就引发了一个问题,即中国外汇储备的适度规模究竟如何确定。

其实,一个国家的外汇储备规模多少称为适度是一个复杂的问题,在理论和实践上尚没有定论。从实践上看,各国实际情况不同,外汇储备水平差异很大。发达国家综合实力较强,其本币是国际储备货币,可以直接用于对外支付,且汇率大都自由浮动,因此,一般来讲,它们持有的外汇储备较少,在整个国际储备中的占比相对较低(2016 年末占比不足 8 成);新兴经济体虽然多已实现了货币可兑换,但其本币仍不是主要的国际储备货币,再加上资源相对贫乏,对外依赖性较强,它们一般持有较多的外汇储备;相当一部分发展中经济体外汇资源相对短缺,本币不可自由兑换,经济水平相对落后,持有的外汇储备规模则更大一些,外汇储备在整个国际储备中的占比也较高(见表 7.6)。

表 7.6　2016 年末 IMF 成员中两类经济体国际储备资产结构表（总额、金额单位：亿 SDRs，占比：%）

成员	总额	黄金储备		外汇储备		在 IMF 储备头寸		特别提款权	
		金额	占比	金额	占比	金额	占比	金额	占比
发达经济体	38613	6023	15.60	30778	79.71	526	1.36	1286	3.33
转型及发展中经济体	52093	2172	4.17	48901	93.87	265	0.51	755	1.45

注：黄金储备额按 2016 年末伦敦市场价折算。

资料来源：IMF.2017 年年报[Z].

作为一个发展中经济体，中国维持一定规模的外汇储备水平是必要的。就目前的发展来说，中国的外汇储备首先应该满足两大方面的需要：一是要防止贸易收支赤字，保证足够的偿债基金和外汇平准基金；二是要满足以下几方面的储备需求：① 为应付特殊的金融风险所需的外汇储备；② 为人民币将来实现完全自由兑换所需的外汇储备；③ 为维持香港金融市场的稳定所需的外汇储备。

然而，国内学者对中国目前的外汇储备是否过多的看法尚不统一。

有些学者认为，中国目前的外汇储备规模还是适度的。其理由是：第一，中国外汇储备保持持续增长态势，与中国经济发展水平和国际发展趋势相适应，与中国现行外汇管理体制特别是强制结汇和有管理的浮动汇率安排相适应，同时也与中国现行经济管理体制相适应。时任国家外汇管理局局长郭树清①(2003)认为，"任何经济行为都有一定的成本和代价，也会有风险。但衡量外汇储备的成本和效益，不仅要算微观的小账，更要算宏观的大账。保持外汇储备的意义主要是为了保证国际收支的平衡，维护国民经济总体的安全。"第二，外汇储备对经济的正面影响明显。当前中国外汇储备充足并保持增长态势，有利于维护国家和企业的对外信誉，增强海内外对中国经济和人民币的信心；有利于实施"走出去"战略，拓展国际市场，吸引外商投资，降低国内企业的融资成本；有利于应对突发事件，平衡国际收支波动，防范和化解国际金融风险；有利于增强中国宏观调控能力，实施稳健的货币政策，外汇储备的增加实际上增加了基础货币的投放，在一定程度上有利于缓解国内通货紧缩。第三，外汇储备作为中央银行的海外资产，并不是完全搁置不用，而是由专门的机构和专业的人员进行规范化管理，在保证安全、流动的前提下，取得较好的投资收益。

支持这一观点的不仅有国内的诸多学者，还有国外的著名学者。蒙代尔(Mundell,2003)认为，"按照正常的传统理论，中国外汇储备控制在 1000 亿美元左右比较合适，但中国的特殊情况要求中国的外汇储备必须大大高于正常的水平才

---

① 郭树清，2001 年 3 月至 2005 年 3 月，中国人民银行副行长、党委委员，国家外汇管理局局长、党组书记；现任中国银行保险监督管理委员会主席、党委书记，中国人民银行党委书记、副行长。

行。中国国内金融体系并不是很健全,加上人民币还不能自由兑换,所以中国需要比正常情况下更多的外汇储备来做后盾,以防止投机资本干扰经济稳定和维护中国金融安全。"

但是,面对中国目前的储备规模,有些学者认为中国外汇储备过多了,应该适当减少。其理由是:第一,储备成本不容忽视。中国作为一个发展中国家,国内各方面的发展急需资金。从国外筹措资金时要被强加风险溢价,从而必须支付高昂的利息。而把外汇储备投向流动性高的"安全资产"美国财政部证券,则只能获得不足2%的收益率。如果能将占中国GDP约30%[①]的外汇储备中的一部分转换为人民币,投资于普及教育、医疗与社会安全保障体系、环境保护等方面,并相应给与政策上的支持,对本国未来的发展意义深远。第二,外汇储备过多会使中国失去IMF的优惠贷款。根据IMF的有关规定,成员国发生外汇收支逆差时,可以从"信托基金"中提取相当于本国所缴纳份额的低息贷款,如果成员国在生产、贸易方面发生结构性问题需要调整时,还可以获取相当于本国份额160%的中长期贷款,利率也较优惠。相反,外汇储备充足的国家不但不能享受这些优惠低息贷款,还必须在必要时对国际收支发生困难的国家提供帮助。

2. 中国外汇储备的结构管理

就中国外汇储备结构管理的主体来看,1983年以前,中国银行代理国家经营和管理国家外汇储备。1984年中国人民银行专门行使央行职能后,外汇储备经营开始出现多种形式并存的格局,中国人民银行分别通过国家外汇管理局及委托中国银行和其他国有商业银行(如交通银行)经营部分外汇储备。1994年外汇体制改革后,国家外汇管理局专门成立了中央外汇业务中心(储备管理司),代表中国人民银行正式担负起经营全部外汇储备的职能。储备管理司的性质是政府机构,其在境外设立了四个分支机构,位于香港、新加坡、伦敦和纽约,分别称作华安投资、中国投资公司(新加坡)、伦敦交易室和纽约交易室,通过这四个境外分支机构,国家外汇管理局可进行全球24小时不间断的外汇储备经营。

目前,中国国际储备的结构管理组织框架是:SDRs和在IMF的储备头寸一直由中国人民银行国际司的国际货币基金组织处管理,外汇储备和黄金储备均由国家外汇管理局储备管理司负责经营管理。

在外汇储备的结构管理上,中国外汇储备管理的原则是"安全、灵活、保值"。其中,应该优先考虑安全性,只有在安全的前提下,保值才有基础,但是储备资产是支付工具,它应该能够随时变现,因此必须具有灵活性。这三者缺一不可。中国外汇储备管理的核心是保值,但决不能停留在被动、片面的角度去理解和认识保值。

[①] 2017年中国GDP为122428亿美元,年末外汇储备额32215.74年美元,外汇储备额约为当年GDP的26.3%。

也就是说,在安排和考虑好对外支付的情况下,应该积极主动地把储备当作金融资产进行管理和运作。在保值的基础上,除获取基本的利息收益外,努力争取适当增值。

中国外汇储备的结构管理应该遵循的原则是:① 尽量使储备货币多元化,以达到分散汇率风险的目的。坚持以较为坚挺的货币为主要的储备货币,并将储备资产适当地分配在较多的储备货币币种上,以防御因币种集中形成的风险。② 根据进口商品、劳务或者其他支付所需的币种和数量,确定该币种在储备中的比例。③ 选择储备货币资产形式时,既要考虑它的收益率,同时也要考虑它的流动性和安全性。根据对外支付的时间,合理安排外汇储备资产的期限结构,做到既能满足对外支付的需要,又能获得最大收益。④ 密切注意外汇市场变化的趋势,随时调整外汇储备的结构。尤其在当今国际经济金融形势变化不定的情况下,预测分析与实际情况往往出现偏离,随时调整外汇储备结构就更为重要。

本章小结

国际储备是各国政府为了弥补国际收支赤字,保持汇率稳定,以及应付其他紧急支付的需要而持有的国际间普遍接受的所有流动资产的总称。该类资产一般具备官方持有性、充分流动性和普遍接受性三个特征,与国际清偿力概念之间既有联系又有区别。

国际储备主要包括黄金储备、外汇储备、在 IMF 的储备头寸和特别提款权。其中,外汇储备是目前最重要的组成部分。国际储备的作用主要体现在:一是弥补国际收支差额,维持对外支付能力;二是干预外汇市场,维持本币汇率稳定;三是体现一国经济实力,充当信用保证;四是提高一国货币地位,增强本币信誉。

从世界角度看,国际储备主要来源于:一是全球黄金的产量减去非货币用金量;二是 IMF 创设的 SDRs;三是储备货币发行国的货币输出。从一国或地区角度来看,国际储备的来源主要是国际收支顺差、外汇市场干预所得、IMF 分配的 SDRs、货币金融当局收购的充作金融资产的黄金以及其国外借款。

国际储备管理主要包括两个方面:一是对国际储备规模的管理,以求得适度的储备水平;二是对国际储备结构的管理,使储备资产的结构得以优化。通过国际储备管理,一方面可以维持国际收支的正常进行,另一方面,可以提高国际储备的使用效率。

适度的国际储备规模是指一国政府为实现国内经济目标而持有的用于平衡国际收支和维持汇率稳定所必要的黄金和外汇的储备量。一国的国际储备量既不能过多,也不能过少。目前适度国际储备规模的确定方法主要有比例分析法、回归法和定性分析法。

国际储备结构管理是指一国或地区如何最佳地分布国际储备资产,而使各种形式的国际储备资产的持有量之间保持适当的比例关系。对国际储备的结构管理,主要就是对外汇储备,特别储备货币的币种管理以及储备资产流动性结构管理两方面。一国政府调整国际储备结构的基本原则是统筹兼顾各种储备资产的安全性、流动性、盈利性。此外,方便国际经贸往来也是其中的主要原则之一。

同世界绝大多数国家一样,中国国际储备的构成也是由黄金储备、外汇储备、普通提款权和 SDRs 这四个部分组成。其中,外汇储备在中国的国际储备中占绝对主导地位。因此,中国国际储备的变化主要是外汇储备的变化。也因为如此,中国国际储备的管理也主要就是外汇储备的管理,包括两个方面:外汇储备的规模管理和结构管理。

【重要概念】

国际储备 国际清偿力 储备头寸 外汇储备 特别提款权 国际储备管理 适度国际储备量 国际储备结构管理

【复习思考题】

1. 国际储备有何特征,它与国际清偿能力的主要区别是什么?
2. 一国的国际储备主要有哪些部分构成?
3. 特别提款权主要有哪些特征?
4. 国际储备有何作用?主要来源有哪些?
5. 简述影响国际储备量的主要因素。
6. 储备货币币种管理的主要原则有哪些?选择依据是什么?
7. 中国国际储备需求量如何确定?你认为中国当前的外汇储备量是否适度?为什么?
8. 中国国际储备结构的特点是什么?如何优化中国国际储备结构?

第8章 国际金融市场

本章导读

开放经济条件下,国际金融市场成为各经济主体参与国际金融活动的重要场所。跨国生产活动中所涉及的商品、劳务、资本等生产要素的国际转移,以及外汇、黄金等的国际间流动,都高度依赖国际金融市场得以开展。然而,国际金融市场上的货币、金融机构、监管规则和文化等存在特定的国际间差异,因此,与传统国内金融市场相比存在很大程度上的不同。这要求我们在不断向纵深开放的经济条件下,学习和掌握基本的国际金融市场知识,从而在参与国际金融市场的活动中,熟悉和掌握国际金融市场规则,提高国际金融市场运行绩效。

本章主要介绍国际金融市场及其发展历程、主要类型及发展趋势与作用,阐述国际货币市场和国际资本市场及其具体构成,重点论述欧洲货币市场的形成与发展、基本构成及运作方式、主要影响,最后就主要衍生金融工具及国际衍生金融工具市场进行简要介绍。

8.1 国际金融市场概述

国际金融市场(International Financial Market)这一概念有广义和狭义之分。广义的国际金融市场是指进行各种国际金融业务活动的场所或网络。这些业务活动包括长、短期资金的借贷,外汇与黄金的买卖等。分别形成了资本市场、货币市场、外汇市场和黄金市场。而狭义的国际金融市场,则是仅指从事国际资金借贷和融通的市场(场所或网络),因而亦称"国际资金市场",包括国际货币市场和国际资本市场。本章从广义的概念上来阐述和探讨国际金融市场。

8.1.1 国际金融市场及其发展历程

1. 国际金融市场的含义

所谓金融市场就是资金融通的场所或网络,意指因经常发生多边资金借贷关系而形成的资金供求的市场。从这一含义引申:如果市场上资金借贷关系发生在本国居民之间,就是国内金融市场;而这种借贷关系如果涉及其他国家或超越国界,成为国际性的资金借贷,即为国际金融市场。因此,国际金融市场是居民和非居民之间,或非居民相互之间进行国际性金融业务活动的场所或网络。

根据传统的定义,非居民相互之间进行国际金融业务活动的场所或网络,又称离岸金融市场(Offshore Financial Market)或境外金融市场(External Financial Market),其一般含义为在原货币发行国境外进行各种货币的金融交易的场所或网络。由于是境外交易,其参与者只能是交易地点所在国的非居民。据此,金融市场可分为国内金融市场、在岸金融市场(On-shore Financial Market)和离岸金融市场三部分,其中后两部分统称为国际金融市场(参见图8.1)。

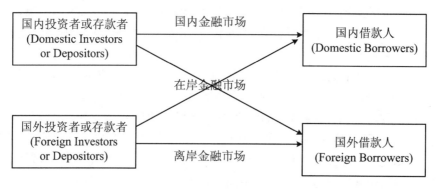

图 8.1　金融市场的基本构成

在岸金融市场,通常形成于国内原有金融市场基础上,以市场所在国的国际货币信贷和国际债券业务为主,以市场所在国的居民与非居民为参与主体,受市场所在国的金融法规约束。一般而言,在岸金融市场要求市场所在国具有较强的经济实力、优良的金融服务和完善的金融制度等基础条件。

离岸金融市场,其交易涉及所有可自由兑换的货币,交易主体主要为非居民。随着国际金融市场的发展,离岸金融市场的特征发生了很大的变化。现在的"岸"或"境"多指东道国的金融法规和有关管制,其含义已从有形的国境位移到无形的东道国的法规和管制,离岸金融的含义已不再局限于非居民间的金融活动,也包括了居民和非居民之间的金融活动。其特征为:① 市场内的金融活动基本不受东道国金融法规的约束并享受其宽松和优惠的政策待遇,是一个经营高度自由的市场;② 业务活动主要遵循有关国际惯例,并在一定程度上与东道国国内的货币活动相隔离;③ 金融业务的参与者有居民和非居民,金融交易所涉及的货币为世界上主要的国际货币;④ 各离岸金融市场之间联系紧密,形成一个世界范围的、统一和开放的、高效率的一体化市场。因此,可将离岸金融市场定义为:在一定程度上与东道国国内金融市场相隔离的,其金融活动基本不受东道国金融法规约束并享受税收等政策优惠的,可进行自由交易的高度发达的市场。虽然离岸金融市场有其特定的含义,但从广义上看,应视为国际金融市场的一个组成部分。

2. 国际金融市场的发展历程

国际金融市场是随着国际贸易的发展、资本输出和生产的国际化而发展起来的。部分国家的政策法令和通信技术手段的日益现代化也是其发展的重要原因。此外,主要西方发达国家的纸币取代黄金充当世界货币也是国际金融市场得以迅速发展的原因。这里以在岸金融市场和离岸金融市场的出现为标志,将国际金融市场的发展划分为两个阶段。

(1) 在岸金融市场的形成阶段。第一次世界大战(以下简称"一战")之前,由于英国的世界经济贸易霸主地位和英镑的世界货币角色,使得伦敦成为当时全球最大的国际金融市场;一战爆发至第二次世界大战(以下简称"二战")结束,美国纽约超越伦敦成为世界上最大的国际金融市场。如今全球国际金融中心仍然以纽约和伦敦为典型代表。

(2) 离岸金融市场的发展阶段,也即欧洲货币市场的形成阶段。20世纪60年代以后,由于大量美元转移至美国境外并形成"欧洲美元",欧洲货币市场开始出现,其中伦敦成为当时规模最大的欧洲美元市场。原因主要在于:一是20世纪的冷战期间,前苏联政府担心本国的美元资产因为政治原因而被美国政府冻结,于是将这些美元资产转移至美国境外银行,目的地主要是欧洲,从而形成了最初的欧洲美元。二是美国政府对银行监管的限制,如20世纪60年代美国出台的"Q条例"和"M条例",挤压了美国本土银行的经营空间,也激励着银行等金融机构拓展自由的境外美元业务。此后,欧洲美元在币种和地域上不断扩展,先后出现了欧洲英镑、欧洲德国马克、欧洲法国法郎等拓展形式;同时,20世纪70年代以后,离岸金融市场的空间也不断扩张,包括巴黎、法兰克福、阿姆斯特丹、卢森堡、新加坡、中国香港、巴哈马、开曼群岛、中东巴林等众多国家和地区。

8.1.2 国际金融市场分类

根据不同的标准,可将国际金融市场分为不同的类型,除了前述依据交易对象和参与主体分为在岸金融市场和离岸金融市场外,还有其他一些分类方法及各自类型。

1. 有形市场和无形市场

这是按有无固定的交易场所为标准或依据来划分的两种类型。

(1) 有形市场通常是金融机构、人员和交易网络高度集中的城市或地区,代表性的如国际金融集聚区,也通常被称为国际金融中心。有形的国际金融市场遍布北美、欧洲、亚太、中东、拉美和加勒比海等地区,如美国曼哈顿、英国伦敦、日本东京、中国香港、中国上海陆家嘴等。

(2) 无形市场通常没有明显的固定场所,主要依托电话、传真、互联网等现代化的通信设施或网络体系完成国际金融业务,参与主体通常由银行、非银行金融机构或跨国公司构成。

2. 货币市场和资本市场

这是依据金融工具等交易对象的期限来划分的两种类型。

(1) 国际货币市场又称短期资金市场,是指资金的借贷期限在一年或一年以内的货币借贷交易市场。该市场的主要功能在于为企业、金融机构和政府等参与主体在国际范围内调剂短期资金余缺,主要由银行同业拆借及短期信贷市场、短期证券市场和贴现市场等分市场构成。

(2) 国际资本市场又称中长期资金市场,是指国际间的借贷期限在一年以上的中长期资金融通的场所。该市场的主要功能是为国际间资本要素配置提供服务,主要由国际银行中长期信贷市场、国际债券市场和国际股票市场等分市场构成。

3. 传统金融市场和新型金融市场

这是按金融市场的形成方式与经营特点来划分的两种类型。

(1) 传统国际金融市场是指从事市场所在国货币的国际信贷,并受市场所在国政府政策与法令管辖的金融市场,像伦敦、纽约、苏黎世、巴黎、法兰克福、米兰等都属于这类国际金融市场或金融中心,它们一般均经历了由地方性金融市场到全国性金融市场,最后发展为世界性金融市场的历史过程。

(2) 新型国际金融市场是指二战后形成的欧洲货币市场,它是在传统的国际金融市场基础上形成的,与受本国货币当局控制的传统的国际金融市场相比,欧洲货币市场是更具国际意义的金融市场。如新加坡、中国香港等。

除上述分类方式外,国际金融市场还有其他一些分类方法。比如,按经营业务细分可划分为国际外汇市场、国际证券市场和国际黄金市场等;按金融资产交割方式可划分为国际现货市场、国际期货市场和国际期权市场等。

8.1.3 国际金融市场的形成条件

传统的国际金融市场或金融中心的形成,往往与该国(或地区)的经济发展状况和经济实力有关。而在现代,国际金融市场因为在地域、交易对象、参与主体等多个方面大大超越了传统意义上的金融市场,因此对于其形成条件提出了更高要求:

(1) 政局的稳定。这是国际金融市场存在的前提,也是最基本的形成条件,即只有当一国或地区政局稳定,资本交易等国际金融活动才有安全感,国际资本才会流向那里,才能积聚向外国借款者提供贷款所需的资金,因而才会形成国际金融市场;反之,市场所在国的政局动荡,无法保证国内经济和金融的稳定,更无法为国际金融业务提供稳定的环境，国际资本就不会流向那里，因而也不会形成国际金融市场。

（2）经济金融政策自由。自由宽松的管制环境，便于世界各国加强经济金融往来和合作，为国际资金的自由出入和集散提供方便，有利于国际金融市场的形成。如不实行或较少实行外汇管制，货币自由兑换，没有资金流动和信贷控制；金融管理也较松，在存款准备金、税率、利率等方面的管制较少、政策优惠。

（3）完善的金融制度和金融机构。完善的金融制度是保证国际金融活动的基础环境，有助于保障金融活动的高效；而完善的金融机构，则为实施国际金融活动提供了必要的实施平台和良好的金融生态，有利于形成同业的良性竞争，从而提供更加优质的国际金融服务。具体而言，国际金融市场的形成既要有完备的金融机构网络，又有发达的国内金融市场，以及组织起相当规模的金融资产交易的能力。同时，也要求信用制度比较完善、金融管理制度及其法律法规比较健全，并且要尊重金融"客户隐私"。

（4）优越的地理区位和基础设施。良好的地理位置，为资金交易提供便利的空间集散地和时区优势，如中国香港、新加坡等新兴国际金融中心的出现在很大程度上得益于良好的区位港口条件。另外，国际金融市场需要具备良好的通信、交通等基础设施，确保信息的通畅。

（5）专业人才优势。拥有一支国际金融知识水平较高、经验丰富的专业队伍，是国际金融市场硬件建设和业务运行的软实力，也是将高新科技技术融入金融服务的关键环节，更是形成核心竞争力的必要元素。

从二战后的国际金融市场情况来看，如果一国（或地区）具备了上述条件，即使本身没有巨额资金的积累，也能形成重要的国际金融市场，如中东的巴林、加勒比地区的巴哈马、开曼群岛等。

8.1.4 国际金融市场的发展趋势

随着经济全球化及自由化的发展、现代的科技不断进步以及各国经济政策的影响，20世纪80年代以来，国际金融市场的发展出现了一些新的趋势。

1. 全球金融一体化趋势

全球金融一体化趋势是指世界各国金融市场的国际化、金融管制的放松、电子信息技术的进步使国际金融市场在全球范围内形成一个有机整体。从地理分布上看，不再局限于少数发达国家，发展中国家和地区也出现了新兴金融市场，使短时间内资金的全球性调拨变为可能。全时区、全方位的一体化国际金融市场交往协作日益密切，金融业务相互渗透、相互竞争，同质的金融资产价格趋于相同，国际资本通过各大金融市场在全球范围内高速高效地运转，优化资金配置，从而形成全球金融一体化趋势。

简而言之,金融全球化是在相同的"游戏规则"下,采用相同的金融工具,在全球范围内选择投资者和筹资者的过程。金融全球化主要表现为金融机构设置的全球化、金融业务活动的全球化、资本流动的全球化和金融市场的全球化。其积极作用在于:增进资本的国际性流动,为世界各国的投资和经济发展提供重要资金来源,拓展了资金保值增值与风险管理渠道。但是,国际金融市场一体化也存在消极作用,如滋生出投机温床,破坏汇率生成机制和银行业的稳定,容易发生危机后的连锁反应,并加剧金融危机的负面影响。

2. 融资方式证券化趋势

20世纪80年代后,国际金融市场的证券化(Securitization)趋势日益明显。一是国际金融市场上的融资结构发生了变化,传统的国际信贷比重逐渐下降,而国际证券业务比重相对上升,占融资总额的50%以上。二是贷款债权(信贷资产)证券化,银行直接进入证券市场,将传统的长期抵押贷款安排成证券,以实现贷款债权的流动性,加速资金的周转。原因在于:① 受债务危机影响,国际银行收缩贷款,促使投资者纷纷转向证券市场;② 发达国家实行金融自由化,开放证券市场并鼓励其发展;③ 金融市场广泛采用电子计算机和现代发达的通信技术,市场能够处理更大量的交易,更迅速、更广泛地传递信息,对新情况迅速地做出反应,为证券市场繁荣提供了技术基础。

3. 金融创新趋势

伴随着金融工程理论的普及,信息技术的完善,金融管制的放松以及汇率风险、利率风险的加大,近年来,国际金融市场(尤其是金融工具)的创新层出不穷。金融创新不仅涵盖金融工具和金融业务创新,而且还包括金融品种、金融机构、金融市场等的创新。

就金融工具创新而言,在结合收益、风险、流动性、数额和期限等方面特性差异基础上,通过创新将金融工具原有的特性予以分解,并重新组合,使之适应新形势下汇率、利率波动风险,以及套期保值的需要。目前,金融工具的创新主要有四种类型:① 风险转移创新,包括能在各经济机构之间相互转移金融工具内在风险的所有新工具和新技术,如期权、期货交易、货币与利率互换交易等;② 增加流动性创新,包括所有能使原有的金融工具增强变现性或可转让性的金融工具和交易技术,如长期贷款的证券化、大额可转让定期存单等;③ 信用创造型创新,使借款人的信贷资金来源更为广泛,如票据发行便利等;④ 股权创造性创新,包括使各类经济机构的股权资金来源更为广泛的金融创新,如可转换债券、附有股权认购书的债券等,使金融工具由债权变为股权。

4. 交易方式电子化趋势

互联网+背景下,随着电脑及网络的迅速普及,金融市场效率迅速提高。金融与科技的结合日趋紧密。在外汇交易市场上,传统的交易方法相对繁琐、麻烦,而现在的金融交易者通过路透社终端或美联社终端等先进的交易系统很快就可以达成交易,而环球金融电信网(SWIFT)则为全世界的客户提供自动结算服务。以电子资金转账为基础的自动存取款机(ATM)、销售终端(POS)、家庭银行、企业银行、电话银行、网上银行等金融服务系统为基础,以及互联网工具(如中国的微信、支付宝等)的出现,把银行业推进到电子化开放式的新阶段。可以预见,金融电子化、网络化的影响是十分深远的,它不仅为金融全球一体化提供了技术基础,而且会对传统的货币制度、金融服务方式、监管模式甚至全球金融业的组织结构产生深远的影响。

5. 投资主体机构化趋势

20世纪80年代以后,机构投资者(保险基金、养老金基金、互惠基金、主权财富基金等)在跨国资本的流动中,尤其是跨国证券交易中的重要性迅速增强。机构投资者日益重要的原因主要有:① 机构投资者在增大回报、限制中介费用、减少风险并使资产多样化等方面比个人投资者更具有优势;② 与商业银行相比,机构投资者一般能享有相对宽松的管制和监督约束;③ 就跨国业务来说,许多国家普遍取消资本控制,放松对机构投资者投资外国资产的份额限制,刺激了机构投资者持有更多外国资产的意愿;④ 随着许多国家人口老龄化趋势的加深,以机构投资者为主的养老金基金重要性日益增加。

8.1.5 国际金融市场的作用

国际金融市场是世界经济的重要组成部分。二战以来,世界经济发生了巨大而深刻的变化。随着新技术革命和社会生产力的迅速发展,生产的国际化有力地推动了资本的国际化,使国际金融市场得到了迅速的发展,这无论对发达国家还是对发展中国家乃至整个国际社会都发挥着日益重要的作用。国际金融市场的作用主要体现在以下几个方面:

1. 推进经济全球化发展

商品、资金流通全球化是近年来世界经济发展的显著特征之一。全球化的前提是要求各国之间能够提供各种形式、不同货币的国际结算服务。尤其是金融电子化进程的迅速加快,有力地推动了金融一体化、全球化进程,金融交易的高效率和低成本使国际金融市场职能日臻完善,营运效率的不断提高和市场规模日益扩大,不仅能提供高效能的国际结算服务,而且能迅速满足各类资金融通的需求;不仅极大地便利了国际贸易活动的开展,也为国际投资的扩大创造了条件,进而有力地推动了经济全球化的发展。

2. 支持各国经济发展

国际金融市场积极发挥世界资本再分配的职能，通过在国际范围内聚集闲散资金，为各国经济发展提供资金。国际金融市场是全球资金的集散中心，国家、企业和个人都可以通过此国际性的资金市场来筹集资金，提升了资源的配置效率。即便发达国家，也同样如此，比如二战后德国和日本的经济复兴，就是从欧洲货币市场的支持中获得很大帮助。尤其是欧洲货币市场等为跨国公司的国际化运营、资金储贷、资本流动提供了便利，也为发展中国家引进 FDI 和发达国家的技术溢出创造了条件。20 世纪 80 年代以来，越来越多的发展中国家经济发展所需的大量资金就是通过国际金融市场来筹措的，国际金融市场为此作了积极的贡献。

3. 调节国际收支失衡

国际金融市场在调节国际收支方面发挥着重要的作用。二战后，特别是进入 20 世纪 70 年代以后，世界性国际收支失衡日益加剧，美国国际收支逆差日趋扩大，日本、德国等则连年出现大量国际收支盈余，许多发展中国家也需要大量资金去弥补国际收支逆差，国际金融市场的存在一方面为顺差国的盈余资金提供了出路，另一方面也为逆差国筹集资金弥补逆差提供了便利。同时，国际金融市场还可以通过汇率变动来影响国际收支状况，这是因为国际金融市场上外汇供求的变化直接导致外汇汇率的变动，而汇率的变动又会影响国际收支状况。

4. 推动国际资本流动

国际金融市场通过世界各国的银行和非银行金融机构，广泛地组织和吸收世界各国以及国际社会的各种资金，将大量的闲散资金积聚起来变为有效资本。特别是跨国公司、跨国银行的发展，使国际金融市场的功能和效率大大拓展和提高，更进一步拓宽了融资渠道，使经济资源能够重新优化配置，促进了生产和资本的国际化，推动国际资本大规模流动，从而促进了世界经济的发展。

此外，国际金融市场通过吸引跨国金融组织的空间集聚，推动了业务间的知识溢出和技术扩散，为提升金融服务水平提供了相互间的学习机会，进而推动金融业务国际化、现代化水平的提高。

总的来看，国际金融市场的迅速发展对世界经济的影响是积极的，但也产生了一些负面影响。主要表现在：① 数额巨大、频繁和不规则的国际资本流动往往会冲击一些国家国内金融政策的实施效果，增大金融风险，并引起国际金融市场的动荡及国际金融危机；② 大量的资本流动也会加大汇率的波动幅度和助长外汇市场的投机行为，从而增加了国际贸易及国际投资活动的风险；③ 汇率、利率等的大幅度波动扭曲了价格机制，不仅影响了世界范围内的资源优化配置，还有可能加剧世界性通货膨胀；④ 国际金融市场利用不合理或监管不力，不仅发展不了国民经济，而且还会背上沉重的债务负担。

8.2 国际货币市场

国际货币市场(International Money Market)是指国际间短期金融工具的交易市场。按照借贷(交易)方式的不同,国际货币市场可分为短期信贷市场、票据贴现市场和短期证券市场。

8.2.1 国际货币市场概述

国际货币市场的业务主要有银行短期信贷、各类票据(如可转让定期存单、商业票据、银行承兑汇票等)的贴现和短期证券(如国库券等)交易等。该市场的参与者主要是各国政府机构(如中央银行、财政部及地方政府等)、国际性商业银行、证券交易商、跨国公司以及跨国金融机构。

国际货币市场不仅可以满足各国资金需求者的短期资金需要,也为资金盈余者的暂时闲置资金提供获取盈利的机会。同时,该市场的存在和发展对一国政府来说也非常重要。一方面,政府在货币市场发行的国库券和各种短期债券是政府财政收入的重要收入来源;另一方面,一国的中央银行能否有效地贯彻其货币政策,抑制经济起伏波动,在市场经济条件下很大程度上就取决于货币市场能否为其提供一个有效的传导机制。目前,主要西方国家的货币市场都是高度国际化的,众多的跨国性的商业银行和证券投资机构,利用先进的电子技术,将各国的短期金融工具交易连为一个整体,形成统一的国际货币市场。

与国际资本市场相比,国际货币市场具有以下一些特点:

(1) 融资便利的基本功能。国际货币市场的主要功能是为短期资金流动提供方便,而不是把实际储蓄转化为实际投资。

(2) 银行同业交易的主导地位。在国际货币市场上,银行间同业拆借占主导地位,而且其交易多为无需交纳抵押品的信用交易,各种交易均无需签订贷款协议,手续相当简便。

(3) 交易工具的准货币性质。国际货币市场上的信用工具大多具有准货币或近似货币的性质,流动性相当高,极易转化为现金或银行活期存款,因此一般为中央银行实施货币政策的主要对象。

(4) 交易风险及成本相对较低。国际货币市场对参加交易者的资信要求较高,交易金额大,借贷期限短,周转速度快,借贷风险较小且成本较低。

(5) 资金使用自由度高。短期信贷在提供时一般不限定用途,可由借款人自行安排,交易目的多样化。如银行同业借贷主要是为了获取利差收益,最终才贷给需要短期资金的公司企业;政府借入短期资金,是为了弥补本国国际收支逆差或满足临时性财政支出的需要;公司企业借入资金,是为了满足流动资金的周转需要;

进出口商是为了支付进口货款或为商品的出口获得资金融通；投机者则是为了进行套汇、套利活动等以获取利差和汇差。

8.2.2 国际短期信贷市场

国际短期信贷市场是指国际银行同业间的拆借或拆放，以及银行对工商企业提供短期信贷资金的场所。可见，短期信贷市场包括银行对客户的信贷市场和银行同业拆放市场(Inter-Bank Market)两部分，其中，银行同业间拆放市场处于重要地位。

1. 银行对客户的信贷市场

银行对客户的信贷市场是指以银行为主的金融机构与一般工商客户之间为解决企业流动资金需要，进行短期信贷或票据发行而形成的场所或网络。商业银行等金融机构一方面吸收工商客户的闲散资金，另一方面对其提供短期放款，以满足客户在经营过程中临时性、周转性的资金需求，贷款利率一般在银行同业拆放利率基础上加上一定幅度。

2. 银行同业拆放市场

银行同业拆放市场它是指银行同业之间为调拨或平衡资金头寸而进行的短期资金借贷活动所形成的交易网络，也称银行同业拆借市场。银行同业拆借的金额较大，但期限较短，大多在三个月以内。伦敦的银行同业拆借市场是最典型的，也是世界上规模最大的同业拆借市场，其参加者为英国的商业银行、票据交换银行、海外银行和外国银行等。银行同业拆借业务，一部分通过货币经纪人(Money Broker)进行，一部分则是在银行之间直接进行；拆借的期限可以是隔夜，或者是日拆(Day Call)，以日计息，经提前通知后归还，还可以是定期的，如1周、3个月、6个月、12个月等。

银行之间的借贷全凭信誉，无需任何抵押品；所使用的利率称为银行同业拆放利率。目前，在国际金融市场上最有影响的同业拆放利率是伦敦银行同业拆放利率(London Inter－Bank Offered Rate, LIBOR)①，其他国际贷款或债券发行通常

---

① LIBOR是英国银行家协会根据其选定的银行在伦敦市场报出的银行同业拆借利率，进行取样并平均计算成为基准利率，也是伦敦金融市场上银行之间相互拆放英镑、欧洲美元及其他欧洲货币资金时计息用的一种利率。LIBOR是由伦敦金融市场上一些报价银行在每个工作日11时向外报出的。该利率一般分为两个利率，即贷款利率和存款利率，两者之间的差额为银行利润。通常，报出的利率为隔夜(两个工作日)、7天(1周)、1个月、3个月、6个月和1年期的，超过一年以上的长期利率，则视对方的资信、信贷的金额和期限等情况另定。LIBOR常常作为商业贷款、抵押、发行债务利率的基准。同时，浮动利率长期贷款的利率也会在LIBOR的基础上确定。LIBOR同时也是很多合同的参考利率。

以此作为基准利率,在此基础上,再根据借款人的信誉、借款期限等,酌情增加一定幅度加息率(Spread 或 Margin)。近年来,由于国际金融中心广为扩散,除 LIBOR 外,在其他主要国际金融中心,经常使用的银行同业拆放利率还有香港银行同业拆放利率(HIBOR)、新加坡银行同业拆放利率(SIBOR),以及巴林、布鲁塞尔、卢森堡等银行同业拆放利率。银行同业拆借活动中,拆借期限不同、货币不同,使用利率也就不同(见表 8.1)。另外,自 20 世纪 80 年代以来,除了银行同业拆放利率以外,某些重要的国内货币市场利率,如美国优惠利率(Prime Rate)和 CDs 利率、日本长期优惠利率、加拿大优惠利率等,也经常作为国际信贷的基准利率。

表 8.1 2018 年 5 月 18 日伦敦国际银行间拆放利率(单位:年利率(%))

货币	隔夜	1 周	1 个月	2 个月	3 个月	6 个月	12 个月
欧元(EUR)	−0.43771	−0.42743	−0.39943	−0.37671	−0.35343	−0.31071	−0.23114
美元(USD)	1.70725	1.75125	1.95275	2.10375	2.32938	2.49875	2.76482
英镑(GBP)	0.47551	0.48319	0.49738	0.53563	0.62344	0.74920	0.93200
日元(JPY)	−0.05317	−0.04773	−0.04392	−0.05100	−0.02517	0.02330	0.11967
瑞士法郎(CHF)	−0.77695	−0.79880	−0.78405	−0.74600	−0.72360	−0.64520	−0.51900

资料来源:http://quote.fx168.com/ibor/

8.2.3 国际贴现市场

贴现市场(Discount Market)是经营贴现业务的短期资金市场。贴现是指持票人以未到期票据向银行兑取现款,银行或其他金融机构从票面额中按照一定的贴现率扣除自贴现日起至该票据到期日止的利息,将余款支付给持票人的资金融通行为。贴现对于持票人来说,等于提前取得尚未到期的票款;对贴现公司等金融机构来说,等于为持票人提供了一笔贷款。

贴现市场主要由贴现公司或贴现行、商业票据行、商业银行和中央银行组成。贴现交易的对象,除政府短期债券外,主要是商业承兑汇票、银行承兑汇票和其他商业票据。贴现公司等还可持票据向中央银行办理再贴现,中央银行通过其再贴现率政策来调节货币市场利率的高低及可贷资金的松紧。贴现市场主要发挥提供短期资金融通、便利银行调节头寸余缺、平稳市场银根等作用。贴现作为国际货币市场的重要融资活动,不仅包含银行等金融机构与客户间的直接贴现市场,而且包含银行与票据经纪人间的间接贴现市场。

目前,世界上最大的贴现市场在英国,伦敦贴现市场在其短期资金市场占有特别重要的作用。贴现市场也是英格兰银行与商业银行间的桥梁,成为英国金融制度的一个特色。

8.2.4 国际短期证券市场

短期证券市场(Short Security Market)是进行短期证券(或信用票据)发行和交易的市场。该市场的交易对象种类繁多,主要包括国库券、商业票据、银行承兑票据、可转让定期存单以及回购协议等。简要介绍如下:

1. 国库券

国库券(Treasury Bills)是指一国中央政府为弥补国库(财政)收支赤字而发行的一种短期政府债券。1877年首次在英国发行。在西方国家,国库券与一般债券的主要区别在于:债券的票面一般带有利率或附有息票,而国库券的面值是到期收取的货币金额,发行时则采取折价的方式,折价多少主要取决于当时的市场利率水平。国库券的面值与购买时支付的价格之间的差额,就是国库券购买者到期获得的实际收益。西方国家发行的国库券期限,一般可分为3个月、6个月、9个月和1年期四种,其面额起点各国不一,多采用招标方式发行。国库券采用不记名形式,无须经过背书就可以转让流通。

国库券是非常重要的货币市场金融工具,许多西方国家货币市场的形成之初,交易对象主要是政府的国库券。在目前的各类短期金融工具中,国库券的数量也是最大的。比如在美国的货币市场上,联邦政府国库券约占美国各类短期债务额的80%,占国债总额的40%左右;在加拿大的货币市场上,国库券占联邦政府全部债务的25%左右。主要西方国家政府发行的国库券信用最高(几乎不存在信用违约风险)、流动性最好,因而交易量也非常大,也都具有国际金融工具的性质。特别是美国联邦政府发行的国库券,不仅是美国人,而且也是外国政府、跨国银行和公司或个人投资者重要的投资对象。

2. 商业票据

商业票据(Commercial Papers,CP)是指非银行金融机构或工商企业为筹措短期资金而发行的短期金融工具,期限一般在30天到一年不等,但以30~60天居多。这种票据由发行人担保,可以转让;多数没有票面利率,以折价形式出售,但也有的商业票据带有票面利率或附有息票(利率一般高于同期银行存款利率)。信誉高的大公司可直接向一般公众发售商业票据,直接进入流通;但多数商业票据的发行还是通过大商业银行或证券投资商等中介机构,采用间接发行方式出售。

商业票据根据其发行对象及目的、期限、方式及担保要求等可有不同类型,主要有短期票据(最短期限 30 天,最长至 270 天)、单名票据(发行时只需一个人签名)、融通票据(为短期资金周转而发行)、大额票据(面额是整数,多数以 10 万美元为倍数计算)、无担保票据(不须担保品和保证人,只依靠公司信用担保)、市场票据(以非特定公众为销售对象)、大公司票据(即那些财务健全、信用卓著的大公司发行的商业票据)及贴现票据(以贴现方式发行,发行前预扣利息)等等。

3. 银行承兑票据

银行承兑票据(Banker's Acceptances Bill)是指经银行承兑过的商业票据。具体是指由在承兑银行开立存款账户的存款人签发,向开户银行申请并经银行审查同意承兑的,保证在指定日期无条件支付确定的金额给收款人或持票人的票据。一般企业在货币市场发行短期票据筹集资金需要有较高的信誉,而银行承兑票据的发行,则是基于借款人及承兑银行双方的信誉,就更易于发行和流通,从而银行承兑票据的出现为一般的中小企业进入货币市场打开了方便之门。在主要西方国家的货币市场上,银行承兑票据的面额一般没有限制,其持有人可在到期之前到承兑银行处办理贴现,或者在二级市场上进行转售,交易价格按面值打折,其与面值的差额为持票人的收益。银行承兑票据的期限一般在 30~180 天,最长的可达 270 天。

4. 大额可转让定期存单

大额可转让定期存单(Certificates of Deposit, CDs)是指银行发行的到期之前可转让的定期存款凭证。CDs 最先于 1961 年出现在纽约。CDs 上载有发行金额、利率、偿还日期和方法等。以纽约货币市场为例,定期存单常以 100 万美元为面值,期限为 1~3 个月,也有延长至 5 年或 7 年不等,期满日付款。这种存单期限固定,多在 1 年以内;金额固定且较大(目前也有较小面值的 CDs);不记名但可转让流通。因此,投资于 CDs,不仅可以获得定期利息,又可随时转让变现,颇受投资者欢迎。

CDs 市场的主要参与者是货币市场基金、商业银行、政府和其他非金融机构投资者,市场收益率高于国库券。CDs 是银行和非银行金融机构获得短期资金的重要渠道,也是金融机构和跨国公司等进行短期投资的理想方式。按发行者不同,美国的 CDs 可以分为四类:国内存单(由美国国内银行发行)、欧洲美元存单(美国境外银行以美元为面值发行)、扬基存单(外国银行在美国的分支机构发行)和储蓄机构存单(非银行机构如储蓄贷款协会等发行),其中国内存单是四种存单中最重要,也是历史最悠久的一种。

5. 回购协议

回购协议(Repurchase Agreement)是卖出一种证券,并约定于未来某一时间以约定的价格再购回该证券的交易协议。根据该协议所进行的交易称为回购交易,它是中央银行调节全社会流动性的手段之一。当中央银行购入商业银行或证券经纪商持有的证券时,全社会的流动性便增加了;反之,当商业银行或证券经纪商再购回该证券时,全社会的流动性将恢复到其原先的水平。回购交易也可能发生在金融机构之间、金融机构和非金融机构之间以及非金融机构之间。这时的回购交易是各经济单位之间融通短期资金的手段之一。目前,美国的回购协议市场是世界上规模最大的回购协议市场。

回购交易实际上是一种抵押贷款,其抵押品为证券。证券市场的参与者之所以进入回购市场,是因为拥有现金并计划短期投资,或者是因为拥有证券并计划融资。可以用作回购担保品的证券包括国库券、货币市场工具、投资级债务以及可转换债券。尽管回购交易中使用的可能是高质量抵押品,但是交易的双方同样都面临着信用风险。因为如果交易商无力购回政府债券,客户就可以保留这些抵押品,然而如果回购交易后整个债券的利率上升,其价格就会下跌,客户拥有债券的市场价值就低于其贷款的价值;如果债券的市场价值上升,交易商就担心抵押品的收回,因为这时其市场价值要高于贷款。

作为国际金融市场组成部分的国际货币市场,是由各个主要西方国家的货币市场组成的。值得注意的是,一方面,在各西方国家货币市场上经常交易的主要短期金融工具不尽相同,除了上述主要货币市场金融工具以外,实际上还有许多其他短期金融工具;另一方面,各主要西方国家货币市场的结构也有差别。比如英国的货币市场可以分为贴现市场和平行市场(Parallel Market,由银行同业拆借市场和CDs 市场构成);美国的短期信贷市场和短期证券市场比较发达。

8.3 国际资本市场

国际资本市场(International Capital Market)是指国际间中长期金融工具的交易市场。按照借贷方式的不同,国际资本市场由国际中长期信贷市场和国际证券市场构成,后者又可分为国际股票市场和国际债券市场。

8.3.1 国际资本市场概述

国际资本市场的主要功能是沟通国际间中长期资金流动,把各国的实际储蓄转化为投资。该市场的资金供应者主要是各类金融机构,以及跨国公司、企业和私人投资者,乃至西方发达国家的国内资本市场也是其资金来源;各国政府、金融机构、工商企业(主要是跨国公司)和国际金融组织等是国际资本市场的主要需求者。

与国际货币市场相比,国际资本市场具有下列特点:

(1) 具有资金分配与再分配功能。该市场是通过自身机制,组织和吸收利用国际和各国国内资金,对其进行中长期的分配和再分配,进而提高了资金国际化配置效率。

（2）融资风险大。涉及的风险较多，除了政治风险、违约风险外，还存在利率风险、汇率风险、价格风险和经营风险等。因此，国际资本市场的融资交易中更应注重安全性、盈利性和流动性的统筹考虑，特别是其中的安全性。

（3）影响因素多。该市场的不确定影响因素更复杂，其市场状况既受资金供求关系、各国（特别是西方发达国家）的货币政策和资本流动限制政策等因素影响，又受通货膨胀、国际贸易状况、外汇市场供求和国际政治局势变化的影响。

（4）融资货币选择更重要。由于汇率、利率变化频繁，致使外汇风险较大，在选择货币时，必须把货币的软硬、汇率与利率、收入与还款结算用货币的区别等考虑在内。

8.3.2 国际中长期信贷市场

国际中长期信贷市场是指国际银行等机构提供中长期信贷资金的场所或网络，资金供求双方通过这一市场得以进行融通。它是国际资本市场的重要组成部分。该市场的主要特点是：① 资金来源广泛，信贷资金供应充足，借款人筹资比较方便；② 贷款资金使用比较自由，贷款行一般不加以限制；③ 贷款条件严格，融资成本相对较高；④ 贷款数额大，期限长，风险大。借贷期限1～5年的一般称作中期贷款，5年以上称作长期贷款。

1. 国际中长期信贷的类型及参与者

广义而言，国际中长期信贷按期参与主体不同，可分为商业银行贷款、政府贷款、国际金融机构贷款以及混合贷款等类型①，但主要是国际银行中长期贷款。国际银行中长期信贷主要有双边贷款和银团贷款两类形式。

（1）双边贷款又称独家银行贷款(Sole Bank Loan)，是指一个国家的一家银行向另一国的政府、银行、公司企业等借款人发放的贷款。此类贷款受限于单个银行的贷款额度，且期限较短，多为中期贷款（3～5年）。

（2）银团贷款(Consortium Loan)又称辛迪加贷款(Syndicated Loan)，是指由一国或多国的若干家银行组成的银团，按共同的条件向另一国借款人提供的长期巨额贷款。如在对大型工程项目提供贷款时，国际上通常采用此类贷款方式，即由某一大银行牵头组织其他几家甚至数十家银行联合提供贷款。20世纪70年代以来，银团贷款已成为国际金融市场上特别是欧洲货币市场上主要贷款方式。

银团贷款的基本程序是，首先由借款人与牵头行进行委托、承诺、谈判、授权等双边沟通；其次由牵头行联系参加行，准备文件并组织银团；最后由担保人和代理行加入到具体的贷款业务。

---

① 关于政府贷款、国际金融机构贷款等内容，参见本书第10章(10.1 国际信贷融资)。

就国际银行中长期贷款的参与主体而言,主要有三方当事人:

(1) 借款人。根据国际惯例,国际银团贷款中的借款人必须是法人,借款人可以是公法人(如政府机构),也可以是私法人(如公司等企业),但不能是自然人。

(2) 贷款人。在双边贷款中的贷款人一般都是实力较强、具有国际贷款能力的大型银行;而银团贷款则是由数家、甚至数十家贷款银行组成,每个银行在整个银团链条中发挥不同作用,一般的辛迪加银团由牵头行(Leading Bank)、参加行(Participant Bank)、代理行(Agent Bank)组成。

(3) 担保人。由于国际银行中长期信贷的金额大、期限长,因而风险较大。债权银行为了保障信贷资产的安全性,往往都要求借款人为其债务提供担保。这其中,通过担保人的担保,是借款人对其债务进行担保的主要方式之一。当借款人发生不能按期还本付息等违约行为时,担保人有义务代替借款人履行信贷合同的相关规定。在国际中长期银行信贷中的担保人通常为借款人所在国的政府机构充任。

2. 国际中长期信贷的营运方式

就国际银行中长期贷款的营运方式与基本做法来说,通常是:① 借贷双方需签订贷款协议,该协议详细规定了与贷款有关的重要事项;② 有时要求借款人所属国家的官方机构提供担保;③ 金额较大且期限较长的贷款,多是采取银团贷款的方式共同提供;④ 贷款利率多为浮动利率(以 LIBOR 为基础,再加一定的附加利率),即随市场利率变化,3 或 6 个月调整一次;⑤ 贷款人除收取贷款利息外,还要收取相关费用;⑥ 贷款的偿还,对一笔金额较大、期限较长的贷款,在整个贷款期内,往往划定一个不还本而只付息的宽限期,在宽限期满后开始还款,一般每半年还本和付息一次。对于金额相对不大和期限较短的中期贷款,也可到期一次偿还。

8.3.3 国际证券市场

国际证券市场(International Security Market)是国际间从事股票、公司债券和国家公债等有价证券发行和交易的市场。它是国际金融市场的重要组成部分,包括国际债券市场、国际股票市场等。

1. 国际债券市场

国际债券市场(International Bonds Market)是指从事国际债券的发行和交易的市场。其参与者由借款人和投资者以及中介人所构成。国际债券市场是国际金融市场的一个重要组成部分。这个市场在 20 世纪 80 年代以前发展十分缓慢,其融资额在 1974 年仅有 68 亿美元,到 1980 年也只有 419 亿美元。而进入 20 世纪 80 年代以后,国际债券市场的发展十分迅速,1985 年的净融资额迅速增至 1230 亿美元,首次超过国际信贷市场 1050 亿美元的融资额,国际资本市场出现了结构性变化，许多传统的大银行也从传统的融资方式转向债券融资方式。20世纪90年代以来，在融资证券化趋势的推动下，国际债券市场已成为国际资本市场的主导力量，市场规模进一步扩大。

国际债券市场一般可分为外国债券市场和欧洲债券市场两大部分，但都是通过国际金融市场发行债券的方式来筹集资金。

外国债券于19世纪初问世发行，而欧洲债券则是在20世纪60年代才出现的。外国债券市场(Foreign Bonds Market)是指从事外国债券的发行和买卖的市场。目前，世界上最主要的外国债券市场是纽约、东京、法兰克福、伦敦、苏黎世和阿姆斯特丹等，它们的业务量占全部外国债券市场的95%以上。欧洲债券市场(Euro Bonds Market)是指从事欧洲债券的发行和交易的市场。虽然欧洲债券的历史比外国债券短得多，但其发展极为迅速，在短暂的时间里其发行量就远远地超过了外国债券，如1995年，国际债券市场上外国债券与欧洲债券的发行额分别为960亿美元和3713亿美元，比重分别为20.5%和79.5%。可见，欧洲债券市场已成为国际债券市场的主体，是目前最大的国际债券市场[①]。

2. 国际股票市场

国际股票市场(International Stock Market)是指在国际范围内发行并交易股票的场所或网络。它为世界各国的工商企业通过发行股票的形式，吸收国外中长期资金，提供了重要的融资场所，也是国际金融市场的一个重要组成部分。

1) 国际股票市场概述

在国际股票市场中，股票的发行和交易是分别通过一级市场和二级市场实现的。一级市场即股票的发行市场，它是在决定发行股票的公司或企业经所在国政府批准其向国外发行后，由投资银行、金融公司或证券商组成发行市场。主要是上述机构组成承销机构将新发行的股票买下(即包销)再转卖给投资者。一级市场一般没有固定的场所，只是通过承销机构所在地发行。一般国际股票发行是与上市相连的，但其详细制作的募股说明书必须符合所在地国家的法律和证券监管机构的要求。二级市场是指对已发行的股票进行转让交易的市场，它包括有形市场和无形市场两部分。前者是指有组织的证券交易所；后者则是在证券交易所之外形成的电子化、网络化的证券自动报价系统形成的市场，如纳斯达克股票市场，即美国的"全国证券交易商自动报价协会"(NASDAQ)，成立于1971年，它是由相互联结的6000多家证券投资机构组成。NASDAQ通过其遍布全国各地的计算机终端网，可以迅速准确地报出所有从事场外交易的证券机构的股票价格。

自20世纪60年代以来，西方发达国家股票市场国际化日趋发展，至20世纪80年代尤其是90年代以来，股票交易超越国界的成交量急剧上升，但其在国际融

---

① 关于国际债券的详细内容参见第10章(10.2 国际证券融资)。

资总额中所占的比重仍显较低。如 1997 年国际股票发行额已达 851 亿美元,仅占整个国际金融市场融资总额的 4.81%。目前,国际股票市场的特点是:① 主要投资者是机构投资者,包括各种基金组织、金融机构、公司企业等;② 股票交易活跃,价格波动频繁,并受政治、经济、金融及市场因素影响;③ 一级市场与二级市场联系越来越密切,股票的发行与上市紧密相连,两个市场的价格也越来越趋于一致;④ 国际股票市场的交易在主要交易所分布地点和交易时间上已经形成全球化全天候(24 小时)交易。目前世界有 100 多个国家设有股票交易市场,其中伦敦、纽约、东京、法兰克福、中国香港等是世界著名的国际股票交易市场。

与整个国际金融市场创新趋势相适应,近年来国际股票市场的创新工具亦不断推出,如存股证、可转换股票、可赎股、后配股等。另外,国际股票市场的交易结构也在不断变革。主要表现在:一是股票的场外交易市场的不断发展,迅速壮大;二是场内交易日趋集中统一。如自从欧元开始使用后,欧元区国家原有的货币障碍自然消除,推动了区内各国股票市场的一体化。2000 年 9 月,巴黎、阿姆斯特丹和布鲁塞尔证券交易所通过合并方式设立泛欧证券交易所(Euronext N. V,总部位于巴黎),2002 年后,Euronext 进一步扩大,其先是兼并了伦敦国际金融期货与期权交易所(LIFFE),后又与葡萄牙证交所(BVLP)合并,成为欧洲领先的证券与期货产品兼备、集交易与清算于一身的跨国证券交易机构。2007 年 4 月 4 日,纽约证券交易所和巴黎的泛欧证券交易所成功合并,在纽交所和欧交所同时挂牌上市,交易代码为 NYX,成为全球第一个跨大西洋股票交易市场。

2) 国际股票市场上中国上市公司简介

自 2002 年 11 月 5 日中国证监会颁布《合格境外机构投资者境内证券投资管理暂行办法》以来,合格境外机构投资者(Qualified Foreign Institutional Investors,QFII)制度正式开始实施,中国资本市场开始有条件向合格境外机构投资者开放。部分中国企业在国际股票市场的上市名单列于表 8.2。

表 8.2 中国在国际股票市场上的部分上市公司名单

市场名称	股票名称
NYSE	新东方(EDU)、兖州煤业(YZC)、广深铁路(GSH)、华能国际(HNP)、中海油(CEO)上海石化(SHI)、中国人寿(LFC)、唯品会(VIPS)、阿里巴巴(BABA)、中芯国际(SMI)
AMEX	美东生物(AOB)、东方信联(TST)、圣火药业(KUN)、天狮国际(TBV)博迪森(BBC)、中国科兴(SVA)、东方纸业(ONP)、华瑞服装(EVK)、绿润集团(ALN)
NASDAQ	中华网(CHINA)、亚信(ASIA)、UT 斯达康(UTSI)、新浪(SINA)、网易(NTES)、搜狐(SOHU)、携程网(CTRP)、盛大国际(SNDA)、前程无忧(JOBS)、微博(WB)、迅雷(XNET)

续表

市场名称	股票名称
伦敦股票市场	中国国航(AIRC.IL)、中国电信(CHCD.IL)、上海石化(SNH.IL)、华润置业(CNSD.IL)、东南电力(ZSED.IL)、中国联通、大唐发电、华能国际
新加坡股票市场	亚细亚(25.SI)、招商亚太(C22.SI)、亚洲电投(A03.SI)、招商蛇口(C03.SI)、阳光控股(Y34.SI)、亚洲药业、亚洲电力、星雅集团
新加坡创业版	中国食品(506.SI)、东明控股(5DT.SI)、新湖滨(5EG.SI)、亚洲水务(5GB.SI)、中国乳业(5GJ.SI)
加拿大股票市场	灵通传媒(LMD.V)、王朝金业(DYG.V)、扬子电信(SMS.V)、奥萨投资(ORN.V)、教育资源(CHN.V)、裕程物流(GPW.V)

资料来源:根据中国证监会官方网站信息整理。

8.4 欧洲货币市场

现今的国际金融市场主体部分就是欧洲货币市场,也称离岸金融市场。20世纪50年代以来取得了长足的发展,对全球经济、金融交易活动及世界各国经济的发展起到了极为重要的作用。

8.4.1 欧洲货币市场的形成与发展

1. 欧洲货币市场的概念

欧洲货币(Eurocurrency or Euro-money)是指在货币发行国境外被存储和借贷的各种货币的总称,亦称境外货币(External Money)、离岸货币(Offshore Currency)。因而,欧洲货币市场(Eurocurrency Market)亦称欧洲通货市场(Eurocurrency Market),是指各种境外货币存贷和境外货币债券发行、交易的市场。它是离岸金融市场的核心部分。

欧洲货币市场起源于20世纪50年代的英国伦敦,其货币是欧洲美元(Eurodollars),因而也称欧洲美元市场(Euro-dollar Market)。后来这个市场逐渐扩大,其主要借贷货币不仅有欧洲美元,还有其他国家的货币,如英镑、马克、法国法郎、瑞士法郎和日元等。可见随着市场规模和经营范围的不断扩大,欧洲货币市场的名称和含义在区域和货币等概念方面发生了重要变化。今天的欧洲美元市场已发展成为一个更加多样化的欧洲货币市场。

(1) 货币概念,不再限于境外美元。任何可自由兑换的货币,只要在该国的管辖之外都可以称为"欧洲货币",如欧洲马克、欧洲英镑、欧洲日元、欧洲法国法郎等。"欧洲"这个词本身成为"境外"和"离岸"等词的同一用语。不过由于欧洲美元在欧洲货币市场中占主要地位,且该市场是由原来的欧洲美元市场发展而成的,而其他欧洲货币只是后来才增加的,因此,至今仍有人习惯称之欧洲美元市场。但应注意,这个意义上的欧洲美元市场与其字面的表述意义已相距甚远。

(2) 区域概念,已不再限于以伦敦为中心的"欧洲市场"。除欧洲地区的伦敦、巴黎、法兰克福、苏黎世等地外,欧洲货币市场的范围也扩展至开曼群岛、巴哈马、巴林、新加坡、中国香港、东京和纽约等金融市场。值得注意的是,1981年12月3日纽约国际银行业务设施(IBFs)的设立,虽然把在美国的欧洲美元业务与其国内的业务严格分离开来,保持欧洲美元是美国境外美元这一概念特征,但就地理上看,欧洲美元已能在美国境内经营,这是自欧洲货币市场出现以来的一次重大发展,为把大量欧洲货币市场业务吸引到美国创造了条件。事实上,目前纽约所经营的欧洲货币业务已超过了卢森堡、法国、东京等同类市场,成为仅次于伦敦的经营欧洲货币的金融市场。可见,今天的欧洲货币市场已是一个全球性的、真正的国际金融市场,它不属于任何一个国家,也不受任何一国政府的管辖。

(3) 市场概念,已大大扩展。目前,欧洲货币市场这一概念已由短期货币市场逐步扩展到将中长期信贷和债券市场也包括在内,如欧洲信贷市场、欧洲债券市场等。可见,欧洲货币市场和我们通常所说的货币市场的市场概念是不同的,通常所说的"货币市场"是短期(一年或一年以下)资金交易市场,而欧洲货币市场绝对不能理解为是短期资金市场,因为在欧洲货币市场上,不仅有短期资金的交易,更有中长期资金的交易。

2. 欧洲货币市场的形成与发展

欧洲货币市场的形成与发展的根本原因在于二战以后,世界经济和科技革命的迅速发展,促进了国际分工的进一步加深以及生产和资本国际化的发展,这使得传统的国际金融市场不能满足需要,借贷关系必须进一步国际化。但是具体来说,还有一些促使欧洲货币市场形成和发展的直接原因。

1) 马歇尔计划的实施和东西方冷战

美国政府1947年实施"马歇尔计划"的结果,使巨额美元资金流向欧洲。马歇尔计划的目的是给欧洲经济提供资本使其复兴,并在军事上成为反苏(联)同盟。再加上美国还要大量支付驻西欧美军的军费开支,这就使得巨额的美元资金不断地流入欧洲,这些美元主要存放在伦敦的银行,形成了最早的欧洲美元。此外,20世纪50年代初期,由于东西方"冷战",前苏联、东欧国家将其美元存款由美国转移至伦敦和巴黎等地,这也在一定程度上增加了境外美元的数量。

2) 一些主要西方国家的资本流动控制与调整

(1) 为对付1957年出现的英镑危机,英国政府禁止用英镑为非英镑使用国提供贸易融资,所以英国银行开始用美元发放贸易贷款,从而促进美元存贷业务的发展和欧洲美元市场的形成。

(2) 自1958年起,一方面西欧国家放松外汇管制,实现货币自由兑换,使储存于各国市场的境外美元与境外欧洲货币能够自由买卖,并在兑换后可自由调拨移存;另一方面,西方各国的中央银行、商业银行以及公司企业等,鉴于欧洲美元不需要提缴存款准备金,也不必就所得来源扣缴所得税等有利因素,纷纷将其美元资金转入欧洲美元市场,以赚取较高的收益。这些都为欧洲货币市场的营运与扩展提供了不可缺少的条件。

(3) 1958年以后,美国的国际收支开始出现赤字,且规模逐渐扩大,于是美元资金不断地流向国外。进入20世纪60年代以后,因越南战争的庞大军费支出和同期对外贸易的巨额赤字,使美国国际收支呈现大幅度逆差,迫使美国政府采取一系列措施来限制资金的外流,而这些限制性措施却使美国的跨国公司和商业银行加强其海外分支机构的经营活动,以逃避美国政府的金融法令管制。如规定商业银行储蓄和定期存款利率最高限的联邦储备法案"Q项条款",商业银行必须向联邦储备体系缴纳存款准备金的"M项条例",对居民购买外国在美发行的有价证券要征收"利息平衡税"(IET),银行和跨国公司要限制对外贷款以及对外直接投资规模的"自愿信贷控制计划"(FCRP)。凡此种种都促使美国企业及金融机构将资金调至海外,再向世界各地贷款,或满足扩大投资的需求,从而大大地推进了境外美元存贷业务的发展与扩大。

(4) 20世纪60年代西欧一些国家对本币存款实施"倒收利息"的政策。当时,西方各国通货膨胀日益严重,国际间短期资金充斥。有关当局为减缓通胀的压力,一般采取鼓励持有外币的金融措施,以减少本国的货币流通量。例如,瑞士和联邦德国货币当局曾规定对境外存户的瑞士法郎、联邦德国马克存款不仅不付利息,有时甚至倒收利息,或强制将新增加的存款转存至中央银行予以冻结,但如以外币开立账户则不受这一限制。为了获取瑞士法郎和联邦德国马克升值的利益,又逃避上述倒收利息的损失,一些资金拥有者将手中的瑞士法郎和联邦德国马克等欧洲货币存储于他国市场,从而促进境外市场欧洲货币的存储与贷放的发展。

此外,美国政府的放纵政策,也使境外美元得以持续广泛的融通周转。因为欧洲美元在美国境外辗转存储和贷放无须兑换成外国货币,也就不会流入外国的中央银行,从而减轻了外国中央银行向美国兑换黄金的压力。这不仅对美国日益减少的黄金储备产生了一些缓冲作用,也给美国政府转嫁通货膨胀开辟了一条新的途径。所以美国纵容"欧洲美元"市场的发展。

3) 欧洲货币资金供求量急剧扩大

20世纪70年代以后,由于资金供应和资金需求的急剧增加,欧洲货币市场获得了进一步的发展。

(1) 从资金供给方面来看:① 美国巨额和持续的对外军事开支和资本输出,增加了美元的境外供应;② 石油输出国两次提高油价,其石油收入急剧增加(形成了巨额的"石油美元"),其中一部分存放于欧洲货币市场;③ 欧洲货币市场的金融管制较松,条件优越,各国商业银行将资金调整到欧币市场使用;④ 由于放款转为存款,具有乘数效应,使欧洲货币的派生存款大量增加。

(2) 从资金需求方面来看:① 1972 年,西方经济出现高涨,工商企业资金需求激增;② 产油国两次提价,非产油国普遍出现国际收支逆差,增加了对境外资金的需求;③ 20 世纪 70 年代,一些发展中国家以及前苏联、东欧国家为发展经济,纷纷到欧洲货币市场举债;④ 浮动汇率制度的实施,导致汇率波动频繁和汇率风险加大,为避险或牟利,外汇交易日趋频繁,进而刺激对外汇资金需求增加。

8.4.2 欧洲货币市场的特点及类型

1. 欧洲货币市场的特点

欧洲货币市场是一个自由的、完全国际化的市场,是国际金融市场的主体。由于其经营的是境外货币,因此它具有许多与各国国内金融市场以及传统的在岸金融市场所不同的特点。

(1) 资金规模庞大。欧洲货币市场的资金来自世界各地,市场范围广阔,不受地理限制,数额极其庞大,交易币种繁多,各种主要可兑换货币应有尽有,故能满足各种不同类型的国家及其银行、企业对于不同期限与不同用途的资金需要。

(2) 金融交易活跃。欧洲货币市场交易品种繁多,金融创新极其活跃。有银行短期贷款,也有中长期贷款;有固定利率贷款,也有浮动利率贷款;有短期证券交易,也有中长期证券交易,等等。

(3) 利率结构独特。欧洲货币市场的利率体系的基础是 LIBOR。LIBOR 同各国的利率有一定联系,但又不完全相同。它除与各国货币市场利率相互影响外,还受欧洲货币市场供求关系的影响。一般而言,欧洲货币市场上的存贷款的利差仅为 0.25%~0.5%之间,这比各国国内市场存贷款的利差要小,这一利率上的优势使欧洲货币市场吸引了大批客户。

(4) 业务经营自由。由于是从事非居民的境外货币借贷活动,不受任何国家政府管制和税收限制,所受管制较少;同时,交易手续简便,借贷条件灵活,借款不限制用途;税赋较轻,银行等机构各种服务费平均较低,从而降低了融资者的成本负担等。因此这个市场不仅符合跨国公司和进出口商的需要,而且也符合许多西方国家和发展中国家的需要。

(5) 资金调度灵活。欧洲货币市场资金周转极快,调度十分灵便,因为这些资金不受任何管辖。这个市场与西方国家的国内市场及传统的国际金融市场相比,有很强的竞争力。

(6) 资金批发市场。一方面欧洲货币市场的经营以银行间大额交易为主,银行同业间的资金的拆借占欧洲货币市场业务总量的很大比重;另一方面,由于大部分借款人和存款都是一些大客户,所以每笔交易数额很大,一般少则数万元,多则可达到数亿甚至数十亿美元,同样具有批发市场性质。

2. 欧洲货币市场的类型

欧洲货币市场根据其业务范围、内容来划分,可分为混合型、分离型、分离渗透型和避税港型等四类。

(1) 混合型。混合型是指离岸金融市场业务和所在国的在岸金融市场业务不分离。这一类型的市场允许非居民在经营离岸金融业务的同时也可以经营在岸业务和所在国的国内业务。混合型离岸金融市场是典型的国内市场和国际金融市场一体化的市场。这一点无论在货币市场还是证券市场或是外汇市场表现都非常明显。随着管制的放松,不同市场的界限被打破,各类市场日益互相依存,它们中间的界限日趋模糊。内外混合型离岸金融市场的目的在于发挥两个市场资金和业务的相互补充和相互促进的作用。这一类型市场典型的地区是伦敦和香港。

(2) 分离型。分离型是指离岸市场业务与在岸市场业务严格分离,这种分离可以是地域上的分离,也可以是账户上的分离,目的在于防止离岸金融交易活动影响或冲击本国货币金融政策的实施。美国纽约的离岸金融市场是一个典型代表,其主要特征是存放在离岸银行账户上的美元视同境外美元,与国内美元账户严格分开。此外,东京、新加坡也接近美国离岸市场的类型。

(3) 分离渗透型。分离渗透型与分离型有相似特征,即在严格内外分离的基础上,允许部分离岸资金渗透到国内金融市场上来,目的在于借助地理优势更好地利用外资。典型的市场是马来西亚的纳闽岛和泰国的曼谷。但渗透到国内市场的离岸资金应取消作为离岸资金的一切优惠,以防止扰乱国内金融市场。一般来说该类型的市场有较大管理难度,若管理不善,会带来负面影响。1997年泰国金融危机,离岸资金的管制过于放松是原因之一。

(4) 避税港型。避税港型离岸金融市场是指在不征税的地区,只是名义上设立机构,通过这种机构在账簿上中介境外与境外交易。实际上资金的提供和筹集并不在那里进行,一些国际银行只是在那里开立账户,目的是为了逃避管理和征税,所以称为避税港型的离岸市场,又称"账面上的离岸金融市场"。

避税港型离岸金融市场大多位于北美、西欧、亚太等经济发达或投资旺盛、经济渐趋繁荣的地区附近,大多原系发达国家的殖民地或附属国。由于这些国家多为岛屿,与大陆分离,资源贫乏,制造业非常有限,对经济发展有许多制约和不利。为发展本国经济,改善国际收支状况,挖掘自身有利的条件,通过向非居民提供税收优惠,吸引非居民开展离岸金融业务。这些国家共同的特点,就是虽然政治经济不甚发达,但国家的政治经济稳定,一般都有较充分的商业基础设施,特别是有较先进的交通设施和通信设施。同时这些国家或地区汇集了一大批银行、保险公司、外汇及证券经营机构,形成了较完善的金融机构门类,同时还具有一大批有经验的专业金融服务人才,高效率地为非居民提供各种金融服务。另外,当地政府还对离岸金融市场业务提供一种较为宽松的管理气候和优惠政策。对非居民外汇交易没有外汇管制，资金自由转移。这类离岸金融市场的典型地区是加勒比海的巴哈马、开曼以及百慕大、巴拿马和西欧的海峡群岛。

8.4.3 欧洲货币市场的构成

欧洲货币市场主要由欧洲货币信贷市场和欧洲货币债券市场两部分构成，分述如下：

1. 欧洲货币信贷市场

欧洲货币信贷市场(Eurocurrency Credit Market)是指从事欧洲货币信贷活动的场所或网络。能使用欧洲货币信贷的客户通常有较高的信誉，如一国的政府机构、大型跨国公司，或是由政府出面担保偿还的借款人。

1) 欧洲货币信贷的主要形式

欧洲货币信贷主要有三种形式：期限信贷、转期循环信贷和备用信贷。

(1) 期限信贷(Term Credits)。此类贷款的期限是固定的，在约定的期限内，借款人按约定逐步提取贷款资金，经过一段宽限期后，逐步偿还本金，或到期一次偿还。利息通常是每三个月或半年支付一次，利率以LIBOR或其他约定的基础利率作为参考，可以是固定利率，也可以是浮动利率，即每三个月或半年付息的同时按当时的市场利率调整贷款利率。

(2) 转期循环信贷(Revolving Credits)。它则是指银行同意在未来一段时期内，连续向借款客户提供一系列首尾相接的短期贷款。即银行给予客户一个信用额度，在此限额内得依本身对资金的需求情况，随时动用所需资金，并且只需对已动用的部分支付利息，而未动用的部分仅需支付少量的承诺费。

(3) 备用信贷(Stand-by Credits)。通常指银行为商业票据发行人提供的备用信贷，以便发行人在无力赎回票据时获得短期融资，类似于贷款承诺、贷款意向书等。

2) 欧洲货币信贷的基本类型

欧洲货币信贷，如按期限，可分为欧洲货币短期信贷和欧洲货币中长期信贷两种基本类型。

(1) 欧洲货币短期信贷。它是指期限在一年以下的欧洲货币放款业务。主要进行1年以内的短期资金拆放，最短的为日拆。此类借贷业务主要靠信用，成交额巨大。该市场的存款大多数是企业、银行、机关团体和个人在短期内的闲置资金；这些资金又通过银行提供给另一些国家的企业、银行、私人和官方机构作短期周转。如英国政府多年来就是从该市场借入欧洲货币，换成英镑，用于正常开支。具体而言，欧洲货币短期信贷的特点主要是：

▲ 期限短。一般多为3个月以内，最长不超过1年。

▲ 起点高。每笔贷款金额的起点为 25 万美元或 50 万美元，但一般为 100 万美元；借贷金额高达 1000 万美元，甚至 1 亿美元等也时有所见。

▲ 选择性强。借贷期限、币种、金额、交割地点等均可由借贷双方协商确定，不拘一格，灵活方便，加之资金充足，借贷双方均有较大的选择余地。

▲ 利息先付。存贷利差小，存款利率一般略高于国内市场，而贷款利率一般略低于国内市场；短期贷款利息一般须先付，即在借款人借款时就由贷款银行将利息从贷款总额中预先扣除，将扣除了利息后的余额付给借款人，贷款到期时，借款人则应按贷款额偿还。

▲ 无需签订贷款协议。通常发生在交往有素的银行间或银行与企业间进行，彼此了解，信贷条件相沿成习，双方均明悉各种条件的内涵与法律责任，无需签订书面贷款协议；一般通过电讯、网络联系，双方即可确定贷款金额与主要贷款条件，手续非常简便。

(2) 欧洲货币中长期信贷。它是指期限在一年以上的欧洲货币放款业务。该类信贷的筹资者主要是世界各地私营或国营企业、社会团体、政府以及国际性机构；资金绝大部分来自短期存款，少部分来自长期存款。具体而言，欧洲货币中长期信贷的特点主要是：

▲ 期限长，数额大。该市场借贷期限一般为 1～3 年，有的是 5 年或更长，最长的可达 20 年；借贷金额较大，甚至达数亿、数十亿美元。

▲ 联合贷款。该市场多是采用银团贷款。究其原因，一是中长期贷款金额较大，一家银行无力提供；二是可以分散风险，万一贷款到期不能收回，诸多银行分担损失。

▲ 融资成本高。该市场的借贷利率浮动，一般每半年或 3 个月调整一次利率。同时，借款人还需支付相关费用，特别是银团贷款。

▲ 签订贷款协议。中长期贷款，由于期限较长，贷款金额较大，一般均签订书面的贷款协议。

▲ 必要时需政府担保。中长期贷款如果没有物质担保，一般均由借款人所在国政府有关部门对贷款协议的履行与贷款的偿还进行担保。

3) 欧洲货币信贷的贷款条件

贷款条件一般是指为保障借贷双方的权益，促成贷款协议，按有关经济立法对利息率、费用、期限及偿还等方面所规定的权利和义务。欧洲货币中长期信贷条件包括利息与费用、期限与偿还以及贷款货币和贷款安排。

(1) 利息与费用。利息与费用是资金借贷的"价格"，其中利息是贷款者获取报酬的主要来源，利息的多少又取决于利率的高低。银行贷款利率分为固定利率(主要用于短期贷款中)和浮动利率(常被用在中长期贷款中)两种。

欧洲货币中长期信贷利率比政府贷款、国际金融机构贷款等利率都要高，它是按国际金融市场的利率来调整，依据贷款市场、贷款币种及期限等的不同而有所差异。欧洲货币信贷市场上的贷款，除按 LIBOR 支付利息外，如果贷款期限超过 1 年，则依期限的长短分别再加上一个附加利率（称作"加息率"）。除 LIBOR 外，也有以 HIBOR、SIBOR 等作为计算基础的情况。

至于贷款的费用，如前所述，银团贷款业务已是当前国际资金市场筹措中、长期资金的主要途径。在银团贷款业务中，除了要按确定利率支付利息以外，尚有名目繁多的其他费用。这些费用也是构成借款成本的重要因素。主要费用有：

▲ 承担费（Commitment Fees）。又称"承诺费"，指借款人因未能按期使用银行依双方贷款协议筹措的资金，应向银行支付的赔偿金。但应注意，计息部分的款项不付承担费，而支付承担费部分的款项则不计利息。

▲ 管理费（Management Fees）。又称"经理费"或"手续费"等，指在银团贷款业务中，借款者对放款银行（主要为牵头银行）组织贷款事宜所支付的报酬。

▲ 代理费（Agent Fees）。指在银团贷款业务中，借款者对代理银行所支付的费用。

▲ 杂费（Out of Pocket Expenses）。指牵头银行和借款者进行联系、磋商、谈判直到签订贷款协议前所发生的一切费用，如差旅费、律师费、宴请费等等。这些费用都要由借款者承担，一般由牵头银行提出账单，借款者一次支付。

(2) 期限与偿还。贷款期限是指贷款协议签订生效之日起至本息清偿为止的期限。可划分为提款期、宽限期和还款期。

▲ 提款期（Draw-down Period）。提款期是指签订贷款协议后借款人可以提取、支用款项的期限。提款期过后，则一般不能支用款项。

▲ 宽限期（Grace Period）。宽限期指借款人无需偿还贷款本金但要支付约定利息的期限。

▲ 偿还期（Repayment Period）。偿还期是指宽限期结束后偿还本金的期限。

例如，银团贷款的期限一般为 5～12 年，多则可达 20 年。若贷款期限为 7 年，则宽限期一般为 3 年，偿还期为 4 年。一般而言，宽限期越长对借款人越有利，因为他有较充分的回旋余地，可以充分利用外借资金从事生产经营，获利后再偿还贷款。

欧洲货币中长期信贷的本金偿还方式主要有三种：一是到期一次偿还。即贷款期限内，分期付息，到期后一次偿还本金。这适用于金额相对不大、期限较短的中期贷款。二是有宽限期的分次等额偿还。即在宽限期满后开始还本，每半年还本并付息一次，每次还本金额相等。这种方式适用于金额较大、期限较长的贷款。三是无宽限期的逐年分次等额偿还。与第二种方式类似，但无宽限期。即在贷款期限内逐渐分次、等额偿还贷款本金及相应的利息。

在欧洲货币中长期信贷协议中，除规定偿还方式外，有时还规定借款方可以提前偿还贷款的内容。这是借款方为了避免借款货币汇率上浮，以及能够充分利用本国外汇和多种筹措资金渠道，在与外国银行签订贷款协议时所争取的一种还贷方式。

(3) 贷款货币。选择借贷货币的原则是"借软贷硬",即借款人借入软货币、贷款人贷出硬货币比较有利,当然这需要借贷双方的充分协商加以确定。选择借款货币的主要目的是避免汇率风险。通常要做到借款货币的多元化,借款货币和用款货币相一致。

此外,中长期贷款协议的内容还包括贷款金额、利息期、保证或担保、违约及法律适用条款等。

2. 欧洲货币债券市场

欧洲货币债券市场亦称欧洲债券市场,诞生于20世纪60年代的欧洲货币市场,这使欧洲债券市场具有欧洲货币市场的一些特点,并使这个市场在发展过程中始终保持着金融创新的活力。该市场与欧洲货币中长期信贷市场合称欧洲资本市场。为适应不同市场条件下融资者的需要,欧洲债券市场近年来不断推出特征各异的金融产品,市场经营体制日臻完善,市场深度大大增加,市场规模迅速扩大。综观欧洲债券市场的发展,可将其特征大体归纳为七个方面。

(1) 自由度高。它不属于某一特定国家,是一个"境外市场",在债券的发行和流通过程中几乎不受各国金融政策和法规的约束,比较自由灵活,债券的发行和包销都是由金融机构所组成的辛迪加银团承担,发行手续简便,筹资成本较低。

(2) 无记名发行和免税。欧洲债券通常为不记名债券,转让时无需经过转移登记手续,因此具有隐蔽性;同时,欧洲债券的投资者通常免缴利息所得税。因此,欧洲债券在流动性和税收方面对投资者较为有利。

(3) 融资货币选择性强。发行欧洲债券,不仅可在世界范围内筹资,同时也可安排在许多国家出售,而且还可以任意选择发行市场和债券面值货币,筹资潜力很大。目前欧洲债券市场上债券面值货币已达十余种,从过去的欧洲美元债券独占天下变为现在的许多其他欧洲货币债券异军突起,比重逐年增加的局面,从而增强了货币的选择性。

(4) 市场效率高。欧洲货币市场营运机制的功能完善和清算系统电子化的特征使这个市场能够准确、迅速、及时地提供国际资本市场现时的资金供求和利率、汇率的动向,并使债券交割的时间缩短、手续减少,极大地便利了融资者,也使得交易速度加快,市场效率提高,交易成本降低。

(5) 安全性高、流动性强。由于欧洲债券的发行者多为资力雄厚的大公司或政府机构,承销者通常是资信很高的辛迪加银团,因而对欧洲债券投资者来说,具有相对可靠的安全性;同时,由于二级市场富有活力,并具有很高的市场效率,因而欧洲债券的流动性也较强。

(6) 金融创新活动持续不断。欧洲债券市场是最富创新活力的市场。近年来,该市场新的债券品种或交易工具日益增多,债券融投资日趋活跃。持续不断的金融创新活动,把国际股票市场、国际票据市场、外汇市场、黄金市场,甚至还有商品市场更紧密地联系在一起,从而有力地推动了国际金融和全球经济的一体化。

(7) 不影响发行地国家的货币流通。发行债券所筹措的是欧洲货币资金,而非发行地国家的货币资金,故这个债券的发行,对债券发行地国家的货币资金流动影响不太大。

8.4.4 欧洲货币市场的作用和影响

从 20 世纪 60 年代到 70 年代初,欧洲货币市场的主要功能是向进出口商提供短期资金融通。1973 年石油危机以后,欧洲货币市场对回流石油美元,调节国际收支的大范围失衡,发挥了重要的作用。目前,欧洲货币市场的参加者可以说是非常广泛的,并且其功能和业务种类也是十分齐全的,对全球经济及各国或地区经济具有多方面的积极作用,同时也产生了一些负面影响。

1. 欧洲货币市场的积极作用

欧洲货币市场对世界经济发生了不可低估的积极作用,主要表现在:

(1) 成为国际资本转移的重要渠道,最大限度地解决了国际资金供需矛盾,进一步促进经济、生产、市场、金融的国际化。

(2) 扩大了信用资金的来源,扩充了商业银行的贷放业务和外汇业务。

(3) 平衡国际收支的补充手段,部分地缓解了某些国家国际支付手段的不足。

(4) 促进生产设备和先进技术的进口,促进经济的发展。

(5) 引进资金、扩大投资、发展经济,对较大项目尤其起作用,扩大投资、保证资金供应。

2. 欧洲货币市场的不利影响

欧洲货币市场也给世界经济带来了不可低估的负面影响,主要表现在:

(1) 欧洲货币市场成为国际金融市场动荡的主要因素之一。一是由于管制松,主要储备货币经常发生汇率波动,从而带来不利影响;二是国际资金持有者经常将贬值货币调换成欧洲美元存储,或调动(含借入)欧洲美元抢购有升值趋势的货币;三是巨额欧洲货币到处流动,加剧各国货币汇价不稳;四是汇率的波动常引起西方国家外汇市场的关闭或停市,并给外汇投机提供了条件,导致市场更加不稳。

(2) 欧洲货币市场加剧了西方国家的通货膨胀。欧洲货币市场的存在,也给通货膨胀的国际传递带来方便,是国际性通货膨胀加剧的一个因素。

(3) 欧洲货币市场削弱了各国货币政策的效能。欧洲货币市场资金的流动,破坏了各国为刺激生产和缓和经济危机的放宽和紧缩的金融政策。

(4) 经营欧洲货币业务的银行风险增大。欧洲美元等货币的拆放都具有这样几个特点：一是借款人除了本国客户外，尚有外国客户，或虽系本国客户，但又转手再放给外国客户，所以，它具有国际间极其复杂的连锁关系；二是借款金额巨大，而又缺乏抵押保证；三是由于借款人有时把资金转借出去，几经倒手，最后甚至连借款人是谁也不能完全掌握。所有这些特点，使得经营欧洲货币业务的商业银行等金融机构面临着较大的信用风险。此外，由于经营的欧洲货币业务，借贷货币汇率的频繁波动，也会使得开展此类业务的银行承担着巨大的汇率风险。

8.5 金融衍生工具市场

20世纪60年代起，特别是70年代以来，国际金融市场的金融创新浪潮风起云涌，风靡全球主要国际金融中心。国际金融创新主要包括创造新的金融工具（如期货、期权合约等）、新的交易技术（如票据发行便利等）和新的金融市场（如欧洲货币市场等）。尽管这三个方面的创新是相互联系、不可分割的，但金融工具的创新是国际金融市场最核心的创新内容。由于此类创新是在原生金融工具的基础上创造出来的，所以称作衍生金融工具或金融衍生工具。尽管人们对金融衍生工具的出现及其影响，存在不同的看法，褒贬不一。但从实践情况来看，金融衍生工具市场目前已成为国际金融市场一个非常重要的组成部分。

8.5.1 金融衍生工具简介

金融衍生工具（Financial Derivative）又称金融衍生产品，是指建立在基础产品或基础变量之上，其价格随基础金融产品的价格（或数值）变动的派生金融产品。它是与基础金融产品（即原生金融工具）相对应的一个概念。这里所说的基础产品是一个相对的概念，不仅包括现货金融产品（如货币、外汇、债券、股票、银行定期存款单等），而且包括金融衍生工具。作为金融衍生工具基础的变量则包括利率、汇率、各类价格指数、通货膨胀率等。

作为不断创新的新生金融工具，金融衍生工具的种类日趋增多，目前已超过1200种。根据BIS的划分标准，金融衍生工具大致可以分为金融远期、金融期货、金融期权、互换及掉期等合约。

1. 金融远期合约

金融远期合约（Financial Forward Contract）是指交易双方达成的、在未来某一特定日期、以某种特定方式以及预先商定价格（如利率、汇率、股票或债券价格等）买卖、交割某种（或一篮子）金融资产的协议或合约。远期合约最主要的特点是交割价格于实物交割之前确定，合约中的卖方必须按照合约要求到期日向合约中的买方提供相应的实物。因此，金融远期合约到期之前实际上并无现金流，卖方不一定要求在签署合约时就拥有该合约标的产品，可以在合约到期日再从现货市场上购入来履行合约。

金融远期合约在签署(达成成交)时规定了买卖交割时的价格,但在该合约的有效期内,其价值(价格)随基础资产市场价格的波动而变化。如果这一价格与合约履行时现货市场上合约标的物的价格不一致,合约买卖双方就会出现相应的损益。当合约履行价格低于合约履行时的现货价格时,合约的买方履行合约,按照合约履行价格买入合约标的物,同时,在现货市场上将这些产品卖出,从而获得盈利,此时合约卖方则相应产生亏损;当合约履行价格高于合约履行时的现货价格时,合约买卖双方则会产生相反的盈亏情况。金融远期合约的买卖双方可以自主地设定远期合约中的标的物种类、交割价格和相应的交易数量,其好处在于买卖双方可以根据自身具体需求签署远期合约进而规避价格风险。但正是这一特点,使得金融远期合约不够标准化,进而很难在二级市场(如交易所)上流通。因此,金融远期合约大多数是合约中的买卖双方直接交易(场外交易),很少通过二级交易市场进行交易。此外,金融远期合约还具有到期必须交割(不可实行反向对冲操作来平仓)、风险较大(可能发生交易对方违约问题)等特点。

按照基础金融资产的不同可以将金融远期合约划分为股权类资产的远期合约(远期股票合约)、债券类资产的远期合约(远期债券合约)、利率类远期合约(远期利率协议)和汇率类远期合约(远期外汇合约)四大类别,主要是远期外汇合约和远期利率协议。其中,远期外汇合约产生最早,早在19世纪80年代,奥地利维也纳就出现了远期外汇市场①。而远期利率协议则是20世纪80年代中期以来国际金融市场上最重要的金融创新之一,这里作一简要介绍。

远期利率协议(Forward Rate Agreements,FRA)是指买卖双方(客户与银行或两个银行同业之间)商定将来一定时间点(指利息起算日)开始的一定期限的协议利率,并规定以何种利率为参照利率,在将来利息起算日,按规定的协议利率、期限和本金额,由当事人一方向另一方支付协议利率与参照利率利息差的贴现额。在这里,FRA的买方就是名义借款人,如果市场利率上升,他按协议上确定的利率支付利息,就避免了利率风险;但若市场利率下跌,他仍然必须按协议利率支付利息,就会受到损失。FRA的卖方就是名义贷款人,他按照协议确定的利率收取利息,显然,若市场利率下跌,他将受益;若市场利率上升,他则受损。

可见,FRA交易主要是为了保值而不是为了套利。FRA实际上是场外交易,用现金清算的金融远期交易,它比传统的金融远期交易简单灵活,无需保证金。而且它只解决利率风险,不保证未来要做一笔存款(投资)或贷款,所以它没有扩大资产负债比例就使利率风险得到补偿,有利于提高资本比率和资产收益率。这种合约通常这样报出期限:如"6个月对9个月",即在6个月后开始计算3个月的利率;"3个月对6个月",即3个月后开始计算3个月的利率。

---

① 关于远期外汇交易的具体内容参见第5章(5.2 即期与远期外汇交易)。

总之,作为防范将来利率变动风险的一种金融工具,FRA 的主要特点是预先锁定将来的利率。在 FRA 市场中,FRA 的买方是为了防止利率上升引起筹资成本上升的风险,希望在现在就锁定将来的筹资成本。用 FRA 防范将来利率变动的风险,实质上是用 FRA 市场的盈亏抵补现货资金市场的风险,因此 FRA 具有预先决定筹资成本或预先决定投资报酬率的功能。

2. 票据发行便利

票据发行便利(Note-Issuance Facilities,NIFs)又称票据发行融资安排,是指商业银行或银团承诺在一定期间内(如 5～7 年)对借款人提供一个可循环使用的信用额度,在此限额内,借款人依据本身对资金的需求情况,以自身名义连续地循环地发行一系列短期(从 7 天至 1 年不等,多为 3 个月或 6 个月)票据或债券,由银团协助将这些短期票券卖给投资者,取得所需资金,未售出而有剩余的部分则由银团承购,或以贷款方式补足借款人所需资金。

NIFs 是 20 世纪 80 年代初在欧洲货币市场上基于传统的欧洲银行信贷风险分散的要求而产生的一种金融创新工具。NIFs 的主要优势在于:

(1) 融资成本低。相比其他融资工具创新,尽管是一种中期信贷,但由于其所发行的是短期票据,比直接的中期信贷的筹资成本要低。

(2) 灵活性更大。借款人可以较自由地选择提款方式、取用时间、期限和额度等,比中期信贷具有更大的灵活性;而且短期票据都有发达的二级市场,变现能力强。

(3) 风险分散化。由于安排 NIFs 的机构或承包银行在正常情况下并不贷出足额货币,只是在借款人需要资金时提供一种机制,即将借款人发行的短期票据转售给其他投资者,保证借款人在约定时期内连续获得短期循环资金,这样就分散了风险,投资人或票据持有人只承担短期风险,而承购银行则承担中长期风险,这样就把原由一家机构承担的风险转变为多家机构共同分担,对借款人、承包银行、票据持有人都有好处。

一般而言,NIFs 的主要借款人是大型商业银行和经合组织(OECD)成员国政府,还有一些亚洲、拉美国家借款人。借款人如果是银行,发行的票据通常是可转让大额定期存单(CDs);如果是工商企业则主要采用本票性质的欧洲票据。按惯例借款人通过 NIFs 取得借款要缴纳三种费用:一是一次性缴纳发行管理费用;二是在每期票据期末向承包银行支付发行费用;三是向贷款人支付基础参考利率 LIBOR 加一定额度的收益。

3. 金融期货合约

金融期货合约(Financial Futures Contract)是指买卖双方在有组织的交易所内以公开竞价的形式达成的,在将来某一特定日期交割标准数量的特定金融资产的协议。在这里,金融期货合约可以看作标准化的远期合约。金融期货合约的基础工具是各种基础金融资产(工具),如外汇、债券、股票、价格指数等。换言之,金融期货交易是以金融工具(或金融变量)为基础工具的期货交易。

相较于远期合约的非标准化、二级市场流动性差等弊端,金融期货合约将交易品种、规格、数量、期限、价格、地点等标准化,大大加强了合约的流动性。正是由于金融期货合约的标准化程度高,二级流通市场较为发达,大多数期货合约在进行最终实物交割之前,就会通过一份内容相同、方向相反的合约来对冲,避免实物交割。

金融期货合约最早在美国出现,目前,伦敦、新加坡、多伦多、悉尼等地的金融期货交易也初具规模。按照基础金融资产的不同,金融期货合约可以划分为外汇期货[①]、利率期货和股票(指数)期货三大类。

(1) 利率期货(Interest Rate Futures)。利率期货是指以债券类证券为标的物的期货合约,它可以回避银行利率波动所引起的证券价格变动的风险。利率期货合约最早于1975年10月由芝加哥期货交易所推出,此后得到迅速发展。目前,在期货交易比较发达的国家和地区,利率期货都早已超过农产品期货而成为成交量最大的一个类别。在美国,利率期货的成交量甚至已占到整个期货交易总量的一半以上。

按照合约标的的期限,利率期货可分为短期利率期货、长期利率期货以及指数利率期货三大类。① 短期利率期货是指期货合约标的的期限在一年以内的各种利率期货,即以货币市场的各类债务凭证为标的的利率期货均属短期利率期货,包括各种期限的商业票据期货、国库券期货及欧洲美元定期存单期货等;② 长期利率期货是指期货合约标的的期限在一年以上的各种利率期货,即以资本市场的各类债务凭证为标的的利率期货均属长期利率期货,包括各种期限的中长期国库券期货和市政公债指数期货等;③ 指数利率期货是利率期货中的新产品,目前主要包括国债指数期货合约,其标的指数往往可以用来衡量一系列政府债券的总收益。

(2) 股指期货(Stock Index Futures)。全称股票指数期货,又称指数期货,是指以股票价格指数作为标的物的金融期货合约。具体交易时,股指期货合约的价值是用指数的点数乘以事先规定的单位金额来加以计算的,如标准·普尔指数(S&P Stock Price Indexes)规定每点代表500美元,香港恒生指数(Hang Seng Index)规定每点为50港元等。股票指数合约交易一般以3月、6月、9月、12月为循环月份,也有全年各月都进行交易的,通常以最后交易日的收盘指数为准进行结算。

股指期货交易的实质是投资者将其对整个股票市场价格指数的预期风险转移至期货市场的过程,其风险是通过对股市走势持不同判断的投资者的买卖操

---

① 关于外汇期货的具体内容参见第5章(5.4 外汇期货与期权交易)。

作来相互抵消的。它与股票期货交易一样都属于期货交易,只是股票指数期货交易的对象是股票指数,是以股票指数的变动为标准,以现金结算,交易双方都没有现实的股票,买卖的只是股票指数期货合约,而且在任何时候都可以买进卖出。

4. 金融期权合约

金融期权合约(Financial Option Contract)是指以金融商品或金融期货合约为标的物的期权交易的合约。具体地说,金融期权合约是指合约双方中支付选择权(期权)购买费的一方有权在合约有效期内按照敲定价格(又称协定价格、执行价格)与规定数量向选择权(期权)卖出方买入或卖出某种或一篮子金融资产的合约。金融期权合约的买入者在支付了期权费以后,就有权在合约所规定的某一特定时间或一段时间内,以协议价格向卖出者买进或向买进者卖出一定数量的某种金融商品(现货期权)或者金融期权合约(期货期权)。当然,也可以不行使这一权利。

根据买方买卖权利的不同,金融期权可分为看涨期权和看跌期权。看涨期权给予期权合约的买方在未来某时以事先约定的价格购买标的金融资产或期货合约的权利,而看跌期权给予期权的买方在未来某时以事先约定的价格卖出标的基础金融资产或期货合约的权利。根据具体交割时间点是否可以提前,期权合约又可分为美式期权和欧式期权两种。美式期权的买方可以在合约到期前的任何一天执行买卖权利,而欧式期权买方只有在到期日当日决定执行或放弃执行的权利。根据期权合约标的基础金融资产的不同,期权合约可以分为外汇期权[①]、利率期权、股票期权和股指期权等。

(1) 利率期权(Interest-rate Options)。利率期权是指买方在支付了期权费后即取得在合约有效期内或到期时以一定的利率(价格)买入或卖出一定面额的利率工具的权利。它是一种与利率变化挂钩的期权,到期时以现金或者与利率相关的合约(如利率期货、利率远期或者政府债券)进行结算。最早在场外市场交易的利率期权是1985年推出的利率上限期权,当时银行向市场发行浮动利率票据,需要金融工具来规避利率风险。利率期权合约通常以政府债券、欧洲美元债券、大面额可转让存单等利率工具为标的物。

(2) 股票期权(Stock Options)。股票期权是在单个股票基础上衍生出来的选择权。它是指买方在交付了期权费后即取得在合约规定的到期日或到期日以前按协议价买入或卖出一定数量相关股票的权利。这种期权多是公司企业对员工进行激励的众多方法之一,属于长期激励的范畴,此时在相关合同期内,期权不可转让,也不能得到股息。同时,它也是一种金融衍生产品,是可以流通转让的,具有一般金融期权的共同特质。

---

① 关于外汇期权的具体内容参见第5章(5.4 外汇期货与期权交易)。

(3) 股指期权(Stock Index Option)。又称股票指数期权,主要分为两种具体类型:股指期货期权和现货期权。股指期货期权是从股指期货衍生出来的,是指期权购买者付给期权的出售方一笔期权费,以取得在未来某个时间或该时间之前,以某种价格水平,即股指水平买进或卖出某种股票指数合约的选择权。例如新加坡交易所交易的日经225指数期权,是从该交易所交易的日经225指数期货衍生出来的。现货期权是从股票指数衍生出来的,是指买方在支付了期权费后即取得在合约有效期内或到期时以协议指数与市场实际指数进行盈亏结算的权利。例如大阪证券交易所日经225指数期权,是日经225指数衍生出来的。两种股指期权的执行结果是不一样的,股指期货期权执行得到的是一张期货合约,而现货期权则进行现金差价结算。

金融期权与金融期货有着相似的功能。从一定的意义上说,金融期权是金融期货功能的延续和发展,具有与金融期货相同的套期保值和发现价格的功能,是一种行之有效的控制风险的工具。

5. 互换交易

从广义上说,互换交易有两种意思。其一是互换交易(Swaps),主要指对相同货币的债务和不同货币的债务通过金融中介进行互换的一种行为。其二是掉期交易(Swap Transaction),指交易双方约定在未来某一时期相互交换某种资产的交易形式。更为准确地说,掉期交易是当事人之间约定在未来某一期间内相互交换他们认为具有等价经济价值的现金流(Cash Flow)的交易。通常所指的互换交易多指掉期交易。根据互换标的物的商品的不同,互换交易可以分为利率掉期、货币掉期、股权掉期、股权—债权掉期等类型。其中,货币互换(掉期)和利率互换(掉期)是国际金融市场上最为活跃的两种类型。

(1) 利率互换(Interest Rate Swap)。又称利率掉期,指两笔货币相同、债务额相同(本金相同)、期限相同的资金,作固定利率与浮动利率的调换。利率互换的产生是由于互换交易双方的信用等级、负债结构等方面的不同,各自在国际金融市场上筹集资金的相对优势不同,进而筹资成本不同。互换交易双方根据各自的筹资优势从国际金融市场上筹集资金,再通过利率互换交易获得各自所需要的利率安排形式。互换的目的在于降低资金成本和利率风险。利率互换与货币互换都是于1982年开拓的,是适用于银行信贷和债券筹资的一种资金融通新技术,也是一种新型的避免风险的金融技巧,目前已在国际上被广泛采用。

(2) 货币互换(Currency Swap)。又称货币掉期,是指交易双方将某种货币贷款的本金和固定利息与几乎等价的另一种货币的本金和固定利息进行交换。一般情况下,货币互换以签订互换协议时的即期汇率为基础,主要目的在于交易双方以各自信贷的比较优势获取不同种类的货币,进而降低筹资成本及防止汇率变动风险造成的损失,而不是获取来自于利率波动的利息差额,因而货币利率较低方会定期向货币利率较高方补贴利息差额。简单来说,利率互换是相同货币债务间的调换,而货币互换则是不同货币债务间的调换。货币互换双方互换的是货币,它们之间各自的债权债务关系并没有改变。

8.5.2 金融衍生工具市场的基本现状

20世纪70年代,布雷顿森林体系崩溃,以美元为中心的固定汇率制完全解体,西方主要发达国家纷纷实行浮动汇率制。国际资本流动频繁,特别是欧洲美元交易和石油美元的冲击,使西方国家又陷入普遍滞胀状态,更使得外汇市场的汇率变动无常,大起大落。在国际金融市场的利率、汇率及通胀等不确定性逐渐加大情况下,对浮动利率票据、货币远期交易、货币期货等衍生工具的需求与日俱增。20世纪80年代金融工具创新的典型代表为票据发行便利、互换交易、期权交易和远期利率协议,它们被称为20世纪80年代国际金融市场的"四大发明"。其中,互换交易被视为20世纪80年代最重大的金融创新,它的出现从根本上改变了人们对融资方式的选择。

金融衍生工具的出现,带来了世界金融业的一场革命,成为消除金融自由化过程中金融产品价格波动风险的重要手段。随着金融创新进程的加快,金融衍生工具种类也日趋增多。金融衍生工具市场又称派生市场,既包括标准化的交易所市场,也包括非标准化的场外市场(OTC)。

根据BIS发布的三年期全球衍生金融产品市场调查结果看,2001年12月至2007年12月间,在有组织的交易所交易的衍生工具的名义本金(衍生工具合约上支付的参照额、未平仓合约额)余额从23.76万亿美元上升到79.10万亿美元;2008年后有所下降,2012年12月降至52.55万亿美元;这之后开始回升,2017年12月达81.03万亿美元(期货及期权)。从交易所市场期货与期权(利率及外汇)日均成交量来看,2016年度和2017年度分别达到66540亿美元(期货51520亿美元、期权15020亿美元)和75730亿美元(期货58770亿美元、期权16960亿美元)。在2017年度交易所市场的日均成交量中,外汇合约交易量(额)2340亿美元(占比为3.55%),其中期货1150亿美元、期权1190亿美元。

从场外市场来看,全球衍生工具的未偿合约(未平仓合约)总市值从2002年6月的4.4万亿美元上升到2008年12月的33.889万亿美元,之后出现了较大幅度的下滑,2012年6月为25.392万亿美元,2017年12月更是降至10.956万亿美元。在2017年12月的总市值中,外汇合约为2.293万亿美元(占比为20.9%)、利率合约7.579万亿美元(占比为69.2%)、与股票相连的合约5750亿美元(占比为5.2%)。其中在外汇合约中,从衍生工具来看,外汇远期及掉期11110亿美元(占比为48.45%)、货币掉期(互换)9890亿美元(占比为43.13%)、期权1920亿美元(占比为8.37%);从外汇合约币种结构上来看,美元为19740亿美元(占比为86.1%)、欧元7820亿美元(占比为34.1%)、英镑3050亿美元(占比为13.3%)、日元 3000 亿美元(占比为 13.1%)、加元 1070 亿美元(占比为 4.7%)、瑞士法郎 910 亿美元(占比为 4%)。

另据 BIS 于 2016 年 9 月 1 日发布的全球外汇交易调查报告,进入 21 世纪以来,全球外汇市场交易量呈快速增长态势。日均交易量从 2001 年 4 月的 1.24 万亿美元,上升至 2010 年 4 月的 3.97 万亿美元,2013 年 4 月达到了 5.36 万亿美元的历史高位。之后有所回落,2016 年 4 月为 5.09 万亿美元(见表 8.3)。这其中,外汇掉期交易是最活跃的交易工具,日均交易量占比多在 40% 以上,2016 年 4 月的日均交易额达到了 2.38 万亿美元(占比为 46.8%),继续保持第一大外汇交易工具的地位;现汇市场交易量占比多在 30% 以上,2016 年 4 月的日均交易量为 1.65 万亿美元(占比为 32.5%),多年来一直位居第二;远期外汇交易量占比多在 10% 以上,2016 年 4 月占比 13.8%(日均 7000 亿美元),位居第三。

表 8.3 2001~2016 年全球场外市场日均外汇交易量(单位:10 亿美元)

(交易)工具	2001	2004	2007	2010	2013	2016
外汇工具(交易量合计)	1239	1934	3324	3971	5355	5088
现汇交易	386	631	1005	1488	2046	1654
期汇交易	130	209	362	475	679	700
外汇掉期	656	954	1714	1759	2239	2383
货币互换	7	21	31	43	54	96
期权及其他产品	60	119	212	207	337	254
备忘录						
按 2016 年 4 月汇率的交易量	1381	1884	3123	3665	4915	5088
交易所交易衍生品	12	25	77	145	145	115

注:表中数据为每年 4 月份的日均交易量。
资料来源:BIS(2016)发布的外汇市场调查报告。

本章小结

国际金融市场这一概念有广义和狭义之分。广义是指进行各种国际金融业务活动的场所或网络。而狭义仅指从事国际资金借贷和融通的市场(场所或网络),亦称"国际资金市场"。

在岸金融市场,通常是在国内原有金融市场基础上形成的,以市场所在国的国际货币信贷和国际债券业务为主,以市场所在国的居民与非居民为参与主体,受市场所在国的金融法规约束。

离岸金融市场是指在一定程度上与东道国国内金融市场相隔离的,其金融活动基本不受东道国金融法规约束并享受税收等政策优惠的,可进行自由交易的高度发达的市场。

20世纪80年代以来,国际金融市场的发展出现了一些新的趋势。如全球金融一体化、融资方式证券化、投资主体机构化、交易方式电子化及金融创新趋势等。

国际货币市场是指国际间短期金融工具的交易市场。按照借贷(交易)方式的不同,国际货币市场可分为短期信贷市场、票据贴现市场和短期证券市场。其中短期信贷市场又包括银行对客户的信贷市场和银行同业拆放市场两部分,其中,银行同业间拆放市场处于重要地位。

国际资本市场是指国际间中长期金融工具的交易市场。按照借贷方式的不同,国际资本市场由国际中长期信贷市场和国际证券市场构成,后者又可分为国际股票市场和国际债券市场。

欧洲货币是指在货币发行国境外被存储和借贷的各种货币的总称。因而,欧洲货币市场是指各种境外货币存贷和境外货币债券发行、交易的市场。它是离岸金融市场的核心部分。根据业务范围及内容,欧洲货币市场可分为混合型、分离型、分离渗透型和避税港型等四类。欧洲货币市场主要由欧洲货币信贷市场和欧洲货币债券市场两部分构成。

金融衍生工具又称金融衍生产品,是指建立在基础产品或基础变量之上,其价格随基础金融产品的价格(或数值)变动的派生金融产品。它是与基础金融产品(即原生金融工具)相对应的一个概念。根据BIS的划分标准,金融衍生工具大致可以分为金融远期、金融期货、金融期权、互换及掉期等合约。

【本章重要概念】

国际金融市场　在岸金融市场　离岸金融市场　国际货币市场　银行同业拆放市场　LIBOR　回购协议　国际资本市场　银团贷款　欧洲货币　欧洲货币市场　转期循环信贷　金融衍生工具　金融远期合约　金融期货合约　票据发行便利　远期利率协议　互换交易

【复习思考题】

1. 国际金融市场的分类有哪些?
2. 简述国际金融市场的形成条件及发展趋势。
3. 国际金融市场有何作用和影响?
4. 国际货币市场的主要特点有哪些?主要有哪些市场构成?
5. 国际短期证券市场的交易工具主要有哪些?
6. 国际资本市场的主要特点有哪些?主要有哪些市场构成?
7. 简述国际中长期信贷的主要类型及参与者。
8. 如何理解欧洲货币市场的概念?
9. 简述欧洲货币市场的形成与发展。
10. 简述欧洲货币市场的特征及类型。

11. 简述欧洲货币信贷的基本类型及贷款条件。
12. 欧洲债券市场有何特征?
13. 简述欧洲货币市场的主要作用及影响。
14. 试对比金融远期合约、金融期货合约和金融期权合约的异同。
15. 票据发行便利主要有哪些优势?

第9章 国际资本流动

本章导读

资本作为能够带来剩余价值的价值,一出现就具有国际性。由于生产力的发展和世界市场的扩大,国际间商品和生产要素的流动日益频繁,以增值为主要目的的国际资本也逐步形成和壮大起来。国际资本可分为两大形态,一是国际商品资本,二是国际货币资本(包含与货币资本相联系的实物资本)。国际金融学主要研究的是后一种形态的国际资本。

第二次世界大战后,国际资本流动规模迅速扩大,它不仅对各国经济产生了举足轻重的影响,而且已成为当代世界经济发展的主要推动力。同时,国际资本流动以及对其所进行的研究,极大地丰富了国际金融的理论与实践,已是国际金融学的一个重要组成部分。改革开放以来,中国顺应经济全球化趋势,在平等互利的基础上积极同世界各国开展投资合作(积极、合理有效利用外资,大力开展对外投资),开放型经济水平不断提高,成为经济全球化的坚定支持者和积极参与者。

本章主要论述国际资本流动的基本概念、主要类型、发展状况,分析国际资本流动的根本原因及影响因素、经济影响及控制手段(措施),述评国际资本流动的主要理论,介绍中国利用外资及对外投资的基本情况。

9.1 国际资本流动概述

由于国际资本能对各国的实体经济和金融市场变动做出迅速反应,使资金以最快的速度从低效率的地方流向高效率的地方,实现全球范围内的资源配置,从而成为经济全球化的载体。国际资本流动是世界经济中最活跃和最具影响力的部分,它反映了各国宏观经济形势、综合竞争力、财政和货币政策、汇率变动等各个方面的变化。随着金融自由化浪潮的推进,各国对资本管制的逐渐放松,金融创新产品的大量开发和使用,推动了国际资本流动以远远高于全球生产总值和国际贸易的增长速度快速增长①。

---

① 白宸.国际资本流动的发展趋势分析[J].求实,2009(S1).

9.1.1 国际资本流动的概念

国际资本流动(International Capital Flows)是指资本在国际间的转移,即资本从一个国家或地区转移到另一个国家或地区。作为一种国际经济活动,国际资本流动也是以盈利为目的的,但与以所有权转移为特征的国际商品贸易不同,它多是以使用权的有偿转让为特征的。一般说来,国际资本流动可分为资本流出和资本流入,其实质是一国(或地区)对外资产和负债的增减与变化。

资本流出(Capital outflow)是指资本从国内流向国外,如本国在国外投资建厂、购买外国发行的债券、外国企业在本国的资本金返回和本国政府支付外债的本金等等。资本流出主要表现为:① 外国在本国的资产减少;② 外国对本国的债务增加;③ 本国在外国的资产增加;④ 本国对外国的债务减少。

资本流入(Capital inflow)是指资本从国外流向国内,如外国在本国投资建厂、本国在外国发行债券、本国企业抽回在外国的资本金和本国政府收取外国的偿债款项等等。资本流入主要表现为:① 外国在本国的资产增加;② 外国对本国的债务减少;③ 本国在外国的资产减少;④ 本国对外国的债务增加。

这里还须注意国际资本流动与资金流动、资本输出入在概念上的区别。同时,也有必要弄清国际资本流动与国际收支之间的关系。

国际资本流动与国际资金流动的主要区别在于:资本流动是可逆转的双向性资本转移,如投资和借贷资本的流出,将引起投资的本金和收益(利润或股息)、贷款本金和利息的返回;而资金流动则是不可逆转的单向性资金转移,如投资利润和贷款利息的支付等。与国际资本流动有关的内容通常反映在国际收支平衡表的资本与金融项目当中,而与国际资金流动有关的内容则主要反映在国际收支平衡表的经常项目之中。

国际资本流动与资本输出入的主要区别在于:资本流动的内容不但包括与投资和借贷活动等有关的、以谋取利润为目的的资本转移,而且还包括以外汇、黄金等来弥补国际收支逆差的资本流动;而资本输出入的内涵相对少些,仅包括与投资和借贷活动等有关的、以谋取利润为目的的资本转移。

国际资本流动与一国国际收支之间存在着密切的关系。主要体现在:

(1) 作为国际经济活动的组成部分,国际资本流动也被纳入国际收支的考核之列,其涉及的内容集中而具体地反映在国际收支平衡表的资本与金融项目之中。国际收支平衡表的资本与金融项目反映一国在特定时期内国际资本流动的基本状况。例如,① 流动的规模——资本流出额、资本流入额、资本流动总额和资本流动净额;② 资本流动的方式——直接投资、证券投资和其他投资等;③ 资本流动的类型——贸易资本流动、银行资本流动、短期资本流动和中长期资本流动;④ 资本流动的性质——官方资本流动和私人资本流动。在账户处理上,资本流出记在国际收支平衡表的借方,表示一国资本的减少;资本流入记在国际收支平衡表的贷方,表示一国资本的增加。

(2) 通过对国际资本流动的控制,可以达到调节国际收支失衡,实现国际收支平衡的目的。例如,国际收支平衡表中经常项目的顺差,可由资本与金融项目的逆差(资本净流出)抵消;经常项目的逆差,可以用资本与金融项目的顺差(资本净流入)抵消;经常项目和资本与金融项目都是顺差,则整个国际收支的顺差增大,不然则相反。

9.1.2 国际资本流动的类型

国际资本流动的具体形式或类型是多种多样的。按照资本使用期限的长短不同,国际资本流动可分为长期资本流动和短期资本流动两大类;按资本性质不同,国际资本流动可分为股权性质的资本流动和债务性质的资本流动两大类,前者包括直接投资和权益类证券投资,后者包括债券类证券投资和其他投资(以银行借贷和商业信贷等债权债务资本流动为主)。

1. 长期国际资本流动

长期国际资本流动(Long-term International Capital Flows)是指使用期限在1年以上,或未规定使用期限的资本流动。按资本流动的方式不同,它又可分为国际直接投资、国际证券投资和国际贷款三种类型。此外,国际经济援助,实际上亦是长期国际资本流动的一个组成部分。

1) 国际直接投资

国际直接投资也称对外直接投资(Foreign Direct Investment,FDI),是指投资者把资金投入另一国的工商企业,或在那里新建生产经营实体的行为。直接投资可以取得某一企业的全部或部分经营管理和控制权,或直接投资新建企业。按照IMF的定义,通过FDI而形成的企业是"直接投资者进行投资的公司型或非公司型企业,直接投资者是其他经济体的居民,拥有(公司型企业)的10%或10%以上的流通股或投票权,或拥有(非公司型企业)相应的股权或投票权。"FDI往往和生产要素的跨国界流动联系在一起,这些生产要素包括生产设备、技术和专利、管理人员等。因此,FDI是改变资源配置的真实资本的流动。

FDI的基本特征:

(1) 投资者通过拥有股份,能够控制企业的有关设施,掌握企业的经营管理权,参与企业的管理决策。

(2) 投资者能够向投资企业一揽子提供资金、技术和管理经验。

(3) 不直接构成东道国的债务负担。

FDI的组织形式:

(1) 单独投资,在国外独资建立或并购的生产经营实体。

(2) 联合投资,即在国外建立合资的生产经营实体。

具体而言,FDI 一般有五种方式:① 独资经营,即投资者在国外独资创办新企业,其形式有国外分公司、子公司和国外避税地公司;② 合资经营,即投资者与东道国或其他国家共同投资建立合资企业,其形式有股权式合资企业和契约式合资企业;③ 直接并购,即投资者直接兼并或收购现有的外国企业;④ 间接并购,即投资者购买外国企业股票,达到一定比例以上的股权;⑤ 利润再投资,即投资者在国外企业投资所获利润不汇回国内,而是作为资本对该企业进行再投资。其中,上述独资经营和合资经营一般称为"绿地投资"方式,直接并购和间接并购统称为"跨国(境)并购"或"并购投资"方式。

绿地投资(Green Field Investment)又称创建投资,是指跨国公司等投资主体在东道国境内依照东道国的法律设置的部分或全部资产所有权归外国投资者所有的企业,如独资企业、合资企业。绿地投资源远流长,早期跨国公司的海外拓展业务基本上都是采用这种方式,目前也是较为普遍的投资方式。跨国并购(Merge and Acquisition,M&A)为跨国兼并和跨国收购的总称,是指一国企业为了达到某种目标,通过一定的渠道和支付手段,将另一国企业的所有资产或足以行使运营活动的股份收买下来,从而对另一国企业的经营管理实施实际的或完全的控制行为①。跨国并购是国内企业并购的延伸。就投资者而言,跨国并购的主要优点是:可以使其以最快的速度进入他国市场并扩大市场份额,获得目标企业所拥有的各种比较成熟和丰富的资源,且多能以较低价格获得他国企业的资产或股权等等。随着经济全球化的不断发展,绿地投资在 FDI 中所占比例有所下降,跨国并购已成为跨国公司参与世界经济一体化进程、保持有利竞争地位而更乐于采用的一种FDI 方式。

根据投资者的不同动机,庞大的 FDI 可细分为:

(1) 资源导向型投资。几乎没有任何一个国家或地区拥有足够大量和品种齐全的自然资源。面对国内不断增长的原材料需求和世界性的能源危机,就必须到资源禀赋丰足的国家或地区投资,建立原材料生产基地和供应网点,以确保生产经营的正常进行。

(2) 出口导向型投资。国内市场是有限的,特别是随着生产的发展和竞争的加剧,国内市场很快会趋于饱和。因此,出口市场份额对于一国经济发展和企业壮大具有重要意义。在贸易保护主义盛行的年代,FDI 可成为企业绕过贸易壁垒,稳定或扩大出口市场份额的重要手段之一。

(3) 降低成本型投资。由于劳动力成本上升,发达经济体和一些新兴经济体的企业在国际市场上的竞争中已难以稳操胜券。为保持商品的竞争能力,它们以 FDI 方式,把费工费时的生产工序和劳动密集型产品的生产转移到劳动力资源充

---

① 拥有对被收购(兼并)企业经营管理权的股权比例大小是界定是否为直接投资的标准,各国规定的标准有明显差异,如 IMF 规定的标准是 25%,法国是 20%,美国是 10%。

裕和便宜的国家或地区。此外，在原材料产地附近投资建厂所节约的运输费用及东道国政府为吸引外资所给予的优惠待遇等，也都有助于减少成本开支，获取比较成本利益。

（4）研究开发型投资。通过向技术先进的国家直接投资，在那里建立高技术子公司，或控制当地的高技术公司，将其作为科研开发和引进新技术、新工艺，以及新产品设计的前沿阵地，有助于打破竞争对手的技术垄断和封锁，获得一般的商品贸易或技术转让许可协议等方式得不到或难以获取的先进技术。

（5）发挥潜在优势型投资。因为生产能力的扩大和市场份额的改变，一些企业拥有的资金、技术、设备和管理等资源已超过国内生产经营的需要而可能被闲置起来。为充分发挥潜在优势，使闲置资源获得增值机会，到国外直接投资建厂，就是一个有效的途径。

（6）规避风险型投资。市场的缺陷和政治局势的动荡等原因，都可能把企业推向困难境地。为防范经营风险，企业到国外直接投资，在更大的范围内建立起自己的一体化空间和内部体系，这样就可以有效地化解外部市场缺陷造成的障碍，避免政局不稳带来的损失。

2) 国际证券投资

国际证券投资（International Securities Investment）也称国际间接投资、对外间接投资，是指投资者在国际证券市场上购买外币有价证券而进行的一种投资方式。它是通过在国际债券市场上购买外国政府、银行或工商企业发行的中长期债券，或在国际股票市场上购买外国公司股票而进行的对外投资活动。国际证券投资与国际直接投资的根本区别在于对筹资者的经营活动有无控制权。具体区别主要表现在：证券投资者只能获取债券、股票回报的利息、股息和红利，对所投资企业无实际控制和管理权；而直接投资者则持有足够的股权来承担被投资企业的盈亏，并享有部分或全部管理控制权。国际证券投资者，可以是国际金融机构、政府、企业和个人。对于一个国家来说，在国际证券市场买进债券和股票，称为投资，意味着资本流出；反之，在国际证券市场上卖出或发行债券和股票，称为筹资，意味着资本流入。

证券投资的主要特征：① 投资者购买债券和股票，是以获得长期稳定收入为主要目的，包括利息、股息、红利和证券买卖差价收入等；② 在国际证券市场上发行债券，构成发行国的对外债务；③ 国际证券可以随时买卖或转让，具有市场性和流动性。

20世纪60年代中期，由于美国等西方发达国家限制资本外流，国际证券投资受到很大影响。20世纪80年代后，受各种因素的影响，特别是各国对资本流动的管制逐步放松，国际证券市场日趋成熟，金融创新不断，国际投资证券化趋势日趋明显。随着全球证券市场一体化、证券交易自由化、交易手段多样化和交易技术现代化的进程加快，国际证券投资已成为国际间最重要的投资和融资形式之一。

3) 国际贷款

国际贷款(International Loan)又称国际信贷,主要是指一国政府、国际金融组织或国际银行对非居民(包括外国政府、金融机构、公司企业及国际组织等)所进行的期限为一年以上的放款活动。国际贷款体现了国际间的借贷关系,其导致的资本流动对借款国是资本流入,对贷款国是资本流出。

国际贷款的主要特征:① 单纯的借贷货币资本在国际间的转移,不像直接投资那样,涉及在他国设立企业实体或收购企业股权,也不像证券投资那样,涉及证券的发行与买卖;② 贷款收益是利息和有关费用,风险主要由借款者承担;③ 构成借款国的对外债务。

国际贷款的主要类型:政府贷款、国际金融机构贷款和国际银行贷款等。

(1) 政府贷款。它是指各国(地区)政府之间的贷款,即一国政府利用财政或国库资金向另一国政府提供援助性、长期优惠性贷款。例如,发达国家的政府或政府机构,以优惠利率对发展中国家提供的用于经济建设或指定用途的双边贷款,发达国家之间提供帮助扭转国际收支逆差的"互惠借贷",就是条件十分优惠的政府贷款。但是,政府贷款大多附带一些政治条件,如推进民主、控制军备和改变经济政策等等。

(2) 国际金融机构贷款。它是指由一些国家的政府共同投资组建并共同管理的国际金融机构提供的贷款,旨在帮助成员国开发资源、发展经济和平衡国际收支。此类贷款也不以盈利为直接目的,具有援助的性质。主要包括全球性的国际金融机构(IMF、IBRD、IDA 和 IFC 等)和区域性的国际金融机构(IADB、EIB、ADB 和 AFDB 等),对其会员国提供的各种贷款①。

(3) 国际银行贷款。它是指国际商业银行提供的中长期贷款。亦即借款人为支持某一项目,在国际金融市场上向外国银行借入资金。外国银行既包括资金雄厚的大银行,也包括中小银行及银行业金融机构。这种贷款是国际信贷的主要渠道及方式。

4) 国际经济援助

国际经济援助(International Economic Assistance)是指有关国家的官方或非官方经济组织对其他国家,特别是发展中国家的赠与和提供的优惠贷款。二战结束后初期,典型的国际经济援助是 1947~1950 年美国实行的援助欧洲复兴的"马歇尔计划"。从 20 世纪 50 年代开始,国际经济和金融组织转而对众多的发展中国家提供国际经济援助,目前逐渐成为一项国际公认的政策。至于援助的比例,20 世纪 70 年代初联合国大会曾议定应达到各国 GNP 的 1%,其中官方开发援助要达到 0.7%。但在实际中,包括美国等在内的发达国家并没有达到这个要求,相反,进入 20 世纪 80 年代以来,这一比例还有所下降。

---

① 关于国际金融机构贷款的详细内容参见第 12 章(国际金融机构)。

国际经济援助的主要形式:

(1) 官方援助。具体包括官方开发援助(这是主要形式,又分双边援助和多边援助两类)和其他官方资金(由政府支持贴补的出口信贷,以及由国际金融组织和商业银行联合发放的联合贷款)。在官方援助中,国际性组织、地区性机构或某个国家都有国际经济援助专案。受援助国家主要集中于发展中国家,国际经济援助已成为国际社会处理南北关系中的一个重要问题。

(2) 非官方援助。主要指非官方的出口信贷保险机构所支持的出口信贷,私人商业银行对欠发达地区提供的低息贷款以及非营利团体和个人基金会主办的捐赠与资助等。

2. 短期国际资本流动

1) 短期国际资本流动的含义与特征

短期国际资本流动(Short-term International Capital Flows)是指期限为一年或一年以内或即期支付资本的流入与流出。短期资本流动大多借助于短期政府债券、商业票据、银行承兑汇票、银行活期存款凭单、大额可转让定期存单等信用工具,以及电话、电报、电传、传真和网络等现代通信手段。短期资本流动的基本特征:

(1) 复杂性。一是形式和目的复杂多样,如贸易性、金融性、保值性和投机性等资本流动;二是资本流动借用的工具复杂多样,既可包括货币现金和银行活期存款,也包括货币市场上的其他各种信用工具,如各种短期证券和票据等。

(2) 政策性。一方面,短期资本流动工具多属货币或准货币范畴,均构成货币供应量,其流动与变化直接对一国的货币和金融政策产生影响。另一方面,各国政府的系列经济政策如利率、汇率政策对短期国际资本流动的影响很大。某个国家利率相对提高,国际资本就会往该国流动,反之,国际资本会流出该国。此外,如果一个国家没有外汇管制或外汇管制较松,也容易发生短期国际资本流动。

(3) 投机性。这是短期资本流动的一个显著特点。尤其是在浮动汇率制下,短期资本流动具有很强的投机性。这其中的"热钱(hot money)",亦称"游资",即只为追求最高报酬及最低风险而在国际金融市场上迅速流动的短期投机性资金,其投机色彩极为浓厚。

(4) 市场性。即游资真正遵循"市场原则",对利率差异和汇率变化十分敏感,哪里利润高就往哪里流动。就是没有行情,也会人为制造利多利空的消息,哄抬或打压某国或某区域的货币,造成区域或全球范围内劣币(贬值或疲软趋势的货币)追逐良币(升值或坚挺趋势的货币)的资本流动现象。

2) 短期国际资本流动的类型

按照资本流动的不同动机,短期国际资本流动的类型或方式可分为:贸易性资本流动、金融性资本流动、保值性资本流动和投机性资本流动。

(1) 贸易性资本流动。它是指由国际贸易而引起的国际间资本转移。为结清国际贸易往来导致的债权与债务,货币资本就必然从一个国家和地区流向另一个国家和地区,从而形成贸易性资本流动。贸易性资本流动是最为传统的国际资本流动形式。这种资本流动,一般是从商品进口国流向商品出口国,带有明显的不可逆转性。从这个角度看,贸易性资本流动可属于货币资金流动的范畴。当前,随着经济开放程度的提高和国际经济活动的日趋多样化,贸易资本在国际流动资本中的比重已经大为降低。

(2) 金融性资本流动。也称银行资本流动,是指由各国经营外汇的银行等金融机构之间的资金融通而引起的国际间资本转移。这种资本流动主要是为银行等金融机构调剂资金余缺或谋取利润服务的,其形式包括套汇、套利、掉期、头寸调拨以及同业拆借等。因为它的金额大、流动频繁,而且涉及外汇业务,银行资本流动对利率、汇率的短期变动有一定的影响。

(3) 保值性资本流动。又称为"资本外逃"(Capital Flight),是指短期资本的持有者基于安全性与盈利性等方面的考虑,采取各种避免或防止损失措施而引起的国际间资本转移。保值性资本流动产生的主要原因是:国内政局动荡,资本没有安全保障;经济状况恶化,国际收支发生持续性的逆差;外汇汇率波动较大,资本价值面临损失;外汇管制或征税过高,资本的流动性受到威胁等等。

(4) 投机性资本流动。它是指投机者为了赚取投机利润,利用国际金融市场利率、汇率以及黄金、证券等价格波动,进行各种投机活动而引起的国际间资本转移。这种资本流动是以获取差价收益为目的的。这其中的"热钱"更是具有"四高"特征,即高收益性与风险性、高信息化与敏感性、高流动性与短期性以及高虚拟性与投机性。投机性资本流动又有四种具体方式(类型):

▲ 对各国利率差别做出反应的资本流动。即在没有外汇抵补交易下,利用货币谋求更高收益的资本流动。例如,在汇率稳定的前提下,各国政府为了改善国际收支状况而提高贴现率所吸引的短期资本流动,就属此类。

▲ 与暂时性汇率变动有关的投机性资本流动。它包括两种情况:一是一国发生暂时性国际收支逆差引起的汇率暂时性下跌,由于投机者预期到这种货币汇率不久会回升,因此买进该国货币,致使短期资本向该国流动;二是一国发生暂时性顺差,其结果恰好相反,会导致投机资本流出该国。

▲ 与永久性汇率变动有关的投机性资本流动。当预测汇率将有永久性变化时,投机者预期到某种货币汇率会持续下跌时,就会抛售该种货币,造成资本流出;反之,当投机者预期到某种货币汇率会持续上升时,就会买进该种货币,造成资本流入。这种资本流动会加剧国际金融市场的动荡。

▲ 与贸易有关的投机性资本流动。即通常所说的"提前或推迟"收付,即人们认为币值即将调整而加速或延迟外汇抵补交易的过程。具体而言,出口商根据对今后某一特定货币价值的测算,而要求客户尽快支付货款或准许其延迟支付货款。

9.1.3 国际资本流动的根本原因及其影响因素

1. 国际资本流动的根本原因

马克思指出:"如果资本输往国外,那么这种情况之所以发生,并不是因为它在国内已经绝对不能使用,这种情况之所以发生,是因为它在国外能够按更高的利润率来使用"①。二战以来的实践证明,获取高额利润仍然是国际资本流动的内在动力和根本原因,即由于世界经济发展的不平衡性,各国资本的预期收益率必然形成差异,资本的本性——追求利润最大化,驱使它从一国流向另一国。资本的预期收益是资本追逐的目标,因此,资本的预期收益率水平是影响资本流动最基本因素之一。若一国资本的预期收益率高于他国,在其他因素相同的情况下,资本便会从他国流向该国;反之,若一国资本的预期收益率低于他国,且有较大风险,不仅国外资本会从该国抽走,而且本国资本也势必大量外流。

当然,过剩资本(即相对过剩的资本)所追求的不仅仅是较高的收益率,更为重要的是追求利润的最大化。正如马克思所说:"超过一定的界限,利润率低的大资本比利润率高的小资本积累得更迅速。"②二战后,尽管在发展中国家投资的平均收益率要高于在发达国家投资的收益率,但国际资本流动主要是在发达国家之间进行,原因正基于此。

2. 国际资本流动的影响因素

国际资本流动的实质是资本在收益性、安全性和流动性之间的平衡。判断国际资本流动趋势时应考虑长期因素和短期因素。短期国际资本流动与一个国家的财政、货币政策以及国际间的套利投机等因素有关;而影响国际资本的长期因素,则与全球政治、经济以及贸易格局调整有关③。一般认为,追求较高的资本预期收益率,尤其是追逐高额利润是国际资本流动的内在动因。此外,还有一系列因素也对国际资本流动产生重大影响,其中主要的是:

1) 资本供求

供求规律是市场经济运行的主要规律之一。一旦供求失衡,商品和生产要素就会流动,直至达到新的均衡。同时,世界市场的出现,又使得商品和生产要素的流动国际化。资本作为生产要素或一种特殊商品,当然也不能例外。

从国际资本的供给方面看,发达国家的经济发展水平高,资本积累的规模越来越大,但其国内经济增长缓慢,各种经济矛盾不断激化,国内投资场所日益萎缩,投

---

① 马克思. 资本论(第三卷)[M]. 北京:人民出版社,2004:285.
② 马克思. 资本论(第一卷)[M]. 北京:人民出版社,2004:270.
③ 董小君. 准确把握危机后国际资本流动新趋势[N]. 中国经济时报,2017-9-22(005).

资收益逐渐下降,因而出现了大量相对过剩的资本。在这种情况下,过剩的资本就会流向海外投资环境较好的国家,特别是劳动力充裕、自然资源丰富的发展中国家,以谋取高额利润。从国际资本需求方面看,大多数发展中国家的经济落后,储蓄率低,金融市场又不成熟,其国内资金远不能满足经济发展的需要。为解决这一问题,它们不得不以积极的姿态和优惠的待遇引进外国资本,从而形成了对国际资本的巨大需求。资本的大量过剩和巨大需求,是影响国际资本流动的重要因素。

2) 利率与汇率

利率和汇率是市场经济运行中的两大经济杠杆,对国际资本流动的方向和规模有十分重要的影响。

利率水平的高低在很大程度上决定了金融资产的收益水平,进而作用于国际间的资本流动。出于对利润的渴望,资本多是从利率较低的国家流向利率较高的国家,直至国际间的利率大体相同时才会停止。当前,国际利率差异主要表现为各国国内金融市场利率与欧洲货币市场利率的差异,当国内金融市场利率高于欧洲货币市场利率时,欧洲货币市场上的资本就会流向国内;反之,国内金融市场上的资本就会流向国外。当然,由国际利率差异引起的资本流动并不是无条件的,它还受到货币的可兑换性、金融管制和经济政策目标等因素的制约。

汇率制度及汇率的变化也会引起国际资本流动,尤其 20 世纪 70 年代以来,随着浮动汇率制度的普遍建立,主要国家货币汇率经常波动,且幅度大。具体而言,汇率的高低与变化通过改变资本的相对价值,对国际资本流动产生影响。如果一国的货币贬值,以该国货币表示的金融资产价值就会下降;反之,如果一国的货币升值,以该国货币表示的金融资产价值就会上升。为避免贬值造成的损失,或获取升值带来的收益,在汇率不稳定时,投资者将根据自己的汇率预期,把手中的金融资产从一种货币形式转换成另一种货币形式,进而导致资本从一个国家转移到另一国家。

在一般情况下,利率与汇率呈正相关关系,它们往往分别或共同促使资本在国际间流动。若一国利率提高,会引起国际短期资本内流,从而使本币汇率上升;反之,一国利率降低,则会引起该国短期资本外流,从而使本币汇率下降。

3) 经济政策

一国政府为引导和协调国民经济发展所制定的经济政策(主要包括外资政策、外汇政策、财政政策、货币政策等)对国际资本流动的影响也很大。例如,为克服国内资金短缺的困难,政府会制定出一系列优惠政策来吸引外国资本;当国际收支出现逆差时,政府会引导资本输入,暂时改善国际收支状况;为刺激国内经济发展,政府可能实行赤字预算和通胀政策,而财政赤字和通胀也会引起国际资本流动;为调节国际资本流动的方向和规模,政府可采取或松或紧的外汇管制,并制定出国内外的投资政策和指南等。特别在世界经济不景气或国际经济关系不稳定时期,各国经济政策对国际资本流动产生的影响更为重要。

4) 风险防范

在现实经济生活中,由于市场的缺陷和各种消极因素的存在,造成投资者经济损失的风险随时可能出现。这种风险,除表现为利率和汇率变化可能导致资本价值减少外,还大量地表现为政治局势不稳定、法律不健全、民族主义情绪高涨、战争爆发、通胀加剧和经济状况恶化等对资本的安全和价值造成的不利影响。为规避风险,大量资本从高风险的国家和地区转向低风险的国家和地区。目前,发达国家之间的资本流动规模扩大,就是出于这方面的考虑。同时,从投资策略上看,为降低风险可能造成的损失,不仅要求投资分散于国内不同的行业,而且要求投资分散于不同的国家。因为投资者可以利用行业乃至国家之间的差异以丰补欠,保证投资收益的稳定性,从而使投资者面临的总体风险相对小些。

5) 恶性投机

这里所谓恶性投机,包含两种含义:① 投机者基于对市场走势的判断,纯粹以追逐利润为目的,刻意打压某种货币而抢购另一种货币的行为。这种行为的普遍发生,毫无疑问会导致有关国家货币汇率的大起大落,进而加剧投机,汇率进一步动荡,形成恶性循环,投机者则在"乱"中牟利。这是一种以经济利益为目的的恶性投机。② 投机者不是以追求盈利为目的,而是基于某种政治理念或对某种社会制度的偏见,动用大规模资金对某国货币进行刻意打压,由此阻碍、破坏该国经济的正常发展。但无论哪种投机,都会导致资本的大规模外逃,并会导致该国经济的衰退,如1997年7月爆发的东南亚货币金融危机等。一国(地区)经济状况恶化,多会引起国际炒家恶性炒作,其结果是汇市股市暴跌、资本加速外逃,进而引发政府官员下台,一国(地区)经济衰退,这几乎已成为当代国际货币及金融危机的常见模式。

除了上述影响国际资本流动的各类因素之外,宏观而言,世界制造业中心的转移与变迁(18~19世纪的英国、二战前的美国、20世纪50~60年代的日本和德国以及20世纪末的中国)、国际货币体系的演变(从一战前盛行的金本位制度、二战后形成的布雷顿森林体系到现行的牙买加体系)、超大型区域集团联盟(如欧盟、北美自由贸易区、东盟自由贸易区、亚太经合组织等)的形成以及跨国公司的主体作用等,均对国际资本流动规模、流向等产生了重大影响。微观而言,对不同国家(地区)经济增长的预期以及交易成本等也是重要的影响因素。如对一国的经济增长预期高,则意味着投资预期收益率高,境外资本就会不断流入该国;反之,如果预期低,则该国资本就会大量流出。如与以往及他国相比,一国的各类交易成本降低(或交易便利化程度提高),则境外资本就会不断流入该国;反之,如果交易成本增加,则该国资本就可能会大量流出。

9.2 国际资本流动的影响及控制

20世纪70年代以后,特别是进入21世纪以来,随着全球经济及金融一体化、国际化的发展,国际资本流动出现了一些新的变化,并对各国经济乃至世界经济产生了巨大影响。因而,无论是各国政府,还是国际社会,都对国际间的资本流动表现出了极大的关注,并就资本流动带来的负面影响加以控制和管理。

9.2.1 20世纪70年代以来国际资本流动概况

从历史上看,自19世纪以来,国际资本流动格局发生了多次变化,每次变化都对世界经济及政治格局产生了重大影响。在金本位盛行的19世纪末和20世纪初,国际资本流动得到迅猛发展。随后的两次世界大战之间,由于各国实施严格的资本管制,国际资本流动陷入低迷期。二战结束后的布雷顿森林体系期间,各国逐步放松资本管制,国际资本流动虽然逐步恢复,但增长相对缓慢。牙买加体系形成以来,国际资本流动在曲折波动中向前推进。20世纪90年代,特别是进入新世纪以来,国际资本流动进入一个新的黄金发展时期,资本流动规模及活跃度达到空前高度,同时,国际资本流动格局(结构)也发生巨大的变化。

1. 资本流动的总量及规模

20世纪70年代开始,全球金融市场在稳定中发展,资本流动规模及流动性稳步提升,70年代"石油美元"的出现也大大促进了国际资本流动。进入20世纪80年代后,随着东西方冷战的结束,各国之间的竞争转变为以经济实力为核心的综合国力的竞争。各国为适应新的形势不断调整对外政策,国家之间的相互依赖日益加深,国际资本市场全面复兴。虽然20世纪80年中期的拉美债务危机使得国际资本流动有所减弱,但由于世界经济总体保持平稳发展,金融及外贸开放度不断提高,因此,国际资本流动很快恢复。

进入21世纪以来,伴随着美国次贷危机(以下简称"次贷危机")以及欧债危机的爆发,国际资本流动出现了剧烈的波动。根据麦肯锡的有关统计,次贷危机爆发之前的2007年,全球国际资本流动的规模达到历史高点,年资本流动总规模高达12.4万亿美元。在次贷危机的冲击之下,全球国际资本流动规模从高位大幅回落。2009年全球资本流动规模达到低点,略超2万亿美元。此后在2010年虽低位反弹至6.4万亿美元,但其后在欧债危机的负面影响下再次一蹶不振,直到2016年,全球国际资本流动的规模约为4.3万亿美元,是2007年高点水平的三分之一[①]。

2. 资本流动的方式结构

就国际资本流动的方式或形式来看,一战前的国际资本流动主要以证券投资和政府贷款为主。两次世界大战期间,FDI与证券投资存在此消彼长的关系。二战结束后的很长一段时期内,国际资本流动的主要形式是大规模的国际援助以及逐渐复

---

① 谢亚轩. 国际资本流动的新趋势[J]. 中国外汇,2017(19).

兴的 FDI。20世纪70年代以来，FDI逐步成为国际资本流动的主要形式，且增长相对平稳（波幅较小），但债务性质的资本流动，特别是证券投资出现大起大落的现象。

1) FDI在曲折波动中迅猛发展，并购投资风起云涌

在国际市场竞争日益激烈、全球经济一体化浪潮汹涌澎湃的当今世界，FDI增长很快，其平均速度不仅超过各国工业生产的平均增长速度，而且超过世界贸易的平均增长速度。1971～1990年间FDI净流入占国际私人资本流动的比重年均为85.8%，而且其发展比较稳定，整体处于上升趋势[①]。根据联合国贸发会议（UNCTAD）《世界投资报告》（WIR）的统计数据[②]，1986～1990年、1991～1995年、1996～2000年，FDI流入量年均增长分别达23%、22%和36.7%。进入21世纪以来，FDI流入量波动较大，个别年份甚至出现大幅下滑的现象。2001～2005年年均仅增长5.5%，2006、2007年增速分别达到47.2%和35.3%；但随着全球金融和经济危机的加剧，2008及2009年，全球FDI流入量却先后下降了21.5%和20.6%；2010及2011年才开始缓慢回升，分别增长16.3%和15.0%。

年度流量数据显示，全球FDI流入量从1982年的570亿美元快速增长至2000年的13603亿美元，2007年更是达到了19092亿美元的历史最高水平，2016年回落至17464亿美元；同期FDI流出量分别为370亿美元、11650亿美元、19970亿美元和14525亿美元。年末存量数据显示，截至1982年，全球FDI流入额为7190亿美元，2000年为74896亿美元，2016年这一数字已达267283亿美元；同期流出额分别为5680亿美元、74605亿美元和261597亿美元（见表9.1）。

表9.1 1982～2016年FDI流入、流出规模情况（单位：亿美元）

项目	年份	1982	1990	2000	2005	2007	2010	2015	2016
流入额	流量	570	2049	13603	9585	19092	13838	17740	17464
	存量	7190	21970	74896	114409	179554	202449	251906	267283
流出额	流量	370	2439	11650	8411	21766	13861	15943	14525
	存量	5680	22539	74605	119025	186403	209392	249252	261597

注：表中数据为每年4月份的日均交易量。
资料来源：UNCTAD. WIR(2001)，WIR(2017)（附表数据，经整理）。

20世纪90年代以前，FDI方式（形式）以绿地投资为主，跨境并购在FDI中所占的比重并不高。进入20世纪90年代以来，跨境并购投资日趋盛行、风起云涌，但起伏较大，呈周期性波动态势。

从交易规模及增速来看，1991～1995年、1996～2000年，跨境并购流量年均增

---

① 刘健.国际资本流动格局的发展演变及启示[J].西南金融，2015(4).
② 参见：UNCTAD. WIR(2001)[Z]. WIR(2017)[Z]. （经整理）.

长分别达 16.9% 和 61.9%。2000 年跨境并购交易额达 9597 亿美元,其在 FDI 流入额的比重达 70.55%。21 世纪初,跨境并购有所减缓,2001~2005 年年均仅增长 5.5%,部分年份甚至出现大幅下降的现象(如 2001~2003 年分别下跌 55%、43.5% 和 32.1%)。2003 年跨境并购交易额降到 1654 亿美元,其在 FDI 流入额的比重跌至 29.6。然而 2005 及 2007 年,跨境并购交易额又出现快速反弹,增速分别达到 169.4% 和 66.6%。2007 年跨境并购交易额达到了创纪录的 10327 亿美元,其在 FDI 流入额的比重再次回升至 54.1%。

随着全球金融危机的爆发和加剧,2008~2009 年跨国并购交易额又先后下跌了 40.2% 和 53.4%。2009 年跨境并购交易额下降至 2876 亿美元,其在 FDI 流入额的比重跌至 24.2%。随后的 2010~2011 年,跨境并购交易额又分别出现了 20.7% 和 59.5% 的大幅增长。2012~2013 年,跨境并购交易额再次下跌。2013 年跨境并购交易额降至 2625 亿美元,其在 FDI 流入额的比重跌至 18.2% 的历史性低点。2014 年以来,跨境并购交易额又现了快速增长,其在 FDI 流入量中的比重也迅速回升,2016 年占比近 50%(见表 9.2)。

表 9.2 1990~2016 年全球跨境并购与绿地投资额及其占 FDI 流入、流出额比重

年份	跨国并购			绿地投资		
	金额(亿美元)	占 FDI 流入额比重(%)	占 FDI 流出额比重(%)	金额(亿美元)	占 FDI 流入额比重(%)	占 FDI 流出额比重(%)
1990	980.50	47.85	40.20	—	—	—
1995	1099.38	32.19	30.80	—	—	—
2000	9596.81	70.55	82.38	—	—	—
2003	1654.25	29.60	30.76	7194.00	128.73	133.75
2005	5350.35	55.82	63.61	6326.18	66.00	75.21
2007	10326.89	54.08	47.45	8045.33	42.14	36.96
2008	6176.49	41.19	35.96	12943.22	86.34	75.36
2009	2876.17	24.17	26.10	9581.30	80.51	86.93
2010	3470.94	25.08	25.04	8189.74	59.18	59.09
2011	5534.42	34.78	35.12	8671.92	54.50	55.02
2012	3282.24	20.61	23.64	6450.02	40.50	46.45
2013	2625.17	18.19	18.76	8266.50	57.28	59.07
2014	4281.27	34.98	34.16	7213.20	54.49	57.56
2015	7531.26	42.45	47.24	7728.66	43.57	48.48
2016	8686.47	49.77	59.81	8276.70	47.39	56.98

资料来源:UNCTAD. WIR(2017)[Z].(附表数据,经整理).

2) 国际证券投资发展较快,但波动剧烈

国际证券投资是一种传统的国际投资方式,曾有过辉煌的发展历史。如一战前的1913年,占全球对外投资一半份额的英国,其对外证券投资占比70.5%;1914年世界对外投资总额410亿美元中,FDI仅占10%;1920年,美、法、德、荷等主要投资国的对外投资也均以间接投资为主,这种情况一直延续到两次世界大战之间。二战后,情况发生了巨大变化。1945~1985年的40年间,FDI在整个国际投资所占比重不断上升,并成为国际资本流动的主要特点之一。比较而言,这一时期的国际证券投资发展缓慢。

然而,自20世纪80年代后半期起,FDI的增速明显回落,而国际证券投资的增速加快。据OECD统计,国际资本市场债券发行量1981年为528亿美元,1989年达2500亿美元,年均递增18.9%。据IMF统计,1992年全球证券市场资产存量达9.87万亿美元,远超当年FDI总存量2.1万亿美元左右的规模[①],证券投资和其他投资成为国际资本流动的主导形式。与此同时,在国际金融市场上,证券融资取代国际银行贷款,成为占主要地位的融资方式(见表9.3)。

表9.3 1975~1994年国际金融市场融资结构

年 份	1975	1980	1985	1989	1994
融资总额(亿美元)	585	1880	2330	2485	4741
国际债券融资占比(%)	32.0	15.0	55.9	61.0	62.0
国际信贷融资占比(%)	68.0	85.0	44.1	39.0	38.0

资料来源:左柏云.国际证券投资发展的新特点[J].世界经济,1997(1).

据WB统计数据,1973~1981年间,国际资本流动中FDI占比16.8%,1990~1997年间该比重大幅度上升至50.3%;同期,国际证券投资(含债券和股票)占比由3.8%增至31.6%,国际银行贷款占比则由63.9%降至11.7%,其他投资形式占比由15.5%降至6.4%。

进入21世纪以来,随着新兴市场资本管制的放开和金融市场国际化的发展,发达国家国际信贷及证券投资的规模远超FDI的规模,国际资本流动中的证券投资尽管波动较大,但占比又呈现上升趋势。据IMF相关报告数据,2007~2014年,在国际资本流动(含流入及流出)结构中,证券投资占比尽管波动较大,但是该比重仍由2007年(次贷危机前)的24.74%提高至2014年的44.96%(见表9.4)。

---

① 肖海泉.国际证券投资十大新趋势[J].经济学动态,1997(4).

表 9.4　2007～2014 年国际资本流动(含流入和流出)结构状况

	2007	2008	2009	2010	2011	2012	2013	2014
直接投资(%)	27.22	87.93	66.06	31.00	45.23	47.21	49.84	30.69
证券投资(%)	24.74	10.24	88.30	28.34	10.17	38.30	35.85	44.96
其他投资(%)	42.87	−13.16	−77.06	31.64	35.33	7.19	7.05	22.39
储备资产(%)	5.22	14.99	22.48	9.02	9.37	7.30	7.25	1.96

资料来源:IMF,经整理。

从过去的历史经验看,股权性质的资本流动(如 FDI 等)波动性较低,稳定性较强;而债务性质的资本流动(如证券投资、国际信贷等)波动性高,起落不定,稳定性低。如次贷危机前的 2000 年至 2007 年,债务性质的国际资本流动在资本流动总规模中的占比平均高达 64%。危机爆发后,其规模显著下降,从 2007 年高点时的近 8 万亿美元下降到 2015 年低点时的 1 万亿美元左右。次贷危机以来,其在国际资本流动总额中的占比下降至 31%,不到危机前的一半。从结构上来看,债务性质国际资本流动的大幅显著回落是危机后全球国际资本流动活跃度远低于危机前的重要原因[1]。

3. 资本流向的区域结构

1) 资本流向具有明显的周期性

从国际资本流向来看,一战之前,主要工业国(如英、法、德等国)的资本输出大都流向相对发达国家(如欧洲、北美)及其附属国或殖民地(如拉美和大洋洲);两次世界大战之间,国际资本主要流向欠发达国家;二战后的一段时期,主要发达国家基于不同目的进行资本输出,且多通过经济援助的方式开展,但资本流向有所不同。如美国的官方资本主要通过"马歇尔计划"流向了欧洲和日本等发达国家,英国、日本和前联邦德国等的对外援助资本主要流向了发展中国家。

20 世纪 70 年代以来,国际资本流动具有明显的周期性特点。根据 WIR 统计数据分析,国际资本流动从最初在主要发达经济体间流动,到加速流向发展中国家,再到回流至发达国家等演变阶段,即美欧资本对流阶段(1970～1980 年)、美日欧"三元对外投资"阶段(1980～1991 年)、加速流向发展中国家阶段(1992～2014 年)和回流发达国家阶段(2015 年至今)[2]。

从 FDI 流量来看,1990 年流向发达经济体的直接投资额占比 83.06%,2000 年微降至 82.37%,2010 年大幅度降至 48.96%,2016 年又增至 59.12%。而流向

---

[1] 谢亚轩.国际资本流动的新趋势[J].中国外汇,2017(19).

[2] 参见:董小君、蒋伟.准确把握危机后国际资本流动新趋势[N].中国经济时报,2017-9-22(005).

发展中及新兴经济体的资本不仅总量快速增长,而且其在 FDI 流入额中的比重也不断提高。1990 年流入发展中经济体直接投资额 346 亿美元(占比 16.91%),2010 年增至 6427 亿美元(占比达 46.44%)。但是,近年来流入发展中经济体 FDI 金额占比却出现下降趋势,2016 年这一比重降为 37%(见表 9.5)。就单个国家(地区)来看,2016 年 FDI 流入额前 5 位东道经济体依次是美国、英国、中国、中国香港和荷兰(见表 9.6)。

表 9.5 1990～2016 年(末)按区域列出的 FDI 流入结构

地区	流量				存量			
	1990	2000	2010	2016	1990	2000	2010	2016
发达经济体(%)	83.06	82.37	48.96	59.12	76.81	77.00	66.41	63.30
发展中经济体(%)	16.91	17.19	46.44	37.00	23.19	22.29	30.15	33.96
转型经济体(%)	0.03	0.43	4.60	3.89	0.00	0.71	3.45	2.74

资料来源:UNCTAD. WIR(2017)[Z].(附表数据,经整理).

表 9.6 2016 年(末)FDI 流入额前 10 位东道经济体(单位:亿美元)

流量				存量			
排名	东道经济体	金额	占比(%)	排名	东道经济体	金额	占比(%)
1	美国	3911	22.39	1	美国	63913	23.91
2	英国	2538	14.53	2	中国香港	15908	5.95
3	中国	1337	7.66	3	中国	13544	5.07
4	中国香港	1081	6.19	4	英国	11965	4.48
5	荷兰	920	5.27	5	新加坡	10963	4.10
6	新加坡	616	3.53	6	加拿大	9561	3.58
7	巴西	587	3.36	7	爱尔兰	8396	3.14
8	澳大利亚	482	2.76	8	荷兰	8011	3.00
9	印度	445	2.55	9	瑞士	7931	2.97
10	俄罗斯联邦	377	2.16	10	德国	7710	2.88
合计		12294	70.40	合计		157902	59.08

资料来源:UNCTAD. WIR(2017)[Z].(附表数据,经整理).

从 FDI 存量来看,20 世纪 90 年代,发达经济体 FDI 流入额全球占比多在 75% 以上。如 1990 年、1995 年和 1999 年,分别为 76.8%、76.0% 和 77.7%;同期发展中经济体 FDI 流入额占比分别为 23.2%、23.7% 和 21.7%[1]。但进入 21 世纪以

---

[1] UNCTAD. WIR(2017)[Z].

来,发达经济体 FDI 流入额占比呈下降趋势,由 2000 年末占比 77% 降至 2016 年末的 63.3%;同期发展中经济体 FDI 流入额占比则由 22.29% 升至 33.96%(见表 9.5)。就单个国家(地区)而言,截至 2016 年末,FDI 流入额前 5 位依次是美国、中国香港、中国、英国和新加坡(见表 9.6)。

2) 不同经济体之间出现"双向资本流动"现象

20 世纪 90 年代及以后,特别是进入新世纪以来,不同经济体的资本流动类型出现了较大差异。发达经济体的资本输出主要是高风险、高收益的 FDI,而其吸收的资本却主要是低风险、低收益的政府债券等金融资本;而新兴及发展中经济体却恰好相反,其对外投资主要是以购买美国等发达经济体政府和机构债券的形式存在,收益相对较低,甚至无收益,而其吸收的资本却主要是 FDI。从而形成了 FDI 与金融资本在不同经济体之间的"双向流动"现象。换言之,从国际资本的流向看,直接投资和证券投资呈现流向相反的现象。在 FDI 领域,资本的流向是从发达经济体流向新兴经济体,但间接投资却相反,即从新兴经济体流向发达经济体的趋势愈加明显[①]。

根据 WB 及 IMF 的统计数据,2009~2011 年,美国、欧元区等发达经济体的 FDI 净值占世界 GDP 的比重为 3% 左右,而新兴及发展中经济体的 FDI 净值占世界 GDP 的比重则为 -5% 左右;同时,新兴及发展中经济体的债务和外汇投资净值占世界 GDP 的比重则为 10% 左右,美国和欧元区则分别为 -11% 和 -4% 左右。这意味着新兴及发展中经济体一方面是 FDI 的净流入国,另一方面却又是债务和外汇资本的净流出国,发达经济体却恰好相反,而且随着全球金融一体化进程的加快,这种"双向资本流动"现象也越来越突出[②]。

4. 资本来源的区域结构

历史上看,19 世纪至 20 世纪初,英国是世界经济的中心,相应的在国际资本流动中处于核心地位。一战前,英国是当时全球最大的资本输出国,其对外投资占全球的比重最高时达到 80% 左右。两次世界大战使英国元气大伤,而美国则迅速成为全球头号强国,国际资本流动也形成了以美国为中心的资本流动。1945 年,美国已超过英国成为全球最大的资本输出国。到 20 世纪 60 年代,美国的海外投资占全球海外投资总量的比重高达 51%,甚至更多。随后,随着西欧及日本等对外投资的发展,美国所占比重有所下降,但仍占主导地位。

20 世纪 80 年代后,各国经济得到不同程度的发展,国际市场竞争不断加剧,对外投资在涉外经济中的地位逐步提高,资本来源区域明显地呈现出多元化趋势。越来越多的国家和地区参与对外投资活动,打破了战后由少数几个发达国家垄断

---

① 傅钧文. 国际资本流动的新特征及其影响[J]. 世界经济研究,2012(12).
② 刘健. 国际资本流动格局的发展演变及启示[J]. 西南金融,2015(4).

对外投资领域的局面。进入 21 世纪以来,随着新兴及发展中经济体在世界经济中地位的凸显,其在国际资本流动中扮演着越来越重要的角色,但由于金融体系和金融市场的发展严重滞后于经济发展。因此,国际资本流动表现出新兴经济体对外输出金融资本,同时吸收 FDI,而发达经济体却恰好相反的国际资本流动新格局。

从流量上看,发展中经济体 FDI 流出额 1990 年占比仅为 5.38%,2010 年占比增至 26.97%,2016 年该比重为 26.4%。然而,作为一个整体,近 20 年来,发达经济体在 FDI 中的比重尽管出现较大降幅,但依然占据绝对优势。如 1990 年发达经济体 FDI 流出额占比达 94.62%,2016 年该比重仍高达 71.87%(见表 9.7)。就单个国家(地区)来看,2016 年 FDI 流出额前 10 位经济母体中,发达经济母体就占了 8 位,另外两个分别是中国内地和中国香港地区(见表 9.8)。

表 9.7 1990~2016 年(末)按区域列出的 FDI 流出结构

地 区	流 量				存 量			
	1990	2000	2010	2016	1990	2000	2010	2016
发达经济体(%)	94.62	92.00	69.38	71.87	93.82	89.80	83.84	76.31
发展中经济体(%)	5.38	7.73	26.97	26.40	6.18	9.94	14.39	22.20
转型经济体(%)	—	0.27	3.64	1.73	—	0.26	1.76	1.49

资料来源:UNCTAD. WIR(2017)[Z].(附表数据,经整理).

表 9.8 2016 年(末)FDI 流出额前 10 位经济母体(单位:亿美元)

流 量				存 量			
排名	经济母体	金 额	占比(%)	排名	经济母体	金 额	占比(%)
1	美国	2990	20.59	1	美国	63838	24.40
2	中国	1831	12.61	2	中国香港	15279	5.84
3	荷兰	1737	11.96	3	英国	14439	5.52
4	日本	1452	10.00	4	日本	14007	5.35
5	加拿大	664	4.57	5	德国	13654	5.22
6	中国香港	625	4.30	6	中国	12810	4.90
7	法国	573	3.95	7	法国	12594	4.81
8	爱尔兰	445	3.07	8	荷兰	12560	4.80
9	西班牙	418	2.88	9	加拿大	12200	4.66
10	德国	346	2.38	10	瑞士	11309	4.32
合计		11081	76.29	合计		182690	69.84

资料来源:UNCTAD. WIR(2017)[Z].(附表数据,经整理).

从存量来看,20世纪90年代,发达经济体FDI流出额全球占比缓慢下降,但多在90%以上。如1990年、1995年和1999年,分别为93.8%、92.1%和90.6%;同期发展中经济体FDI流出额占比分别为6.2%、7.8%和9.2%[①]。进入21世纪以来,发达经济体FDI流出额占比下降趋势较为明显,由2000年末占比89.8%降至2016年末的76.31%;同期发展中经济体FDI流出额占比则由9.94%上升至22.2%(见表9.7)。就单个国家(地区)而言,截至2016年末FDI流出额前5位依次是美国、中国香港、英国、日本和德国(见表9.8),中国位居第6位。

5. 资本投向的产业结构

纵观国际资本流动的历史与现实情况,资本投向产业结构不断地发生变化,这是世界产业结构演进和国际分工深化等内力合成的必然趋势。历史上看,1914年之前的国际资本主要流向铁路和公用事业(如电力、水力、轨道交通和矿藏)。两次世界大战之间及二战后一段时期,国际资本主要流向采掘业和制造业。

20世纪70年代以后,世界各国特别是发达经济体的服务业发展迅速,其产值在GDP中占比不断上升。与此相适应,国际资本流动(特别是FDI)也逐渐向该产业倾斜。从FDI来看,1970年发达经济体FDI的分布是初级部门120亿美元(占比为16.4%)、制造业440亿美元(占比为60.3%)和服务业170亿美元(占比为23.3%),到1990年分别为940亿美元(占比为9.1%)、4390亿美元(占比为42.5%)和4990亿美元(占比为48.4%)。

20世纪90年代及以后,特别是进入新世纪以来,发达经济体对国外服务业的投资占其FDI总额多在50%或以上,主要原因是各国奉行开放政策,服务业在各国GDP中的地位进一步上升,外国资本特别是跨国公司资本迅速扩充了在服务业的直接投资。除了金融、保险、旅游、咨询、电讯、信息外,房地产和建筑项目日益成为国际投资的新领域。当然,这种倾向主要发生在发达经济体之间的相互投资及发达经济体对新兴经济体的投资,对于大多数发展中经济体而言,外资流向仍偏重于劳动密集型行业。

尽管21世纪前10年,FDI行业流向出现了新的变化,初级部门及制造业占比均有所回升,服务业占比有所下降。流向服务业的FDI资本占比由次贷危机前的2003~2007年平均48.94%降至2011年的39.19%。但2012年以来流向服务业的FDI流量又稳步回升,占比多在50%上下(见表9.9)。从存量来看,截至2014年,全球FDI存量中,服务行业占有绝对优势,占比为64%,制造业占27%,初级产

---

① UNCTAD. WIR(2017)[Z].

业仅占 7%；截至 2015 年，占比分别为 65%、26% 和 6%，服务业占比进一步提高①。

表 9.9　2003～2016 年 FDI 行业分布情况

年　份	2003—2007 平均	2008	2009	2010	2011	2012	2013	2014	2015	2016
初级部门(%)	9.76	11.69	13.49	11.68	15.89	7.78	2.32	6.91	4.59	8.08
制造业(%)	41.30	36.96	36.70	47.72	44.92	42.54	42.18	44.28	47.33	40.97
服务业(%)	48.94	51.34	49.81	40.60	39.19	49.67	55.50	48.81	48.08	50.95

注：表中数据为直接外资项目数据(仅指跨国并购和绿地投资)的行业结构。
资料来源. UNCTAD. WIR(2017)[Z]. (附表数据，经整理).

6. 资本流动的主体结构

按照 WB 的划分标准，国际资本流动分为官方发展援助和外国私人资本两种形式。一战前占主导地位的是私人股票、债券的证券投资。两次世界大战之间，政府借贷取代了私人借贷。二战后相当长的一段时期中，国际资本的流动曾以包括各国政府和国际经济组织在内的官方资本占据主导地位。20 世纪 90 年代以来，以跨国公司(MNEs)及机构投资者(如共同基金、对冲基金、养老基金、保险基金、投资银行、商业银行等)为主体的私人资本流动得到了迅速的发展，并逐渐取得了国际资本流动的主导地位。这其中，跨国公司的主体作用尤为突出。

跨国公司是 19 世纪 60～70 年代产生的一种以全球市场为投资和经营目标的集团企业形态，是资本主义高度发展及其进行海外投资的产物。当代国际资本流动，尤其 FDI 的主角是跨国公司。跨国公司拥有巨额的资本、庞大的生产规模、先进的科学技术、全球的经营战略、现代化的管理手段以及世界性的销售网络，其触角遍及全球各个市场，成为世界经济增长的引擎，对"无国界经济"的发展起着重大的推动作用。

UNCTAD WIR(2017)数据显示，全球跨国公司海外分公司的国际生产活动仍在扩张，但近年来放慢了速度。海外分公司的销售额、增加值和就业率过去五年(2012～2016 年)的平均增长率(分别为 7.3%、4.9%、4.9%)均低于 2010 年以前的同期(分别为 9.7%、10.7%、7.6%)。2016 年，跨国公司外国分公司(附属机构)

---

① 2014、2015 年的存量数据分别来自 2016 年和 2017 年的 UNCTAD. WIR。需要说明的是，根据 WIR(2017)的解释，服务业 FDI 有很大一部分涉及的是初级部门产业的分公司和从事类似服务活动的制造业跨国公司，包括总部或后勤职能部门、金融控股公司、采购或物流枢纽、分销服务以及研发部门。在部门性 FDI 数据中，此类活动默认类别为服务业。所以，服务业 FDI 可能被高估了三分之一。

在全球的销售额和增加值分别达到了37.57万亿美元和8.355万亿美元;其出口额达6.812万亿美元,约占全球出口总额的三分之一;其总资产达112.833万亿美元,约为当年全球GDP的1.5倍;这些机构雇佣的员工总数达8214万人。

值得一提的是,近年来,国有跨国公司(SO-MNEs)在全球经济中的作用不断扩大。2016年末,全球大约有1500家国有跨国公司,仅占全球跨国公司的1.5%,但它们拥有86000多家海外分公司,相当于全球总数的10%。国有跨国公司公布的绿地投资在2016年占全球总数的11%,高于2010年的8%。它们的总部分布广泛,半数以上在发展中经济体,近1/3在欧盟。中国拥有的国有跨国企业数量最多(占全球的18%),其次是马来西亚(5%)和印度(4%)。

9.2.2 国际资本流动对经济的影响

如前所述,国际资本流动已成为世界经济发展的主要推动力。因此,不论是长期资本流动还是短期资本流动,它们都将对资本输出国、资本输入国乃至整个世界经济等诸多方面产生深刻的影响。

1. 长期资本流动对经济的影响

长期资本流动对经济的长期稳定和持续发展有较大的影响,既有正面的积极作用,也有负面的消极影响。

1) 对资本输出国经济的影响

长期资本流动对资本输出国经济的积极作用主要表现为:

(1) 提高资本的边际效益。长期资本输出国大多是生产力发达、国内市场竞争激烈、资本相对过剩的国家或地区。在这些国家,资本的边际效益递减,新增投资的预期利润率较低,如果将此类资本转移到资本短缺或投资机会较多的国家和地区,就能够提高资本使用的边际效益,增加投资的总收益,为资本输出国带来更多的利润。

(2) 带动商品的对外出口。长期资本流动(尤其是FDI)不是单一的货币资本流动,而是包括货币资本、技术装备和管理经验等在内的生产要素总体转移。例如,到国外去投资办厂不仅需要投入货币资本,而且需要投入工艺技术、生产设备和专家服务等。又例如,对外贷款,特别是出口信贷,往往是与购买本国产品相联系的。因此,长期资本输出有助于扩大输出国的出口规模,推动国内经济的发展。

(3) 跨越贸易的主要壁垒。随着国际市场竞争加剧,贸易保护主义倾向日趋明显,贸易摩擦日益增多,严重地威胁了许多国家,特别是出口导向国家的海外市场份额。向国外输出长期资本,是跨越贸易壁垒,维持和扩大海外市场份额的有效途径。20世纪80年代后,日本、韩国等国家加大对欧洲、北美国家的长期投资,其目的就是为了规避美国的贸易制裁和欧盟的共同关税壁垒,并谋求当地的国民待遇,就近向那里的市场扩张。

(4) 提高本国的国际地位。在当今世界，一个国家在国际社会中的地位越来越取决于该国的经济实力及影响力。向国外输出长期资本，既可增强输出国的经济实力，又能直接影响输入国的经济、政治，甚至整个社会生活，从而有利于提高输出国的国际地位。日本、德国之所以成为世界上最重要的国家之一，这是与其庞大的资本输出不无关系的。进入 21 世纪以来，中国在全球的影响力及国际地位不断上升，这也与中国对外投资快速增长有着重要关系。

长期资本流动对资本输出国也有消极的影响，主要是：

(1) 妨碍国内的经济发展。任何国家的资本都是有限的，如果长期资本输出过多，就可能会削弱输出国的国内投资项目和生产部门的资金供给能力，导致国内投资萎缩，就业机会减少，财政收入降低，甚至引起经济衰退和社会动乱。

(2) 面临较大的投资风险。海外各国和地区的政治、经济、法律、文化等环境因素十分复杂，且有的可能与国内的环境因素相差甚远。因此，长期资本输出就会面临较大的风险。例如，资本输入国发生政变、爆发内战、实施不利于外资的法令和陷入债务危机等，都可能降低输出资本的安全性，减少输出资本的实际价值和收益。

(3) 增加潜在的竞争对手。长期资本流动把大量资金、先进技术装备和现代管理方法带进资本输入国，这对促进输入国民族经济及产业的发展，提高其产品的国际竞争力是有益处的。一旦资本输入国的经济发展起来，产品竞争能力得到提高，它们就可能与资本输出国及其产品在国内外市场上展开竞争，甚至取而代之。日本和亚洲其他新兴经济体昔日积极引进外资，今日成为欧美主要发达国家的强劲对手，就是典型的例证。

2) 对资本输入国经济的影响

长期资本流动对资本输入国经济会产生积极的作用，主要表现为：

(1) 弥补投资的资金缺口。由于经济发展水平低、居民储蓄率不高和其他原因，资金短缺往往是许多发展中国家经济发展中的主要困难。通过输入外国资本，可以在短期内获得大量的资金，既可缓解资金供不应求的矛盾，又能加大经济建设中的资金投入，从而促进经济的发展。例如改革开放后的中国，通过大力引进外资，从而弥补了国内建设资金的不足，促进了国内经济的蓬勃向上。

(2) 提高工业化水平。一国工业化水平的高低，主要体现在产业结构和技术装备两个方面。境外资本流向的行业结构变化，重点从传统的种植业和采掘业，转向制造业及近年来的服务业等行业，在很大程度上推动了输入国的产业结构升级。同时，资本输出国为充分吸取新技术、新工艺和新产品所能带来的利润，或迎合输入国对外来资本的此类偏好，往往以技术入股或转让等方式向输入国提供比较先进的技术、工艺和产品，这能够改善输入国的技术装备状况。日本在 20 世纪 60 年代后迅速加快工业化的进程，就是与产业倾斜和高技术含量的资本输入分不开的。中国自实行改革开放以来，通过积极利用外资，促进了国内工业化水平和制造业能力的不断提高,相当一部分工业品产量位居世界首位或前列,成了全球制造业大国。

(3) 扩大商品的对外出口。一方面,资本输出国通过FDI,把劳动、能源和原材料密集的生产工序和一般消费品的生产过程迁往资本输入国,并把在那里生产的许多产品销到本国市场和国际市场,这对扩大输入国的产品出口是有利的。另一方面,输入国也可利用外资(特别是FDI)所带来的先进技术和海外销售渠道,提高自己产品的出口创汇能力。例如,20世纪70年代后,泰国大力引进外资兴办进口替代和出口导向企业,使其出口规模不断扩大,年均增长速度超过10%,这在世界上并不多见。改革开放,特别是进入新世纪以来,中国的出口能力逐步增强,进而成为全球最大的货物出口国。这其中,多数年份的货物出口额中外资企业占比都在一半以上。

(4) 创造更多的就业机会。一般而言,一国要提供更多就业机会,就必须有相应的固定资产、流动资金和社会福利。许多国家因资金积累能力低、资本短缺,难以创造大量的就业机会,现有失业和潜在失业往往成为政府面临的难题。资本输入能够为这些国家带来资金、技术、设备和其他生产要素,在较短的时间内创造出较多的就业机会。

长期资本流动对资本输入国经济也可能产生消极影响,主要体现在:

(1) 损害经济发展的自主性。大量外国资本渗透到国民经济的重要部门,或控制众多的工商企业,或支配着国内资本和外汇市场的供求,都可能使资本输入国丧失民族经济的特色和经济政策的自主权,增加对资本输出国的依赖性。更有甚者,一些资本输出者还利用其强大的经济实力从事动摇资本输入国政府的政治活动。例如,一些国际金融机构在提供国际贷款时,往往附带苛刻的条件,试图左右资本输入国经济发展的方向;一些外国投资公司还参与了旨在支持资本输入国反政府武装组织的活动。

(2) 造成沉重的债务负担。资本输入国如果过多地借入国际贷款,或发行国际债券,而又不能有效地管理和使用筹集到的外资,很可能出现还本付息的困难,甚至导致债务危机。20世纪80年代初的全球性债务危机就是一些发展中国家不堪债务负担重压,宣布停止偿付外债引发的。

(3) 遭遇资源掠夺和市场挤占。资本增值的本性决定了资本对资源和市场的渴求。如果资本输入国经济政策(特别是外资政策等)导向不合理及外资管理不完善,外国投资建立起来的经济实体,一方面对当地的自然资源进行掠夺性的开采,另一方面又大举挤占当地的销售市场,使输入国企业及相关产业生存和发展的空间变得狭小,从而危及输入国经济的正常运行。在20世纪70年代,一些拉美发展中国家就有这样的教训。

3) 对世界经济的影响

长期资本流动对世界经济的影响面较广,其中最引人瞩目的是:

(1) 加速各国经济国际化及世界经济一体化进程。一方面,长期资本流动加速了有关国家资本国际化、生产国际化和市场国际化的进程,从而推动了各国经济国际化程度的提高,使世界经济在更广的空间、更高的水平上获得发展。另一方面,资本流动也带动了各种生产要素和产品在国际间流动,并通过在不同地方投资建厂、购销产品等经济活动,使各国的生产、流通和消费领域加速融合,进而推动全球经济一体化的进程。EU、NAFTA、APEC 和 ASEAN 等的形成,是全球经济一体化进程中的阶段性成果。这些成果的取得,是与它们内部成员国之间的资本频繁流动密切相关的。

(2) 提高世界经济总量和投资收益率。各类资本只有在不断的流动过程中才能实现更大增值、创造更多财富,而且其流动范围越大,其实现增值、创造财富的能力就越强。因为资本得以在更大范围内优化配置,资本输出所产生的产值和利润一般都大于资本输出国因资本流出而减少的产值和利润,而且资本输出又能推动资本输入国生产力的进步和管理水平的提高。所以,国际资本流动促进了相关国家经济总量的扩大和投资收益率的提高,推动了世界经济的整体发展。

(3) 推动国际金融市场日趋成熟。在经济利益的驱动下,国际资本的流量越来越大,它冲垮了民族经济的栅栏和金融管制的壁垒,使国际金融市场迅速成长起来。首先,资本输出与输入增加了国际间货币资本流动的数额,从而为国际金融市场规模的扩大提供了前提条件。其次,国际资本流动涉及到融资、投资等金融活动,乃至证券、外汇和黄金等金融交易,这进一步拓宽了国际金融市场的业务范围。最后,随着国际资本流动,各种金融机构也发展和健全起来。它们克服各种困难,建立起自己全球性的经营网络,且在相互间展开激烈的竞争,从而极大地提高了国际金融市场的效率。目前,资本规模大、业务范围广和经营效率高的国际金融中心不断出现,就是国际资本流动的必然结果之一。

2. 短期资本流动对经济的影响

大体而言,在国际短期资本流动中,贸易性和金融性资本流动比较稳定,且其影响偏向正面或相对有利。而以投机性资本为主的资本流动则最受国际金融界和各国货币当局所关注,原因在于其流动规模巨大,变化速度快,对一国乃至世界经济金融造成的影响深刻而复杂。总之,短期资本流动对经济所产生的影响是多方面的,也是比较复杂的。短期资本流动对国别经济的影响主要体现在对国际收支、汇率、货币政策、国内金融市场等的影响上;对世界经济的影响主要体现在对国际经济和金融一体化进程、国际贸易活动、国际货币体系、国际金融市场、资金在国际间配置等的影响方面。择其要者,简述如下:

1) 对国际贸易的影响

国际间的短期资本流动,比如买卖双方(或银行等金融机构)提供的短期资金融通,包括预付货款、延期付款、票据贴现和短期信贷等,有利于贸易双方获得资金便利和进行债权债务的结算,从而有利于国际贸易的顺利进行。当然,资本在短期内大规模的转移(即投机性资本流动),很可能使利率和汇率出现频繁变动,也会增大国际贸易中的相关风险。

2) 对国际收支的影响

一般而言,短期资本流动能够调节暂时性国际收支失衡。当一国的国际收支出现暂时性逆差时,该国货币的汇率会下跌,如果投机者认为这种下跌只是暂时的,他们就会按较低的汇率买进该国货币,等待汇率上升后再卖出该国货币,这样就形成了短期资本内流,从而有利于减少国际收支逆差。而当一国的国际收支出现暂时性顺差时,该国货币的汇率会上升,如果投机者认为这种上升只是暂时的,他们就会以较高的汇率卖出该国货币,等待汇率下跌后再买进该国货币,这就形成了短期资本外流,从而有利于减少国际收支顺差。

值得注意的是,当一国出现持久性国际收支失衡时,短期资本流动则会加剧这种国际收支失衡。若一国出现持续性逆差,该国货币便可能会持续贬值,如果投机者认为汇率还将进一步下跌,他们就卖出该国货币,买入外国货币,从而造成资本外流,扩大该国的国际收支逆差。反之,一国出现持久性顺差,该国货币的汇率便会持续上升,如果投机者认为汇率还将进一步上升,他们就买入该国货币,卖出外国货币,从而造成资本内流,扩大该国的国际收支顺差。

3) 对货币政策的影响

短期资本流动提高了不同货币资产的相互替代性,削弱了货币政策的自主性,从而降低了各国金融货币政策的独立性和有效性。因为短期资本的流动性强,且对货币政策的变化十分敏感。当一国政府为了抑制经济过热、通货膨胀等而试图实行货币紧缩政策时,境外以逐利为主要目的的短期投机性资本就会不断涌入,从而降低了该国货币紧缩政策的力度;反之,当一国政府为了扭转经济不景气、通货紧缩等试图实行货币扩张政策时,这些短期投机性资本就会大量抽逃出去,从而会削弱了该政策的实施效果。

4) 对国际金融市场的影响

短期资本流动有利于资金融通,同时还可以转化为长期资本流动,它对国际金融市场的发育和成长有积极的作用。但是,短期资本,特别是投机资本在国际间迅速和大规模地流动,导致金融资产价格及汇率的过度波动或大起大落。这一方面增加了国际金融体系的不稳定性,导致金融事件频繁发生。在操作不当或监管不严的情况下,此类事件风险就可能成为相关金融机构的现实亏损,乃至破产倒闭。另一方面强化了金融市场的脆弱性,助推"多米诺骨牌"效应。由于金融市场一体化提高了信息传递速度,加深了金融市场联系,当某个金融市场发生混乱时,便会立即传导至其他金融市场,形成连锁反应,造成国际金融市场的动荡局面。此外,在金融市场一体化背景下,大量出现的金融机构、层出不穷的金融创新,在增大信息总量、促进信息传递的同时,也强化了信息的非对称性,个别投资者(尤其是规模庞大的机构投资者)的行为往往被效仿,这种普遍存在的从众心理,容易导致金融市场的恐慌。

目前,在国际金融市场上存在着数万亿美元的游资,它脱离于生产领域,在国际间游来游去,随时可能对资金市场、证券市场、外汇市场和黄金市场形成强大的冲击。1997年起源于泰国的货币危机,迅速波及并演变为东南亚金融危机或亚洲金融风暴;2008年美国次贷危机迅速波及其他国家和地区,席卷了美国、欧洲和日本等世界主要金融市场,形成了全球性金融危机;2009年由希腊开始的主权债务危机,逐步演变成一场席卷整个欧洲的主权债务危机(即欧债危机),均是这方面的典型案例。

9.2.3 对国际资本流动的控制

国际资本流动的规模扩大和速度加快,是当代国际社会发展中最显著的现象之一,它对各国经济和世界经济的发展既可能产生积极的作用,又可能产生消极的影响。因此,各国政府和国际经济组织都希望采取有效的政策措施,促进那些有利的资本流动,限制那些不利的资本流动。

1. 颁布资本流动的政策法规

各国政府可根据国民经济发展的需要,制定一系列的政策和法规,以引导或控制国际资本流动的方向和规模。历史上看,瑞士和日本曾规定期限在一年以上的对外贷款要经过政府批准,以防止资本大量外流;韩国曾制定《外资促进法》,以增强其对外资的吸引力;一些国家还曾以"投资指南"之类的政策性文件规定外资的行业投向,防止外资渗透到国民经济的要害部门等等。改革开放以来,中国政府为了积极、合理、有效利用外资,也颁布、修订和实施了《外商投资产业指导目录》(包括鼓励、限制和禁止外商投资的具体产业具体目录),引导外商投资产业方向,规范资本流动行为。

IMF曾在其发布的《世界经济展望(WEO)》中称,从历史上看,在国际资本大幅波动的情况下,新兴经济体往往更容易遭到破坏性的影响。因此,新兴经济体在面对资本大幅流动时,进行了一些资本流动管理的实践,这其中资本管制仍是应用最为广泛的政策。例如,针对资本流入,巴西在2009年10月开始对外国资本征收2%的金融交易税,并在随后将其提高至6%。2013年6月,为应对资本大举流出,巴西政府宣布取消对非居民在巴西国内定息投资征收的金融交易税。

2. 确立利用外资的适度规模

各国政府可综合考虑国际惯例和基本国情,确定其利用外资的适度规模。利用外资的规模过大,会加重国民经济运行的压力,还会出现偿还债务的困难,这时政府就有必要强化对资本流动的限制。如严格进行外债管理,将本国负债率、偿债率、债务率等指标控制在合理水平上。反之,利用外资的规模尚未达到适度规模,这时政府就可以放宽对资本流动的限制。

3. 进行外汇市场的适度干预

各国政府可对外汇市场进行干预,或实行外汇管制,以限制资本流动,特别是投机性资本流动。例如,1993年8月,法国法郎对德国马克大幅度贬值,造成资本外流。法国中央银行随即买入大量法郎,试图稳住市场汇率,阻止资本继续外流。目前,一些发展中国家实行严格的外汇管制,除经政府有关部门批准外,不允许进行外汇买卖。在这些国家,资本流动必然受到很大的限制。

4. 各种经济政策的综合运用

当今世界,许多国家综合运用财政、货币政策等,借助各种经济手段与措施,如利率、汇率、存款准备率、涉外税收、甚至包括资本充足率等,加强对资本流入及流出的控制。如亚洲危机期间,鉴于可能出现资本流入突然停止和资本外流,马来西亚关闭了金融账户并实行固定汇率。在接下来的十年中,马来西亚谨慎地提升金融业的抵御能力,转而实行灵活的汇率机制,并逐步放松对资本流动的限制。马来西亚的抵御能力得到了很大的提升,即使资本市场更加开放,全球金融危机期间的高度波动的总流入也没有引发净流动的突然中止或国内金融不稳定[①]。

5. 加强各国之间的政策协调

由于金融交易相对自由和金融市场国际化,大量资本可能因各国货币政策的不协调,而在国际间频繁流动并对金融市场形成强烈的冲击。特别是在各国政府都强调国内经济政策目标的情况下,大量资本流动更容易引起金融市场的动荡。因此,加强国际间的政策协调,对限制资本流动、维护金融市场稳定具有重要作用。2012年底,IMF曾就国际资本流动发布研究报告称,国际资本流动是一把"双刃剑",各国需要根据各自情况妥善应对国际资本流动,各国政策当局也需加强应对资本流动的国际合作。

加强国际间的政策合作与协调包括多个方面,如新兴市场应督促美国等发达经济体实行更加负责的货币政策,从根源上遏制全球流动性的无序扩张,降低资本跨境流动的规模。在资本流动管理规则上也应加强各国协调,避免由于政策的不一致性加剧国际资本无序流动。近些年来,西方国家不仅继续单独地采取措施,而且还协调政策,共同采取这些方法和手段来限制有害的资本流动。

6. 发挥国际金融机构的作用

虽然布雷顿森林体系崩溃了,但是旨在维护世界金融秩序的IMF的作用还依

---

① IMF.世界经济展望[Z].2013(10).

然是重要的。按照《IMF 协定》第一次修正案第六条第一款第一项的授权,IMF 可以在资金融通、利率与汇率安排等方面对会员国的货币政策施加影响,进而达到控制资本流动的目的。另外,像 IBRD、BIS 和 IADB 等国际金融机构,也可以利用其经济实力和政治影响,为国际金融市场的稳定做出努力。从过去的实践看,IMF 和 WB 等国际金融机构在控制资本流动方面所起的作用是非常有限的。许多专家、学者认为,在国际资本流动的规模和影响不断扩大的今天,应该加强国际金融机构控制资本流动的作用。

9.3 国际资本流动理论

国际资本流动理论是国际金融理论的一个重要组成部分,旨在说明国际资本流动的原因、方式和影响。总体而言,资本跨国流动的产生和资本的流向是有多种因素决定的。长期以来,西方学者采用宏观结构分析和微观行为分析的方法,从不同角度对国际资本流动现象进行了深入研究,已经提出许多不尽相同的理论观点。尤其是第二次世界大战后跨国公司海外投资的快速发展,使得 FDI 日益成为国际资本流动的主流,FDI 理论成为国际资本流动理论的重要组成部分。本节择其要者,进行专门述评。

9.3.1 国际资本流动理论的产生于发展

资本的跨国流动是一个历史悠久的经济现象,经济学家对这种现象的观察与研究也是早已有之。早在 16 世纪,约翰·海尔斯(John Hales)、杰拉德·马林斯(Gerard de Malynes,)、托马斯·孟(Thomas Mun)、大卫·休谟(David Hume)和亚当·斯密(Adam Smith)等学者对国际资本流动问题进行了探究。由于当时的国际贸易是世界经济发展的主流,所以对国际资本流动的相关研究散见于国际贸易理论之中。但这些零散的见解孕育着理论的萌芽,为国际资本流动理论的发展奠定了基础[1]。但是,最初部分经济学家认为国际资本流动是不必要的,甚至是有害的。如亚当·斯密(1776)认为资本家更喜欢国内投资,因为到国外投资具有不确定性。他告诫说,国际资本转移涉及资本家的垄断行为,资本家通过在国外生产相同产品,控制当地市场,打击产品进口。

18 世纪后半期到 19 世纪初,随着产业革命的不断深化,国际资本流动开始渐渐摆脱国际贸易,逐渐成为一个独立的经济现象,即出现了大量的与贸易无关的资本流动形式。为此,学者们首先对国际资本流动的动因进行了研究,产生了早期的国际资本流动理论,主要包括单动因理论和复动因理论。

---

[1] 李成,郝俊秀. 国际资本流动理论的发展与展望[J]. 西安交通大学学报(社会科学版),2016(3).

首先出现的是单动因理论。该理论认为利润是国际资本流动的主要原因,而利率则是利润的主要表现形式,即资本是为了追逐利润而在利率不同的两国间流动。换言之,投资者为了提高收益或降低成本而对外投资。如大卫·李嘉图(David Ricardo,1817,1821)指出,比较优势会带动资本的国际流动,因为流动可以使投资者获得高于国内投资的利润。此后,一些学者如约翰·穆勒(John Stuart Mill,1848)、沃尔特·巴奇哈特(Walter Bagehot,1880)、魏克赛尔(Wicksell,1901,1905)、阿尔弗雷德·马歇尔(Alfred Marshall,1923)、约翰·梅纳德·凯恩斯(John Maynard Keynes,1933)等均持有相同或类似的观点。此外,无产阶级革命家列宁(Lenin,1916)也指出,资本输出主要涌向经济落后国家,特别是殖民地和半殖民地,"因为那里资本较少,地价比较低,工资低,原料也便宜。"[1] 单动因理论将利润视为国际资本流动的唯一动因,随着研究的深入,学者们赋予该动因一种表现形式,即利率。但是这一理论不足以解释,在一个国家同时存在资本流入和流出的双向流动状况。

随后的理论研究发现,资产的性质和投资者的偏好也会影响资本的流向。早在19世纪末期,部分学者就已经认识到国际资本流动并非简单的获取利息或是投资利润,还取决于投资者对风险规避、个人投资偏好等,因而出现了复动因理论。如贝蒂·俄林(Bertil Gotthard Ohlin,1924,1929)认为,在FDI条件下,即使不存在利差,或者即使总的利率水平不高,资本的流向和流量也由资本的特性,或是愿意承担风险的那些特别投资者来决定。持相同或类似观点的经济学家还有佛雷兹·马可罗普(Fritz Machlup,1932)、艾佛森(Iverson,1936)等。复动因理论从更广泛的意义上分析了资本效用最大化,对国际资本流动动因的解释更为全面。

除了上述单动因理论和复动因理论外,早期的国际资本流动理论还有:① 国际资本流动的危机理论,主要探讨资本流动(如资本输出)与金融危机(信用危机)的关系,代表人物包括马克思(Karl Max,1867)和马歇尔(1923)等;② 短期国际资本流动理论,主要探讨短期资本流动的影响因素,代表人物有俄林(1929)和罗伊·福布斯·哈罗德(Roy Forbes Harrod,1933)等;③ 国际资本流动下的国际收支均衡理论,主要探讨长短期资本流动与国际收支失衡及其调节之间的关系,代表人物有魏克赛尔(1901,1905)、马歇尔(1923)、俄林(1926)、查里斯·P·金德尔伯格(Charles P. Kindleberger,1937)和阿瑟·林德贝克(Assar Lindbeck,1974)等。

20世纪后半叶,国际资本流动空前繁荣,对世界经济产生了深刻影响,国际资本流动的动因理论也获得了更大的发展,产生了几个比较重要的理论。主要有20世纪50年代至60年代初的流量理论、60年代末至70年代初的存量理论、70~80年代的货币分析理论和90年代的交易成本理论等。

国际资本流量理论认为,两国间的利差是引发长期资本流动的原因,国际资本

---

[1] 列宁. 帝国主义是资本主义的最高阶段[M]. 人民出版社,1974:55-56.

流动机制是一种利率驱动机制，与之前单动因理论的研究结果相似，但是在模型分析方法上更加完善。主要人物有詹姆斯·米德(James Edward Meade,1951)、罗伯特·蒙代尔(Robert A. Mundell,1960)、麦克杜格尔(G. D. A. MacDougall,1960)、马库斯·弗莱明(John Marcus Fleming,1962)、马丁·费尔德斯坦(Martin Feldstein,1980)等。

国际资本存量理论的代表是资产组合理论，该理论是在流量理论的基础上导入风险因素，强调投资者的投资能力、资本输入国的资信状况(风险程度)和利率因素一样重要，认为风险因素对国际资本流动也有重大影响。主要代表人物有哈里·马科维茨(Harry M. Markowitz,1952)、詹姆士·托宾(James Tobin,1958)、威廉·布兰逊(William H. Branson,1968)等。与流量理论相对应，存量理论阐述的是"利率—风险"效用驱动型国际资本流动机制，在理论内涵上同样没有创新，但数理分析方法使得复动因理论有了计量方面的突破。

货币分析理论认为，国际资本流动本质上是一种货币现象，以国际收支状况和调节国内信贷为基础的货币政策决定国际资本流动。如哈里·约翰逊(Harry Johnson,1976)认为，总产出的增加或价格水平的上涨会增加货币需求，改善国际储备；利率提高会降低货币需求，从而恶化国际收支。杰弗里·福兰克尔(Jeffrey Frenkel)与赫尼威尔(Honeywell,1980)在此基础上提出了国际资本的短期流动决定于利率水平，国际资本的长期流动受货币存量调整和国内信贷政策的影响。

交易成本理论认为，影响资本跨国流动的最重要因素是各种交易成本(亦称交易费用)。交易成本多指在一定的社会关系中，人们自愿交往、彼此合作达成交易所支付的成本，是与生产成本相对应的概念，交易成本包括搜寻信息成本、谈判成本及监督成本等。具体到国际投资，交易成本主要包括资本转移成本、信息获得成本、管制成本、财务成本等。因此，通信技术的发展、金融工具的创新、管制的放松以及优惠的税收待遇等都会较低交易成本，促进资本的国际流动。主要代表人物是罗纳德·哈里·科斯(R·H·Coase,1937)、金(Hak Min Kin,1999)等。

20世纪60年代以来，随着FDI的空前繁荣，以美、英等国学者为代表的西方经济学家从政治、经济、文化等方面对跨国公司FDI进行了深入、系统的研究，形成了分析视角各异、理论派别众多的当代FDI理论，使得国际资本流动理论得到了进一步的发展。但就整体而言，国际资本流动问题的研究往往是与汇率理论、国际收支理论和国际通货膨胀理论等联系在一起。可以说，国际资本流动理论至今还处于发展和完善过程之中。

9.3.2 国际资本流动利率决定论

前已述及，早期古典利率理论学派认为，利差是形成国际短期资本流动的主要原因，只要两国存在利差，就会发生国际短期资本流动，直到利率达到均衡。国际资本收益率等于两个金融市场名义利率之差。主要代表人物包括巴奇哈特

(1880)、魏克赛尔(1901)、欧文·费雪(Irving Fisher,1907)和阿巴·勒纳(Abba Ptachya Lerner,1936)等。现代国际资本流动理论继承了古典利率理论的经济思想,认为资本(包括短期资本和长期资本)在各国之间流动的决定因素是各国之间利率的差异。在忽略其他因素的条件下,只要两国存在利差,就一定会有国际资本流动,这将是一个长期的过程,直到两国利率相等。主要代表人物包括米德(1951)、蒙代尔(1960)、麦克杜格尔(1960)和弗雷德里克·S·米什金(Frederic S. Mishkin,1984)等。这里仅就费雪和麦克杜格尔的国际资本流动理论进行简要介绍。

1. 费雪的国际资本流动理论

20世纪初,美国经济学家费雪(1907)以李嘉图的比较利益论为理论基础,从分析商品经济入手,提出了国际资本流动理论。

费雪认为,利率的差异是国际资本流动的基本动因,而国际资本流动的结果是消除了各国之间的利率差异。同时,费雪也承认,由于各国对资本的限制、国际投资风险、交易成本等因素的影响,国际投资并不能使各国的利率完全平均化。

费雪国际资本流动理论对于分析早期的国际资本流动具有一定的积极作用,但也有很大的局限性。主要表现在:一是没有考虑国际投资风险对国际资本流动的影响;二是假定国际资本市场是完全竞争的,资本的流入国、流出国都是资本价格(即利率)的接受者,而没有决定利率水平的能力,这一假定与国际资本流动的现实差异较大。因为从当代国际金融市场来看,西方大国操纵国际市场利率的现象比较严重,完全竞争的国际资本市场是不存在的。

2. 麦克杜格尔的国际资本流动理论

该理论模型又称国际资本流动的一般模型、麦克杜加尔模型,或称完全竞争理论,首先是由麦克杜格尔于1960年提出。此后,肯普(M. C. Kemp)和琼斯(R. W. Jones)作了更为细致的论述和完善。它主要是以证券投资作为研究对象,产生于FDI大规模发展之前。这个模型根据"H-O定理"导出的模式研究资本在国际间移动的原因、限度和结果,其内涵和分析方法都是属于古典经济学派的,并且从理论上为后来的研究奠定了重要基础。

1) 基本内容与主要结论

以麦克杜加尔和肯普等为代表的新古典经济学家强调:国际资本流动的原因是各国利率和资本的边际产出率(这里是指预期利润率)存在差异。在各国产品和生产要素市场处于完全竞争的条件下,资本可以自由地从资本充裕国向资本稀缺国流动。例如,在19世纪,英国大量资本输出就是基于这两个原因。资本在国际上自由流动之后,将使资本的边际生产力在国际上平均化,即国际间的资本流动使各国的资本边际产出率趋于一致,从而可以提高总体资本的利用效率,进而提高世界的总产量和各国的福利。图 9.1 可对此进行具体的说明。

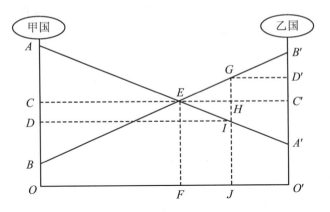

图 9.1　国际资本流动一般模型示意图

为了便于分析该理论模型,这里有如下基本假定:① 世界由投资国(甲国)和接受投资国(乙国)组成;② 在资本流动之前,投资国资本充裕,其资本的边际产出率低于接受投资国;③ 资本是受边际产出率递减法则支配的,两国国内实行完全竞争,资本的价格等于资本的边际产出率。同时,再规定图 9.1 中:O 为甲国的原点,O' 为乙国的原点。横轴为资本量,甲国为 OJ,乙国为 $O'J$,两者之和 OO' 为世界资本总量。纵轴为资本边际产出率。AA' 线、$B'B$ 线分别为甲国和乙国递减的资本边际产出率曲线,也分别是甲国和乙国的资本需求曲线。

在资本流动前,甲国使用 OJ 量的资本和一定量的劳动,生产出 $OAIJ$ 量的产品;乙国使用 $O'J$ 量的资本和一定量的劳动,生产出 $O'B'GJ$ 量的产品;世界总产量为 $OAIJ+O'B'GJ$。这时,甲国的资本边际产出率 IJ 低于乙国的资本边际产出率 GJ,并由此引起甲国的资本向乙国流动,直至两国资本的边际产出率相等,这种流动才会停止。也就是说,将有 FJ 量的资本从甲国流到乙国,进而导致两国的资本边际产出率相等,均为 EF。

在资本流动后,甲国的产量变为 $OAEF$,乙国的产量变为 $O'B'EF$。与资本流动前两国总产量 $OAIJ+O'B'GJ$ 相比,两国共增加了三角形 EGI 的产量。这表明,国际间资本的自由流动能够提高世界总产量。

资本流动对于甲国来说,它的产量因对外投资而减少了 $EIJF$ 的量,但其国民收入并没有减少。因为它可以获得 $EHJF$ 量的对外投资收益(对外投资量×资本边际产出率,即 $EF\times FJ$)。只要对外投资收入量多于生产减少量(即图中净得三角形 EHI),投资国就能获得多于以前的国民收入。资本流动对于乙国来说,它的产量因接受投资而增加了 $EGJF$ 的量,其中 $EHJF$ 支付给甲国,国民收入可净增三角形 EGH 的量。由此可见,国际间的资本自由流动,可使甲、乙两国分享世界总产量增加带来的利益。

此外,国际资本流动对甲、乙两国的资本和劳动有不同的影响。这里不再赘述。

通过上述分析而得出该理论的结论是：① 各国间资本的边际产出率差异是借贷资本或证券资本跨国流动的决定性原因，在完全竞争的条件下，资本总是从资本供给相对丰富、边际产出率较低的国家流向资本供给相对稀缺、边际产出率较高的国家，这种流动将持续到两国的边际产出率相等为止；② 资本从充裕国流向短缺国可以提高全世界的总产量，促进了全球经济的发展，其原因在于资本资源更有效的配置和资本收益的均等化；③ 资本输出国把一部分资本投到资本的边际产出率较高的国家，可以获得更高的报酬；④ 资本输入国由于利用外资，使其国内其他资源得到更有效地利用，因此也能使本国的净收益增加，其结果是国际资本流动对各国都有利。

2) 简要评价

麦克杜格尔模型在一定程度上揭示了国际资本流动的一般规律。该理论强调的是利率及资本边际产出率的国际差异对借贷资本和证券资本国际流动的导向作用和杠杆作用，并对国际资本流动的影响进行了相关分析，这些均有其合理之处。

该理论的局限性主要表现在：① 它的研究仅限于证券投资或间接投资，没有把证券投资与 FDI 以及其他形式的对外投资区别开来进行研究；② 它不能解释 FDI 以及双向投资等问题，它认为对外投资的动力（动因）是利差，可以部分解释国际间接投资问题，但不能说明 FDI 问题，也无法解释双向投资（即资本对流）；③ 它无法说明 FDI 所带来的技术传播和规模经济效益等问题；④ 它假定市场处于完全竞争，资本可以在国际间自由流动，因而利润在世界范围内趋于均等化，这与现实情形是不相符的。

9.3.3 国际间接投资理论

国际间接投资理论也称国际证券投资理论，主要研究的是在各种相互关联的、确定与不确定结果的条件下，理性投资者该如何做出最佳投资选择，以降低投资风险，实现投资收益最大化的目标。传统的国际资本流动理论揭示了证券投资的起因和流动规律，认为各国存在的利率差异是国际证券投资发生的原因（又称"利率论"、"利差论"）。现代国际间接投资理论的主要发展是资产选择理论，该理论着重说明国际证券的选择和优化组合。

资产选择理论亦称资产组合理论，是美国学者马科维茨（1952、1959）于 20 世纪 50 年代首先提出，后来托宾（1958）又发展了该理论。资产选择理论采用"风险—收益考察法"来说明投资者如何在各种资产之间进行选择，形成最佳组合，使投资收益一定时，风险最小，或投资风险一定时，收益最大。

该理论认为，所有资产都具有风险与收益两重性。投资者可凭借所拥有的证券获得投资收益，但同时又必须承担投资风险。风险由收益率的变动性来衡量，采用统计上的标准差来显示，投资者根据他们在一段时期内的预期收益率及其标准差来进行证券组合,通过证券的分散而减少风险。换言之,投资者不能只把预期收益作为选择投资证券的唯一标准,还应该重视证券投资收入的稳定性。多种证券组合可以提高投资收益的稳定性,同时也降低了投资风险,因为在多种证券组合中不同证券的收益与损失可相互抵补,起着分散风险的作用。作为投资者可能选择不同国家的证券作为投资对象,从而引起资本在国际间的双向流动。

资产选择理论指出任何资产都具有收益与风险的两重性,并且提出以资产组合方法降低风险的思路,这是对古典国际证券投资理论的突破,具有重要的理论和实践意义。同时,该理论能说明国际间资本双向流动的原因,而这是古典理论所不能说明的。当然该理论也有自身的弱点,如它是建立在资本自由流动和金融市场高度发达基础上的,这与现实情况是不完全一致的;忽视了资本流动的其他影响因素,而且有严格的假设前提。

9.3.4 国际直接投资理论

20世纪60年代后,FDI的规模明显扩大,特别是20世纪70年代后跨国公司的迅猛发展,更使得FDI受到国际社会的重视。50多年来,关于FDI的研究取得了长足进步,许多专家、学者从不同的角度,提出了许多不同的理论。这里仅对具有代表性的,尤其是常用来解释企业投资行为的理论进行论述。

1. 垄断优势论

垄断优势论(Monopolistic Advantage Theory)是在研究美国跨国公司FDI行为基础上产生的理论,也是最早研究FDI的独立理论。它由美国经济学家斯蒂芬·海默(Stephen Hymer)于1960年首先提出,后经其导师金德尔伯格以及约翰逊(H. G. Johnson)、凯夫斯(R. E. Caues)等学者补充、发展成为完整的理论,亦称"H/K传统"。该理论的目的是解释企业的FDI行为,认为FDI的根本原因是利用商品市场或要素市场的某种垄断地位来追求最大限度的利润。

1) 基本内容

垄断优势论者认为,要解释二战后的FDI,必须放弃传统国际资本流动理论中关于完全竞争的假定,应从不完全竞争的角度进行研究。一个企业之所以进行FDI,是因为它具有比东道国同类企业有利的垄断优势,从而在东道国生产能获得更多的利润。

这里的垄断优势,是指企业所拥有的"独占性的生产要素优势",包括集约程度高的资本、先进的技术、高强的新产品开拓能力、完善的销售系统以及科学的经营管理方式等。主要包括四种类型[①]:① 来自产品市场不完全的优势,如商标及产品

---

① 这是C. P. Kindleberger在1969年的《美国企业在国外:关于直接投资的六次讲座》一文中提出的四种垄断优势。

差异、销售技术和价格操作等造成的垄断;② 来自生产要素市场不完全的优势,如掌握专有技术、专利、管理技能、获得优惠资金的条件等造成的垄断;③ 来自规模经济引起的市场不完全的优势,如企业拥有的内部和外部规模经济所造成的垄断;④ 来自政府管制引起的市场不完全的优势,如政府税收、利率、汇率和其他干预,从而形成少数大企业的行业垄断。后来的一些学者将上述前三种优势称为"厂商特定优势"或"所有权特定优势",而将第四种优势称作"选址特定因素"。

值得注意的是,拥有优势是一个企业或公司从事 FDI 的必要条件,而非充分条件。换言之,要进行 FDI,一个企业一定要有优势;但有优势的企业并非一定要 FDI,因为它也可以通过商品出口取得收益,或租赁技术收取租金,或转让技术收取转让费等。海默认为,因为出口、租赁或转让技术有时难以进行或效果不佳,倒不如通过 FDI 就地生产与销售。可见,FDI 的必要条件是拥有垄断优势;FDI 的充分条件是获取更大利润(或其他途径受阻等)。

综上,垄断优势论的基本论点是企业之所以到海外投资就是因为这些企业在技术、专利、资金及管理上有垄断优势,而且这些优势能够通过产业组织转移到国外又不被当地竞争对手所掌握。因此,虽然在与当地企业的竞争中,这些企业在运输、通信成本及了解当地法律经济环境上处于不利地位,但垄断优势完全可以抵消这些劣势,从而使跨国公司海外投资获得高于国内的收益。

海默等人的理论后来又被众多学者在不同的角度上加以发展和完善。这些学者主要包括赫希(S. Hirseh)、夏派罗(D. M. Shapiro)和克鲁格曼(P. R. Krugman)等。

2) 简要评介

海默等人的理论贡献主要有二:一是 FDI 与证券投资不同,不能用国际间利率或资本边际产出率的差异来解释现代 FDI;二是 FDI 与市场缺陷的存在(即市场的不完全性、垄断等因素)是有关系的,此项贡献为现代跨国公司理论奠定了基础。同时,垄断优势论还摆脱了完全竞争的假设,引进了垄断竞争和寡头垄断的概念,拓展了当代 FDI 理论研究的视野,可以较好地解释知识密集型产业 FDI 的行为,也可以解释技术先进国家之间的"双向投资"或"资本对流"现象,在理论和实践上都具有一定的价值。

但是,该理论也有不足和局限性。该理论是以经验的分析为基础,其结论就缺乏普遍意义:它不足以解释生产部门跨国化的地理布局以及服务业的跨国经营行为,而且也无法解释发展中国家以及 20 世纪 60~70 年代的日本企业 FDI 的行为。

2. 产品生命周期论

产品生命周期(Product Life Cycle,PLC)原先是一个市场营销学的概念,是指产品像任何事物一样,有一个诞生、发展、衰退的过程。20 世纪 60 年代中期,美国哈佛大学教授弗农(R. Vernon)首先将这一概念用于分析国际贸易和 FDI 现象①，并于 20 世纪 70 年代初进一步作了修正。其间，威尔(L. T. Well)等经济学家也发展了这一理论。

1) 基本内容

产品生命周期理论(Product Life Cycle Theory)从产品技术垄断的角度分析 FDI 产生的原因，认为 PLC 的发展过程决定了企业必须为占领国外市场而进行 FDI。PLC 是产品市场运动的普遍现象。当企业在市场上推出新产品时，PLC 就开始了，并先后经历创新、成熟、衰退三个阶段(或经过创新、发展、成熟和衰退四个阶段)。企业的 FDI，是企业在 PLC 运动中由于生产条件和竞争条件的变化而做出的决策。该理论认为，每一项产品在其生命周期的不同阶段上有着不同的特点，而 FDI 是与这些特点相联系的。

在 PLC 的第一阶段，即新产品阶段。此时，少数在技术上领先的国家首先推出新产品，创新国占有优势，一般是国内市场需求较大，且需求价格弹性较小，尚未出现竞争对手，创新企业可以利用其产品的技术垄断优势在本国组织生产，占领国内市场；国外的需求可通过出口方式加以满足，以获取高额利润。

在 PLC 的第二阶段，即产品成熟阶段。由于产品需求增大，生产厂家增多，国内竞争日益激烈。同时，国外也出现类似产品和生产厂家，威胁到企业原有的出口市场。为此，创新企业在扩大出口的同时，开始在进口国投资建厂，就地提供产品，以降低生产和销售成本，扩大当地市场份额。这个阶段上的投资对象多是与母国需求相似、技术水平差异不大的国家。投资目的是抵制这些发达国家的仿制品和替代品，故是一种"防御性的投资"。

在 PLC 的第三阶段，即产品标准化阶段。产品标准化使得国内外企业都能加入同类产品的生产和销售，价格已成为市场竞争的主要手段。为取得竞争优势，创新企业开始大规模地 FDI，把生产基地转移到国外，既发挥自身的技术优势，又利用东道国某些要素价格低廉的优势，生产出价廉物美的产品，还可节约运费、免缴关税等，既可有效地占领外国市场，又可将部分产品返销到本国市场。所以，产品标准化阶段是企业"大规模 FDI"的阶段。

在 PLC 的第四阶段，即产品的衰老(退)阶段。产品的标准化使原创新国的特殊优势逐渐丧失，有的已被淘汰出市场，有的不得不采取产品差异化或组织卡特尔实行协调定价来维持部分市场。当海外分公司生产的产品，其生产成本加上返销母国所需的各项费用之和，低于母国国内生产的平均成本时，就会大量返销国内，从而完成了母国企业的"出口转向 FDI"的过程。该产品在母国进入衰老阶段，其

---

① 1966 年，弗农发表《产品周期中的国际投资和国际贸易》一文，提出了著名的产品生命周期理论。他认为，产品生命周期理论可以解释发达国家出口贸易、技术转让和对外直接投资的发展过程。

营销生命周期即告结束。

作为一种 FDI 理论,产品周期论试图证明企业进行 FDI 的动因。一般说来,投资企业具有某种垄断优势,如技术、管理、资金、信息等,而东道国具有区位上的优势,如资源、劳动力、运输等。FDI 企业必须把这两者结合起来,才能克服在国外生产所产生的附加成本和风险。而在 PLC 的成熟阶段,尤其是标准化阶段,竞争的关键是降低成本,投资企业原有各种优势的作用开始下降,因此,企业必须进行 FDI,在国外投资建厂、生产。

2) 简要评价

产品生命周期论的视角和分析方法有新颖之处。该理论把 PLC 中的几个阶段与区位选择联系起来,把它同企业的出口和国外生产间的抉择联系起来,进而用它来解释发达国家(如美国等)企业,特别是拥有技术垄断(或知识资产)优势企业的 FDI 行为是有说服力的,这对跨国公司理论的发展也产生了很大影响。

但是,这一理论有很大的局限性。事实上,产品的创新并不是一次完成的,而是一个不断改进和完善的过程。因此,不能完全机械地按照 PLC 的阶段来解释 FDI 的形成。更为重要的是,在国际分工越来越细密的条件下,同一产品的不同零部件,甚至不同工序之间的分工,已成为推动 FDI 的重要因素,产品周期论更难以解释这种 FDI 行为。概括而言,该理论的主要缺陷在于:

(1) 与当前资本对流形式占主导地位的现象不符。当前的国际投资并不像弗农等所认为的那样,是从劳动成本高的发达经济体投向劳动成本低发展中和新兴经济体,而大量的却是劳动力成本均高的发达经济体之间所进行的产业内双向投资(资本对流)活动。如它不能解释西欧、日本和韩国等国企业在美国的 FDI 行为,因为这些企业不一定拥有技术垄断优势,而且美国的生产成本也不低廉。

(2) 它不能解释当代跨国公司的投资行为。事实上,现在已基本上没有跨国公司是按 PLC 原理来组织国际生产或 FDI 的。当代的跨国公司一般都是从全球性战略的角度来安排生产或投资活动,为此,它们均建立了遍布全球的子公司体系。该体系建成后,母公司就完全可以通过其子公司对各国市场机会做出灵活的反应,只要对投资者有利,完全可以根据当地及周边市场的需要研制新产品,满足那里的需求,而且新产品的生产也并非要放在母国不可。对于全球性跨国公司来说,它可以直接在国外开发新产品,并且还可以返销到其母国,这等于把产品周期理论颠倒过来了,当然是该理论所无法解释的现象。

(3) 该理论未能反映新技术革命对当代国际投资的影响。随着科学技术的迅速发展、信息传递速度加快,"时滞"效应降低,产品更新换代加速,PLC 缩短。这样,使原来 PLC 的不同阶段,并非一定是在最发达国家、较发达国家和欠发达国家依次进行,且这几个阶段在同一国家的界限也越来越不明显。因此,许多跨国公司为了在竞争中取得优势,纷纷采取一种新的投资策略——国际化生产的策略。采取这种策略时,产品并不一定在本国成熟后才转移到国外去投资生产,而是一开始就根据先进的科技水平和专业分工来安排国内外的投资,抓住各种资源的有效配置,使产品的导入和生产在国内外同时进行,或者有区别地进行。

3. 市场内部化理论

市场内部化理论(Theory of Internalization)是当前解释 FDI 的一种比较流行的理论。该理论强调企业通过内部组织体系以较低成本,在内部转移该优势的能力,并把这种能力当作企业 FDI 的真正动因。在市场不完全的情况下,企业为了谋求整体利润的最大化,倾向于将中间产品、特别是知识产品在企业内部转让,以内部市场来代替外部市场。

内部化理论的思想渊源可追溯到"科斯定理(Coase Theorem)"。美国学者科斯(R. H. Coase,1937)认为,只要企业能在内部组织交易,并且其费用低于在市场上交易的成本,企业就应将各项交易纳入内部进行,即以统一的行政管理取代市场机制。20 世纪 70 年代中期,英国学者巴克利(P. J. Buckley)和卡森(M. Casson)沿用了科斯的新厂商理论和市场不完全的基本假定,以发达国家(不含日本)跨国公司为研究对象,在其 1976 年合著的《跨国公司的未来》一书中系统地提出了内部化理论,此外,加拿大学者罗格曼(A. M. Rugman)等人也对这一理论做出了贡献。

1) 基本内容

内部化理论是巴克利和卡森等人运用"交易成本理论"和"垄断优势理论",通过分析国际贸易与 FDI 之间的关系,提出的一国企业之所以进行 FDI 是为了发展公司内部母公司与子公司之间以及子公司相互之间的贸易。

内部化理论认为,由于外部市场的不完全性,若将企业拥有的半成品、工艺技术、营销诀窍和管理经验等"中间产品"通过外部市场进行交易,不能保证企业实现利润最大化。因此,企业通过 FDI,在较大的范围内建立生产经营实体,形成自己的一体化空间和内部交换体系,就能把公开的外部市场交易转变为不公开的内部市场交易,以实现利润的最大化。

在这里,外部市场的不完全性主要表现为:① 在寡占市场的情况下,买卖双方比较集中,很难进行议价交易;② 在没有期货市场的时候,买卖双方无法订立期货合同;③ 不存在按不同地区、不同消费者而实行差别定价的中间产品市场;④ 中间产品的价格缺乏可比性,交易双方难以定价成交;⑤ 新产品从研发到市场销售的周期较长,而新技术的应用又有赖于差别定价,这在外部市场上不易充分体现出来。

内部化理论认为,决定市场内部化有四个因素:① 区域因素。是指有关区域内的地理条件、文化差异和社会特点等。② 国别因素。是指有关国家的政治、经济和法律制度等。③ 产业因素。是指与产品性质、经济规模和外部市场结构有关的产业特征。④ 企业因素。是指不同企业组织内部市场的管理能力等。内部化理论注重的是产业因素和企业因素。巴克利认为,如果产业部门存在多阶段生产的特点,企业就会"跨地区化"甚至"跨国化"。这是因为多阶段生产过程中必然存在中间产品,若中间产品的交易需通过外部市场来组织,则无论供求双方怎样协调,也不可能避免外部市场剧烈变化造成的风险。为克服这种"中间产品"市场的"不完全性",就会出现市场的内部化。

2) 理论特点及简要评价

市场内部化理论是一种应用性较强的FDI理论。它可用来解决外部市场不完全性造成的种种问题,也可用来解释许多企业FDI的动机或原因。

内部化理论与海默等人的直接投资理论相比有着明显的特点:① 海默等人以垄断引起的市场不完全作为跨国公司的前提,而该理论却恰恰相反,认为内部化就是为了消除市场的不完全性;② 海默等人认为市场不完全是由垄断排除竞争造成的,而内部化理论则把市场不完全归结为市场机制的缺陷,并从中间产品的性质与市场机制的矛盾来论证内部化的必要性,并认为内部化是解决上述矛盾的途径;③ 海默等人强调垄断优势对跨国经营的重要意义,而内部化理论则注重于使交易成本最小化,从而强调提高企业的协调和管理能力,以保证跨国经营的优势;④ 海默等人的理论主要适用于发达国家,特别是美国,而内部化理论既可运用于发达国家,也适用于发展中国家;既可用于国内,也可用于国外。因此,有人将该理论推崇为直接投资的"一般理论"或"通论"。

内部化理论的主要不足之处:没有从全球经济一体化的宏观角度分析国际生产与分工对企业FDI行为的影响,并且还忽视了工业组织和投资环境在FDI中的重要性。具体而言:① 该理论不能解释FDI的地理方向和跨国经营的布局;② 该理论难以很好地解释FDI的动机。该理论所说的内部化优势虽然可以解释为FDI的动机之一,但它不是FDI的初始动机。因为,在商品经济社会中,企业的内部化优势是始终存在着的,但FDI作为一种经济行为却只是商品经济发展到一定阶段的产物。比如,在自由资本主义时代,各资本主义国家为什么要以商品输出为主而不以资本输出为主,显然,内部化理论对此无法解释。

4. 国际生产折中论

英国经济学家邓宁(J. H. Dunning),在吸收了垄断优势理论、区位理论和内部化理论等的基础上,用折中及综合的方法,形成了国际生产折中理论(Eclectic Paradigm of International Production),又称"国际生产综合论",该理论最初是在1977年为庆祝俄林获得诺贝尔经济学奖的学术会议上提出的①。该理论认为,FDI是由所有权优势、内部化优势和区位优势三者综合作用的结果。20世纪80年

---

① 1981年,邓宁出版了名为《国际生产与跨国企业》的论文集,对其折中理论进行了系统的整理和阐述。

代初,邓宁又提出了"投资发展周期理论"对该理论作了进一步的补充。

1) 理论背景及特点

20世纪50年代以前,大多数正统的国际经济理论中,都假定生产要素在国际间是不流动的。这时一国只能通过在国内生产然后出口的办法为国外市场服务,而无法利用其他国家的区位和资源优势。20世纪60年代以后,国际经济理论出现了两大突破:一是出现了一些国际贸易新理论,如新要素理论、新技术理论等;二是出现了垄断优势论,该理论是研究FDI活动的理论基础。此后,这些起源于不同研究领域的国际贸易理论和国际投资理论,一方面继续各自向前发展,另一方面又明显地出现了相结合(融合)的趋势。

邓宁主张把FDI的目的、条件以及对外投资能力和投资区位的分析结合起来,并由此形成了国际生产折中理论。邓宁认为:

(1) 20世纪60年代以来,国际生产格局发展迅速,跨国公司在当代世界经济中发挥着日益重要的作用。跨国公司的FDI所引起的国际生产活动对资源的国际配置和商品劳务的贸易产生了极大的影响。然而,传统理论只注重资本流动方面的研究,而没有将FDI、国际贸易和区位选择综合起来加以考虑。

(2) 一国的对外经济活动是由商品贸易、许可证安排(技术转让)和FDI有机结合而成的。因而,要阐明FDI的动因,就应该与对外经济活动的其他形式结合起来进行考虑。

(3) 垄断优势论、内部化理论和传统的工业区位理论等都只对FDI现象做了片面的解释,缺乏说服力。

可见,邓宁是广采各家之长,用折中的方法,既综合考察了商品贸易、许可证安排和FDI,又综合分析了决定FDI的各种因素。按邓宁自己的说法,其折中论具有三个方面的特点:一是吸收了之前20年中出现的各种新理论;二是与FDI的一切形式都有关系;三是能够解释企业进行国际经济活动的三种主要形式。

2) FDI的决定因素(条件)

邓宁认为,企业或跨国公司之所以愿意并能够进行FDI,是因为它拥有东道国企业所没有的所有权(Ownership)优势、内部化(Internalization)优势和区位(Location)优势。正是这些优势的综合作用,推动着企业的FDI。该理论认为,在这三个决定因素中,前两个优势是FDI的必要条件,后一个优势是充分条件。当公司仅拥有所有权优势时,它可选择技术转让方式从事国际经济活动;当公司拥有所有权优势和内部化优势时,它可选择产品出口方式;当公司拥有所有权优势、内部化优势和区位优势时,它便可选择FDI方式(见表9.10)。

表 9.10　邓宁关于 OIL 模式的表解

方　式	所有权优势(O)	内部化优势(I)	区位优势(L)
FDI(投资式)	√	√	√
出口(贸易式)	√	√	×
无形资产转让(契约式)	√	×	×

注:"√"代表具有或应用某种优势;"×"代表缺乏或丧失某种优势。

邓宁对所有权优势、内部化优势和区位优势的内容做了进一步阐述:

(1) 所有权优势,主要是指一国企业拥有或能够得到、而国外企业没有或难以得到的无形资产和规模经济优势。它说明企业为什么能够 FDI。主要包括技术优势、企业规模优势、组织管理优势、金融与信贷优势等。显然,邓宁的"所有权优势"观点承袭了 H/K 传统的思想。

(2) 内部化优势,主要是指企业建立自己的内部交易体系,把公开的外部市场交易转变为不公开的内部市场交易,从而克服外部市场不完全性造成的不利影响。它说明企业如何通过 FDI 提高经济效益。

邓宁认为,企业拥有所有权优势,既可转让给外部供其他企业使用,也可在本企业系统内部使用。在跨国经营条件下,这些所有权优势将用于国内外分、子公司,从而形成内部化优势。显然,这与巴克利等人的内部化理论如出一辙。但巴克利等人强调的是中间产品特性所决定的市场失效;而邓宁则认为市场失效是中间产品和最终产品共同引起的。他把市场失效分为两类:一是结构性失效,即东道国贸易壁垒等政策措施和无形资产特性所引起的市场失效;二是交易性失效,即交易渠道不畅引起的交易成本上升、交易方式僵化引起的效率下降和没有期货市场引起的交易风险增加等。该理论认为,企业发展内部贸易,就是为了消除外部市场的结构性失效和交易性失效。

(3) 区位优势,主要是指一个国家的投资环境优良,企业在那里可以获得廉价的自然资源和劳动力,享受当地政府给予的各种优惠待遇,并且利用当地的基础设施和市场便利等。它说明企业为什么要到特定的国家进行 FDI。区位优势既可是东道国的某些有利条件直接构成的(如广阔的商品市场、供应充足且价格低廉的要素资源、政府的各种优惠投资政策等),也可是由投资国某些不利条件(如国内市场饱和、出口运费过高、缺乏必要的生产资源或成本过高、东道国的贸易保护主义等)间接形成的相对区位优势。前者称为直接区位优势,后者为间接区位优势。区位优势的大小主要取决于劳动力等要素成本、市场购销因素、贸易壁垒、政府政策以及心理距离等。不难看出,邓宁有关区位优势的阐释,不仅吸收了传统国际贸易理论关于比较优势的思想,而且承袭和发展了不少国际经济学者有关区位因素的分析。

3) 国际生产折中论的动态发展——投资发展周期理论

投资发展周期理论又称"投资发展阶段论"、"投资周期论"等,是邓宁在20世纪80年代初提出来的,是其对自己的国际生产折中理论的动态发展。邓宁通过对67个国家在1967～1978年间直接投资和经济发展阶段之间联系的研究,提出FDI与各国的经济发展阶段有着密切关系,从而导出"投资发展阶段论"。

该理论认为,一国FDI净额(Net Outward Investment,NOI,等于对外直接投资额减去吸收外商直接投资额)是该国经济发展阶段的函数,而人均GNP是反映经济发展阶段最重要的参数。各国投资吸引力的大小,主要取决于各国人均GNP的高低,即一国人均GNP越高,那么该国对国外资本流入的吸引力就越大,反之亦然。邓宁用人均GNP的高低作为经济发展阶段的尺度,把经济发展水平分为四个阶段,并呈现这种趋势:伴随着人均GNP的提高,人均资本流动也不断增加,从而证明了资本流动与人均GNP之间的相关性。处于经济发展不同阶段的国家,对外投资和利用外资的地位就不相同。

第一阶段的国家(人均GNP为400美元以下),属最贫穷国家。其主要特征是略有FDI流入,没有FDI流出,NOI为负值。在这一阶段,本国几乎没有所有权优势,也没有内部化优势,外国的区位优势也无力加以利用;与此同时,本国经济落后、投资环境较差,对外资也没有什么吸引力。

第二阶段的国家(人均GNP为400～1500美元),仍为发展中国家。其主要特征是对外国资本的吸引力明显增强,外资大量流入,但由于国内经济发展有限,FDI流出仍然很小,NOI为负值,且负数值有增加的趋势。这一阶段,国内市场开始发展,投资环境有所改善,吸引外资迅速增加,但FDI刚刚起步。

第三阶段的国家(人均GNP为2000～4750美元),这些国家的FDI流出正在稳定增加,且增速快于资本流入,但NOI仍为负值。这是因为某些拥有知识资产优势的企业开始FDI,但其中拥有区位优势的企业仍在想方设法吸引外资。在这一阶段,国内经济发展水平又有了新的提高,逐渐具有所有权优势,原来的外国投资者的优势相对减弱或消失。

第四阶段的国家(人均GNP为5000美元以上),属发达国家。其主要特征是FDI流出迅速上升,增长速度高于FDI流入,NOI转为正值,并逐渐扩大。这一阶段,本国企业拥有所有权优势和在国外进行内部化开拓这些优势的能力,并且按照其全球战略利用东道国的区位优势。

可见,这个理论与折中论是一脉相承的,只是把后者予以动态化而已,用动态化的四个阶段阐明了FDI与经济发展的相关性,并阐明一国之所以能参与FDI,是因为具有了所有权、内部化和区位等三个方面的相对优势并予以配合的结果。该理论在某种程度上反映了国际投资活动带有规律性的发展趋势,即经济实力最雄厚、生产力最发达的国家,往往是资本流出最多、FDI最活跃的国家。随着一国的经济从较低水平向较高水平的发展,资本的流入和流出也有一个发展过程,利用外资和对外投资的地位也在不断地发生变化。

4）简要评价

邓宁的国际生产折中理论及其动态发展的投资发展阶段论,被认为是迄今为止最完备的、最为广泛接受的一国国际生产模式。该理论克服了过去国际投资理论只重视资本流动方面研究的局限性,把FDI、产品出口和技术转移等综合起来考虑,并且从所有权优势、内部化优势和区位优势三个方面对企业国际经济活动方式的选择做了深入分析,这在理论和实践上都具有重要意义。特别是该理论从企业最优化经营的角度分析跨国公司FDI的各种决定因素,既可阐释跨国公司FDI的动力机制,又可说明吸收FDI的引力机制。同时,该理论还有一定的现实意义,有助于指导发展中国家为充分利用外资创造区位条件(优势),也有助手启发发展中国家利用自己的相对优势对外进行适当的投资,并向国际市场挺进。

但是,"平庸的折中与杂烩式的兼容"使得该理论算不上独辟蹊径的新论,且它未超出厂商理论的框架,未涉及社会经济关系和二战后国际政治经济环境的巨大变化,与FDI实践时有脱节,不能从根本上揭示跨国公司FDI的本质及其发展的社会历史条件。该理论在如何解释中小企业的FDI行为,并把国际投资理论与跨国公司理论有机地结合这两个方面也存在着明显的不足。再者,该理论的动态分析(即投资发展阶段论)也缺乏足够的实际依据,与国际投资的历史和现实均有许多不符之处。如历史上,二战前的国际资本大约70%流向亚、非、拉及澳洲的落后国家;现实也并非如此,即人均GNP越高,吸引外资的能力越强,如经济高度发达但FDI流入甚少的日本等国。根据UNCTAD WIR(2017)的统计数据,从FDI流量看,2016年日本FDI流出量达1452亿美元(全球占比为10%、位居全球第4位),但流入量却不足144亿美元(全球占比为0.65%);从存量看,截至2016年底,日本FDI流出存量达14007亿美元(全球占比为5.35%、位居全球第4位),但流入存量仅有1867亿美元(全球占比为0.7%)。

5. 比较优势论

比较优势论(Theory of Comparative Advantage)又称"边际产业扩张论"、"小岛清模式"、"小岛理论"等,是由日本一桥大学教授小岛清(Kiyoshi Kojima, 1978)根据日本跨国企业FDI实践,从宏观角度提出的以比较利益为中心、以发达国家与发展中国家之间垂直分工为基础的一种国际资本流动理论。小岛清在研究中发现:用来解释美国企业FDI行为的理论,不能解释日本企业FDI行为。其主要原因是,那些理论忽略了对宏观经济因素的分析,特别是忽略了国际分工原则的作用。

1）基本内容

小岛清认为,美国和日本的FDI行为及其影响有明显的差别。美国FDI主要分布于拥有比较优势的制造业,这不符合国际分工原则,而且会引起国际收支失衡和贸易条件恶化。这是因为，拥有比较优势的产业部门应该把生产基地设在国内，通过产品出口进入国际市场。如果它通过 FDI 把生产制造活动转移到国外，就会减少本国同类产品的出口量，使本国可以通过出口而保持的巨额贸易顺差丧失殆尽。这种"贸易替代型"的投资不利于促使国际收支平衡和贸易条件改善。

与美国不同，日本的 FDI 是偏重于"贸易创造型"的，即 FDI 不仅没有替代同类产品的出口，而是带动了本国产品的出口。这主要是因为日本企业能够遵循国际分工原则，充分发挥自己的比较优势。日本到海外投资建厂的企业，一般都是国内已失去比较优势的产业部门。为维持或扩大原有的生产规模，它们就向具有比较优势的国家和地区投资，在那里建立新的生产和出口（向第三国出口）基地。而在本国组织生产的企业，则是在国内拥有比较优势的产业部门，它们可以利用自己的优势扩大产品的出口。这种贸易创造型投资使日本在扩大 FDI 的同时，保持了巨额对外贸易收支顺差，并使得日本可集中精力发展国内具有比较优势的新兴产业，保持其比较优势持续不衰。

小岛清根据比较优势论，概括出"日本式 FDI"理论的核心：FDI 应该从投资国已经处于或即将陷入比较劣势的产业，即边际产业（这也是对方国家具有明显或潜在比较优势的产业）依次进行。

2) 理论特点及简要评价

小岛清从国际分工论角度研究 FDI，这对过去从企业发展论和产业组织论角度研究 FDI 的主流，无疑是一个重大冲击。与其他 FDI 理论相比，比较优势论具有这样几个特点：

（1）主张 FDI 企业与东道国企业的技术差距越小越好，因为这样更容易使本国企业在海外，尤其是发展中国家找到立足点，创造出新的比较成本优势，从而有利于扩大国际贸易。

（2）中小企业在海外投资比大企业更具有优势，应作为 FDI 的主要承担者。因为中小企业转移到东道国（特别是发展中国家）的技术更适合当地的生产要素结构，为东道国创造更多的就业机会，而且中小企业能够小批量生产、经营灵活、适应性强。

（3）强调在 FDI 中起决定作用的是企业的比较优势，而不是企业的垄断优势。因而，该理论否认垄断优势因素在 FDI 方面的作用，认为企业比较优势的变迁在 FDI 方面具有决定性作用。

小岛清的"边际产业扩张论"，是在当时的 FDI 理论无法解释和指导日本的 FDI 活动的背景下提出的。实践证明，它对日本的 FDI 的确起到了积极的促进作用。甚至在今天的日本对一些发展中国家的投资中，很少提供高技术，可能就是受到"小岛理论"中的"从技术差距最小的产业依次进行移植"影响。同时，该理论也较好地说明了美国出口贸易条件恶化、出口增长缓慢其至负增长的原因。因此，边际产业扩张理论给人们的启迪是，并非拥有垄断优势的企业才能进行跨国经营。

可见,比较优势论无疑是对传统的 FDI 理论的一次冲击。但该理论也存在一些缺陷,主要是:

(1) 它把 FDI 截然分成两种类型,这无论在理论上还是在现实经济生活中都很难站得住脚。事实上,随着企业垄断优势的增强,20 世纪 80 年代以来,日本与美国 FDI 方式日益趋同。

(2) 它否认了垄断因素在 FDI 中的作用,回避了发达国家通过 FDI 维护不合理的国际分工格局的后果。

(3) 它把"边际产业扩张"看作仅仅是投资国中小企业的行为,这与现实经济生活中大型跨国公司承担 FDI 主体的现象不符。

(4) 它只能解释了部分发达国家对发展中国家的投资,难以解释国际投资的对流和倒流现象。

6. 产业内双向投资理论

产业内双向投资理论是针对 20 世纪 60 年代以后的 20 多年里,国际资本流向发生重大变化,大量资本在发达国家之间流动,并集中投在相同产业内部的现象提出来的。一些专家学者对产业内双向投资现象进行了广泛的研究,试图从不同的方面对此作出正确的解释。

格雷姆(E. M. Gram,1975)对 187 家美国跨国公司及其在欧洲子公司和 88 家欧洲跨国公司及其在美国子公司的产业分布进行了研究,其结论是:之所以出现产业内部双向投资,是因为跨国公司产业分布的相似性,相似的东西更容易接近。

海默认为,仅从资本优势、企业优势、技术优势和国外利润高等方面解释技术密集型产业内的双向资本流动是不够的,还必须利用"寡占反应行为"来加以解释。寡占反应行为是指各国垄断组织通过挤占竞争对手的地盘来加强自己在国际竞争中的地位。产业内交叉直接投资正是寡占反应行为的主要方式。

金德尔伯格指出,在寡头控制的工业中,FDI 往往是交叉进行的,其目的主要是防止少数竞争对手占领潜在市场而削弱自己的竞争地位。

邓宁认为,双向投资发生在发达国家的同一产业内部,主要有三个原因:一是发达国家之间科技水平接近,在产业内没有一个企业拥有独占的"所有权特定优势",而是几个企业拥有几乎相近或相同的所有权优势。二是从事多阶段生产活动的企业为获得垂直联合的优势,以扩大经济规模、降低生产成本,有必要进行产业内双向投资。三是发达国家之间的国民收入水平相近,需求结构也基本相似,这样就会扩大对异质产品的需求,从而引起发达国家之间的产业内贸易倾向。一旦产业内贸易受阻,产业内的双向投资就会替代产业内贸易。

此外,近年来还有人用"安全港"理论解释产业内的双向投资行为。该理论的核心观点是:在发展中国家投资收益虽较发达国家高,但安全性弱,法律保障程度小,即要承担极大的政治经济风险。因此,宁愿把资本投往发达国家,取得较为稳定的收益,而产业内部条件相近,投资见效也较快,亦可更迅速地获得利润。可见,该理论的运用很容易导致双向投资的增长。

产业内双向投资理论是新近产生的 FDI 理论,用它来解释产业内双向资本流动的现象有合理之处。但该理论还需进一步充实和系统化,使之趋于成熟。

9.3.5 发展中国家引进外资的理论

二战后,亚非拉地区出现了大量的发展中国家,它们大多是人口众多、资源供给相对充裕,但因缺乏必要的资本投入,往往阻碍了它们的经济增长。为此,西方一些发展经济学者,先后提出了多种学说或理论,说明缺乏资本的原因和引进外资的必要性。限于篇幅,这里仅就其中影响较大的三个理论进行简要介绍。

1. 双循环学说

双循环学说,又称贫困恶性循环理论(Vicious Circle of Poverty)是罗格纳·纳克斯(Ragnar Nurkse,1953)提出的关于资本与经济发展关系的理论。纳克斯认为,由于发展中国家的人均收入水平低,投资的资金供给(储蓄)和产品需求(消费)都不足,这就限制了资本形成,使发展中国家长期陷于贫困之中。

从供给方面看,资本形成有一个恶性循环。发展中国家经济不发达,人均收入水平低,人们不得不把大部分收入用于生活消费,而又很少用于储蓄,从而导致了储蓄水平低、储蓄能力低,造成资本形成不足,导致生产规模难以扩大,生产效率难以提高和低产出,又造成低收入。周而复始,形成"低收入—低储蓄—低资本形成—低生产率—低产出—低收入"的恶性循环。

从需求方面看,资本形成也有一个恶性循环。发展中国家经济落后,人均收入水平低下,购买力和消费能力较低,导致投资引诱不足,造成资本形成不足,生产规模难以扩大,生产率难以提高,又带来低产出和低收入水平。这样,形成"低收入—低购买力—低投资引诱—低资本形成—低生产效率—低产出—低收入"恶性循环(见图 9.2)。

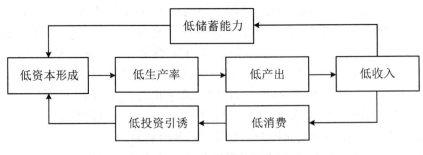

图 9.2 双循环示意图

根据分析,纳克斯认为:阻碍经济增长和发展的关键因素是资本短缺。资本之所以短缺,从需求方面说是由于投资引诱低,从供给方面说是由于储蓄能力低。打破需求方面恶性循环的办法,是扩大市场容量,在各个不同的工业部门中同时进行大规模投资,使经济平衡增长;从供给角度看,其办法是通过相关政策吸引外资并控制消费品进口,将吸引的外资用于资本形成方面的投资。可见,引进外资,对解决处于双循环中的资本短缺总额,具有特别重要的意义。

2. 双缺口理论

双缺口理论(Theory of Double Gaps),又称两缺口模型(Two-gap Model),它是研究如何利用外资来填补发展中国家存在的储蓄缺口和外汇缺口的理论。最早由美国经济学家钱纳里(H. B. Chenery)和斯特劳特(A. M. Strout)于1966年提出。该模型是在凯恩斯宏观经济理论基础上发展起来的,是发展中国家利用外资的重要理论依据。

根据凯恩斯的国民收入理论,可知:

$$Y = C + I + G + X - M \tag{9.1}$$

$$Y = C + S + T \tag{9.2}$$

(9.1)式和(9.2)式中,Y表示国民收入;C表示国内消费;I表示国内投资;G表示政府支出;X表示出口;M表示进口;S表示国民储蓄;T表示税收。

令(9.1)式等于(9.2)式,并假设$G=T$,则有

$$M - X = I - S \tag{9.3}$$

(9.3)式中,$M-X$是进口与出口的差额,被称为外汇缺口;$I-S$是投资与储蓄差额,被称为储蓄缺口。该表达式意即外汇缺口等于储蓄缺口。

该理论的基本论点是,发展中国家的国内储蓄和外汇供给,与完成经济发展预期目标所必需的资金数量之间通常存在着缺口,其中追加投资所需的国内储蓄缺口称为"储蓄缺口",筹集进口品所需的外汇短缺称为"外汇缺口"。假定这两个缺口互不相等,且无替代性,则两个缺口都对发展中国家的经济发展具有很强的约束性。正如国民收入均衡公式总供给与总需求的均衡发生在事后一样,储蓄缺口与外汇缺口的均衡也是事后的均衡。在事前,决定两缺口的四要素都是独立变动的,储蓄缺口不一定等于外汇缺口,要使两缺口平衡,适当的调整是必要的。这种调整可以是消极的做法,也可以是积极的方式。

(1) 消极的调整。即储蓄缺口大于外汇缺口,则减少国内投资或增加国内储蓄;外汇缺口大于储蓄缺口,减少进口或增加出口。但增加储蓄或出口并非短期内所能实现,而削减投资或进口又容易影响经济增长和人民生活提高。

(2) 积极的调整。即引进和利用外资,使两个缺口在更高的经济增长率下达到均衡时,利用外资不仅能缩减两缺口,还能提高经济增长率。换言之,发展中国家可以通过引进外资来弥补上述两个缺口,使外资在克服外汇紧张和提高实际经济增长率方面发挥关键作用。例如,通过外资引进一台新型机器(投资品),该国不

需要出口资源就能得到这项进口,同时也不必由国内储蓄弥补,就能得到这项投资货物,因而有助于同时缓解外汇和储蓄不足的瓶颈现象,为调节经济均衡增长创造条件。这种积极的调整方式,可能会依次经历三个阶段:①弥补吸收能力的不足;②弥补储蓄缺口;③弥补外汇缺口。

该理论模型强调了利用外资对促进发展中国家经济增长的必要性和重要作用,有效利用国外资源离不开计划和政府的调节和干预,揭示了发展中国家经济改革的必要性。

3. 债务周期理论

债务周期理论(Debt Cycle Theory)亦称债务周期假说或国际收支阶段论,是全面阐述一国在参与国际投资进程中呈现出的具有周期性特点的理论。西方经济学家凯尔斯尼首次提出一国的国际收支状况与其经济发展水平是相互联系的。美国经济学家金德尔伯格对此作了近一步的发展。该理论强调外资中除了外援和FDI以外,仍有还本付息的外债,外资流入的过程也是外债积累的过程。

债务周期理论的代表人物为埃弗拉莫维克(D. Avramovic,1964),他提出了债务周期的三个阶段及其条件:① 边际储蓄倾向大于投资率;② 边际出口倾向大于边际进口倾向;③利用外资建设的项目必须有较高的生产效率和经济效益,并能出口创汇。

1972年,费舍尔(S. Fisher)和弗兰克尔(J. A. Frenkel)提出了五阶段债务周期模型:① 不成熟债务国阶段。贸易逆差,净资本流入,利息净流出,债务上升,此阶段以外资弥补外汇缺口。② 成熟债务国阶段。贸易逆差下降,甚至开始有贸易顺差,净资本流入下降,利息净流出,债务积累速度递减。③ 债务减少国阶段。贸易顺差上升,资本开始流出,利息净流出下降,净外债下降。④ 不成熟债权国阶段。贸易顺差下降,甚至转为逆差,利息由净流出开始向净流入转变,拥有的外国资产净积累。⑤ 成熟债权国阶段。贸易逆差,利息净流入,净外国资产缓慢增长,完成由债务人向债权人的转变。

根据国际资本流动的结果,可将各国划分为两大类:债务国(NOI为负值的国家)和债权国(NOI为正值的国家)。债务周期理论从动态角度分析了一国国际借贷地位发生变化的周期性规律,这在一定程度上为各国在不同的发展阶段制定宏观经济政策提供了有价值的参考依据。该理论论证了经常性项目(主要是贸易收支)与资本和金融项目之间相互制约、相互依存的关系,并认为一国通过利用外资,可以促进对外贸易,使之顺差。

但该理论只是抽象的描述了各国在参与国际投资进程中的一般周期性特征,也有其局限性。实际上,各国的政治制度、经济体制、社会环境、资源禀赋、劳动者素质以及对外开放的程度不同,因此,其在债务周期各个阶段所经历的时间以及特征往往与债务周期理论的论述不一致。如美国等由债权大国沦为债务大国,该理论对此还不能做出令人满意的解释。

9.4 中国利用外资及对外投资

新中国成立后,尤其是改革开放以来,利用外资的方式不断增加,规模也不断扩大。外资的进入,弥补了国内生产性投资的不足,引进了大量先进的技术和设备,促进了中国企业管理水平的提高,增加了就业,并使中国经济进一步融入了国际经济体系之中,为中国的经济发展作出了巨大的贡献。另一方面,随着对外开放的不断扩大,中国的对外投资从无到有,从小到大,已有相当大的发展。

《中国国际收支头寸表》显示,2017年中国对外金融资产和负债规模(分别为69256亿美元和51115亿美元)合计近12.04万亿美元,自2004年有数据统计以来年均增长17%。从2016年末的各国数据比较看,中国对外金融资产和负债规模全球排第8位,并且是全球第二大净债权国(金额为19504亿美元)[①]。

9.4.1 中国利用外资

利用外资是利用来自国外的货币资金(如借入国外资金、吸收国外投资、接受国外经济援助等)和以物资、技术、专利等表现的国外资本,以解决本国资金、设备不足的困难,或进行资金调节,达到发展本国经济的目的。

1. 中国利用外资的历史回顾

新中国成立以来,中国利用外资大体经历了四个阶段。

(1) 起步阶段。1950~1964年,主要是利用原苏联的经济援助。1950~1955年间,共向前苏联借款总额56亿多旧卢布,全部使用记账外汇和贷款方式。其主要用途是购买前苏联的设备和技术,偿还期限为10年,偿还方式是中国向前苏联出口矿产品和农副产品。1964年,中国偿清了全部本息。上述借款主要用于国民经济基础建设,创建了156项技术先进的国家重点工程项目,为奠定中国国民经济基础体系起了重要作用。1960年,中苏关系恶化,中国利用外资全部停止。

(2) 转变阶段。1965~1978年,为中国利用西方国家商业资金时期。20世纪60年代,中国利用外资转向西方国家,主要形式是以卖方信贷和延期付款的方式从西方国家引进技术和设备。到1977年,实际签订协议220多项,协议金额35亿美元。1978年,利用外资出现冒进,1年签订50个项目,协议金额78亿美元。

(3) 拓展阶段。1979~1991年,为各类外资的逐步引入与拓展时期。改革开放以后,中国外资利用规模迅速增加,来源渠道逐步多元化,投向范围扩大(行业、地区),外资配置体制开始发生重大变化。

---

① 参见:国家外汇管理局.2017年中国国际收支报告[R].

(4) 全方位发展阶段。1992 年以来,全方位利用外资时期。利用外资的形式得到了继续完善,并有所扩大:借用外债、对外证券融资和吸收 FDI 并举,同时积极开展对外投资。

2. 中国利用外资的主要形式

中国利用外资的渠道和形式多样,大致分为三类:对外借款、FDI 和外商其他投资。

1) 对外借款

对外借款又称借用(举借)外债,是指一国对国外的负债,包括外国政府、国际金融组织贷款以及外国商业银行贷款、出口信贷、对外发行债券等。这里的对外发行债券是指政府、企业、银行或其他金融机构等在国际债券市场上发行外国货币面值的债券,以募集资金。在 1996 年及以前,国内统计中的此项指标还包括企业对外发行的股票,以后,对外发行股票作为外商其他投资的一种形式而单列统计。

按照 IMF 和 IBRD 的定义,外债是"包括一切对非当地居民以外国货币或当地货币为核算单位的有偿还责任的负债"。外债净额等于一国的外债总额,减去该国居民对非居民的全部债权(即海外资产)。外债总额和外债净额反映的都是过去历年累积的对外债务,即外债的存量;国际收支资本与金融项目中则反映每年外债的增减变动额,即外债的流量。

2) 外商直接投资

外商直接投资(FDI)是指外国投资者在中国境内通过设立外商投资企业、合伙企业、与中方投资者共同进行石油资源的合作勘探开发以及设立外国公司分支机构等方式进行投资。外国投资者可以用现金、实物、无形资产、股权等投资,还可以用从外商投资企业获得的利润进行再投资。外商直接投资包括中外合资经营企业、合作企业经营、外商独资企业、中国合作开发项目、外资并购等方式。

(1) 中外合资经营企业,亦称股权式合营企业。它是由外国公司、企业和其他经济组织或个人同中国的公司、企业或其他经济组织在中国境内共同投资举办的企业。其特点是合营各方共同投资、共同经营、共担风险、共负盈亏。

(2) 中外合作经营企业,亦称契约式合营企业。它是由外国公司、企业和其他经济组织或个人同中国的公司、企业或其他经济组织在中国境内共同投资或提供合作条件举办的企业。各方的权利和义务,包括投资或者提供合作条件、利润或者产品的分配、风险和亏损的分担、经营管理的方式和合同终止时财产的归属等事项,都在双方签订的合同中确定。

(3) 外资企业,即外商独资经营企业。它是指外国的公司、企业、其他经济组织或者个人,依照中国法律在中国境内设立的全部资本由外国投资者投资的企业。

(4) 外商投资股份有限公司。它是指按国家有关规定设立的全部资本由等额股份构成,股东以其所认购的股份对公司承担责任,公司以全部财产对公司债务承担责任,中外股东共同持有公司股份。外国股东购买并持有的股份占公司注册资本25%以上的企业法人。

(5) 中外合作开发项目。它是指中国公司与外国公司通过订立风险合同,对海上和陆地石油、矿产资源进行合作勘探开发。它是目前国际上在自然资源领域广泛使用的一种经济合作方式,其最大的特点是高风险、高投入、高收益。合作开发一般分为三个阶段,即勘探、开发和生产阶段。

(6) 外资并购。它是指外国投资者通过兼并或收购的形式而取得中资企业控制权。外国投资者在购买中国境内的非外商投资企业时可以采用两种方式:一是股权并购——购买股东的股权或认购境内公司增资,使该境内公司变更设立为外商投资企业;二是资产并购——设立外商投资企业并通过其协议购买境内企业资产且运营该资产,或者外国投资者协议购买境内企业资产,并以该资产投资设立外商投资企业运营该资产等。

3) 外商其他投资

外商其他投资指除对外借款和FDI以外的各种利用外资的形式。包括企业在境内外股票市场公开发行的以外币计价的股票发行价总额,国际租赁进口设备的应付款,补偿贸易中外商提供的进口设备、技术、物料的价款,加工装配贸易中外商提供的进口设备、物料的价款。外商其他投资主要包括国际租赁、补偿贸易、加工装配以及对外发行股票等方式。

(1) 国际租赁。即国外出租人通过签订租赁合同将机器设备等物品较长期地租给国内承租人,后者将其用于生产经营活动的一种经济合作方式。

(2) 补偿贸易。即由外商直接提供或在信贷基础上提供机器设备给中国企业,中国企业以该设备、技术生产的产品,分期偿还进口设备、技术的价款和利息。

(3) 加工装配。它是来料加工、来件装配业务的统称,即由外商提供原辅材料、零部件、元器件、包装物料等,由中方企业按外商要求加工装配,成品交由外商销售,中方收取外汇工缴费的对外经济合作方式。

(4) 外商投资性公司。即外商在中国以独资或与中国投资者合资的形式设立的从事直接投资的有限责任公司,也就是通常所说的"控股公司"。投资性公司与生产性公司的最大区别是投资性公司不直接从事生产活动。

(5) 对外发行股票。指国内企业在境内、外股票市场公开发行以外国货币计价的股票。目前我国主要发行H股(在香港证券市场上发行)和B股(在境内证券市场上发行)。此项数据在1997年起单列项统计,以前归入对外借款部分的对外发行债券中。

(6) BOT投资方式。BOT是Build-Operate-Transfer的简称,即"建设—经营—移交",其典型形式是政府同国外私营部门的项目公司签订合同,由项目公司筹资和建设基础设施项目。在协议期限内,项目公司拥有、运营和维护这项设施,并通过收取使用费或服务费用,回收投资并取得合理的利润;协议期满后,这项设施的所有权无偿移交给政府。

3. 改革开放以来中国利用外资情况

1) 利用外资基本概况

改革开放以来,境外主体来华各类投资逐步增多。按国际收支统计口径,外国来华直接投资、证券投资和其他投资等外来投资净流入(即对外负债净增加),1982年仅有 11 亿美元,1993 年突破百亿美元(达 326 亿美元),2004 年突破千亿美元(达 1098 亿美元),2013 年达到极值(5633 亿美元)。2017 年各类外来投资净流入 4353 亿美元。其中,直接投资①项下境外资本净流入 1682 亿美元(占比 38.6%),证券投资项下境外资本净流入 1168 亿美元(规模创历史新高,占比 26.8%),来华其他投资净流入 1513 亿美元(占比 34.6%),金融衍生工具项下净流出 10 亿美元(见表 9.11)。

表 9.11　1982—2017 年境外主体来华各类投资净流入情况(单位:亿美元)

年份 项目	1982	1990	2000	2010	2013	2014	2015	2016	2017
直接投资	4	35	384	2437	2909	2681	2425	1747	1682
证券投资	0	0	73	317	582	932	67	505	1168
金融衍生工具	0	0	0	0	0	0	13	12	−10
其他投资	6	14	123	1887	2142	502	−3515	332	1513
合计	11	49	580	4641	5633	4115	−1010	2596	4353

资料来源:国家外汇管理局,历年《国际收支平衡表(BPM6)》。

2) 对外借款情况

随着改革开放的不断深入,中国借用外债的规模越来越大(见表 9.12)。外债余额 1985 年为 158.3 亿美元,1995 年突破千亿美元(达 1065.9 亿美元),2014 年突破万亿美元(达 17799 亿美元的历史最高水平),这些外借的债务为中国经济发展和社会进步发挥了积极作用。

---

① 中国国际收支统计口径的直接投资与商务部统计口径的主要差异在于,国际收支统计采用资产负债原则编制和列示,商务部统计直接投资数据采用方向原则编制和列示,两者对反向(逆向)投资和联属企业间投资的记录原则不同。除上述原则外,国际收支统计中的直接投资负债与商务部统计来华直接投资数据的差异还在于,直接投资负债包括了外商直接投资企业的未分配利润、已分配未汇出利润、盈余公积、股东贷款、金融机构吸收外资等内容。

表 9.12　1985～2017 年中国外债规模及期限结构

项目 年度	外债余额 （10 亿美元）	中长期外债		短期外债	
		余额（10 亿美元）	占比（%）	余额（10 亿美元）	占比（%）
1985	15.83	9.41	59.4	6.42	40.6
1990	52.55	45.78	87.1	6.77	12.9
1995	106.59	94.68	88.8	11.91	11.2
2000	145.73	132.65	91.0	13.08	9.0
2005	296.54	124.90	42.1	171.64	57.9
2010	548.94	173.24	31.6	375.70	68.4
2013	863.17	186.54	21.6	676.63	78.4
2014	1779.90	481.70	27.1	1298.20	72.9
2015	1382.98	495.57	35.8	887.41	64.2
2016	1415.80	549.76	38.8	866.04	61.2
2017	1710.62	611.58	35.8	1099.04	64.2

资料来源：国家外汇管理局官网，经整理。

国家外汇管理局统计数据显示，截至 2017 年末，中国全口径（含本外币）外债余额为 17106 亿美元（不包括香港特区、澳门特区和台湾地区对外负债，下同），比上年增长 20.8%。

纵观 1985 年至 2017 年（末）间中国外债主要风险指标①情况，偿债率在 1.6% 到 15.4% 之间，债务率在 24.7% 到 96.5% 之间，负债率在 5.1% 到 17.2% 之间，短期外债与外汇储备之比在 7.9% 到 242.8% 之间（该比值超过 100% 的年份为 2005～2008 年）。2017 年末，中国负债率为 14%，债务率为 70.6%，偿债率为 6.9%，短期外债与外汇储备的比例为 35%（见表 9.13），上述指标均在国际公认的安全线以内，中国外债风险总体可控。

---

① 外债风险指标中，负债率即外债余额与当年国内生产总值之比；债务率即外债余额与当年国际收支统计口径的货物与服务贸易出口收入之比；偿债率即中长期外债还本付息与短期外债付息额之和与当年国际收支统计口径的货物与服务贸易出口收入之比。负债率、债务率、偿债率、短期外债与外汇储备的比例等外债风险指标的国际公认安全线分别为 20%、100%、20% 和 100%。

表 9.13　1985～2017 年中国外债主要风险指标情况

项目年份	偿债率(%)	债务率(%)	负债率(%)	短期外债与外汇储备之比(%)	项目年份	偿债率(%)	债务率(%)	负债率(%)	短期外债与外汇储备之比(%)
1985	2.7	56.0	5.1	242.8	2010	1.6	29.2	9.1	13.2
1990	8.7	91.6	13.4	61.0	2015	5.0	58.6	12.5	26.6
1995	7.6	72.4	14.6	16.2	2016	6.1	64.4	12.6	28.8
2000	9.2	52.1	12.1	7.9	2017	6.9	70.6	14.0	35.0
2005	3.1	35.4	13.1	21.0					

注:表中各项指标均为每年年末数据。
资料来源:国家外汇管理局官网,经整理。

3) 外商投资情况

吸收外商投资是中国对外开放基本国策的重要内容,是建设有中国特色社会主义经济的伟大实践。经过近 40 年的努力,在中国外商投资法律体系和管理制度逐步完善的同时,吸收外资规模不断扩大,水平不断提高,取得举世瞩目的成绩,有力地促进了国民经济持续、快速、健康发展。纵观改革开放以来外商对华投资情况,主要有以下发展特征:

(1) 外商投资额稳步增长。1979～2017 年,中国实际使用外商投资额稳步增长。从流量看,1985 年仅 18.94 亿美元,1992 年突破百亿美元(达 112.92 亿美元),2010 年突破千亿美元(达 1088.21 亿美元),2017 年达到空前的 1310.35 亿美元(见表 9.14)。作为国际资本流入最为活跃的东道国之一,中国年度 FDI 流入规模位居世界前列,自 1993 年开始,截至 2017 年已连续 25 年保持发展中经济体的首位。

表 9.14　1979～2017 年我国实际使用外商投资额(单位:亿美元)

项目年份	外商直接投资	外商其他投资	合计	项目年份	外商直接投资	外商其他投资	合计
1979～1984	41.04	10.42	51.46	2011	1160.11	16.87	1176.98
1985	15.96	2.98	18.94	2012	1117.16	15.78	1132.94
1990	34.87	2.68	37.55	2013	1175.86	11.34	1187.21
1995	375.21	2.85	378.06	2014	1195.62	1.44	1197.05
2000	407.15	86.41	493.56	2015	1262.67	—	1262.67
2005	603.25	34.80	638.05	2016	1260.01	—	1260.01
2010	1057.35	30.86	1088.21	2017	1310.35	—	1310.35

注:(1) 表中数据不含各年度我国对外借款额;(2) 1979～1984 年为合计数。
资料来源:(1) 国家统计局.中国统计年鉴(2017)[Z].经整理.
(2) 2017 年数据来自中国商务部。

1979~2017年，中国累计吸收外商投资额16806.71亿美元，其中FDI累计额16256.34亿美元(占比为96.73%)。表9.15显示，中国FDI流入存量不断增加，由1990年末的206.91亿美元增加至2016年的13544.04亿美元，在全球的比重逐步提高，由1990年末的0.94%升至2016年末的5.07%。

表9.15 1990~2016年末中国FDI流入存量及其在全球的比重

年 份	1990	2000	2010	2014	2015	2016
年末存量(亿美元)	206.91	1933.48	5878.17	10852.93	12209.03	13544.04
全球占比(%)	0.94	2.68	2.91	4.17	4.89	5.07

资料来源：UNCTAD. WIR(2017)[Z].(附表数据，经整理).

(2) 外商独资经营逐步成为主导方式。在外商对华直接投资方式上，出现了从"合作"到"合资"再到"独资"的演变。起步阶段外商投资以合作经营为主，随后合资经营替代合作经营成为主导。1998年，独资经营的外资企业合同利用外资(217.5亿美元)首次超过合资企业(172.9亿美元)，成为FDI的最主要方式。2017年，独资企业利用外资(913.44亿美元，占比为69.7%)已经远远超过合资企业利用外资额(297.41亿美元，占比为22.7%)。在这里，外商选择独资化经营方式，是跨国公司有效实现其全球战略的必然选择，同时也是境外投资者对中国投资环境日趋改善、投资信心日益增强的基本考虑。

从流量上看(见表9.16)，2012~2016年，外商在中国合资经营投资额占比为20%上下，合作经营投资额占比均不足2%，独资经营投资额占比在70%上下。从存量上看，截至2016年末，外商在中国合资经营投资额占比近25%，合作经营额占比已不足6%，而独资经营投资额占比则升至60%以上。

表9.16 2012~2016年(末)外商在华直接投资方式结构(单位：亿美元)

项目	产业名称	2016 金额	2016 占比(%)	2015 金额	2015 占比(%)	2012 金额	2012 占比(%)
流量	合 计	1337.1	100.00	1355.8	100.00	1210.7	100.00
	合资经营	302.0	22.59	258.9	19.09	217.1	17.93
	合作经营	8.3	0.62	18.5	1.36	23.1	1.91
	独资经营	861.3	64.41	952.9	70.28	861.3	71.14
	投资股份制	88.4	6.61	32.5	2.40	15.7	1.30
	其 他	77.1	5.77	93.1	6.87	93.6	7.73
存量	合 计	18746.2	100.00	17409.1	100.00	13529.2	100.00
	合资经营	4685.3	24.99	4383.3	25.18	3676.7	27.18

续表

项目	产业名称	2016 金额	2016 占比(%)	2015 金额	2015 占比(%)	2012 金额	2012 占比(%)
存量	合作经营	1108.4	5.91	1100.1	6.32	1045.9	7.73
	独资经营	11530.6	61.51	10669.3	61.29	7873.2	58.19
	投资股份制	274.9	1.47	186.5	1.07	109.3	0.81
	其他	1147.0	6.12	1069.9	6.14	824.17	6.09

注：金额及占比为实际使用外资额及其比重。
资料来源：中国商务部. 中国外资统计(2013～2017)[Z]. 经整理.

（3）服务业日益成为FDI主导行业。长期以来，外商对华直接投资主要集中于第二产业，特别是制造业。但"入世"以来，外商在华直接投资的产业结构有了明显改善，其中最大的变化是外资流向朝着第三产业倾斜。从2011年起，外商投资第三产业份额超过实际利用FDI总额的一半以上（为53.42%）。以2011年为界，中国制造业吸引FDI项目数和实际使用FDI金额均出现连续负增长的趋势。2008～2016年间，中国制造业实际使用FDI占比由54.0%降至28.2%（见表9.17）。外商在华直接投资产业结构的变化反映了外商对华投资战略的转变。外商对中国的制造业，特别是劳动力成本上升明显的行业的投资出现下降，而流入服务业的投资却大幅增长。

表9.17　2008～2016年外商对华直接投资分行业情况（单位：亿美元）

行业 \ 年份	2016	2015	2010	2008
农、林、牧、渔业	18.98	15.34	19.12	11.91
制造业	354.92	395.43	495.91	498.95
电力、燃气及水生产和供应业	21.47	22.50	21.25	16.96
交通运输、仓储和邮政业	50.89	41.86	22.44	28.51
信息传输、计算机服务和软件业	84.42	38.36	24.87	27.75
批发和零售业	158.70	120.23	65.96	44.33
金融业	102.89	149.69	11.23	5.73
房地产业	196.55	289.95	239.86	185.90
租赁和商务服务业	161.32	100.50	71.30	50.59
居民服务和其他服务业	4.90	7.21	20.53	6.00
其他	104.97	81.60	64.88	47.32

资料来源：国家统计局. 中国统计年鉴(2017)[Z]. 经整理.

就外商在华直接投资三次产业结构而言,流量上看,2012～2016年,外商在中国第一产业投资额占比均不足2%,第二产业投资额占比则由43.33%逐年降至30.07%,第三产业投资额占比由54.97%逐年递增至68.51%。从合同外资额存量上看,截至2016年末,外商在中国第一产业投资额占比仅有2.56%,第二产业投资额占比已经降为52.75%,而第三产业投资额占比已增至近45%(见表9.18)。

表9.18 2012～2016年(末)外商对华直接投资产业结构(单位:亿美元)

项目	产业名称	2016 金额	2016 占比(%)	2015 金额	2015 占比(%)	2012 金额	2012 占比(%)
流量	合计	1337.1	100.00	1355.8	100.00	1210.7	100.00
流量	第一产业	19.0	1.42	15.3	1.13	20.6	1.70
流量	第二产业	402.1	30.07	436.0	32.16	524.6	43.33
流量	第三产业	916.0	68.51	904.5	66.71	665.5	54.97
存量	合计	40123.1	100.00	36648.6	100.00	28330.2	100.00
存量	第一产业	1026.8	2.56	863.2	2.36	640.1	2.26
存量	第二产业	21164.1	52.75	20168.9	55.03	17387.4	61.37
存量	第三产业	17932.1	44.69	15616.5	42.61	10302.7	36.37

注:流量中的金额及占比为实际使用外资额及其比重,存量中的金额及占比为合同利用外资额及其比重。
资料来源:中国商务部.中国外资统计(2013—2017)[Z].经整理.

(4)亚洲地区仍是FDI的主要来源地。长期以来,亚洲地区(特别是我国港台地区)一直是对中国内地吸收FDI的主要来源地。在经济开放过程中,尽管流入中国内地的FDI在多元化方面有所提升,但对来自我国港台地区的FDI依然有很大的依赖性,中国香港一直是中国内地最重要的FDI来源地(历年均居于首位)。从近年的实际情况看(见表9.19),2010、2015、2016年,来自中国香港的FDI占比分别达57.28%、68.42%和64.65%。此外,来自美国、欧盟、日本和韩国等发达经济体,以及英属维尔京群岛、开曼群岛以及萨摩亚等离岸金融中心和"避税天堂"国家(地区)对中国的FDI也占有较大的比重,如英属维尔京群岛多年来一直位居对中国FDI的第二位,2010、2015、2016年,来自英属维尔京群岛的FDI占比分别为9.88%、5.85%和5.35%。

表 9.19 2010～2016 年对华直接投资前 10 位国家或地区情况(金额单位:亿美元)

排序	2016 年		2015 年		2010 年	
	国家(地区)	金额	国家(地区)	金额	国家(地区)	金额
1	中国香港	814.65	中国香港	863.87	中国香港	605.67
2	维尔京群岛	67.40	维尔京群岛	73.88	维尔京群岛	104.47
3	新加坡	60.47	新加坡	69.04	新加坡	54.28
4	开曼群岛	51.51	韩国	40.34	日本	40.84
5	韩国	47.51	日本	31.95	美国	30.17
6	日本	30.96	美国	20.89	韩国	26.92
7	德国	27.10	萨摩亚	19.91	开曼群岛	25.82
8	美国	23.86	德国	15.56	中国台湾	24.76
9	中国台湾	19.63	中国台湾	15.37	萨摩亚	17.73
10	卢森堡	13.86	开曼群岛	14.44	法国	12.38
	合计	1156.95	以上合计	1165.25	以上合计	943.04
	占比(%)	91.82	占比(%)	92.28	占比(%)	89.19

资料来源:国家统计局.中国统计年鉴(2017)[Z].经整理.

从存量上看,截至 2016 年末,对中国直接投资存量最多的 3 个国家或地区依次是中国香港、英属维尔京群岛和日本。前 10 个国家或地区对中国直接投资存量合计占比达 83.42%,其在中国内地投资的企业数量合计占比达 86.19%(见表 9.20)。

表 9.20 截至 2016 年对华直接投资存量前 10 位国家或地区情况(单位:亿美元)

序号	国家(地区)	企业数	比重(%)	实际使用外资额	比重(%)
1	中国香港	398966	46.15	9147.90	48.80
2	英属维尔京群岛	23857	2.76	1559.13	8.32
3	日本	50416	5.83	1049.21	5.60
4	新加坡	23165	2.68	852.68	4.55
5	美国	67085	7.76	798.56	4.26
6	韩国	61758	7.14	686.97	3.66
7	中国台湾	98815	11.43	646.52	3.45
8	开曼群岛	3281	0.38	353.24	1.88
9	德国	9394	1.09	281.77	1.50

续表

序号	国家(地区)	企业数	比重(%)	实际使用外资额	比重(%)
10	萨摩亚	8394	0.97	262.14	1.40
	其 他	119372	13.81	3108.05	16.58
	总 计	864503	100.00	18746.17	100.00

资料来源:中国商务部.中国外资统计(2017)[Z].

(5) 东部地区仍是 FDI 的主要区位。长期以来,尽管外商在华 FDI 的区位结构有所改善,中西部地区日益受到外资的青睐,但无论从流量上还是从存量上,FDI 在中国各区域的区位分布上仍表现的极不均衡,投资的地理区域高度集中于东部地区。2012~2016 年(末),东部地区吸收 FDI 流量占比均在 76% 以上,存量占比均超 80%(见表 9.21)。

表 9.21 2012~2016 年(末)外商对华直接投资区位结构(单位:亿美元)

项目	产业名称	2016 金额	2016 占比(%)	2015 金额	2015 占比(%)	2012 金额	2012 占比(%)
	合 计	1337.1	100.00	1355.8	100.00	1210.7	100.00
流量	东部地区	1092.9	81.73	1058.7	78.09	925.1	76.41
	中部地区	71.0	5.31	104.4	7.70	92.9	7.67
	西部地区	96.2	7.19	99.6	7.34	99.2	8.19
	有关部门	77.1	5.77	93.1	6.87	93.6	7.73
	合计	18746.2	100.00	17409.1	100.00	13529.2	100.00
存量	东部地区	15084.1	80.46	13991.2	80.37	10984.5	81.19
	中部地区	1409.8	7.52	1338.9	7.69	1024.8	7.57
	西部地区	1189.3	6.34	1093.2	6.28	779.8	5.76
	有关部门	1063.0	5.67	985.9	5.67	740.1	5.47

注:① 金额及占比为实际使用外资额及其比重;② 表中的东部地区:北京、天津、河北、辽宁、山东、江苏、上海、浙江、福建、广东和海南,中部地区:山西、吉林、黑龙江、河南、安徽、湖北、江西和湖南,西部地区:内蒙古、陕西、宁夏、甘肃、新疆、青海、西藏、四川、重庆、云南、贵州、广西,有关部门项下包括银行、保险、证券行业吸收 FDI 数据。

资料来源:中国商务部.中国外资统计(2013~2017)[Z].经整理.

(6) 外商投资日益成为推动中国改革发展的强大动力[①]。利用外资倒逼改革，推动中国行政审批、工商注册、税务登记、知识产权保护、政府采购等制度以及市场竞争规则等的全方位改革，促进了法制化、便利化、国际化的营商环境构建。外资拉动着经济成长，2016年，外资企业固定资产投资增长15.6%，高于全国平均增速7.5个百分点，外资企业出口占全国的43.7%，纳税占18.3%，就业占城镇总就业人数的9.9%，规模以上工业企业利润占全国的25.2%，外资企业数量不足全国各类企业总量的3%，创造了近一半的对外贸易、1/5的财政收入及1/7的城镇就业；大批产品品质优良、技术创新能力强、占据价值链高端的外商投资，产生了明显的技术、管理、知识、信息和营销理念等的外溢效应，促进着创新发展和经济结构升级，有效提升了中国国际经济竞争力。

9.4.2 中国对外投资

对外投资是指中华人民共和国境内各类投资主体（不含我国港澳台地区）通过投入货币、有价证券、实物、知识产权或技术、股权、债权等资产和权益或提供担保，获得境外所有权、控制权、经营管理权及其他相关权益的活动。中国企业在国外投资，发展跨国经营，是在对外开放政策的指引下发展起来的一项新兴事业。

1. 对外投资基本概况

改革开放初期，中国企业开始进行对外投资尝试。1991年以前，中国对外投资以在对外贸易基础上发展起来的窗口公司、贸易公司或少量初级加工业为主，投资规模较小，年度总投资额不超过10亿美元。根据UNCTAD统计，截至1990年底，中国FDI流出存量44.55亿美元。该时期对外投资基本上处于自发状态，总体特点是个项目规模小、投资领域窄、方式相对单一。20世纪90年代，中国第二产业企业对外投资发展较快，境外装配加工投资增长迅速，并有几项较大规模的境外能源资源投资。

2000年，中国提出实施"走出去"战略，鼓励国内有条件的企业"走出去"参与国际经济合作与竞争。2013年，中国提出"一带一路"倡议，鼓励资本、技术、产品、服务和文化"走出去"，对外投资进入全新的发展阶段。近10多年来，中国对外投资快速发展，投资规模已稳居世界前列，不仅提高了中国企业的国际竞争力，推动了中国经济的转型升级，而且与世界各国实现互利共赢、共同发展，为建设开放型世界经济做出了积极贡献。

纵观改革开放以来，境内主体对外各类投资稳步增加。按国际收支统计口径，

---

① 参见：桑百川. 利用外资成为助推改革与发展的强大动力[N]. 国际商报，2017-12-29(A08).

境内主体对外直接投资、证券投资和其他投资等资产合计净增加额,1982年仅有29亿美元,1997年突破百亿美元(达431亿美元),2006年突破千亿美元(达1671亿美元),2016年达到极值(6756亿美元)。2017年各类对外投资资产合计净增加2867亿美元(同比少增58%),其中,直接投资资产净增加1019亿美元(占比为35.5%),证券投资资产净增加1094亿美元(规模创历史新高,占比为38.2%),其他投资资产净增加769亿美元(占比为26.8%),金融衍生工具资产净减少15亿美元(见表9.22)。

表9.22 1982～2017年境内主体对外各类投资资产净增加情况(单位:亿美元)

年 份	1982	1990	2000	2010	2013	2014	2015	2016	2017
直接投资	0.44	8.30	9	580	730	1231	1744	2164	1019
证券投资	0.20	2.41	113	76	54	108	732	1028	1094
金融衍生工具	0	0	0	0	0	0	34	65	—15
其他投资	27.87	66.20	439	1163	1420	3289	825	3499	769
合计	28.51	76.91	561	1819	2203	4629	3335	6756	2867

资料来源:国家外汇管理局,历年《国际收支平衡表(BPM6)》。

2. 对外直接投资的发展状况

纵观21世纪以来的发展,中国FDI流出(即Overseas Direct Investment, ODI)呈现了规模不断攀升、结构进一步优化、区位分布更为广泛、行业领域更加丰富、主体日趋多元、并购方式日趋活跃、股权投资渐成主流等基本特征,同时也展现出了良好的发展态势。ODI深化了中国与世界各地的互利合作,促进了当地的经济增长和就业,也为世界经济的发展作出了积极贡献。

1)投资规模不断攀升

十多年来,中国ODI规模保持了较快的增长态势。2005年ODI流量突破百亿美元,2013年超越千亿美元,2015年对外投资额首次超过利用外资额,2016年达到1961.5亿美元,由2002年的全球第26位跃升至2016年的第2位,同期占全球比重也由0.5%提升至13.5%,首次突破两位数。2002～2016年间,ODI流量年均增长率35.8%。在投资存量方面,2007年首次突破千亿美元,2015年突破万亿美元,2016年攀升至13573.9亿美元,ODI存量由2002年的全球第25位上升至2016年的第6位,占比由0.4%提高至5.2%(见表9.23)。

表 9.23 2002～2016 年中国 FDI 流出规模及其在全球位次变动情况

年份	流量			存量	
	金额(亿美元)	全球位次	同比(%)	金额(亿美元)	全球位次
2002	27.0	26	—	299.0	25
2005	122.6	17	122.9	572.0	34
2010	688.1	5	21.7	3172.1	17
2015	1456.7	2	18.3	10978.6	8
2016	1961.5	2	34.7	13573.9	6

注:2002～2005 年数据为中国对外非金融类直接投资数据,2010～2016 年为全行业 FDI 数据。

资料来源:中国商务部,国家统计局,国家外汇管理局.2016 年度中国对外直接投资统计公报[Z].经整理.表 9.24～9.29 亦同.

另据商务部的统计数据,2017 年,我国境内投资者共对全球 174 个国家和地区的 6236 家境外企业进行非金融类直接投资,累计实现投资 8107.5 亿元人民币,同比下降 28.2%(折合 1200.8 亿美元,同比下降 29.4%)。从对外投资构成看,股权和债务工具投资 6892.2 亿元人民币,同比下降 31.8%(折合 1020.8 亿美元,同比下降 32.9%),占 85%;收益再投资 1215.3 亿元人民币,同比增长 1.6%(折合 180 亿美元,与上年持平),占 15%。

2) 投资区位分布广泛

截至 2016 年末,中国 ODI 分布在全球 190 个国家(地区),境内投资者设立对外投资企业 3.72 万家,覆盖全球超过 80%的国家(地区),境外企业资产总额达 5 万亿美元。在各大洲分布上,对亚洲投资最多,存量 9094.5 亿美元,占比为 67%;其次是拉丁美洲 2071.5 亿美元,占比为 15.3%;欧洲 872 亿美元,占比为 6.4%;北美洲 754.7 亿美元,占比为 5.6%;非洲 398.8 亿美元,占比为 2.9%;大洋洲 382.4 亿美元,占比为 2.8%。2016 年末 ODI 存量数据显示,接受中国 ODI 较多的经济体包括中国香港、开曼群岛、英属维尔京群岛、美国、新加坡、澳大利亚、荷兰、英国、俄罗斯和加拿大等(见表 9.24)。

表 9.24 2016 年(末)中国对外直接投资前 10 位国家或地区(单位:亿美元)

序号	流量			存量		
	国家(地区)	金额	占比(%)	国家(地区)	金额	占比(%)
1	中国香港	1142.3	58.2	中国香港	7807.45	57.5
2	美国	169.8	8.7	开曼群岛	1042.09	7.7
3	开曼群岛	135.2	6.9	英属维尔京群岛	887.66	6.5

续表

序号	流量			存量		
	国家(地区)	金额	占比(%)	国家(地区)	金额	占比(%)
4	英属维尔京群岛	122.9	6.3	美国	605.80	4.4
5	澳大利亚	41.9	2.1	新加坡	334.46	2.5
6	新加坡	31.7	1.6	澳大利亚	333.51	2.5
7	加拿大	28.7	1.5	荷兰	205.88	1.5
8	德国	23.8	1.2	英国	176.12	1.3
9	以色列	18.4	0.9	俄罗斯联邦	129.80	1.0
10	马来西亚	18.3	0.9	加拿大	127.26	0.9
	合计	1733.0	88.4	合计	11650.03	85.8

发展中经济体仍是中国ODI的重点地区。2016年末,中国在发展中经济体的投资存量达11426.18亿美元,占84.2%,这其中,中国香港就占发展中经济体投资存量的68.3%,东盟占6.3%(存量为715.54亿美元);在发达经济体的投资存量为1913.97亿美元,占14.1%,其中欧盟占发达经济体投资存量的36.5%(698.4亿美元),美国占31.7%、澳大利亚占17.4%。

3) 投资行业领域更加丰富

目前,中国ODI已涵盖国民经济18个行业大类。除租赁和商务服务业、金融业、批发和零售业、采矿业、制造业、交通运输仓储和邮政业、农林牧渔业等传统产业以外,近年来对科学研究和技术服务业、信息传输软件和信息技术服务业、教育、医疗、社会公共服务设施等领域的投资增长较快,对外投资产业结构进一步优化。2016年(见表9.25),中国企业对制造业、信息传输软件和信息技术服务业的投资额分别为290.5亿美元、186.7亿美元,占中国ODI的份额依次为14.8%、9.5%,分别比上一年提高1.1、4.8个百分点。其中,流向装备制造业的投资同比增长了41.4%,在制造业投资总额中占比近一半(49.1%)。

表9.25　2016年(末)中国对外直接投资行业分布(单位:亿美元)

序号	流量			存量		
	行业	金额	占比(%)	行业	金额	占比(%)
1	租赁及商务服务业	657.8	33.5	租赁及商务服务业	4739.9	34.9
2	制造业	290.5	14.8	金融业	1773.4	13.1
3	批发和零售业	208.9	10.7	批发和零售业	1691.7	12.5

续表

序号	流量			存量		
	行业	金额	占比(%)	行业	金额	占比(%)
4	信息传输/软件和信息技术服务业	186.7	9.5	采矿业	1523.7	11.2
5	房地产业	152.5	7.8	制造业	1081.1	8.0
6	金融业	149.2	7.6	信息传输/软件和信息技术服务业	648.0	4.8
7	居民服务/修理及其他服务业	54.2	2.8	房地产业	461.1	3.4
8	建筑业	43.9	2.2	交通运输/仓储和邮政业	414.2	3.1
9	科学研究和技术服务业	42.4	2.2	建筑业	324.2	2.4
10	文化/体育和娱乐业	38.7	2.0	电力/热力/燃气及水的生产和供应业	228.2	1.7
	其他行业	136.7	7.0	其他行业	688.4	5.1

按三次产业划分,2016年末中国ODI存量的76.3%分布在第三产业(即服务业),金额为10360.4亿美元;第二产业存量3083亿美元,占比22.7%;第一产业存量130.5亿美元,占比1%。

4) 投资主体日趋多元

目前,从规模上看,国有企业仍然是中国企业"走出去"的主力军,但民营企业发展势头迅猛。从企业数量上看,对外投资的民营企业数量已超过国有企业,占企业总数的六成以上。从企业来源地看,2006年央企的对外投资占比达86.4%,地方企业仅为13.6%;而在2016年,央企的对外投资占比降至12.6%,地方企业占比攀升至87.4%。在地方企业中,长江经济带沿线省市的企业对外投资活跃,2016年占全国对外投资的份额达35.5%。

2006～2016年,按境内投资者工商行政管理注册类型分类,在中国对外非金融类直接投资存量中,国有企业占比由2006年末的81%下降至2016年末的54.3%,而非国有企业同期占比从19%上升至45.7%(见表9.26)。

表 9.26　2016 年末中国不同类型企业对外非金融类直接投资存量占比情况

序号	企业类型	占比（%）	序号	企业类型	占比（%）	序号	企业类型	占比（%）
1	国有企业	54.3	4	股份有限公司	8.6	7	股份合作企业	0.7
2	有限责任公司	17.8	5	外商投资企业	3.5	8	集体企业	0.3
3	私营企业	8.7	6	港澳台投资企业	3.5	9	其他	2.6

近年来，地方企业对外投资更加活跃。2016 年，地方企业对外非金融类直接投资流量达 1505.1 亿美元，同比增长 60.8%，占全国对外非金融类直接投资流量的 83%，是 ODI 的主力军。从存量来看，2016 年末，地方企业对外非金融类直接投资达 5240.5 亿美元，占全国对外非金融类直接投资存量的 44.4%，较 2015 年末增加 7.7 个百分点。这其中，无论是从地方企业对外非金融类直接投资 2016 年的流量还是该年末的存量来看（见表 9.27），东部地区的地方企业均占 8 成以上（分别占比 83.4% 和 80.7%）。

表 9.27　2016 年（末）中国地方企业对外非金融类直接投资按区域分布情况

地　区	流　量		存　量	
	金额（亿美元）	占比（%）	金额（亿美元）	占比（%）
东部地区	1256.0	83.4	4232.9	80.7
中部地区	101.1	6.7	356.0	6.8
西部地区	115.5	7.7	428.1	8.2
东北三省	32.5	2.2	223.5	4.3
合　计	1505.1	100.0	5240.5	100.0

注：① 东部地区包括：北京、天津、河北、山东、江苏、上海、浙江、福建、广东和海南；② 中部地区包括山西、河南、安徽、湖北、江西和湖南；③ 西部地区包括内蒙古、陕西、宁夏、甘肃、新疆、青海、西藏、四川、重庆、云南、贵州、广西；④ 东北三省指黑龙江、吉林和辽宁。

5）并购投资方式日趋活跃

在诸多 ODI 方式中，中国企业跨国并购日趋活跃、亮点突出，投资领域不断拓宽。2016 年是中国企业对外投资并购最为活跃的年份，共实施完成并购项目 765 起，涉及 74 个国家或地区，实际交易总额 1353.3 亿美元，其中直接投资[①] 865 亿美元，占并购总额的 63.9%（另有境外融资 488.3 亿美元，占比 36.1%），占当年中国 ODI 总额的 44.1%（见表 9.28）。

---

① 这里的"直接投资"指境内投资者或其境外企业收购项目的款项来源于境内投资者的自有资金、境内银行贷款（不包括境内投资者担保的境外贷款）。

表 9.28　2005～2016 年中国对外投资并购情况（单位：亿美元）

年份	并购金额	同比(%)	比重(%)	年份	并购金额	同比(%)	比重(%)
2005	65.0	116.7	53.0	2011	272.0	-8.4	36.4
2006	82.5	26.9	39.0	2012	434.0	59.6	31.4
2007	63.0	-23.6	23.8	2013	529.0	21.9	31.3
2008	302.0	379.4	54.0	2014	569.0	7.6	26.4
2009	192.0	-36.4	34.0	2015	544.4	-4.3	25.6
2010	297.0	54.7	43.2	2016	1353.3	148.6	44.1

注：2012～2016 年并购金额包括境外融资部分，比重为直接投资占当年流量的比重。

2016 年，中国企业对外投资并购涵盖了国民经济 18 个行业大类。从并购金额上看，制造业 301.1 亿美元，同比增长 119.5%，位居首位（占比 22.3%），涉及 200 个项目；信息传输/软件和信息技术服务业 264.1 亿美元，同比增长 214%，位列次席（占比 19.5%）；交通运输/仓储和邮政业 137.9 亿美元，同比增长 756.5%，位居第三位（占比 10.2%）。

2016 年，中国企业对外投资并购分布在全球 74 个国家和地区。从实际并购金额看，美国、中国香港、开曼群岛、巴西、德国、芬兰、英属维尔京群岛、澳大利亚、法国和英国位列前十。

6) 股权投资成为主流方式

就投资资金来源看，新增股权投资日益成为主流方式。2006～2016 年间（见表 9.29），在中国 ODI 流量总额 9641.5 亿美元中，新增股权投资占比 45.6%，当期收益再投资占比为 27.5%，债务工具投资占比 26.9%。尤其是近年来，新增股权投资增长迅速，占比快速提高，2015 年与 2016 年分别达 66.4% 和 58.2%；而当期收益再投资占比则是由 2014 年的 36.1%，快速降至 2015 年的 26.0% 和 2016 年的 15.6%；债务工具投资（仅涉及对外非金融类企业）波动较大，2016 年创历史极值，达 513.6 亿美元，是上年的 4.6 倍，占比为 26.2%（2015 年占比仅为 7.6%）。

表 9.29　2006～2016 年中国 FDI 流出量构成情况（单位：亿美元）

年份	新增股权		当期收益再投资		债务工具投资	
	金额	比重(%)	金额	比重(%)	金额	比重(%)
2006	51.7	24.4	66.5	31.4	93.4	44.2
2010	206.4	30.0	240.1	34.9	241.6	35.1
2015	967.1	66.4	379.1	26.0	110.5	7.6
2016	1141.3	58.2	306.6	15.6	513.6	26.2
2006～2016 年合计	4399.3	45.6	2646.9	27.5	2595.3	26.9

总体看,中国企业对外投资规模的迅速增长,反映了中国经济实力的不断壮大和对外开放水平的显著提高,展现出中国与世界各国经济联系日益紧密的良好前景。同时,与全球第二大经济体的经济地位相比,中国对外投资规模仍然相对较低。中国的 ODI 存量与 GDP 比率长期低于世界平均水平。2016 年,中国 ODI 存量与 GDP 的比率为 11.4%,而世界、发达经济体、发展中经济体、转型经济体的比率分别为 34.6%、44.8%、19.8%、22.6%。这表明,中国 ODI 仍然具有较大的增长潜力。

本章小结

国际资本流动是指资本在国际间的转移,包括资本流出和资本流入两个方面。国际资本流动与国际资金流动、资本输出、输入(习惯简称"资本输出入")等概念既有联系,又有区别;同时,与一国的国际收支之间存在着密切的关系。

按资本使用期限的长短不同,国际资本流动可分为长期资本流动和短期资本流动。前者又可分为直接投资、证券投资、国际贷款和国际经济援助四种类型;而后者也可分为贸易性、金融性、保值性和投机性资本流动。

追求较高的资本预期收益率,尤其是追逐高额利润是国际资本流动的内在动因。此外,资本供求、利率与汇率、经济政策、风险防范及恶意投机等一系列因素也对国际资本流动产生重大影响。

20 世纪 70 年代,特别是进入 21 世纪以来,国际资本流动取得了突破性进展,资本流动规模及活跃度达到空前高度,同时,国际资本流动格局(结构)也发生巨大的变化。FDI 逐步成为国际资本流动的主要方式,资本流向的区域结构呈现明显的周期性及双向流动特征,资本来源的区域结构呈现多元化趋势,服务业已转变为资本投向的主要行业,以跨国公司及机构投资者等私人资本成为国际资本流动的主体。

不论是长期资本流动还是短期资本流动,它们都将对资本输出国、资本输入国乃至整个世界经济等诸多方面产生深刻的影响。这些影响既有积极方面的,也有消极方面的。因此,各国政府和国际经济组织都希望采取有效的控制手段,促进那些有利的资本流动,限制那些不利的资本流动。

长期以来,许多学者从不同角度对国际资本流动现象进行了深入研究,提出不尽相同的理论观点。其中影响较大的理论有:国际资本流动的利率决定论、国际间接(证券)投资中的资产选择(组合)理论以及 FDI 中的垄断优势论、产品生命周期论、市场内部化理论、国际生产折中论、比较优势论和产业内双向投资理论,此外,发展中国家引进外资的双循环学说、双缺口理论及债务周期理论。

新中国成立,特别是改革开放以来,中国利用外资取得了长足的发展,大体经历了四个阶段。目前利用外资的渠道和形式大致分为三类:对外借款、FDI 和外商其他投资。其中的 FDI 规模和结构近年来出现了巨大的变化,外商投资日益成为推动中国改革发展的强大动力,尤其引人瞩目。

进入 21 世纪以来,中国企业对外投资,特别是 ODI 呈现出了投资规模不断攀升、区位分布更为广泛、行业领域更加丰富、投资主体日趋多元、并购投资日趋活跃、股权投资渐成主流等基本特征,同时也展现出了良好的发展态势。ODI 深化了中国与世界各地的互利合作,促进了当地的经济增长和就业,也为世界经济的发展作出了积极贡献。

【重要概念】

国际资本流动　资本流入　资本流出　长期资本流动　短期资本流动　国际直接投资　国际证券投资　国际贷款　绿地投资　跨国并购　贸易性资本流动　金融性资本流动　保值性资本流动　投机性资本流动　交易成本　单动因理论　复动因理论　麦克杜格尔模型　资产选择理论　垄断优势论　产品生命周期论　内部化理论　国际生产折中论　边际产业扩张论　产业内双向投资理论　双循环学说　双缺口理论

【复习思考题】

1. 国际资本流动与国际资金流动、资本输出概念有何区别和联系?
2. 国际资本流动与一国国际收支之间存在着怎样的关系?
3. 国际直接投资的主要方式有哪些?绿地投资与并购投资有何区别?
4. 国际短期资本流动的主要类型及特征分别有哪些?
5. 国际资本流动的根本原因是什么?主要影响因素有哪些?
6. 简述 20 世纪 70 年代以来国际资本流动的主要特征。
7. 试述国际长期资本流动对资本输入国、输出国及世界经济的影响。
8. 简述国际短期资本流动对经济的主要影响。
9. 简述国际资本流动理论的产生与发展情况。
10. 图示并说明国际资本流动的一般模型。
11. 垄断优势论的基本观点是什么?试做简要评价。
12. 产品生命周期理论是如何分析国际投资动态发展的?
13. 内部化理论的主要内涵是什么?
14. 国际生产综合论的主要特点有哪些?试做简要评价。
15. 国际投资比较优势论有何特色?主要有哪些启示?
16. 试述产业内双向投资理论及其现实意义。
17. 简述发展中国家引进外资的双循环学说及双缺口理论。
18. 中国利用外资经历了哪些阶段?目前外商在华直接投资有着怎样的特征?
19. 中国企业对外直接投资的主要特征有哪些?前景如何?

第10章 国际融资实务

**本章导读**

　　国际融资(International Financing)是指在国际金融市场上,运用各种金融手段,通过各种相应的金融机构而进行的资金融通。换言之,国际融资是指各国或地区的资金需求者通过各种途径向境外资金供应者进行资金融通,以调剂资金余缺的经济活动。随着各国对资金需求的增加,国际资本流动速度的加快,国际融资越来越成为一国融资的重要手段之一。

　　从不同角度划分,国际融资有着不同的类型。按国际融资的目的划分,有贸易融资、项目融资与一般融资之分;按融资期限分类,有短期融资、中期融资和长期融资三类;按融资来源分类,有官方融资(包括政府融资和国际金融机构融资)、商业融资(包括国际商业银行融资、国际债券融资和国际股票融资)、混合融资(将官方融资和商业融资结合在一起进行的融资,如混合信贷等)三大类;按运作方式分类,主要有信贷融资、证券融资、项目融资和租赁融资等等;按是否通过金融中介分类,有间接融资和直接融资。实际上,一项国际融资活动具有多个方面的特征,其分类也是交叉重叠、相互交错的。

　　本章主要就国际信贷融资、国际证券融资、国际贸易融资、国际项目融资和国际租赁融资分别进行介绍,阐述这些融资方式基本概念、主要特征、基本类型、运作方式(操作规程)及其功能和作用等等。

10.1　国际信贷融资

　　国际融资产生国际借贷关系,而国际信贷则是传统国际融资最主要的方式。随着世界经济的发展和国际经济协作的日益加强,特别是第二次世界大战以来大量金融创新活动的展开,国际信贷获得了长足的发展,国际信贷的种类也层出不穷。

10.1.1　国际信贷概述

　　国际信贷(International Credit)是指一国(地区)的银行等金融机构、政府、公司企业以及国际金融机构,在国际金融市场上向另一国的银行等金融机构、政府、公司企业以及国际机构提供的贷款。国际信贷反映了国际间借贷资本的活动,是国际经济活动的一个重要方面。在国际信贷活动中,借贷双方不在同一国家,借贷标的物既可以是货币资本形态也可以是商品资本形态。

国际信贷的种类较多,从不同角度划分,有着不同的类型。

(1) 按贷款期限划分,主要有短期贷款(不超过1年)、中期贷款(1年以上,一般为2~5年)和长期贷款(5年以上,10年、20年甚至更长)。

(2) 按贷款利率划分,主要有无息贷款、低息贷款、中息贷款和高息贷款。

(3) 按贷款使用的货币和优惠情况划分,主要有硬贷款(条件苛刻的贷款或需用硬通货偿还的贷款,如IBRD的贷款等)和软贷款(条件优惠的贷款或可用本币偿还的外币贷款,如IDA的信贷等)。

(4) 按贷款的来源与性质划分,主要有政府贷款、国际金融组织贷款、国际银行贷款。此外,还有私人银行贷款、混合(联合)贷款和出口信贷等。

纵观国际信贷的历史演变与发展及当代实践,其主要作用及影响是:

(1) 缓解借款国外汇资金短缺矛盾。许多发展中国家为了加速本国经济发展需要大量引进先进技术和设备,而又没有足够的外汇储备作后盾。为此,这些国家一方面吸收FDI;另一方面利用国际信贷资金来源丰富、灵活方便、利率比较优惠、贷款期限比较长,而且有一定援助性质等特点,大量利用国际信贷资金发展本国经济。

(2) 实现借款国大规模生产经营活动。在国际间的信贷业务中,借款国可以通过国际银行、各国政府、国际金融机构或非金融机构等多种途径,不受约束地多方面筹措巨额资金以满足扩大投资需要,实现大规模的生产经营活动。

(3) 贷款国资金过剩矛盾得到缓解。发达国家可以利用向发展中国家贷款的机会,实现商品和资本的输出,调整国内的生产和就业等经济问题,并通过信贷方式达到对其资金保值增值的目的。

(4) 调节国际收支。一些国家或地区,通过国际资本的输入输出来平衡或调节本国或地区的国际收支。IMF向其会员国提供资金,有助于改善借款国的国际收支状况,可以起到稳定该国对外汇率的作用。

(5) 促进国际贸易发展。当今世界,在各国的出口贸易中机器设备,特别是大型成套设备所占的比重迅速增加,许多国家纷纷提供出口信贷等手段作为刺激出口、提高本国产品国际竞争力的重要手段之一;借款国则利用国际信贷引进技术和设备,提高本国产品的质量,加强出口商品的竞争力,进一步促进出口贸易的发展。

(6) 助推跨国公司发展。跨国公司的资本来源中除自有资本的转移外,还有大量的外来资本来源于银行。有时,跨国公司也根据需要将暂时闲置的资金投入到信贷活动中去。可见,跨国公司既是国际信贷资金的使用者,也是提供者。

国际信贷虽然对世界各国的经济发展起着重要的推动作用,但也存在西方发达国家转嫁经济危机的行径,导致某些发展中国家陷入了严重的债务危机,付出了高昂的代价。此外,国际信贷还受债权国财政与货币政策变化的制约及国际市场动荡的影响,而且利率、汇率等波动风险大,后期的还本付息也会加重借款国或借款人财政或财务负担。

10.1.2 政府贷款

1. 政府贷款概述

政府贷款(Government Loan)是指一国政府利用财政预算资金向另一国政府提供的带有一定赠予成分的优惠性有偿贷款。政府贷款是以某国政府的名义提供与接受而形成的,主要使用财政预算收入的资金,属于国家资本的收入与支出的信贷。政府贷款具有政府间开发援助或部分赠予的性质,在国际统计上又称"双边贷款",与"多边贷款"共同组成官方信贷。

1) 政府贷款的类型

政府贷款按贷款条件可以分为四类:

(1) 纯软贷款。又称财政性贷款,即纯贴息贷款,是无息的或低息的,而且还款期和宽限期均较长。主要有德国财政合作基金、意大利环保贷款,以及科威特、韩国、波兰、西班牙等国家的政府贷款。如科威特政府贷款年利率1%~5.5%,偿还期18~20年,含宽限期3~5年;比利时政府贷款为无息贷款,偿还期30年,含宽限期10年。这种贷款一般在项目选择上侧重于非盈利的开发性项目,如城市基础设施等。

(2) 混合贷款。即由政府财政性贷款和一般商业性贷款混合在一起,其优惠程度处于财政性贷款和一般商业贷款之间,是各国普遍采用的贷款方式。具体又包括:① 赠款加出口信贷。如荷兰政府提供35%的赠款加65%的出口信贷、瑞士政府提供40%的赠款加60%的出口信贷。此外,澳大利亚、英国、挪威等国的政府贷款也属此类。这类贷款,通常要签两个协议,即赠款协议和出口信贷协议。② 软贷款加出口信贷。欧洲大陆国家,如法国、意大利、德国、瑞士等国的政府贷款都采用这种形式,一般软贷款占30%~50%,其余为出口信贷。

(3) 特种贷款。即为某一领域或是特定项目提供的贷款。这种贷款在贷款用途、利息、期限等方面有特别规定。如北欧投资银行应对气候变化的框架贷款等。

(4) 促进性贷款。此类贷款利率相对较高,但低于普通商业贷款利率,设备和服务通过国际竞争招标方式采购,项目列入双边政府财政合作计划。

2) 政府贷款的特征

政府贷款是一种具有双边经济援助性质的优惠性贷款,一般具有如下特征:

(1) 政治性强。政府贷款一般是以两国外交关系良好,有合作诚意为前提条件,为一定的政治外交关系服务,受到借贷两国的政局稳定程度、双方的政治立场与信念准则差异、国际局势的变动等因素的制约和影响。

(2) 程序复杂。政府贷款是政府之间的信贷关系,一般是由各国的中央政府经过完备的立法手续加以批准,即由两国政府机构或政府代理机构出面谈判,签署贷款协议,因而程序相对复杂。

(3) 规模有限且有投向限制。政府贷款规模要受贷款国经济状况(包括国际收支、财政收支状况等)的制约,金额一般不会太大。同时,借入的政府贷款主要用于政府主导型项目建设,主要集中在基础设施、社会发展和环境保护等领域。

(4) 限制性采购。政府贷款通常有一定的附加条件,即大多对使用贷款附有限制性的规定,以便使贷款国得到一定的政治和经济利益。除日本、科威特两国是国际招标外,其他国家的第三国采购比例为15%~50%,即贷款总额的50%~85%需用于购买贷款国的设备和技术。另外,政府贷款一般不能自由选择贷款币种,汇率风险较大。

(5) 贷款条件优惠。政府贷款具有政府间经济援助性质,其赠予成分(grant element)一般占贷款总额的25%以上,最高达80%;贷款利率较低,一般为0.2%~3%,个别贷款无息;贷款较长,偿还期限一般为10~40年,并含有2~15年的宽限期。这里的赠予成分是根据贷款的利率、偿还期限和综合贴现率等数据,计算出衡量贷款优惠程度的综合性指标。

2. 政府贷款的作用及影响因素

回顾二战后的历史,无论是在西欧各国和日本的经济恢复,先后独立的发展中国家进行民族经济建设期间,还是在社会主义发展中国家实行对外开放和相互实行国际援助的过程中,都曾先后采用了政府贷款这一融资方式。其作用主要表现在:① 有利于促进两国的政治和外交关系;② 有利于借款国资金短缺和引进先进技术等问题的解决,尤其是发展中国家通过合理利用发达国家贷款开发本国资源,发展生产,提高科技水平和增强出口能力;③ 有利于贷款的合理使用和项目的按期完成;④ 发展中国家相互之间提供政府贷款,开展经济合作,对于促进各自民族经济独立健康的发展和稳定世界经济也都有着重要意义。

政府贷款的影响因素主要有:① 政局的稳定和外交关系的改善,即政府贷款的前提是借贷两国政局的稳定和双边外交关系的良好;② 提供贷款国政府的财政收支状况;③ 提供贷款国的国际收支状况等。

3. 政府贷款的条件

政府贷款条件主要包括贷款的期限、利率与费用以及其他一些附加条件。

(1) 贷款期限。政府贷款属于中长期贷款,期限较长,一般为20~30年,最长可达50年,还有宽限期。贷款的期限包括使用期或称提取期限、宽限期和偿还期。

(2) 贷款利率与费用。政府贷款属于优惠性质的贷款,分为"无息贷款"(指借款免付利息,但要支付一定的手续费)和"计息贷款"(指借款要支付利息)两种。此外,有些国家的政府贷款还收取"附加费",主要包括承诺费和手续费等。

(3) 贷款附加条件。政府贷款多要为贷款国的政治、经济服务,有时要规定一些附加条件,主要是:① 借款国取得的贷款限于采购贷款国的货物,这就带动了贷款国的商品出口,扩大其商品输出的规模。② 限制贷款使用用途,如限制借款国以公开国际招标方式,或者从 OECD 成员国在内的及其下属"发展援助委员会"所规定的发展中国家和地区的"合格资源国"采购贷款项目所使用的商品等。③ 政府贷款和出口信贷相结合,即进行"混合信贷"方式。

10.1.3 国际金融机构贷款

国际金融机构在国际信贷活动中,发挥着日益重要的作用。国际金融机构贷款包括全球性国际金融机构(如 IMF、WB 等)贷款和区域性国际金融机构贷款两个方面。

1. 国际货币基金组织贷款

IMF 的主要职能之一是向国际收支发生困难的成员国提供必要的资金,此即 IMF 贷款。IMF 贷款的特点主要是:① 贷款对象只限于政府;② 贷款用途限于解决借款国的国际收支逆差和宏观经济问题;③ 贷款期限不长,一般为 5～10 年,另有宽限期 3～4 年;④ 贷款数额受基金份额限制。

除了向成员国提供普通贷款外,随着国际社会经济的变化和金融业的发展,为了更好地实现 IMF 的设立目的,IMF 曾向其成员国提供各种不同的贷款,成员国可"因国而异"地申请,主要是:中期贷款、出口波动补偿贷款、补偿与应急贷款、缓冲库存贷款、补充贷款、信托基金贷款、结构调整贷款等[①]。

2. 世界银行贷款

WB 贷款由三部分组成:国际复兴开发银行(IBRD)向发展中国家提供长期贷款;国际开发协会(IDA)向低收入会员国提供长期免息优惠贷款;国际金融公司(IFC)向会员国的私人企业提供贷款或直接投资。世界银行(以下简称"世行")贷款的主要特点是:① 贷款期限长,利率较低;② 贷款不受贷款国基金份额的限制,但要承担汇率变动的风险;③ 主要是项目贷款,贷款程序严密,审批时间长;④ 借款国需自己筹集国内的配套费用。

世行贷款主要类型:① 项目贷款(较多使用)和非项目贷款;② 联合贷款,指 WB 与借款国以外的其他贷款机构共同筹资和提供的贷款;③ 第三窗口贷款,指在 IBRD 一般贷款和 IDA 优惠贷款之间新设的一种贷款,用于援助低收入国家。

---

① 关于 IMF 贷款类型等内容参见第 12 章(12.1 全球性国际金融机构)。

世行贷款方向:农业、能源、开发金融公司、人口计划、非项目贷款等,近年新增交通运输等基础设施贷款。

世行贷款原则:① 贷款对象是成员国政府,由政府提供担保;② 必须用于申请国特定的生产性项目;③ 必须是不能以合理条件从其他渠道获得资金;④ 成员国必须有偿债能力。

世行贷款条件:一是基本条件,软贷款有 IDA 负责,硬贷款由 IBRD 负责,视不同项目收取手续费、利息、管理费、其他杂费、承诺费等;二是转贷条件,一般按世界银行的原始条件签订转贷协议,由转贷银行和项目单位双方确定转贷条件。

3. 区域性国际金融机构贷款

这里的区域性国际金融机构主要是指亚洲开发银行(ADB,简称"亚行")、非洲开发银行(AFDB)、泛美开发银行(IDB)、欧洲投资银行(EIB)、欧洲复兴开发银行(EBRD)和加勒比开发银行(CDB)等。这些区域性国际金融机构,多是为了促进区域经济发展的需要而设立的,创立后一般会向其成员国提供贷款等方面的支持或援助。

10.1.4 国际银行贷款

1. 国际银行贷款概述

国际银行贷款是指一国借款者在国际金融市场上向外国贷款银行借入货币资金。国际银行贷款的债务人是世界各国的借款人,包括银行、政府机构、公司企业、国际机构,其债权人则是外国的贷款银行,主要是发达经济体及新兴经济体的大型商业银行。国际银行贷款是在国际金融市场上进行的,具有债权和债务的双重性,其信贷关系表现为货币资本(借贷资本)的形态。

国际银行贷款的主要特点有:① 贷款资金使用比较自由,不受贷款银行约束,是"自由外汇贷款";② 信贷资金供应充足,借取方便,金额较大;③ 信贷条件苛刻,成本高、风险大[①];④ 贷款人和借款人除须为不同国家的当事人外,原则上不受特定身份的限制。

2. 国际银行贷款的种类

按贷款期限长短及组织方式的不同,国际银行贷款主要有三类:

(1) 短期信贷。包括银行之间的信贷(即银行同业拆放,在短期信贷中占主导地位)和银行对非银行客户信贷。期限在 1 年以下,短则 1 天、1 周、1 个月、3 个月,长则 6 个月、1 年。同业拆借一般是在银行间通过电话、电传或网络成交,事后以

---

① 关于国际银行贷款条件参见第 8 章(8.4 欧洲货币市场)。

书面确认,完全凭银行同业间的信用。

(2) 双边中期贷款。又称独家银行贷款,即一国银行单独向另一国银行、政府、企业或公司等提供的金额在1亿美元以下的贷款。贷款成本费用较低,期限为3~5年,借贷双方必须签订贷款协议。

(3) 银团贷款。又称集团贷款、辛迪加贷款,是指由获准经营贷款业务的一家或数家银行牵头,多家银行与非银行金融机构参加而组成的银行集团,采用同一贷款协议,按商定的期限和条件向同一借款人提供融资的贷款方式。这里的银行集团是由不同国家的多家银行组成的。银团贷款的特点是:① 贷款金额大,专款专用;② 贷款对象以政府机构和大企业为主;③ 贷款货币大部分为欧洲货币;④ 贷款期限较长,一般5~10年;⑤ 贷款成本较高,借贷双方必须签订贷款协议。

10.2 国际证券融资

国际证券融资(International Security Financing)是指一国的借款人在国际金融市场上通过发行债券或股票等资本证券的方式进行的融资活动。国际证券融资的主要目的在于筹措长期资本,是一种长期融资方式。国际证券融资主要包括国际债券融资、国际股票融资和海外投资基金融资三大类。

10.2.1 国际债券融资

1. 国际债券及其特征

国际债券(International Bonds)是一国政府、金融机构、工商企业或国家组织为筹措和融通资金,在国外金融市场上发行的,以外国货币为面值的债券。其重要特征是发行者和投资者属于不同的国家,筹集的资金来源于国外金融市场。国际债券的发行和交易,既可用来平衡发行国的国际收支,也可用来为发行国政府或企业引入资金从事开发和生产。

国际债券是一种跨国发行的债券,涉及两个或两个以上的国家,同国内债券相比,国际债券的主要特征是:

(1) 资金来源的广泛性。国际债券是在国际证券市场上筹资,发行对象为众多国家的投资者,因此,其资金来源比国内债券要广泛得多。通过发行国际债券,可以使发行者灵活和充分地为其建设项目和其他需要提供资金。

(2) 发行规模的巨额性。发行国际债券,规模一般都较大,这是因为举借这种债务的目的之一就是要利用国际证券市场资金来源的广泛性和充足性。同时,由于发行者进入国际债券市场必须由国际性的资信评估机构进行债券信用级别评定,只有高信誉的发行者才能顺利地进行筹资。因此,在发行者债信状况得到充分肯定的情况下,巨额融资才有可能实现。

(3) 计价货币的通用性。国际债券在国际市场上发行,因此其计价货币多是国际通用货币,一般以美元、欧元、英镑、日元和瑞士法郎为主,这样,发行者筹集到的资金是一种可以通用的自由外汇资金。

(4) 国家主权的保障性。在国际债券市场上筹集资金,有时可以得到一个主权国家政府最终付款的承诺保证,此时各个国际债券市场都愿意向该主权国家开放,这也使得国际债券市场具有较高的安全性。当然,代表国家主权的政府也要对本国发行者在国际债券市场上借债进行检查和控制。

(5) 汇率变动的风险性。发行国际债券,筹集到的资金是外国货币,汇率一旦发生波动,发行者和投资者都有可能蒙受意外损失或获取意外收益。因此,汇率风险是国际债券的重要风险。

2. 国际债券的主要类型

国际债券从不同的角度可分为不同的类别,择其主要类别介绍如下。

1) 外国债券和欧洲债券

(1) 外国债券(Foreign Bond)。外国债券是指借款人(筹资者、发行者)在本国以外某一国家发行的以该国货币为面值的债券。外国债券已存在了几个世纪(实践中常称之为传统国际债券),是传统国际金融市场的业务之一,它的发行必须经发行地所在国政府的批准,并受该国金融法令的管辖。境外筹资者在美国公开发行的美元债券称为"扬基债券",在日本发行的日元债券称为"武士债券",在英国发行的英镑债券称为"猛犬债券",在中国发行的人民币债券称为"熊猫债券",等等。外国债券与国内债券的区别在于各国对于本国居民发行的债券与外国人发行的债券作了法律上的区分,包括税率、发行条件的管制、信息披露和注册要求等。目前最重要的外国债券市场包括苏黎世、纽约、东京和法兰克福,此外较大的还有伦敦和阿姆斯特丹等。

(2) 欧洲债券(Euro Bond)。欧洲债券是指借款人(筹资者、发行者)在本国以外市场发行的,以第三国的货币为面值的国际债券。例如,美国一家机构在英国债券市场上发行的以欧元为面值的债券即是欧洲债券。欧洲债券的发行者、发行地以及面值货币分别属于三个不同的国家或地区。需要注意的是,欧洲债券并不是指在欧洲发行的债券,并非局限于地理概念上的欧洲范围。作为一种无国籍债券,欧洲债券具有不受任何一国法律限制和官方机构管制,发行手续简便,无需登记和评级,发行事宜和内容完全由当事各方自行决定,债券利息收入免税,债券不记名等诸多特点。

值得注意的是,20世纪80年代末以来,在金融市场全球化的推动下,出现了一种新的、特殊的欧洲债券形式——全球债券(Global Bonds)。它是指在全世界各主要资本市场同时大量发行,且可在这些市场内部和市场之间自由交易的国际债券。具体而言,它是在全世界的主要国际金融市场(主要是美、日、欧)上同时发行,并在全球多个证交所上市,进行 24 小时交易的债券。全球债券在美国证券交易委员会(SEC)登记,以记名形式发行。这种新型债券为欧洲借款人接近美国投资者提供了工具,同时其全球 24 小时交易也使全球债券具有了高度流动性。全球债券由国际复兴开发银行(IBRD)于 1989 年首先发起的,其后许多国家的筹资者纷纷效仿发行。全球债券具有三个特点:一是全球发行。外国债券仅局限在某一国发行,传统的欧洲债券也多是在单一的离岸金融市场发行,而全球债券强调在全球发行,其发行范围往往能覆盖全球的主要资本市场。二是能在全球交易,投资者众多,是高流动性的债券。三是发行全球债券的借款人信用级别很高,单笔发行额更高,多为政府机构发行。

2) 公募债券和私募债券

(1) 公募债券(Public Offering Bond)。公募债券是指向社会广大公众发行的债券,可在证券交易所上市公开买卖。公募债券的发行多须经过国际上公认的资信评级机构的评级,借款人(筹资者)须将自己的各项情况公之于众。借款人每发行一次债券,都要重新确定一次债信级别。

(2) 私募债券(Private Placement Bond)。私募债券是指私下向限定数量的投资者发行的债券。这种债券发行金额较小,期限较短,不能上市公开买卖,且债券息票率高,发行价格低,以保障投资者的利益。私募债券机动灵活,一般无需资信评级机构评级,也不要求发行人将自己的情况公之于众,发行手续较简便。

3) 直接债券、可转换债券和附认股权债券

(1) 直接债券(Straight Bond)。它是指按一般还本付息方式所发行的债券,包括通常所指的政府债券、金融债券和企业债券等。直接债券又称普通债券,一般利率固定、期限固定、不可转换。这种债券在利率相对稳定的条件下比较通行,目前仍是第一大欧洲债券品种。直接债券是相对于可转换债券、附认股权债券等债券新品种而言的,后两种债券合称"与股权相联系的债券"。

(2) 可转换债券(Convertible Bond)。它是指债券持有人可在规定的期限内按一定的价格转换为发行公司普通股票或其他资产的债券。这种债券在发行时,就给投资人一种权利,即投资人经过一定时期后,有权按债券票面额将企业债券转换成该企业的股票,成为企业股东,享受分红待遇。在国际债券市场上可转换债券发展得很快。对发行者来说,可转换债券有两方面的好处:一是由于这种债券对投资者很有吸引力,所以能以低于普通债券的利率发行;二是一旦债券转换为股票,不仅能与按时价发行股票增加资本一样,增加本金和准备金,从而增加自有资本,同时也对外币债务作了清算,清除了外汇风险。发行这种债券大多是大企业。这种债券对投资者的好处则在于:当股票价格与汇率上升时,将债券转为股票,再卖出股票可得到更多的资本收益,从而很受欢迎。

(3) 附认股权债券(Bond with Equity Warrants)。它是指能获得购买借款企业股票权利的企业债券。投资人一旦购买了这种债券,同时获得了认股权证(亦称授权证),在该企业增资时,即有购买其股票的优先权,还可获得按股票最初发行价格购买的优惠。该种债券的利率一般低于市场利率,认股权证可以在二级市场流通。这种债券的发行者也多为大企业,它是作为可转换债券的竞争物而出现在欧洲债券市场上的,它与可转换债券的主要区别在于认股权证可以与债券分开单独在市场上交易。

4) 固定利率债券、浮动利率债券和无息债券

(1) 固定利率债券(Fixed Rate Bond)。它是指在发行时就将其息票率(票面利率)固定下来的债券。此类债券期限多为5～10年,个别也有长达40年的,每年按票面支付一次利息,也有在债券期限内递增付息或递减付息的方式。

(2) 浮动利率债券(Floating Rate Bond)。它是指息票率(利率)随国际市场利率变化而变动的债券。这种债券的利率基准和浮动期限一般也参照LIBOR。浮动利率债券是20世纪80年代以来国际债券市场上发展起来的一个新的金融工具。从规模上看,这种债券是仅次于直接债券的第二大欧洲债券。如1984年2月,瑞典在欧洲债券市场发行了5亿美元的浮动利率债券,到期日为2024年3月,利率为6个月的LIBOR+1/8%差价,每半年付息。发行这种债券有一定的利率风险,但倘若国际利率走势明显下浮,或借款人今后的资金运用也采取同样期限的浮动利率,利率风险则可以抵免。

(3) 无息债券。又称零息票债券(Zero Coupon Bond),是指以贴现方式发行,不附息票,而于到期时按面值一次性支付本利的债券。发行价格与票面额的差价,就是投资人所得的利益。发行这种债券对借款人来说,可以节省息票印刷费用,从而降低筹资成本;对投资人来说,可以获得比有息票债券更多的利益。

5) 双重货币债券

双重货币债券(Dual Currency Bond)是欧洲债券的一种,指以一种货币表示面值和支付利息,而以另一种货币偿还本金,并且这两种货币之间的汇率已在票面上固定的债券。如1985年,美国联邦国民抵押协会发行了一笔双重货币的欧洲债券,以日元标价,每年付8%的固定息票,而到期时是以美元偿还,转换汇率为USD1=JPY208。又如1997年11月加拿大农业信用合作社发行为期5年,总额为150亿日元的债券,规定以日元购买,以日元计值并支付利息,但到期日以美元偿还。发行这种债券的最大优点是可以防止和避免创汇货币与借款货币不一致所带来的汇率风险。

3. 国际债券融资的主要特点

国际债券融资是指通过发行国际债券的方式所进行的融资活动。这其中的外国债券融资与欧洲债券融资也有各自不同的特点。

1) 欧洲债券融资的主要特点

就筹资者而言,欧洲债券融资的主要特点及优点是:

(1) 管制松散,自由度高。具体表现在:一是无需官方的批准,手续较为简单。如果在纽约市场发行美元债券,美国政府对此审查相当严格很难获准;而在欧洲货币市场发行美元债券,则无需美国政府批准。二是没有利率管制和发行额限制,方便发行者筹资。三是不需评级机构评级,也不必向任何机构登记注册,仅需向当地证券交易所提交说明书即可。四是对筹资者财务公开的要求不高。可见,欧洲债券融资没有太多的限制要求,是一个相对自由、便利的融资方式,所以它的吸引力非常大,能满足各国政府、跨国公司和国际组织的多种筹资要求。

(2) 货币选择性强,灵活度高。欧洲债券种类繁多,币种、期限等选择余地大,且可以选择多种记值货币,因而筹资者可以根据各种货币的汇率、利率和资金需要,选择发行合适品种的欧洲债券;当一些筹资者想展期筹集较大金额的资金时,欧洲货币市场都能满足这些需要,满足货币种类和数量的需要;筹资者以一种特定货币标价的欧洲债券通常可同时在几个国家的资本市场发行。

(3) 筹资数额大,发行成本低。欧洲债券通常由几家大的跨国金融机构办理发行,且可在多个市场同时发行,发行面广、筹资数额大、期限长,手续简便,发行费用及融资成本较低。

(4) 资金调拨方便、快捷。欧洲债券市场是完全自由的市场,不存在限制和标准。加上在世界各地的一些金融中心,银行林立且网点遍布世界各地,业务经验丰富,融资类型多,加上网络、电讯联系发达,资金的调拨非常方便。若融资后需调换成各种所需货币,可在最短时间内完成调换并调拨到世界各地。

(5) 债券交易比较集中。欧洲债券的交易通常都要在证券交易所里成交,没有场外市场,要接受证券交易所规章制度的管理和监督。

就投资者而言,投资于欧洲债券的主要优点是:

(1) 投资可靠安全。一是欧洲债券的发行者(筹资者)多是大的公司、各国政府和国际组织,这些筹资者一般都有很高的资信;二是欧洲债券的每次发行都需政府、大型企业或银行作担保;三是欧洲债券的交易市场比较活跃且运转效率高,从而可使债券持有人比较容易地转让债券以取得现金。因此,投资于欧洲债券安全、可靠。

(2) 选择余地大,收益率高。一方面,由于欧洲债券品种繁多,投资者可根据各种债券的收益情况、风险程度等来选择某一种或某几种债券,选择余地大。另一方面,欧洲债券的利率相对较高,且利息通常免除所得税或不预先扣除借款人的税款,故投资收益率高。

此外,欧洲债券多是不记名债券,这对于那些因为避税或其他原因而不愿具名的投资者很有吸引力。

2) 外国债券融资的主要特点

与其他债券相较,外国债券融资主要有如下特点:

(1) 发行外国债券要对筹资者(发行者、借款人)进行评级。借款者涉及许多机构或公司企业,其信誉程度决定了能否发行债券及借款的数额,资信高的可以获准发行,且发行限额较高。如日本政府规定,发行日元债券,如属 AAA 级,融资数额可不受限制,AA 级只可发行 300 亿日元,未评级的只能发行 100 亿日元。

(2) 外国债券发行额较大且资金使用无严格限制,但不得干扰债权国的财政金融政策。如美国就规定发行扬基债券,规模至少 5000 万美元。此外,发行外国债券筹到的资金,其具体的用途及使用进度,债权国一般没有特殊要求,但债券毕竟是在外国发行,各国的经济、金融、税收等政策和法令又差异较大,在发行过程中要熟悉掌握和注意执行当地的法律。

(3) 外国债券要受外国当地有关金融当局的管理,筹资手续相当复杂。比如,在美国发行扬基债券要经美国证券交易委员会(SEC)批准。而且外国债券融资对资信评级、申请手续和报送的资料都要求较严较细,非常复杂。

4. 国际债券融资方式及程序

1) 国际债券发行前的准备工作

筹资者发行国际债券前,通常应做好下列准备工作:

(1) 债券发行成本的核算。发行成本通常由利率(利息)、费用、汇率风险三部分组成,其中的费用包括:最初费用、中间费用、还本手续费用等,费率计算同借款平均使用年限有关。

(2) 选择发行货币。应综合考虑筹集资金的具体用途、各种货币的利率水平及汇率变动趋势等。

(3) 选择发行市场。应综合考虑筹资规模的大小、资金需要的币种结构、发行市场所在国的法律法规及管制程度等诸多因素。

(4) 选择发行方式。公募与私募的选择:在欧洲市场上区分并不明显,可是在美国与日本的债券市场上,这种区分是很严格的,并且也是非常重要的①。直接发行与间接发行的选择:应综合考虑发行者自身情况,以及债券销售经验、能力等因素。目前,国际债券市场上多是间接发行,且一般多采用承购募集的方式发行债券。

(5) 选择发行时机。应综合考虑资金需求迫切程度、国际金融市场资金供求状况、利率及汇率变动的趋势等诸多因素,选择具体的发行时机。

2) 国际债券发行的条件

国际债券的发行条件是指发行者在以国际债券形式筹集资金时所必须考虑的

---

① 在日本发行公募债券时,必须向有关部门提交《有价证券申报书》,并且在新债券发行后的每个会计年度还要向日本政府提交一份反映债券发行国有关情况的报告书。在美国发行公募债券时,必须向 SEC 提交《登记申报书》,其目的是向社会上广泛的投资者提供有关债券的情况及其发行者的资料,以便于投资者监督和审评,从而更好地维护投资者的利益。

有关因素,主要包括发行额、偿还年限、利率及利息的计算方法、发行价格等项内容。这些发行条件对于发行者的筹资成本、发行效果,以及对投资者的吸引力及其未来销路都至关重要。

(1) 发行额。可根据发行者的资金需要、信誉级别、债券的类型、发行市场的资金供求状况以及承销者的销售能力等多种因素综合而定。发行额必须适度,过少不利于发行者的资金利用,过多则会恶化发行条件,不利发行。

(2) 偿还年限及方式。偿还期限应根据资金的实际需要、传统做法、当时的法令规定、投资者的偏好及利率等因素决定,一般为5~20年。偿还方式主要有:还本(又可分为到期偿还、期中偿还和延期偿还)、债券替代、转换股票等。

(3) 利率及利息的计算方法。受发行市场、发行时间、国际金融形势、发行者的信誉等因素影响,既考虑发行者低息销售的愿望,又考虑投资者的利益,最终取决于当时的银行存款利率和资金市场的行情。

(4) 发行价格。通常用债券的出售价格与票面金额的百分比来表示,分贴现、溢价、平价三种发行方式。应考虑金融市场利率、债券票面利率、供求状况、债券级别等因素。

3) 国际债券的发行程序

尽管不同的国际债券,因其发行市场所在国的不同,发行程序不尽相同,但是大体上都包括以下几个步骤或程序:

(1) 发行人(筹资者)甄别、确定牵头经理人(亦称牵头人、主干事),并提供授权书。

(2) 牵头经理人帮助发行人在发行地国家表明发行债券的意向、征求该国政府许可。

(3) 在牵头经理人的帮助下,发行人申请债信评级。

(4) 发行人与牵头人商定发行债券的基本条件、主要条款,并通过牵头人组织承购集团,设立受托机构、登记代理机构和支付代理机构。

(5) 发行人按一定格式向发行地国家政府正式递交《有价证券申报书》,并通过承购集团向广大投资者提交《债券招募说明书》,介绍和宣传债券。

(6) 发行人分别与承购集团代表(一般为牵头人)、受托机构代表、登记代理机构代表和支付代理代表签订各种协议;牵头人与承销人签订承销协议,或与推销人签订推销协议。

(7) 承购集团代表组织承购集团承销、推销债券,各承购人及推销人将承购款付给承购集团代表。

(8) 承购集团代表将筹集的款项交受托机构代表换取债券,随后将债券交给承购人。

(9) 各承购人将债券出售给广大的投资者,登记代理机构受理广大投资者的债券登记,受托机构代表将债券款项拨入发行人账户。

(10) 债券进入交易所交易,发行人与有关当事人结算广告和发行的费用。

4) 国际债券的资信评级

国际债券资信评级是对债券的评级并不是评价该债券的市场价格、市场销路和债券投资效益,而是评价债券的发行质量,发行者的经济实力与资信,投资者所承担的风险。评级机构对债券投资者只有道义上的义务,并无法律上的责任,它并不直接向投资者建议购买或不购买某种债券,而只是作为机构投资者或个人投资者购买债券时参考。

债券评级工作一般都由专门的评级机构来承担。目前国际公认的评级机构主要有:美国的穆迪投资服务公司、标准—普尔公司,加拿大的债务级别服务公司,英国的艾克斯特尔统计服务公司和日本的日本社团债务研究所等。国际债券资信评级考察的内容主要包括:① 违约的可能性;② 债券发行是否为第三者所担保;③ 破产法或其他法令在发行者破产、重组或其他安排是能否保护投资者的权利。

债券评级并不是债券发行必须履行的手续(如欧洲债券市场对此要求不严,而美国则高度重视评级工作),但对于发行者来说,只有经过评级的债券才易于被公众接受(评级高的债券发行价格高,市场销路也好,发行成本低);对于投资者而言,参考评级结果,才能保证投资和交易质量,降低风险。

例如,美国的标准—普尔公司(S&P)对长期债券共设 10 个信用等级,分别为 AAA、AA、A、BBB、BB、B、CCC、CC、C 和 D,其中长期信用等级的 AA 至 CCC 级可用"+"和"−"号进行微调(见表 10.1)。

表 10.1 标准—普尔公司长期债券信用评级表

序号	等级	说明	备注
1	AAA	最高级	偿还债务能力极强,投资风险最低
2	AA	高级	偿还债务能力很强,与最高评级差别很小
3	A	上中级	偿还债务能力较强,但相对于较高评级的发债人,其偿债能力较易受外在环境及经济状况变动的不利因素的影响
4	BBB	中级	目前有足够偿债能力,但若在恶劣的经济条件或外在环境下其偿债能力可能较脆弱
5	BB	中下级	偿债能力有限,具有一定的投资风险;相对于其他投机级评级,违约的可能性最低
6	B	投机级	风险较高;违约可能性较"BB"级高,发债人目前仍有能力偿还债务,但恶劣的商业、金融或经济情况可能削弱发债人偿还债务的能力和意愿
7	CCC	完全投机级	风险很高;目前有可能违约,发债人须依赖良好的商业、金融或经济条件才有能力偿还债务。如果这些条件恶化,发债人可能会违约

续表

序号	等级	说明	备注
8	CC	最大投机级	风险最高；目前违约的可能性较高。由于其财务状况,目前正在受监察。在受监察期内,监管机构有权审定某一债务较其他债务有优先偿付权
9	C	低级债券	一般表示未能付息的收益债券,规定盈利时付息但未能盈利付息
10	D	违约债券	违约,但尚有一些残余价值；发债人未获得评级

注：前四个级别债券信誉高,履约风险小,是"投资级债券",第五级开始的债券信誉低,是"投机级债券"。

10.2.2 国际股票融资

1. 国际股票融资的主要特征

国际股票(International Stock),即境外发行的股票,是指企业(公司)通过直接或间接途径向国际投资者发行,并在国内外证券交易所上市的股票。

国际股票融资(International Stock Financing)又称国际股票筹资,是指符合发行条件的公司组织,依照规定的程序向境外投资者发行可流转股权证券的国际融资方式[①]。国际股权融资在性质上不同于国际债权融资,它本质上是股票发行者将公司的资产权益和未来的资产权益以标准化交易方式售卖于国际投资者的行为；与此相对应,投资者认购股份的行为本质上是一种直接投资,依此交易,认股人将取得无期限的股东权利,其内容中不仅包括旨在实现资本利益的股东自益权,而且包括旨在控制、监督发行者公司的股东共益权。

国际股票融资的主要特征有：

(1) 发行者有严格身份限制。根据多数国家的公司法和证券法,国际股票发行者仅限于资本业已股份化的特定类型的公司组织,通常为股份有限公司或特定类型的有限责任公司。

(2) 发行者应严格遵从公开、公正原则及相关规则。国际股票融资具有较强的技术性和复杂的程序性,多数国家的证券法或公司法对于股票发行与上市规定有条件规则、上市聆讯规则和程序规则。国际股票发行与上市,多是在金融中介人和专业机构协助下进行的,是遵循公开和公正原则进行的,并且是在法律规定的条件规则和程序规则控制下进行的。

(3) 发行者谋求稳定的境外资金来源。国际股票融资通常不以单纯的一次性

---

① 郭寿康,赵秀文. 国际经济法[M]. 北京:中国人民大学出版社,2008:265.

股票发行为内容,发行者往往追求国际股票发行与股票上市的双重后果,其目的在于提高国际股票发行的效率,建立某种长期稳定的国际融资渠道。

(4) 融投资过程中的法律冲突问题解决较为复杂。国际股票发行者与投资者分属于不同的国家或地区,其股票发行或上市交易行为受到不同国家法律的支配,由于其法律适用较为深入地涉及不同国家的公司法、财产法和证券法规则;同时,国际股票本质上是一个可自由流转的股东权利凭证,采取记名证券形式,具有权利无期限性,且权利内容又具有复合性与复杂性。因此,国际股票的发行、交易与权利等方面的法律冲突比较多,相关争议及纠纷的解决较为复杂。

综上所述,国际股票融资不仅在性质上不同于传统的投资行为(如合资经营)、信贷行为或其他类似合同行为,而且不同于国际债券融资行为。可以说,现代各国证券法对于国际证券发行与交易的规则更主要是为控制股票融资行为而设置的。

2. 国际股票融资结构及类型

依照发行与上市结构不同,国际股票融资可分为多种类型。在中国境外股票融资实践中较普遍采用的类型主要包括:

(1) 境内上市外资股结构。即发行者通过承销人在境外募集股票(多为私募),并将该股票在发行者所在国的证券交易所上市的融资结构。中国证券法规将依此类结构募集的股份称为"境内上市外资股",即实践中所称的"B股"。

(2) 境外上市外资股结构。即发行者通过国际承销人在境外募集股份,并将该股票在境外的公开发售地的证券交易所直接上市的融资结构。此类募股通常采取公开发售与配售相结合的方式。中国的证券法规将依此类结构募集的股份称为"境外上市外资股",即实践中所称的"H股"、"N股"、"L股"等。

(3) 间接境外募股上市结构。即发行者通过其在境外的控股公司向境外投资人募集股份筹资,并将该募集股份在境外公开发售地的证券交易所上市的融资结构。此类结构可分为通过境外控股公司申请募集上市和通过收购境外上市公司后增募股份两种。

(4) 存托证境外上市结构。即发行者通过国际承销人向境外发行的股票(基础证券)将由某外国的存托银行代表境外投资人统一持有,而该存托银行又根据该基础证券向投资者发行代表该基础证券的存托证,并将该存托证在该国证券交易所上市的融资结构。这里的存托证(Depository Receipt,DR)即存托凭证,又称"存股证",是指在一国证券市场流通的代表外国公司有价证券的可转让凭证,是属于公司融资业务范畴的金融衍生工具。DR所代替的基础证券通常为其他国家公司的普通股股票,但目前已扩展于优先股和债券,实践中最常见的DR主要为美国存托证(ADR)及欧洲存托证(EDR)。此外,还有全球存托证(GDR)和中国存托证(CDR)等。

3. 国际股票融资的基本方式

国际股票融资的核心内容是国际股票发行,它是指符合发行条件的公司组织以筹集资金为直接目的,依照法律和公司章程的规定向外国投资人要约出售代表一定股东权利的股票的行为。根据多数国家证券法的规定,股票发行应当符合公开、公平与公正的基本原则,某些国家的法律甚至对于股票发行方式也设有概括性规定。但总的来说,国际股票的发行方式主要有两种:公开发行和私募发行。多数国家的法律对国际股票公开发行和私募发行均设有不同的规则。

股票公开发行,又称"公募",是指发行者根据法律规定,以招股章程形式向社会公众投资者公开进行募股的行为,其发行程序、信息披露和有效认股的确认均受到特别法规则、要式行为规则的规制。

股票私募发行,又称为"私募"、"配售",是指发行者根据法律的许可,以招股信息备忘录或类似形式向特定范围和特定数量的专业性机构投资者以直接要约承诺方式进行售股的行为,其发售程序、信息披露和有效认股之确定仅受到较为宽松的法律控制。

一般而言,股票公募与私募的主要区别在于:

(1) 股票发行对象不同。股票公募是发行者向不特定公众发出的售股融资要约,其要约和有效认股之确认须遵循严格的公开性规则;而股票私募则是发行人向特定范围和特定数量的机构投资者发出的售股要约,其要约承诺原则上遵循合同法规则。

(2) 发行申请规则不同。股票公募须向证券市场所在国的证券监管部门履行股票发行申请注册、备案和审核;而股票私募通常无须办理注册申请或审核程序,或者仅须履行较为简单的注册备案程序。

(3) 信息披露要求不同。依多数国家的法律规定,股票公募须使用正式的招股章程,在必要条款内容、验证标准和披露程序上受到较严格的法律控制;而股票私募则仅需使用法律要求较为宽松甚至没有要求的信息备忘录,这就使得发行准备工作量大为减少。

(4) 上市审核规则不同。股票公募多是谋求在境外证券交易所上市交易,因而发行者除须履行发行申请程序外,还须接受证券交易所的上市条件审核,受上市规则的约束;而单纯的私募股票不能在正式的证券交易所上市,通常仅可在证券商交易系统或柜台市场交易,相关审核问题较为简单,一般仅受相关惯例的约束。

为了充分利用证券市场所在国的法律条件,典型的国际股票融资(特别是在筹资规模较大的情况下)通常采取股票公募与私募相结合的方式,保障所公开发售和私募的股票共同上市,实践中称之为"公开发售与全球配售"。依此方式,发行者通过承销人在股票上市地进行一定比例的公募,又通过承销团在世界其他地区进行一定比例的私募。按照英美等国的证券法规则,在采取公开发售与全球配售的情况下,公开发售的比例原则上不得低于同次发行总额的25%,中国香港原则上也遵循这一比例,但在实践中通常可酌情降低这一要求。

4. 国际股票融资的主要优势与局限性

1) 国际股票融资的主要优势

就筹资者(国)而言,国际股票融资的主要优势在于:

(1) 永久性。这是由股票融资这一方式决定的,由于股票没有期限的限定,股东在任何情况下都不得要求退股,因此,引进的外资能够成为永久的生产性资金留在企业内,而不至于像一般合资或合作企业一样,会因合同到期或意外变故,外方抽回资金而使企业陷入困境。同时,筹资者筹集的外币资本,可以大大改善企业财务结构,减轻财务负担,增强借债能力,减轻由于本币贬值而带来的外汇风险。

(2) 主动性。通过股票吸引外资,筹资国可运用法律和政策性手段约束投资者的购买方式、购买种类、资金进出的方式及税率等,并做出相应的规定,筹资国还可以自主决定外商投资的行业、企业,从而正确、有效引导投资方向。

(3) 高效性。国际股票融资有利于对外发行股票的企业在更高层次上走向世界。国外股票持有者从自身的利益出发,会十分关心企业的经营成果,有利于企业改善经营管理,提高盈利水平。同时,企业因股票向外发行并上市,无行中提高了国际知名度、信誉及形象,这不仅有利于企业开拓产品销售市场,开展国际化经营,而且还为企业进一步在国际资本市场上开展后续融资奠定了基础。

2) 国际股票融资的主要局限性

就筹资者来说,国际股票融资也存在局限性:

(1) 股票的发行、上市具有严格限制条件。一方面,筹资者仅限于资本业已股份化的特定类型的公司组织(如股份有限公司等);另一方面,只有那些效益好、有发展潜力,能为国外公众所接受的企业,才能取得发行、上市的资格,并以较好的价格吸引国外投资者。

(2) 融资过程比较复杂且遭遇的争议纠纷难以解决。前已述及,国际股票融资的技术性及复杂性强,多需借助中介人的大力协助,且必须严格遵循公开和公正原则,遵从有关国家的股票融资的各类规则及程序要求。同时,由于是跨境融资,国际股票在发行、交易与权利义务等方面产生的争议或纠纷,其解决较为复杂、难度大,出现的法律冲突问题比较多。

(3) 筹资者将面临多方面的压力。一是信息披露的压力。股票的发行尤其是公募必须提供详细说明书、公司经营的重大信息,并报经国际认可的会计师事务所审核,信息的采集、审计、发布所需的成本很大,且极易涉及商业秘密,给公司经营带来不便。二是来自投资者抛售股票的压力。投资者购买股票既注重长期投资利益,也注重企业的短期表现,长期表现差的股票将被投资者从资产组合中剔除或抛售。尽管这并不影响筹资者已筹资金的正常使用,但因此而导致的公司股票价格下跌,不仅损坏了筹资者的形象,不利于后续经营活动,而且也减低了筹资者的资产价值,提高了资产负债率,不利于后续筹资活动。三是上市公司永远存在被兼并或收购的压力。

10.2.3 海外投资基金融资

1. 投资基金概述

1) 投资基金的含义

投资基金(Investment Fund)是一种集中投资者资金,由专业人士管理和运作,以获取投资收益和实现资本增值的信托投资工具。投资基金通常是指证券投资基金,在美国称为"共同基金",英国和中国香港称为"单位信托基金",日本和中国台湾地区则称"证券投资信托基金"等。证券投资基金是指通过发售基金份额,将众多投资者的资金集中起来,形成独立资产,由基金托管人托管,基金管理人管理,以投资组合的方法进行证券投资的一种利益共享、风险共担的集合投资方式。它是一种间接的证券投资方式。

投资基金起源于英国,盛行于美国。在西方发达国家,投资基金在资本市场上扮演了十分重要的角色,是高新技术产业发展和跨国公司成长的重要助推器。

2) 投资基金的类型

根据不同的分类方法,投资基金可分为不同类型:

(1) 按法律地位划分,可分为契约型基金和公司型基金。① 契约型基金是根据一定的信托契约原理组建的代理投资制度。委托者、受托者和受益者三方订立契约:由经理机构(委托者)经营信托资产,银行或信托公司(受托者)保管信托资产,投资人(受益者)享有投资收益。② 公司型基金是按照股份公司方式运营的。投资者购买公司股票成为公司股东。该类基金涉及四个当事人:投资公司,是公司型基金的主体;管理公司,为投资公司经营资产;保管公司,为投资公司保管资产;承销公司,负责推销和回购公司股票。公司型基金分为两种,一是封闭式的投资基金,即根据核准的基金份额总额在基金合同期限内固定不变,基金份额可以在依法设立的证券交易场所交易,但基金份额持有人不得申请赎回的基金;二是开发式的投资基金,即以基金份额总额不固定,基金份额可以在基金合同约定的时间和场所申购或者赎回的基金。

(2) 按资金募集方式和来源划分,可分为公募基金和私募基金。① 公募基金是以公开发行证券募集资金方式设立的基金。② 私募基金是以非公开发行方式募集资金所设立的基金。私募基金面向特定的投资群体,满足对投资有特殊期望的客户需求。私募基金的投资者主要是一些大的投资机构和一些富人。如美国索罗斯领导的量子基金的投资者,或是金融寡头,或是工业巨头。

(3) 按照对投资受益与风险的设定目标划分,可分为收益基金和增长基金。

① 收益基金追求投资的定期固定收益,因而主要投资于有固定收益的证券,如债券、优先股股票等。此类基金投资风险较低,但投资收益也较低。② 增长基金追求证券的增值潜力。如发现价格被低估的证券,通过低价买入并等待升值后卖出,以获取投资利润。与收益基金相比,增长基金的风险一般较高。另外,也会有这两者的混合型。

此外,投资基金还有其他一些类型,主要有货币市场基金、对冲基金、养老基金、产业投资基金等。

(1) 货币市场基金。它是投资于货币市场金融产品的基金,专门从事商业票据、银行承兑汇票、可转让大额定期存单以及其他短期类票据的买卖。

(2) 对冲基金。它是私募基金的一种,是专门为追求高投资收益的投资人设计的基金。其最大特点是广泛运用期权、期货等金融衍生工具,在股票市场、债券市场和外汇市场上进行投机活动,风险极高。

(3) 养老基金。它是一种用于支付退休收入的基金,是社会保障基金的一部分。养老基金通过发行基金股份或受益凭证,募集社会上的养老保险资金,委托专业的基金管理机构,用于产业投资、证券投资或其他项目的投资,以实现保值增值为目的。

(4) 产业投资基金。它是通过发行基金受益券募集资金,交由专业人士组成的投资管理机构操作,基金资产分散投资于不同的实业项目,投资收益按资分成的投融资方式。

2. 海外投资基金融资的特点及作用

海外投资基金一般是指向境外投资者发行并投资于境内有价证券组合的投资基金。海外投资基金融资具有如下特点:

(1) 海外投资基金多以开放型为主,且上市销售,并追求成长性,这就有利于具有持续盈利能力和高成长潜力的企业获得资金,得到快速的发展。

(2) 投资基金不能够参与被投资企业的经营管理,这就避免了投融资双方利益失衡,融资方资产流失及丧失控股权等弊端。

就筹资者及利用外资国家而言,海外投资基金融资的作用或优越性主要体现在:

(1) 有利于广泛、有效利用外资。满足融资需求,实现海外上市,增强资本运作能力是海外投资基金进入的直接作用。与吸收FDI不同,海外投资基金既可以广泛地吸收国外分散的投资者、不具备管理能力或不愿参与管理的投资者以及不能直接投资的投资者的资金,也有助于克服利用FDI过程中的所存在的一些不利因素(如控股权问题、合资经营中的东道国资产流失问题等);与借用外债亦不同,海外投资基金不会构成外债负担,同时还可以将筹集的资金有效地集中在国内使用。

(2) 融入的资金具有长期稳定性。海外投资基金融资可使社会闲散的资金聚合起来,并在一定较长的期间维系在一起,这对融资者来说相当有益。

(3) 便于外汇市场管理,规避外汇风险。发行海外投资基金既方便了境外投资者,又便于国家对外汇市场的管理,同时国内发行公司(筹资者)也不承担外汇风险。

(4) 有助于国内资本市场的稳定和发展。稳健经营是投资基金的一般投资策略,因而投资基金对国内资本市场的稳定和发展也相当有益。而且,通过海外投资基金融资既可防止境外大投机者对国内市场进行操纵,也可作为国际资本与国内证券市场间的缓冲器和控制阀,为进一步开拓利用证券市场吸收外资奠定基础。

10.3 国际贸易融资

国际贸易融资(International Trade Financing)又称国际贸易信贷,是指一切为开展或支持国际贸易而进行的各种信贷活动。此类国际融资活动既便利了国际贸易活动的顺利开展,又实现了国际间的融资与投资。按期限划分,国际贸易融资包括短期贸易融资和中长期贸易融资两大类。

10.3.1 国际贸易融资概述

1. 国际贸易融资的类型

广义而言,国际贸易融资具体包括:① 进出口商相互间为达成贸易而进行的资金或商品信贷活动;② 银行及其他金融机构以及政府机构或国际金融机构为支持国际贸易而进行的资金信贷活动;③ 银行及其他金融机构为支持贸易信贷而进行的信用担保或融通活动;④ 各国政府机构或银行等为支持本国出口而进行的出口信用保险活动等等。

从不同的角度,国际贸易融资可以分为各不相同的类型,主要有:

(1) 按信贷主体或提供方式划分,可分为商业信贷和银行信贷。商业信贷是指进出口商人之间相互提供的信贷。赊销和预付款是国内贸易中商业信用的主要形式,但是在国际贸易中,商业信用更多地表现为国际贸易结算所包含的融资安排,而且主要是出口商对进口商提供的延期付款。银行信贷是指进口商或出口商获得银行等金融机构提供的融资便利。例如,银行承兑、贴现出口商向进口商签发的汇票;银行对进出口商提供进出口押汇等。此外,进出口国银行为国际贸易活动的开展相互之间提供的信贷,亦属银行信贷范畴。

(2) 根据提供信贷的期限不同,分为短期贸易信贷和中长期贸易信贷。短期贸易信贷是指期限在1年以内的贸易信贷,主要是满足商品周转较为迅速,成交额不大的消费品进出口的资金需求。中长期贸易信贷是指期限在1年以上的贸易信贷，主要是满足周转期长，金额大的大型成套设备等资本性商品进出口的资金需求。

此外，国际贸易融资按信贷资助的贸易对象不同，可分为一般制成品贸易信贷和大型机械及成套设备贸易信贷；按信用工具的不同，可分为现金借贷和票据承兑信贷等类型。

2. 国际贸易融资的功能和作用

一般而言，国际贸易融资通常具有三个方面的功能：

(1) 提供资金或商品信贷。可由进出口商相互之间提供资金或商品信贷，银行及其他金融机构、政府机构或国际金融机构等向进出口商提供资金信贷，为促进国际贸易提供支持。

(2) 提供资金融通或信用担保。可由银行或其他金融机构通过为客户提供各种融通、票据保证或信用担保等服务，为贸易中的各种信贷业务，以及保付代理和包买票据等新型的贸易结算服务业务等提供支持。

(3) 提供出口信用保险。可由政府的专门机构通过对战争、动乱、没收、货币不可兑换等各种国家风险，以及有关商业风险提供特别保险，为贸易中的信贷、融通或信用担保业务等提供全面支持。

上述三项功能中，提供资金或商品信贷是国际贸易融资的基础功能，其他两项功能均是在这一基础功能之上派生出来、服务于这一基础功能的。

国际贸易融资对加速进出口商品流通，减少其资金积压，促成进出口顺利完成具有重要作用。当代国际商品市场竞争日趋激烈，在国际贸易中能否提供或获得融资便利安排，成为和商品质量、交货时间和价格同样重要的因素。国际贸易融资的主要作用体现在：

(1) 它极大地推动了国际贸易的发展，解决了进口商或出口商在贸易各个环节上的资金困难。无论是商人之间提供的商业信贷，还是银行等金融机构的介入所提供的银行信贷或信用担保等，都促进了进出口贸易活动的开展。

(2) 它是各国争夺销售市场和控制原材料等主要资源供给的有效手段。

(3) 它是各信贷接受国引进成套设备等先进技术的得力工具。

(4) 它是各信贷提供者（如商业银行等）进行特殊投资获取高额利润的有效场所。

10.3.2 短期贸易融资

短期贸易融资是指从事贸易的进出口商、进出口银行及相关贸易参与人之间提供的时限在1年以内的各种贸易信贷形式。

从事对外贸易的进出口商，在商品的采购、打包、仓储、出运的每个阶段，以及在与商品进出口相关的签约、申请开证、制单、承兑、议付等每一贸易环节中，都能从不同的渠道,得到资金融通的便利,以加速其商品流通、减少其资金积压,促进进出口贸易之完成。这种与进出口贸易资金融通有关的对外贸易信贷形式繁多,名目各异,很难一一列举,但根据发放信贷资金的主体(授信人)不同与接受信贷资金的主体(受信人)不同,前者可分为商业信贷和银行信贷,后者可分为对出口商的信贷和对进口商的信贷。

1. 对出口商的融资

对出口商的融资,可以来自进口商、银行和经纪人等授信人。

1) 进口商对出口商的预付款

进口商对出口商的预付款主要有下列两种情况:

(1) 定金(earnest money)。它是作为进口商执行合同的保证,一般期限很短,占交易金额的比重不大。出口商要求预付的目的是担心在供货期内货价下跌而进口商拒绝执行合同。

(2) 进口商向出口商提供的信贷。多为进口商向出口商收购农产品或其他初级产品时采用的,目的在于以最有利的条件收购其所急需的产品。一般期限较长,金额较大。

2) 银行对出口商的融资

银行对出口商的融资主要包括:

(1) 无抵押贷款。为了生产出口商品,特别是出口商获得国外订单时,银行均办理这种贷款,办理的方式,英、美等国是以"透支"的方式、在法、德等国是以"特种账户"的方式。

(2) 国内货物抵押贷款。如"打包放款"、"在途货物抵押贷款"(以提单为抵押品)等。

(3) 出口货物单据质押融资。如托收结算方式下的"出口托收押汇"及信用证结算方式下的"出口押汇"等。

3) 经纪人对出口商的融资

经纪人对出口商的融资,主要有下列方式:

(1) 无抵押采购商品贷款。经纪人与出口商签订合同时便发放此项贷款,出口商在一定期限内必须通过经纪人经销一定的商品,贷款以出口商签发的期票为担保,金额约为货价的 25%～50%。

(2) 货物单据充押贷款。按货物所在地不同,此类贷款又可分为出口商国内货物抵押贷款、在途货物抵押贷款和运抵经纪人所在国或预定出售地的第三国的货物抵押贷款。

(3) 承兑出口商汇票。此时,出口商可以将经纪人承兑的汇票向银行办理贴现获得资金融通。

2. 对进口商的融资

在国际贸易融资中,对进口商的融资,可以来自出口商和银行等授信人。

1) 出口商对进口商的融资

出口商对进口商的融资又称"公司信贷",主要类型有:

(1) 开立账户信贷。即进出口双方先行签订协议,当出口商发运货物后,将应收款借记进口商账户,而进口商将这笔货款贷记出口商账户,并在规定的期限内支付。一般不常用。

(2) 票据信贷。即进口商凭银行提交的单据承兑出口商汇票,或出口商将单据直接寄交进口商,进口商在一定期间支付出口商的汇票。

2) 银行对进口商的融资

银行对进口商的融资主要有两种形式:

(1) 承兑信用。即由进口商向银行提出申请,而由银行承兑出口商的汇票。

(2) 放款。一是透支,即进口商与银行达成协议,银行允许进口商向其签发支票透支;二是进口货物单据质押融资,如托收结算方式下的"进口托收押汇"及信用证结算方式下的"进口押汇"等。

3. 国际保理

1) 国际保理的概念与特点

保理(Factoring)全称保付代理,是指卖方将其现在或将来的基于其与买方订立的货物销售/服务合同所产生的应收账款转让给保理商(factor),由保理商向其提供资金融通、买方资信评估、销售账户管理、信用风险担保、账款催收等一系列服务的综合金融服务方式。保理分国内保理和国际保理两种。

国际保理(International Factoring)又称国际保付代理、承购应收账款(业务),是指出口商以商业信用形式出售商品,在货物装船后立即将发票、汇票、提单等有关单据,卖断给承购应收账款的保理商,收进全部或一部分货款,从而取得资金融通的业务。它是在以赊销等为支付方式的国际贸易中,由保理商向出口商提供的一种集融资、结算、财务管理、信用担保为一体的综合性支付方式。国际保理具体又分为出口保理与进口保理两种。

出口保理指出口商(债权人)以赊销(O/A)、承兑交单(D/A)为付款条件,由保理商向其提供包括对进口商(债务人)资信调查、坏账担保、贷款催收、销售分类账管理以及贸易融资等的综合性金融服务。

进口保理是指进口保理商根据出口保理商的申请,在出口商以赊销方式向进口商销售货物或提供服务后,接受出口保理商转让的应收账款,为进口商提供信用担保及其他账务管理服务的业务。

尽管保理商的业务惯例及其所在国的相关规定不同,国际保理业务操作规程

存在一定的差异,但多有如下特点:

(1) 必须是国内外企业之间货物销售产生的应收账款,该应收账款不属于个人或家庭消费或者类似使用性质。

(2) 该债权人(出口商)必须将应收账款的权利转让给保理商,且应收账款的转让通知必须送达债务人(进口商)。

(3) 保理商必须履行的职能包括以贷款或者预付款的形式向出口商融通资金、管理与应收账款有关的账户、收取应收账款、对进口商的拒付提供坏账担保等。

2) 国际保理的主要功能与作用

通常在赊销方式下,出口商根据合同或订单发货交单后,只能被动地等待进口商到期时付款,因赊销是汇款方式中货到付款,属于商业信用,并不像信用证那样,由银行来承担第一性的付款责任。由于各种原因,有些进口商可能会一再拖延付款,甚至可能永远也不会付款,除非进口商的资信可靠,或者进出口双方为关联企业,如一方是另一方的子公司等。

如果出口商和保理商签定了保理协议,情况就会发生根本性的变化。保理商买入出口商的票据,承购了出口商的债权后,将负责对进口商的资信进行调查,提供风险担保,并替出口商催收账款及进行有关账务管理和资金融通等,如遭进口商拒付,保理商不能向出口商行使追索权,从而解除了出口商的后顾之忧。可见,保理商与出口商的关系在形式上是票据买卖、债权承购与转让的关系,而不是一种借款关系。

同时资金的占用也是一个突出的问题,赊销将使出口方的资金大量被应收账款所占用。国际保理业务便是一种专门为出口赊销服务的金融工具,它可以使企业在得到赊销利益的同时,最大限度地避免赊销的负面影响,从而达到企业利润最大化的目标。

国际保理的主要功能及作用有:

(1) 应收账款融资。针对被接受保理的应收账款,出口保理商(多为商业银行或其附属机构)按预先约定的比率(通常为发票金额的80%)向出口商(卖家)提供即时的出口融资。出口商在出货后,只要将出口项下应收账款转让给银行,无需另外提供担保或抵(质)押物,即可获得资金融通,不占用出口商在银行(即保理商)的综合授信额度,为出口商提供了更为灵活的贸易融资渠道,满足其业务需求。

(2) 信用风险保障。若出口商选择了保理业务中的风险保障选项,进口商的信用风险将会由保理商来承担。在核准的进口商信用额度内,对没有任何商业纠纷的应收账款,保理商可以向出口商提供最高达100%的进口商信用风险担保,帮助出口商在更多的国家拓展出口业务。银行能提供无追索权保理,当买方破产、倒闭或无力支付货款时,会于约定期间内100%代偿货款,帮助出口商承担赊销下的信用风险。

(3) 应收账款管理。出口商可以交由保理商帮其进行专业的销售账户管理和应收账款催收,保理商将即时为出口商提供其经营管理所需的有关应收账款信息。具体而言,应收账款到期时,保理商会通过当地合作的保理商敦促进口商支付货款,可节省企业因催收货款、财务管理所需花费的人力、物力;同时,由保理商的专业人员帮企业完成繁琐的收款和对账工作,提供账务明细管理,节省企业的人力资源成本。

3) 国际保理的业务流程

国际保理业务有两种运作方式,即单保理和双保理。前者仅涉及一方保理商,后者涉及进出口双方保理商。国际保理业务一般采用双保理方式,主要涉及四方当事人,即出口商、进口商、出口保理商及进口保理商。

出口商对于其出口销售只需与当地的出口保理商联系。出口保理商与每一个进口国的进口保理商保持着联系,所有的业务往来都受国际保理联合会(简称FCI)颁布的《国际保理惯例规则》的约束。出口商的应收账款由出口保理商转让给相应的进口保理商,进口保理商因而向出口保理商负责保理协议中规定的收款和风险担保。

例如,出口商为国内某纺织品公司,欲向法国某进口商出口真丝服装,且欲采用赊销的付款方式。下面以这笔国内企业出口双保理为例,介绍其业务流程(见图10.1)。

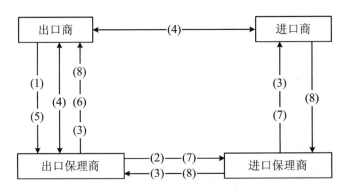

图 10.1 出口双保理业务操作流程图

(1) 提出保理申请。进出口商在交易磋商过程中,出口商首先找到出口保理商(应为FCI成员),向其提出出口保理的业务申请,填写《出口保理业务申请书》(或《信用额度申请书》),用于为进口商申请信用额度。申请书一般包括如下内容:出口商业务情况;交易背景资料;申请的额度情况,包括币种、金额及类型等。

(2) 选定并通知进口保理商。出口保理商于当日选定法国一家进口保理商(同样为FCI成员,双方通常签订过代理保理协议),并通过由FCI开发的"保理电子数据交换系统"(简称FACT)将有关情况通知进口保理商,请其对进口商进行信用评估。

(3) 资信调查及信用额度的核定与反馈。进口保理商根据所提供的情况,运用各种信息来源对进口商的资信以及此种真丝服装的市场行情进行调查。若进口商资信状况良好且进口商品具有不错的市场,则进口保理商将为进口商初步核准一定信用额度,并将有关条件及报价通知出口保理商;出口保理商将被核准的进口商的信用额度以及自己的报价通知出口商。

(4) 签订出口保理协议,正式达成进出口合同。出口商接受出口保理商的报价,与其签订《出口保理协议》,之后,出口保理商向进口保理商正式申请信用额度。进口保理商回复出口保理商,通知其信用额度批准额(假定为120万欧元)、有效期等。出口商在该信用额度范围内与进口商正式达成交易合同,合同金额为100万欧元,付款方式为O/A,期限为发票日后60天。

(5) 交货后寄送、提交货运单据等有关材料,办理应收账款转让。出口商按合同发货后,将正本发票、提单、原产地证书、质检证书等单据寄送进口商,将发票副本及有关单据副本(根据出口保理商要求)交出口保理商。同时,出口商还向出口保理商提交《债权转让通知书》和《出口保理融资申请书》,前者将发运货物的应收账款转让给出口保理商,后者用于向其申请资金融通。

(6) 办理资金融通。出口保理商根据《出口保理协议》向出口商提供相当于发票金额80%(即80万欧元)的融资。

(7) 催收货款。出口保理商在收到副本发票及单据(若有)当天将发票及单据(若有)的详细内容通过FACT通知进口保理商,后者于发票到期日前若干天开始向进口商催收。

(8) 进口商付款,出口商收取余款。发票到期后,进口商向进口保理商付款,进口保理商将款项付与出口保理商,后者扣除融资本息及有关保理费用,再将余款付给出口商。

10.3.3　中长期贸易融资——出口信贷

1. 出口信贷的概念与特点

短期贸易信贷的投资形式虽然繁多,融资的渠道亦多种多样,但其信贷期限一般均在1年以内,只能满足商品周转迅速、成交额不大的资金需要。由此,对外贸易中长期信贷——出口信贷应运而生,成为一种重要的贸易融资方式。

出口信贷(Export Credit)是指一国(地区)为支持和扩大本国(地区)大型设备的出口,对本国的出口予以利息贴补并提供信贷担保,鼓励本国银行对本国出口商和国外进口商提供低息贷款,以解决本国出口商资金周转的困难,或满足国外进口商对本国出口商支付货款需要的一种贸易信贷(融资)方式。其目的是加强出口国商品国际竞争力,扩大出口。

出口信贷的主要特点:

(1) 利率较低。出口信贷利率一般低于相同条件下的市场利率,利差由出口国政府补贴,具有明显的国家资助的性质。

(2) 与信贷保险紧密结合。出口信贷的发放与信贷保险相结合,且有关国家或地区政府通常是设立专门的出口信贷机构对出口信贷给予资金支持。由于国际贸易环境复杂多变,进出口商在交易中存在种种潜在风险,再加上融资金额大、期限长等因素约束,出于盈利目的的私人保险公司往往不愿意为这种信贷提供担保,商业银行也就不愿意提供信贷。于是发达国家一般都设有国家信贷保险机构,以弥补私人保险市场的不足,为贷款银行和出口商承担国家风险和商业风险。

(3) 信贷直接与出口项目有关。出口信贷主要目的是为了促进出口国的单机或成套设备的出口,即贷款的用途有限制,仅限于购买贷款国的出口(资本)货物(如大型机械设备或技术等)。

(4) 贷款金额低于贸易额。贷款额一般只占贸易额的 80%～85%,其余 15%～20%,要求进口商用现汇支付。

(5) 偿还期限较长,风险较大。出口信贷期限一般为 1～5 年或 5 年以上,属中长期贸易信贷的方式,资金周转慢,相应的融投资风险比较大。

2. 出口信贷的形式(类型)

1) 卖方信贷

卖方信贷(Supplier's Credit)是指在大型设备和成套设备贸易中,出口国银行为了便于出口商以赊销或延期付款方式出口设备,向出口商提供的中长期贷款。在贸易实务中,利用卖方信贷成交,进口商在订货时要支付合同金额 15% 的现金,其余 85% 由出口商利用银行贷款代进口商垫付,进口商再分期偿还。

卖方信贷主要由出口商支付贷款利息,利息费用最后会加在货款上,故而卖方信贷的商品价格要高于用其他方式成交的商品价格。此类信贷方式使用不多。

2) 买方信贷

买方信贷(Buyer's Credit)是指在大型机械与成套设备贸易中,为扩大本国设备的出口,由出口方银行直接向外国进口商或进口方银行所提供的信贷。此类信贷方式使用较多,是出口信贷的主要形式。在贸易实务中,利用买方信贷成交,进口商要按合同金额的 15%～20% 预付货款,其余部分由出口国银行提供,并按贷款合同规定的期限偿还。

在买方信贷业务中,接受买方信贷的进口商只能以所得的贷款向发放买方信贷国家的出口商、出口制造商或在该国注册的外国出口公司进行支付,不能用于第三国;进口商利用买方信贷,仅限于进口资本货物,一般不能以贷款进口原材料和消费品;买方信贷只提供贸易合同金额的 80%～85%,其余部分要付现汇;贷款偿还均为分期偿还,一般规定半年还本付息一次。买方信贷的一般程序(见图 10.2):

(1) 进口商与出口商洽谈贸易,签订贸易合同。进口商需要交付相当于货款 15% 的现汇定金。定金在合同签订时先付 10%(也可在合同签订后的 60 天或 90

天支付),第一次交货时再付5%。

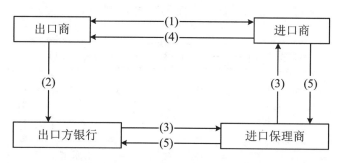

图 10.2　买方信贷业务操作流程图

(2) 出口商向出口方银行递交合同与申请。贸易合同签订后至预付定金前,进口商或进口商银行与出口商所在地银行签订以贸易合同为基础的贷款协议。

(3) 贷款额按交货进程由出口方银行直接向进口商支付,或是通过进口方银行间接提供给进口商。

(4) 进口商向出口商现汇付款。

(5) 进口商或进口方银行于订购的设备全部交清的期限内,偿还出口方银行的贷款及利息,一般是每半年一次。

3) 福费廷

福费廷(Forfaiting)也称包买票据、买单信贷,是指在延期付款的大型设备贸易中,出口商把经进口商承兑(通常应由进口方银行提供担保)、期限在半年以上的远期汇票(通常为5～6年,也可以是进口商签发的、经银行担保的远期商业本票),无追索权地售予(即办理贴现)出口商所在地银行或大金融公司(即包买商),从而提前取得现款,并免除一切风险的一种资金融通形式。福费廷是一种没有追索权的贴现业务,即"卖断"行为,最早出现于1965年的西欧国家。

福费廷业务的主要特点:① 多涉及金额较大的资本货物(如大型成套设备等)贸易活动;② 有专门的金融机构(包买商)经营;③ 必须是经进口方银行担保或承兑的清洁的债权凭证(票据)的买卖;④ 票据的出售为卖断,即无追索权;⑤ 具有中长期贸易融资功能。

福费廷业务的一般流程(见图10.3):

(1) 进出口商在洽谈贸易合同时,如欲使用福费廷,应事先与当地银行或金融公司(托收包买行)约定,即询价、报价,以便做好各项信贷安排。

(2) 进出口商订立贸易合同,同意使用福费廷。

(3) 出口商与包买行签订包买合同。

(4) 出口商办理发货后,出具远期汇票连同全套货运单据寄交进口商(多是通过银行寄交),进口商承兑汇票并请往来银行(担保行)担保(保函或保付签字)。担保行保证在进口商不能履行义务是,由其最后付款。但担保银行要经出口商所在地银行(即包买行)的资信认可。担保行担保形式有两种:一是在汇票票面上签章,保证到期付款即保付;二是出具保函保证对汇票付款。

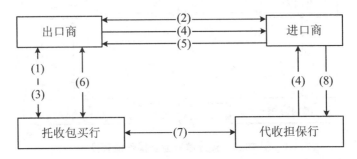

图 10.3　包买票据业务操作流程图

(5)进口商向出口商提示经已承兑并由银行担保的远期汇票,或是由进口商自己签发的、经银行担保的远期本票。

(6)出口商将经承兑和担保的远期票据向包买行提示,包买行根据包买合同的约定,以无追索权方式办理票据贴现,出口商取得现款。

(7)包买行向担保行提示到期票据,担保行到期付款。

(8)票据到期,进口商向担保行偿付款项。

从形式上看,福费廷业务是出口商所在地银行买进远期汇票,扣除利息、付出现款的一种业务。出口商借助这种业务,及时获得现金,加速资金周转,促进设备出口。它与一般贴现极其相似,但又有区别(见表10.2)。

表 10.2　福费廷与一般贴现的主要区别

主要不同点	福费廷	一般贴现
银行能否向出票人行使追索权	所贴现的票据,银行不能对出票人行使追索权	如票据到期遭到拒付,银行对出票人能行使追索权,要求出票人付款
票据来源	多为与出口设备相联系的有关票据	一般为国内外贸易往来中的票据
票据担保要求	票据必须有第一流银行的担保	有时有的国家规定票据具备3个人的备书,但一般不须银行担保
业务手续及费用	业务比较复杂;费用负担较高,除按市场利率收取利息外,一般还可能收取管理费、承担费甚至罚款等	手续比较简单;费用一般仅按当时市场利率收取贴现息

福费廷与承购应收账款业务均表现为出口商向银行卖断汇票或期票,银行不能对出口商行使追索权,但是两者之间是有区别的(见表10.3)。

表 10.3　福费廷与承购应收账款业务的主要区别

主要不同点	福费廷(Forfaiting)	承购应收账款业务
业务特点	适用于包括远期信用证在内的金额大、期限长的延期付款贸易结算	适用于以赊销为主的非信用证项下小批量、小金额、期限短的贸易结算
业务内容	仅提供贸易融资,业务单一突出	内容比较综合,常附有资信调查、财务管理、代制单据、账款催收等服务内容
业务程序	进出口商必须事先协商并取得一致意见,方可开展	出口商无需事先与进口商协商
票据担保要求	必须有第一流银行的担保	无须进口商所在地的银行对汇票的支付保证或开立"保函"

纵观出口信贷的三种主要形式,其对出口商和进口商各有利弊(表 10.4)。

表 10.4　三种出口信贷形式对进出口商利弊的比较

	出　口　商		进　口　商	
	有利方面	不利方面	有利方面	不利方面
买方信贷	① 有利于资产负债表的状况,且汇率风险减缓;② 便于核算出口货价成本;③ 有利于贸易合同的商签	① 贷款起点大,中小企业有难度;② 投保出口信用险,成本开支增加;③ 手续繁琐;④ 两个合同依赖性大	① 便于了解真实货价核算进口成本,做到货比三家,谈判地位主动;② 无需支付足额现款而获取货物	① 需要办理融资或贷款手续,支付利息、管理费、承担费等;② 借款必须专款专用,不能挪做他用
卖方信贷	① 利率固定,无利率波动风险;② 低于市场利率;③ 贷款情况易于掌握,手续相对简便	① 贷款条件较苛刻;② 存在汇率风险;③ 不利于资产负债表的状况;④ 不利于贸易合同的商签	① 无需支付足额现款即可取得所需货物;② 无需办理融资或贷款手续	① 难以了解真实货价,不便做到货比三家;② 货物价格较高,进口成本较大
福费廷	① 票据及时卖断,利于免除信贷及外汇风险;② 利于资产负债状况;③ 灵活性大,便于出口市场开拓	① 费用较高;② 交货与贸易合同签订时间较长,难以报价;③ 融资银行一般不愿接受 5 年以上票据买断		

4) 其他形式的出口信贷

(1) 信用安排限额。它是产生于 20 世纪 60 年代后期的一种新型出口信贷形式。主要特点是出口商所在地的银行为了扩大本国一般消费品或基础工程设备的出口,给予进口商所在地银行以中期融资的便利,并与进口商所在地银行配合,组织较小金额业务的成交。类似于买方信贷。包括一般用途信用限额(用于一般消费品贸易)和项目信用限额(限于工程设备贸易)两种。出口方银行向进口方银行提供一定的贷款限额,签订一份总信贷协议,协议内的资金,用于许多彼此无直接关系的进口商购买该出口国由众多彼此无直接关系的出口商提供的消费品或工程设备。这里的进口商和出口商,均是数量众多且彼此间无直接关系的进口商和出口商。

(2) 混合信贷。它是买方信贷和卖方信贷这两种形式的新发展,是指由外国政府或商业银行联合起来向借款国提供的贷款,用于购买贷款国的资本商品和劳务。如前所述,无论是买方信贷还是卖方信贷,根据国际惯例,进口商都要向出口商支付占设备总价款一定比例的现汇定金。由于近年来出口信贷利率不断调高,不利于某些发达国家设备的出口,因此一些发达国家为增强其出口产品竞争力,在出口国银行发放买方信贷或卖方信贷的同时,出口国政府还从预算中拿出一笔资金,作为政府贷款或给予部分赠款,连同买方信贷或卖方信贷一起发放,以满足进口商或出口商支付设备货款与当地费用的需要。因此,这项贷款实际上是出口卖方信贷的一种发展形式。

(3) 签订存款协议。即出口商所在地的银行在进口商银行开立账户,在一定期限内存放一定金额的存款,并在期满之前要保持约定的最低限度,以供进口商从出口国购买设备之用。

10.4 国际项目融资

一国政府或一个部门为兴建工程项目除可向世界银行申请贷款外,一般还可以利用政府贷款、商业银行贷款等方式筹措所需资金。但是,随着国际上自然资源的大力开发,交通、运输工程的兴建,所需要资金的数额非常巨大,单靠工程主办单位的自身力量很难从国际资本市场筹得足额资金,同时,单靠一种借款方式也很难满足项目资金的需要。此外,由于世界性的通货膨胀和新建大型工程项目所需费用急剧增长,一些国家的政府和公司企业愈来愈难以承担与这些大型工程有关的投资风险。这样,一种新的贷款(融资)方式——国际项目融资应运而生。

10.4.1 国际项目融资概述

1. 国际项目融资的含义与类型

国际项目融资(International Project Financing)是一种特殊的融资方式,又称国际项目贷款或国际工程项目贷款(融资),是指以境内建设项目的名义在境外筹措资金,并以项目自身的收入资金流量、自身的资产与权益,承担债务偿还责任的融资方式,也是无追索或有限追索的融资方式。此类活动中,贷款人依赖该项目所产生的收益作为还款的资金来源,并将经营该项目的资产和收益作为还款保证,它是国际中长期贷款的一种形式。国际项目融资主要类型有:

(1) 无追索权项目融资。即贷款人对项目的主办单位没有任何追索权,只能依靠项目所产生的收益作为还本付息的来源,并可在该项目的资产上设立担保权益。此外,项目的主办单位不再提供任何信用担保,如果该项目中途停建或经营失败,其资产或收益不足以清偿全部贷款,贷款人无权向主办单位追偿。此类项目融资对贷款人的风险很大,一般很少采用,因此有人称之为传统项目融资。

(2) 有限追索权项目融资。这是目前国际上普遍采用的一种项目贷款形式。在这种形式下,贷款人除依赖项目收益作为偿债来源,并可在项目单位的资产上设定担保物权外,还要求与项目建设、完工、经营有利益关系的第三方当事人提供各种担保。第三方当事人包括设备供应商、建设承包商、项目产品的购买客户或设施的用户、东道国政府等。当项目不能按时完工或经营失败,项目本身资产或收益不足以清偿债务时,贷款人有权向上述各担保人追偿。但各担保人对项目债务所负的责任,仅以各自所提供的担保金额或按有关协议所承担的义务为限。通常我们所说的项目贷款,均指这种有限追索权的项目贷款。

2. 国际项目融资的当事人

由于项目规模大,建设周期长,所以国际项目融资有许多当事人或参与者,即项目融资主体,包括项目的直接主办人、承办单位、外国合伙人、贷款人、工程公司、设备供应者、官方保险机构、托管人和用户等,他们对这项工程都起着重要作用。

(1) 主办单位。主办单位亦称主办人,它是项目的主管部门,它从组织上负有监督该项目计划落实的责任。贷款虽然不是根据主办单位的保证或担保来发放,但如发生意外情况,导致项目所实现的收入不足以偿付债务时,主办单位在法律上负有拿出差额资金用以偿债的责任。所以,贷款人发放贷款时,多对主办单位的资信情况十分关注。一般要求主办单位资信好、实力雄厚。

(2) 承办单位。承办单位亦称项目公司,即项目的实际投资者,它是为工程项目筹措资金并经营该工程的独立组织。其职责是筹措工程项目所需资金,经营该工程,负责到期偿还贷款等。

(3) 外国合伙人。承担单位往往会选择一个资金雄厚、信誉好、经营能力强的外国合伙人,其好处在于:① 可利用其入股的产权资金;② 他有可能对该项目另外提供贷款;③ 他可协助该工程项目从国外市场融通资金;④ 有利于项目投产后的市场运作。

(4) 贷款人。根据工程项目的具体情况,国内外的信贷机构、各国政府和国际金融机构均能成为项目的贷款人。

(5) 工程公司。即项目的承包公司,是负责工程技术并保证工程顺利完成的临时组织,是项目成败的关键因素。其技术水平、资信及声誉是能否取得贷款的重要因素之一。

(6) 设备供应人。主要指为项目提供各种材料、电力、机械和运输设备等的公司、厂商。他们在保证项目按时竣工中起着重要作用,其资信状况与经营作风是贷款人发放贷款时要考虑的因素。同时,争取以延期付款方式从供应商获得货物也是承办单位取得信贷资金的一条渠道。

(7) 官方保险机构。银行等私人信用机构向工程提供项目贷款,常以能否取得该机构的信贷保险为先决条件,从而通过国家信誉降低了银行的投资风险。这些机构也是国际项目融资的主要参与人,有美国的"海外私人投资公司"、英国的"出口信贷保证局"、法国的"对外贸易保险公司"等。

(8) 托管人。主要负责保管从工程产品的购买人或设施用户处收取的款项,用以偿还对贷款人的欠款,保证专款专用。托管人保证在贷款债务清偿前,承办单位不得提取或动用该笔款项。

(9) 用户。指工程产品的购买人或工程设施的用户,这两方面的参与人往往通过他们的合同义务对该工程的贷款提供主要的信用保证,因为偿还项目贷款的资金来源主要依靠项目产品销售或设施使用后的收入。鉴于此,贷款人也会充分考虑他们的信用程度,他们的资信状况是能否提供贷款的最重要因素。

3. 国际项目融资的信用结构与特征

国际项目融资的信用结构主要有三:一是贷款人的债权实现依赖于拟建工程项目未来可用于偿债的现金流量,即其偿债资金来源并不限于正常的项目税后利润;二是一般要求以建设项目的资产权利作为项目运营和偿债的安全保证,它不同于以资产价值为抵押的普通担保;三是通常需创造足以防范或分散各种项目风险的多重信用保障结构,包括借款人或主办人提供的有限担保、承办单位提供的项目担保、项目关系人提供的现金流量缺额担保、项目产品用户提供的长期销售协议及政府机构提供的担保或承诺等。

除了具有结构复杂性和类型多样化的特点,与传统的国际贷款融资相比,国际项目融资通常具有以下基本特征:

(1) 以特定的建设项目为融资对象。通常情况下,国际贷款人要求对项目资产和负债独立核算,并限制融资用途。在项目主办人作为借款人的情况下,贷款人会要求主办人将项目融资仅投向该特定项目或项目公司,并要求将项目资产与主办人其他资产相分离。可见,国际贷款人提供项目融资并非依赖于借款人(包括主办人或项目公司)的信用,而更主要依赖于项目投资后所形成的偿债能力和项目资产权利的完整性。

(2) 担保对象及偿还基础主要是项目的经济效益。发放项目贷款的主要担保是该工程项目预期的经济收益和其他参与人对工程停建、不能营运、收益不足以还债等风险所承担的义务,而主办单位的财力与信誉并不是贷款的主要担保对象,因为项目所实现的经济效益才是偿还贷款的基础。鉴于此,贷款人在决定贷款前必须对项目未来的现金流量做出可靠的预测,并且须通过复杂的合同安排确保该现金流量将主要用于偿债,同时往往要求取得东道国政府关于加速折旧、所得税减免等方面的优惠批准或特许。

(3) 融款风险共同承担,贷款者仅有"有限追索权"。项目融资方式下,与工程项目有利害关系的单位对贷款可能发生的风险进行共同担保,以保证该工程按计划完工、营运,有足够的资金偿还贷款。项目发起人如果没有额外承担合同义务或提供各种风险担保,则其所承担的风险只限于其投资的股权资本。例如,当资源国或石油公司依靠发现的油(气)田为依据向银行(贷款者)取得工程项目贷款,其后将用该油(气)田生产的油(气)进行偿还,倘若油(气)田不出油(气),贷款则不能获得偿还。因此,通过项目贷款这种筹资方式,把进行一项工程项目产生的直接偿债义务,从主办人或项目转移到这一工程项目本身。可见,贷款者仅有"有限追索权",需要承担一定的风险。为此,针对不同融资项目的具体风险状况,国际贷款人往往提出不同的信用保障要求,其目的在于分散项目风险,确保项目未来的现金流量可靠地用于偿还贷款。

(4) 融资来源渠道多样化,融资额大、风险高、周期长、融资成本相对较高。除从一般商业银行取得贷款外,国际项目融资还可以有外国政府、国际组织等参与资金融通,且东道国一般需要有一定的配套资金(如政府拨款、官方支持的出口信贷等)。由于国际项目融资以对项目未来的现金流量预测为基础,以旨在提高偿债效率的法律安排为条件,因而此类融资的准备工作成本、贷款利率和未来风险均较传统的国际贷款融资为高。

10.4.2 国际项目融资的资金筹措与使用

资金筹措是项目付诸实施的先决条件,而合理的筹措资金方案是实现项目预期经济效益的重要因素。这里的"资金筹措"是指按照国家的有关规定及国际上项目贷款的惯例,根据项目建设的具体需要,选择合理的筹资方案,谋划取得项目建设资金的方式和方法。

1. 资金筹措的基本原则

为了选择最佳的资金筹措方案,确定合理的资金结构,必须遵循一定的原则:

(1) 满足项目预期的资金需要量。即不仅要求建设项目资金来源必须切实可靠,而且要求所筹集的资金能够保证项目顺利建设及正常运营。因此,为了获得切实可靠的资金,借款者必须对贷款者作必要的资信调查,做好对贷款者的选择。

(2) 符合国家条件。及要求在筹措资金时,不仅要看项目的需要,还要依据项目的特点,分析获得何种渠道的资金。一般各国都有自己的财政金融政策和资金管理的有关规定,借款者必须认真加以注意。

(3) 充分考虑如何提高项目的经济效益。即要求在保证项目所需资金的同时,还必须考虑花钱最少,且支付的利息最低,以降低筹资成本。此外,还应注意利率风险和汇率风险的防范与管理。

2. 项目融资的资金来源

兴建工程项目的资金来源有两大渠道:一是股本投资,二是向外借款。股本投资是由工程项目的主办单位和外国合伙人以现金或实物投入,而向外借款在资金来源中占比一般均大大高于股本投资。借款资金主要来源及特点是:

(1) 政府贷款。优点是利息低、费用少,从而降低工程成本;缺陷是它的政治性强,受两国外交关系及贷款国预算与国内政策影响大,并且所得贷款与援助资金仅限于从发放贷款国购买商品或劳务。

(2) 出口信贷。优点是利率固定且较低,所得贷款可用于资本货物的购买;缺点是所购的资本货物的质量和价格可能不及从第三国购买或招标。

(3) WBG贷款。优点是条件优惠,带有一定的技术援助性质;缺点是手续繁杂、费时费力。

(4) 混合贷款。即由WB与其他信贷机构(如私人商业银行)联合提供的贷款。优点是利率不高,可使工程成本降低;缺点是手续更复杂,更费时费力。

(5) 商业银行贷款。优点是谈判容易、手续简单,对贷款的使用一般不加限制;缺点是利率高,且多采用浮动利率,导致工程成本高,且难以精确计算。

(6) 发行债券。优点是债券利息在税前支付,相对于股票,资金成本低、风险小。

(7) 供应商提供的信贷。如项目所需设备采用延期付款的方式。

此外,联合国有关机构的捐赠与援助。如联合国"开发计划署"、"自然资源开发循环基金"等对工程项目提供用于可行性研究的资金,并提供技术援助。

3. 资金使用与偿还

1) 科学编制资金的使用计划

项目贷款资金使用,必须编制科学的资金使用计划,合理选择贷款类别及支用顺序。

(1) 按负担利息的大小来选择贷款。在贷款的选择上,应先争取无息贷款,后考虑有息贷款;先争取低息贷款,后考虑高息贷款。

(2) 按贷款期限的长短顺序进行选择。在保证建设需要的前提下,应尽量采用期限较短的贷款。如可从多家银行申请贷款,则宜先采用某一家银行的短期贷款,然后考虑用另一家银行贷款来偿还,这样可以实现短期贷款用于长期投资,从而节约建设期的利息支出。

(3) 合理安排贷款的支用顺序。应支用利率低的贷款,再由低到高地使用贷款,但也要综合考虑其他因素,如"承诺费"等问题。

2) 合理选用贷款偿还的方法

国际项目融资中的贷款偿还的方法主要有:到期一次偿还;分次偿还;自支用贷款日起,逐年偿还。借款方应认真加以考虑和选择。

此外,国际项目融资中的借款方还应考虑在贷款合同(协议)中加列"提前偿还"的条款。还款顺序一般是先高息后低息;若利率相同,则先短期后长期;先硬币后软币等。

10.4.3 国际项目融资的方式

项目融资的方式多种多样,如主办人直接或通过项目公司安排项目融资,以"设施使用协议"、"杠杆租赁"、"生产支付"、"黄金贷款"等为基础的项目融资,以及BOT、ABS等融资方式。这里仅就BOT、ABS融资方式作简要介绍。

1. BOT 融资方式

1) BOT 的含义与法律特点

BOT(Build-Operate-Transfer)即建设—经营—转让。它是私营企业参与基础设施建设,向社会提供公共服务的一种方式。具体是指政府部门就某个基础设施项目与私人企业(项目公司)签订特许权协议,授予签约方的私人企业(包括外国企业)来承担该项目的融资、投资、建设和维护,在协议规定的特许期限内,许可其融资建设和经营特定的公用基础设施,并准许其通过向用户收取费用或出售产品以清偿贷款,回收投资并赚取利润。政府对这一基础设施有监督权、调控权。特许期满,签约方的私人企业将该基础设施无偿或有偿移交给政府部门。在中国,BOT融资方式一般称为"特许权"。

在国际融资领域,BOT 不仅包含了建设、运营和移交的过程,更主要的是项目融资的一种方式,具有有限追索权的特性,即 BOT 项目的债务不计入项目公司股东的资产负债表,这样项目公司股东可以为更多项目筹集建设资金,所以受到了股本投标人的欢迎而被广泛应用。BOT 融资方式同其他融资方式相比,有其自身的法律特点:

(1) 从权利转移看,政府只是通过与项目公司签订特许权协议,将公共建设项目的经营权交给项目公司,项目公司则在经营一定的时期后将其转交给当地政府。

(2) 从责任范围看,政府依据签订的协议,通过经济活动的方式将设计、融资、建设、经营、维护公共设施的责任转移给项目公司。

(3) 从项目资金看,项目所需资金全部由外国或国内投资者通过融资解决,政府不提供资金担保,但可适当贷款或参股,共同投资。

(4) 从参与主体看,政府与项目公司作为主要主体通过合同达成合作意向,项目公司分别通过贷款合同、经营合同、建筑合同、设计合同与银行、经营承包商、建筑商、工程设计机构达成有关贷款、经营、建设、设计方面的合作意向。

2) BOT 的基本形式

WB 在《1994 年世界发展报告：为发展提供基础设施》中指出，BOT 包含有三种基本形式：BOT、BOO 和 BOOT。

(1) BOT。这是最基础的形式，项目公司没有项目的所有权，只有建设和经营权。

(2) BOO(Build-Own-Operate)。即建造—拥有—经营，指投资者根据政府赋予的特许权，建设并经营某项目，但是不将此项目移交给公共部门，而是继续经营。其目的主要是鼓励项目公司从项目全寿命期的角度合理建设和经营设施，提高项目产品或服务的质量，追求全寿命期的总成本降低和效率的提高，使项目的产品或服务价格更低。与 BOT 的最大区别是，在 BOO 项目中，项目公司有权不受任何时间限制地拥有并经营项目设施。

(3) BOOT(Build-Own-Operate-Transfer)，即建造—拥有—经营—转让，指项目在建成后，政府允许在一定的期限内由项目公司拥有项目的所有权，并由项目公司对项目进行运营，在特许经营期满后将项目免费移交给政府。与 BOT 主要区别是，在 BOOT 项目中，项目公司既有经营权又有所有权，且特许期一般比基本的 BOT 稍长。

BOT 的上述三种基本形式，体现了部分国家(地区)政府对于基础设施所愿意提供的私有化程度。具体而言，BOT 私有化程度最低(实际上项目设施的所有权并不转移给私人)，BOOT 私有化程度居中，因为设施的所有权在有限的时间内转给私人；BOO 私有化程度最高，因为项目设施没有任何时间限制地被私有化并转移给私人。

由于基础设施项目通常直接对社会产生影响，并且要使用到公共资源，诸如土地、公路、铁路、管道、广播电视网等等。因此，基础设施的私有化是一个特别重要、敏感的问题。① 对于运输项目(如收费公路、桥梁及铁路等)多是采用 BOT 方式，因为政府通常不愿将运输网的所有权转交给私人。② 在动力生产项目方面，三种基本方式可能被采用。一些国家很重视发电，因此只会和私人签署 BOT 或是 BOOT 特许协议；但在电力资源充足的国家(如阿根廷等)，其政府并不如此重视发电项目，一般会签署一些 BOO 许可证或特许协议。③ 对于电力的分配和输送、天然气及石油来说，这类行业通常被认为是关系到一个国家的国计民生，因此建设这类设施一般都采用 BOT 或 BOOT 方式。

除了上述三种基本形式外，BOT 融资还有一些其他演化形式(即在实践中又发展出多种形式)：

(1) BLT(Build-lease-transfer)，即：建设—租赁—转让。项目完工后一定期限内出租给第三者，以分期收取租金方式收回工程投资和运营收益，以后再将所有权转让给政府。

（2）BTO（Build-transfer-operate），即：建设—转让—经营。项目的公共性很强，不宜让私营企业在运营期间享有所有权，须在项目完工后转让所有权，其后再由项目公司进行维护经营。

（3）TOT（Transfer-operate-transfer），即：移交—经营—移交。政府与投资者签订特许经营协议后，把已经投产运行的可收益公共设施项目移交给民间投资者经营，凭借该设施在未来若干年内的收益，一次性地从投资者手中融得一笔资金，用于建设新的基础设施项目；特许经营期满后，投资者再把该设施无偿移交给政府管理。

（4）BT（Build-transfer）即：建设—转让。项目建成后立即移交，可按项目的收购价格分期付款。

此外，BOT 的演化形式还有 BST（建设—补贴—转让）、BOOST（建设—拥有—经营—补贴—转让）、DBFO（设计—建设—融资—经营）、ROT（修复—经营—转让）、ROMT（修复—经营—维修—转让）、ROO（修复—拥有—经营）等等。这些演化形式虽然提法不同，具体操作上也存在一些差异，但它们的结构与 BOT 并无实质差别，所以习惯上将这些方式统称为 BOT。

3）BOT 融资方式的应用

BOT 融资发端于 19 世纪后期的美国（项目为铁路和一级公路）。此后，由于该方式改变了对基础设施项目投资的传统做法，集融资、建设、经营和转让功能于一体，日益得到发展中国家的青睐，成为国际流行的一种融资方式。

20 世纪 80 年代中期以来，BOT 方式发展很快，比较著名的 BOT 项目有英吉利海峡隧道、中国香港东区海底隧道、马来西亚南北高速公路、菲律宾那法塔斯电站等。BOT 方式在中国出现也有 30 余年的历史了，如在广西来宾电厂二期工程、北京京通高速公路、上海延安东路黄浦江隧道复线等许多项目上得以运用。

从 BOT 融资方式的基本内涵可以看出，其非常显著的特征就是"权钱交易"。这是因为，政府赋予私营企业对某一项目的特许权，由其全权负责建设与经营，政府无需花钱，通过转让权利即可获得一些重大项目的建成并产生极大的社会效益，特许期满后还可以收回项目。当然，投资者也因为拥有一定时期的特许权而获得极大的投资机会，并相应赚取了利润。所以 BOT 投资方式能使多方获利，具有较好的投资效果。

BOT 融资方式有如下优越性：

（1）可利用私人企业投资，减少政府公共借款和直接投资，减轻政府的财政负担。

（2）避免或降低政府投资可能带来的各种风险，如利率和汇率风险、市场风险、技术风险等。

（3）有利于提高项目的运作效益。一方面 BOT 项目一般都涉及巨额资金的投入,以及项目周期长所带来的风险,由于有私营企业的参加,贷款机构对项目的要求就会比对政府更严格;另一方面私营企业为了减少风险,获得较多的收益,客观上促使其加强管理,控制造价,减低项目建设费用,缩短建造期。

(4) 可提前满足社会与公众需求。一些本来急需建设而政府目前又无力投资建设的基础设施项目,可在私营企业的积极参与下,采取 BOT 投资方式,提前建成发挥作用,从而有利于全社会生产力的提高,并满足社会公众的需求。

此外,BOT 项目可以给境内大型承包商提供更多的发展机会,有利于刺激经济发展和提高就业率;BOT 项目运作可带来技术转让、本国人员培训、资本市场发展等相关利益;BOT 项目运作过程都与法律、法规相联系,不但有利于培养各专业人才,也有助于促进东道国法律制度的健全与完善。

2. ABS 融资方式

1) ABS 的含义与特点

ABS 意为"资产证券化"(Asset Backed Securitization),亦称资产收益证券化融资。它是指将缺乏流动性,但能够产生可预见的、稳定的现金流量的资产归集起来,通过一定的结构安排,对资产中风险与收益要素进行分离与重组,进而转移为在金融市场上可以出售和流通的证券的过程。这里的证券通常称为资产支持型证券(Asset Backed Securities),主要是债券或票据。

ABS 融资模式是以项目所属的资产为支撑的证券化融资方式,即以项目所拥有的资产为基础,以项目资产可以带来的预期收益为保证,通过在国际资本市场发行债券来募集资金的一种项目融资方式。具体包括:① 汽车消费贷款、学生贷款证券化;② 商用、农用、医用房产抵押贷款证券化;③ 信用卡应收款证券化;④ 贸易应收款证券化;⑤ 设备租赁费证券化;⑥ 基础设施收费证券化;⑦ 门票收入证券化;⑧ 俱乐部会费收入证券化;⑨ 保费收入证券化;⑩ 中小企业贷款支撑证券化;⑪ 知识产权证券化,等等。

通过证券市场发行债券筹集资金,是 ABS 不同于其他项目融资方式的一个显著特点,也是 ABS 融资模式的最大优势。此外,ABS 融资方式的特点还包括:与通过在外国发行股票筹资比较,可以降低融资成本;与国际银行信贷比较,可以降低利息支出;与国际担保性融资比较,可以避免追索性风险;与政府贷款比较,可以减少评估时间和一些附加条件。

相比其他证券产品,资产支持型证券具有收益率高、信用等级高、事件风险小和可预期的现金流,以及有利于投资多元化与多样化等优点。

2) ABS 融资方式的运作过程

ABS 融资方式的运作过程分为六个主要阶段。

(1) 组建项目融资专门公司。采用 ABS 融资方式,项目主办人需组建项目融资专门公司(Special Purpose Vehicle,简称 SPV),亦即"特殊目的机构(载体/公司)",可称为信托投资公司或信用担保公司,它是一个独立的法律实体。这是采用ABS融资方式筹资的前提条件。

(2) 寻求资信评估机构授予SPV尽可能高的信用等级。由国际上具有权威性的资信评估机构,经过对项目的可行性研究,依据对项目资产未来收益的预测,授予SPV较高的AA级或AAA级信用等级。

(3) 项目主办人(筹资者)转让项目未来收益权。通过签订合同,项目主办人在特许期内将项目筹资、建设、经营、债务偿还等全权转让给SPV。

(4) SPV发行债券筹集项目建设资金。由于SPV信用等级较高,其债券的信用级别也在A级以上,只要债券一发行,就能吸引众多投资者购买,其筹资成本会明显低于其他筹资方式。

(5) SPV组织项目建设、经营并用项目收益偿还债务本息。

(6) 特许期满,SPV按合同规定无偿转让项目资产,项目主办人获得项目所有权。

3) ABS融资方式的作用

ABS是20世纪80年代兴起于美国的一种新型融投资工具,它可以把沉淀的资产变为可流动的资产,实现套现。作为一种独具特色的筹资方式,ABS融资方式从微观和宏观的角度看都存着积极的作用,主要表现在:

(1) 项目筹资者仅以项目资产承担有限责任,可以避免筹资者的其他资产受到追索。ABS融资模式是通过SPV发行高档债券筹集资金,这种负债不反映在原始权益人自身的资产负债表上,从而避免了原始权益人资产质量的限制。

(2) 筹资成本低、规模大。通过在国际证券市场上发行债券筹资,债券利率一般较低,不但可以降低筹资成本,而且可以大规模地筹集资金。

(3) 降低了证券融投资中的风险。ABS融资方式通过风险隔离机制隔断了项目原始权益人自身的风险,使其清偿债券本息的资金仅与项目资产的未来现金收入有关;同时,在国际市场上发行债券是由众多的投资者购买。因此,ABS融资方式可分散、转移筹资者和投资者的风险。

(4) 筹资债券易于销售,且筹资者不承担任何债务。作为证券化项目融资方式的ABS,由于采取了利用SPV增加信用等级的措施,从而能够进入国际高档证券市场,发行那些易于销售、转让以及贴现能力强的高档债券。同时,ABS融资方式下在国际证券市场发行的债券,到期以项目资产收益偿还,本国政府和项目融资公司不承担任何债务。

此外,由于有项目资产的未来收益作为固定回报,投资者可以不直接参与工程的建设与经营;由于是在高档证券市场筹资,其接触的多为国际一流的证券机构,这有利于培养东道国在国际项目融资方面的专门人才,也有利于国内证券市场的规范。

随着国际经济合作的发展,ABS融资方式受到了越来越多的筹资者和投资者的重视。凡是可预见未来收益和持续现金流量的基础设施和公共工程开发项目，都可利用 ABS 融资方式筹资。ABS 资产证券化是国际资本市场上流行的一种项目融资方式，已在许多国家的大型项目中采用。很多国家和地区将 ABS 融资方式重点用于交通运输部门的铁路、公路、港口、机场、桥梁、隧道建设项目；能源部门的电力、煤气、天然气基本设施建设项目；公共事业部门的医疗卫生项目；供水、供电和电信网络等公共设施建设项目，并取得了很好的效果。如美国雷曼兄弟公司以 SPV 的身份，通过公开在证券市场发行债券，为墨西哥的 IDLUCA 收费公路建设项目筹资 2.05 亿美元，使该项目提前服务于社会。

实践证明，ABS 融资方式作为一种国际筹资方式，以其涉及环节少、风险分散、筹资成本低、融资证券化等优势而成为国际金融市场上为大型工程项目筹措资金的重要方式。1998 年 4 月 13 日，中国第一个以获得国际融资为目的的 ABS 证券化融资方案率先在重庆市推行，这是中国第一个以城市为基础的 ABS 证券化融资方案。

10.5 国际租赁融资

国际租赁不仅是国际经济合作的一种方式，而且也是一种新发展起来的国际融资方式。租赁双方都是以盈利为目的的，为了获取利润，双方都需进行一定量的投资，出租人将租赁物作为投资的物品，起到既能输出资本，又能输出设备等物品的双重作用；承租人缴付租金也是其有别于直接购买设备等物品的"借鸡下蛋"的手段，具有利用外资和引进国外先进技术和设备的双重功能。

10.5.1 国际租赁概述

1. 国际租赁含义及对象

租赁是指出租人在一定时间内把租赁物借给承租人使用，承租人则按租约规定分期支付一定租赁费用或租金的经济行为。在这里，出租人可以用收取租赁费（租金）的方式收回其全部或部分投资并保持对租赁物的所有权；承租人则因缴纳租赁费而取得租赁物的使用权。可见，租赁实际是一种三边关系（即主要有三方当事人或关系人）的交易活动：一是出租人，即出资人、购货人和租赁物的所有者；二是承租人，即租货人、支付租金人和租赁物的使用者；三是供货人，即租赁物的生产厂商和提供者。租赁最大的特点是以租物形式达到融资的目的，将贸易与金融结合在一起，在资本市场和销售市场上实际发挥了投资、融资与促进销售的三重作用。

国际租赁（International Leasing）又称租赁贸易或租赁信贷，是指位于不同国家或地区的出租人和承租人之间的在约定期限内由出租人将租赁物（出租资产）交给承租人有偿使用的租赁关系。在这里,三方当事人可以是分属两国或三国的自然人、法人或国家和国际金融组织。

目前,在国际租赁市场上参与租赁的租赁物,除了道路、墙壁、电力和水力等不可移动的设备或物质资料外,任何其他的机械、设备等固定资产也均属其范围。如集装箱、汽车、飞机、船舶、卫星、计算机、专业机械设备(采矿、纺织、农业等)乃至成套工厂或工厂生产用的大型主机设备等。

2. 国际租赁的主要参与者

与国内租赁方式一样,国际租赁也存在三方基本当事人(参与者),即出租人、承租人和供货人。其中,目前国际市场上作为出租人身份出现的主要有以下几种租赁组织:

(1) 租赁公司。租赁公司又可以分为专业租赁公司和融资租赁公司。专业租赁公司(Specialized Leasing Companies, SLC)有的只经营某一类商品(如汽车、计算机等)的租赁业务,有的则经营某一大类商品(如各种机械设备)的租赁业务。其业务不仅包括出租商品,而且包括租赁业务的介绍和担保,出租机器的维修、保养及技术咨询等。融资租赁公司(Financial Leasing Companies, FLC)只从事租赁业务的资金融通业务。即它只限于接受承租人的请求,向制造商(供货人)购买并运交出租的机器设备,承租人和制造商不发生直接的关系。

(2) 银行、保险等金融机构。这类机构凭其雄厚的资金参与租赁业务。主要方式:① 给租赁公司提供贷款,促使租赁业迅速发展的同时获取利润;② 自设租赁机构(公司),独立经营租赁业务,如日本东京租赁公司就是第一劝业银行的子公司、法国东方汇理银行就创立了法国第一家长期租赁公司——"阿尔杰克"公司等;③ 与工业垄断组织联合设立租赁公司,如1963年成立的日本租赁公司等。

(3) 制造厂商。又有两种形式:一种是在作为制造厂商的独立公司、工厂、企业之下设立租赁部门(如"租赁部"),法律实体是制造商;另一种形式是在制造厂商之下设立租赁公司,该租赁公司是独立的法律实体,有自己的独立名称、机构和账户,以自己的名义独立承担法律责任。20世纪70年代以后,很多发达国家大型的机械制造厂商在本企业内部设立从事租赁业务的部门或附属的租赁公司,来扩大企业机器设备等产品的出口和销售,如美国国际商业机器公司(IBM)、美国电报电话公司(AT&T)等就大量出租其所制造的产品。

(4) 经销商和经纪人。经销商作为出租人从事租赁业务主要是为了推销产品,其优点在于信息灵通,提供的租赁标的物品种多样。国际上一些大的经销商在许多国家设有销售点,承接大出口商或制造厂商委托的租赁业务。租赁经纪人本身不经营租赁业务,只是代表委托人寻找交易对象,并代表委托人与对方磋商租赁条件,促成交易(租赁业务)成功。

(5) 联合组织。又称租赁联合体,指由制造厂商和大型专业租赁公司或金融机构联合组成的多边租赁联营组织。租赁联合体集各方优点于一身，是实力雄厚的出租人。

（6）国际性租赁组织。例如，20世纪60年代中期，英、法、意大利等国银行组成"国际租赁协会"，其主要职能是协调所有参与银行成员所控制的租赁公司的国外租赁业务。又如1973年，美、英、意大利等国的银行联合组成的"东方租赁控股公司"，1981年由中国国际信托投资公司（CITIC）、北京市机电设备公司和日本东方租赁株式会社三方合资组建的"中国东方租赁有限公司"（中国第一家专营国际租赁业务的中外合资企业）、由中国技术进出口总公司与日本三井物产株式会社合资建成的"中国国际租赁有限公司"等。

3. 国际租赁的特点

就业务范围而言，与国内租赁相比，国际租赁的主要特点是：① 国际租赁涉及的出租方、承租方和供贷方三方面当事人一般属于不同的国家或地区；② 国际租赁涉及的商务合同至少有一个是涉外合同；③ 国际租赁的最终资金往往来源于国际金融市场，主要通过国际金融市场的短期贷款、中长期贷款和发行债券等方式筹资；④ 国际租赁的风险比一般的国内租赁的风险大，它除了包括信用风险、政治风险、利率风险外，还包括一个更重要的风险，即汇率风险。

就业务性质而言，国际租赁具有集贸易、融资、投资等为一体的综合性特征，但同时又有别于以上各单纯的业务特征：

（1）所有权与使用权分离。贸易的结果是两权的同时让渡，而租赁的结果仅为使用权的让渡（即在租赁期内，出租人和承租人分别拥有所有权和控制权）。

（2）货币信贷与实物信贷相结合。一般信贷（融资）表现为或者借钱或者借物，借钱还钱、借物还物；而租赁则将以上两种方式合二为一，一般均以货币形态偿还。可见，它是一种将借钱与借物融合在一起的交易方式。

（3）税收方面容易得到优惠。一般投资者需缴纳财产税和其他有关税收，而在租赁业务方面，出资人或承租人所获得的租赁物不在企业资产负债表上表现，即购入或租入的资产（租赁物）不登记资产方。因此，投资（出租）与筹资（承租）双方均可享受投资减税优惠或免交财产税的好处。

（4）业务关系涉及面广，需多边合作完成交易。一般的租赁业务至少涉及三方关系，需订立两个或以上的合同（协议），如出租人与供货人之间签订的买卖合同；出租人与承租人之间签订的租赁合同；出租人与金融机构之间签订的借款合同；等等。

10.5.2 国际租赁的主要形式

国际租赁既是国际筹资的途径，又是国际投资的手段。国际租赁的形式可根据租赁期限的长短、是否提供服务、支付情况和资金来源等来划分。目前，国际上通用的主要形式有融资租赁、经营租赁和综合性租赁3种。

1. 融资租赁

1) 融资租赁的含义与特点

融资租赁(Financial Lease)又称资本租赁、设备租赁、金融租赁或财务租赁等,是指用户所需要的机器设备由租赁公司采购并出租给用户的租赁方式。根据国际统一私法协会《融资租赁公约》的定义,融资租赁是指这样一种交易行为:出租人根据承租人的请求及提供的规格,与第三方(供货商)订立一项供货合同,根据此合同,出租人按照承租人在与其利益有关的范围内所同意的条款取得工厂、资本货物或其他设备(以下简称设备)。并且,出租人与承租人(户)订立一项租赁合同,以承租人支付租金为条件授予承租人使用设备的权利。这种租赁方式,实质上是出租人向承租人通过"融物"而实现"融资"的一种投资。融资租赁的对象一般是寿命较长、价值较高的物品,主要是大型机械设备。

融资租赁的主要特点是:

(1) 租赁期限长。一般相当于租赁物大部分的经济寿命,租赁期多为3~5年,大型设备如飞机、钻井平台等的租期可以长达10年以上,但租期满时,租赁资产仍然有余值。

(2) 租赁契约不可撤销(或解约),租赁合同稳定。因为租赁物是由承租人自选的特定的非通用设备,因此双方一般不得提前解除租赁合同。这样既可保证承租方长期稳定地使用租赁物,也可以保证出租方的租金收入。

(3) 出租人通常不提供维修和保养等服务。融资租赁中,出租人垫付货款,代承租人购进其选定的设备并按期出租,但保留租赁物的所有权;承租人在租赁合同期限内享有使用权,并负责设备的选择、维修、保养和保险等。

(4) 租赁物价款全部付清(清偿)。在基本租期内,设备只租给一个用户使用,承租人支付租金的累计金额为设备价款、利息和出租人的手续费之和。通常出租方通过一次租赁可以收回全部投资,并赚取相应的利润,又称"完全付清租赁(Full Pay-out Lease)"。

(5) 租赁期满后,承租人有多种选择。可以续租(续签租赁合同)、退租(将租赁物退还出租方)、留购(作价将租赁物买下)或留用(无偿获得期满后的租赁物)等多种选择。

2) 融资租赁的主要形式

融资租赁是目前国际上使用最为普遍、最基本的租赁形式。主要形式有:

(1) 直接租赁(Direct Lease)。又称自营租赁,是指出租人独资承担购买租赁物全部资金的租赁交易,即由租赁公司购进外国厂商的设备后直接租赁给承租人。直接租赁体现着融资租赁的基本特征,是融资租赁业务中采用最多的形式。而融资租赁的其他形式,多是在此基础上,结合了某一信贷特征而派生出来的。

(2) 间接租赁(Indirect Lease)。又称转(租)租赁(Sub-Lease)或进口转租赁，是指出租人从另一家租赁公司租进物品，然后再将其转手租给承租人的租赁交易，即出租人首先作为第一承租人从外国或其他租赁公司(第一出租人)租进设备后再转租给国内承租人(次承租人)。办理间接租赁业务的本国租赁公司需要以承租人的身份与国外出租人签订一项国际租赁合同，同时还需要以出租人的身份与国内承租人签订一项国内租赁合同。

(3) 回租租赁(Sale and Leaseback)。又称售后回租，简称"回租"，是指承租人将其所拥有的物品出售给出租人，再从出租人手里将该物品重新租回的租赁交易。即由设备的所有者将自己原来拥有的部分财产卖给出租人以获得融资便利，然后以支付租金为代价，以租赁的方式，再从该公司租回已售出财产的一种租赁交易。双方先是买卖关系，后是租赁关系。对承租人而言，当其急需现金周转，回租租赁是改善企业财务状况的一种有效手段。此外，在某些情况下，承租人通过对那些能够升值的设备进行售后回租，还可获得设备溢价的现金收益。对非金融机构类的出租人来说，回租租赁是扩大业务种类的一种简便易行的方法。回租租赁的对象多为不动产租赁物和已使用的旧物品。

(4) 衡平租赁(Leverage Lease)。又称减租租赁、借贷式租赁、杠杆租赁、平衡租赁等，是融资租赁的一种特殊形式、高级形式，是一种利用财务杠杆原理组成、运用广泛的一种国际租赁形式。衡平租赁一般是指在一项租赁交易中，出租人只需投资租赁设备购置款项的20%～40%的金额，即可在法律上拥有该设备的完整所有权，享有如同对设备100%投资的同等税收待遇；设备购置款项的60%～80%由银行等金融机构提供的无追索权贷款解决，但需出租人以租赁设备作抵押、以转让租赁合同和收取租金的权利作担保的一项租赁交易。

衡平租赁的对象大多是金额巨大的物品，如民航客机、船舶、集装箱、输油管道、近海钻井平台、通信卫星设备和成套生产设备等。衡平租赁的主要特点是：

▲业务所涉及的关系复杂。主要关系人包括出租人、承租人、贷款人、供货人，有时还有包租人、经纪人、托管人等当事人。业务所涉及的合同或协议也较多，主要有买卖合同(出租人与供货人之间)、贷款协议(出租人与贷款人之间)、租赁合同(出租人与承租人之间)以及参与协议(所有当事人之间)等。

▲资金的主要来源为贷款人而并非出租人。出租人虽购进租赁标的物而成为拥有其所有权的人，但出租人购买租赁标的物的资金至多只有20%～40%，其余的资金需向金融机构等借款来取得(即"借贷式")，租赁公司既是出租人又是借资人，既要收取租金又要支付债务。此时，出租人只以少量的现款投资就可享有设备成本100%的全部减税优惠，并以较低租金(或优惠条件)租赁给承租人(即"减租")，从而使出租人投资扩大3～5倍(即"杠杆")，带动巨额的租赁交易。

▲租金的偿付相对平衡(即"衡平")。租金费用较低，各期所付租金的金额大小相差不多，租金不得预付或延期偿付。

▲ 租赁期满,出租人必须将设备的残值按市价售予承租人,或按该价格进行续租。

▲ 贷款人对出租人无追索权。因此,它比一般信贷对出租人有利,而贷款人的资金也能在租赁物上得到可靠保证,比一般信贷安全。

(5) 风险融资租赁(Venture Lease)。风险融资租赁指出租人将设备以租赁和投资方式出租给承租人,由此相应获得租金和股东权益收益作为投资回报的交易活动。在这种交易中,租金仍是出租人的主要回报,一般为全部投资的50%;其次是设备的残值回报,一般不会超过25%,这两项是相对比较安全可靠的收益。其余部分按双方约定,在一定时期内以既定的价格购买承租人的普通股权,从而获得投资收益。这种租赁形式为高科技、高风险产业开辟了一条吸引投资的新渠道。出租人将设备融资租赁给承租人,同时获得与设备成本相对应的股东权益,实际上是以承租人的部分股东权益作为出租人的租金的新型融资租赁形式。由于出租人作为股东可以参与承租人的经营决策,因而增加了对承租人的影响。风险融资租赁实际上是风险投资在融资租赁业务领域的创新表现。

(6) 捆绑式融资租赁(Bundle Lease)。又称三三融资租赁,是指承租人的首付金(保证金)不低于租赁物价款的30%,厂商在交付设备时收取30%左右的货款,余款在不超过租期一半的时间内分期支付,而出租人只需融资30%左右即可进行这种方式的租赁交易。这样,厂商、出租人、承租人各自承担一定比例的风险,三方当事人的利益"捆绑"在一起,从而改变其他租赁方式那种所有风险由出租人一方独自承担的局面。

(7) 总租赁(Master Lease)。又称一揽子租赁,它是一种开放型的租赁方式,承租人在整个合同租期内除了可以租用目前所需设备外,还可根据今后的需要,按同样的租赁条件和规定(租金除外)租用新的设备,而不需要重新签订新约,租赁公司在整个租期内有责任提供最先进的设备,设备的数量可以根据季节或承租人的要求而不同,租赁的期限通常与设备使用的年限差不多。这种形式的租赁,实际上相当于出租人给予承租人的一个授信额度,承租人在此额度内可以循环租用出租人的设备。总租赁通常用于出租车、卡车车队、计算机及其附属设备等技术上标准比较统一的租赁业务。

2. 经营租赁

1) 经营租赁的含义与特征

经营租赁(Operating Lease)又称营业租赁、业务租赁、服务(性)租赁(Service Lease)等,是指出租人向承租人提供融资的同时又提供特别服务的一种租赁方式。这种特别服务指设备(租赁物)的维修、保养、保险以及各种专门的技术服务等。因此,这种租赁的标的物一般为在保养和管理技术方面,具有一定垄断性、技术进步快、用途广泛、使用有季节性、购置金额大并有较好的二手市场的机器设备,如汽车、计算机、机器人、卫星、船舶、通用建筑设施、农业机械等。经营租赁的特点主要是：

（1）租赁期限短。租赁物的一次出租期限要小于租赁物本身的经济寿命，出租人对出租物的初次租赁所得租金不能收回设备的投资和收益，而是要靠租赁物的多次出租才能收回成本并赚取利润。

（2）租赁契约可撤销（解约）。租赁合同中通常包括取消条款，在合理的条件下，承租人可在合同到期前结束与出租方的租赁关系，将租赁物退还出租人，租用更先进的设备。

（3）租金相对较高。出租人不仅负责融通资金，而且还要负责对租赁物的维修和保养等，使设备保持良好状态以利于合同期满后继续出租；同时，出租人始终拥有租赁物的所有权，并承担相关的利益和风险（如果租赁物价格下跌，出租人就不能收回其投资）。因此，经营租赁比融资租赁收取的租金高。

（4）租赁物价款不完全支付。前已述及，出租人设备需经过多次出租才能收回成本，一家承租人不全部付清租赁物的价款。故又称"不完全支付租赁（Non full pay-out Lease）"。

（5）租赁期满后，承租人一般只能将租赁物退还出租人或续租，不得留购。

2）经营租赁的主要形式

（1）经营租赁（Operation Lease）。又称管理租赁，指出租人将自己投资经营的设备多次出租，直到该设备的成本全部收回或因过时而被淘汰为止的租赁业务。采用这种租赁方式的租期多在1年以内，承租人完全是为了使用某项设备，一旦使用期完结，如不续租，租赁合同即告解除。所以，为了保持设备处于良好状态，出租人承担经常性的或定期的维护和修理责任，以利于设备的继续出租。在技术迅速发展的当代，出租人还要承受设备可能被提前淘汰的风险，再加上处理陈旧设备的费用、维护修理等工程技术人员的开支，所以租金较高。如国际海运中的"期租"，即定期租船形式，船只、船员均由船东负责提供，一切管理、维修、保险等义务均由船东负责，从性质上看，这种期租就属于经营租赁。

（2）维修租赁（Maintenance Lease）。又称合同租赁，指在融资租赁的基础上附加维修等各种租后服务的租赁方式。维修租赁多用于运输工具的租赁。尽管其租金和服务费用比较高，但是出租人可以充分利用租赁公司专业人员提供的知识、技术等一整套服务，省时省力，相比之下租赁费用反而比自己维修所需经费要少。这种租赁方式的租期一般为1～3年，承租人在租期内有权中途向出租人发出书面通知，要求取消租赁合同，以便及时更换更先进的设备。

3. 综合（性）租赁

综合（性）租赁（Syndrome Lease）是租赁与合资经营、合作经营、对外加工装配、补偿贸易及包销等其他贸易方式相结合的租赁方式，是集租赁与其他贸易方式为一体的租赁形式。综合（性）租赁的主要形式有：

(1) 租赁与补偿贸易相结合。出租人将机器设备租给承租人,承租人以租赁机器设备生产出来的产品或其他产品作为租金支付给出租人。例如,前苏联政府与日本公司的萨哈林近海勘探、开发油田及提炼石油和天然气协议,规定日方提供地质勘探机器设备,前苏联方以该油田生产的石油和天然气偿付其租赁费用。

(2) 租赁与来料加工(或加工装配)相结合。出租人出租机器设备并提供原材料或半成品给承租人,承租人用租赁设备从事来料加工(或加工装配)业务,以加工费(工缴费)的一部分支付租金。

(3) 租赁与包销相结合。出租人将机器设备交给承租人,承租人将租赁设备生产出来的产品交给出租人包销,租赁费从包销额中扣除。

此外,从某种角度而言,跨境租赁经营也是一种综合(性)租赁的形式。它是指企业采用租赁方式经营,即出租人(一般为企业资产所有者或企业主管部门)将整个企业(包括动产、不动产以及流动资金)出租给境外承租者,承租者按合同规定取得对企业的经营权,并按照协议规定向出租人支付租金。企业租赁经营通常有两种基本形式:一是企业的所有权不变,出租人通过租赁将企业的使用权或经营权转让给承租人,承租人按合同规定支付租金,自主经营、盈亏自负;二是企业的所有权变更,出租人通过收取租金的方式,逐步收回资产价值及报酬,最后将企业产权转让给境外承租人所有,这实际上是一种以分期分批付款的方法将企业产权进行出卖的买卖企业行为。

10.5.3 国际租赁的基本程序

在国际租赁业务活动中,由于各种租赁形式及当事人构成不同,业务规模大小不同,业务程序有繁有简,而且各国出租人(租赁公司等)往往有自己的一套程序,习惯做法也不尽相同,这就使得各类租赁业务在程序上存在着一定的差别。但从总体上来看,各种租赁方式的基本程序大同小异。现以融资租赁这种最为普遍的形式(类型)为例,说明国际租赁的基本程序(见图10.4)。

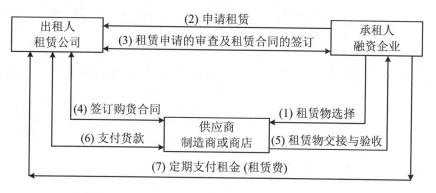

图 10.4 国际租赁业务操作流程图(以融资租赁为例)

(1) 租赁物的选定。在融资租赁中,租赁物一般由承租人挑选,出租人代为购买。承租人按自己的需要挑选供应商,并与其洽谈有关商品的品种、规格、型号、质量、价格以及交货日期等问题。不过,承租人也可以委托租赁公司代为选择,或由租赁公司向承租人推荐租赁物。

(2) 申请租赁。承租人就租赁的物品与供应商谈妥后,向租赁公司提出租赁意向及申请(租赁申请书或委托书),告知所洽谈物品的品名、规格以及自己所要求的租赁方式及租期等,并要求租赁公司报来租金估价单及其他条件。

(3) 租赁申请的审查。租赁公司接到租赁申请后,可要求申请人提供企业经营状况的说明文件及各种财务报表,衡量出租的风险程度。如有必要,还可委托各种信用调查机构对申请人进行调查。租赁公司据此进行审查,作出是否提供租赁的决定。若同意办理租赁业务,租赁公司会一并开出租金估价单及相关条件。

(4) 租赁合同的签订。申请人(承租人)接到租金估价单及相关条件后,应进行周密研究,如果同意,双方即可洽谈,达成一致后签订租赁合同。一般应由双方银行作为见证人并在合同上签字证明。

(5) 租赁物的交接。租赁合同签订后,出租人根据与承租人所签租赁合同与制造商(供应商)就事先谈妥的贸易条件,正式签订购货合同。随后,制造商根据购货合同(订单),按期直接交货给承租人,并及时通知出租人已按要求交货。承租人必须做好租赁物的报关、提货、运输、保险等手续,以利供应商交货。

(6) 租赁物的验收。承租人收到租赁物后,立即进行安装调试。各方面均达到合同要求后,承租人办理验收手续并及时通知出租人,租赁期从验收日开始计算。出租人根据购货合同的规定,在收到验收合格通知后,应该立即向制造商付清货款。

(7) 支付租金。承租人按租赁合同规定按期向出租人支付租金。租金一般按月、季、半年或1年等时间单位均衡支付,支付时间多为每期期初。每期租金的计算公式一般为:

$$每期租金 = \frac{(租赁物采购价-估计残值)+利息+利润+手续费及佣金等}{支付次数}$$

(8) 租赁物的保险和维修。该项责任的归属随租赁方式的不同而有所不同。在融资租赁中,该项责任一般由承租人负责,但投保何种险别则应征得出租人同意。

(9) 租赁合同期满时租赁物的处理。随租赁合同的不同,期满后对租赁物的处理方式亦有差异。融资租赁期满后租赁物的处理方式,前已述及,不再赘述。

10.5.4 国际租赁的作用

国际租赁是在第二次世界大战期间开始发展起来的,最早出现于美国。20世纪50~60年代,西方国家纷纷建立租赁公司,并在国外设立分支机构。后来扩展到日本、澳大利亚,以及发展中国家。20世纪70年代以后有一些国际金融组织成立租赁公司,并设立分支机构,经营国际租赁业务。当前,国际租赁活动在一国宏观经济中的作用日趋显现。同时,国际租赁实质上是出租人向承租人提供信贷的一种方式,对供需双方均有诸多方面的好处,当然也存在一定的局限性。

1. 国际租赁在宏观经济中的作用

国际租赁对一个国家经济发展所起的作用,主要是:

(1) 有利于生产规模扩大和设备更新。各国制造企业为提高产品质量,增强竞争力,要求更新陈旧设备,扩大生产规模,形成对资本投资的需求。但很多国家财政困难,无法解决资金短缺问题,租赁作为新型融资渠道,通过商品资本的形式,满足了扩大再生产的需求,对推动一国的经济发展起了重要的作用。

(2) 促进国际资金融通和商品贸易。从融资投资角度看,通过国际租赁的方式进行国际投资,比单纯的国际信贷安全可靠,成为国际间接投资的一种特殊形式;利用国际租赁,既可利用外资,又可引进先进设备,借以发展本国经济。从商品贸易角度看,通过国际租赁,既可以解决产品滞销问题,又可满足国内外用户对设备的需求。就发展中国家来说,只需动用少量外汇资金,就能租到所需设备,且在租赁期满后可以低价购进。所以,国际租赁业务实质上也是一种国际商品贸易。

(3) 有助于充分发挥技术引进作用。通过国际租赁业务,承租人可以完全掌握其所租用设备的使用技术,且引进方还可不断采用新技术、新设备,充分发挥技术引进的作用。

2. 国际租赁对出租人及承租人的利弊

1) 对承租人的好处

(1) 能充分利用外资。当生产企业急需引进国外先进设备,又缺乏外汇资金时,国际租赁是一种利用外资的有效途径。国际租赁中,出租人提供了100%的资金融通,因而承租人暂时无需支付现汇,此时它也优于利用国外出口买方信贷(需先付合同额15%~20%的现汇)。

(2) 能争取引进时间。生产企业如果向银行申请(外汇)贷款,再委托进口公司购买所需设备,一般来说,时间是相当长的。而使用融资租赁的形式,通过信托公司办理,可使融资与引进同步进行,既减少了环节,又节省了时间、节约了费用,使进口货物很快落实,从而达到加快引进的目的。

(3) 有利于企业的技术改造。通过短期经营租赁,不断选用最新设备和技术,使设备保持高效率及其先进性,从而有利于企业的技术改造和产品的升级换代,提高产品的竞争力,获得较好的经济效益。

(4) 不受国际通货膨胀和利率变动的影响。因为租金一般是固定且定期支付的,在整个租期内,合同条款不会变动,即使遇到通货膨胀或国际贷款利率上浮等情况发生,也不能改变合同中已订的价款、利率和租金。

(5) 能减少盲目引进的损失。购买引进设备,一旦发现其产品不适应国内外市场的变化和要求,则要想很快脱手是相当困难的。① 若压价销售,则会使企业蒙受不必要的经济损失;② 暂时闲置不用,又会使企业背上沉重的包袱,占用宝贵的资金;③ 勉强维持生产,而产品又销售不出去,则会造成更大的损失。而采取经营租赁方式,灵活方便,如果发现情况不好,则可立即收手退租,力求使企业损失降低到最小限度。

(6) 有利于适应暂时性和季节性等特殊需要。有些设备在生产中的使用次数不多,但又不可缺少,如探测仪器、仪表等;有些机器受生产的季节性影响较大,使用的时间少,闲置的时间多,如农用设备等。此时,如果购置备用,则造成积压浪费。而采用租赁形式,既便利又节约,还能节省保管和维修费用。

(7) 不影响资金流动比率和负债比率。因为租入机器设备,不构成负债,从而对企业的资金流动比率和负债率没有影响,不会降低企业的借债能力和信誉,可以增强流动资金的周转能力,改善企业的资产质量。

此外,采取国际租赁方式,承租人支付的租金可列入生产或经营成本,降低了企业应税收入的数额;也可按自身需要选择生产厂商和所需设备;还可以分享租赁公司所享受的减免税优惠、资金运作优势及优越的谈判地位。

2) 对出租人的好处

(1) 扩大设备销路的新途径。一些大型制造公司往往附设租赁公司,通过以租代销扩大出口业务,成为行之有效的促销方式;专业租赁公司承接租赁业务,起着促进达成交易的作用,并能从中获得一定的利益。

(2) 收益较高且安全可靠。租金中既有货物的价款,又有有关服务的费用收入。出租者在设备出租期间所获得租赁费的总和,一般都比出售该设备的价款要高。同时,在租赁期间内,出租者还可向承租者提供相关技术服务并从中获得一定的额外收入。而且由于设备的所有权仍属于出租者,比一般信贷有保障,收益更安全可靠(万一出现不利局面,立即回收租赁设备)。

(3) 可以享受税负和加速折旧的优惠。出租人购买设备进行租赁业务,作为设备所有人,可享受投资减税待遇(各国政府一般均不将其作为该企业的资产处理),以及折旧或按政策加速折旧的优惠待遇。

3) 国际租赁的局限性

(1) 对承租人而言:① 租赁费较高,即比用现汇或外汇贷款购买的代价高,从而提高了产品的生产成本;② 对租赁物只有使用权,不能对其进行技术改造、抵押或者出售;③ 租赁开始时,需支付一笔保证金,且为低息甚至无息。

(2) 对出租人而言:① 如果租期长,则收回资金慢,不利于资金周转;② 拥有所有权而让渡使用权,故要承担一定的责任和风险;③ 因租金收入固定,故受通货膨胀的影响大。

本章小结

国际融资是指在国际金融市场上,运用各种金融手段,通过各种相应的金融机构而进行的资金融通。从不同角度划分,国际融资有着不同的类型。

国际信贷是传统国际融资最主要的方式,按贷款的来源与性质划分,主要有政府贷款、国际金融组织贷款、国际银行贷款等。政府贷款是指一国政府利用财政预算资金向另一国政府提供的带有一定赠予成分的优惠性有偿贷款。除贷款条件优惠外,政府贷款还具有政治性强、程序复杂、规模有限且投向有限制等特征。IMF主要向国际收支发生困难的成员国提供必要的资金融通;IBRD主要向发展中国家提供长期贷款;IDA主要向低收入会员国提供长期免息优惠贷款;IFC主要向会员国的私人企业提供贷款或直接投资。国际商业银行贷款是指一国借款者在国际金融市场上向外国贷款银行借入货币资金。主要分为短期信贷、双边中期信贷和银团贷款三类。

国际证券融资是指一国的借款人在国际金融市场上通过发行债券或股票等资本证券的方式进行的融资活动。主要包括国际债券融资、国际股票融资和海外投资基金融资三大类。

国际贸易融资是指一切为开展或支持国际贸易而进行的各种信贷活动。按期限划分,国际贸易融资包括短期贸易融资和中长期贸易融资两大类。前者主要包括对出口商、进口商的融资以及国际保理业务等;后者主要是指出口信贷。出口信贷的主要特征是直接与出口项目有关、与信贷保险相结合、利率低、期限长、风险大等。主要包括买方信贷、卖方信贷和福费廷(买单信贷)等多种形式。

国际项目融资是指以境内建设项目的名义在境外筹措资金,并以项目自身的收入资金流量、自身的资产与权益,承担债务偿还责任的融资方式,也是无追索或有限追索的融资方式。资金来源有股本投资和向外借款两大渠道。项目融资的方式多种多样,尤以BOT(建设—经营—转让)、ABS(资产证券化)等融资方式较为典型。

国际租赁是一种新发展起来的国际融资方式,指位于不同国家或地区的出租人和承租人之间的在约定期限内由出租人将租赁物交给承租人有偿使用的租赁关系。就业务性质而言,国际租赁具有集贸易、融资、投资等为一体的综合性特征,但同时又有别于各单纯的业务特征。国际租赁形式主要有融资租赁、经营租赁和综合性租赁三种。当前,国际租赁活动在一国宏观经济中的作用日趋显现,其对供(出租人)需(承租人)双方均有诸多方面的好处,当然也存在一定的局限性。

【重要概念】

国际信贷 政府信贷 国际银行信贷 银团贷款 国际证券融资 国际债券 国际股票 投资基金 国际贸易融资 短期贸易融资 国际保理 出口信贷

买方信贷　卖方信贷　福费廷　国际项目融资　BOT　ABS　国际租赁　融资租赁　转租租赁　回租租赁　衡平租赁　总租赁　经营租赁　综合租赁

【复习思考题】
1. 简述国际信贷融资的主要作用及影响。
2. 政府贷款有何特征？主要影响因素有哪些？
3. 国际债券主要有哪些特征？外国债券与欧洲债券有何区别？
4. 外国债券融资与欧洲债券融资各有何特点及优势？
5. 简述国际债券的发行条件及发行程序。
6. 国际股票融资主要有哪些特征？公募发行与私募发行有何区别？
7. 国际股票融资的主要优势及局限性分别有哪些？
8. 简述海外投资基金融资的主要特点及优越性。
9. 简述国际贸易融资的主要功能与作用。
10. 简述国际保理的主要功能及双保理的业务流程。
11. 福费廷业务与一般的贴现及国际保理业务有何异同？
12. 简述卖方信贷、买方信贷及买单信贷对出口商与进口商的各自利弊。
13. 国际项目融资有哪些主要特征？
14. 简述 BOT 融资方式的法律特点及主要优越性。
15. 简述 ABS 融资方式的主要作用。
16. 就业务性质而言，国际租赁主要有哪些特征？
17. 简述融资租赁和经营租赁的各自特点。
18. 简述国际租赁的基本程序及主要作用（含对出租人及承租人的利弊）。

第11章 国际货币体系与货币一体化

随着经济全球化和金融一体化的发展,国际货币已成为世界经济发展中一个非常重要和复杂的问题。它不仅突出地反映了发达国家之间的矛盾,同时也反映出发达国家与发展中国家之间的矛盾。由于没有统一的世界中央银行和世界货币存在,各国不同的金融制度安排往往是以体现自身利益为主,会对其他国家的经济产生负面影响,并可能危及全球的金融市场。因此必须建立一种能够协调国家间利益的政策体系,并制定规范国际金融秩序的共同规则,即国际货币体系,以促进国际经济与贸易的协调与健康发展。

国际货币体系先后经历了国际金本位体系、布雷顿森林体系和牙买加体系。现行的国际货币体系尤其在2008年国际金融危机后暴露出诸多问题,所以国际货币体系的发展和改革问题已成为国际金融研究的重要课题。

本章将详细介绍国际货币体系的历史演变过程、存在的问题以及改革方向,述评货币一体化及最适度货币区理论,并阐述最适度货币区理论的实践——欧洲货币一体化,最后综述欧洲债务危机后欧洲货币体系一体化的发展前景。

11.1 国际货币体系概述

国际货币体系(International Monetary System)又称国际货币制度,是各国政府为适应国际贸易与国际支付的需要,对货币在国际范围内发挥世界货币职能所确定的原则、采取的措施和建立的组织形式的总称。

11.1.1 国际货币体系的内容

国际货币体系一般包括四个方面的内容:汇率及汇率制度、国际储备资产的确定、国际收支的调节机制、国际货币事务的协调和管理。

(1) 汇率及汇率制度。一国与其他国家货币之间的汇率应该如何决定和维持,包括汇率确定的原则,波动的界限,调整的幅度等;一国货币能否自由兑换成支付货币,在对外支付方面是否加以全部或部分限制或者完全不加限制;汇率制度的选择方面,该国是采取固定汇率制度、浮动汇率制度还是选择介于两者之间的中间汇率制度等。

(2) 国际储备资产的确定。为应付国际支付的需要和平衡国际收支,一国需要一定数量的国际储备,保存多少数量能被世界各国普遍接受,它们的构成以及新的储备资产如何供应与创造等。

(3) 国际收支的调节机制。当一个国家的国际收支出现不平衡时,各国政府应采取什么方法弥补缺口,各国之间的政策措施又应该如何相互协调,以及如何使各国在国际范围内公平地承担国际收支调节的责任等。

(4) 国际货币事务的协调和管理。在各国确定和实行其汇率制度、储备制度、国际收支调节机制的过程中,各国国家自身的经济利益和货币主权自然成为其首要考虑的因素,这样就难免同其他国家产生矛盾和冲突。国际货币事务的协调和管理问题实质就是协调各国之间的国际货币金融政策,具体又包括国际货币金融组织机构的建立,解决国际金融问题的规则、惯例和制度的制定等。

11.1.2 国际货币体系的作用

国际货币制度的主要任务在于促进世界经济的发展和稳定,促进各国经济的平衡发展。具体来讲,国际货币体系有三大任务或作用。

(1) 确定国际清算和支付手段来源、形式和数量,为世界经济的发展提供必要的、充分的国际货币,并规定国际货币及其同各国货币的相互关系准则。比如,当确定黄金或特别提款权为世界清算和支付手段的来源时,国际货币体系还必须就黄金或特别提款权与其他国际货币和各国货币的比价与兑换方式做出规定。此外,对黄金或特别提款权的定价方式、运作范围和方式等,也要做出具体的规定。

(2) 确定国际收支的调节机制,以确保世界经济的稳定和各国经济的平衡发展。调节机制涉及三个方面的内容:一是汇率机制;二是对逆差国的资金融通机制;三是对国际货币(储备货币)发行国的国际收支纪律的约束机制。

(3) 确立有关国际货币金融事务的协商机制或建立有关的协调和监督机构。在早期,有关国际货币金融的事务多半通过双边协商解决。随着二战后各国间经济联系加强,参与国际货币金融业务的国家日益增多,形式日益复杂,程度日益加深,范围日益广阔,双边磋商已不能解决所有的问题。因此,有必要建立多边的带有一定权威性的国际货币金融机构,以监督各国行为、提供磋商的场所、制定各国必须共同遵守的基本行为准则,并在必要时提供援助。

11.2 国际货币体系的演进

从历史的发展过程来看,现代国际货币体系大致经历了三个阶段。第一阶段是国际金本位制时期,从1870年前后主要国家的国内货币制度都实行金本位制开始,到第一次世界大战爆发时结束。第二阶段是布雷顿森林体系时期,起始于第二次世界大战结束后的1944年的布雷顿森林协定,终止于1973年。第三阶段是牙买加货币体系时期,始于1976年1月8日IMF临时委员会《牙买加协议》的正式签订日。具体见图11.1。

图 11.1 国际货币体系演进过程

11.2.1 国际金本位体系

国际金本位制(International Gold Standard System)是以一定成色的黄金作为各国本位货币,并建立流通中各种纸币与黄金间固定兑换关系的一种货币制度。它是世界上首次出现的国际货币制度。国际金本位制就是金本位制的国际化,是在世界主要资本主义国家普遍实行金本位制的基础上形成的一种国际货币制度。

1. 国际金本位制的建立

早在17世纪到18世纪,西方主要资本主义国家普遍采用黄金和白银作为本位货币,即金银复本位制,但是后来随着白银产量增加,市场上出现了劣币(白银)驱逐良币(黄金)的现象,即格雷欣法则①,金银复本位制难以维系。

尽管黄金用作货币的历史迄今已经有两三千年,但是以国家法律的形式确定黄金作为本位货币并建立起金本位制度,只是到了19世纪初期才出现。英国政府于1816年率先颁布了《金本位制法案》,宣布实施以黄金为本位货币的金本位制。随后,德国、日本等国家也采用了金本位制。当时,英国在世界上具有领先的经济

---

① 英国经济学家格雷欣发现的一种有趣现象,两种实际价值不同而名义价值相同的货币同时流通时,实际价值较高的货币,即良币,必然退出流通——它们被收藏、熔化或被输出国外;实际价值较低的货币,即劣币,则充斥市场。人们称之为格雷欣法则(Gresham's Law),亦称之为劣币驱逐良币规律。

地位,其他国家为了获得像英国一样的经济实力,都纷纷效仿英国的各项制度,其中就包括金本位制。美国于1879年正式颁布法案,宣布实施金本位制,以此为标志,国际金本制进入了它的全盛时期。

2. 国际金本位制的演变

在历史上,自从英国于1816年率先实行金本位制以后,到1914年第一次世界大战以前,主要资本主义国家都实行了金本位制,而且是典型的国际金本位制——金币本位制。

根据货币与黄金的联系程度及演变情况,国际金本位制又可细分为:金币本位制、金块本位制和金汇兑本位制。

1) 金币本位制

金币本位制(Gold Specie Standard)是指以黄金作为本位货币的货币制度。这是金本位货币制度的最早形式,亦称金铸币本位制、古典的或纯粹的金本位制,它是19世纪初至第一次世界大战前西方各国普遍采用的货币制度,盛行于1880~1914年间。

自由铸造、自由兑换及黄金自由输出输入(即"三自由"或"竞赛三原则")是金币本位制的三大特点。具体可体现在:① 国家以法律形式规定货币含金量,一定重量、成色的黄金金币为本位货币,在市场上流通;② 人们可以将生金自由铸造成金币,也可以将金币自由熔化成金块;③ 银行券是以百分之百黄金作为发行准备,并可以自由兑换成金币或黄金;④ 黄金可以自由地输出输入国境。这些特点使本位货币的名义价值和实际价值相等,国内外价值一致,并使其具有贮藏手段与世界货币的职能。同时黄金自由输入输出可以使得各国货币的汇率相对固定。

2) 金块本位制

金块本位制(Gold Bullion Standard)亦称金条本位制,是指以金块(条)办理国际结算的变相金本位制。流通中各种货币与黄金的兑换关系受到限制,不再实行自由兑换,但在需要时,可按规定的限制数量以纸币向本国中央银行无限制兑换金块。

金块本位制的特点是:① 金块为国际储备资产。在该制度下,由国家储存金块作为储备资产;② 银行券与金块有条件可兑换。在该制度下,国家不再铸造金币,也不允许国民自由铸造和流通金币,只发行代表一定重量和成色黄金的银行券,银行券具有无限法偿的能力,银行券必须按含金量计算,达到规定数量才能兑换金块。比如英国规定兑换金块的数量最低为1700英镑,相当于400盎司黄金的银行券。也就是说,在金块本位制下既没有金币流通,又对银行券兑换黄金进行了严格的限制。可见,这种货币制度实际上是一种附有条件的金本位制度。

3) 金汇兑本位制

金汇兑本位制(Gold Exchange Standard)又称虚金本位制,是指在金块本位制或金币本位制国家保持外汇,准许本国货币无限制地兑换外汇的金本位制。

金汇兑本位制的特点是:① 本币与黄金间接挂钩。实行这种制度的国家不铸造和流通金币,国内只流通银行券,银行券不能直接兑换黄金,只能按固定汇率兑换实行金块或金币本位制国家的货币,进而兑换黄金;② 黄金和外汇同时充当储备资产。实行金汇兑本位制国家的国际储备除黄金外,还有一定比重的外汇,外汇在国外才可兑换黄金,黄金是最后的支付手段;③ 通过外汇市场干预维持固定汇率制。实行金汇兑本位制的国家,要使其货币与另一实行金块或金币本位制国家的货币保持固定比率,通过无限制地买卖外汇来维持本国货币币值的稳定。采用这种货币制度的国家在对外贸易和财政金融等方面,必然受到与其相联系的金本位国家的控制和影响,因此,金汇兑本位制在本质上是一种附庸的货币制度。

最早使用这种货币制度的国家是英国殖民地印度。它存在于第一次世界大战前的殖民地与宗主国之间,往往宗主国实行金块本位制,而殖民地国家实行金汇兑本位制。一战后,在美国恢复金币本位制和英法等国实行金块本位制的同时,德国、意大利、奥地利、丹麦、挪威等30个国家实行金汇兑本位制。此时的金汇兑本位制已具有了国际性,其做法已与一战前有所不同,通常所说的金汇兑本位制主要是指一战后的金汇兑本位制。金块本位制和金汇兑本位制这两种货币制度在20世纪70年代基本消失。

3. 国际金本位制的内容及特点

前已述及,一战前,当时主要西方国家均实行金币本位制,进而形成了国际金本位制。在典型的国际金本位制度即金币本位制下,其主要内容或特点体现在以下三个方面:

(1) 黄金充当了国际货币,是国际货币制度的基础。金币本位制的典型特征是"三自由"。由于金币可以自由铸造,其面值与黄金含量就能始终保持一致,金币的数量就能自发地满足流通中的需要;由于金币可以自由兑换,各种金属辅币和银行券就能够稳定地代表一定数量的黄金进行流通,从而保持币值的稳定;由于黄金可以自由输入输出,就能够保持本币汇率的稳定。所以一般认为,金本位制是一种稳定的货币制度。

(2) 各国货币之间的汇率由它们各自的含金量比例决定。金币本位制的"三自由"特征,保证了外汇市场上汇率的波动维持在由金平价和黄金运输费用所决定的黄金输送点以内。实际上,英国、美国、法国、德国等主要西方国家货币的汇率平价自1880~1914年间,35年内一直没发生变动,从未升值或贬值。所以国际金币本位是严格的固定汇率制。

(3) 国际金本位有自动调节国际收支的机制。根据英国经济学家休谟(1752)

的"价格—铸币流动机制"①,金本位制下国际收支可以实现自动调节。但为了让国际金本位发挥作用,特别是发挥自动调节的作用,各国必须遵守三项原则:一是要把本国货币与一定数量的黄金固定下来,并随时可以兑换黄金;二是黄金可以自由输出与输入,各国金融当局应随时按官方比价无限制地买卖黄金和外汇;三是中央银行或其他货币机构发行银行券必须有一定的黄金准备。这样国内货币供给将因黄金流入而增加,因黄金流出而减少。

后来,新古典学派又对金本位的自动调节过程作了一点补充,它强调了国际短期资本流动对国际收支平衡的作用,国际短期资本流动将加速国际收支均衡化的过程。

首先,当一国国际收支赤字造成汇率下跌时,外汇投机者深知在金本位制度下,汇率只能在黄金输送点之间波动,而黄金的流出最终将使国际收支和汇率恢复均衡,汇率下跌只是暂时现象,不久就会回升。因此大量外汇投机性短期资金就会流向该国。

其次,当国际收支赤字引起汇率下跌时,进出口贸易商也预测到汇率不久将回升,于是本国进口商将尽量推迟购买外汇对外付款,而国外出口商则倾向于尽量提前付款,这也引起短期资金的流入。

第三,国际收支赤字引起黄金外流后,国内货币信用收缩,因而金融市场利率上升,大量短期套利资金也会流向该国。这样各方面短期资金的流入将加速赤字国收支恢复平衡。

根据新古典学派的理论:贸易盈余的国家必然出现黄金流入,国内货币供应增加,收入和价格水平提高,于是出口减少、进口增加;同时金融市场利率下降,资金外流。与此相反,贸易赤字国家必然出现黄金流出,国内货币供应量减少,收入和价格水平下降,于是出口增加,进口减少;同时金融市场利率上升,国外资金流入。

总之,休漠的"价格—铸币流动机制"仅以货币数量论作为依据,而新古典学派则看到了资本流动对国际收支调节的影响,比休漠前进了一步。

综上所述,在金币本位制下,各国政府以法律形式规定货币的含金量,两国货币含金量的对比即为决定汇率基础的铸币平价;黄金可以自由输出或输入国境,并在输出入过程形成"价格—铸币流动机制",对国际收支起到自动调节作用;汇率围绕铸币平价在黄金输送点范围内自发波动(且幅度较小),是一种内生的固定汇率制度。此外,当时各国的储备资产主要是黄金和英镑。

一战结束后,除了美国继续采用金币本位制外,其他西方国家先后建立金块本位制和金汇兑本位制。这一时期的国际货币制度是严重削弱的国际金本位制。由于政府停止铸造金币,也不许金币流通,代替金币流通的是中央银行发行的银行

---

① 关于金本位制下的国际收支自动调节机制及"价格—铸币流动机制"内容参见第 1 章 (1.3 国际收支的调节)。

券,且银行券不能自由兑换金币,只能有条件兑换金块(金块本位制),或间接兑换黄金(金汇兑本位制)。因此,这一时期的国际金本位制,其功能与作用已严重削弱,汇率的稳定性相对减弱,国际收支的自动调节机制也难以发挥。1929～1933年世界经济大危机,国际金本位制度瓦解。

4. 国际金本位制的崩溃

金本位制(金币本位制)通行了约一百年,理论上讲金本位制是比较完美的货币制度,但最终崩溃的原因(即该制度的缺陷)有以下几个方面:

(1) 金本位制具有明显的经济紧缩倾向。金本位制以黄金作为本位货币,受到黄金发掘量的限制,黄金生产量的增长幅度远远低于商品生产增长的幅度。随着商品经济迅猛发展,商品流通的需要日益扩大,货币供给小于需求,产生极大的通缩压力,严重限制了经济的增长,这就极大地削弱了金铸币流通的基础。

(2) 黄金存量在各国的分配不平衡。1913 年末,美、英、德、法、俄五国占有世界黄金存量的三分之二。黄金存量大部分为少数强国所掌握,必然导致金币的自由铸造和自由流通受到破坏,削弱了其他国家金币流通的基础。

(3) 黄金的自由输入输出使各国的贸易差额以黄金的不对等供给形式呈现,削弱了赤字国的铸币基础。各国的名义价格则由世界黄金供需决定,而为了维持金本位,赤字国在贬值和紧缩中往往选择后者,将外部的稳定凌驾于内部稳定基础上,造成内部经济的巨大波动。

(4) 1914 年第一次世界大战爆发后,各国为了筹集庞大的军费,纷纷发行不兑现的纸币,禁止黄金自由输出。至此,典型的国际金本位制—金币本位制随之告终。

而一战结束后西方国家逐步恢复起来的国际金本位制,由于其残缺不全、脆弱的制度性特征,随着 1929 年世界性经济危机的爆发也最终走向崩溃。由于这次空前经济危机的影响,英、美两国先后于 1931 年和 1933 年废止或放弃了金本位制度,这之后,其他国家(如法国、意大利等)也先后放弃了金本位制度。至此,国际金本位制宣告彻底瓦解。

其后,从 20 世纪 30 年代到二战结束前,国际货币体系进入了长达十几年的混乱时期,其间形成了英、美、法三大国为中心的三个货币集团(英镑集团、美元集团、法郎集团),三大集团以各自国家的货币作为储备货币和国际清偿力的主要来源,同时展开了世界范围内争夺国际货币金融主导权的斗争,"汇率战"频繁爆发,这种局面一直持续到二战结束。

11.2.2 布雷顿森林体系

布雷顿森林货币体系(Bretton Woods System)是指二战后以美元为中心的国际货币体系。第二次世界大战使英、美两国的实力对比发生了根本性改变,这为美国建立二战后以美元为中心的国际货币体系提供了良好的基础。

1. 布雷顿森林体系的建立

早在第二次世界大战期间,美国就企图取代英国,建立以美元为中心的国际货币体系。二战后,各国实力对比发生了巨大变化。英国经济在战争中遭到重创,实力大为削弱。相反,美国经济实力却急剧增长,并成为世界最大的债权国。从1941年3月11日到1945年12月1日,美国根据"租借法案"向盟国提供了价值500多亿美元的货物和劳务。黄金源源不断流入美国,其黄金储备从1938年的145.1亿美元增加到1945年的200.8亿美元,约占世界黄金储备的59%。这为美元霸权地位的形成创造了有利条件。

1943年,美国财政部官员怀特(H. D. White)和英国财政部顾问凯恩斯(J. M. Keynes)分别从本国利益出发,设计战后国际货币金融体系,提出了两个不同版本的计划(方案):怀特计划(White Plan)、凯恩斯计划(Keynes Plan)。"怀特计划"是从当时美国拥有大量的黄金储备出发,强调黄金的作用,并竭力主张取消外汇管制和各国对国际资金转移的限制,以便美国对外进行贸易扩张和资本输出。它主张在二战后设立一个国际基金组织,基金组织发行一种国际货币,各国货币与之保持固定比价。基金组织的任务主要是稳定汇率,实际上是为美国输出过剩资本、控制和掠夺其他国家服务。"凯恩斯计划"则是从当时英国黄金储备缺乏的困境出发,尽力贬低黄金作用,主张建立一个世界性中央银行,称"国际清算联盟",各国的债权、债务通过它的存款账户转账进行清算。两个方案反映了美、英两国经济地位的变化和争夺世界金融霸权的目的。

从1943年9月到1944年4月,美、英两国政府代表团在国际货币计划问题上展开了激烈争论。1944年7月,在美国新罕布什尔州(New Hampshire)的布雷顿森林镇(Bretton Woods)召开有44个国家参加的联合国与联盟国家国际货币金融会议,通过了以"怀特计划"为基础的"联合国家货币金融会议的最后决议书"以及《国际货币基金组织协定》和《国际复兴开发银行协定》两个附件,统称为"布雷顿森林协定"(以下简称"协定")。1945年12月27日,参加布雷顿森林会议国中的22国代表在"协定"上签字,正式成立国际货币基金组织(International Monetary Fund,简称IMF)和国际复兴开发银行(International Bank for Reconstruction and Development,简称世界银行)。至此,一个以美元为中心的世界货币体系(即布雷顿森林体系)建立起来,从而确立了美元的霸主地位,开始了国际货币体系发展史上的一个新时期。

2. 布雷顿森林体系的内容

布雷顿森林体系的实质是建立一种以美元为中心的国际金汇兑本位制,又称美元—黄金本位制。其基本内容是美元与黄金挂钩,其他国家货币与美元挂钩,实行固定汇率制度。

1) 各国货币比价的挂钩

从货币本位及汇率制度来看，布雷顿森林体系通过的"双挂钩"安排，构成了该货币体系的两大支柱及核心内容。主要内容如下：

(1) 美元与黄金挂钩。即各国确认 1934 年 1 月美国规定的 35 美元等于一盎司的黄金官价，每一美元的含金量为 0.888671 克黄金。各国政府或中央银行可用美元按官价向美国兑换黄金。这样，美元居于等同黄金的地位，其他国家的货币则不能兑换黄金。为使黄金官价不受自由市场金价冲击，各国政府需协同美国政府在国际金融市场上维持这一黄金官价。

(2) 其他国家货币与美元挂钩。其他国家政府规定各自货币的含金量（代表的金量），通过含金量的比例确定同美元的汇率。会员国也可以不规定货币的含金量，而只规定同美元的汇率。例如 1946 年，1 英镑的含金量为 3.58134 克纯金，1 美元的含金量为 0.888671 克纯金，则英镑与美元的含金量（黄金平价）之比为：1 英镑＝3.58134/0.888671＝4.03 美元，这便是法定汇率。

(3) 实行可调整的固定汇率。"协定"规定，各国货币对美元的汇率，一般只能在法定汇率上下各 1% 的幅度内波动。若市场汇率超过法定汇率 1% 的波动幅度，各国政府有义务在外汇市场上进行干预，以维持汇率的稳定。若会员国法定汇率的变动超过 10%，就必须得到 IMF 的批准。因此，布雷顿森林体系的汇率制度被称为"可调整的盯住汇率制度"，是一种外生的固定汇率制度。1971 年 12 月，这种即期汇率变动的幅度扩大为上下 2.25% 的范围，而决定"平价"的标准，亦由黄金改为特别提款权（SDRs）。

2) 各国货币的兑换性与国际支付结算的原则

从货币兑换及结算制度来看，"协定"规定了各国货币自由兑换的原则，推行自由多边的结算制度：任何会员国对其他会员国在经常项目往来中积存的本国货币，若对方为支付经常项目货币可换回本国货币。由于各国立即普遍实行货币自由兑换原则是不现实的，故"协定"又作了"过渡期"的规定。关于国际支付与国际结算的原则，"协定"规定，会员国未经 IMF 同意，不得对国际收支经常项目的支付或清算加以限制，即取消外汇管制。

3) 国际储备资产的确定

从储备制度来看，布雷顿森林体系中外汇与黄金并列，共同构成国际储备资产。"协定"中关于货币平价的规定，使美元处于"等同"黄金的地位，成为各国外汇储备中最主要的国际储备货币。

4) 国际收支的调节

从国际收支调节机制来看，布雷顿森林体系的具体安排是：① 采取 IMF 向国际收支赤字国提供短期资金融通的方式协助其解决国际收支的失衡。IMF 会员国份额的 25% 以黄金或可兑换成黄金的货币缴纳，另外的 75% 则以本国货币缴纳。

会员国发生国际收支逆差时,可用本国货币向 IMF 按规定程序购买(即借贷)一定数额的外汇,并在规定时间内以购回本国货币的方式偿还借款。会员国所认缴的份额越大,得到的贷款也越多。贷款只限于会员国用于弥补国际收支赤字,即用于经常项目的支付。② 如果成员国的国际收支发生根本性不平衡,则采取调整汇率平价的方式进行调节。

5) 成立 IMF

从组织形式上看,建立永久性国际金融机构——IMF,这是布雷顿森林体系的一大特色。"协定"确定了 IMF 的宗旨,并赋予 IMF 监督国际汇率、提供国际信贷、协调国际货币关系的三大职能①,使得 IMF 成为维持这一体系正常运转的中心机构,一定程度上起到了组织保障的作用。

由上述内容可以看出,布雷顿森林体系的制度特征:一是单一货币(美元)储备制度(美元等同于黄金共同发挥着世界货币的职能);二是美元兑换黄金的有限性(只许官方兑换);三是可调整的盯住(美元)汇率制度;四是组织性强(有一个国际金融机构来维持国际货币秩序)。

3. 布雷顿森林体系的历史作用

布雷顿森林体系的形成,有助于国际金融秩序的稳定,对二战后的世界经济复苏和发展等均起到了一定的作用。

(1) 维持了二战后世界货币体系的正常运转。固定汇率制是布雷顿森林体系的支柱之一,但它不同于金本位下的固定汇率。在典型的金本位下,金币不仅本身具有一定的含金量,而且黄金可以自由输出输入,所以汇价的波动界限是狭窄的(确切来说是黄金的输送点)。1929~1933 年的资本主义世界经济危机,引起了货币制度危机,导致金本位制崩溃,国际货币金融关系呈现出一片混乱局面。而以美元为中心的布雷顿森林体系的建立,使国际货币金融关系又有了统一的标准和基础,混乱局面暂时得以稳定。

(2) 促进了世界贸易的发展。美元作为黄金的替代物而成为主要的国际支付手段和储备货币,弥补了清偿力不足问题,进而促进了国际贸易和世界经济的发展。美国通过赠与、信贷、购买外国商品和劳务等形式,向世界散发了大量美元,客观上起到扩大世界购买力的作用。同时,固定汇率制在很大程度上消除了由于汇率波动而引起的动荡,在一定程度上稳定了主要国家的货币汇率,有利于国际贸易的发展。

(3) 促进了各国国内经济的发展。布雷顿森林体系形成后,IMF 和世界银行集团(World Bank Group,简称 WBG)的活动对世界经济的恢复和发展起了一定的积极作用。一方面,IMF 在促进国际货币合作和建立多边支付体系方面做了积

---

① 关于 IMF 的宗旨与职能具体内容参见第 12 章(12.1 全球性国际金融机构)。

极贡献。IMF 提供的短期贷款暂时缓和了战后许多国家的收支危机,也促进了支付办法上的稳步自由化,IMF 的贷款业务迅速增加,重点也由欧洲转至亚、非、拉第三世界。另一方面,WBG 提供和组织的长期贷款和投资不同程度地解决了会员国二战后恢复和发展经济的资金需要。此外,这两个全球性国际金融机构在提供技术援助、建立国际经济货币的研究资料及交换资料情报等方面,对世界经济的恢复与发展也起到了一定作用。

(4) 有助于生产和资本的国际化。由于汇率的相对稳定,避免了国际资本流动中引发的汇率风险,这有利于国际资本的输入与输出。同时也为国际间融资创造了良好环境,有助于金融业和国际金融市场发展,为跨国公司的生产国际化创造了良好的条件。

4. 布雷顿森林体系的崩溃

1971 年 7 月第七次美元危机爆发,尼克松政府于当年 8 月 15 日宣布实行"新经济政策",停止履行外国政府或中央银行用美元向美国兑换黄金的义务;1971 年 12 月以《史密森协定》①为标志,美元对黄金贬值,美联储拒绝向国外中央银行出售黄金。至此,美元与黄金挂钩的体制名存实亡,支撑国际货币制度的两大支柱有一根已倒塌。

美元停兑黄金及美元贬值未能阻止美元危机和美国国际收支危机的进一步爆发。1973 年 2 月,市场再次出现抛售美元、抢购黄金和前联邦德国马克的风潮。迫于形势,美国政府于 1973 年 2 月 12 日再次宣布美元贬值 10%,黄金官价也相应由每盎司 38 美元提高到每盎司 42.22 美元。然而,美元的再次贬值仍然未能阻止美元危机。1973 年 3 月,西欧又出现抢购黄金(伦敦黄金市场的价格一度上涨到每盎司 96 美元)、抛售美元等现象,当年 3 月 16 日,欧洲共同市场 9 国在巴黎举行会议并达成协议,前联邦德国、法国等国家对美元实行"联合浮动",彼此之间实行固定汇率;英国、意大利等单独浮动。至此,二战后支撑国际货币制度的另一支柱,即固定汇率制度也完全垮台,这宣告了布雷顿森林制度的最终解体。

总体而言,布雷顿森林体系崩溃有以下方面的主要原因:

1) 制度自身的缺陷

以美元为中心的国际货币制度崩溃的根本原因是这个制度本身存在着不可调节、无法克服的矛盾,即以美元作为主要储备货币,具有内在的不稳定性。在这种制度下,美元作为国际支付手段与国际储备手段,发挥着世界货币的职能。一方

---

① 史密森协定(Smithsonian Agreement)指 1971 年 12 月,布雷顿森林体系解体后西方十国所达成的新的国际货币制度的协定。该协定的主要内容是:① 美元对黄金贬值 7.89%,每盎司黄金的官价由 35 美元提高到 38 美元;② 调整汇率平价,美元平均贬值 10%,其他欧美主要货币升值;③ 非储备货币对美元的波动允许幅度由正负 1%调整为正负 2.25%;④ 美国政府取消 10%的临时进口附加税。

面,要求美元币值稳定,才会在国际支付中被其他国家所普遍接受。而美元币值稳定,不仅要求美国有足够的黄金储备,而且要求美国的国际收支必须保持顺差,从而使黄金不断流入美国而增加其黄金储备。否则,人们在国际支付中就不愿接受美元。另一方面,全世界要获得充足的外汇储备,又要求美国的国际收支保持大量逆差,否则全世界就会面临外汇储备及国际支付手段短缺的问题。但随着美国国际收支逆差的增大,美元的黄金保证又会不断减少,美元又将不断贬值,这就是著名的"特里芬难题①"。第二次世界大战后从美元短缺("美元荒")到美元泛滥("美元灾"),是这种矛盾发展的必然结果。

2) 美元危机与美国经济危机频繁爆发

纵观布雷顿森林体系的崩溃过程,可以说美元危机是直接原因。换言之,布雷顿森林体系的瓦解过程,就是美元危机不断爆发→拯救→再爆发直至崩溃的过程。

(1) 美国国际收支持续逆差。第二次世界大战结束时,美国利用在战争中膨胀起来的经济实力和其他国家被战争削弱的机会,大举向西欧、日本和世界各地输出商品,使美国的国际收支持续出现巨额顺差,其他国家的黄金储备大量流入美国。各国普遍感到"美元荒"。随着西欧各国经济的增长,出口贸易的扩大,其国际收支由逆差转为顺差,美元和黄金储备增加。美国由于对外扩张和侵略战争,国际收支由顺差转为逆差,美国资金大量外流,形成"美元过剩",出现"美元灾",这使美元汇率承受巨大的冲击和压力,不断出现下浮的波动。

(2) 美国黄金储备减少。1949 年,美国的黄金储备为 246 亿美元,占当时整个资本主义世界黄金储备总额的 73.4%,这是二战后的最高数字。美国 1950 年发动朝鲜战争,海外军费巨增,其后国际收支连年逆差,黄金储备不断外流。1960 年,美国的黄金储备下降到 178 亿美元,已不足以抵补当时的 210.3 亿美元的流动债务,出现了美元的第一次危机。20 世纪 60 年代中期,美国卷入越南战争,国际收支进一步恶化,黄金储备进一步减少。1968 年 3 月,美国黄金储备已下降至 121 亿美元,而同期的对外短期负债为 331 亿美元,引发了第二次美元危机。到 1971 年,美国的黄金储备(102.1 亿美元)仅仅是它对外流动负债(678 亿美元)的 15.05%。此时美国已完全丧失了承担美元对外兑换黄金的能力。于是,尼克松总统不得不于 1971 年 8 月 15 日宣布停止承担美元兑换黄金的义务。1973 年美国爆发了最为严重的经济危机,黄金储备已从二战后初期的 245.6 亿美元下降到 110

---

① 1960 年,美国经济学家罗伯特·特里芬(Robert Triffin)在其《黄金与美元危机——自由兑换的未来》一书中提出的布雷顿森林体系存在着其自身无法克服的内在矛盾:"由于美元与黄金挂钩,而其他国家的货币与美元挂钩,美元虽然因此而取得了国际核心货币的地位,但是各国为了发展国际贸易,必须用美元作为结算与储备货币,这样就会导致流出美国的货币在海外不断沉淀,对美国来说就会发生长期贸易逆差;而美元作为国际货币核心的前提是必须保持美元币值稳定与坚挺,这又要求美国必须是一个长期贸易顺差国。这两个要求互相矛盾,因此是一个悖论。"这一内在矛盾在国际经济学界称为"特里芬难题(Triffin Dilemma)"。

亿美元。没有充分的黄金储备作基础,严重地动摇了美元的信誉。

(3) 美国通货膨胀加剧。美国发动侵越战争,财政赤字庞大,不得不依靠发行货币来弥补,造成通货膨胀。加上石油危机,石油价格上升使得支出增加,同时由于失业补贴增加,劳动生产率下降,造成政府支出急剧增加。美国消费物价指数 1960 年上涨 1.6%,1970 年上升到 5.9%,1974 年又上升到 11%,这给美元的汇率带来了巨大冲击。

此外,可调整的固定汇率制难以按照实际情况经常调整,从而加重了国际收支调整的困难;各国为了维持对外平衡,维持固定汇率,不能不影响到国内均衡(即牺牲国内宏观经济政策的自主权和国内经济发展);国际收支调节责任的不对称现象(主要依靠逆差国的单方面调节),造成了国际收支的世界性不平衡。这些也都是这一国际货币体系存在的局限性,客观上也加速了这一制度的崩溃。

布雷顿森林体系走向崩溃说明,随着世界经济的多元化趋势不断加强,单一的货币制度越来越难以满足经济飞速发展的需要。在全球经济一体化进程中,国际金融正在向多元化发展,国际货币体系将向各国汇率自由浮动、国际储备多元化、金融自由化、国际化的趋势发展。

11.2.3 牙买加体系

布雷顿森林体系下的国际货币制度存在着种种弊端,而"双挂钩"是其最根本的缺陷,即当黄金产量跟不上美元的增长时,美元与黄金的挂钩便无法维持;当资本主义各国发展不平衡导致美国的国际经济地位相对下降时,各国货币与美元的挂钩也无法维持。因此,从 1960 年爆发第一次美元危机开始,国际货币制度就一直处于危机状态。

1. 牙买加体系的建立

布雷顿森林体系最终崩溃前夕,1972 年 7 月,IMF 成立一个专门委员会,具体研究国际货币制度的改革问题。该委员会于 1974 年 6 月提出一份《国际货币体系改革纲要》,对黄金、汇率、储备资产、国际收支调节等问题提出了一些原则性的建议,为以后的货币制度改革奠定了基础。直至 1976 年 1 月,IMF 理事会"国际货币制度临时委员会"在牙买加首都金斯敦举行会议,讨论国际货币基金协定的条款,经过激烈的争论,达成并签订了"牙买加协议(Jamaica Agreement)",同年 4 月,IMF 理事会通过了《IMF 协定第二修正案》,从而形成了新的国际货币体系——牙买加体系(Jamaica System)。

2. 牙买加协议的内容

牙买加协议的内容包括以下五个方面的内容:

(1) 浮动汇率制合法化。牙买加协议正式确认了浮动汇率制的合法性,承认固定汇率制与浮动汇率制并存的局面,成员国可自由选择汇率制度。同时 IMF 继续对各国货币汇率政策实行严格监督,并协调成员国的经济政策,促进金融稳定,缩小汇率波动范围。

(2) 黄金非货币化。牙买加协议做出了逐步使黄金退出国际货币的决定并规定:一是废除黄金条款,取消黄金官价,成员国中央银行可按市价自由进行黄金交易。二是取消成员国相互之间以及成员国与 IMF 之间须用黄金清算债权债务的规定。三是 IMF 逐步处理其持有的黄金,其中 1/6(2500 万盎司)按市价出售,以其超过官价(每盎司 42.22 美元)部分作为援助发展中国家的资金;1/6 按官价由原缴纳的各会员国买回;其余部分约 1 亿盎司黄金,根据总投票权的 85% 作出的决定处理,向市场出售或由各会员国购回。

(3) 增强特别提款权(Special Drawing Rights,简称 SDRs)的作用。提高 SDRs 的国际储备地位,扩大其在 IMF 一般业务中的使用范围,并适时修订 SDRs 的有关条款。

(4) 增加成员国基金份额。成员国的基金份额从原来的 292 亿美元特别提款权增加至 390 亿美元特别提款权,增幅达 33.6%。

(5) 扩大信贷额度。扩大信贷额度以增加对发展中国家的融资。

3. 牙买加体系的运行特征

牙买加体系的运行特征包括四个方面:

(1) 黄金非货币化。黄金既不再是各国货币的平价基础,也不能用于官方之间的国际清算。

(2) 储备货币多元化。与布雷顿森林体系下国际储备结构单一、美元地位十分突出的情形相比,在牙买加体系下,国际储备呈现多元化局面,美元虽然仍是主导的国际货币,但其地位明显削弱了,国际储备由美元、英镑、日元等多元货币以及其他形式构成。

(3) 汇率安排多样化。在牙买加体系下,浮动汇率制与固定汇率制并存。不同汇率制度各有优劣,浮动汇率制度可以为国内经济政策提供更大的活动空间与独立性,而固定汇率制则减少了本国企业可能面临的汇率风险,方便生产与核算。各国可根据自身的经济实力、开放程度、经济结构等一系列相关因素去权衡利弊得失。目前世界各国存在着各种不同的汇率制度安排,混合(中间)汇率制得到发展。

(4) 国际收支调节途径多样化。国际收支的调节由多种机制相互补充,如汇率机制、利率机制、国际融资、国际协调和动用国际储备资产等调节方式。

4. 对牙买加体系的评价

1) 牙买加体系的积极作用

(1) 储备资产多元化使国际货币制度的稳定性有所提高。1973 年以来,国际储备资产的构成就出现了分散化的趋势,形成了多元化的储备局面。在所有的国际储备中,外汇储备的比例接近90%,而黄金、SDRs和IMF会员国的储备头寸共计为10%左右。国际储备的多元化和分散化,基本摆脱了布雷顿森林体系时期基准货币国家与依附国家相互牵连的弊端,储备货币多元化缓解了国际清偿力的不足,在储备货币多元化的情况下,储备货币的好处和风险由多种货币分担,有利于国际货币制度的稳定性。

(2) 弹性化的汇率安排能够较灵活地适应世界经济形势多变的状况。从1973年以后,各国普遍实行弹性汇率制。目前,大部分发展中国家实行盯住汇率制(硬盯住或软盯住),欠发达的发展中国家常常采用盯住单一货币,另外一些新兴的工业国常采用管理浮动,而绝大多数的发达国家常采用自由浮动。以浮动汇率为核心的混合汇率体制在一定程度上适应了世界经济动荡、多变和发展不平衡的特点。主要储备货币汇率的浮动变化,可以根据市场供求状况自动及时调整,从而灵敏地反映瞬息万变的经济状况,这有利于国际贸易和国际金融交易。同时,这种灵活的弹性汇率制度也使各国的政策自主性和有效性得到加强,并使各国减少为维持汇率稳定所必须保留的应急外汇储备。

(3) 多样化的国际收支调节机制相互补充,在一定程度上缓和了布雷顿森林体系调节机制失灵的问题。各种调节机制相互补充,而不是单单依靠某一种调节手段,这也比较适应当今世界经济发展不平衡的特点。牙买加体系中的国际收支调节方式和以往相比具有多样化的特点。一国可以根据自身的状况来选择成本最小及效率最高的调节方式。

2) 牙买加体系的缺陷

(1) 在多元化国际储备格局下,储备货币发行国仍享有"铸币税"等多种好处,同时,在多元化国际储备下,缺乏统一的稳定的货币标准,导致国际货币格局错综复杂,这本身就可能造成国际金融的不稳定,而且"特里芬难题"只是被分散,依然存在。

(2) 汇率波动频繁而剧烈,汇率体系极不稳定。其消极影响主要是增大了外汇风险,这一方面不利于国际金融市场的稳定发展,另一方面也在一定程度上抑制了国际贸易与国际投资等经济活动,对发展中国家而言,这种负面影响尤为突出。

(3) 国际收支调节机制并不健全,各种现有的渠道都有各自的局限,牙买加体系并没有消除全球性的国际收支失衡问题。

总之,与布雷顿森林体系相比,牙买加体系表现出了较强的灵活性和适应性,既提高了各国宏观经济政策的自主性,也增强了国际收支调节机制的有效性,因此,在维持国际经济正常运行、推动世界经济持续发展方面具有积极的作用;但另一方面,浮动的汇率制度和资本的跨境自由流动,使得现行的牙买加体系成为了一种"无秩序的体系"或"无体系的体系",这种国际货币体系在新的国际金融环境下已越来越成为国际金融市场动荡的根源之一。随着国际经济关系的发展变化,这一国际货币制度的弊端也日益明显。在西方七国首脑会议上或在 IMF 的年会及其他会议上,都曾讨论过国际货币制度改革问题。由此可见,进一步改革国际货币制度,建立合理而稳定的国际货币新秩序势在必行。

11.3 国际货币体系的改革

从 2007 年 7 月开始,美国金融领域中发生的次贷危机以前所未有的广度和深度扩散到世界各地,迅速演变成一场世界上百年未遇的金融大危机。这场危机从表面上看,是美国政府奉行自由化思想,对银行和金融衍生产品放松监管的结果;从深层次看,实质上是一场以美元霸权为核心的国际货币制度危机。这种危机在二战后已多次爆发,周而复始,几乎是过七八年就要来一次,只是这次危机来得更深刻、更猛烈,对美国和世界各国的经济冲击更沉重、更厉害。金融危机表明,以美元霸权为中心的国际货币制度已成为全球经济和金融稳定发展的障碍,必须进行改革和重建。

2009 年 3 月 23 日,时任中国人民银行行长的周小川在央行网站发表文章,用"危机未必是储备货币发行当局的故意,但却是制度性缺陷的必然"揭示了危机的根源,指出此次金融危机表明当前国际货币体系存在系统性风险,现行国际货币体系的内在缺陷愈演愈烈,必须进行改革。周小川提出了"国际货币体系改革的理想目标",即"创造一种与主权国家脱钩、并能保持币值长期稳定的国际储备货币"。

11.3.1 现行国际货币体系存在的主要问题

20 世纪 70 年代末以后,在国际货币基金协定第二次修正的条件下,国际货币体系在世界经济的风云变幻中继续演进,然而 20 世纪 90 年代以来,正当全球经济一体化加快步伐的时候,世界范围内的金融危机此起彼伏。1994 年的墨西哥金融危机、1997 年的东南亚金融、2001 年阿根廷金融危机以及 2008 年的金融海啸,充分暴露了当今国际货币体系的缺陷。

1. 主权货币作为国际储备货币的问题

尽管布雷顿森林体系解体后,各国努力实现储备货币的多元化,但从实际情况看,2002 年以前,美国依靠其在全球政治经济中的霸主地位,美元仍然在国际储备货币中居于一币独大的核心地位。作为计价单位,美元是衡量各国经济实力、比较各项主要经济指标的共同尺度,也是初级产品的主要计价货币之一,国际贸易中其他接近半数的交易也以美元为主要结算货币。目前的国际货币体系从本质上来讲是美元本位制①。但值得注意的是,美元是一种主权货币,而以主权信用货币作为

---

① 钟伟. 国际货币体系的百年变迁和远瞻[J]. 国际金融研究,2001(4).

主要国际储备货币必然会导致诸多问题。

首先,储备货币发行国的中央银行肯定会把国内经济目标放在首要地位,而把对外经济目标放在次要地位。由于国内经济目标和对外经济目标经常发生冲突,必然导致储备货币发行国以牺牲他国利益为代价而满足自身的宏观管理需要。

其次,储备货币发行国的货币发行缺乏纪律约束,它享有的铸币税特权会导致经济失衡和潜在危机。1968年,美国尼克松政府宣布停止美元与黄金的兑换,导致美元可以无限制的对外提供流动性。正是由于这种特权,使得美国居民大量超前消费,国际收支经常项目持续逆差,不注重发展国内的实体经济,虚拟经济和实体经济严重失衡,最终爆发金融危机并快速在全世界传导。金融危机的爆发虽然给美国敲响了警钟,但是,只要美国发行货币不受约束,它就会不断通过经常项目向外提供本位货币,满足国内消费,然后通过提供债券等金融资产回收本位货币。虽然国际收支顺差国日后将利用该债权购买美国的商品与劳务,但是由于通货膨胀的存在,会导致美元的贬值。这样,就会进入美元资产不断膨胀,美国经济虚拟化程度不断加深,从而加剧虚拟经济与实体经济失衡的恶性循环[①]。

2002年以后,欧元的诞生使得美元霸主地位受到挑战,从而从根本上动摇了当代国际货币体系中世界货币的统一性。但是,欧元的出现不但没有使滥发货币的情况得到遏制,反而加剧了危机。因为两大货币同时存在会使得"滥币陷阱"出现,即一个主要货币的滥发一定会迫使另一个货币跟着滥发,美元汇率下跌终究会拉欧元跟着一起下跌。我们看到,欧元和欧元资产发行量正以比美元还快的速度膨胀,更为严重的问题是欧洲也在迅速滑向美国的经济运行方式,依靠金融服务、地产和旅游等行业或其他服务业维持经济运行。最后的结果是美元资产和欧元资产都持续膨胀,国际货币体系的危机不断加深。

2. 浮动汇率为主的多样化汇率机制问题

以浮动汇率为主体的多样化汇率机制虽然在各国调节国际收支的不平衡方面起到了一定的积极作用,但是却导致国际货币体系严重缺乏稳定性。

首先,美元、欧元、日元等主要货币之间汇率的频繁、大幅度波动,也诱使发展中国家的货币出现过度波动而增加了国际汇率体系风险,影响国际贸易与投资的增长,加剧国际金融市场的动荡,使各国宏观经济政策难以调控,引起国内物价、工资和就业的不利变化,破坏资源的合理配置,妨碍经济发展和国际收支经常项目的调整。

其次,各国往往根据自己的需要进行汇率干预管理,根据各自的偏好和利益自主决定。一些国家为了实现国内经济目标,无限制地实行膨胀性的财政政策和货币政策,加剧了世界通货膨胀的压力。

---

① 张云,刘骏民.全球流动性膨胀与国际货币体系危机[J].上海金融,2008(9).

此外，汇率的剧烈波动还助长了外汇投机活动。随着金融全球化步伐的加快，金融市场的阻隔消除，金融创新和金融衍生工具大量涌现，国际资本流动速度大大提高，国际游资也在金融全球化、自由化的浪潮中迅速膨胀，在利率、汇率的频繁波动中寻找可乘之机，使得国际金融市场的风险进一步加大[①]。而正是这种大规模的投机活动，使得越来越多的国家面对经常项目出现逆差时，不是采取国内紧缩或调整汇率的措施来平衡逆差，而是借助于短期资本的流入平衡逆差，而外债长期积累的后果使这些国家偿债压力越来越大，当游资大规模撤离的时候，就会引发严重的金融危机甚至经济危机。

11.3.2 不同国家、集团对改革的态度

在国际货币体系何去何从的问题上，各国家集团出于自身利益的考虑，持有不同的态度，基本上形成了美国、欧盟与日本、发展中国家三个不同的集团。

美国在国际货币体系中占据强势领导者地位，享受着现行国际货币体系赋予自身的各种利益，因而对体系改革的态度是谨慎而保守的。作为现行体系受益者，美国仍需通过主导国际货币体系来对其他的国家或地区进行各层面的限制，即美国希望新兴经济体能够承担起国际责任，利用其丰富的外汇储备来为国际货币体系增加融资，并为现行体系的良性改革与发展贡献力量，但这是在不改变美国的主导权的前提下。此外，坚定维护美元的全球霸权地位、保证美国在 IMF 中的绝对权威，是美国短时间内不会更改的战略决策。美国在现行国际货币体系中的利益结构使其对改革抱着既观望又消极的态度，对可能造成美国在国际货币体系中权力流失的货币竞争采取抵制态度，对新兴经济体以及发展中国家疏远现今 IMF 的倾向表示不满，坚持现行国际货币体系的发展与延续。

欧盟与日本在现行国际货币体系中拥有属于自身的权益，也都曾遭遇过美元霸权带来的伤害。但欧盟与日本同属于美国的盟友，在国际货币体系改革问题上受到其利益结构的影响。欧盟因为国际金融危机的影响，而对国际货币体系改革有着较为清晰的期待，对国际货币体系的金融监管机制更为关注，希望国际货币体系的规则更加体现欧洲意志，相对欢迎新兴经济体作为国际货币体系中的重要力量参与到组织规则制定以及决策事务当中，发挥其优势，为世界经济的发展以及欧洲经济安全贡献力量。欧盟对于现行国际货币体系的期待是通过改革得以继续维系下去，从而既保存国际货币体系带来的相关利益，又改善了体系中有可能伤害欧盟经济利益的组织规则，增进了国际货币体系延续的安全性。日本虽然有对国际货币体系改革的动机，但由于来自美国的压力，日本对于国际货币体系改革的未来预期主要体现在美国对于国际货币体系改革的态度上，缺乏相应的独立性。日本目前的期待是扩散日元在亚太地区的影响力，为日元成为亚洲区域货币以及实现

---

① 金臣.储备管理的国际比较及对中国的启示[M].南昌：江西人民出版社，2006.

一定程度的国际化奠定必要的政治及军事基础。日本在国际货币体系改革问题上与新兴经济体很难建立深入的合作,原因之一就是对中国的忌惮。日本似乎认为只要忠诚于美国,成为美国称霸全球的亚太地区重要帮手,谋取一定的经济利益和政治影响力就足够了。

以新兴经济体为代表的发展中国家数量众多,范围遍及非洲、拉丁美洲、东欧以及亚洲等地区,是当前国际货币体系改革的推动者。以新兴经济体为代表的发展中国家之间的利益相对复杂,各国之间拥有共同的利益,但个别国家之间存在政治层面的矛盾,以至影响货币体系之间的合作。首先,现今的国际货币体系的相关规则与规定未能体现发展中国家的话语权与相关利益,因此发展中国家有足够的动机去推动国际货币体系改革。其次,发展中国家对 IMF 的改革预期包括 IMF 的份额扩容,借此增加发展中国家的占比并赋予其相应的治理权限。改革 IMF 对于贷款救援的相关规定与加强对此的监管,使贷款救援工作能够考虑发展中国家的利益与需求,并能够保证 IMF 救援工作的有效性与安全性。与此同时,期待国际货币体系保持国际收支平衡,发挥 IMF 对国际收支平衡的调节。此外,发展中国家有对改善美元霸权的期待,美国次贷危机的爆发伴随着美元信用降低的风险,经济危机因全球化而很容易使发展中国家遭受牵连,所以新兴经济体为代表的发展中国家对于分享一小部分美元霸权,建立区域货币有一定的期待。近年来,中国、东盟国家都有推动东亚货币合作的努力,但受制于地区领导力的竞争而未能有所进展。

11.3.3 国际货币体系改革的方向

今后的国际货币体系改革究竟走向何方,发达国家的态度和发展中国家的要求各有不同,但改革力量主要由新兴经济体为代表的发展中国家推动。目前国际货币体系改革的现有方案主要有恢复国际金本位制度、扩大特别提款权的发行和使用、多元储备货币体系等。

1. 恢复国际金本位制

著名经济学家凯恩斯曾说,"通过连续的通货膨胀过程,政府可以秘密地、不为人知地没收公民财富的一部分。用这种办法可以任意剥夺人民的财富,在使多数人贫穷的过程中,却使少数人暴富。"同样,曾连续 20 年(1987~2006 年)担任美联储主席、任期跨越 6 届美国总统的艾伦·格林斯潘(Alan Greenspan)在 1966 年也曾说过,"在没有金本位的情况下,将没有任何办法来保护(人民的)储蓄不被通货膨胀所吞噬,将没有安全的财富栖身地。这就是那些福利统计学家激烈反对黄金的秘密。赤字财政简单地说就是没收财富的阴谋,而黄金挡住了这个阴险的过程,它充当着财产权的保护者。如果人们抓住了这一核心要点,就不难理解有人对金本位的恶意诽谤了。"他认为,通货膨胀的本质就是通过使货币购买力贬值来实现社会财富的转移。

理论上金本位制是完美的,恢复金本位制能从以下几个方面弥补美元本位制体系的不足:首先,金本位制度下不存在特里芬难题;其次,各主要货币之间维持固定的比价,能够推动国家之间经济活动的繁荣发展;第三,各国央行拥有的黄金储备对货币的发行量起到了严格的约束作用,从而可避免出现严重的通货膨胀以及由货币泛滥而引起的国际货币体系动荡;第四,由于存在价格—铸币流动机制,国际收支可以自发进行调节,保证国际收支相对平衡。

基于上述优点,可兑换国际金本位制是一种比较稳定的国际货币体系,在它实行的时期内,各国汇率稳定和世界经济保持了良好的发展。因此有部分学者认为,恢复金本位制可能是目前国际货币体系改革的一个可选方案。但是,这种想法基本是不可能实现的。主要原因在于国际金本位制存在一个致命的缺陷:随着世界经济不断增长,国际货币的需求将是无限的,而黄金这种存量有限的实物来充当国际货币,终将会因其稀缺性而无法满足国际社会对于国际货币不断增长的需求。因此,国际金本位制最终会难以长期维持下去。此外,恢复金本位必将遇到政治、经济、技术等方面的重重困难。

2. 扩大特别提款权的发行和使用

2016年10月1日人民币正式成为SDRs第5种篮子货币,在此前后,SDRs受到前所未有的关注。但要使人民币"入篮"有实质性意义,必须发挥扩大SDRs在国际货币体系的应有作用。2009年,时任中国人民银行行长周小川曾提出超主权储备货币的构想,引起了热烈讨论和反响。2016年3月31日,中国人民银行与法国财政部及央行在法国巴黎联合举办了二十国集团(G20)"国际金融架构高级别研讨会"。周小川指出,"SDRs可以成为国际货币体系中的一支稳定力量。如果我们现在行动起来,采取措施,就可以为未来的切实进步奠定基础,因此扩大SDRs的使用并非难事。"

3. 构建多元化货币体系

就目前全球政治经济格局和发展趋势来看,通过各国协商合作来实现国际货币的单一化在可预见的未来是无法实现的。这主要是由于涉及的国家太多,而且各国的经济发展情况和利益诉求并不一致。但如果从区域的角度考虑,在合适的区域内通过货币合作建立单一的货币则是存在可能的。金融稳定性三岛理论(Robert A. Mundell,2000)认为将来很有可能实现以美元区、欧元区、亚洲货币区为三极的多元化货币体系,这也是一种可行且有效的国际货币体系改革方案。

多元化的国际货币体系拥有如下优点:第一,多元化的货币体系具有内在约束力。由于非储备货币发行国在调整外汇储备币种结构时有了更多的选择,必然会尽量实现分散化,这种做法反过来将对储备货币发行国产生约束力,加强储备货发行国之间的政策协调。这种对储备货币发行国的约束力正是美元本位制所欠缺的。第二,在多元化的国际货币体系下,各主要国际货币之间的汇率对国际收支失衡起到调节作用,可以增强对国际收支失衡的调节能力。而且通过将逆差分散在多个国际货币发行国之间,能够缓解全球经济严重失衡的状况。同时通过各货币区域间的相互协调机制,还可以实现区域内经济的整合。第三,发行国际货币所得到的铸币税收益也可以相对公平地在各国际货币发行国之间分配。

多元化的国际货币体系也存在一些缺陷:第一,多元化的国际货币仍然不能改变主权货币的本质,也就无法彻底解决特里芬难题。而且,随着储备货币的种类增加,影响储备货币价值稳定的因素自然也会增多。因此,国际货币多元化并不能保证储备货币币值稳定。第二,汇率风险。多元化的国际货币体系下,每个国际货币发行国单独制定其货币政策将会造成各国利率差处于经常性变动之中,各国际货币之间的汇率将会波动频繁,进而诱发外汇投机行为。也就是说,除非建立良好的合作和协调机制,否则多元化的国际货币体系仍然不能消除现行国际货币体系给世界经济的稳定运行所带来的不利影响。

总之,国际货币体系改革的前景取决于如何解决改革所面临的下述课题:选择国际基础货币、汇率制度、使 SDRs 成为主要国际储备资产、改善调节国际收支的机制、解决区域性货币组织与世界范围国际货币体系的关系。由于解决上述问题存在着种种困难,再加上各种国际矛盾的存在,今后的国际货币体系改革进程是长期、缓慢和曲折的。

11.4 货币一体化及最适度货币区理论

区域性货币一体化(Regional Monetary Integration)又称货币集团化,是指在一定地区内的有关国家和地区在货币金融领域中实行协调和结合,形成一个统一体,组成货币联盟。它是国际货币体系改革的重要内容和组成部分,是在二战后国际金融权力日益分散化、国际货币关系趋向区域化的背景下,一定地区的国家为建立相对稳定的货币区域而进行的货币协调与合作,其最终目标是组建一个由统一的货币管理机构发行单一货币、执行单一货币政策的紧密的区域性货币联盟,主要包括汇率的统一、货币的统一、货币管理机构和货币政策的统一。区域货币合作尤以欧洲货币体系和欧元区的影响最大。

11.4.1 最优货币区理论的提出

最优货币区(Optimal Currency Areas,OCA)是一个经济地理概念,是指最符合经济金融上的某些条件的国家或者地区,相互之间建立紧密联系的货币制度,如固定汇率制度,甚至使用统一货币的区域。根据《新帕尔格雷夫经济学大辞典》,最优货币区是指一种"最优"的地理区域,在这个区域内一般的支付手段是一种单一共同货币,或者是几种货币之间具有无限的可兑换性,其汇率在进行经常性交易和资本交易时互相盯住,保持不变;区域内的国家与区域外的国家之间的汇率保持浮动。"最优"是根据同时维持内部和外部均衡的宏观经济目标来定义的,这包括内部的通胀和失业之间是最佳平衡,以及区域内部和外部的国际收支平衡。最优货币区理论最早由罗伯特·蒙代尔(Robert A. Mundell)[①]于1961年提出,其后麦金农(R. I. Mckinnon)、英格拉姆(James Ingram)、哈伯勒(G. Haberler)和弗莱明(J. M. Fleming)等经济学家对其理论从不同侧面修正补充和完善。

综合来讲,构成最优(适度)货币区(通货区)的主要条件或衡量标准包括:

(1) 生产要素的高度流动。这里生产要素尤其强调的是资本和劳动力。生产要素的高度自由流动对实现一国或一个区域的内外经济均衡具有非常重要的意义。如果要素能够自由流动,就可以实现资本和劳动力从盈余区向赤字区流动,使得区域内各地区经济结构及时调整,经济周期趋于同步,这样可以促进区域内经济协调发展,实现内部经济均衡。如果市场力量调节不足以实现这一均衡,那么一个强而有力的政府可以通过财政和货币政策来弥补市场力量的不足,促使内部均衡尽快实现。因此,现有的各个民族国家便是一个个"最适度货币区"。由"生产要素自由流动"这一主要条件,可以派生另外两个构建"最适度货币区"的基本前提:一是金融市场的一体化,这是实现资本自由流动的前提;二是必须具有强而有力的超国家政府,这样可以在地区之间进行转移支付,以弥补市场调节的不足。

(2) 经济开放度较高。以对外贸易依赖程度(进出口总值占 GDP 的比重或贸易商品生产对非贸易商品生产的比例)反映经济开放程度。在浮动汇率制下,若开放程度高,一国或地区国际收支的恶化促使汇率上升,从而提高贸易商品价格,这会导致需求向非贸易商品转移,如此则会提高非贸易商品价格。若开放程度低,汇率上升只对总产出中的一小部分产品价格产生直接影响,由此引起的需求转移对非贸易品的价格不会发生明显作用。因此,经济开放程度越高,内外经济均衡受浮动汇率的消极影响越大,因而对构建或加入"最适度货币区"也就越有利。

(3) 产品生产多样化。多样化的产品生产对于"最适度货币区"的构建或加入,犹如多样化的投资组织对于降低投资风险、求得风险与收益平衡一样,具有重要意义。一国实施产品生产多样化,特别是贸易品生产的多样化,一方面可以分散产品受外界市场冲击的风险,另一方面可以产品为纽带,在区域内国与国之间编织相互依赖的经贸网,从而结成经济共同体。这样一方面更能承受实行固定汇率后对本国经济稳定性损害的压力,另一方面可与其他成员国一道积极追求实行"最适度货币区"之后带来的货币效率。

(4) 通货膨胀的相似性。物价稳定本身就是"最适度货币区"追求的主要目标

---

① 罗伯特·蒙代尔,美国哥伦比亚大学教授、1999 年诺贝尔经济学奖获得者、"最优货币区理论"的奠基人,被誉为"欧元之父"。

之一,相似的通货膨胀也是实行共同货币政策的前提。若货币区内各成员国通货膨胀率高低有别,则利益不一。通货膨胀率高的国家要求实行紧缩的货币政策,而通货膨胀率低的国家则可能希望维持不变,出现通货紧缩的国家会强烈要求采取扩张的货币政策,众口难调,会使建立在各个国家中央银行之上的超国家中央银行无所作为。因此,通货膨胀的相似性是构建"最适度货币区"的一个重要前提。

(5) 政策一体化程度比较高。由于"货币区"遭受的各种内外冲击力不同,各个时期经济政策调整的重点不同,尤其是各成员国利益表现不同,这些都直接影响"货币区"正常运行。为使"货币区"能够正常运行,各成员国必须对其货币、财政以及其他经济乃至社会政策进行协调,寻求一致。为寻求一致且提高效能,各成员国必须对其主权实行部分让渡,而更多的主权让渡依赖于对"最适度货币区"更高的收益预期。

11.4.2 最优货币区理论的发展

最优货币区理论发展至今,主要经历了三个时期:20世纪60年代至70年代中期,许多关于最优货币区理论的文献涌现,其代表人物有蒙代尔、麦金农和凯南(Peter Kennen)等;而70年代中期到80年代,关于最优货币区理论的研究则基本上处于停滞状态;80年代末开始,最优货币区的理论研究复活,并催生了"新"最优货币区理论,其代表人物有基德兰德(Finn E. Kydland)和普雷斯科特(Edward C. Prescott)、弗兰克尔(J. A. Frankel)和罗斯(A. K. Rose)、赫尔普曼(Elhanan Helpman)、华莱士(T. J. Wallace)和卢卡斯(Robert E. Lucas)等。

1. 最优货币区理论的初步发展阶段

蒙代尔(1961)提出要素流动性标准,认为需求转移是引起外部不均衡的主要原因。在两个开放小国模型中,即使满足"马歇尔—勒纳条件",汇率调整也只能解决不同货币之间的收支失衡问题。而在一个货币区内部,只要劳动力和其他生产要素具有完全自由的流动性,就可以依靠要素的转移消除需求转移造成的冲击。所以,地区之间劳动力和其他要素自由转移,就成为判断成为一个通货区的标准。生产要素流动论是对浮动汇率的扬弃,在肯定浮动汇率的同时,提出货币区内应实现单一货币或固定汇率的主张。当然,政治差异是货币区形成的重要障碍,货币区的实现依赖于区域政治结构的调整。

麦金农(1962)认为,经济开放程度是最优货币区的标准。由于开放程度越高,对进口商品依赖度越高,需求弹性越小,相应要求汇率调整的幅度越大。换言之,外部冲击会使得开放度高的经济体汇率变动大,从而产生较大的经济波动。因此,建立货币区,在区域内固定汇率或使用同一种货币将有助于防止这种经济波动。

凯南(1969)提出产品多样化程度作为实行固定汇率的标准。在遭受进口需求冲击的时候,产品多样化程度越低的国家抵御冲击的能力越弱,从而通过建立货币区创造稳定的汇率制度有利于避免国际冲击。

关于货币区标准讨论的其他观点,如哈伯勒(1970)和弗莱明(1969)认为标准应该是通胀率,英格拉姆(1973)则认为标准是金融一体化程度。虽然关于最优货币区已有相当多的讨论了,但是研究主要集中在判断标准上面,而关于OCA中成员国扩展、效用函数的界定等等方面,尚显不足。

2. 新的最优货币区理论

1) 理性预期下的OCA理论

传统的OCA理论将通胀的相似性作为组成货币联盟的重要条件,但是基德兰德和普雷斯科特(1977)等人基于理性预期理论和可信度、时间的不一致性和政策规则的结果,证明了当通胀率差异非常大时,只要中央银行能够建立一个可信的控制通胀的政策规则,货币一体化的收益更大,而代价更小。具体而言,在封闭的经济条件下,由于货币当局既关注通胀也关注失业,根据理性预期假定只有不被预期到的通胀才会影响失业率,采取相机抉择的货币当局必然存在动态不一致的政策行为,因此政府宣布的通胀率目标不可信,从而影响货币政策的效果。而在货币区条件下,由于在货币区内存在相对独立于各国政府的中央银行,其只关注通胀,因此具有政策可信度。

2) 最优货币区的内生性

传统的OCA理论认为,多国是否适合组建货币区以及一国是否加入货币联盟取决于许多事前(组建货币区或加入货币区之前)标准,但是弗兰克尔和罗斯(1998)通过实证分析得出,国际间的贸易程度与它们的收入水平及商业周期的相关性之间是内生的,即贸易关系越密切的国家在经济周期和收入上的相关程度也越高。因此评定一国是否适合加入一个货币联盟并不是完全由历史条件决定的。欧元建立过程就是其中最有力的证明。真正的欧元体制建立之前,人们进行了大量的实证分析,通过各种各样的标准来评判欧洲多国是否适合建立欧元区,事实上当时许多指标均达不到要求,但最后欧元区建立起来了,而且运作相当良好,许多指标也被满足了。

11.5 欧洲货币一体化及其前景

国际货币体系变迁的百年历史也是人类对以货币表示的信用秩序选择的历史。经过了各种形式的金本位制和布雷顿森林体系以及牙买加体系后,国际货币体系发展到20世纪80年代中后期,在全球金融一体化的背景下,又出现了区域汇率协调安排和货币区域化趋势。欧盟区内欧元的成功启动和中北美区的货币合作以及拉美国家的"美元化"是这种趋势的具体表现。

欧洲货币一体化既是国际货币体系发展的要求,也是世界经济一体化发展的必然趋势。欧洲货币一体化是布雷顿森林体系崩溃后国际金融一体化的突出表现与勇敢的尝试。1999年1月1日,欧洲货币一体化结出硕果,推出了统一的货币——欧元,这是20世纪70年代以来国际金融领域最为重要的事件之一,其作用与意义十分重大而深远。

11.5.1 欧洲货币一体化的进程

所谓欧洲货币一体化,是指欧洲经济共同体各成员国在货币金融领域进行合作,协调货币金融关系,最终建立一个统一的货币体系,其实质是这些国家集团为了货币金融领域的多方面合作而组成的货币联盟。

这种货币一体化有三个典型象征:① 汇率的统一,即货币联盟成员国之间实行固定汇率制,对外则实行统一的浮动汇率;② 货币的统一,即货币联盟发行单一的共同货币;③ 机构的统一,即建立统一的中央货币机关,发行共同的货币,规定有关货币联盟的国家以及保管各成员国的国际储备。

欧洲货币一体化对本区域的国际收支、汇率制度、国际货币管理乃至经济贸易的发展都产生了重大影响。

1. 欧洲货币体系的产生

1969年12月在海牙召开的欧洲经济共同体(EEC)首脑会议决定筹建欧洲经济与货币联盟,标志着欧洲货币统一改革的开始。会上组织成立了一个委员会,要求其制定具体措施,消除EEC内部汇率的波动,集中EEC货币改革决定权,减少彼此间的贸易壁垒。

EEC国家为什么从20世纪60年代末开始努力寻求货币政策的一致性和汇率的更大稳定性呢?主要有三个原因:一是影响世界经济的政策形势发生了变化;二是人们希望EEC能发挥更大的作用;三是汇率的变动给EEC带来了不少管理上的问题。这些原因具体表现为:

(1) 提高欧洲在世界货币体系中的地位。1969年的货币危机使得欧洲对美国在将其国际货币职责放在其国家利益之前的可靠性失去信心。面对美国越来越自私的政策,EEC国家为了更加有效地维护它们自己的经济利益,决定在货币问题上采取一致行动。

(2) 把EEC变成一个真正的统一市场。尽管1957年《罗马条约》的签订使EEC建立了关税同盟,但在欧洲内部商品和要素的流动仍存在很大的官方障碍,EEC的长远目标就是要消除所有这些障碍,以美国为模式把EEC变成一个巨大的统一市场。欧洲的官员们认为汇率的不确定性像官方贸易障碍一样,是减少EEC内部贸易的主要原因之一。在他们看来,只有在欧洲国家之间建立起固定的相互汇率,才能形成一个真正的统一的大市场。

(3) 避免EEC共同农业政策的失衡。因为汇率的变动给EEC共同农业政策带来调整难题,而共同农业政策保证了农产品的最低支持价格。为了使 EEC 内所有农民都享受平等待遇,共同农业政策规定予以一篮子 EEC 国家货币为单位的农产品支持价格。

2. 欧洲货币体系的主要内容

欧洲货币联盟(European Monetary Union,EMU)的第二阶段是欧洲货币体系(European Monetary System,EMS)的建立与发展,它是 EMU 进程中的一个新阶段。建立 EMS 的建议是 1978 年 4 月在哥本哈根召开的 EEC 体首脑会议上提出来的。同年 12 月 5 日,EEC 各国首脑在布鲁塞尔达成协议,自 1979 年初正式实施 EMS 协议。

EMS 主要有三个组成部分:欧洲货币单位(European Currency Unit,ECU);欧洲货币合作基金(European Monetary Cooperation Fund,EMCF);稳定汇率机制(Exchange Rate Mechanism,ERM)。

1) 欧洲货币单位

ECU 类似于 SDRs,其价值是 EEC 成员国货币的加权平均值,每种货币的权数根据该国在 EEC 内部贸易中所占的比重和该国 GNP 的规模确定。以这种方式计算出来的 ECU 具有价值稳定的特点。根据规定,ECU 中的成员国货币权数每 5 年调整一次,但若其中任何一种货币的变化超过 25% 时,则可随时对权数进行调整。

ECU 的创设是 EMS 与联合浮动的最大区别所在,其发行有着特定的程序。在 EMS 成立初始,各成员国将它们 20% 的黄金储备和 20% 的外汇(美元)储备交付给 EMCF,该基金则以互换的形式向成员国发行数量相当的 ECU,其中,黄金储备按 6 个月前的黄金平均市场价格或按前一个营业日的两笔定价的平均价格计算,美元储备则按市场汇率定值。

ECU 的主要作用是:① 作为欧洲 ERM 的标准。成员国在确定货币汇率时,以 ECU 为依据,其货币与 ECU 保持固定比价,然后,再由此中心汇率套算出同其他成员国货币的比价;② 作为决定成员国货币汇率偏离中心汇率的参考指标;③ 作为成员国官方之间的清算手段、信贷手段以及外汇市场的干预手段。

2) 欧洲货币合作基金

为了保证 EMS 的正常运转,EEC 于 1979 年 4 月设立了 EMCF,集中起成员国各 20% 的黄金储备和外汇储备,作为发行 ECU 的准备。由于各国储备数量以及美元和黄金价格处于变动之中,该基金每隔一段时间便要重新确定其金额。EMCF 的主要作用是向成员国提供相应的贷款,以帮助它们进行国际收支调节和外汇市场干预,保证欧洲汇率机制的稳定。EMCF 给成员国提供的贷款种类因期限而有所不同:期限最短的 45 天以下(含 45 天),只向 ERM 参加国提供;一般的 9 个月以下的短期贷款,用于帮助成员国克服短期国际收支失衡问题;中期贷款的期限为 2~5 年,用于帮助成员国解决结构性国际收支问题。EEC 通常在向成员国提供贷款时附加一定的条件。

3) 稳定汇率机制

EMS 的汇率制度是联合浮动,即成员国货币之间实行相对固定的汇率,对非成员国货币则实行联合浮动。EMS 的 ERM 包括"格子体系"和"篮子体系"两方面的内容。格子体系是在每对成员国货币之间规定一个汇率平价,并据此确定汇率变动的最大限度为 $\pm 2.25\%$。篮子体系是每种货币相对于 ECU 确定一个中心汇率,并据此确定变动的最大限度为 $(75\% \pm 2.25\%) \times (1-W_i)$,这里的 W_i 为各国货币在 ECU 中的权重。当一国货币比价超过其差界限时,该国中央银行就有义务干预外汇市场,使汇率回复到规定的幅度以内。但是,由于加入 EMS 的成员国在通胀率、国际收支和经济增长等方面的差异,EMS 的中心汇率进行了多次变动,波动幅度也多次受到冲击。

首批加入欧洲 ERM 的货币有法国法郎、德国马克、意大利里拉等 8 种货币。当 1989 年、1990 年和 1992 年西班牙比塞塔、英镑和葡萄牙埃斯库多相继加入欧洲汇率机制时,浮动范围已扩大到 $\pm 6\%$。1992 年欧洲货币发生剧烈动荡,英镑和意大利里拉由于无法维持平价,被迫退出欧洲 ERM。1993 年欧盟(European Union,EU)被迫将浮动的幅度扩大至 $\pm 15\%$。

ERM 通过各国货币当局在外汇市场上的强制性干预,使各国货币汇率的波动限制在允许的幅度以内。也就是说,如果两种货币的汇率达到允许波幅的上限或下限时,弱币国货币当局必须买入本币以阻止其进一步贬值,相应地,强币国货币当局必须卖出本币以阻止其继续升值。通过这种对称性的市场干预,EEC 得以实现汇率机制的稳定。

3. 欧洲货币一体化的进程

欧洲货币一体化的起源可以追溯到 20 世纪 60 年代以前,如 1950 年建立的欧洲支付同盟及其替代物——1958 年 EEC 各国签署的欧洲货币协定。但这些组织或协定在内容上虽有以后货币一体化的形式,却无其实质。它们的出发点在于促进成员国贸易和经济在战后的发展,恢复各国货币的自由兑换,而不涉及各国的汇率安排和储备资产的形式。因此,人们一般将 20 世纪 60 年代的跛行货币区[①]作为欧洲货币一体化进程的开端。

---

① 跛行货币区即货币没有一种占主导地位的货币作为各国货币汇率的共同基础,而仍需要以货币区以外的货币作为汇率基础。当时,国际上共存在三个跛行货币区,即英镑区、黄金集团和法郎区。英镑区是较正式的货币区,区内各成员国储备资产的形式主要是英镑,各国的货币也盯住英镑。但是,由于英镑本身是盯住美元的,所以该货币区是跛行的。黄金集团是由西欧各国组成的一个不太正式的货币区,区内各成员国的主要储备资产是黄金。但是,因为区内各国货币还同美元保持着固定比价,所以它也是一个跛行的货币区。

跛行货币区虽然开始了欧洲货币一体化的尝试,但由于其内部缺乏支持其稳定存在的基础,在整个货币一体化的发展进程中,它的地位并不重要。尽管 EEC 在 20 世纪 60 年代已首次提出建立 EMU 的概念,但在实践中,欧洲货币一体化并没有取得实质性的进展。

从实质性取得进展角度而言,欧洲货币一体化经历了以下几个演变阶段。

1) 第一阶段(1972～1978 年):魏尔纳计划

布雷顿森林体系瓦解之际,EEC 国家为了减少世界货币金融不稳定对区内经济的不利影响,同时也为了实现西欧经济一体化的整体目标,于 1969 年提出建立 EMU 的建议。1970 年 10 月,以卢森堡首相兼财政大臣魏尔纳(Werner)为首的一个委员会,向 EEC 理事会提交了一份《关于在共同体内分阶段实现经济和货币联盟的报告》,即魏尔纳计划(报告)。该计划建议从 1971 年到 1980 年分三个阶段实现欧洲货币一体化。然而上世纪 70 年代动荡的金融形势以及 EEC 国家发展程度的巨大差异,使得魏尔纳计划几乎完全落空。20 世纪 70 年代欧洲货币一体化取得的唯一的重大成果是创设了欧洲计算单位(European Unit of Account,EUA)作为确定联合浮动汇率制的换算砝码,这实质上也是共同货币的萌芽。

根据魏尔纳计划,EEC 建立了 EMCF 和 EUA,并于 1972 年开始实行成员国货币汇率的联合浮动。按照当时的规定,参与联合浮动的西欧 6 国货币汇率的波动不得超过当时公布的美元平价的±1.125%,具体见图 11.3。

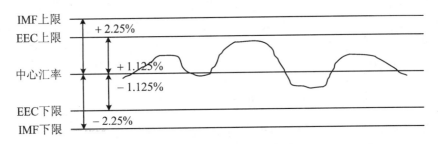

图 11.3　EEC 成员国的蛇形浮动

这样便在 IMF 当时规定的±2.25%的汇率波动幅度内又形成一个更小的幅度。EEC 各国货币汇率对外的集团浮动犹如"隧道中的蛇",故又称其为蛇形浮动(Snake)。这种联合浮动机制为随后产生的 EMS 的 ERM 提供了参考依据。

2) 第二阶段(1979～1998 年):欧洲货币体系

为了制止汇率剧烈波动,促进 EEC 国家经济的发展,在法、德两国推动下,1978 年 12 月 EEC 各国首脑在布鲁塞尔达成协议,决定建立 EMS。1979 年 3 月,EMS 正式启动。其主要内容有:① 继续实行过去的联合浮动汇率机制。除了维持原有的±2.25%波动幅度以外,还规定了汇率波动的警戒线,一旦货币波动超出此线,有关国家就要进行联合干预。② 创设 ECU(即埃居)。ECU 实际上是 EUA 演变而来的,是 EMS 的中心。在 EEC 内部,ECU 具有计价单位和支付手段的职能。

③ 成立了欧洲货币基金(European Monetary Fund,EMF),以增强 EMS 干预市场的力量,为共同货币 ECU 提供物质准备以及给予国际收支困难的成员国更多的信贷支持。

3) 第三阶段(1999 至今):德洛尔报告与《马斯特里赫特条约》

1989 年 6 月,以欧共体委员会主席雅克·德洛尔(J. Delors)为首的委员会向马德里峰会提交了德洛尔报告。该计划与魏尔纳计划相似,规定从 1990 年起,用 20 年时间,分三阶段实现货币一体化,完成欧洲经济货币同盟的组建。

"德洛尔报告"继承了 20 世纪 70 年代"魏尔纳报告"的基本框架,认为货币联盟应是一个货币区,区域内各国的政策要受统一管理,以实现共同的宏观经济目标。报告指出,货币联盟建立须具备三个条件:① 保证货币完全和不可取消的自由兑换;② 在银行和其他金融市场充分一体化的基础上,实现资本的完全自由流动;③ 取消汇率的波动幅度,实行不可改变的固定汇率平价。该报告虽然没有明确提出在货币联盟内部必须有单一的货币,但把单一货币看作是"货币联盟的一个自然和理想的进一步发展",并提出了建立一个欧洲中央银行体系(European System of Central Banks,简称 ESCB)的设想(见表 11.1 所示)。

表 11.1 "德洛尔报告"的欧洲货币联盟计划

阶 段	主 要 目 标
第一阶段	1990 年 7 月 1 日开始,在 EEC 现行体制的框架内加强货币、财政政策协调,进一步深化金融一体化,使成员国货币全部加入 EMS,消除对私人使用 ECU 的限制,扩大成员国中央银行行长委员会的权力和权限
第二阶段	建立 ESCB,由其接管原存在的体制性货币安排,随着经验的取得,逐步扩展 ESCB 在制订和管理货币方面的职能;只有在特殊情况下才可使用汇率调整
第三阶段	推行不可改变的固定汇率,实施向单一货币政策的转变,由 ESCB 承担全部职责,发行统一的共同体货币,集中并管理官方储备,对外汇市场进行干预,为过渡到单一共同体货币作制度和技术准备

注:"德洛尔报告"强调,货币联盟和经济联盟是一个整体的两个不可分割的部分,在每一阶段上,货币领域的措施必须与经济领域的措施平行地予以实施。

鉴于各成员国对"德洛尔报告"的反应各不相同,为实现欧洲经济和货币联盟,推进欧洲的统一,1991 年 12 月,EEC 在荷兰马斯特里赫特峰会上签署《关于欧洲经济货币联盟的马斯特里赫特条约》,简称《马约》。《马约》目标是:最迟在 1999 年 1 月 1 日前建立"经济货币同盟"(EMU)。届时将在同盟内实现统一货币、统一的中央银行(European Central Bank,ECB)以及统一的货币汇率政策。为实现上述目标,《马约》规定了一个分三阶段实现货币一体化的计划(见表 11.2)。《马约》还规定,只有在 1999 年 1 月 1 日达到以下四个趋同标准的国家,才能被认为具备了参加 EMU 的资格条件:① 通胀率不得超过三个成绩最好的国家平均水平的 1.5

个百分点;② 当年财政赤字不得超过 GDP 的 3%,累积公债不得超过 GDP 的 60%;③ 政府长期债券利率不得超过三个最低国家平均水平的 2 个百分点;④ 加入 EMU 前两年汇率一直在 EMS 汇率机制规定的幅度(±15%)内波动,中心汇率没有重组过。经过不懈努力,EEC 各成员国议会于 1993 年 10 月底通过了《马约》,1993 年 11 月 1 日,EEC 更名为 EU。1995 年芬兰、奥地利、瑞典加入 EU,成员国增至 15 个。同年的《马德里决议》将单一货币的名称正式定为欧元(EURO)。欧洲货币一体化自此开始进入了稳定的发展阶段。

表 11.2 《马斯特里赫特条约》的三阶段计划

阶段	时间	主要目标
第一阶段	1990 年 7 月 1 日至 1993 年底	实现所有成员国加入 EMS 的汇率机制,实现资本的自由流动,协调各成员国的经济政策,建立相应的监督机制
第二阶段	1994 年 1 月 1 日至 1997 年	进一步实现各国宏观经济政策的协调,加强成员国之间的经济趋同;建立独立的欧洲货币管理体系——欧洲货币局(EMI),为统一货币作技术和程序上的准备,各国货币汇率的波动在原有基础上进一步缩小趋于固定
第三阶段	1997 年至 1999 年 1 月 1 日	最终建立统一的欧洲货币和独立的 ECB

注:意大利、西班牙和英国货币汇率的波动幅度为 ±6%,其他成员国货币汇率的波动幅度均为 ±2.25%。

4) 《马约》签订后的一体化进程与欧元的产生

根据《马约》规定,EMU 也应分三阶段实现。第一阶段从 1996 年底到 1998 年底。该阶段为准备阶段,其主要任务是确定首批有资格参加货币联盟的国家,决定发行欧元的合法机构,筹建 ECB。第二阶段,从 1999 年 1 月 1 日起到 2002 年 1 月 1 日。该阶段为过渡阶段。"欧元"一经启动,便锁定各参加国货币之间的汇率。各国货币仅在本国境内是合法支付手段。在此阶段,没有有形的欧元流通,但新的政府公债可以用欧元发行。另外,将由 ECB 制定统一的货币政策。第三阶段,从 2002 年 1 月 1 日起,欧元开始正式流通。ECB 将发行统一货币的硬币和纸钞,有形的欧元问世,并且各参加国原有的货币退出流通,欧元将成为 EMU 内唯一的法定货币。

1996 年底,EMU 的发展取得了重大的突破。12 月 13~14 日,欧盟首脑会议在爱尔兰首都都柏林成功举行,欧洲单一货币机制框架基本形成。1997 年 6 月,欧盟首脑会议第 1103 号条例正式对过渡期结束后的欧元的法律地位作了规定。同年 10 月 2 日,欧盟 15 国代表在荷兰首都正式签订了 6 月达成的《阿姆斯特丹条约》,这是一个在《马约》基础上修改而成的新欧盟条约,为欧元与 EMU 于 1999 年 1 月 1 日的如期启动,又奠定了坚实的基础。

1998年5月2日,欧盟15国在布鲁塞尔召开特别首脑会议,确认比利时、德国、西班牙、法国、爱尔兰、意大利、卢森堡、荷兰、奥地利、葡萄牙和芬兰等符合《马约》条件的11个国家为欧元创始国,首批加入欧洲单一货币体系。欧盟的其余4个国家,即英国、丹麦、瑞典和希腊,因暂时不愿加入欧元体系或未能达标,没有成为首批欧元国家。同时决定在原有的欧洲货币局基础上成立ECB,由荷兰人杜伊森贝赫出任行长。同年6月1日,ECB正式成立,行址在德国的法兰克福。1998年12月3日,首批加入欧元体系的11个国家宣布联合降息,除意大利(利率3厘半)外,其余10国均把利率降至3厘,此举显示了这些国家准时启动欧元的决心和强烈的政治意愿。

1999年1月1日,欧元准时启动。ECU以1∶1的比例转换为欧元,欧元与成员国货币的兑换率锁定,ECB投入运作并实施统一的货币政策,欧元可以支票、信用卡等非现金交易的方式流通,各成员国货币亦可同时流通,人们有权选择是否使用或接受欧元。从2002年1月1日起,欧元纸币和硬币开始全境流通,ECB和成员国将逐步回收各国的纸币和硬币,届时人们必须接受欧元。至2002年7月1日,各成员国货币完全退出流通,欧盟货币一体化计划完成,欧元正式启动。

欧洲货币一体化的完成与欧元的产生,是世界经济史上一个具有里程碑意义的事件,它不仅对欧盟内部成员国的经济活动,而且对世界其他国家的经济往来以及国际金融市场、国际货币体系的运作与发展等方面,均产生重大而深远的影响。

11.5.2 欧洲货币一体化的发展现状

1. 欧元的发展现状

根据相关条约,加入欧元区的标准:首先,每一个成员国削减不超过GDP的3%的政府开支;第二,国债必须保持在GDP的60%以下或正在快速接近这一水平;第三,在价格稳定方面,通胀率不能超过三个最佳成员国上年通胀率的1.5%;第四,该国货币至少在两年内必须维持在EMS的正常波动幅度以内。

就欧元区的发展过程来看,1999年1月1日,欧元正式诞生,欧盟11国开始采用统一货币;2001年1月1日,希腊加入欧元区;2002年1月1日起,欧元纸币和硬币正式流通;同年7月1日,欧元取代12国的货币正式流通,欧元成为欧元区唯一的合法货币。其后,斯洛文尼亚(2007年1月1日)、塞浦路斯和马耳他(2008年1月1日)、斯洛伐克(2009年1月1日)、爱沙尼亚(2011年1月1日)、拉脱维亚(2014年1月1日)和立陶宛(2015年1月1日)先后加入欧元区。至此,欧元区成员国从最初的11个已增至2015年的19个,人口超过3.2亿。

2. 欧洲货币一体化的作用

欧元的成功之处就在于它是在主权分立的情况下通过协商实现了货币统一。

随着金融创新和金融一体化的发展,当国与国之间的金融交易活动密不可分时,货币的分割无疑是金融交易的最大障碍,也是金融风险的集中栖息地。从这个意义上看,欧元的诞生是当代金融创新浪潮的最高成就,它吹响了21世纪全球宏观金融整合的号角。

对于欧元区及其各成员国来说,区域货币合作的优势是显著的。主要包括以下几点:

首先,增强商品和生产要素的流动性,提高资源配置效率。单一货币的最大优势就是促进了商品和生产要素在成员国之间的流动,从而提高价格机制在货币区内配置资源的效率,从而创造一个相对合理的竞争环境,提高整个货币区经济的平均增长率。如今,欧盟各成员国相互之间经济开放程度较高而且还在不断提高。欧盟内成员国之间的相互出口一般占其产出的10%到25%。

其次,消除成员国之间经济交易的外汇风险,提高国际收支调节能力。统一货币后就不存在汇率不确定的担忧,从而增强了货币区内投资收益预期的确定性和相对价格的透明度,促进了货币区内物价水平的稳定,并减轻了固定汇率安排下国际收支调节对一国经济增长的约束以及汇率投机的可能性,从而提高了各成员国运用金融交易调节国际收支的能力,降低了他们干预外汇市场、管理外汇储备的成本。

第三,降低成员国之间各类经济交易的成本。欧元的使用可以降低欧盟各国在国际贸易及货币兑换方面的信息成本与交易成本,便利价格与成本水平在国际的比较,从而成员国用于搜集、加工、存储相关汇率信息和了解国外汇率政策及不同外汇管制规则方面的资源浪费将大大减少,汇率的不确定性和货币兑换方面的成本都会不同程度的降低。

第四,有利于欧盟总体经济的良性发展。在欧元区建立前,在欧盟内部尽管统一大市场已经建立,但由于多种货币的存在,使得同样的资源、商品、服务在不同的国家表现出不同的价格。这种现象如长期存在下去,将扭曲各国的产业结构和投资结构,不利于大市场的合理发展。如果实施单一货币,由ECB制定和实施统一的货币政策,各国的物价、利率、投资利益将逐步缩小差别或趋于一致,形成物价和利率水平的总体下降,居民社会消费扩大,企业投资环境改善,最终有利于欧盟总体经济的良性发展。比如,联盟向相对低利率的德国持续地利率趋同化,就为高利率国家持续带来低利率,从而促进投资和刺激增长。这一点尤其是对爱尔兰、西班牙、希腊和葡萄牙有作用。

欧洲货币一体化还深刻变革了整个国际金融形势,有利于国际经济政治体系的改革。主要包括以下几点:

第一,区域货币合作有利于提高共同抵御风险的能力。以美国次贷危机为导火索,随后迅速波及欧洲及世界的国际金融危机,再次引起人们对全球经济失衡问题的关注,问题的根源仍然是主权信用货币充当国际货币。为刺激本国经济增长,美国实行量化宽松政策,由于其国际货币的地位,同时也把宽松的流动性输入到世界其他国家。美元通过其贸易赤字实现海外发行,向世界征收铸币税,同时向持有美元储备的国家征收通货膨胀税,这实质上是一种货币扩张。世界不同区域为对抗美元的扩张均采用不同层次的货币合作,欧元的最终形成就是区域对美元霸权的一种抗衡。由此可见,区域货币合作有助于提高资源配置效率,增强区域共同抵御风险、抵御美元全球霸权的能力。

第二,区域货币合作有助于改善全球经济失衡。全球经济失衡问题的实质是全球经济结构和主权货币两大因素共同造成的。全球制造业集中在东亚国家,而消费集中在欧美等发达国家,这一不平衡是历史形成的客观经济结构,而且短期内难以消除。随着各国把中心工作转移到经济发展上来,国际政治经济秩序的演变逐渐出现新的特征。区域货币合作的深入是国际政治经济秩序发展的必然结果。区域货币合作的深化、扩大货币互换、增进区域贸易,这有利于降低本区域对美元结算和储备的依赖以及由此产生货币危机的风险,进而调整国际经济失衡的局面。

11.5.3 欧洲货币一体化的发展前景

1. 欧洲债务危机下欧元区面临的制度瓶颈

欧洲债务危机亦称欧洲主权债务危机(简称"欧债危机"),源起于希腊债务危机。2008年希腊政府为应对金融危机,举债帮助银行业和金融机构渡过难关,2009年10月希腊政府突然宣布其财政赤字和政府债务占GDP的比例高达12.7%和113%,远高于欧洲稳定与增长公约规定的3%和60%的上限。随着希腊财政状况的显著恶化,同年12月全球各大评级公司纷纷下调了希腊政府债务的信用评级,导致希腊融资成本不断提高,主权债务危机开始暴露。随后,希腊股市大跌并引发全球股市大跌,欧元对美元急剧贬值。此后,爱尔兰和葡萄牙的主权债务危机相继爆发,意大利、西班牙等国财政状况也每况愈下,史称"欧债五国"(PIIGS)。欧元区主权债务危机从希腊蔓延至欧元区其他国家,以及欧盟内的非欧元区国家。总之,欧债危机拉低了欧元区的国家信用,影响了欧元作为国际货币的地位,冲击了欧元区的贸易、金融和政治格局,也提供了弥补欧元区机制设计漏洞的契机[1]。

欧债危机产生的原因是多方面的。既有外部原因(如次贷危机中政府加杠杆使债务负担加重以及评级机构的如实调整债务评级等),也有内部原因(如实体经济空心化引发的经济发展脆弱、逐步进入老龄化社会及刚性的社会福利制度等),同时还有单一货币下不同国家竞争力差异拉大及统一货币下的制度设计缺陷,有

---

[1] 参见:谢世清,向南. 从欧债危机的影响看欧元区的发展趋势[J]. 宏观经济研究,2018(1).

人甚至认为这些才是爆发欧债危机的根本原因。虽然经济货币联盟在促进欧元区成员国间的经济一体化方面发挥了积极作用,但是将经济发展水平不同的国家置于一个统一的货币区内仍存在着诸多难以协调的矛盾,欧元区的发展在这次危机中也面临着诸多制度瓶颈。

1) 统一的货币政策和分散的财政政策难以步调一致

欧元区的运行不同于主权国家,虽然各国让渡了货币政策的自主权,但是财政政策仍由各国政府独立执行,这就造成了由超国家的 ECB 执行货币政策、由各国政府执行财政政策的宏观经济政策体系,这一体系也成为欧元区运行机制中最大的缺陷,即货币政策和财政政策执行主体不一致导致宏观经济政策的冲突和错配,难以形成统一的政策目标。ECB 的目标是维持低通胀,保持欧元对内币值稳定;而各成员国的财政政策则着力于促进本国经济增长、解决失业问题等。成员国只能采用单一的财政政策应对各项冲击,这就很容易在赤字率、政府债务等指标上超出《马约》规定的标准。ECB 和各国政府之间政策目标的不一致导致政策效果大打折扣,各国政府在运用财政政策时也面临着遵守《马约》规定和促进本国经济增长的两难选择。

2) 单一货币机制难以应对不对称冲击

欧元虽然采取单一货币,但是作为多种增长模式和多种发展速度共存的经济联合体,欧元区成员国经济发展不平衡。特别是近些年来随着欧元区的东扩,转轨中的中东欧国家逐渐加入欧元区,这更加加剧了区域内经济发展的不平衡。近年来,欧元区各国经济复苏不同步,出现了非常典型的不对称冲击问题,这也是自欧元区成立以来一直争论的问题。德国、法国等经济已开始回归正常,而南欧几个国家和匈牙利等则因债务危机的困扰经济面临着极大的不确定性,希腊更是全面爆发了债务危机,引起国内经济的剧烈动荡。本次金融危机带来的系列问题给成员国造成的影响各不相同,各国对于货币政策的诉求也不尽相同。ECB 显然难以同时兼顾所有成员国的利益,不对称冲击问题在单一货币体制下难以得到有效的解决。

3) 欧元区的集体决策机制无法迅速、有效应对冲击

欧盟的成立建立在一系列的超国家机构基础上,比如欧洲理事会、欧盟委员会、欧洲议会、欧洲法院等,这些超国家机构的设置、席位分配、表决机制等都是在各成员国的不断争论中确定并不断调整的。ECB 作为一个超国家机构,其职能是保持欧元的稳定,独立制定货币政策。欧元区与欧盟密不可分,在关系到经济联盟内外的重大决策都由这些超国家的机构协调制定。在重大、突发的外来冲击下,欧盟缺乏迅速、有效的应对机制。由于集体决策机制,各国将基于本国利益提出各项应对措施,繁冗的决策程序、不可避免的讨价还价带来了巨大的决策成本,并且无法在最短的时间内达成有效的应对策略。金融危机爆发之时,游离于欧元区之外的英国果断采取了各项应对措施,而欧元区成员国相比则行动迟缓。欧盟以及欧元区在面对冲击时,缺乏快速有效的解决机制,给各国带来很大的不确定性。

2. 欧债危机后欧元的前景

欧债危机爆发至今,欧元区仍未彻底走出低迷,加上英国脱欧等事件的发生,欧元的前景也引发了不少担忧。从现有的信息及文献来看,关于欧元的前景存在三种观点。

第一种观点是欧元区解体。欧盟从希腊债务危机开始,到英国脱欧事件发作一直麻烦不断。特别是2017年12月法国总统候选人勒庞公开宣传脱离欧元区,欧盟前景看似更加暗淡。欧元崩溃,欧元区国家使用自己国家货币的可能性有但很小。英国脱欧之后,欧洲大陆多个国家近来也刮起"脱欧"之风。自1999年1月1日欧元区成立以来,至今欧元区已经走过19个年头。然而,尽管欧元在2007年以前确实给欧元区成员国带来不少好处,但2008年后它反而成了很多成员国的负担。例如,意大利和希腊如今的生活水平已比他们加入欧元区时还糟糕;芬兰作为唯一一个使用欧元的北欧国家,也是如今北欧国家中唯一一个尚未从2008年金融危机中恢复的国家。

这种观点就此认为,欧元区已经陷入僵局。实现政治联盟也许能够解决这个困难,但要实现政治联盟难上加难;恢复各国财政责任自理,又会导致一些国家违约并退出欧元区;中立的解决方法不够有效,并且成本昂贵,反而会让问题更加复杂。所以,未来数年内欧元区将面临不可避免的局部甚至全面解体。欧元区的命运已经无法改变。

第二种观点是欧元值得信任。欧洲的经济从2009年发生债务危机,希腊和南欧的几个国家的债务成为牵动世界经济的敏感神经,欧洲经济一直一蹶不振。当时有人预测欧元的解体,欧元解体论甚嚣尘上,甚至有欧洲政府已经为欧元的解体做好了准备。此后欧盟包括ECB进行了多项改革措施,主要包括多轮量化宽松政策,以及对南欧国家财政支出的严格监控,欧盟内部的团结一致等等,最终欧洲走了出来,这中间德国总理默克尔、法国总统奥朗德以及ECB行长拉加德等功不可没。

其实欧元的稳定,不仅仅是经济的问题,更重要的是政治问题,欧洲政治出现理性化倾向,这让投资者重拾信心。自2016年英国公投退欧以来,欧盟面临着严重的政治风险。法国现任总统马克龙在2017年的法国大选中,赢得大选最终的胜利,这极大地支撑了欧元区的市场风险偏好。而另一方面,希腊债务谈判的进展也进一步激发了市场对于欧元区风险资产的购买兴趣。欧元区的主要国家是德国和法国,原来的英国虽然加入欧盟,但还保持自己的英镑。因此英国脱欧对欧元区经济影响不大,而且长期来看,英国脱欧还有利于欧元的稳定。因为欧盟再也不会因为英国的阻挠而使得政策难以实施。况且,原来的德国马克和法国法郎都是早于美元的国际结算货币,信誉卓著,本身就不存在信誉问题。欧元只要有德国、法国的存在,本身就是对欧元价值的保证。所以欧元前途不需担心,再加上欧元的发行与管理公开透明(不像美联储那样暗箱操作),一切循规蹈矩,值得信任。

第三种观点是欧元区继续艰难维持。欧盟成员国财长自2017年11月起开始商谈欧元区改革方案,但遭遇一个明显障碍:德国陷入选举后组阁困境,安格拉·默克尔政府成为看守内阁,难以出台任何重大决策。是否能够继续当欧盟改革的首席推手,取决于默克尔领导的联盟党与第二大党——社会民主党能否再度组成"大联盟"政府。社会党领袖马丁·舒尔茨说,"就算马克龙和默克尔愿意合力推进更具雄心的改革议程,他们要说服他们的天然盟友还是不容易,比如奥地利和荷兰的领导人都喜欢更具民族主义倾向的方案……(欧盟)只能侥幸期盼经济形势改善,让那些无能又拒绝改革的国家少出麻烦。"美国佐治亚大学公共与国际事务学院副教授卡斯·马德说:"德国强势政府继续缺位,英国'脱欧'方案仍模糊不清,意大利选举已经铺开。这种情况下,欧盟和欧元区注定会继续得过且过地混日子。"

本章小结

国际货币体系又称国际货币制度,是各国政府为适应国际贸易与国际支付的需要,对货币在国际范围内发挥世界货币职能所确定的原则、采取的措施和建立的组织形式的总称。国际货币体系随着历史的发展而不断演变,主要经历了国际金本位制、布雷顿森林体系和牙买加体系。

国际金本位制以各国普遍采用金本位制为基础,形成于19世纪80年代。金本位制具体包括金币本位制、金块本位制和金汇兑本位制。典型的金本位制是金币本位制,盛行于1880~1914年间,其主要特点是:黄金不但是国际货币体系的基础,而且可以自由输出输入、自由兑换、自由铸造。一战爆发后,金币本位制走向崩溃。一战结束后,除了美国继续采用金币本位制外,其他西方国家先后建立金块本位制和金汇兑本位制,这是一种残缺不全、严重削弱了的国际金本位制。1929~1933年世界经济大危机,国际金本位制度彻底瓦解。

布雷顿森林体系是二战后形成的一个美国居于统治地位的新国际货币体系(以美元为中心的国际金汇兑本位制,又称美元—黄金本位制),最主要特征可概括为双挂钩的、可调整的盯住汇率制度。"双挂钩"即美元与黄金挂钩,其他货币与美元挂钩。布雷顿森林体系的根本缺陷,即"特里芬"难题以及频繁爆发的美元危机,最终导致了它的崩溃。

20世纪70年代后,国际货币体系进入了牙买加体系阶段。牙买加体系对布雷顿森林体系进行了扬弃。一方面,这继承了布雷顿森林体系下IMF,且IMF的作用还得到了加强;另一方面,它放弃了布雷顿森林体系下"双挂钩"制度,实行了多样化的汇率安排,出现了黄金非货币化、储备资产多元化及国际收支调节机制多元化等特征。

20世纪90年代以来,日趋频繁和激烈的区域乃至全球金融危机,逐步暴露出了现行国际货币体系存在的问题,为此,需要进行改革或创新。目前国际货币体系改革的现有方案主要有恢复国际金本位制度、扩大特别提款权的发行和使用、多元储备货币体系等。

最优货币区理论的产生与发展,为1979年欧洲货币体系(EMS)的建立奠定了理论基础,EMS包括三个主要内容:创设欧洲货币单位(ECU)、建立稳定汇率机制(ERM)和建立欧洲货币基金(EMF)。1999年欧元(EUR)的成功启动,标志着欧洲货币一体化的完成,也加速了其他的区域性货币集团的进程。

2009年由希腊债务危机所引发的欧洲债务危机发生后,欧洲货币一体化面临着制度瓶颈,尚需进一步的改革和创新,欧元未来也面临着巨大的不确定性。

【本章重要概念】

国际货币体系　国际金本位体系　布雷顿森林体系　牙买加体系　凯恩斯计划　怀特计划　特里芬难题　货币一体化　最优货币区理论　欧洲货币一体化　欧洲债务危机　魏尔纳计划　欧洲货币单位　德洛尔报告　《马斯特里赫特条约》

【复习思考题】

1. 简述国际货币体系的主要内容。
2. 国际货币体系的主要作用有哪些?
3. 简述国际金本位制度的主要特征。
4. 分析国际金本位制度崩溃的原因。
5. 简述布雷顿森林体系的主要内容及特征。
6. 分析布雷顿森林体系的崩溃的原因。
7. 简述牙买加货币体系的基本内容及主要特征。
8. 现行牙买加体系的主要缺陷有哪些?
9. 分析现行国际货币体系改革的方向。
10. 简述欧洲货币一体化的进程。
11. 目前使用欧元的国家和欧盟的成员国分别有哪些?
12. 分析欧洲债务危机下欧洲货币一体化存在的制度瓶颈。
13. 分析欧洲债务危机下欧元的未来前景。

第12章 国际金融机构

在当今社会中,恐怕没有人会对联合国感到陌生,它已经在国际事务中发挥着越来越重要的作用,在政治、经济、军事、社会、文化等诸多领域进行着国际间的协调。那么,在区域或国际范围内有没有专门在金融领域的合作呢?理论上,我们已经了解了国际货币制度,发现一国的货币制度往往需要与别的国家进行协调。现实中,无论是在亚洲经历金融危机的时候,还是在一些重大项目的建设中,都可以看到一些超国家的金融机构的参与。是的,确实有着一些国际性或区域性的金融机构,它们不但越来越被人们所熟悉,而且还吸引着全世界优秀的金融学者。这些金融机构的出现,既体现了人们解决复杂问题的智慧,也反映了人们愿意进行某种妥协,遵从国际规则的愿望。所以,在这一章里就专门对一些重要的国际金融机构加以介绍。

国际金融机构是指从事国际融资业务,协调国际金融关系,维持国际货币及信用体系正常运作的超国家金融机构。国际金融机构在国际经济生活中起着越来越重要的作用,几乎所有的国家与地区都同这些金融机构建立了密切联系。国际金融机构大体分为两种类型:一类是全球性的国际金融组织;另一类是区域性的国际金融组织。前者包括联合国属下的国际货币基金组织(IMF)和世界银行集团(WBG)两大金融机构。另外,国际清算银行(BIS)经过80多年的发展,已从区域性国际金融机构转变为全球性国际金融机构。后者包括亚洲开发银行(ADB)、非洲开发银行(AFDB)、泛美开发银行(IADB)、欧洲投资银行(EIB)、亚洲基础设施投资银行(AIIB)等机构,这些机构主要进行区域性货币信贷安排,从事区域性金融活动。

12.1 全球性国际金融机构

12.1.1 国际货币基金组织

国际货币基金组织(International Monetary Fund,IMF)成立于1945年12月

27日,是特定历史条件下的产物①。1946年3月,IMF在美国佐治亚州萨凡纳召开首次理事会创立大会,选举首届执行董事,并将总部设在华盛顿。同年5月,IMF召开第一届执行董事会,推选比利时人戈特(Camille Gutt)为总裁兼执行董事会主席。9~10月,IMF和世界银行理事会第一届年会在华盛顿召开。同年12月,IMF公布当时32个成员国的货币对黄金和美元的平价。1947年3月,IMF宣布开始办理放款业务,同年11月15日,IMF成为联合国的一个专门机构。IMF的总部设在华盛顿,其创始成员国共有39个,截至2018年5月底,其成员已达189个国家和地区。中国是IMF的创始成员之一,新中国诞生后,中国在IMF中的席位长期被盘踞在台湾的国民党当局所占据。经过长期、艰巨的努力,1980年4月17日,IMF的执行董事会恢复了中华人民共和国在IMF的合法席位。

1. 国际货币基金组织宗旨与职能

IMF、WBG以及关税与贸易总协定(GATT,现为WTO取代)共同构成二战后国际经济秩序的三大支柱。IMF负责国际货币金融事务,其宗旨是加强各国在国际货币金融领域的合作,稳定货币汇率,促进国际贸易,通过贷款帮助成员国解决国际收支不平衡困难。具体表现在:① 为成员国提供一个常设的国际货币机构,促进成员国在国际货币问题上的磋商与协作;② 促进国际贸易均衡发展,以维持和提高就业水平和实际收入,发展各国的生产能力;③ 促进汇率的稳定和维持各国有秩序的外汇安排,以避免竞争性的货币贬值;④ 协助建立各国间经常性交易的多边支付制度,并努力消除不利于国际贸易发展的外汇管制;⑤ 在临时性基础上和具有充分保障的条件下,为成员国融通资金,使它们在无须采取有损于本国及国际经济繁荣措施的情况下纠正国际收支的不平衡;⑥ 努力缩短和减轻国际收支不平衡的持续时间及程度。

根据上述宗旨,布雷顿森林会议的参加者赋予IMF的主要职能是监察货币汇率和各国贸易情况,提供技术和资金协助,确保全球金融制度运作正常。具体有三项:第一项职能是就成员国的汇率政策,与经常账户有关的支付,以及货币的兑换性问题确立一项行为准则,并实施监督;第二项职能是向国际收支发生困难的成员国提供必要的资金融通,以使它们遵守上述行为准则;第三项职能是向成员国提供国际货币合作与协商的场所。虽然国际社会对IMF的作用颇有争议,但在国际经济依存性日益提高的情况下,为各国在国际金融领域提供一个加强合作与协商的场所却是IMF十分重要的价值所在。

IMF由理事会(Board of Government)、执行董事会(Executive Board)、临时委员会(Interim Committee)、发展委员会(Development Committee)、总裁(President)和众多常设职能部门组成。理事会是IMF的最高权力机构,由各成员国任

---

① 关于IMF产生的背景等内容参见第11章(11.2 国际货币体系的演进)。

命一名理事和一名副理事组成,他们通常是各国中央银行行长或财政部长。理事会每年举行一次会议,一般与世界银行的年会联合召开。理事会的主要职能是决定 IMF 和国际货币体系的重大问题,如接纳新成员、修改基金协定、调整基金份额等。日常行政工作由常设机构执行董事会负责,该机构由 24 名成员组成。董事会设主席 1 名(即 IMF 总裁),任期 5 年,可连任,现任总裁是克里斯蒂娜·拉加德(Christine Lagarde),2011 年 7 月 5 日上任,2016 年 7 月 5 日连任。与理事会并列的还有两个机构,即国际货币与金融委员会和 IMF－WB 联合发展委员会[①],两者均为部长级委员会,每年开会 2～4 次,讨论国际货币体系和开发援助的重大问题。此外,IMF 内部许多常设职能部门(机构),如货币与资本市场部、信息交流部、财务部、统计部、法律部以及非洲、亚太、欧洲等地区部门等。

2. 国际货币基金组织资金来源

IMF 为贯彻实行其宗旨,必须有资金来源。它的资金主要来源于成员国缴纳的份额、借款、捐款、出售黄金所得的信托基金以及有关项目的经营收入。

1) 成员国缴纳的基金份额

IMF 的份额(Quota)是其最主要的资金来源。份额目前以 SDRs 来表示,它相当于股东加入股份公司的股金。成员国应缴份额的大小,要综合考虑成员国的国民收入、黄金外汇储备、平均进口额、出口变化率及出口额占 GNP 的比例等因素,最后由 IMF 与成员国磋商确定。

成员国的份额是根据一套比较复杂的办法计算出来的。IMF 成立之时,份额的计算公式为:

$$CQS = (0.02Y + 0.05R + 0.10M + 0.10V)(1 + X/Y) \tag{12.1}$$

(12.1)式中,Y 为 1940 年的国民收入;R 为 1943 年 7 月 1 日的黄金和美元储备;M 为二战前 1934～1938 年期间的年平均进口额;V 为同时期出口的最大变化额;X 为同时期的年平均出口额。在实际计算时,由上式计算得出的数额再乘上 90%,以保存 10%作为机动份额。20 世纪 60 年代初期以来,为了使份额计算更加合理,对原有公司的变量和权数作了调整,目前使用的份额计算公式有 5 种,这些公式中的变量包括成员国的 GDP、经常账户交易额和官方储备等数据,将计算出的结果进行综合,平均后可为每一个成员国推导出单一的"计算后所得份额",并可用来对成员国在世界经济中所处的相关地位进行广泛的衡量。

目前,IMF 份额公式是 2008 年制定和批准的,该公式表示的每个成员国的"计算所得的份额比重(CQS)"如下:

$$CQS = (0.50Y + 0.30O + 0.15V + 0.05R)^K \tag{12.2}$$

[①] 正式名称是世界银行和基金组织理事会关于向发展中国家转移实际资源的部长级联合委员会。

(12.2)式中,Y 为 GDP 混合数值,是分别以市场汇率和以购买力平价(PPP)换算的成员国 3 年的 GDP 平均值,按 60% 和 40% 权重相加所得;O 为开放性(Openness)数值,即 5 年来成员国经常性收入和支出的平均值;V 为波动性(Variability)指标,表示成员国 3 年来经常性收入与净资本流量的走势与它 13 年内走势的标准差;R 为成员国一年内官方储备(Reserves)余额的月均值;K 为压缩因子(Compression Factor),目前给定系数为 0.95,以使所有成员国计算所得数的总和达到 100[①]。公式计算所得结果为该成员国的份额在 IMF 总份额中应占有的比重。

成员国缴纳份额的办法是:在 1978 年 4 月 1 日《IMF 协定》第二次修订的条款生效之前,成员国缴纳份额的 75% 以本国货币缴纳,其余 25% 以黄金缴纳。第二次修订的条款生效之后,这 25% 不再要求以黄金缴纳,而是以 IMF 规定的储备资产(SDRs 或可兑换货币)缴纳,其余 75% 以本国货币缴纳。

根据 IMF 协定,份额需要在"不超过五年的时间里"进行一次普遍的检查(又称普遍增资)。IMF 理事会可以在任何时间根据各成员国的要求,考虑调整它们的份额(又称特别增资)。IMF 成立以来已经进行了 14 次检查,2010 年 12 月的第 14 次检查与调整,将总额规模增加了 1 倍,由原来的 2384 亿 SDRs 增加至 4768 亿 SDRs。

成员国的份额决定了其向 IMF 出资的最高限额和投票权,并关系到其可以向 IMF 贷款的限额。IMF 的一切活动都与成员国缴纳的份额相联系,重大问题要有 80% 以上的票数通过,甚至要求 85% 以上的票数。IMF 规定,每一成员国有代表国家主权的 250 份基本票,然后按成员国认缴份额数量,每 10 万 SDRs 折合一票,认缴的份额越多,所获票数就越多,表决权也就越大。自 IMF 成立以来,发达国家的份额占比一直在 50% 以上,IMF 的投票权一直主要掌握在美国、欧盟和日本手中。IMF 这种以经济实力划分成员国发言权的做法与传统国际法的基本原则是背离的,引起了不少国家尤其发展中国家的不满。2008 年,IMF 批准了关于份额和投票权改革的方案,适当增加发展中国家在 IMF 中的代表性和投票权。

2016 年 1 月 26 日,为体现新兴市场和发展中国家在全球经济中的权重上升,IMF 的《董事会改革修正案》正式生效,根据该修正案,约 6% 的份额将向有活力的新兴市场和发展中国家转移,中国份额占比将从 3.994% 升至 6.390%,排名从第六位跃居第三位,仅次于美国和日本。表 12.1 为 IMF 成员国份额及投票权占比排名前 20 的国家一览表。

---

① 参见:黄梅波,陈燕鸿. 国际货币基金组织改革研究[M]. 北京:经济科学出版社,2014:74-75.

表 12.1　IMF 成员国份额及投票权占比排名前 20 的国家一览表（单位：百万 SDRs）

序号	成员国	份额 金额	份额 占比(%)	投票权 占比(%)	序号	成员国	份额 金额	份额 占比(%)	投票权 占比(%)
1	美国	82994.2	17.46	16.52	11	加拿大	11023.9	2.32	2.22
2	日本	30820.5	6.48	6.15	12	沙特阿拉伯	9992.6	2.10	2.02
3	中国	30482.9	6.41	6.09	13	西班牙	9535.5	2.01	1.92
4	德国	26634.4	5.60	5.32	14	墨西哥	8912.7	1.87	1.80
5	法国	20155.1	4.24	4.03	15	荷兰	8736.5	1.84	1.77
6	英国	20155.1	4.24	4.03	16	韩国	8582.7	1.81	1.73
7	意大利	15070.0	3.17	3.02	17	澳大利亚	6572.4	1.38	1.34
8	印度	13114.4	2.76	2.64	18	比利时	6410.7	1.35	1.30
9	俄罗斯	12903.7	2.71	2.59	19	瑞士	5771.1	1.21	1.18
10	巴西	11042.0	2.32	2.22	20	土耳其	4658.6	0.98	0.95

注：截至 2018 年 5 月 27 日数据。

数据来源：IMF 官网(http://www.imf.org/external/np/sec/memdir/members.aspx)。

2) 向成员国借款

IMF 的另一个资金来源是借款。IMF 不仅可以向各成员国的官方机构如财政部和中央银行借款，也可以向私人借款，包括向商业银行借款。IMF 的借款与它的其他业务一样，也可以 SDRs 计值，大部分期限 4～7 年。IMF 借款的一大特点是：贷款人除国际清算银行外，如果发生国际收支困难，可以提前收回贷款。因此，IMF 的借款具有很高的流动性，贷款国往往将这部分贷款视为储备的一部分。这一特点对 IMF 自身流动性的管理也有较大影响。

3) 营运过程中所获得的收入

这些收入最主要包括两项：① 出售 IMF 持有的部分黄金所获得的收入。IMF 于 1976 年 1 月决定将其所持有黄金的 1/6，即 2500 万盎司分 4 年按市价出售，所得收益的一部分，作为建立信托基金的一个资金来源，用以向最贫穷的成员国提供优惠贷款；② IMF 发放贷款的利息收入。

3. 国际货币基金组织业务活动

最初创建 IMF 的目的是作为一个核心机构来维持布雷顿森林体系的运行，其业务活动主要是汇率监督与政策协调、储备资产创造与管理以及向国际收支赤字国提供短期资金融通。目前，IMF 的业务活动，仍然是围绕这三个方面展开。

1) 汇率监督与政策协调

为了使国际货币制度能够顺利运行，IMF 对各成员国的汇率政策要进行检查，以保证它们与 IMF 和其他成员国进行合作，维持稳定的汇率制度。在目前的浮动汇率制条件下，成员国调整汇率不需再征求 IMF 的同意。但是 IMF 仍然要对成员国的汇率政策进行全面估价，这种估价要考虑成员国内外政策对调节国际收支、实现持续经济增长的作用。这种汇率监督不仅运用于经济较弱的国家，而且也运用于那些经济实力强大的国家，因为他们的国内经济政策和国际收支状况会对国际货币运行产生重大的影响。IMF 要求其所有成员国，必须将其汇率安排的变化通知 IMF，从而使 IMF 能够及时进行监督和协调。

IMF 反对成员国利用宏观经济政策、补贴或任何其他手段来操纵汇率；原则上反对成员国采取复汇率或任何其他形式的差别汇率政策。IMF 在实施汇率监督时采用的办法通常有三部分组成：① 要求成员国提供经济运行和经济政策的有关资料，包括政府和政府以外机构持有的黄金和外汇资产、黄金产量和黄金买卖（输出入）、进出口值及国别分布情况等；② 在研究这些资料的基础上与成员国在华盛顿或成员国国内举行定期或不定期磋商，向成员国提出有关政策建议和劝告；③ 对各国及全球汇率和外汇管制情况进行评价，并就每年评价的内容汇集出版《外汇限制及外汇管制年报》。

除了对汇率政策的监督以外，IMF 在原则上还应每年与各成员国进行一次磋商，以便对成员国经济、金融形势和经济政策做出评价。这种磋商的目的是使 IMF 能够履行监督成员国汇率政策的责任，并且有助于使 IMF 了解成员国的经济发展状况和采取的政策措施，从而能够迅速满足成员国申请贷款的要求。

2) 储备资产的创造

IMF 在其 1969 年的年会上正式通过了"十国集团"提出的 SDRs 方案，决定创设 SDRs 以补充国际储备的不足。SDRs 于 1970 年 1 月开始正式发行，会员国可自愿参加 SDRs 的分配，目前除了个别国家以外，其余会员国均是 SDRs 账户的参加国。SDRs 有 IMF 按会员国缴纳的份额分配给各参加国，分配后即成为会员国的储备资产，当会员国发生国际收支赤字时，可以动用 SDRs 将其划给另一个会员国，以偿付收支逆差，或用于偿还 IMF 的贷款。迄今为止，IMF 先后进行了三期 SDRs 分配，截至 2017 年 4 月底，IMF 成员拥有 2042 亿 SDRs[①]。

3) 提供各种贷款

提供各种贷款是 IMF 最主要的业务活动，其贷款的主要特点是：① 贷款的对象限于成员国政府的财政部或中央银行；② 贷款的用途限于成员国弥补国际收支暂时不平衡；③ 贷款的规模与成员国缴纳的份额成正比关系；④ 贷款的方式分别采用购买和购回的方式，前者是指借款国用相当于借款额的本国货币向 IMF 购买用于弥补国际收支逆差的外汇，后者则指借款国还款时，要用自己原来所借的外汇购回本国货币；⑤ 贷款无论以什么货币提供，均以 SDRs 作为贷款的计价单位。

---

① 关于 IMF 之 SDRs 三期分配情况见第 7 章（7.1 国际储备概述）。

IMF 提供的贷款类型主要有：

（1）普通贷款。这是 IMF 最早设立，也是最基本的一种贷款类型，主要用于解决会员国一般国际收支逆差的短期资金需要，最高限额为会员国所缴份额的 125%。普通贷款由两部分构成：① 储备部分贷款，其限额为成员国份额的 25%，正好等于成员国用特别提款权或可兑换外币向 IMF 缴纳的份额。会员国提取这部分贷款是无条件的，自由的，无需批准，也不付利息；② 信用部分贷款，这是在储备部分贷款之上的普通贷款，其最高限额为份额的 100%，共分四档，每档 25%，贷款条件逐档严格，利率逐档升高，年限 3～5 年，多采用备用信贷的形式提供。

（2）中期贷款。又称扩展贷款，是 IMF 于 1974 年 9 月设立的一项专门贷款，是比普通贷款所借额度更大的，用以解决会员国较长期间国际收支逆差的贷款。IMF 对这项贷款的监督较严。贷款额度最高可达份额的 140%，加普通贷款两项总额不得超过借款国份额的 165%。

（3）出口波动补偿贷款。这是 IMF 于 1963 年 2 月设立的贷款，用于初级产品出口国由于市场跌价、出口收入下降而发生短期性的国际收支困难。贷款的最高额度为份额的 25%，1966 年又提高到份额的 50%，经 IMF 同意可达到份额的 100%，贷款期限为 3～5 年。

（4）缓冲库存贷款。这是 IMF 于 1969 年 6 月为帮助初级产品（锡、可可糖、橡胶等）出口国家维持库存从而稳定物价的一种专项贷款，目的是为其提供经营费用或偿还短期负债。贷款最高限为会员国份额的 50%，与出口波动补偿贷款之和不得超过借款国份额的 75%；贷款期限为 3～5 年。

（5）补充贷款。这是 IMF 于 1977 年 8 月设立的贷款，主要用于帮助会员国解决巨额国际收支逆差问题。贷款最高限额为借款国份额的 140%，1981 年 4 月，补充贷款提供完毕。1981 年 5 月，IMF 又设立了"扩大贷款"。该贷款的条件、目的和内容与补充贷款一样。当年规定一年的贷款额度为份额的 95%～115%，三年累计限额为份额的 280%～345%，累计最高限额为 408%～450%。此后贷款限额又降低到一年为 90%～110%，三年累计为 270%～330%，累计最高限额为 400%～440%。

（6）信托基金贷款。这是 IMF 出售黄金所得利润建立的一笔信托基金，按优惠条件向低收入发展中国家提供的贷款。这是一种专为贫困国家发放的贷款，一般期限为 5～10 年，要对获得贷款的会员国收取 0.5% 的手续费。

（7）结构调整贷款。这是 IMF1983 年 3 月设立的贷款，主要用于资助贫穷国家实施中期宏观经济调整规划。资金来自信托基金贷款偿还的本息，贷款利率为 1.5%，期限为 5～10 年。1987 年底 IMF 又设立了扩张结构调整贷款，贷款最高额度为份额的 250%。

（8）补偿与应急贷款。1989 年 1 月，IMF 以补偿与应急贷款取代出口波动补偿贷款。此项贷款最高限额为会员国份额的 122%，贷款期限为 3～5 年。

此外，IMF还可以根据需要设置特别的临时性的贷款项目，其资金来源由IMF临时借入。

就IMF的贷款条件来看，当某一成员国向IMF申请贷款时，IMF将派遣由经济专家组成的"专家小组"赴借款国实地考察和分析该国经济形势以及国际收支问题，在同意提供贷款之前，IMF通常要求借款国同意专家小组所制定的一组综合的经济政策和经济目标（即经济调整计划或称贷款条件），才能获得贷款资格。IMF的调整模式是明确的：贬值以使出口具有竞争力，控制货币供应量以对付通货膨胀，使国家预算脱离赤字以便为私人投资提供空间，限制工资以加速向平稳过渡等等。具体的调整计划作为贷款条件附在贷款协议中，贷款以一定的间隔分期发放，如果借款国没有履行贷款条件，IMF可随时终止新的贷款。

12.1.2 世界银行集团

世界银行集团（World Bank Group，WBG）由国际复兴开发银行（又称世界银行，International Bank for Reconstruction and Development，IBRD）、国际开发协会（International Development Association，IDA）、国际金融公司（International Finance Corporation，IFC）、多边投资担保机构（Multilateral Investment Guarantee Agency，MIGA）和解决投资争端国际中心（International Center for the Settlement of Investment Disputes，ICSID）等五个机构组成。

上述机构中，IBRD、IDA和IFC均为金融性机构，也都是联合国的专门机构。IDA和IFC是IBRD的附属机构，IBRD的行长、副行长兼任IDA和IFC的总经理、副总经理，IBRD的执行董事和理事在IDA和IFC中也担任同样的职务，IDA和IFC不雇佣职员，均以IBRD的职员代替，实际上是三个机构，一套人马；但任何一个机构都享有独立的合法地位，日常事务都由各自机构的常务理事会处理，同时也均有各自的业务范围。IBRD成员资格是IDA和IFC成员资格的先决条件，但IBRD成员可以不加入IDA和IFC。至于MIGA和ICSID，均是不经营贷款业务的机构。MIGA是为在发展中国家的外国投资者提供商业性风险担保和咨询服务；ICSID则是通过调节和仲裁为各国政府与外国投资者之间解决争端提供方便。

1. 国际复兴开发银行（世界银行，IBRD）

IBRD成立于1945年12月27日，1946年6月25日开始营业，从1947年起成为联合国的专门金融机构，总部设在美国的华盛顿，是根据《IBRD行协定》建立的国际金融机构。按照规定，凡参加IBRD的国家必须是IMF的成员国，但IMF的成员国不一定都参加IBRD。刚成立时，只有39个会员国，截至2018年5月底，其成员已达189个国家和地区。中国是该行的创始国之一，1980年5月15日中国在该行的合法席位才得以恢复。

1) 国际复兴开发银行的宗旨

根据《IBRD协定》，IBRD的宗旨是向成员国政府或由政府担保的私营企业提

供用于生产性投资的长期贷款和广泛的技术援助与合作,以促进成员国的经济发展和国际贸易与收支的平衡增长。具体是:

(1) 运用银行本身资本或筹集的资金及其他资源,为成员国生产事业提供资金,帮助成员国国内建设,促进欠发达国家生产设施和资源的开发。

(2) 利用担保或参加私人贷款及其他私人投资的方式,促进成员国的外国私人投资。当外国私人投资不能合理获得时,则在条件适当的情况下,运用本身资本或筹集的资金及其他资源,为成员国生产事业提供资金,以补充外国私人投资的不足,促进成员国外国私人投资的增加。

(3) 用鼓励国际投资以开发成员国生产资源的方式,促进成员国国际贸易长期均衡地增长,并保持国际收支的平衡,以协助成员国提高生产力和生活水平以及改善劳动条件。

(4) 在贷款、担保或其他渠道的资金中,保证重要项目和在时间上迫切的项目,不论大小都能优先安排进行。

(5) 在业务中适当地照顾各成员国境内工商业,使其免受国际投资的过大影响。

2) 国际复兴开发银行的组织机构

IBRD 的组织机构由理事会、执行董事会、行长和业务机构组成。理事会是 IBRD 的最高权力机构,由各成员国选派理事和副理事各一名组成,任期 5 年,可以连任。理事会每年召开一次会议,一般在 9 月。必要时可召开特别会议,副理事没有投票权,如果理事缺席时,副理事才有投票权。理事会的主要职权是:① 批准接纳新成员国;② 决定股本的调整;③ 决定银行净收入的分配;④ 批准修改银行协定及其他重大问题等。

执行董事会是由理事会授权,负责主持世界银行的日常业务。设执行董事 24 人,其中 5 人来自持有股份最多的 5 个国家,即美国、英国、法国、德国、日本。中国、俄罗斯、沙特阿拉伯各单独选派 1 人,其余 16 人由其他成员国按地区分组每 2 年选举一次。执行董事会选举产生执行董事会主席 1 人,并兼任 IBRD 行长,主持日常事务。行长下设副行长若干人,协助行长工作。行长是 IBRD 办事机构的首脑,可以任免银行的高级职员和工作人员。根据银行协定规定,理事、副理事、执行董事、副执行董事不得兼任行长,行长无投票权,只有在执行董事会表决中双方票数相等时,可以投起决定作用的一票。行长任期 5 年,可以连任,IBRD 自开业以来的历任行长均为美国人,现任行长金墉(Jim Yong Kim),2012 年 7 月 1 日上任,2017 年 7 月 1 日连任。

IBRD 会员国的投票权不是实行一国一票的原则,而是采取按股份额计算投票权的原则。与 IMF 一样,会员国均拥有基本投票权 250 票,另外每认购 10 万美元(后改为 10 万 SDRs)股金即增加一票。但与 IMF 不同是,有关决定一般只需要简单多数表决通过。

3）世界银行资金来源

（1）会员国缴纳的股金。IBRD规定，每个会员国均须认购股份。每个会员国认购股份的多少以该国经济、财政力量为根据并参照其在IMF认缴的份额，同IBRD协商，并经理事会批准。按照原来的规定，会员国认购股金分以下两部分缴付：① 会员国参加IBRD时，先缴股金的20%，其中的2%以黄金或美元缴付，IBRD对这部分股金有权自由使用，其余的18%用会员国本国货币缴付，IBRD将这部分股金用于贷款时，须征得该会员国同意。② 会员国认购股金的80%是待缴股金，在IBRD催交时，会员国以黄金、美元或IBRD需用的其他货币缴付。IBRD自建立以来，还一直未要求会员国缴付过待缴股金。尽管如此，待缴股金却为IBRD在国际资金市场借款提供了信用保证。最初，IBRD的法定资本为100亿美元，每股10万美元，1978年4月1日以后，每股按10万SDRs计算。之后，IBRD经过了多次增资，截至2010年6月30日，IBRD总认缴股本约1899.43亿美元，其中待缴股本约1784.51亿美元，实缴股本约114.92亿美元。

（2）对外借款。即在国际金融市场上发行债券。由于IBRD自有资本有限，不能满足其业务活动的需要，因此，资金主要来自于向国际金融市场借款，特别是在资本市场发行中长期债券。在20世纪60年代以前，IBRD的债券主要在美国的债券市场上发行，以后随着西欧和日本经济实力的增强，逐渐推广到原联邦德国、瑞士、日本和沙特阿拉伯等国家。债券的偿还期从2年到25年不等，利率依国际市场行情而定，但由于IBRD信誉较高，所以利率要低于普通公司债券和某些国家的政府债券。自20世纪80年代中期以来，IBRD每年在国际金融市场的债券总额都接近或超过100亿美元。实际上，目前IBRD是世界各主要资本市场上的最大非居民借款人。除了在国际资本市场上发行债券以外，IBRD也直接向会员国的政府、中央银行等机构发行中、短期债券筹集资金。

（3）出让债权。为了提高银行资金的周转能力，IBRD将其所贷出款项的债权出让给私人投资者，主要是商业银行，这样可以收回一部分资金，扩大其贷款资金的周转能力。

（4）利润收入。IBRD历年业务活动中的营业利润也是资金来源之一，由于该行信誉卓著、经营得法，每年利润相当可观，年净利润均在10亿美元以上。

4）世界银行业务活动

IBRD业务活动主要有：

（1）提供贷款。向成员国尤其发展中国家提供贷款是IBRD最主要的业务。IBRD贷款从项目确定到贷款归还，都有一套严格的条件和程序。据统计，截至2010年6月30日，IBRD对全球共承诺贷款约5236亿美元，其中对中国的贷款总承诺额累计约378亿美元。2013~2017财年，IBRD共承诺贷款约1097亿美元，发放贷款额约942亿美元（见表12.2）。

表 12.2　2013~2017 年世界银行集团为伙伴国提供资金情况（各财年数据，单位：百万 USD）

机构名称	项目	2013	2014	2015	2016	2017	合计
WBG	承诺额	50232	58190	59776	64185	61783	294166
	发放额	40570	44398	44582	49039	43853	222442
IBRD	承诺额	15249	18604	23528	29729	22611	109721
	发放额	16039	18761	19012	22532	17861	94196
IDA	承诺额	16298	22239	18966	16171	19513	73674
	发放额	11228	13432	12905	13191	12718	50756
IFC	承诺额	11008	9967	10539	11117	11854	54485
	发放额	9971	8904	9264	9953	10355	48447
MIGA	总保额	2781	3155	2828	4258	4842	17864
受援国实施的信托基金(RETF)	承诺额	4897	4225	3914	2910	2962	18908
	发放额	3341	3301	3401	3363	2919	16325

资料来源：世界银行年度报告(2017)。

（2）解决投资争端，提供投资担保。1965 年，IBRD 签署并通过《国际投资争端解决公约》，设立国际投资争端解决中心（ICSID），专门负责国际投资争端的调解与仲裁。1988 年 4 月，IBRD 为促进发达国家向发展中国家进行直接投资，设立了一个多边投资担保机构（MIGA）。

（3）提供技术援助和人员培训。为了提高贷款的经济效益，IBRD 在项目准备、组织和管理的整个过程中都注重提供技术援助。IBRD 在 1958 年设立经济发展学院，培训成员国的中高级官员，内容涉及经济政策、项目管理和金融等。

2. 国际开发协会

国际开发协会（IDA）是 1960 年由 IBRD 发起成立的国际金融机构，其名义上是独立的，但从人事及管理系统来看，实际上是 IBRD 的一个附属机构，故有"第二世界银行"之称。按照规定凡是 IBRD 的成员国均可加入 IDA，截至 2018 年 5 月底，其成员 173 个国家和地区。中华人民共和国于 1980 年 5 月恢复在 IDA 的代表权。

IDA 的宗旨是帮助世界上不发达地区的会员国，促进其经济发展，提高人民的生活水平。其主要手段是以比通常贷款更为灵活，给借款国的收支平衡带来的负担也较轻的条件提供资金，以满足发展中国家的资金需求，对 IBRD 贷款起补充作用，从而促进 IBRD 目标的实现。

IDA 由 IBRD 的人员负责经营管理，在组织机构方面是两块牌子，一套人马。但两者在法律上是相互独立的，两者的股本、资产和负债相互分开，业务分别进行。

IDA组织机构在名义上也有理事会、执行董事会和经理、副经理。理事会是最高权力机构;执行董事会是负责组织日常业务的机构。组成人员均由IBRD中相应机构人员兼任。成员国的投票权按认缴股份额计算。截至2010年6月30日,按投票权比例计算,前5位分别为美国(11.24%)、日本(8.83%)、德国(5.84%)、英国(5.25%)和法国(3.82%),中国持有411541个投票权,占比2.05%,列第10位。

IDA资金来源于:① 成员国认缴的股本。各成员国的认缴数均按其在IBRD的认缴比例确定。② 成员国提供的补充资金。因成员国认缴的股本极其有限,远不能满足贷款需求,1963年以来,IDA已十次要求各国政府提供捐赠的补充资金。③ IBRD的赠款。1964年,IBRD通过一项声明:表示将自己每年净收益的一部分无偿捐赠给协会,声明至今有效,成为IDA重要的资金来源。④ 信贷资金回流和本身的业务收益。截至2010年6月30日,中国向IDA认缴份额和已承诺的捐款共计7465万美元。

IDA的业务活动主要是从事项目贷款,同时提供技术援助,进行经济调研。目前IDA提供的信贷中75%是项目贷款。IDA信贷的项目都要经过严格审查,但条件比IBRD的贷款更加优惠,为无息贷款,只收取少量手续费,贷款期限一般为35~40年,平均38年3个月,宽限期平均10年。IDA信贷的重点是会员国经济收益率低、时间长但社会效益较好的项目。IDA信贷只提供给低收入的发展中国家,长期以来可以获得IDA信贷的只限于人均GDP低于580美元的国家,目前有40多个。截至2010年6月30日,IDA全球累计承诺优惠贷款和赠款约2215亿美元,其中对中国提供的优惠贷款约为100亿美元;2013~2017财年,IDA共承诺贷款约737亿美元,发放贷款额约508亿美元(见表12.2)。

3. 国际金融公司

国际金融公司(IFC)是IBRD的另一附属机构,成立于1956年7月24日,1957年2月成为联合国的一个专门机构。它是WBG专门向发展中国家私人部门投资的窗口,凡是IBRD的成员国,均可申请为该公司的成员国。

IFC的宗旨是向发展中国家的私人企业提供无须政府担保的贷款或投资,帮助发展地区资本市场,寻求促进国际私人资本流向发展中国家,以推动这些国家私人企业的成长,促进经济发展。如前所述,IBRD的贷款对象只能是会员国政府,或由政府担保的公司机构,这在一定程度上限制了IBRD业务的扩展,IFC的业务特点弥补了这一不足。

IFC的组织机构及其职能与IBRD相同,各机构的领导成员也由IBRD的相应机构人员担任,公司总经理由IBRD行长兼任,但IFC在财务和法律上是独立的。

IFC的主要资金来源是成员国认缴的股本、市场筹措资金和公司留存收益。IFC成立之初的法定资本仅为1亿美元,后经多次增资。除自身资本外,IFC还在国际金融市场发行债券筹措资金,IFC逐年累积的收益也是公司的一大资金来源,另外IFC还向IBRD借款以补充资金来源。IFC成员国的投票权按认缴股份额计算。截至2010年6月30日,按投票权比例计算,投票权前五位的国家分别为美国(20.96%)、日本(6.01%)、德国(4.77%)、法国(4.48%)、英国(4.48%)。中国列居第10位,占比2.29%。

IFC的主要业务活动是向成员国的私人企业贷款,无须政府担保,贷款期限一般为7~15年,利率高于世界银行贷款,一般年率6%~7%,有时高达10%。截至2010年6月30日,IFC全球累计承诺贷款和投资约1367.3亿美元,其中对华累计承诺贷款和投资约47.3亿美元。2013~2017财年,IFC共承诺贷款约545亿美元,发放贷款额约484亿美元(见表12.2)。

4. 多边投资担保机构

多边投资担保机构(MIGA)成立于1988年,是WBG里至今成立时间最短的机构,1990年签署第一笔担保合同。截至2018年5月底,MIGA成员已达181个国家和地区。MIGA的宗旨是向外国私人投资者提供政治风险担保,包括征收风险、货币转移限制、违约、战争和内乱风险担保,并向成员国政府提供投资促进服务,加强成员国吸引外资的能力,从而推动外商直接投资流入发展中国家。2013~2017财年,MIGA总保额约179亿美元(见表12.2)。

作为担保业务的一部分,MIGA也帮助投资者和政府解决可能对其担保的投资项目造成不利影响的争端,防止潜在索赔要求升级,使项目得以继续。MIGA还帮助各国制定和实施吸引和保持FDI的战略,并以在线服务的形式免费提供有关投资商机、商业运营环境和政治风险担保的信息。

5. 解决投资争端国际中心

解决投资争端国际中心(ICSID)是1966年10月14日根据1965年3月在IBRD赞助下于美国华盛顿签署的,1966年10月14日生效的《解决各国和其他国家国民之间投资争端的公约》(即1965年华盛顿公约)而建立的一个专门处理国际投资争议的国际性常设仲裁机构,它是IBRD下属的一个独立机构。截至2018年5月底,ICSID成员已达162个国家和地区。

ICSID的地址在美国华盛顿,其宗旨在于:是依照公约的规定为各缔约国的国民之间的投资争端提供调停和仲裁的便利,促进相互信任的气氛,借以鼓励私人资本的国际流动。中国于1993年2月6日成为公约和ICSID的成员国。ICSID具有不同于其他国际商事仲裁机构的特殊法律地位,即具有完全的国际法律人格,具有缔结契约、取得和处理动产和不动产及起诉的能力;在各缔约国领土内执行职务时,ICSID及其工作人员享有公约所规定的豁免权和特权。

12.1.3 国际清算银行

国际清算银行(Bank for International Settlements,BIS)是根据1930年1月

20日签订的海牙国际协定,由英国、法国、意大利、德国、比利时、日本六国的中央银行和代表美国银行业利益的美国三家商业银行组成银行集团,并于同年5月17日正式成立,同年5月20日开始营业,行址设在瑞士的巴塞尔,这是世界上第一家国际金融机构。BIS在业务性质上不同于IMF等其他国际金融机构,是专门从事各国中央银行存放款业务的银行。现在世界上绝大多数国家的中央银行都与BIS建立了业务关系,BIS已经成为除IMF和WBG之外的最重要的国际金融机构。BIS刚建立时只有7个成员国,截至2018年5月底,其成员国已发展至60个,这些国家或地区的GDP总额约占全球GDP的95%。

1. 国际清算银行的宗旨与组织机构

BIS最初创办的目的是处理第一次世界大战后德国的赔偿支付及其有关的清算等业务问题。第二次世界大战后,它成为经济合作与发展组织(OECD)成员国之间的清算机构,该行的宗旨也逐渐转变为促进各国中央银行之间的合作,为国际金融业务提供便利,并接受委托或作为代理人办理国际清算业务等。

BIS是以股份公司的形式建立的,组织机构包括股东大会、董事会、办事机构。BIS的最高权力机关为股东大会,股东大会每年6月份在巴塞尔召开一次,只有各成员国中央银行的代表参加表决。选票按有关银行认购的股份比例分配,而不管在选举的当时掌握多少股票。每年的股东大会通过年度决算、资产负债表和损益计算书、利润分配办法及接纳新成员国等重大事项的决议。在决定银行章程、增加或减少银行资本、解散银行等事项时,应召开特别股东大会。除各成员国中央银行行长或代表作为有表决权的股东参加股东大会,所有与该行建立业务关系的中央银行代表均被邀请列席。

中国人民银行于1996年11月正式加入BIS,是该行亚洲顾问委员会的成员。当时中国认缴了3000股的股本,实缴金额为3879万美元;2005年6月1日,经追加购买,中国共有该行4285股的股本。

2. 国际清算银行的资金来源

BIS的资金主要来源于三个方面:① 成员国缴纳的股金。该行建立时,法定资本为5亿金法郎,1969年增至15亿金法郎,以后几度增资。该行股份80%为各国中央银行持有,其余20%为私人持有。② 借款。向各成员国中央银行借款,补充该行自有资金的不足。③ 吸收存款。接受各国中央银行的黄金存款和商业银行的存款。根据BIS年度报告(2017),截至2017年3月31日,BIS股本资产额约6.99亿SDRs(总权益约191亿SDRs);负债总额约2231.5亿SDRs(其中黄金存款约99.3亿SDRs、货币存款1944.4亿SDRs)。

3. 国际清算银行的业务活动

BIS业务活动主要包括:

(1) 处理国际清算事务。二战后，BIS 先后成为欧洲经济合作组织、欧洲支付同盟、欧洲煤钢联营、黄金总库、欧洲货币合作基金等国际机构的金融业务代理人，承担着大量的国际结算业务。

(2) 办理或代理有关银行业务。二战后，BIS 业务不断拓展，目前可从事的业务主要有：接受成员国中央银行的黄金或货币存款，买卖黄金和货币，买卖可供上市的证券，向成员国中央银行贷款或存款，BIS 亚洲区 CEO 也可与商业银行和国际机构进行类似业务，但不得向政府提供贷款或以其名义开设往来账户。目前，世界上很多中央银行在 BIS 存有黄金和硬通货，并获取相应的利息。根据 BIS 年度报告(2017)，截至 2017 年 3 月 31 日，BIS 拥有资产总额约 2422.5 亿 SDRs(其中现金与活期存款约 483 亿 SDRs、黄金与黄金存款约 272.8 亿 SDRs、国库券约 361.6 亿 SDRs、政府证券与其他证券约 574 亿 SDRs、回购协议下购买的证券约 439.3 亿 SDRs)。

(3) 定期举办中央银行行长会议。BIS 于每月的第一个周末在巴塞尔举行西方主要国家中央银行的行长会议，商讨有关国际金融问题，协调有关国家的金融政策，促进各国中央银行的合作。

12.2 区域性国际金融机构

20 世纪 60 年代以来，亚洲、非洲、美洲和欧洲地区的一些国家，通过互相合作的方式，建立本地区的多边性金融机构，以适应地区经济发展和国际投资及技术援助的需要。这些区域性的国际金融机构发展都很迅速，它们与联合国及其所属的 IMF 和 WBG 相互配合，对促进本地区的国际贸易和投资，以及成员国经济的发展，起着极为重要的作用。目前，区域性国际金融机构比较典型的有亚洲开发银行、非洲开发银行、泛美开发银行、欧洲投资银行、亚洲基础设施投资银行等。

12.2.1 亚洲开发银行

亚洲开发银行(Asian Development Bank，ADB)，简称"亚行"，是面向亚太地区的区域性政府间的金融开发机构。ADB 创建于 1966 年 11 月 24 日，总部设在菲律宾首都马尼拉，同年 12 月开始营业。ADB 建立之初有 34 个成员国(地区)，截至 2018 年 5 月底，已有 67 个成员，其中 48 个来自亚太地区，19 个来自其他地区。中国于 1986 年 3 月 10 日加入亚行。按各国认股份额，中国居第三位(6.44%)，日本和美国并列第一(15.60%)；按各国投票权，中国也是第三位(5.45%)，日本和美国并列第一(12.78%)。ADB 创建时，当时盘踞在台湾的中国国民党当局是以"中国"的名义加入的，目前台湾当局以"中国台北"的名义继续留在 ADB。

1. 亚洲开发银行的宗旨及组织机构

ADB 的宗旨是向其会员国或地区成员提供贷款和技术援助，帮助协调会员国或地区成员在经济、贸易和发展方面的政策,同联合国及其专门机构进行合作,以促进亚太地区的经济发展。

ADB 的最高权力机构是理事会,由各成员国(或地区)各派一名理事和副理事组成,主要职能是负责接纳新成员,确定银行股金,修改银行章程,选举董事和行长及其他重大事项的决策。理事会对重大事项以投票表决方式做出决定,并须 2/3 以上多数票才能通过。ADB 的每个成员国均有 778 票基本投票权,另外每认股 1 万美元增加一票。目前,日本和美国两国并列为投票权最多的国家,它们的投票权占总投票数比例都是 12.85%,中国投票权占总投票数的 5.486%。理事会的执行机构是董事会,由理事会选举的 12 名执行董事组成,其中 8 名产生于亚太地区内成员国,4 名产生于区外成员国。董事会主要负责亚行的日常工作,董事会主席即为亚行行长,由理事会选举产生,自建行以来一直由日本人担任。

2. 亚洲开发银行资金来源

ADB 的资金来源主要包括:

(1) 普通资金来源(OCR)。这是 ADB 开展业务的主要资金来源,包括成员国认缴的股本、国际金融市场借款、普通储备金、特别储备金、净收益和预缴股本六个组成部分。

(2) 亚洲开发基金(ADF)。亚洲开发基金创建于 1974 年 6 月,基金主要是来自 ADB 发达会员国或地区成员的捐赠,用于向亚太地区贫困国家或地发放优惠贷款。同时 ADB 理事会还按有关规定从各会员国或地区成员缴纳的未核销实缴股本中拨出 10% 作为基金的一部分。此外,ADB 还从其他渠道取得部分赠款。

(3) 技术援助特别基金。ADB 认为,除了向会员国或地区成员提供贷款或投资以外,还需要提高发展中国家会员或地区成员的人力资源素质和加强执行机构的建设。为此,ADB 于 1967 年成立了技术援助特别基金。该项基金的一个来源为增款,另一来源是根据 ADB 理事会 1986 年 10 月 1 日会议决定,在为亚洲开发基金增资 36 亿美元时将其中的 2% 拨给技术援助特别基金。

(4) 日本特别基金。ADB 理事会于 1988 年 3 月 10 日决定成立日本特别基金。主要用作有三种:① 以赠款的形式,资助在会员国或地区成员的公营、私营部门中进行的技术援助活动;② 通过单独或联合的股本投资,支持私营部门的开发项目;③ 以单独或联合赠款的形式,对 ADB 向公营部门开发项目进行贷款的技术援助部分予以资助。

此外,在国际金融市场上发行债券,也是 ADB 的资金来源渠道之一。

3. 亚洲开发银行业务活动

(1) 贷款。ADB 发放的贷款按条件划分,有硬贷款、软贷款和赠款三类:① 硬贷款业务,即 OCR 业务,其贷款利率为浮动利率,每半年调整一次,贷款期限为 10~

30年（2~7年宽限期）。② 软贷款也就是优惠贷款，即 ADF 业务，只提供给人均国民收入低于 670 美元（1983 年的美元）且还款能力有限的会员国或地区成员，贷款期限为 40 年（10 年宽限期），没有利息，仅有 1% 的手续费。③ 赠款用于技术援助，资金由技术援助特别基金提供，赠款额没有限制。此外，ADB 贷款按方式划分有项目贷款、规划贷款、部门贷款、开发金融机构贷款、特别项目执行援助贷款和私营部门贷款等。

截至 2013 年 12 月 31 日，ADB 共承诺发放硬贷款 1566.96 亿美元、软贷款 480.30 亿美元、技术援助赠款 35.82 亿美元、其他赠款 56.53 亿美元，其中，2013 年承诺发放硬贷款 102.50 亿美元、软贷款 30.10 亿美元、技术援助赠款 1.40 亿美元、其他赠款 0.13 亿美元。从 2013 年业务规模（不含联合融资）看，亚行前五大受援国分别是印度、中国、巴基斯坦、印尼、越南。

(2) 股本投资。股本投资是对私营部门开展的一项业务，也不要政府担保。除 ADB 直接经营的股本投资外，还通过发展中成员的金融机构进行小额的股本投资。

(3) 技术援助。技术援助可分为项目准备技术援助、项目执行援助、咨询技术援助和区域活动技术援助。技术援助项目由 ADB 董事会批准，如果金融不超过 35 万美元，行长也有权批准，但须通报董事会。

(4) 联合融资和担保。ADB 不仅自己为其发展中成员的发展提供资金，而且吸引多边、双边机构以及商业金融机构的资金，投向共同的项目。这是 ADB 所起的催化作用。这种作法对各方都有利。对受款国来说，增加了筹资渠道，而且条件优惠于纯商业性贷款；对 ADB 来说，克服了资金不足的困难；对联合融资者来说，可以节省对贷款的审查费用。ADB 对参加联合融资和私营机构所提供的贷款还提供担保服务。担保服务可以帮助发展中成员从私营机构那里争取到优惠的贷款。

12.2.2 非洲开发银行

非洲开发银行（African Development Bank，AFDB）是于 1964 年成立的地区性国际开发银行。AFDB 是非洲最大的地区性政府间开发金融机构，1966 年 7 月 1 日开业。总部设在科特迪瓦的经济中心阿比让。2002 年，因科特迪瓦政局不稳，临时搬迁至突尼斯至今，截至 2018 年 5 月底，共有非洲本地成员国 54 个。

1. 非洲开发银行的宗旨及组织机构

AFDB 的基本宗旨是通过提供投资和贷款，利用非洲大陆的人力和资源，促进成员国经济发展和社会进步，优先向有利于地区的经济合作和扩大成员国间的贸易项目提供资金和技术援助，帮助成员国研究、制定、协调和执行经济发展计划，以逐步实现非洲经济一体化。

理事会为 AFDB 最高决策机构,由各成员国委派一名理事组成,一般为成员国的财政和经济部长,通常每年举行一次会议,必要时可举行特别理事会,讨论制定银行的业务方针和政策,决定银行重大事项,并负责处理银行的组织和日常业务。理事会年会负责选举行长和秘书长。

董事会是 AFDB 的执行机构,由理事会选举产生,负责制定 AFDB 各项业务政策。共有 18 名执行董事,其中非洲以外国家占 6 名,任期 3 年,一般每月举行两次会议。

2. 非洲开发银行资金来源

AFDB 的资金来源包括两部分,普通资金来源和特别资金来源。

(1) 普通资金来源。主要有:① 核定资本认缴额,最初为 2.5 亿非洲开发银行记账单位,每个记账单位价值 0.888671 克纯金,核定资本分为 2.5 万股,每股 1 万记账单位;② 自行筹措资金;③ 用实收资本或筹措资金发放贷款所获的还款资金;④ 依据该行待缴资本发放贷款或提供担保所获的收入;⑤ 不构成该行特别资金来源的其他资金和收入。

(2) 特别资金来源。主要有:① 捐赠的特别资金和受托管理资金;② 为特别资金筹措的专款;③ 从任意成员国筹借的该国货币贷款,用途是从贷款国购买商品与劳务,以完成另一成员国境内的工程项目;④ 用特别基金发放贷款或提供担保所获偿还资金;⑤ 用上述任何一项特别基金或资金从事营业活动获得的收入;⑥ 可用作特别基金的其他资金来源。

3. 非洲开发银行业务活动

AFDB 的业务活动主要是向成员国提供贷款(包括普通贷款和特别贷款),以发展公用事业、农业、工业项目以及交通运输项目。普通贷款业务包括用该行普通资本基金提供的贷款和担保贷款业务;特别贷款业务是用该行规定专门用途的"特别基金"开展的贷款业务。后一类贷款的条件非常优惠,不计利息,贷款期限最长可达 50 年,主要用于大型工程项目建设。此外,AFDB 还为开发规划或项目建设的筹资和实施提供技术援助。

12.2.3 泛美开发银行

泛美开发银行(Inter-American Development Bank,IADB)又称美洲开发银行。成立于 1959 年 12 月 30 日,是世界上成立最早和最大的区域性、多边开发银行,总行设在华盛顿。IADB 是美洲国家组织的专门机构,其他地区的国家也可加入,但非拉美国家不能利用该行资金,只可参加该行组织的项目投标。IADB 创立时有 20 个成员国(19 个拉美国家和美国)。截至 2018 年 5 月底,该行由巴西、阿根廷等 26 个拉美及加勒比地区国家和美国、日本、中国、英国、澳大利亚等 22 个其他地区成员组成。中国于2009年1月正式成为IADB第48个会员国,同时也是亚洲地区第四个参加IADB的国家。

1. 泛美开发银行的组织结构

IADB的宗旨是"集中各成员国的力量,对拉丁美洲国家的经济、社会发展计划提供资金和技术援助",并协助它们"单独地和集体地为加速经济发展和社会进步作出贡献"。

董事会是IADB的最高权力机构,由各成员国委派一名董事组成,每年举行一次会议。执行董事会为董事会领导下的常设机构,由12名董事组成,其中拉美国家9名,美国、加拿大和日本各一名,其他地区国家2名,任期3年。行长和副行长在执行董事会领导下主持日常工作;行长由理事会选举产生,任期5年;副行长由执行董事会任命。分支机构设在拉美各成员国首都,另在巴黎、东京、伦敦设有办事处。IADB设立的投资机构主要是1989年创建的美洲投资公司(CII),以不易获得优惠条件贷款的中小企业为其主要服务对象;1992年创设的多边投资基金(FOMIN),其主要目的是促进私人产业的发展,为私人产业创建更好的投资环境。1964年成立的拉美一体化研究所设在阿根廷首都布宜诺斯艾利斯,负责培养高级技术人才,研究有关经济、法律和社会等重大问题,为成员国提供咨询。

2. 泛美开发银行的资金来源

IADB的资金来源:① 成员国分摊;② 发达国家成员国提供;③ 在世界金融市场和有关国家发放债券。IADB最初法定资本为10亿美元,包括普通资本8.5亿美元和特种业务基金1.5亿美元。1960年IADB开业时拥有资金8.13亿美元。认缴股份较多的国家是美国、阿根廷、巴西、墨西哥、委内瑞拉和加拿大等。各成员国的表决权依其加入股本的多寡而定。其中美国占30%,拉美国家50%(阿根廷和巴西各占11%),加拿大4%,其他地区16%。按章程规定,拉美国家表决权在任何情况下不得低于现比例。以后因成员国不断增加,法定资本又分成普通资本(由美洲国家认缴)、区际资本(由美洲和美洲以外的国家共同认缴)和特种业务基金三类。

除法定资本外,还有众多区内外国家如德国、英国、瑞士、加拿大、委内瑞拉、阿根廷等向IADB提供资金。为扩大资金来源,IADB还在美国、瑞士、德国、日本等国的金融市场上筹措大量资金。1994年,该行的核定股本从610亿美元增至1010亿美元。

3. 泛美开发银行的主要业务

IADB主要向成员国提供贷款促进拉美地区的经济发展,帮助成员国发展贸易,为各种开发计划和项目的准备、筹备和执行提供技术合作。IADB贷款包括普通业务贷款和特种业务基金贷款。普通贷款向政府、公私团体的特定经济项目提供,贷款期限一般为10～25年,用贷款使用的同种货币偿还;特种业务基金贷款对以公共工程为主的特别经济项目提供,贷款期限为10～30年,利率低于普通贷款,并可全部或部分用借款货币偿还。另外,由美国政府提供资金形成的社会进步信托基金贷款,主要用于资助拉美国家的社会发展和低收入地区的住房建筑、卫生设施、土地整治和乡村开发、高等教育和训练等方面。

截至2005年,IADB累计向拉美国家提供1370亿美元贷款和21亿美元的捐助,为促进拉美的经济社会发展发挥了重要作用。截止2005年底,总资产为653.8亿美元。

12.2.4 欧洲投资银行

欧洲投资银行(European Investment Bank,EIB)是EEC各国政府间的一个金融机构,成立于1958年1月,1959年开业,总行设在卢森堡,成员包括所有欧盟国家。EIB的主要贷款对象是成员国不发达地区的经济开发项目。从1964年起,贷款对象扩大到与欧洲经济共同体(简称"欧共体")有较密切联系或有合作协定的欧共体以外的国家。

EIB的宗旨是利用国际资本市场和欧盟内部资金,促进欧盟的平衡和稳定发展。

1. 欧洲投资银行的组织机构

EIB是股份制的企业性质的金融机构。理事会是其最高权力机构,由成员国财政部长组成的董事会,负责制订银行总的方针政策,理事长由各成员国轮流担任;董事会负责主要业务的决策工作,如批准贷款、确定利率等;管理委员会负责日常业务的管理;此外,还有审计委员会及一些内设机构,如秘书处及法律事务部、战略与合作中心、欧盟及申请国家业务局、金融局、项目管理局等。

2. 欧洲投资银行资金来源

EIB资金来源于:① 成员国认缴的股本金。EIB初创时法定资本金为10亿欧洲记账单位,由当时的六个成员国,即联邦德国、法国、意大利、比利时、荷兰和卢森堡按比例分摊。其后,随着成员的不断增加,认缴的资本总额也不断增多。截至1987年底,12国认缴资本总额为188亿ECU,其中已缴25.959亿ECU,同期EIB资产总额为428.753亿ECU。② 对外借款。通过发行债券在国际金融市场上筹资,还有成员国提供的特别贷款,也是EIB主要的资金来源。

3. 欧洲投资银行业务活动

EIB业务活动主要有:① 对工业、能源和基础设施等方面促进地区平衡发展的投资项目,提供贷款或贷款担保;③ 促进成员国或共同体感兴趣的事业的发展;③ 促进企业现代化。其中,提供贷款是该行的主要业务,包括两种形式:一是普通贷款,即运用法定资本和借入资金办理的贷款,主要向欧盟成员国政府、州、私人企业发放,贷款期限可达20年;二是特别贷款,即向欧盟以外的国家和地区提供的优惠贷款,主要根据欧盟的援助计划,向同欧洲保持较密切联系的非洲国家及其他发展中国家提供,贷款收取较低利息或不计利息。

12.2.5 亚洲基础设施投资银行

亚洲基础设施投资银行(Asian Infrastructure Investment Bank,AIIB),简称亚投行,是一个政府间性质的亚洲区域多边开发机构,也是首个由中国倡议设立的多边金融机构,总部设在北京,法定资本1000亿美元。截至2018年5月2日,亚投行有86个正式成员国。

2013年10月2日,习近平主席提出筹建倡议,2014年10月24日,包括中国、印度、新加坡等在内21个首批意向创始成员国的财长和授权代表在北京签约,共同决定成立亚投行。2015年12月25日,AIIB正式成立。2016年1月16日至18日,AIIB开业仪式暨理事会和董事会成立大会在北京举行。

1. 亚洲基础设施投资银行的宗旨与职能

AIIB的基本宗旨是通过在基础设施及其他生产性领域的投资,促进亚洲经济可持续发展、创造财富并改善基础设施互联互通;与其他多边和双边开发机构紧密合作,推进区域合作和伙伴关系,应对发展挑战。

AIIB的基本职能包括:① 推动区域内发展领域的公共和私营资本投资,尤其是基础设施和其他生产性领域的发展;② 利用其可支配资金为本区域发展事业提供融资支持,包括能最有效支持本区域整体经济和谐发展的项目和规划,并特别关注本区域欠发达成员的需求;③ 鼓励私营资本参与投资有利于区域经济发展,尤其是基础设施和其他生产性领域发展的项目、企业和活动,并在无法以合理条件获取私营资本融资时,对私营投资进行补充;④ 为强化这些职能开展的其他活动和提供的其他服务。

2. 亚洲基础设施投资银行的组织结构

AIIB的治理结构分理事会、董事会、管理层三层。理事会是最高决策机构,每个成员在亚投行有正副理事各一名;董事会有12名董事,其中域内9名,域外3名;管理层由行长和5位副行长组成。行长任期五年,可连选连任一次。首任行长是金立群,2016年1月16日上任。

AIIB每个成员的投票权总数是基本投票权、股份投票权以及创始成员享有的创始成员投票权的总和。① 每个成员的基本投票权是全体成员基本投票权、股份投票权和创始成员投票权总和的12%在全体成员中平均分配的结果；② 每个成员的股份投票权与该成员持有的银行股份数相当；③ 每个创始成员均享有600票创始成员投票权。截至2018年3月21日，投票权最多的6位成员依次是中国(26.65%)、印度(7.66%)、俄罗斯(6.04%)、德国(4.22%)、韩国(3.56%)、澳大利亚(3.51%)；域内成员投票权合计占比75.17%、域外成员投票权合计占比24.83%。

3. 亚洲基础设施投资银行的主要业务

AIIB主要业务是援助亚太地区国家的基础设施建设。在全面投入运营后，AIIB将运用一系列支持方式为亚洲各国的基础设施项目提供融资支持——包括贷款、股权投资以及提供担保等，以振兴包括交通、能源、电信、农业和城市发展在内的各个行业。

AIIB的业务分为普通业务和特别业务。普通业务是指由AIIB普通资本（包括法定股本、授权募集的资金、贷款或担保收回的资金等）提供融资的业务；特别业务是指为服务于自身宗旨，以AIIB所接受的特别基金开展的业务。两种业务可以同时为同一个项目或规划的不同部分提供资金支持，但在财务报表中应分别列出。

本章小结

国际金融机构是指从事国际融资业务，协调国际金融关系，维持国际货币及信用体系正常运作的超国家金融机构。国际金融机构大体分为两种类型：一类是全球性的国际金融组织；另一类是区域性的国际金融组织。前者包括联合国属下的国际货币基金组织(IMF)和世界银行集团(WBG)两大金融机构。另外，国际清算银行(BIS)经过80多年的发展，已从区域性国际金融机构转变为全球性国际金融机构。后者包括亚洲开发银行(ADB)、非洲开发银行(AFDB)、泛美开发银行(IADB)、欧洲投资银行(EIB)、亚洲基础设施投资银行(AIIB)等机构，这些机构主要进行区域性货币信贷安排，从事区域性金融活动。

IMF负责国际货币金融事务，其宗旨是加强各国在国际货币金融领域的合作，稳定货币汇率，促进国际贸易，通过贷款帮助成员国解决国际收支不平衡困难。IMF业务活动主要是汇率监督与政策协调、储备资产创造与管理以及向国际收支赤字国家提供短期资金融通。

世界银行集团(WBG)是协助发展中国家经济发展的全球性机构，由国际复兴开发银行(IBRD)、国际开发协会(IDA)、国际金融公司(IFC)、多边投资担保机构(MIGA)和解决投资争端国际中心(ICSID)等五个机构组成。其中，IBRD、IDA和IFC均为金融性机构，也都是联合国的专门机构，都享有独立的合法地位，日常事务都由各自机构的常务理事会处理，同时也均有各自的业务范围；MIGA和ICSID均是不经营贷款业务的机构，MIGA是为在发展中国家的外国投资者提供商业性风险担保和咨询服务，ICSID 则是通过调节和仲裁为各国政府与外国投资者之间解决争端提供方便。

国际清算银行是为各国中央银行办理清算及储备投资的机构，是世界上第一家国际金融机构，也是除 IMF 和 WBG 之外的最重要的国际金融机构。

ADB 是面向亚太地区的区域性政府间的金融开发机构；AFDB 是通过提供投资、贷款和利用非洲大陆的人力和资源，促进成员国经济发展和进步的机构；IADB 是世界上成立最早和最大的区域性、多边开发银行；EIB 是利用国际资本市场和欧盟内部资金，促进欧盟平衡与稳定发展的机构；AIIB 是一个政府间性质的亚洲区域多边开发机构，也是首个由中国倡议设立的多边金融机构，是通过在基础设施及其他生产性领域的投资，促进亚洲经济可持续发展、创造财富并改善基础设施互联互通，并与其他多边和双边开发机构紧密合作，推进区域合作和伙伴关系，应对发展挑战。

【重要概念】

国际金融机构　国际货币基金组织　世界银行集团　世界银行　国际开发协会　国际金融公司　国际清算银行　亚洲开发银行　非洲开发银行　泛美开发银行　欧洲投资银行　亚洲基础设施投资银行

【复习思考题】

1. 试述国际金融机构的性质和作用？
2. 国际货币基金组织的宗旨是什么？其主要业务活动有哪些？
3. 试比较国际货币基金组织和世界银行的基本职能与业务特点？
4. 亚洲开发银行的宗旨和业务活动内容是什么？
5. 世界银行集团由哪三个机构组成？其主要职能和业务活动是什么？
6. 简述国际清算银行的主要业务和资金来源？
7. 中国怎样利用国际金融机构进行融资？
8. 试述亚洲基础设施投资银行创立的背景及意义？
9. 结合几个国际金融机构产生的历史背景来分析国际金融机构产生的必要性、必然性及历史意义？
10. 联系国际货币体系与货币一体化内容比较国际货币基金组织在布雷顿森林体系和牙买加体系中的地位和作用？

第13章 开放经济条件下的宏观调控

随着经济全球化的进一步加深,各国经济正在融入国际经济的大循环中。经济的开放性影响是双重的,它在为经济提供许多封闭条件下不具备的有利条件的同时,也对经济的稳定与发展造成较大冲击。在开放经济条件下,宏观经济政策必然具有新的特点,面临新的要求。相对于封闭经济而言,开放经济下的财政政策的作用机理更为复杂,其相对有效性受到影响;而货币政策的目标也必须兼顾内外均衡,货币政策的工具更加多样,传导机制更具复杂性。

自2009年以来,欧洲国家陆续爆发主权债务危机,且危机愈演愈烈,甚至影响到全球范围。究其原因,有欧洲国家整体经济实力薄弱,经济结构不合理,受美国次贷危机影响等,但其根本性原因之一却不容忽视,即欧元区的货币制度与财政制度不统一,协调成本过高,各国无法有效弥补财政赤字。根据蒙代尔的有效市场分配原则,货币政策服务于外部目标,主要维持低通胀,保持对内币值稳定;而财政政策服务于内部目标,主要着力于促进经济增长,解决失业问题,从而实现内外均衡。欧元区一直以来被认为是世界上区域货币合作最成功的案例,然而2008年美国次贷危机的爆发使得欧元区长期被隐藏的问题凸显出来。欧洲央行在制定和实施货币政策时,需要平衡各成员国的利益,导致利率政策调整总是慢半拍,调整也不够到位。在统一货币政策应对危机滞后的情况下,各国政府为了尽早走出危机,只能通过扩张性的财政政策来调节经济,许多欧元区成员国违反了《稳定与增长公约》中公共债务占GDP比重上限60%的标准,由于没有真正意义上的惩罚措施,进而形成了负向激励机制,加强了成员国的预算赤字冲动,道德风险不断加剧。

国际金融学的重点内容之一就是从货币金融角度研究,在开放经济条件下内外均衡这两个目标是如何冲突的,它的主要表现形式是什么,如何选择或组合运用宏观经济政策工具解决这种冲突,这不仅是陷入危机的国家需要认真考虑的问题,也是包括中国在内的绝大多数新兴工业化国家目前甚至在未来相当长的时间里必须面对的现实问题。本章主要从开放经济条件下的宏观经济的政策目标和工具入手,探讨开放经济条件下实现内外均衡的一般原理,并介绍被誉为开放经济宏观分析的奠基性研究的著名理论——蒙代尔—弗莱明模型。

13.1 开放经济条件下宏观经济政策目标和工具

13.1.1 开放经济条件下宏观经济政策目标

在封闭经济下,经济增长、充分就业与物价稳定是政府追求的主要经济目标。从封闭经济进入到开放经济的分析框架,政府的政策目标发生改变,政策目标的数量增加了,国际收支成为宏观调控所关注的变量之一。正如封闭经济的政策目标之间存在冲突一样,开放经济的内外均衡目标也并不总是一致。为追求某一均衡目标而采取的政策措施,既有可能同时有利于另一均衡目标的实现,也有可能对另一均衡目标的实现形成干扰甚至破坏。前一种情况称为内外均衡的一致,后一种情况则称为内外均衡的冲突。

对于开放经济来说,与外界的经济联系对一国的经济运行有着重大影响,这一影响具体体现在为经济提供了许多封闭条件下不具备的有利条件的同时,也对经济的稳定与发展造成了很大的冲击。衡量经济开放性的主要工具是国际收支,因此经济开放性的这种影响就可以反映在国际收支与经济增长、充分就业、物价稳定等原有的政策目标之间存在的复杂关系之上。从国际收支与经济增长的关系看,经常账户直接构成GDP的一部分,对于很多国家来说,出口增长对经济增长的贡献率相当大。同时,国际收支因素还可以通过获得本国稀缺的商品与资源、吸引资金流入等途径间接地作用于经济增长,而不合理的国际收支结构则会严重制约经济的发展。从国际收支对充分就业、物价稳定的影响看,由于经常账户是总需求的组成部分之一,当一国存在较多的闲置资源时,出口的增长可以在保持价格稳定的同时提高就业率;而当一国资源利用接近充分就业时,出口的增长会产生通货膨胀。

当国际收支进入宏观调控目标后,开放经济条件下的政策目标就可以分为内部均衡与外部均衡两部分。原有的经济增长、充分就业、物价稳定等反映经济内部运行情况的政策目标可以归入内部均衡目标之中。外部均衡是指国际收支的均衡,它是个含有价值判断的概念,反映了一国所应追求的国际收支状态。外部均衡的具体内涵经历了一个发展阶段。在布雷顿森林体系下,各国对资金流动采取了严格的管制措施,经常账户的逆差很难通过汇率变动或吸引资金流入的方法加以解决,因此这时外部均衡通常被视为经常账户平衡。20世纪70年代以来,汇率可以自由浮动,同时在国际间流动的资金数量日益增加,很多人认为可以依靠外汇市场来自发调节经常账户差额,因此外部均衡问题不存在了。20 世纪 80 年代以来,外部均衡的含义又发生了深刻的变化。国际资金频繁流动问题日益突出,资金在国家间自发流动过程中出现了导致汇率剧烈变动、诱发债务危机与货币危机等严重问题,人们发现在国际资金流动的条件下总差额的平衡并不能说明问题,一国仍有必要对经常账户乃至于整个国际收支的结构进行调控。

13.1.2 开放经济条件下宏观经济政策工具

当国际收支作为国民经济总量指标之一时,不仅继承了封闭经济框架下政府宏观调控的所有政策工具,更由于经济开放而相应增加了转换国内外需求结构的新工具。宏观经济调控在于推动市场的总供给与总需求恢复均衡状态,以实现经济增长、就业充分、物价稳定和国际收支平衡等目标。相对于总需求而言,总供给的调节具有长期性。比如,国家颁布的产业结构调整政策、科技创新政策等虽然可从根本上改善经济结构和产业结构,提高一国的经济实力和科技水平,为实现内外均衡奠定坚实的基础,但在短期内很难产生显著的效果。而对于总需求的调节却可立竿见影。通过需求管理的传统工具——财政政策与货币政策可直接影响市场总需求,由此调节内部均衡。同时通过边际进口倾向和利率的作用影响贸易活动和国际资本流动,从而调节外部均衡。这种主要调节需求水平的政策,被国际收支吸收分析理论称为支出调整政策。从支出调整政策来看,财政政策主要是利用支出政策和税收政策,通过抑制或刺激私人支出和公共支出来影响市场总需求,进而影响贸易收支和国际收支。货币政策主要通过开展公开市场业务,调整再贴现率和法定存款准备金率以改变货币供给,从而影响市场总需求,或是改变利率水平以影响资本输出入,进而影响国际收支。

除了调节市场总需求以适应总供给的策略之外,开放经济也提供了新的政策思路:改变国内外支出在国内产品和国外产品的分布格局,以此调节国际收支差额和国内总供求对比状况。根据国际收支吸收分析理论的观点,这便是支出转移政策,主要包括汇率政策和贸易管制政策。从支出转移政策来看,汇率政策主要通过确定汇率制度和汇率水平来影响进出口,进而作用于国内总需求,对总供求对比产生影响。贸易管制政策则通过关税、进出口配额、补贴等措施,改变国内外商品的相对可获得性来达到转移支出方向的目的。

单就追求外部均衡目标而言,不管是上述的支出调整政策还是支出转移政策,都应该纳入国际收支失衡的间接调节手段的范围。而当我们把国际收支理解为一个货币问题的时候,显然可以通过不同经济体之间的货币余缺调节——国际信贷,直接解决国际收支的不平衡。值得注意的是,信用手段只适合解决因收入变动或货币币值波动等原因造成的暂时性国际收支失衡,不宜作为长期性失衡的调节方式。

13.2 开放经济条件下内部和外部均衡的实现

政府如何采取有效措施同时实现内部和外部均衡目标,一直是西方经济学界研究和争论的热点。较为著名的有丁伯根法则、米德冲突、斯旺模型以及蒙代尔的政策搭配理论。

13.2.1 丁伯根法则

荷兰经济学家丁伯根是第一个诺贝尔经济学奖得主(1969年),他最早提出了将政策目标和工具联系在一起的正式模型,指出要实现几种独立的政策目标,至少需要相互独立的几种有效的政策工具。

假定只存在两个政策目标 T_1、T_2 和两种政策工具 I_1、I_2,政策调控追求的 T_1、T_2 最佳水平为 T_1^*、T_2^*。令目标是工具的线性函数,即:

$$T_1 = a_1 I_1 + a_2 I_2 \tag{13.1}$$

$$T_2 = b_1 I_1 + b_2 I_2 \tag{13.2}$$

在这一情况下,只要决策者能够控制两种工具,且每种工具对目标的影响都是独立的,决策者就能通过政策工具的配合达到理想的目标水平。

从数学上看,只要 $a_1/b_1 \neq a_2/b_2$(即两种政策工具线性无关),就可以求解出达到最佳目标水平的 T_1^*、T_2^* 时所需要的 I_1、I_2 水平,即:

$$I_1 = (b_2 T_1^* - a_2 T_2^*)/(a_1 b_2 - b_1 a_2) \tag{13.3}$$

$$I_2 = (a_1 T_2^* - b_1 T_1^*)/(a_1 b_2 - b_1 a_2) \tag{13.4}$$

这一结论可以进行推广。如果一个经济具有线性结构,决策者有 N 个目标,只要有至少 N 个线性无关的政策工具,就可以实现这 N 个目标。对于开放经济而言,这一结论具有鲜明的政策含义:只运用支出调整政策通过调节支出总量的途径同时实现内外均衡两个目标是不够的,必须寻找新的政策工具并进行合理配合。

丁伯根法则提出了应运用 N 种独立的政策工具进行配合来实现 N 个独立的政策目标,这一思想对于开放经济宏观政策的实施具有深远意义。但是丁伯根法则隐含假定了决策当局对各种政策工具拥有绝对的控制力,这显然与经济现实存在较大差距。另外,丁伯根法则没有明确指出每种工具有无必要在政策调整中侧重于某一目标的实现。

13.2.2 米德冲突

英国经济学家詹姆斯·E·米德(James E. Meade)于1951年最早提出了固定汇率制下的内外均衡冲突问题。米德于1977年和瑞典经济学家俄林共同分享了诺贝尔经济学奖。他指出,在实行固定汇率制国家,由于不便进行直接贸易管制,政府只能主要运用支出调整政策影响社会总需求进而来调节内外均衡。政策工具数目少于政策目标数量,因此,在开放经济运行的特定区间,便会出现内外均衡难以兼顾的情形。

表 13.1 固定汇率制度下内外均衡的一致与冲突

	内部经济状况	外部经济状况
1	经济衰退/失业增加	国际收支逆差
2	经济衰退/失业增加	国际收支顺差
3	通货膨胀	国际收支逆差
4	通货膨胀	国际收支顺差

在表 13.1 中,第 2、3 种情况意味着内外均衡的一致。以第 2 种情况为例,为实现经济的内部均衡,显然要求政府采取增加社会总需求的措施进行调控,这会导致进口的增加,相应造成经常账户的逆差增加,从而使原有的国际收支顺差状况得以改善而趋于平衡。这样,政府在采取措施实现内部均衡的同时,也对外部均衡的实现发挥积极影响,出现内外均衡一致的情况。

第 1、4 种情况意味着内外均衡的冲突,即米德冲突。如在第 4 种情况下,经济同时面临着通货膨胀和国际收支顺差的状况,政府采取紧缩性的总需求政策虽然能缓解通货膨胀的压力,但由于进口相应减少,将导致国际收支顺差扩大。因此在该种情况下,政府在通过调节社会总需求实现内部均衡时,会引起外部经济状况距离均衡目标更远。

米德冲突的不足主要是只针对固定汇率制度进行情况分析。在浮动汇率制下政府同样面临着外部均衡问题,完全利用外汇市场自发调节国际收支是不可能的。在汇率变动受到政府一定管理的条件下,通过国内总需求的变动来调节内外均衡仍是相当常见的做法,因此浮动汇率制下也会出现许多与固定汇率制下相类似的内外均衡冲突现象。并且在汇率变动剧烈的情况下,外部均衡与内部均衡之间的相互影响或干扰更加复杂,内外均衡冲突问题可能更加深刻。

另外,米德的分析忽略了资本流动对内外均衡的影响。而在开放经济中,国际资本流动是影响一国经济的重要因素之一,由于此因素的影响使得一国同时实现内外均衡的目标变得更加困难。

13.2.3 斯旺模型

澳大利亚经济学家斯旺(Swan)以国内总支出和汇率水平构造了内外均衡研究的二维分析框架,直观地再现了开放经济体的宏观经济状况,这就是著名的斯旺模型,见图 13.1。

图 13.1 中横轴代表国内总支出 A,纵轴代表汇率 e(直接标价法),YY' 曲线代表充分就业和物价稳定的内部均衡曲线,EE' 曲线代表国际收支平衡的外部均衡状态。斯旺研究的是没有资本流动的内外均衡问题,所以这里的外部均衡就是经

常账户平衡。YY'曲线向右下方倾斜,意为汇率下降(本币升值),产生贸易逆差,即进口数量大于出口数量,国内失业增加,为维持内部均衡需增加国内支出水平,A向右移动。YY'曲线右边任意一点,代表既定汇率水平下,国内支出高于维持内部均衡所需水平,即有效需求超过有效供给,经济处于通货膨胀状态;YY'曲线左边任意一点则表示存在失业。EE'曲线向右上方倾斜,意为汇率上升(本币贬值),产生贸易顺差,要维持外部均衡需增加国内支出以增加进口,A向右移动。EE'曲线左边代表既定支出水平下,本币过度贬值,结果造成经常账户顺差;EE'曲线右边则代表经常账户逆差。于是,两条曲线将开放经济的宏观经济状态划分为四个区域,包括了米德讨论的所有可能的内外经济状况组合,整个经济体只有在YY'和EE'的交点G处,同时实现内外均衡目标。

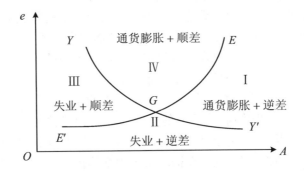

图 13.1 斯旺模型

斯旺模型指出,经济同时出现内外失衡状态时,只要能恰当动用两种政策工具(支出转移和支出增减政策),可以同时实现内外均衡目标。同时他认为,政策调节的对象不同,发挥效力的时间和力度区别很大,效果也不一样,所以政策工具应该合理搭配,按照效力最大、代价最小的原则来分配政策工具的作用目标。具体说,就是根据内部均衡与外部均衡曲线的相对位置来决定政策搭配方式。

1. YY'曲线比EE'曲线陡峭

等量汇率变动条件($e_0 \rightarrow e_1$)下,维持外部均衡比内部均衡需要改变更多的国内总支出($A_0A_2 > A_1A_0$),所以汇率政策对外部均衡比内部均衡的影响相对较大。见图13.2(a)。因此,应以汇率政策追求外部均衡目标,以支出调整政策追求内部均衡目标。如果反向操作,则会距离内外同时均衡的目标越来越远。如:在 I 点(通胀+顺差),运用减少支出政策实现内部均衡,本币升值实现外部均衡,开放经济将沿着实线箭头方向运动,并逐渐向G点靠拢。如果以汇率政策实现内部均衡,支出调整政策实现外部均衡,则开放经济将沿着虚线箭头方向逐渐远离G点,导致更加严重的内外部失衡。见图13.2(b)。

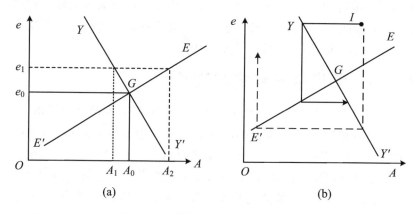

图 13.2　政策搭配的斯旺模型（Ⅰ）

2. YY' 曲线比 EE' 曲线平缓

等量汇率变动条件（$e_0 \to e_1$）下，维持内部均衡比外部均衡需要改变更多的国内总支出（$A_1A_0 > A_0A_2$），所以汇率政策对内部均衡比外部均衡的影响相对较大。见图 13.3(a)。因此，应以汇率政策追求内部均衡目标，以支出调整政策追求外部均衡目标。如果反向操作，则会距离内外同时均衡的目标越来越远。如：在 I 点（通胀＋逆差），运用汇率政策，即通过本币升值实现内部均衡，运用支出调整政策，即通过减少支出实现外部均衡的搭配原则，开放经济将沿着实线箭头方向运动逐渐向 G 点靠拢。如果以减少支出实现内部均衡，本币升值实现外部均衡，则开放经济将沿着虚线箭头方向逐渐远离 G 点，导致更加严重的内外部失衡。见图 13.3(b)。

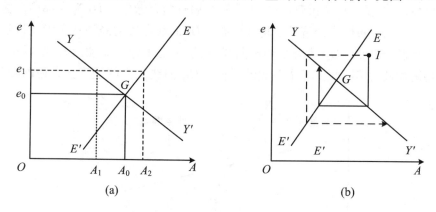

图 13.3　政策搭配的斯旺模型（Ⅱ）

斯旺模型从理论上阐明了政策搭配的优越性及其基本原理，具有较高的理论价值。但是，该模型对于内外均衡的研究还是存在明显不足：首先，不考虑资本流动对汇率和国内总支出的影响，使政策建议的合理性受到一定质疑；其次，仍然无法解决固定汇率制下或者可调整固定汇率制下因汇率政策失效或效力较弱而出现的米德冲突问题;此外,通常决策当局很难准确知道内部均衡线与外部均衡线的相对位置,使得确定政策搭配原则的可行性不佳。

13.2.4 蒙代尔政策搭配理论

20世纪60年代,美国经济学家罗伯特·蒙代尔在前人研究的基础上,提出有效市场分类原则,将内外均衡研究推向新的高度。他敏锐地观察到,在许多情况下,不同的政策工具实际上掌握在不同的决策者手中。例如,货币政策隶属于中央银行的权限,财政政策则由财政部门掌管,如果决策者并不能紧密协调这些政策而是独立进行决策就不能达到最佳的政策目标。蒙代尔得出的结论是:如果每一政策工具被合理地指派给一个政策目标,并且在该目标偏离其最佳水平时按规则进行调控,那么在分散决策的情况下仍有可能得到最佳调控效果。

关于每一工具应如何指派给相应目标,蒙代尔提出了"有效市场分类原则"。这一原则的含义是:每一目标应指派给对这一目标有相对最大的影响力,因而在影响政策目标上有相对优势的工具。如果在指派问题上出现错误,则经济会产生不稳定性且距离均衡点越来越远。根据这一原则,蒙代尔区分了财政政策、货币政策影响内外均衡上的不同效果,提出了以货币政策实现外部均衡目标、财政政策实现内部均衡目标的指派方案。

在蒙代尔的分析框架中(见图13.4),横轴 BS 表示预算盈余金额,代表财政政策;纵轴 i 表示利率,代表货币政策。沿预算盈余轴向右延伸,表示政府支出减少、盈余增加,代表紧缩性财政政策,向左代表扩张性财政政策。沿利率轴向上,表示利率提高,代表紧缩性货币政策,向下代表扩张性货币政策。IB 为内部均衡曲线,线上任意一点代表国内经济处于均衡状态。IB 曲线左边的经济状态为通货膨胀,右边为衰退和失业。EB 为外部均衡曲线,由于考虑了资本流动因素,所以这里的外部均衡被视为国际收支基本差额的平衡。EB 曲线上方的经济状态为国际收支

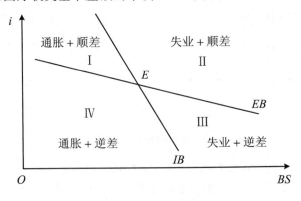

图13.4 蒙代尔市场分类模型

顺差,下方的经济状态为国际收支逆差。如果政府实行扩张性财政政策,减少预算盈余,则投资需求、进口都会相应增加,只有提高利率水平,遏制投资吸引资本流入,才能维持内部和外部均衡,因此 IB 曲线和 EB 曲线都向右下方倾斜。IB 曲线比 EB 曲线更加陡峭,是因为蒙代尔假设政府支出对国民收入、就业等国内经济变量的影响相对更大,而利率对国际收支的影响相对更大。

根据蒙代尔有效市场分类原则,可以直观地比较财政政策和货币政策在实现内部或外部均衡目标时的相对效力。

1. 以财政政策实现外部均衡,货币政策实现内部均衡

图 13.5 中,MP 代表货币政策,FP 代表财政政策,"+"代表扩张性政策,"−"代表紧缩性政策。可见,在失衡区域 II 和 IV,适当的财政政策与货币政策,有可能使经济恢复内外均衡;但是在失衡区域 I 和 III,以此原则搭配的财政与货币政策,只会使经济越来越远离内外同时均衡目标,造成经济体系的不稳定。

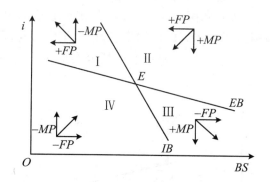

图 13.5 财政政策对外、货币政策对内的政策搭配

2. 以财政政策实现内部均衡,货币政策实现外部均衡

图 13.6 中,可看出,只要遵循这一原则,依据具体的经济失衡情况采取适当的

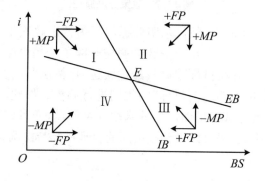

图 13.6 财政政策对内、货币政策对外的政策搭配

财政政策和货币政策,终归可以使经济朝着内外同时均衡点收敛。表13.2明确列出了蒙代尔政策搭配理论的具体内容。

表13.2 经济失衡状态下财政政策与货币政策的搭配

区域	经济状况	财政政策	货币政策
I	通货膨胀+国际收支顺差	紧缩	扩张
II	衰退/失业+国际收支顺差	扩张	扩张
III	衰退/失业+国际收支逆差	扩张	紧缩
IV	通货膨胀+国际收支逆差	紧缩	紧缩

根据比较优势原理,当一项政策目标可以通过多种政策工具来实现时,考虑到不同的政策作用机制,每种政策工具应当用于最具有影响力的政策目标上。这就是蒙代尔的有效市场分类原则。财政政策主要通过支出带动收入水平调整,进而影响经常项目收支和国际收支,而货币政策除了类似功能以外,还可以通过利率水平的改变影响资本项目收支和国际收支,所以货币政策调节国际收支的效力超过财政政策。从而,以财政政策实现内部均衡、货币政策实现外部均衡的做法,恰好符合有效市场分类原则。图13.7为有效市场分类原则的合理性提供了直观的证明。

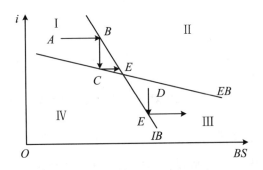

图13.7 政策分派原理

根据有效市场分类原则,蒙代尔明确提出了为特定政策工具指派特定政策目标的问题,这为开放经济的宏观经济政策调控开辟了新的思路。他主张为每个工具合理指派政策目标,并在目标偏离其最优轨迹时,按照"以货币政策实现外部均衡目标,财政政策实现内部均衡目标"的规则进行调控。如此,不仅一举解决了固定汇率制度下因政策工具不足而产生的米德冲突问题,而且即便财政政策与货币政策相互独立分散决策,仍可以做到政策间的合理搭配与协调。

13.3 蒙代尔—弗莱明模型：货币政策与财政政策的协调

20世纪60年代，蒙代尔和J·马库斯·弗莱明(J. Marcus Flemins)提出了开放经济条件下的蒙代尔—弗莱明模型。该模型素有"开放经济宏观分析的奠基性研究"之称，这也是蒙代尔获得1999年诺贝尔经济学奖的重大学术成就之一。他们的主要贡献是探讨了不同的汇率政策以及不同的国际资本流动下，货币政策和财政政策的有效性会出现大相径庭的结果。

13.3.1 IS-LM-BP模型的建立

蒙代尔—弗莱明模型的分析对象是一个开放的小国①，对国际资金流动采取了流量分析。模型的假设前提有：第一，总供给曲线是水平的。这意味着产出完全由总需求水平决定。另外，名义汇率和实际汇率之间不存在区别。第二，即使在长期，购买力平价也不存在。因此，浮动汇率制下汇率完全依据国际收支状况进行调整。第三，不存在汇率将发生变动的预期，投资者风险中立。

IS-LM-BP模型如图13.8所示。图中纵轴为市场利息水平i，横轴为国民收入水平Y。IS曲线为商品市场均衡线，即所有能够使商品市场总支出等于总收入的

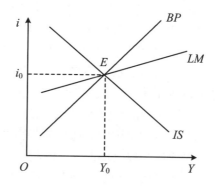

图13.8　IS-LM-BP均衡模型

市场利率和国民收入的组合。扩张性的财政政策会推动IS曲线右移，使产出增加、利率提高。LM曲线为货币市场均衡线，即所有能够使货币供给等于货币需求的市场利率和国民收入的组合。扩张性的货币政策会推动LM曲线右移，使产出增加、利率降低。反映外汇市场平衡的是BP曲线，它是国际收支均衡线，即所有

---

① 经济学意义上的小国，是指经济体的生产能力相对较小，于是该国实际收入和名义利率变化对其他国家的影响可以忽略不计。也意味着，对于开放小国来说，国外的收入和利率水平是给定的。

能够使国际收支保持平衡的市场利率和国民收入的组合。本币贬值的汇率政策会推动 BP 曲线右移,使产出增加、利率降低。三线交于一点(E 点)时,商品市场、货币市场和外汇市场同时实现了均衡。

利用 IS-LM-BP 模型综合评价各种宏观经济政策在追求内外均衡目标的效果时,必须注意 BP 曲线的位置,因为 BP 曲线的位置变化会直接影响财政政策和货币政策对开放经济体宏观经济运行的作用机制。

BP 曲线的斜率主要取决于两个因素:其一是边际进口倾向,即一国国民收入增长后,以多大比例增加对进口品的需求。边际进口倾向越大,BP 曲线越陡峭,因为一定幅度的国民收入增加后,边际进口倾向越大则对经常账户的恶化程度越深,因而需要有较高的利率水平提高来吸收更多的外部资金流入,以弥补经常账户的逆差。其二是国际资本流动的利率弹性,即当一国利率水平变动后,在多大程度上引起资本的流出入。国际资本流动的利率弹性也表明一国资本市场的对外开放程度,即资本流动自由化的程度。国际资本流动的利率弹性高,意味着较小幅度的利率变动就会引起较大幅度的国际资本流动,也意味着一国资本市场有较高的开放程度和较低的交易成本。其他条件不变,国际资本流动的利率弹性越高,则 BP 曲线越平坦。如果一国实行严格的资本管制,彻底阻碍了跨国资本流动,则 BP 曲线的利率弹性为零,无论国内名义利率水平如何变动也不会改变外部均衡所对应的产出水平。而当一国资本完全流动时,则 BP 曲线具有完全的利率弹性,意味着名义利率的任何细微变化都将导致无限的跨国资本流动,直至国内外利率水平重新相等为止。由于在简单经济模型中,通常假定一国的边际进口倾向为常数,所以 BP 曲线的斜率主要取决于国际资本流动的利率弹性。

一国货币实行贬值,如果满足马歇尔—勒纳条件,可以促进出口,抑制进口,从而改善其国际收支,因而可以推动 BP 曲线向右移动。反之,一国货币的升值,则推动 BP 曲线向左移动。此外,所有能够改善国际收支的因素,都能够使 BP 曲线移动。比如相对价格水平的变动,如果国内的通货膨胀率低于国外的平均水平,则国内商品的竞争力提高,有利于国际收支的改善,于是推动 BP 曲线向右移动。反之,如果国内通货膨胀率高于国外的平均水平,则推动 BP 曲线向左移动。

13.3.2 固定汇率制度下的财政政策和货币政策分析

固定汇率制度条件下,一国政府可供选择的宏观经济政策工具主要集中在货币政策和财政政策上。以下将分别考察固定汇率制度下,不同资本流动状况时,使用财政政策和货币政策的宏观经济效应。

1. 不同资本流动状况下的财政政策实施效果

以政府扩张性财政政策为例,政府增加对商品和劳务的支出,这导致对本国商品总需求的上升,IS 曲线向右移,此时国民收入提高了,利率也相应上升,然而国际收支状况需要分不同情况进行讨论。国际收支状况取决于国际资本流动的利率弹性。国际资本流动的利率弹性高,财政扩张引起的市场利率上升能够形成足够的资本流动,平衡收入提高形成的经常账户恶化后还有剩余,就形成国际收支的顺差。反之则导致国际收支逆差。由上述可知,国际资本的利率弹性体现在 BP 曲线的斜率上,弹性越高则 BP 曲线越平缓,可以依照 BP 曲线斜率的不同分别进行分析。

1) 资本完全不流动时的财政政策效应

资本完全不流动时,BP 曲线的斜率为无穷大,垂直于横轴。政府实施扩张性财政政策,会导致对本国商品总需求的上升,IS 曲线向右移至 IS',IS' 曲线与 LM 曲线交于 E' 点,此时,国民收入提高至 Y' 点,利率也相应地上升到 i' 点,而国际收支则因为进口的增加而出现赤字,本国货币贬值的压力增大。为维持固定汇率水平,货币当局在外汇市场上抛售外汇进行干预,本国货币供应量相应减少,LM 曲线向左移至 LM',直至与 IS 曲线的交点位于 BP 曲线上,国民收入恢复至原有水平(Y_0)。此时,利率水平进一步提高到 i'' 点。如图 13.9 所示。由此可见,在固定汇率制和资本完全不流动的情况下,扩张性财政政策在刺激国民收入和就业方面是无效的。财政支出的唯一作用,就是对私人投资产生相等数额的"挤出效应",从而使基础货币和国内支出的结构发生变化。

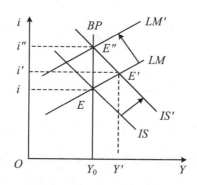

图 13.9 固定汇率制下资本完全不流动时的财政政策

2) 资本不完全流动时的财政政策效应

(1) BP 曲线的斜率大于 LM 曲线的斜率时,扩张性的财政政策使得 IS 曲线右移至 IS',与 LM 曲线交于 E' 点,此时 E' 点位于 BP 曲线的右方,这意味着较高的资金流动使得利率上升带来的资本与金融账户的改善效应不足以弥补收入上升带来的经常账户恶化效应,国际收支处于逆差。显然,国际收支逆差会使 LM 曲线左移,直至三条曲线重新交于一点,即 E'' 点,如图 13.10 所示。经济处于新的均衡时,利率进一步增加,国民收入较短期水平下降但高于初期水平,国际收支平衡。在这种情况下,扩张性财政政策在增加收入方面虽然有一定的刺激作用,但影响较小,这是因为利率上升在一定程度上"挤出"了私人投资,从而抵消了一部分政策影响。

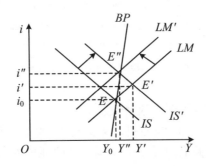

图 13.10　固定汇率制下资本不完全流动时的财政政策（Ⅰ）

(2) BP 曲线的斜率等于 LM 曲线的斜率时，BP 曲线和 LM 曲线重合。扩张性的财政政策使得 IS 曲线右移至 IS'，与 BP 曲线和 LM 曲线重合线交于 E' 点，这意味着利率上升与收入增加对国际收支的影响正好相互抵消，国际收支处于平衡状态。显然，这一短期均衡点也是经济的长期均衡点，经济不会进一步调整，财政政策有效，如图 13.11 所示。

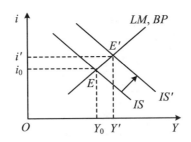

图 13.11　固定汇率制下资本不完全流动时的财政政策（Ⅱ）

(3) BP 曲线的斜率小于 LM 曲线的斜率时，扩张性的财政政策使得 IS 曲线右移至 IS'，与 LM 曲线交于 E' 点，此时 E' 点位于 BP 曲线的左方，这意味着较高的资金流动性使得利率上升带来的资本与金融账户的改善效应超过收入上升带来的经常账户恶化效应，国际收支处于顺差。显然，在固定汇率制下，国际收支顺差会使 LM 曲线右移，直至三条线重新交于一点，即 E'' 点，如图 13.12 所示。经济再度处于均衡时，国民收入进一步增加，利率较短期水平下降但高于初期水平，国际收支平衡。因此，财政政策有效。

3) 资本完全流动时的财政政策效应

资本完全流动时，BP 曲线的斜率为 0，平行于横轴。扩张性的财政政策使得 IS 曲线右移至 IS'，利率上升至 i'，而利率的微小上升都会增加货币供应量，使 LM 曲线右移至利率恢复其初始水平 i_0，如图 13.13。也就是说，在 IS 曲线右移过程中，始终伴随着 LM 曲线的右移，以维持利率水平不变。在财政扩张结束后，货币供给也相应地扩张了,经济同时处于长期平衡状态。此时利率不变,收入不仅高于期初水平,而且较封闭条件下的财政扩张后的收入水平(Y')也增加了。也就是说,财政政策非常有效。

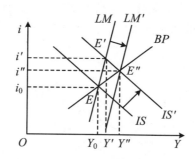

图 13.12　固定汇率制下资本不完全流动时的财政政策(Ⅲ)

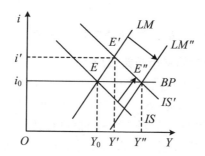

图 13.13　固定汇率制下资本完全流动时的财政政策

从以上分析可知,在固定汇率制下,除了在国际资本完全不流动的情况下财政政策影响国民收入或就业方面是无效的,只要资本能够流动,财政政策都有效果,而且其效率随着国际资本流动性的增大而提高。特别在国际资本完全自由流动时,财政政策最为有效。

2. 不同资本流动状况下的货币政策实施效果

以中央银行实行扩张性货币政策为例。扩张性的货币政策使得货币供应量增加,这便使得利率降低,利率降低会刺激投资需求上升,导致总需求的上升并进而提高国民收入。由于边际进口倾向的作用,国民收入增加会使进口增加,在出口不变的情况下,经常账户收支处于赤字状态。另外,利率下降也同时导致资本与金融账户收支恶化。

1) 资本完全不流动时的货币政策效应

扩张性货币政策使 LM 曲线右移至 LM',与 IS 曲线交于 E' 点,E' 点位于 BP 曲线右方,意味着经常账户处于赤字状态。为了缓解本币贬值压力,中央银行抛出外币进行干预,结果造成货币供应量相应减少,国际收支赤字减少。这会导致利率的上升以及投资与国民收入的下降,这一调整过程将会持续下去,直到国际收支平衡。由于汇率不发生波动,这便意味着国民收入恢复原状时才能结束调整过程。此时,货币供应量恢复至期初水平,经济中其他变量均与货币扩张前状况相同,但中央银行基础货币的构成发生变化——外汇储备降低,如图 13.14 所示。这实际上说明了,此时的货币政策在对国民收入等实际变量的长期影响上是无效的。

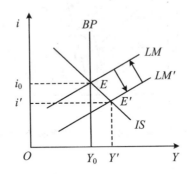

图 13.14　固定汇率制下资本完全不流动时的货币政策

2) 资本不完全流动时的货币政策效应

扩张性货币政策使 LM 曲线右移至 LM′,它与 IS 曲线交于点 E',E' 位于 BP 曲线右方,经常账户处于赤字状态。与前面分析相同,中央银行的外汇干预使得利率的上升以及投资与国民收入下降,这一调整过程持续下去,直到国际收支平衡。由于汇率不发生波动,意味着国民收入恢复原状时调整过程才能结束。此时货币供应量恢复到期初水平,经济中其他变量均与货币扩张前状况相同,但中央银行基础货币的构成发生变化——外汇储备降低了,如图 13.15 所示。以上结论实际上说明,此时的货币政策在对国民收入等实际变量的长期影响上同样是无效的。

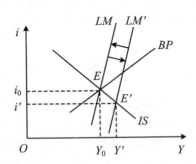

图 13.15　固定汇率制下资本不完全流动时的货币政策

3) 资本完全流动时的货币政策效应

扩张性货币政策使 LM 曲线右移至 LM′,引起利率下降。但在资本完全流动的情况下,本国利率微小的、不引人注意的下降都会导致资金的迅速流出,这立即降低了外汇储备,相应的货币供应量下降,抵消了扩张性货币政策的影响,如图

13.16 所示。也就是说,此时的货币政策甚至在短期也难以发挥效应,政府完全无法控制货币供应量。

总之,在固定汇率制下,扩张性货币政策在短期内能降低利率和增加国民收入,但市场机制的最终结果是货币政策无效。特别是在国际资本完全流动的情况下,即便是在短期内,货币政策也不能发挥作用。

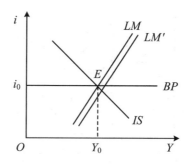

图 13.16　固定汇率制下资本完全流动时的货币政策

13.3.3　浮动汇率制度下的财政政策和货币政策分析

浮动汇率制度下,中央银行就不必刻意运用外汇储备进入外汇市场进行干预,相应地也就不必费心权衡是否应当采取冲销政策以减少对国内经济的影响。需要注意的是,浮动汇率制度不仅为政策当局增加了汇率这一调控工具,也会在很大程度上改变财政政策和货币政策等宏观经济政策的效力。

1. 不同资本流动状况下的财政政策实施效果

1) 资本完全不流动时的财政政策效应

假设以政府扩张性财政政策为例。扩张性财政政策会使 IS 曲线右移至 IS',从而提高利率,增加收入,同时使国际收支出现赤字。与前述固定汇率制下的情况不同,这一赤字不会造成货币供应量的下降,而是造成货币贬值。货币贬值能够改善经常账户收支,提高国民收入,BP 曲线及 IS' 曲线右移,直至三条曲线交于新的经济均衡点 E'' 点为止。此时,货币贬值,利率上升,收入不仅高于期初水平,而且高于封闭条件下的收入水平,如图 13.17 所示。可见,如果财政政策的扩张最终引起货币贬值,则扩张的效果会进一步得到贬值效果的加强,此时的财政政策是比较有效的。

2) 资本不完全流动时的财政政策效应

政府扩张性财政政策导致对本国商品总需求的上升,IS 曲线向右移动,此时,国民收入提高,利率也相应地上升。然而这一点的国际收支状况要依照 BP 曲线斜率的不同分别进行分析。

(1) BP 曲线的斜率大于 LM 曲线的斜率时,扩张性财政政策使 IS 曲线右移至 IS',此时,E' 点位于 BP 曲线的右方,意味着较高的资金流动使得利率上升带来的资本与金融账户的改善效应不足以弥补收入上升带来的经常账户恶化效应,国际收支处于逆差。国际收支的逆差使本币贬值,BP 曲线及 IS' 曲线右移,直至三条曲线重新相交于 E'' 点为止,如图 13.18 所示。此时的财政政策是有效的。

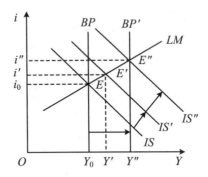

图 13.17　浮动汇率制度下资本完全不流动时的财政政策

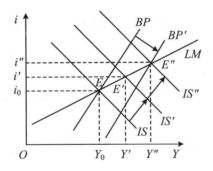

图 13.18　浮动汇率制下资本不完全流动时的财政政策(Ⅰ)

(2) BP 曲线的斜率等于 LM 曲线的斜率时,BP 曲线和 LM 曲线重合,扩张性财政政策使 IS 曲线右移至 IS',E' 点自然位于 BP 曲线上,意味着利率上升与收入增加对国际收支的影响正好相互抵消,国际收支处于平衡状态,如图 13.19 所示。显然,这一短期均衡点也是经济的长期均衡点,经济不会进一步调整。此时的情况与封闭条件下相同,利率、收入均高于期初水平,汇率不发生变化,说明财政政策有效。

(3) BP 曲线的斜率小于 LM 曲线的斜率时,扩张性财政政策使 IS 曲线右移至 IS',此时 E' 点位于 BP 曲线的左方,意味着较高的资金流动性使得利率上升带来的资本与金融账户的改善效应超过收入上升带来的经常账户恶化效应,国际收支处于顺差。国际收支顺差会使本币升值,因而抑制出口的增长,同时促进进口品支出的增加,IS' 曲线和 BP 曲线均左移,直至三条线重新交于 E'' 点为止。此时本国货币升值,收入和利率都高于期初水平,但低于封闭条件下财政扩张后的情况,如图 13.20 所示。可见,如果财政政策的扩张最终引起货币升值,则扩张的效果会受到升值效果的抵消,此时财政政策是比较有效的。

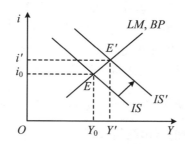

图 13.19　浮动汇率制下资本不完全流动时的财政政策(Ⅱ)

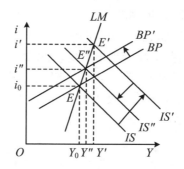

图 13.20　浮动汇率制下资本不完全流动时的财政政策(Ⅲ)

3) 资本完全流动时的财政政策效应

扩张性财政政策使 IS 曲线右移至 IS',利率上升。利率的上升会立刻通过资金的流入而造成本币升值,将会推动 IS' 曲线左移,直至返回原有位置。此时,利率水平重新与世界利率水平相等。如图 13.21 所示。与期初相比,利率和收入不变,而本币升值。此时,收入的内部结构发生了变化,财政政策通过本币升值对出口产生了完全挤出效应,即财政支出增加造成了等量的出口下降。可见,在浮动汇率制

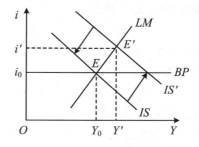

图 13.21　浮动汇率制下资本完全流动时的财政政策

下,当资金完全流动时,扩张性财政政策会造成本币升值,对收入、利率均不产生影响,此时的财政政策是完全无效的。

从以上分析可知,在浮动汇率制下,财政政策其扩张或紧缩的效果与国际资本流动的利率弹性有关。BP曲线斜率越大,则运用财政政策单独调节总需求的作用越强。反之,则越弱。在两种极端情况下,在资本完全不流动时,财政政策实施后,得到的货币贬值效应放大到最大;而在资本完全流动下,货币升值的效应将财政政策实施的效果完全抵消,财政政策无效。

2. 不同资本流动状况下的货币政策实施效果

1）资本完全不流动时的货币政策效应

扩张性的货币政策使LM曲线右移至LM',从而收入提高,利率降低,国际收支出现赤字,造成本币贬值。本币贬值使得BP曲线和IS曲线都向右移动,直至三条直线重新交于一点,即E''点,如图13.22所示。在新的经济均衡点上,本币贬值,收入不仅高于期初水平,而且高于封闭条件下的收入水平。在这一均衡点上,由于经常账户平衡,私人消费与政府支出不变,所以收入提高必然意味着私人投资的提高,这便要求利率水平较期初有一定的下降。可见,当资本完全不流动时,扩张性货币政策会引起本国货币贬值、收入上升、利率下降,此时的货币政策是比较有效的。

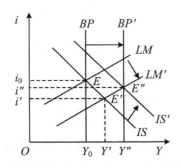

图13.22 浮动汇率制下资本完全不流动时的货币政策

2）资本不完全流动时的货币政策效应

扩张性的货币政策使LM曲线右移至LM',从而收入提高,利率降低。收入上升导致经常账户恶化,利率下降导致了资本与金融账户的恶化,因此国际收支出现赤字,造成本币贬值,BP曲线和IS曲线都向右移动,直至三条直线重新交于一点,即E''点,如图13.23所示。在新的经济均衡点上,收入提高,本币贬值,但利率水平同期初相比难以确定。如果利率较期初水平上升了,这意味着经常账户恶化,因为需要更多的资金流入以弥补经常账户赤字。从经常账户本身来说,则意味着贬值对其的正效应小于收入增加对其产生的负效应。如果利率较期初水平下降,则情况相反。可见,当资金不完全流动时,扩张性货币政策会引起本国货币贬值、收入上升,但对利率的影响难以确定,此时的货币政策是比较有效的。

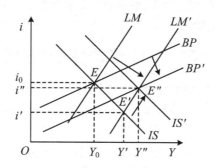

图 13.23　浮动汇率制下资本不完全流动时的货币政策

3) 资本完全流动时的货币政策效应

扩张性的货币政策使 LM 曲线右移至 LM',利率下降。本国利率的下降会立刻通过资金流出造成本币贬值,导致 IS 曲线右移,直至与 LM 曲线相交确定的利率水平与世界利率水平相等为止,如图 13.24 所示。在新的均衡点 E'' 点下,收入不仅高于期初水平,而且高于封闭条件下的货币扩张后的情况,本币贬值。由此可见,当资金完全流动时,货币扩张会使收入上升、本币贬值,对利率无影响,此时的货币政策非常有效。

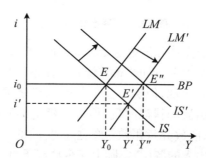

图 13.24　浮动汇率制下资本完全流动时的货币政策

总而言之,在浮动汇率制下,货币供应量扩张或紧缩的效果会使货币贬值或升值效应放大,因而单独实施货币政策是强有力的宏观经济调控工具。而且无论国际资本流动的利率弹性如何,货币政策实施的效果都较好。

蒙代尔-弗莱明模型自创建以来,在国际金融和国际经济学领域影响极大,可以说是开放经济条件下制定宏观经济政策最重要的理论依据之一。它所得出的结论在一定前提下是符合实际情况的,因而该模型具有很高的理论和实用价值。但是该模型也存在一定的局限性。首先,模型假定马歇尔-勒纳条件能够满足。实际上,蒙代尔-弗莱明模型基本上是短期模型,而在短期马歇尔-勒纳条件是很难满足的。其次,模型的理论基础是凯恩斯主义的需求理论,而忽视了供给方面因素的影响。第三,模型忽略了资本流量与存量之间的相互关系。模型认为经常账户的逆差可以由资本账户的顺差加以平衡,但实际上如果一国的经常账户长期持续的逆差,则对债务不断积累,到一定程度后就可能影响其融资能力。

13.3.4 开放经济下政策选择的"三元悖论"

在蒙代尔—弗莱明模型的基础上,美国经济学家保罗·克鲁格曼(P. Krugman)在20世纪60年代进一步提出了"三元悖论"。克鲁格曼使用一个三角形,说明开放经济体在金融政策目标选择上存在着不可避免的难题。三角形的每个顶点代表金融政策的一项基本目标,它们分别是:货币政策的独立性、汇率稳定和资本自由流动。这三个目标无法同时实现,即选择任意两个目标,意味着不得不放弃另一个目标,如图13.25所示。

图 13.25　克鲁格曼三角

要保持货币政策的独立性和汇率稳定,就必须放弃资本自由流动,即实行外汇管制。比如,在1944年至1973年的"布雷顿森林体系"中,各国货币政策的独立性和汇率的稳定性基本得到实现,但资本流动却受到严格限制。而1973年以后,货币政策独立性和资本自由流动得以实现,但汇率稳定不复存在。如果选择汇率稳定和资本自由流动,就只能放弃货币政策的独立性。如,在国际金本位时期,坚持固定汇率和黄金自由输出入的各国,实际上完全放弃了自主实行货币政策的能力。又如,欧元区各成员国之间基本实现了资本完全自由流动,同时单一货币无疑将汇率稳定推向极致,但欧洲中央银行的存在也说明了欧元区成员国已不具备独立制定并实施货币政策的能力。近年来,国际间频发的货币危机表明,发展中国家若想保证货币政策的独立性,在资本完全流动条件下,只能放弃汇率稳定的政策目标。

本章小结

开放经济的宏观经济政策目标可分为内部均衡与外部均衡两部分。政策工具包括以财政政策和货币政策为代表的支出调整政策及以贸易政策和汇率政策为代表的支出转换政策,此外还可以通过直接的国际信贷方式解决暂时性国际收支不平衡。

丁伯根法则提出了将政策目标和工具联系在一起的正式模型,指出要实现几种独立的政策目标,至少需要相互独立的几种有效的政策工具。如果一个经济具有线性结构,决策者有 N 个目标,只要有至少 N 个线性无关的政策工具,就可以实现这 N 个目标。

米德指出,在实行固定汇率制国家,由于不便进行直接贸易管制,政府只能主要运用支出调整政策影响社会总需求进而来调节内外均衡,政策工具数目少于政策目标数量。因此,在开放经济运行的特定区间,便会出现内外均衡难以兼顾的情形,即米德冲突。

斯旺以国内总支出和汇率水平构造了内外均衡研究的二维分析框架,直观地再现了开放经济体的宏观经济状况。提出按照效力最大、代价最小的原则来分配汇率政策和支出调整政策两种工具的作用目标,即根据内部均衡曲线和外部均衡曲线的相对位置来决定政策搭配方式。

蒙代尔提出的有效市场分类原则指出,在许多情况下,不同的政策工具实际掌握在不同的决策者手中,如果决策者不能紧密协调这些政策,而是独立进行决策就不能达到最佳的政策目标。每一目标应指派给对这一目标有相对最大的影响力,因而在影响政策目标上有相对优势的工具。提出以货币政策实现外部均衡目标,财政政策实现内部均衡目标的指派方案。

根据开放经济条件下的蒙代尔—弗莱明模型,在固定汇率制下,除了在国际资本完全不流动的情况下,财政政策影响国民收入或就业方面是无效的以外,财政政策都有效果,且其效率随着国际资本流动性的增大而提高。而由于市场机制导致货币政策无效。在浮动汇率制下,财政政策扩张(紧缩)效果与国际资本流动的利率弹性有关。货币供应量扩张(紧缩)效果会使货币贬值(升值)效应放大,因而实施货币政策是强有力的宏观经济调控工具。

克鲁格曼使用一个三角形,说明开放经济体在金融政策目标选择上存在着不可避免的难题,即货币政策的独立性、汇率稳定和资本自由流动,这三个目标无法同时实现,选择其中任意两个目标,意味着不得不放弃另一个目标。

【重要概念】

内外均衡的冲突　财政政策　货币政策　汇率政策　丁伯根法则　米德冲突　斯旺模型　开放的小国　蒙代尔—弗莱明模型　三元悖论

【复习思考题】

1. 开放经济体的宏观经济政策目标有哪些?其调控的主要工具又有哪些?
2. 丁伯根法则的政策含义是什么?丁伯根法则的缺陷有哪些?
3. 在国内外经济出现怎样的情况下会发生米德冲突?其发生的根源是什么?
4. 绘制斯旺模型,并指出斯旺模型中四个区域的内外部经济状态,并根据斯旺模型阐明政策搭配原理。

5. 简述蒙代尔的有效市场分类原则。

6. IS-LM-BP 模型中，BP 曲线的斜率取决于哪些因素，且 BP 曲线如何移动？

7. 根据 IS-LM-BP 模型阐述，在固定汇率制下国际资本流动的利率弹性对财政政策有效性的影响。

8. 根据 IS-LM-BP 模型阐述，在浮动汇率制下国际资本流动的利率弹性对财政政策有效性的影响。

9. 根据 IS-LM-BP 模型阐述，在固定汇率制下货币政策无效。

10. 克鲁格曼三角对发展中国家的经济开放有何启示？

参考文献

[1] 马克思,恩格斯. 马克思恩格斯全集:第23卷;第25卷;第26卷[M]. 北京:人民出版社,1975.
[2] 保罗·克鲁格曼,茅瑞斯·奥伯斯法尔德,马克·梅里兹. 国际金融[M]. 10版. 丁凯,陈能军,陈桂军,译. 北京:中国人民大学出版社,2016.
[3] 彼得·林德特,查尔斯·金德尔伯格. 国际经济学[M]. 谢树森,沈锦昶,常勋,等,译. 上海:上海译文出版社,1985.
[4] 陈彪如. 国际金融概论[M]. 3版. 上海:华东师范大学出版社,1996.
[5] 陈长民. 国际金融[M]. 2版. 北京:中国人民大学出版社,2013.
[6] 陈燕. 国际金融[M]. 2版. 北京:北京大学出版社,2015.
[7] 陈野华. 西方货币金融学说的新发展[M]. 成都:西南财经大学出版社,2001.
[8] 陈雨露. 国际金融[M]. 5版. 中国人民大学出版社,2015.
[9] 窦尔翔,乔奇兵,等. 新体系国际金融学[M]. 北京:经济科学出版社,2012.
[10] 侯高岚. 国际金融[M]. 4版. 北京:清华大学出版社,2017.
[11] 姜波克. 国际金融新编[M]. 5版. 复旦大学出版社,2012.
[12] 金臣. 储备管理的国际比较及对中国的启示[M]. 南昌:江西人民出版社,2006.
[13] 李富有. 国际金融学[M]. 北京:科学出版社,2006.
[14] 李天德. 国际金融学[M]. 成都:四川大学出版社,2008.
[15] 李小牧. 国际金融学教程[M]. 北京:中国人民大学出版社,2008.
[16] 李扬,黄金老. 中国金融:直面全球化[M]. 上海:上海远东出版社,2000.
[17] 刘惠好. 国际金融[M]. 2版. 北京:中国金融出版社,2012.
[18] 刘园. 国际金融[M]. 3版. 北京:北京大学出版社,2017.
[19] 吕江林. 国际金融[M]. 北京:科学出版社,2006.
[20] 吕晓燕. 国际金融[M]. 天津:天津大学出版社,2011.
[21] 马君潞,陈平,范小云. 国际金融学[M]. 北京:高等教育出版社,2011.
[22] 孟昊,郭红. 国际金融理论与实务[M]. 3版. 北京:人民邮电出版社,2017.
[23] 裴平,等. 国际金融学[M]. 4版. 南京:南京大学出版社,2013.
[24] 任淮秀,汪涛. 国际投资学[M]. 3版. 北京:中国人民大学出版社,2011.
[25] 任康钰. 国际金融[M]. 北京:机械工业出版社,2013.
[26] 阮铮. 国际金融理论与实务[M]. 北京:中国金融出版社,2009.
[27] 史燕萍. 国际金融市场[M]. 2版. 北京:中国人民大学出版社,2010.

[28] 宿玉海. 国际金融学[M]. 北京:科学出版社,2006.
[29] 谭中明,刘立平,徐文芹. 国际金融学[M]. 2版. 合肥:中国科学技术大学出版社,2014.
[30] 王爱俭. 国际金融理论研究:进展与评述[M]. 修订版. 北京:中国金融出版社,2013.
[31] 王丹. 国际金融理论与实务[M]. 北京:清华大学出版社,2008.
[32] 王灵华,谢朝阳,李洪梅. 国际金融学[M]. 2版. 北京:清华大学出版社,2012.
[33] 王曼怡,朱超. 国际金融新论[M]. 北京:中国金融出版社,2009.
[34] 王晓光. 国际金融[M]. 4版. 清华大学出版社,2017.
[35] 卫素华. 布雷顿森林机构60年:中国视角的IMF评估及政策建议[M]. 上海:三联出版社,2007.
[36] 吴金娇,王璐,等. 国际金融[M]. 上海:同济大学出版社,2012.
[37] 肖本华. 国际金融理论与实务[M]. 上海:上海财经大学出版社,2013.
[38] 谢琼,吴启新. 国际金融[M]. 2版. 北京:北京理工大学出版社,2015.
[39] 谢群,王立荣,李玉曼. 国际金融[M]. 北京:经济科学出版社,2010.
[40] 徐琤. 国际金融学[M]. 2版. 上海:华东理工大学出版社,2017.
[41] 杨长江,姜波克. 国际金融学[M]. 4版. 北京:高等教育出版社,2014.
[42] 杨胜刚,姚小义. 国际金融[M]. 4版. 北京:高等教育出版社,2016.
[43] 张莲英,雷秋惠,王未卿. 国际金融学教程[M]. 北京:经济管理出版社,2003.
[44] 朱孟楠. 国际金融学[M]. 2版. 厦门:厦门大学出版社,2013.
[45] 朱旭强. 国际金融理论与实务[M]. 2版. 北京:机械工业出版社,2017.
[46] 国际货币基金组织(IMF). 国际收支手册[M]. 5版. 北京:中国金融出版社,1994.
[47] 国际货币基金组织(IMF). 国际收支和国际投资头寸手册[OL]. 6版. IMF官网.
[48] 国际货币基金组织(IMF). 国际金融统计(2017)[Z].
[49] 国际货币基金组织(IMF). IMF年报(2012、2017)[Z].
[50] 国际货币基金组织(IMF). 汇率安排与汇兑限制年报(2016)[Z].
[51] 世界银行(WB). 世界银行年报(2017)[Z].
[52] 联合国贸易与发展会议(UNCTAD). 世界投资报告(2001、2017)[Z].
[53] 国家统计局. 中国统计年鉴(2017)[Z].
[54] 国际外汇管理局国际收支分析小组. 2017年中国国际收支报告[Z].
[55] 国际外汇管理局. 中国国际收支平衡表时间序列(BPM6)[Z].
[56] 中国商务部. 中国外资统计(2013~2017)[Z].
[57] 中国商务部. 中国对外投资合作发展报告(2017)[Z].
[58] 中国商务部、国家统计局和国家外汇管理局. 2016年度中国对外直接投资统计公报[Z].
[59] 中国金融出版社. 2012—2013国际金融市场报告[M]. 北京:中国金融出版社,2013.